HISTORIA DEL NUEVO MUNDO

Traducción de
MARÍA ANTONIA NEIRA BIGORRA

CARMEN BERNAND Y SERGE GRUZINSKI

HISTORIA DEL NUEVO MUNDO

Del Descubrimiento a la Conquista
La experiencia europea
1492-1550

FONDO DE CULTURA ECONÓMICA

MÉXICO

Primera edición en francés,   1991
Primera edición en español,   1996

Título original:
Histoire du Nouveau Monde. De la découverte à la conquête, une expérience européenne,
1492-1550
© 1991, Librairie Arthème Fayard
ISBN 2-213-02764-1

D. R. © 1996, Fondo de Cultura Económica
Carretera Picacho-Ajusco, 227; 14200 México, D. F.

ISBN 968-16-4017-9

Impreso en México

INTRODUCCIÓN: OCÉANOS,
Y LUEGO BANCOS DE NUBES...

> ¿Qué queda de las aventuras que nos condujeron a pasar estrechos helados, a franquear dunas y, a menudo, a ir a lo largo de los caminos?
>
> Nos han visto recorrer manglares, paisajes de praderas, estepas azotadas por los vientos, y atravesar glaciares, océanos y luego bancos de nubes, y dirigirnos hacia objetivos cada vez más lejanos, en nosotros y fuera de nosotros.

CHRISTOPH RANSMAYR, *Les Effrois de la glace et des ténèbres*

Relegados en nuestros libros de historia a los confines de la Edad Media y de los tiempos modernos, ausentes como tantas otras cosas de nuestras memorias frágiles y de nuestras culturas fragmentadas, el descubrimiento y la conquista de América merecen, sin embargo, un estudio detenido. En este fin de siglo es más necesario que nunca cuestionarnos sobre los orígenes de la expansión occidental a través del mundo, los valores y los modos de vida que transmitió, el impulso creador y devastador que durante tanto tiempo la impulsó.

Pero, ¿cómo librarnos de los esquemas simplificadores, de los maniqueísmos y de los clichés que, tan a menudo, nos sirven de referencia? ¿De qué manera evocar un dédalo de empresas y de experiencias humanas que reunieron a actores de todo el planeta: la Europa mediterránea y nórdica, un continente aún sin nombre, pero también el África de los esclavos, el Asia de las especias y un Islam en fulgurante expansión...?

Recurrir a los documentos de primera mano, al estudio paciente de los relatos, los diarios, las cartas y las crónicas y, a veces, incluso escuchar la música de otro tiempo, han guiado nuestra exploración de los laberintos de la memoria. De hecho, la consulta de las fuentes antiguas resultó tan fecunda que alteró de manera decisiva el curso de nuestro proyecto.

¡Tantos fueron los testigos de esos acontecimientos, tantos los actores que tomaron la pluma para difundir lo que habían visto y vivido, para atizar las curiosidades europeas o reivindicar su parte de gloria y de recompensa!... Esa diversidad de puntos de vista permite restituir los planos múltiples que componen la historia del Descubrimiento y de la Conquista a la manera de un prisma cuyas innumerables facetas fuesen iluminadas bajo luces cambiantes: la luz tamizada de Flandes, los cielos de España y de Italia, el brillo de un sol de montaña en las latitudes tropicales... Y sin embargo, no todo tiene hoy la misma resonancia. Había que retener y excluir, una vez evocados los acontecimientos mayores.[1]

De esas excepcionales fuentes de sensibilidad surgen episodios de la vida real. De esas crónicas de España y de América brotan trayectorias personales cuyo enmarañamiento en el espacio y en el tiempo le devuelve al pasado un poco de la densidad de lo vivido. Unas nos enfrentan brutalmente a las situaciones límite, a los linderos de la muerte, del hambre y del extravío que vivieron los navegantes, conquistadores y colonos que partieron en busca del oro y de las especias. La experiencia ininterrumpida de lo extremo, el encuentro con lo desconocido, la extraordinaria precariedad de las condiciones de existencia, la desmesura de los obstáculos y de las ambiciones desafían, más de una vez, el análisis. Como contrapunto, otros itinerarios recrean el telón de fondo de esta empresa colosal, esbozando en torno de los microcosmos de la península ibérica a la Europa del Renacimiento, la de los Borgia y de Erasmo, a la manera de una inmensa marquetería que reuniera Londres y Lisboa, Amberes y Nápoles, Nuremberg y Sevilla.[2]

A través de esas vidas y de esas experiencias aflora a veces el envejecimiento de una mirada captada al correr de los años y de las travesías, cuando no es la lenta sucesión de las generaciones: la de Colón y de Isabel *la Católica* (1451), la de Cortés (1485), la de Carlos V (1500). Aún había que captar esas modulaciones incesantes, a veces imperceptibles, que tejen la historia y segregan la memoria. Nuestro libro abre, pues, un espacio a lo que descuidan las grandes síntesis, las estadísticas y los cuadros, por la fuerza de las cosas: los fracasos, lo inesperado, lo afectivo. A fuerza de ordenar en exceso el desarrollo de los hechos, ¿no introduce el análisis histórico, *a posteriori*, unos encadenamientos que expurgan el pasado del menor hecho imprevisto y hacen de la aventura americana un argumento demasiado bien ordenado?

Ahora bien, las incertidumbres del mañana, el carácter imprevisible del medio pesaron demasiado sobre el ánimo de los descubridores y de los conquistadores para que se les pueda pasar por alto. De igual manera, no podríamos reducir el proceso de descubrimiento a sus manifestaciones

---

[1] Si desea saber más o profundizar en cualquier etapa de este recorrido, el lector deberá remitirse a las cronologías, a los mapas, al léxico del Descubrimiento y de la Conquista, a la bibliografía elegida y a las notas. Sin la confianza de la editorial Fayard, sin la amistad y el aliento de Agnès Fontaine, no habríamos tenido los medios de desarrollar este proyecto con la amplitud que exigía. Jean-Michel Sallmann tuvo la paciencia de releer este largo manuscrito.

[2] El enmarañamiento de las redes y de las experiencias permite percibir la dinámica de un cambio que sólo puede captarse mal cuando se le distribuye y se le inmoviliza en las categorías tradicionales de lo económico, de lo social, de lo político, de lo religioso y de lo cultural. Ni historia ni antropología, sino lectura centrada en la exploración de las vivencias individuales y colectivas, esta historia del Nuevo Mundo es, para empezar, la de las grandes experiencias de la sociedad, de su acumulación, de su sucesión, de su imbricación —experiencia del Islam, experiencia italiana, flamenca, antillana...— y de su conclusión: el surgimiento de un "nuevo mundo". En el número especial de *L'Homme* consagrado a 1492 (octubre de 1992) puede leerse, bajo nuestra doble firma, un panorama de las problemáticas que implica hoy este acontecimiento.

intelectuales o técnicas. Para sugerir las reacciones afectivas y las sensaciones despertadas por ese mundo nuevo, hemos fijado imágenes e instantes, emociones y silencios: una tormenta de nieve sobre los flancos del Popocatépetl, el terror pánico que se apodera de un conquistador, el sabor de un fruto exótico, el silencio de los manglares del Pacífico... ¿Por qué esas dimensiones de lo imaginario escaparían a la mirada del historiador si las fuentes nos ofrecen esas instantáneas que basta con volver a transcribir? ¿Y no es, paradójicamente, su carácter subjetivo el que les da su valor histórico?

Una historia del descubrimiento y de la conquista de América podría limitarse a ese remontarse en el tiempo, a esas incursiones en las memorias, a esas búsquedas sin encontrarse de dos seres. De hecho, esos recorridos cronológicos y antropológicos cubren constantemente situaciones que hoy no pueden dejarnos indiferentes. El viaje nos empuja hacia tierras familiares: los judíos que son expulsados, los musulmanes a quienes se aplasta, se convierte o se teme, los mundos extraeuropeos cuyas sociedades se trastornan y cuyas culturas se disgregan, la colonización en todas sus formas, las enfermedades nuevas que matan sin piedad, los destrozos ecológicos...

El descubrimiento de América es, asimismo, un asunto europeo. No sólo en el sentido de que Jacques Cartier y los navíos ingleses de los Cabot avanzan hacia el Nuevo Mundo, sino porque ese descubrimiento efectúa la transferencia al suelo americano de una acumulación de experiencias occidentales que convierten las Antillas y luego México y los Andes en extraordinarios laboratorios humanos. En esos ambientes hostiles o desconcertantes, grupos e individuos desarraigados, que a veces pasaron por Italia o por la lucha contra el Islam, se empeñan en construir la réplica de una sociedad europea sobre las espaldas de los indígenas vencidos. Así, el Descubrimiento constituye el "despegue" de la occidentalización del mundo, es decir, de la difusión hasta en los menores rincones del globo, de unos modos de vida y formas de pensar que aparecieron en la Europa occidental. Por ello constituye, más allá de lo que mezcla de modernidad y de arcaísmo, una dimensión crucial de nuestra identidad. Tal vez la Europa moderna no haya nacido en América. Pero la experiencia americana, vista bajo el triple filtro del Descubrimiento, de la Conquista y de la colonización del Nuevo Mundo, constituye una etapa fundadora.

Se nos objetará el haber dejado de lado (imperdonable pecado de etnocentrismo) las reacciones de las sociedades amerindias y, aunque se piense menos en ello, el destino de los africanos deportados al Nuevo Mundo. Por afán de coherencia y de rigor, hemos preferido dejar para un segundo volumen el examen profundo de las actitudes de los vencidos: indios, negros o mestizos. El entrelazamiento de las reacciones es bastante complejo, las preguntas planteadas son de una gran diversidad y muy importantes para ser abordadas en este primer tomo. Por lo demás, tal es la única perspectiva en que las categorías de Descubrimiento y de Nuevo Mundo toman y conservan un sentido. El segundo volumen de esta *Historia del Nuevo Mundo* abordará los temas de los mestizajes y las múltiples recaídas de la expansión europea.

Además, falta presentar aquí a los mundos que serían el premio de los descubrimientos. Pero, ¿cómo sugerir lo que fue América antes de la invasión europea —antes, por tanto, de ser América— sin pasar por la mirada occidental, la de los conquistadores, de los misioneros y después de los arqueólogos y los etnólogos? ¿Cómo describir las sociedades amerindias como si Europa y el Occidente nunca hubiesen existido, antes de que la Historia —es decir, la nuestra— las atrapara para aniquilarlas, someterlas o transformarlas a nuestra imagen? Mucho antes, pues, de que todos esos pueblos, cada uno de los cuales pretendía encarnar a la humanidad entera, se convirtieran en indios. Es evidente que la tarea resulta irrealizable ya que esas sociedades carentes de escrituras comparables a las nuestras sólo han dejado unos cuantos vestigios, de interpretación difícil. Los glifos mesoamericanos, por avanzados que sean, no han sido enteramente descifrados y son un débil apoyo para arriesgarse a hacer una reconstrucción histórica. La dificultad no sólo se debe a la ausencia o al carácter enigmático de las fuentes; también se deriva de las diferentes concepciones del tiempo elaboradas por esas sociedades, y que no corresponden a las nuestras. La cuestión misma de la "historia de las poblaciones precolombinas" carece de sentido. No es que antes de 1492 no haya habido transformaciones profundas y acontecimientos; el eco debilitado de esos trastornos nos ha llegado a través de los testimonios de los conquistadores europeos o de la arqueología. Pero la gran mayoría de esos pueblos han amortiguado la acción irreversible del tiempo, oponiéndole el esfuerzo del mito, como lo ha demostrado Lévi-Strauss en un bello texto proustiano.[3] Así, nos encontramos ante una temporalidad cíclica que transforma el presente en pasado y que niega el azar del futuro.

Todo lo que sabemos de las civilizaciones antiguas procede, pues, de los conquistadores europeos. Monumentos, estelas, petroglifos, plataformas, tiestos, huellas de *conucos* o de *malocas* siguen siendo otros tantos enigmas que la arqueología es incapaz de descifrar de manera exhaustiva. También nosotros podemos exclamar, como el poeta Pablo Neruda ante las ruinas de Machu Picchu: "Piedra sobre la piedra, y el hombre, ¿dónde estaba?" A decir verdad, la etnología comparada es igualmente capaz de reducir nuestra ignorancia, siempre y cuando manipule los datos con prudencia, pues si bien es manifiesto que en el dominio de las representaciones los hechos parecen fundamentarse en una larguísima duración, en otras esferas de la vida social los cambios ocurridos desde 1492 son tan radicales que casi parece inimaginable invocar una continuidad cualquiera; por último, pese a que siguen existiendo indios, no podemos concebirlos como poblaciones "prehispánicas".

[3] Lévi-Strauss (1971), p. 539.

PRIMERA PARTE
LOS MUNDOS ANTIGUOS

DE MUNDO Y APARTE

LOS MUNDOS APARTES

I. ANTES DE LA INVASIÓN

Después de un diluvio, la Tierra volvió a poblarse; pero antes los hombres se multiplicaban tanto que Meri, el Sol, tuvo miedo y pensó cómo podría reducir su número.

Mito bororo. C. LÉVI-STRAUSS, *Lo crudo y lo cocido*, 1964

DE LOS bancos de hielo del Gran Norte a la Tierra del Fuego, el continente americano estaba poblado por miles de sociedades que diferían en apariencia física, lengua y costumbres. Todas esas poblaciones eran originarias del Viejo Mundo asiático, de donde comenzaron a emigrar 40 000 años antes de nuestra era, atravesando el estrecho istmo que durante varios milenios unió la tundra siberiana con América. En el curso de algunos siglos, esos grupos humanos llegaron hasta la extremidad meridional del continente. ¿Qué razones empujaron a estos cazadores de caribúes a aventurarse por aquellas tierras inhóspitas? ¿Fueron rechazados por otros pueblos, o bien seguían a sus presas? No se sabe. Esos grupos prehistóricos encontraron en las Américas un verdadero paraíso poblado de herbívoros. Ignorantes de los hábitos humanos, los animales perseguidos por esas primeras oleadas de nómadas les dieron reservas inagotables de proteínas, grasa, hueso y cuero. Es probable que esta abundancia facilitara la expansión vertiginosa de tales pueblos.

Alrededor del décimo milenio antes de nuestra era, la temperatura de la Tierra se elevó considerablemente, haciendo subir el nivel de los océanos. El puente siberiano quedó totalmente sumergido y en adelante, hasta la llegada de los primeros europeos en 1492, las poblaciones americanas, con excepción de las tribus árticas, vivieron aisladas del resto del mundo. Caso único en la historia del planeta, como el de Australia, el espacio americano ha hecho las veces de gigantesca trampa humana, biológica y cultural. Durante milenios, emigrantes asiáticos se lanzaron por oleadas sucesivas y, en adelante, quedaron destinados a desarrollarse como en un coto cerrado. Ni las instalaciones precarias de los vikingos sobre la costa nordeste de la América del Norte ni los supuestos viajes a través del Pacífico, cuya realidad histórica reposa sobre hipótesis que no se han podido comprobar, alteraron esta situación excepcional.[1]

[1] En Mesoamérica y en la Cordillera de los Andes, las condiciones climáticas y ecológicas así como un conjunto de circunstancias particulares permitieron la domesticación del maíz y el auge de una agricultura intensiva, hacia el tercer milenio antes de Cristo. Esas condiciones hicieron surgir unas civilizaciones caracterizadas por una poderosa jerarquía social, un sistema de gobierno teocrático y una arquitectura monumental. En otras partes, tanto en la América del Norte como en la América del Sur, se desarrollaron naborías: en torno de Vancouver, sobre la costa del este de los Estados Unidos, pero también a lo largo de los grandes ríos de la cuenca amazónica que servían de medio de comunicación rápida en un universo en

¿Cómo penetrar en este "otro mundo" sin reducirlo demasiado a nuestra manera de ver las cosas? Un inventario por área cultural, demasiado estático, no habría permitido comprender las complejas relaciones de alianza, de guerra o de trueque que se entretejieron entre todos esos pueblos y que constituyen la trama de su pasado, aunque sus mitologías se esforzaron por neutralizar su singularidad. Por tanto, hemos adoptado la decisión de evocar a esos hombres del Viejo Mundo, de reconstruir sus modos de vida, sus motivaciones y sus reacciones en el seno de sus medios respectivos, apoyándonos en los datos etnológicos y los documentos de la época colonial. A través de esa elección y esa evocación se trataba, a nuestra manera, de rendir homenaje a esas civilizaciones desaparecidas, tomando lo que tienen en común: el lenguaje del mito.[2] Por medio de uno de esos relatos extraños, iniciaremos nuestro viaje partiendo de la más lejana de las tierras australes, la que Magallanes bautizara como "Tierra del Fuego".

que la tracción animal —con excepción de la de la llama— era desconocida y en que la rueda sólo existía en miniatura, en ciertos objetos de terracota. Los grupos que vivían de la caza y de la recolección fueron rechazados a regiones marginales: California, la costa del norte de Chile, la Patagonia y la zona del Chaco. Verdadero mosaico etnográfico, las Américas también diferían del Antiguo Mundo por su flora y su fauna. Los animales domésticos europeos eran desconocidos, y otros, como las llamas y los guanacos, eran propios de este continente. Tubérculos como la mandioca y una infinita variedad de patatas, o cereales como el maíz, para no citar más que a las especies vegetales más comunes, aseguraban la subsistencia de sociedades importantes desde el punto de vista demográfico. Además, debido al aislamiento que siguió al cierre del corredor de Behring, eran desconocidas las enfermedades contagiosas comunes en Eurasia; en cambio, otras patologías provocadas por insectos típicos del continente caracterizaban las zonas tropicales y ecuatoriales, sin contar la sífilis, que hacía estragos por doquier de manera endémica. Aunque fuera de las grandes áreas de población que correspondían a Mesoamérica y a los Andes el continente, en el plano demográfico, estuviese vacío en tres cuartas partes, todos esos pueblos formaban "sociedades plenas", parafraseando a Claude Lévi-Strauss. En efecto, los cazadores, recolectores y agricultores itinerantes recorrían y explotaban espacios enormes. Por tanto, hay que imaginar a grupos humanos en circulación constante, y sobre todo en comunicación mutua, lo que favoreció la repercusión de cualquier creación original en otros lugares. De este modo encontramos, en mitos pertenecientes a culturas alejadas geográficamente, temas análogos. Ahora bien, esta fluidez social, esta labilidad de las fronteras que separan un conjunto tribal de otro no favorecen ningún esfuerzo de sistematización, ninguna representación en forma de áreas culturales claramente circunscritas. Cierto, los incas, los mayas, los mexicas, los tupi guaraníes existieron en tanto que tales, y los rasgos que conformaron sus culturas son lo bastante originales para que podamos hacer un inventario. En muchos aspectos esas sociedades —en especial las que se desarrollaron en Mesoamérica— constituyeron conjuntos distintos, pese a los permanentes contactos que mantenían con sus vecinos. La cuestión de saber cómo se produjeron y acentuaron esas diferencias culturales para marcar fronteras está lejos de ser ociosa, pero tratar de darle respuesta nos alejaría del propósito que nos hemos fijado.

[2] Como toda evocación, la nuestra es parcial, y la muestra de culturas que sucintamente presentamos aquí obedece a una elección personal y a la economía del libro: sólo se tratará de los protagonistas de los episodios citados en el curso de nuestra narración. Deliberadamente, hemos evitado las referencias geográficas modernas, que habrían resultado anacrónicas. Sin embargo, para permitir al lector precisar los marcos de la acción, señalaremos que los diferentes periodos se sitúan respectivamente en: Tierra del Fuego, Chaco de Paraguay y de Bolivia, el piamonte amazónico, Perú —regiones de Huánuco, Cuzco, costa central—, México y las Antillas. En las notas y en la bibliografía hemos indicado las principales obras en que nos hemos inspirado.

La piedra negra del guanaco*

Allá, el viento sopla noche y día, levantando olas inmensas y espumosas que se rompen contra la playa desierta, plegando en dos los árboles que nunca vuelven a enderezarse hacia el cielo. Allá la luz solar casi no entibia las breves jornadas del invierno. Allá donde se acaba el mundo de los humanos, las mujeres tenían todos los poderes y, en aquellos tiempos tan antiguos, los hombres vivían en el terror. Los infortunados se agotaban en la caza, la pesca, recogiendo bayas y conchas, tratando de arrancar a los amos de la Tierra y del Océano su subsistencia cotidiana; también eran ellos quienes criaban a los hijos y se esforzaban en las tareas domésticas: preparaban las pieles, tejían cestos, mantenían el fuego, vigilaban la cocción de los alimentos, transportaban fardos, construían refugios para protegerse del viento. En cambio, sus esposas pasaban los días discutiendo, reunidas en la gran casa, y dando órdenes.

Luna había enseñado a las mujeres los misterios del *haín*, ese rito en cuyo curso ellas, en secreto, se ponían máscaras para aterrorizar a los hombres y amenazarlos con los peores castigos. Los hombres no se atrevían a rebelarse cuando veían que los espíritus se precipitaban fuera de la gran casa, aullando, pues no se habían dado cuenta de la superchería. Pero el azar quiso que Sol, marido de Luna, descubriera la estratagema. La reveló a sus congéneres, que irrumpieron en la choza y, a mazazos, masacraron a las que tan bien los habían engañado, perdonando sólo a las más jóvenes, ignorantes aún de la perfidia del mundo femenino. Las mujeres pagaron caro su duplicidad y los hombres tomaron a su cargo el rito del *haín*, con objeto de mantener a las mujeres en la sumisión y el temor. Desde entonces, nunca se invirtió la nueva jerarquía de los sexos... Como los demás iniciados de su edad, el *kloketen* conocía ese relato surgido de la noche de los tiempos, que los hombres jamás debían olvidar si querían conservar su supremacía e independencia. El aprendizaje del secreto duraba varias lunas, el tiempo que requería la transformación de un niño en adulto, de un ser indiferenciado en un varón en plenitud de sus fuerzas. Mediante las pruebas a que se sometía al adolescente, la ley de los hombres se imprimía de manera indeleble en la carne de su cuerpo, así como las huellas de los antepasados se habían grabado en las rocas que dominaban las caletas y los barrancos.

Un día los hombres enviaron al joven al bosque, solo, para que aprendiera a desenvolverse. Desnudo bajo su capa de pieles, tocado con un bonete de corteza de árbol, el muchacho siguió la pista a su presa noche y día, encendiendo solitario sus fuegos. La lechuza, cuyo lenguaje él ya sabía interpretar, lo guió hasta un claro, donde la nieve recién caída sofocaba el ruido de sus pasos. Algunos guanacos, poderosos animales de pelaje aleonado, se habían detenido para pastar entre las escasas hierbas bajo la vigilancia de un centinela, inmóvil, con las orejas levantadas y el cuello tendido hacia el peligro que presentía. En un instante, las bestias echaron a correr; y en

* Tierra del Fuego.

un instante el iniciado lanzó su flecha y el guanaco vaciló y luego se desplomó sobre el suelo blanco. El *kloketen* acababa de cobrar su primera presa.

El joven estaba inquieto. ¿No le habían repetido que el *shoort*, aquel espíritu malévolo, podía surgir en cualquier momento del bosque? A toda prisa, desolló su presa y la destazó. Del cuello humeante del guanaco sacó una piedra anormalmente grande, que abrió como una bellota hasta descubrir su centro, liso y redondo, negro y salpicado de estrellas que brillaban sobre la palma ensangrentada de su mano. ¿En qué podía pensar, acabando de obtener una victoria sobre su miedo y sobre su torpeza? La noche caía ya. Era la hora de la Luna y debía regresar. De pronto, el *shoort* salió del oquedal, aullando. El *kloketen* echó a correr, gritando también él, y en su loca carrera logró dejarlo atrás. Una vez llegado a la casa de los hombres, narró su aventura mientras los adultos lo escuchaban horrorizados. El novicio no sabía aún que el *shoort* era uno de ellos, que se había puesto una máscara para atemorizarlo y ponerlo a prueba. El iniciado entregó la piedra negra al poderoso consejero de los iniciados, el *xo'on*; éste, que previamente se había quitado sus atributos mágicos para no atraer a los espíritus femeninos, siempre al acecho de una ocasión de calmar su sed de venganza, conservó el presente.

Las jornadas de los iniciados transcurrían sin ratos libres; aprendían a vencer el frío y el sueño, la soledad y el temor. Todos temían al poder de los *xo'on*. Perseguidos por los grupos que se habían repartido el territorio, los *xo'on* eran muertos por sus vecinos, que asimismo se apoderaban de sus mujeres y masacraban a sus parientes cercanos para impedir toda venganza. Un rito del *haín* sucedía a otro; un *xo'on* nuevo tomaba entonces el lugar del que había muerto. Escaramuzas, muerte, pillaje y reorganización de los grupos constituían así la existencia de esos pueblos que regularmente renovaban su relación con los espíritus y con el pasado inmemorial.

Al norte del brazo de mar (el estrecho de Magallanes) que atravesaban las canoas de los pescadores alakaluf, otros cazadores de guanacos y de ñandúes* recorrían las llanuras continentales, a lo largo de las playas azotadas por un viento que no se aplacaba nunca, frecuentando los lagos y los glaciares: eran los aoni-ken, los guéna-ken, los teushen y muchos otros hombres corpulentos, de rasgos tallados por la intemperie. A veces eran víctimas de los mapuches de la cordillera, que sacaban de la tierra su subsistencia, mientras que aquellos cazadores reinaban sobre los espacios infinitos, integrados a los animales que los poblaban.[3]

---

* Avestruces de América.

[3] El relato evoca la vida de los iniciados selk'nam de la Tierra del Fuego. Ese pueblo de cazadores, hoy desaparecido, era uno de los más primitivos del continente americano. Los primeros europeos que lo encontraron fueron los hombres comandados por Pedro Sarmiento de Gamboa en 1579. De todos modos, resulta verosímil que la flota de Magallanes observara, en octubre de 1520, las fogatas encendidas por uno de esos grupos, y de ahí el nombre de Tierra del Fuego que dieron a esta gran isla (cap. XI). Los alakaluf habitaban la inmensa área del archipiélago austral, que en la actualidad pertenece a Chile; vivían esencialmente de la pesca. Los aoni-ken, los guena-ken y los teushen, como los selk'nam, eran cazadores de guanacos y de ñandúes *(Rhea americana*, ave semejante al avestruz, que se persigue por su carne y sus plumas) y ocupaban la vasta región a la que hoy se llama Patagonia (al sur de Argentina): los

La apertura del mundo*

Bajo el trópico de Capricornio, algunos grupos humanos se entregaban a la caza y a la pesca. Practicaban una agricultura modesta, favorecida por el clima, la tierra y, sobre todo, por la vecindad de otras sociedades que les habían enseñado a explotar la tierra. Pero la actividad que movilizaba la energía de todos ellos era la recolección de la miel, de las bayas y los frutos silvestres, tan amargos que había que cocerlos durante días para que fuesen comestibles, y la captura de animales pequeños. En esas comarcas, las mujeres habían gobernado antaño con rigor, instaurando ritos terroríficos cuya impostura habían descubierto un día los hombres; también ahí habían reaccionado cruelmente exterminando a sus esposas, sus madres y sus hijas, con excepción de la hija cérvida, a la que perdonaron la vida para que se perpetuara la especie humana.

En las riberas del gran río Paraguay, como en las islas del mar austral, los iniciados aprendían los secretos en que se fundaba el orden del mundo. La temporada de sequías se terminaba lentamente. En la noche fría de Sunsas resonaba el grito del chotacabras, como una señal de que los gosode aguardaban desde hacía varios días, desde que se había agotado el agua de los pozos y los ríos ya no eran más que hilos de agua sucia. El *assojna*, el chotacabras de pico abierto como un sexo de mujer, había llegado a anunciar la apertura del mundo. Esta ave era emisaria de las primeras tormentas, antes de que empezaran las lluvias torrenciales comparables a las que desencadenó el Niño-Nube, cuando hombres, bestias, plantas y cosas se confundían y gozaban del don de la palabra.

Para abrir el mundo, había que respetar el bosque y cuidarse de las fuerzas maléficas que podían desencadenarse inadvertidamente. Así, en medio de un silencio profundo los hombres partían al alba, tras haber oído el reclamo del ave. Adornados como para la guerra, con el rostro pintado con los emblemas de su clan, rematada la cabeza por el bonete de piel de jaguar, los gosode caminaban pesadamente sobre la tierra. Su aspecto era aterrador. Ayunaban para tener el derecho de recoger la miel, el mejor de los manjares, embriagante y delicioso, que lo mismo podía enfermar que causar un placer intenso e irresistible. No comían nada ni bebían, no podían ni escupir ni tragarse la saliva que burbujeaba en la comisura de sus labios; pues abrir el bosque era un acto tan peligroso como matar a un enemigo: la miel, como la sangre, podía volverse contra los guerreros y darles muerte. Al volver a la aldea, se lavaban íntegramente, luego limpiaban las armas y los objetos que los habían acompañado en la expedición. Aquella noche, dormían lejos de las mujeres.

Unos días después de su regreso, tres hombres partieron hacia el occi-

aoni-ken fueron llamados *patagones* por los hombres de Magallanes debido a su corpulencia (literalmente: "grandes patas"). Por último, los mapuches de la cordillera de los Andes, más conocidos con el nombre de araucanos, practicaban la agricultura. Para la Tierra del Fuego nos hemos basado esencialmente en Chapman (1982); para la Patagonia, en Escalada (1949).

* Bolivia, Chaco.

dente, llenando de miel las calabazas para ir a trocarlas por tortugas a los tapuy del Izozog. Habían pedido al chamán, Togai, que los acompañara: "Ven con nosotros, nos protegerás con tu fuerza." Togai era el *nainai* más poderoso de los gosode, el que hacía caer la lluvia y encontraba los objetos perdidos, el que sabía viajar, arriesgando su propia vida, hasta el mundo de los espíritus para recuperar el alma extraviada de un enfermo. Y como deseaba recuperar la comarca del vacío, se unió a los tres hombres.

Al terminar la época de sequía, los gosode acostumbraban también dirigirse a esos parajes pantanosos, llenos de tortugas. Los tapuy, como generalmente los llamaban, trabajaban la tierra y apreciaban la miel del país de los gosode, fuerte y picante como los rayos del sol, que hacía estremecer los corazones más endurecidos. El viaje no carecía de riesgos desde que los ava, amos de los tapuy, se habían instalado en las riberas del Parapití, pero el peligro ofrecía a los gosode un atractivo adicional; evitarlo habría sido interpretado como una flaqueza, y del valor de los guerreros no se debía dudar, tanto más cuanto que allá tenían unos socios conocidos, que sabían recibirlos. Las transacciones se hacían gritando. Los gosode injuriaban a los tapuy; éstos rechazaban las calabazas, o sugerían que estaban vacías; al terminar, la miel y las tortugas volvían a partir en direcciones diferentes y los gosode recibían, además, un poco de maíz por su trabajo.

Esta vez, en el camino de regreso, los gosode encontraron muchos animales salvajes, pero Togai, el *nainai*, adivinó sus intenciones. Cuando tuvieron a la vista las chozas, al cabo de algunas jornadas de marcha, Togai sacó de su bolsa una piedra negra que su maestro, el Sabio del Gran Río, le había dado antes y que provenía, según afirmaba, de comarcas muy remotas, habitadas por espíritus. Togai observó largamente su superficie brillante, analizando sus reflejos, interpretando los matices indefinibles de su brillo. "Si voy donde los tapuy, me matarán", sentenció, y en seguida entregó la piedra al hijo del hermano de su madre y le dijo: "Guárdala, es mi *puopie*", queriendo decir con ello que le entregaba su fuerza, pues él ya no la necesitaba. Luego, se transformó en jaguar.[4]

AVAPORU, LOS DEVORADORES DE HOMBRES[*]

De todas las aldeas de los alrededores acudía gente para el banquete. Ahí, en la llanura del río Parapití, rodeadas de los campos de maíz, las grandes *malocas*, esas chozas circulares en que vivían varios centenares de personas, estaban en efervescencia y se acondicionaban para una gran jornada. Las viejas preparaban la cerveza que fermentaba en las ollas desde hacía días, para comprobar su grado de maduración. Untuosa, pesada y espesa, pero sin grumos, la bebida tenía la consistencia del esperma y, como él, era fecundante, bienhechora y también embriagante hasta hacer perder la

---

[4] Los ayoré, como los selk'nam, son cazadores-recolectores. Aún habitan la región continental del Chaco septentrional (actuales Bolivia y Paraguay), Bernand (1977).

[*] Bolivia, Chaco, pantanos del Izozog.

América antes de la colonización

mexica México
Tenochtitlan
Xicalango
Acalan
maya

arawak
(Guanahaní)
Cuba
Bahamas
Haití
Yucatán
Mar Caribe

Océano

Atlántico

Quito
Huánuco
Imperio
Montaña de
la Sal (Perene)
amuesha
("anti")
Cuzco
Lago
Titicaca
izozog
tapuy avaporu
(chiriguano)

Océano

Pacífico

Tupac

Inca

río Maule
mapuches
(araucanos)

Paraguay
ayoré
gosode

aoni-ken guenaken
teushen (patagones)

selk'nam
Tierra del Fuego

0   1000 km

⟶ trayecto de la piedra bezoar

cabeza. Otras mujeres habían cubierto la estaca, la *ibira pema*, con una sustancia pegajosa a la cual habían añadido los huevos machacados del pájaro *mucaragua* y plumas. En la noche estrellada, el canto de las mujeres se elevaba como un clamor excitante hasta los astros del firmamento, y los hombres bebían interminablemente, como si la cerveza estuviese contenida en un recipiente sin fondo.

El *tupichuariya*, el hombre-dios, había hablado de la Tierra sin Mal, donde los guerreros irían después de morir y las viejas recobrarían su juventud. Ese paraíso al pie de las montañas se encontraba mucho más lejos, en otra parte, en dirección del occidente; desde hacía una infinidad de lunas —nadie habría sabido decir cuántas— los ava lo buscaban. Habían empezado a errar desde hacía tanto tiempo que habían olvidado su tierra de origen. Muchos ava se habían quedado en el camino, prefiriendo instalarse en las comarcas acogedoras y dejar ahí su simiente, fatigados tal vez por aquella búsqueda interminable. El *tupichuariya* conocía la molicie de los seres humanos, y por ello los exhortaba sin cesar a la guerra y, a través de ella, a la gloria. Los *queremba* lo escuchaban. Esos jóvenes guerreros tenían el derecho de llevar el *tembeta*, que los distinguía de sus vecinos y daba a sus rostros aquel aire feroz y bello. Les gustaban las palabras del "cantor", como solían llamarlo, pues sus palabras se asemejaban a una melodía suave. Y como el *tupichuariya* era protegido del jaguar, no se equivocaba jamás.

De la choza habían sacado, arrastrándolos, a tres cautivos. Durante varias lunas los habían alimentado y atendido de la mejor manera, y ahora que se habían puesto robustos y hermosos todo el mundo los festejaba. Entregadas a la tarea de pintarles el rostro, las mujeres, riendo, elogiaban su robustez. Los prisioneros compartían la cerveza con los ava y sus esclavos, los dóciles tapuy, y la velada transcurría alegremente. A cada uno se le dio una muchacha, para compartir su lecho. Al día siguiente se les ató con cuidado, dejándoles libres las manos para que pudiesen lanzar guijarros contra las mujeres, que los insultaban a gritos. ¡Era un espectáculo divertido ver a esos hombres que, pese a las ataduras, mostraban tal destreza! Las mujeres daban saltos y redoblaban las amenazas, haciendo reír a todos.

Luego, ante los ojos de los cautivos, se encendió una gran fogata; una vieja blandió el *ibira pema* con gesto amenazador; lo pasó luego a un tapuy, que a su vez lo mostró a todos para que los prisioneros pudiesen apreciarlo. Del gentío se destacó una quincena de guerreros jóvenes: las pinturas de sus rostros les hacían a la vez magníficos y aterradores. Uno de ellos se apoderó de la estaca y la hundió en el cuerpo de una de las víctimas, mientras otros le destrozaban la cabeza con garrotes, haciendo saltar los sesos; vino entonces el turno de los otros guerreros, que no habían perdido detalle del espectáculo. Por último, las mujeres se precipitaron sobre los cadáveres y los arrastraron al fuego; les rasparon las pieles, para que se pusieran blancas y lisas; luego, les hundieron un pedazo de madera en el ano, para que nada se escapara.

Entre los ava, el banquete caníbal constituía el punto culminante de la fiesta. La orgía guerrera, lejos de adormecer sus sentidos, los excitaba hasta el frenesí. Para aligerarse el cuerpo, los que habían dado muerte a los prisioneros se abstenían de probar la carne humana, dejaban correr su sangre y se causaban profundas heridas con los incisivos de roedores. Los otros saboreaban con deleite aquella vianda exquisita que había sido despedazada siguiendo prescripciones muy estrictas. Las viejas se reservaban las entrañas, la lengua y los restos de los sesos, que consumían después de haberlos hervido. Así, por este rito, cada quien debía beneficiarse, según su rango, de la inmortalidad de la Tierra sin Mal. Al apoderarse de la fuerza y de la sustancia de sus enemigos, los ava trataban de aumentar las suyas, condición necesaria para alcanzar aquel mundo profético en que la vida sería una dicha perpetua. Millares de tapuy habían encontrado sepultura en sus vientres, y las tribus de los alrededores, que conocían su reputación, les temían más que a nada en el mundo.

El *tupichuariya*, en su gran sabiduría, ¿pensaba en el País sin Mal, del otro lado de las montañas? En todo caso, se preparaba a seguir su camino, pese a su edad avanzada. Sabía que su errar pronto llegaría a su fin, y ello lo regocijaba. Lejos de los clamores y de las risas fumaba sin descanso, y su espíritu divagaba. Sus miembros y su pecho se sacudían con espasmos regulares, cuya intensidad irradiaba en ondas concéntricas y sólo disminuía para mejor recuperar el impulso inicial. El *tupichuariya*, con los ojos entornados, gozaba de su éxtasis. De no haber sido por el ligero temblor de la piedra negra con reflejos dorados que llevaba al cuello, habría podido creerse que estaba muerto: así de ligero era su cuerpo. Al llegar el alba, no pudiendo ya contenerse, recogió sus ropas y se alejó, para siempre.[5]

PERENE, LA MONTAÑA DE SAL*

Los aras, los tucanes, los *tangara* multicolores emprendían el vuelo parloteando a medida que los hombres avanzaban por la marisma dirigiéndose al Perene, que esperaban alcanzar antes de que cayera el día. Habían llegado de lejos utilizando los brazos de mar y los ríos, por aquella comarca de los amuesha, para buscar ahí las piedras de sal. Las mujeres y los niños se habían quedado en los *malocas* con unos parientes, pues el camino era largo y, pese a las frases tranquilizadoras de los vecinos, relativamente peligroso. Habían tenido que bordear la gruta de la anaconda, en que todos los años el monstruo atrapaba a los viajeros distraídos o imprudentes;

[5] Los avaporu, literalmente en guaraní "comedores de carne humana", pertenecían al gran conjunto tupi-guaraní. Los chiriguanos se establecieron en Bolivia y algunas tribus llegaron a los confines del imperio de los incas, a Chachapoyas y al Huallaga (Perú). El relato se desarrolla en el Chaco boliviano, al sudeste de Santa Cruz de la sierra, al borde de las marismas del Izozog, donde se pierden las aguas del Parapití. El *tupichuariya* era más un profeta que un chamán. Métraux emplea, para referirse a él, la expresión "hombre-dios". Esta región de la Bolivia oriental también estaba habitada por grupos de lengua arawak, los chané, a quienes los chiriguanos redujeron a la esclavitud y, con desprecio, llamaron *tapuy* ("servidores"). Chase Sardi (1964); Métraux (1931, 1967); Clastres (1975); Combès (1987).
* Piamonte andino, al borde del bosque amazónico, Perú.

habían tenido que esquivar las innumerables trampas de la selva, evitar los llamados de los peces de los ríos, los jaguares y, desde luego, a todos los enemigos con quienes no habían cesado las hostilidades, y que buscaban venganza. Pero Perene, la montaña de sal, no estaba ya lejos, y ahí sus anfitriones les asegurarían su protección.

Los hombres llevaban en sus cestos las plantas que crecían en sus jardines y permitían tomar la vía de los espíritus para descubrir en ella lo que se ocultaba a la mirada humana; también llevaban coronas de plumas de rara belleza, miel y maderas aromáticas. A ratos, los fuegos de los árboles talados consumían los troncos perforando los flancos de las florestas. Otras tierras cultivadas, casi cubiertas por la vegetación, defendían de un sol demasiado ardiente los bananeros y la mandioca. Entre las brumas, ellos percibieron las primeras chozas, anidadas en las pendientes del Perene, cuando el peso de la fatiga empezaba a hacerse sentir. El zumbido de los insectos cubría el rumor de sus pasos, pero su avance discreto levantaba nubes de mariposas azules por encima de los *shimorotogi* de corolas blancas.

Su anfitrión salió de la segunda *maloca* y los recibió con una escudilla de *masato*. Luego conferenciaron largamente sobre los acontecimientos del año. Los forasteros se enteraron de que las gentes de las cordilleras habían llegado de Chaclla con joyas y tejidos. Otros grupos habían pasado ya por la montaña de sal con mercancías de todas clases, llevando relatos de países lejanos, que luego se repetían a los recién llegados embelleciendo los detalles, y esas palabras que les hacían vibrar aquella noche serían repetidas en otros lugares, entrelazándose al contacto con otras para volver, en cierto modo renovadas, a quienes un día las habían lanzado y que las escucharían con tanto placer como si las oyeran por primera vez. Mariposas azules adornadas con magníficos ocelos del color del jaguar se habían introducido en la *maloca* provocando cierto movimiento entre las mujeres, que se apresuraron a cubrir las ollas. Si una mariposa llegara a caerse en ellas, una de las personas presentes no tardaría en morir. En el suelo, los niños jugaban, indiferentes a todo.

Los murmullos continuaron todavía un momento, después que cada quien se tendió sobre su estera. Luego se impuso la noche, con sus ruidos y sus rumores. El sueño liberó las almas de los durmientes, que vagaron a su gusto con la mayor despreocupación, pues el jefe de la *maloca* era un hombre de poder, cuyas pequeñas flechas invisibles eran más poderosas que todas las de sus rivales. Algunas almas celebraron encuentros asombrosos, otras vagaron por las tierras labrantías, y hasta hubo una que se unió a la mujer-cervida, con la que tenía cita en las noches de luna llena. La mayoría se contentó jugando con los animales de la selva. Al llegar el alba, esos dobles invisibles volvieron prudentemente a su envoltura carnal por aquel lugar del cráneo en que los cabellos forman remolinos, semejantes a los del río, y que es la puerta del cuerpo. Entonces, empezaron a despertar unos tras otros, y comenzó una nueva jornada.

Los amuesha controlaban el flujo de las mercancías que convergían en el Perene, centro de trueque, para volver a partir hacia las cordilleras del oeste o hacia aquella comarca cubierta de bosques que, de río en río, descendía hasta el mar inmenso, en dirección del sol levante. Allá, la región era plana y los ríos se arrastraban perezosamente, excavando un lecho tan ancho que apenas podía distinguirse la otra ribera. En el momento de la decrecida de las aguas, en las franjas de tierra descubiertas y atestadas de limo germinaban las plantas que alimentaban a tribus poderosas, siempre en guerra para obtener del vencido un aumento de energía. Entre esos pueblos había "devoradores de hombres", como todos los de origen tupi, con quienes los avaporu estaban emparentados; otros grupos practicaban la caza de cabezas; otros, por último, vivían apaciblemente en sus tierras, y eran continuo blanco de los guerreros. Contra la corriente de los grandes ríos, sobre las rocas en cuyas cúspides había inscrito su palabra el amo del Trueno, allí donde vivían los amuesha y los nomatsiguenga, la tierra no era tan fértil y había que abrir sin cesar nuevas brechas en la selva para obtener de ella una magra subsistencia, que la caza y la pesca completaban felizmente. Por último, se levantaba la montaña de sal que atraía a hombres llegados de los confines de la vasta selva, en busca de la preciosa sustancia pero también de los productos llevados del país de las cordilleras, que se extendía del lado del sol poniente.[6]

En la selva con sus mil ruidos se había oído hablar de ese reino del oro, del que sólo se conocía una pobre muestra gracias a los cargadores que de ahí descendían, encorvados bajo el peso de sus mercancías. Los montañeses, encabezados por Tupac Inca Yupanqui, habían efectuado algunas incursiones guerreras por la inmensidad verde, pero los autóctonos siempre los habían rechazado con facilidad pues los invasores llegaban de una tierra fría y tenían dificultad para avanzar entre esas extensiones tupidas y opresoras; los insectos y el calor, tanto como los hombres, frenaban sus ambiciones. Los intercambios comerciales remplazaban a los enfrentamientos directos y todo el mundo salía ganando, pero en ambas partes reinaba la desconfianza. Los emisarios del Inca tenían el hábito, desde hacía varias lunas, de aventurarse por el territorio de los anti, nombre que daban a todos los que habitaban los contrafuertes boscosos de las montañas y gravitaban en torno del Perene. Les llevaban piedras para hacer madera y éstos, a su vez, con tribus más lejanas intercambiaban joyas de oro y de plata así como tejidos, cuya belleza excitaba hasta muy lejos las codicias, puesto que aun los chimoré del Orinoco habían logrado procurarse algunos. A cambio de todos esos artículos preciosos, los súbditos del Inca recibían plumas, tabaco, maderas raras y miel. También acudían a aprender, de aquellos a quienes consideraban salvajes, ese poder de viajar y

---

[6] Los amuesha pertenecen a la familia lingüística arawak, así como los nomatsiguenga. Estos últimos también son conocidos con los nombres de campa o anti-campa. Esas poblaciones de agricultores habitan aún el piamonte andino, del Huallaga al Ucayali (Perú). El Perene, o "monte de sal" al norte del Paucartambo Perene (Perú oriental), poseía minas de sal gema. Ese *Cerro de la Sal* estaba ya a finales del siglo xv en manos de los amuesha y de los campa. Era un importante centro de trueque al que convergían tribus selváticas del Ucayali, del Urubamba y del Apurimac. El *masato* es una bebida fermentada. Renard-Casevitz (1980-1981); Renard-Casevitz, Saignes y Taylor-Descola (1986).

de ve· más allá del mundo visible, poder que conferían ciertas plantas cuyo secreto poseían los anti.

Marca Pari mandaba a un pequeño grupo de runa —era el nombre que de ordinario se daban y que significaba, simplemente, los hombres— a nombre del señor Vilca Xagua. El que lo había enviado fue investido en sus funciones por Tupac Inca, quien lo puso a la cabeza de mil tributarios en la provincia de los chupacho, al borde del territorio de los anti. Los montañeses observaban, con el rabillo del ojo, los fardos de plantas que los hombres de los bosques habían depositado sobre la tierra, simulando una total indiferencia; apenas contemplaban las espléndidas diademas de colores irisados que habían llegado a buscar de tan lejos, y cuyo valor conocían. Los runa desconfiaban de esos pueblos de las tierras bajas, por quienes sentían, a la vez, desprecio por la diferencia de costumbres, y atracción, por el misterio que emanaba de aquellas comarcas sofocantes y húmedas donde había nacido la planta divina, la coca, que el Inca apreciaba por encima de todo.

Las transacciones se prolongaron largo tiempo, como de costumbre. Marca Pari contaba los fardos y verificaba en los nudos de su *quipu* la cuenta que había hecho oralmente. A los hombres de la selva no les gustaban aquellos cordelillos con los cuales los mercaderes del Inca llevaban a cabo las operaciones y discutían las cantidades. Los súbditos de Vilca Xagua simularon que se irían con sus mercancías, para mostrar su descontento. Los amuesha volvieron a servir *masato*, y pronto llegaron todos a un acuerdo. Los tejidos y las joyas tomaron el camino de los ríos y luego se hundieron en aquel océano vegetal, con un destino lejano. Las plumas, las plantas y la miel siguieron el camino del sol poniente, a lo largo de senderos que descendían lentamente los primeros contrafuertes de la cordillera. Masticando una bola de coca, Marca Pari caminaba a la cabeza de su cortejo, marcando el paso del ascenso, que liberaba poco a poco su aliento y el de sus hombres de la opresión del aire caliente; pensaba en la extraña piedra negra que le había robado al padre de su anfitrión, aprovechando la confusión mental en que se encontraba aquel anciano cuya generosidad para con él, sin embargo, había sido tan grande.[7]

La hija del "kuraqa"[*]

El *kuraqa* Vilca Xagua había querido construir un canal para regar sus campos, pero dos enormes rocas formaban una barrera, y todos los esfuer-

[7] Durante el reinado de Tupac Inca Yupanqui —muerto en 1493— los incas trataron de penetrar los bordes de la selva amazónica. Los productos andinos elaborados por las etnias sometidas a la autoridad del Inca, cuya sede era Cuzco (Perú), circulaban gracias a los intercambios con las tribus selváticas, a lo largo de los ríos de la cuenca amazónica. Cieza de León (1967) habla de los mercaderes-espías enviados por Tupac Inca al piamonte: "Hacia la parte del levante envió orejones avisados, en hábito de mercaderes, para que mirasen las tierras que hubiese y qué gentes las mandaban", p. 205. Para los chupacho, grupo étnico de la región de Huánuco (Perú), véase Ortiz de Zúñiga (1967). El pueblo de Chaclla, al este de Huánuco, al borde de la selva, era el sitio de residencia de un poderoso *kuraqa*, término quechua para designar al jefe.

[*] Perú, Huánuco y Cuzco.

zos para desplazarlas resultaron vanos. El señor convocó a los mejores magos de los alrededores y les ordenó descubrir un medio para que el agua pudiese abrirse paso entre las rocas. Prometió recompensar a quienes lo lograran, y amenazó con la pena capital a los que fracasaran en el intento. De los sabios que habían acudido de los cuatro rincones de la región, sólo cuatro lograron realizar la hazaña, convirtiéndose en un par de serpientes *amaru* y en una pareja de estrellas, de la tarde una, la otra de la mañana. Gracias a su arte, lograron perforar una atarjea perfectamente nivelada por donde empezó a correr el agua benéfica, revitalizando el maíz del *kuraqa*. El señor supo cumplir su promesa: a quienes le habían ayudado les dio tierras y esposas; a los que fallaron les reservó el peor de los castigos, y fueron degollados allí mismo. La sangre brotó de los torturados y formó un verdadero río que, mezclándose con el lodo, consolidó la canalización.

"El que lo ve todo", temible ejecutor al servicio del Inca, había ido a censar a los chupacho con su rigor habitual. Desde la lejana capital Cuzco, el Ombligo del Mundo, el Hijo del Sol deseaba vigilar todo, sin dejar escapar ni la menor espiga de maíz ni al más humilde de sus tributarios, pues nada debía sustraerse a los graneros del Estado. ¿No residía la fuerza del Inca en su administración? Su imperio, que él acababa de extender hacia el norte, había sido minuciosamente cuadriculado por sus delegados, que lo habían organizado en función de las exigencias del tributo. Pese a sus esfuerzos, el soberano no ignoraba, gracias a "aquellos cuyos ojos se posan por doquier", que algunos *kuraqa* encubrían a ciertos súbditos, desviando así el producto de su trabajo en provecho propio. Tupac Inca desconfiaba de los señores locales, y su justicia se dejaba sentir de manera ejemplar cuando descubría semejantes abusos.

Vilca Xagua se había adelantado. Vivió largamente en la capital y dio a tres de sus hijas a la Casa de las Mujeres; una de sus hermanas era la concubina del propio Tupac Inca. Por tanto, él gozaba de una posición privilegiada, que el episodio de la canalización de las aguas sólo había reafirmado. La inspección anual había sido una operación de rutina, y este hombre duro y eficiente no se había inquietado, aunque hábilmente hubiese ocultado al investigador las tres familias que vivían en las plantaciones de coca de Manangalli, las dos parejas que cuidaban sus rebaños en las pendientes del Yarucaxa, las otras tres que estaban instaladas entre los quero y que tallaban la madera, así como la verdadera cantidad de mercancías que sus hombres llevaban del país de los anti, después de un trueque que siempre le resultaba favorable. Vilca Xagua había timado a "los ojos todopoderosos" que, por muy penetrantes que fuesen, no conocían, como él, su señorío. ¿Cómo habría podido "ver" realmente el odioso emisario lo que ocurría en todas las cañadas, todas las gargantas, todos los escondrijos de una provincia que no era la suya, como lo era de Vilca Xagua, cuyo antepasado fundador era nada menos que Caxacayan, la montaña de cresta erizada que dominaba el valle?

El gran *kuraqa* también había omitido señalar la extraordinaria multiplicación de sus rebaños de llamas, ocurrida después que Marca Pari, uno de sus súbditos, le llevó del bosque una extraña piedra negra salpicada de puntitos de oro, semejantes a las estrellas de la noche. Este huevo mineral se había vuelto su *conopa*, que él guardaba celosamente en su casa. Le parecía que ese gran guijarro había absorbido la potencia de todas las otras piedras, que sus padres le habían transmitido de generación en generación y cuyas formas y contornos evocaban a los animales que supuestamente debían proteger. Vilca Xagua había recompensado a su fiel servidor dándole una segunda esposa, célebre en el arte del tejido.

El pueblo en que Vilca Xagua tenía su casa se hallaba situado en una zona templada, propicia para el cultivo del maíz. El clima era relativamente benigno y la orientación de las pendientes favorecía una prolongada exposición al sol. Las terrazas de cultivo se escalonaban en forma regular, dando a todo el conjunto una apariencia próspera. Los campos de cultivo estaban dominados por un anfiteatro de montañas en el que se destacaba el Caxacayan. En la cumbre de la montaña, el rayo Libiac tenía la costumbre de ir a acomodarse sobre su trono rocoso, desencadenando entonces violentas tempestades. Para aplacarlo, los habitantes le llevaban ofrendas, cerveza de maíz, conchas marinas, flores, coca y también, cuando el hielo amenazaba las cosechas, a un niño de tierna edad. Desde la explanada que servía de lugar de reunión y que lindaba con las moradas del *kuraqa* salía un sendero que había que tomar para llegar a las patatas. Había que subir una pendiente bastante empinada, dejar atrás el maíz y rodear una estribación. Al cabo de cierto tiempo se llegaba a una zona más agreste y más fría en que se daban muy bien los tubérculos, ofreciendo en el momento de los primeros brotes un espectáculo arrobador. Más allá, en la *puna*, aquella landa que siempre había gustado a los habitantes del país, pacían los rebaños de llamas y de guanacos, así como de vicuñas, cuya lana estaba reservada al Inca y a los señores poderosos.

Vilca Xagua y todos los de su linaje se complacían narrando que sus antepasados eran originarios de una tierra situada en algún lugar en dirección del sol levante. Animados por un espíritu belicoso, fueron conducidos por el valeroso Yarovilca hasta Orcon, el pueblo en que el *kuraqa* había establecido su residencia. Antes de morir, Yarovilca marcó los linderos de su territorio, colocando ahí una piedra, una *huanca*, que se hundió en la matriz de la tierra y que desde entonces aseguró la fecundidad de todos sus descendientes. El cuerpo de Yarovilca fue revestido con sus mejores galas y luego depositado en un nicho del Caxacayan, encogido como un feto en el vientre de su madre; la sequedad del aire impidió la putrefacción de su carne, y la momia fue honrada por todos sus descendientes. Para alimentarla le fueron consagradas unas parcelas y todos los aldeanos, por turnos, se encargaban de cultivarlas.

El ritmo de las estaciones, en Orcon como en todas partes, obedecía a lo que marcara el Inca a todos sus súbditos e implicaba cierto número de tareas y de servicios obligatorios. Suponíase que cada provincia aportaba un contingente de vasallos, calculado proporcionalmente respecto del número de tributarios. Vilca Xagua enviaba así, de su circunscripción, un centenar de hombres para cultivar los campos de la ciudad de Cuzco, una cuarentena para realizar las obras de albañilería —después del último Inca, las construcciones habían cobrado un auge inaudito—, una veintena para cuidar las momias de los Incas, un centenar para el servicio del soberano viviente, otra veintena para fabricar productos de alfarería, una treintena para explotar la coca, una sesentena para confeccionar los adornos de plumas, una cuarentena para los trabajos de ebanistería y una decena como servidores de Tupac Inca, sin contar los fabricantes de zapatos, los matarifes, los pastores y los destinados a las salinas y a los campos de chile. Además, otras 200 personas, entre las que se quedaban en el lugar, trabajaban en las parcelas del Inca.

Las mujeres constituían una forma particular de tributo. Escogidas por su belleza, tenían como tarea tejer las piezas finas, los tejidos de *cumbi* que sólo podían usar los hombres de linaje noble. También podían tener, a veces, el honor de compartir el lecho del Hijo del Sol, el de los miembros de su ilustre familia o, incluso, el de un capitán que se hubiese cubierto de gloria. El soberano recibía ese tributo femenino, del que conservaba una parte. Distribuía el resto por los cuatro rincones de su imperio, decidiendo alianzas y estableciendo con los *kuraqa* nexos de fidelidad que contribuían a consolidar su poder y a mantener el orden en todas las naciones que él tenía sometidas a su autoridad.

Las jornadas de trabajo obligatorio se cumplían por turnos para no empobrecer ninguna tierra. Vilca Xagua vigilaba la distribución exacta de las tareas, rodeado de contadores que registraban cada cantidad en los cordelillos del *quipu*. No lejos de Orcon se encontraba el gran centro de Huánuco, con su hilera de graneros, que podían distinguirse desde la cañada. Era ahí donde se conservaban los bienes tomados de los grupos locales para distribuirlos después a los ejércitos, a los menesterosos y a todos aquellos miembros del linaje del Inca que vivían del trabajo de sus súbditos.

Vilca Xagua tenía 15 esposas, con las cuales vivía en armonía. Todas ellas eran de una gran destreza, y sus dedos sabían hacer hablar la lana: sus tejidos reproducían las hazañas de los antepasados, combinando sabiamente los colores, marcando los matices cromáticos que se escalonaban entre dos tonos demasiado contrastados como para enfrentarse abiertamente. Había conservado a su lado a dos de sus hermanas con su prole, a su anciana madre y a una de las mujeres de su padre. También albergaba a dos servidores. El *kuraqa* había engendrado una numerosa descendencia y su poder fecundante, que la edad no parecía haber menoscabado, era comparable al de su *huanca*, ese falo de piedra plantado en la tierra húmeda que se levantaba a la entrada de la aldea. La mayor parte de sus hijos habían abandonado ya la casa paterna para fundar su linaje, y entre los que compartían aún su techo, demasiado jóvenes para volar con sus propias alas, la preferida era la joven Tanta Carua.

Esta muchacha era tan bella que el sol mismo tenía celos de su esplendor. Su piel era tersa, uniforme y sin la menor mancha; sus pestañas estaban graciosamente curvadas y sus dientes eran blancos y regulares como los granos de maíz. Como él la quería tiernamente y estaba orgulloso de ella, resolvió enviarla a Cuzco para hacer de ella una *capac hucha*. Sabía que ese honor le valdría una recompensa generosa y que su hija querida sería, en adelante, venerada por los suyos. La noticia fue recibida con alegría por toda su familia; sólo su madre manifestó alguna reticencia. Se vistió a Tanta Carua con los más bellos ornamentos y luego, escoltada por un cortejo de parientes y servidores, salió de Orcon al despertar el día. La procesión siguió la línea recta que pasaba por el camino de las crestas, uniendo todos los lugares venerables, los *huaca*, a los que estaba dedicado un culto particular, hasta el templo del Sol, en el Ombligo del Mundo.

Acababa de comenzar la temporada de lluvias y la ciudad de Cuzco se preparaba para celebrar un conjunto de ritos, *Capac Inti Raymi*, para conjurar el mal tiempo y asegurar la marcha del mundo. Cada cuatro años, por esas fechas, el Inca se liberaba de todo lo que lo había manchado, estando predispuesto, como Hijo del Sol, a una conjunción funesta con los astros y las fuerzas telúricas. Esta purificación se imponía, sobre todo porque si el Inca estaba manchado, no sólo él sino también las comunidades colocadas bajo su autoridad quedarían en peligro de muerte. Con tal fin, él elegía una muchacha muy bella a quien transmitía esta mancha, esta *capac hucha*, cuyo nombre adoptaba ella. Ese año, la feliz privilegiada era la hija de Vilca Xagua, cuya belleza era muy elogiada. Avisado de la llegada de Tanta Carua, el Inca hizo el balance de todo lo que manchaba su pureza ante "El que Habla", el "Servidor del Sol", segundo, detrás de él, en la jerarquía del poder; luego descendió a lavarse en la corriente del Apurimac, seguido de todos sus consejeros.

Ahora, Tupac Inca está sentado en su trono de oro; el monarca estaba tocado con su insignia real, esa trenza de lana que ciñe su cabeza como una corona; por encima de su túnica de lana de vicuña se ha puesto una capa de plumón de murciélago. El Hijo del Sol resplandece con el brillo de sus joyas, y el lóbulo de sus orejas, que le cae hasta los hombros, le confiere un aire majestuoso. A su alrededor se han colocado las estatuas del Sol, del Rayo y del Relámpago, así como las momias ancestrales, adornadas con suntuosos ornamentos, y todos los encargados de cuidarlas. Tanta Carua está deslumbrada por esta pompa. Asiste a las libaciones del Inca, que ofrece a su padre, el Sol, una cerveza de maíz fabricada especialmente por la *coya*, su esposa principal —y hermana— y por las *palla*, sus otras mujeres, que llevan la preciosa bebida en unos cántaros de oro. También ve degollar una llama al sumo sacerdote, cuya túnica es inmaculada como la piel de ella, y, con la sangre que brota, riega la harina blanca de maíz, preparada para la ocasión. Se confecciona así una pasta que se da a comer al Inca y a sus ayudantes.

Los cánticos, las danzas, las ofrendas, los sacrificios de animales que se suceden, los banquetes y las borracheras, autorizadas en esta ocasión, caracterizan la fiesta del Sol, la mejor del año. Están ahí, sentados, los príncipes de Hanan Cuzco, la parte alta, descendientes de las esposas principales del Inca, y los de Hurin, la parte baja, compuesta de linajes descendientes de mujeres secundarias, con sus momias respectivas. Al llegar la noche, cuando empieza a caer una fina lluvia, los cadáveres ancestrales son devueltos a sus nichos hasta el día siguiente. En una cámara, lejos de las miradas de todos, Tupac Inca desflora a Tanta Carua y transmite a su cuerpo, tan joven y bello, la mancha que el suyo llevó durante cuatro largos años. En adelante, ella será sólo impureza, *capac hucha*, y tendrá que morir para que el Inca y el mundo entero puedan vivir sin temor. Rodeada de los suyos, Tanta Carua vuelve al camino que la lleva al pueblo de su padre. Mientras que al llegar todos corrían a verla y a elogiarla, ahora ya no se cruza con nadie, pues todos saben del peso de la carga que ella lleva y se apartan del camino, bajando los ojos. Al llegar a su morada, ella rechaza la fiesta que le había preparado Vilca Xagua: "acabad conmigo", pide a su padre. "Ya gocé bastante en Cuzco."

Se le ofrece entonces un brebaje para que duerma. Luego, con la mayor precaución, se hace descender su ligero cuerpo al fondo de una cisterna seca, y ahí se depositan vasos y platos de oro, así como los tejidos más suntuosos. Luego, el pozo es cubierto de piedras, y todos se alejan. Poco después, como signo de gratitud, Vilca Xagua será elevado a un rango superior y se le pondrá a la cabeza de una circunscripción que incluye a 4 000 tributarios. De todos los pueblos de los alrededores acude gente a honrar a la *capac hucha* y a llevarle ofrendas, pues ella será la que, en adelante, presidirá la prosperidad de la provincia.[8]

EN LOS CONFINES DEL IMPERIO INCA*

Por vez primera, Titu Huallpa contempla el mar inmenso. Descendió con su guarnición al país de los llanos para someter mejor la costa de Chincha, que recientemente cayó bajo la autoridad de Cuzco. Su padre, que no es otro que el propio Tupac Inca, le ha confiado esta misión importante, pese a su juventud. De pie sobre un terraplén, observa a los pescadores que, a horcajadas sobre sus embarcaciones de paja, franquean la barra y desaparecen por un momento, bajo la ola espumosa. Del mar asciende un olor fuerte, que él no logra identificar. Los cormoranes disputan por los peces, se lanzan y vuelven a lanzarse al agua, arrancándose el botín y dando chillidos que desgarran el aire; en la ribera, un pelícano inmóvil acecha su presa. Titu Huallpa escudriña el cielo gris, del que jamás cae lluvia. El calor seco de la costa lo sofoca.

El Gran ·Soberano ha acompañado a las tropas de su hijo hasta·el río Apurimac. Después, cansado de viajar a los cuatro rincones de su imperio, se retira a la ciudad de Cuzco, dominada por una fortaleza inexpugnable, el *Saqsahuaman*, Águila Temible, construida con piedras tan pesadas que se necesitó la fuerza de centenas de hombres para moverlas. En el crepúscu-

[8] Ortiz de Zúñiga (1967); Cristóbal de Molina *el Cuzqueño* (1989); Cieza de León (1967), pp. 100-102; Hernández Príncipe en Duviols (1986), pp. 471-475; Zuidema (1978), pp. 1037-1056. La *huanca*, que no debe confundirse con *huaca* (nombre dado a los lugares que eran objeto de culto, pero también a todos los fenómenos singulares), era un monolito levantado sobre un campo y que representaba al antepasado litificado. Acerca de la *huanca*, véase Duviols (1979).

* Perú, costa del Pacífico, al sur de Lima.

lo de su vida, podía jactarse de haber continuado las conquistas emprendidas por su padre y sometido a decenas de pueblos belicosos e inquietos; ellos adoptaron el culto del Sol, sin abandonar empero sus propios sitios de veneración: fuentes, árboles, pozos, cañadas, grutas o cumbres, de las que antaño salieron ellos, surgiendo de la tierra en que Viracocha los había sembrado. A su vez, el Inca se anexó el oráculo de Pachacamac, construido al borde del océano, con todos los santuarios que de él dependían. Extendió por esas comarcas llanas y desérticas su bella lengua quechua, con sus acentos de ruiseñor, y sus leyes severas; obligó a esos pueblos a rendirse bloqueando los canales de riego que les llevaban la vida, y los rebeldes de antaño se volvieron tributarios dóciles, y sus jactancias se convirtieron en servilismo. En el interior de su imperio, el orden sucedió al caos. Sin el consentimiento del Inca, ya nadie ha circulado ni modificado a su capricho los colores de su peinado ni de su atuendo, lo que introducía una confusión insoportable en las cuentas del tributo. Sólo los mensajeros y los cargadores recibieron autorización de ir por todos los caminos, que él extendió y ensanchó sin preocuparse por los obstáculos que se oponían a su obra. Por encima de los ríos profundos se tendieron puentes de cuerda, que los rebaños de llamas franquean sin peligro; se puede ascender hoy las pendientes más empinadas por unas escaleras de piedra con millares de escalones; fueron domados los desiertos, los volcanes nevados, los glaciares y las crestas de la cordillera majestuosa, y hasta el inmenso océano gris, pues las balsas del Inca han llegado hasta las Islas Lejanas, las Islas de Fuego, Haua Chumbi y Nina Chumbi, de las que han traído objetos suntuosos y hombres de piel negra.

Y sin embargo, el Hijo del Sol sabe que las victorias obtenidas apresuradamente son frágiles, y que existen espacios irreductibles a su ley. En el país de los anti, en los linderos de la gran floresta oriental, sus ejércitos han sufrido reveses; ante los obstáculos del bosque impenetrable, se perdieron en el horno de esa trampa verde en que pululan insectos capaces de minar la salud del más robusto de los montañeses. El orgullo de Tupac Inca debió contentarse con algunas fortalezas levantadas al borde de las laderas y confiadas a guarniciones seguras; sobre los límites del sudeste, sus capitanes contuvieron el avance de los abominables chiriguanos, esos caníbales avaporu que ejercían sobre sus fronteras una presión constante que obsesionaba al Gran Civilizador. La antropofagia de esos pueblos bárbaros le atemoriza tanto como le repugna, pues en los Cuatro Orientes de su imperio se supone que nadie come carne humana.

Pero las amarguras que le causan los anti son sólo algunas de las preocupaciones que abruman a Tupac Inca. Por doquier, las alianzas vacilan, los pactos se rompen. Apenas liberadas de los obstáculos de la selva, sus tropas tuvieron que bajar, a la carrera, hasta el gran lago Titicaca, a sofocar la rebelión de los kolla, nación populosa y altiva de los altiplanos, cuyos rebaños son magníficos y los más ricos del universo. Sus *kuraqa*, creyendo prematuramente que las entrañas de la Gran Selva habían devorado a los guerreros del Inca, se levantaron en armas, negándose a entregar el tributo a Cuzco. Implacable, el Inca castigó su indocilidad, y con la piel de sus cadáveres los cuzqueños fabricaron tambores, cuyos ecos ensordecían. Luego, los ejércitos penetraron más al sur, hasta el país de los charcas, donde descubrieron minas de plata y oro, de vetas inagotables; continuaron su avance, encontrando al paso unas tribus de agricultores, que se apresuraron a recibirlos. Al final de su penetración, los temibles mapuches les impidieron el avance, y los límites meridionales del imperio de las cuatro partes se establecieron en el río Maule.

En dirección del noroeste, los ejércitos del Inca saquearon el país de los cañari, diezmando la población masculina y deportando a Cuzco y a otras partes a la mayoría de quienes quedaron con vida. En Tumibamba, en una bella fortaleza de muros redondeados, la esposa-hermana de Tupac Inca dio a luz a un varón que hoy lleva el nombre de Huayna Capac. Por esta razón, el Gran Soberano conserva el amor a esas montañas septentrionales, más verdes y más fértiles que las de su país natal. Con objeto de impresionar a esos pueblos turbulentos, el Hijo del Sol ha recorrido en persona la mayor parte de sus comarcas; llevado en una litera, franqueó con gran pompa los desfiladeros más abruptos, sin que nadie osara levantar la mirada a su paso. Todos se apartaban del camino y, en señal de veneración, se arrancaban las cejas y las pestañas, invocando su nombre. Tupac Inca distribuyó miles de telas a sus capitanes, a sus soldados, a los señores que le daban su lealtad. Les dio servidores, mujeres, privilegios y, lo que no tiene precio, la gloria de haber sido iluminados por la luz del Sol. Con razón, puede considerarse como su bienhechor.

"Cada vez más lejos": tal parece ser la divisa de esas columnas que recorrían a pie distancias enormes, indiferentes a un relieve que parece aborrecer toda superficie plana. Los soldados manejan con destreza la honda y la macana, y escogen, para atacar, la luna llena. Aún más lejos que el país cañari, el risueño vallecillo de Quito no resistió, y en él se instalaron colonias llegadas de las cordilleras meridionales para sofocar toda tentativa de rebelión: pues, desplazando a las poblaciones, deportando a los kolla hacia Tumibamba y a los cañari hacia Huánuco, el Inca acabó con las alianzas locales. Por doquier estableció grupos fieles para vigilar a los autóctonos, algunos de los cuales fueron trasladados a otra parte, para que se fundieran con las poblaciones locales. Gracias a ese sistema, la paz —o al menos, cierto consenso— parece haber triunfado sobre las querellas regionales. Pero, ¿realmente tiene Tupac Inca esta ilusión?

De momento reina una calma relativa sobre toda la extensión del imperio. En el borde del océano, en Chincha, Titu Huallpa descubrió, asombrado, la prosperidad del Señor de las Yungas. Éste debe su poder y su riqueza al mar, que sus balsas recorren siguiendo la línea de la costa hasta los manglares de Tumbes, y mucho más allá. Sobre esos ríos lejanos, los comerciantes-navegantes truecan sus hachas de cobre y sus tejidos por espóndilos, esos *mullu* indispensables en toda ofrenda. Las balsas parten, llenas a reventar de coronas y de diademas, de vasos de plata, de corazas de algodón acolchado, de tejidos de lana y de algodón, de tintes de todos colores, de figurillas en forma de animales; esos objetos serán intercambiados por conchas preciosas, esmeraldas, oro y calabazas decoradas que les procuran los pueblos tatuados del mar. Éstos, a su vez, comercian con otros mercaderes llegados del interior de las tierras. Esas redes obedecen a reglas específicas y sólo trafican en productos destinados a los señores locales y a los ritos; corren a través de las cordilleras y de los valles septentrionales, más allá de Quito y de los volcanes del Imbabura, hasta los confines del mundo conocido. El Inca, a quien le disgustan las actividades mercantiles, ha tratado de limitar su alcance dentro de su imperio. No obstante, tolera las del Señor de las Yungas, que dispone de una flota de varios miles de embarcaciones, pues sabe que le llevan bienes tan inestimables como imposibles de encontrar en sus dominios. Hasta ha consentido en que sus caravanas se dirijan igualmente hasta las riberas del lago Titicaca, en el país de los kolla, para adquirir ahí cobre, sin el cual sería imposible el trueque con los pueblos marítimos del norte. Además de las conchas tan codiciadas, los hombres del Señor de las Yungas entregan a la gente de los altiplanos el *guano*, ese excremento de las aves de mar que es el mejor abono para los campos.

El Señor de las Yungas ha decidido concertar un matrimonio entre su hija, la de los ojos de estrella, y Titu Huallpa. La hermosura de la princesa, su juventud y el esplendor de su tocado cautivaron al punto el corazón del joven, pero ella lo rechaza, lo evita, devuelve sus regalos. "Primero, haz venir el agua, y luego dormiremos juntos", le ha dicho; pues la circulación de las balsas y la actividad constante de los pescadores no deja olvidar que los canales están secos y que la arena invade poco a poco los jardines. En los de la princesa, la tierra se resquebraja. Día a día, las grietas se ensanchan, como bocas sedientas; el maíz está mustio y muere. Las llamas que Titu Huallpa hizo venir de las cordilleras no se adaptan al clima marítimo y también desfallecen. Entonces, ¿para qué sirve esa piedra negra con destellos de relámpago que el hermano de su madre, poderoso *kuraqa* de Huánuco, le confió antes de morir? ¿Se habría consumido su magia al contacto con el aire salado? El joven la cambió a un mercader por una concha marina, para cederla a la bella. Pero ésta le repite: "Haz venir el agua antes de que muramos de sed. Entonces, dormiré contigo."

Desde entonces, Titu Huallpa tuvo que recurrir a los grandes remedios. Sacrificó 100 niños recién nacidos en Pampacocha, ahí donde tienen su fuente los ríos que alimentan los canales. Mandó abrir la montaña para hacer correr la nieve de la cumbre e inundar el valle con su agua benéfica. Con su honda, lanzó piedras para despertar al Rayo y al Trueno. Mandó derramar un lago sobre el valle, y centenas de sapos se dispersaron por los Cuatro Orientes. Ofrendó cientos de conchas a las fuerzas del Cielo y de las Profundidades. Por último, cuando todo parecía perdido, brotó un hilillo de agua de una fuente agotada. Ese hilo se convirtió en río y el río en torrente, arrastrando en su caída guijarros y hierbas. La corriente se precipitó por los canales, y el líquido vital volvió a los maíces, las calabazas, los frijoles y todas las otras plantas que la sequía había aniquilado. La Bella de los Ojos de Estrella le tendió por fin los brazos, y los dos enamorados estuvieron en armonía con las fuerzas telúricas durante un instante. Titu Huallpa conoció la dicha demasiado tarde. ¿Lo debilitaron hasta tal punto las fiebres de las tierras bajas, o bien fue la acción de la montaña, cuyas emanaciones atacan los cuerpos de quienes se atreven a violar su suelo? El hecho es que a medida que la hierba volvía a crecer en las llanuras, el joven se desecaba y marchitaba. Ya era la momia que sería después de su muerte.[9]

EL BANQUETE DE LOS MERCADERES "POCHTECA"*

En los confines de Guatemala, Zanatzin, jefe de los mercaderes, da la orden a los porteadores de asegurar sus cargas y tomar sus bastones. La caravana se agita entre el polvo para emprender la marcha agobiante que la llevará hacia las altas tierras del noroeste. Se compone de equipos de cargadores que se relevan de ciudad en ciudad, y de *pochteca* llegados de México-Tenochtitlan. Esos mercaderes practican un comercio a larga distancia que los lleva más allá de las poblaciones tributarias, a esas comarcas tórridas en que se procuran materias preciosas: plumas de quetzal y de ara, pieles de fieras, semillas de cacao, oro y esclavos, a cambio de los artículos manufacturados que ellos llevan.

En México, el propio Gran Señor les ha dado 1 600 piezas de algodón, de espléndida factura. Zanatzin y sus *pochteca* las vendieron en el mercado de Tlatelolco, para comprar las mercancías que cambiarían "allá" en el Anáhuac Xicalango, por cuenta de su amo. Llevaron, pues, atuendos, obsidiana de hoja cortante, agujas, sílice, cochinilla, artículos apreciados en las tierras lejanas, sin contar los fardos que les confiaron los comerciantes de la ciudad. A pesar de su cargamento, el viaje se desarrolló sin dificultad, pues el tiempo seco era bueno y la divinidad los protegía: Zanatzin era un hombre virtuoso y había tenido la precaución de partir en un día fasto y a una hora propicia. Antes de salir de su morada, una vez más se había afeitado y lavado la cabeza, y hasta su regreso no había vuelto a bañarse. Si acaso, se había frotado el pecho. Por fin, a la hora de la partida, había evitado mirar hacia atrás, y entre aquellos que quedaban, nadie había dado un paso.[10]

Zanatzin no detesta el calor húmedo de la provincia de Xicalango, habitada por los cultivadores de cacao que hablan una lengua maya. El mar está cerca. Es un lugar en el que convergen las caravanas llegadas de las cuatro direcciones: de las montañas de Chiapas, de Acalán, por la vía de agua, de.Yucatán y de los confines del Usumacinta. Los mayas dominan todo un haz de rutas, que se prolongan hasta el sur de Nicaragua y más

---

[9] A propósito de los mercaderes del valle de Chincha en la época prehispánica, véase Rostworowski (1970), pp. 135-178; sobre las conquistas de Tupac Inca y las naborías de los llanos y de los valles de la costa, véase Cieza de León (1967), pp. 191-197; sobre los viajes marítimos de Tupac Inca, Sarmiento de Gamboa, en Levillier (1942), pp. 106-108; sobre la navegación costera pacífica, Oberem y Hartmann (1982), pp. 128-149. El relato de la Bella de los Ojos de Estrella se inspiró en los mitos de Huarochiri, Taylor (1987), y de Dumézil y Duviols (1974-1976).

* Guatemala, México, valle de México.

[10] Hassig (1985); Sahagún (1977), t. III, pp. 15-42. Para una presentación de conjunto de los *pochteca* mayas y mexicas, desde el punto de vista de la antropología, véase Chapman (1965).

allá, en comarcas en que se aprovisionan de oro a cambio de tejidos. Más lejos, en la mar, sus grandes barcas se atreven a hender las olas sin alejarse demasiado, empero, de la ribera. Situado en un territorio excéntrico con relación a la esfera de influencia de México-Tenochtitlan y de sus aliados, Xicalango ofrece una especie de espacio franco, donde los negociantes pueden tratar sus asuntos con toda seguridad.[11]

No siempre fue así. En Cuetlaxtlan, allá donde los valles cálidos descienden hacia el Mar del Norte (el Golfo de México), unos *pochteca* enviados por el Gran Señor fueron asfixiados con humo de chile; una vez muertos, los destriparon y llenaron de paja sus cuerpos; luego, los sentaron sobre unos bancos, en actitudes ridículas que provocaron la indignación del Gran Señor. Su respuesta fue sangrienta —para gran alivio de los comerciantes—, y pronto toda la región quedó subyugada. De hecho, la expansión militar de la Triple Alianza —la que habían concluido, tres generaciones antes, las ciudades de México-Tenochtitlan, Texcoco y Tlacopan— se debía a esos viajeros, alternativamente negociantes, embajadores, exploradores e informadores. En parte gracias a ellos las fuerzas de la Alianza habían llegado a las riberas en que la tierra se encuentra con el "agua maravillosa", al sur a lo largo del Pacífico, y al norte sobre el Golfo de México.[12]

Aparte de rectitud y de valentía, se exige a los comerciantes que sean observadores sagaces y astutos. El propio Zanatzin participó en expediciones de reconocimiento por territorios alejados y hostiles. Ataviado como las gentes del lugar, cuya lengua hablaba a la perfección, se sentó en la plaza del mercado como simple campesino y, con todo disimulo, se grabó en la memoria todo lo que ocurría y se decía a su alrededor. Servidor fiel, llevó sus informes al Gran Señor, que lo recompensó. Entonces Zanatzin se hizo rico y respetado, pues si bien es cierto que lo esencial de la mercancía está destinado a satisfacer las necesidades de la nobleza —las plumas, las piedras preciosas, los tintes—, una parte correspondía a los comerciantes, a quienes ese tráfico procuraba opulencia y prestigio.

Esta vez, Zanatzin había concluido negocios ventajosos. También se llevaba de esas comarcas cálidas a dos esclavos, jóvenes y de buen porte, y buena cantidad de artículos variados: perlas pequeñas, plantas medicinales y dos pieles de venado, a lo que su socio añadió, para animarlo a aceptar el trato, una piedra negra de reflejos dorados que, según decíase, era buena para calmar los males de estómago. El guijarro era bastante más grande que esas concreciones que se encuentran en el cuello de las aves *hitlaotl, huactli, aztatl, zolin,* y que sirven para fines similares. El comerciante no se atrevió a negarse, y menos aún a deshacerse de la piedra. La echó al fondo de un bulto y la olvidó.[13]

A menudo, el retorno de las caravanas es peligroso. Hay que poder contar, por doquier, con cargadores descansados, pues las mercancías sólo se transportan a lomo de hombre. A los riesgos inherentes a la expedición

---

[11] Sobre los mayas, véase Thompson (1970), pp. 3-47 y 124-158.
[12] Durán (1967), t. II, p. 198.
[13] Francisco Hernández, *Historia natural de Nueva España*, México, UNAM, 1959, vol. II, pp. 307-316.

—accidentes, traiciones, ataques por sorpresa, venganzas y masacres— se añaden los peligros de la noche. Obligados a acampar al aire libre, los comerciantes son presa fácil de los seres acuáticos y terrestres que codician el fuego, la energía (el *tonalli*) de la que es depositario cada hombre desde su nacimiento. Pero esta vez, ningún incidente mayor ha empañado el viaje, y el convoy, saliendo de una nube de polvo, entra en el valle de México con la ligereza que da a los pies más fatigados la certidumbre de un retorno feliz.[14]

En las riberas de los lagos, a más de 2 000 metros de altura, reina una actividad febril: pescadores y cazadores de aves acuáticas navegan entre los juncos y los lirios que la brisa del invierno agita graciosamente bajo el sol cegador del mediodía. Recolectores de gusanos y de parásitos, traficantes de sal y campesinos recorren ese paraíso lacustre, capaz de alimentar a una población asombrosamente numerosa, gracias a los jardines construidos sobre islotes artificiales. Los tiempos en que los mexicas no eran más que una banda miserable, llegada del norte y rechazada por los ribereños a los juncales, parecen haberse ido para siempre. De los santuarios que apuntan al cielo se elevan fumarolas y, a lo lejos, los caracoles marinos resuenan por el valle. Zanatzin, que ha recorrido tantas comarcas, comparte con sus compañeros el orgullo de pertenecer a la magnífica ciudad lacustre que ya no tiene nada que envidiar a la fabulosa Tula de los toltecas ni a Teotihuacan, la antigua Morada de los Dioses, cuyas enormes pirámides, gigantescas y arruinadas, se levantan al nordeste del valle. México-Tenochtitlan es más que un refugio de una belleza cautivadora, en que el olor del chile se mezcla con el de las flores de mil colores; es como un inmenso hormiguero, poblado por miles de seres, 150 000, 200 000, tal vez 300 000. Nadie —en todo caso, no los *pochteca*— podría dar la cifra exacta. México-Tenochtitlan, adonde llegan el botín de las ciudades vencidas y los tributos arrancados a los pueblos sometidos a la Triple Alianza, es la abundancia misma.[15]

A pesar de la impaciencia y la fatiga, siguiendo un rito inmutable, Zanatzin y sus hombres han aguardado la noche para penetrar en la ciudad lo más discretamente posible, lejos de las miradas curiosas. Y también es necesario que sea propicio el signo del día. El signo *ce-calli*, 1-Casa, el este. Un tío o un hermano recibe la mercancía, que los servidores depositan prestamente. "Cuidado con esos bienes, que no me pertenecen, pues son de mi·amo; él me encargó traerlos aquí." Dichas estas palabras, los *pochteca* se van a informar a sus jefes del resultado del negocio. Luego, Zanatzin y sus compañeros se retiran a dormir en paz.

De regreso después de meses de ausencia y privaciones, Zanatzin no vuelve con "lágrimas que se desbordan a través de la mano". Pese a sus afanes y sus penas, se considera feliz de haber cumplido su tarea. Para celebrar el acontecimiento, convida a un banquete a sus pares con sus familias. Tras tantas malas noches pasadas sobre los caminos, sin probar más

[14] López Austin (1980), t. I, pp. 223-252.
[15] Berdan (1982) da una síntesis reciente sobre la dominación de la Triple Alianza.

que galletas de maíz, ofrece un banquete digno de un señor, en el cual gasta casi todo lo que había ganado; pero, ¿qué importa, si con ello aumenta su renombre? Con otro banquete —¡oh, cuán lejano ya!— había celebrado su partida. En aquella ocasión, las madres le habían confiado a sus hijos, le habían suplicado que los cuidara, tan frágiles aún, como pajarillos recién salidos del nido. Los ancianos le habían dado sus consejos —"los tesoros de sus entrañas"— y la velada había terminado con la angustia de la partida.

Pero, ahora, esas aprensiones se han disipado. Zanatzin deposita las ofrendas de alimentos destinadas a las entidades protectoras y luego, cuando todos se han reunido, ordena repartir hongos negros y cacao. Los invitados que consumen la "carne divina" se ponen a cantar y a danzar, arrastrados hacia otros mundos por alucinaciones y visiones que luego comentarán prolijamente. Al día siguiente, se sirven pavos con maíz, pedazos de ave sobre rebanadas de carne de perro, tomates, cacao con especias, salsas que excitan el paladar, de tonos brillantes: rojo, verde, ocre, marrón, sabiamente dispuestas de tal manera que se acentúen sus contrastes, pues la perfección de un platillo se mide tanto por su sabor como por su colorido.

Zanatzin ha convidado a otros comerciantes como él, pero también a unos nobles a quienes abastece y desea agradar con su magnificencia. Después de esos entremeses ordena servir la más sabrosa de las carnes, la de dos donceles "lavados", caramente adquiridos y debidamente engordados para ese banquete. La carne de los sacrificados se sirve sobre un lecho de maíz sazonado con un poco de sal y sin chile. Reina la alegría. Los mercaderes halagan a los nobles, los cubren de regalos, les dan informes sobre los mundos lejanos, pero se guardan prudentemente de hablar demasiado de su éxito y de su fortuna. Al final del banquete, el anfitrión distribuye ramos de flores, "tubos de humo", bayas de cacao y presentes.

Con discursos concluye la reunión, dando así a los ancianos, como de costumbre, la oportunidad de compartir su experiencia. Tras la excitación de las visiones y la exaltación de la buena mesa, la charla se ensombrece. Se hace el recuento de los ausentes, víctimas de la enfermedad, diezmados por los adversarios y las fieras salvajes, aplastados en las construcciones o que cayeron en los abismos. Muchos se asombran de estar aún con vida, pues la muerte es la primera. "¿Adónde vamos, ¡ay!, adónde vamos? ¡Abandonamos las flores y los cantos! Que vuestros corazones no se aflijan, ¡oh!, amigos míos. Nuestra vida pasa, y se va para siempre." La convicción de la impotencia humana y la sumisión a lo ineludible que expresan los poemas y los cantos en su tristeza serena termina, como siempre, por imponerse. Y Zanatzin no ignora que a su muerte se quemarán con él los cofres en que ha metido los atuendos y los adornos de los más bellos esclavos que él haya sacrificado.[16]

16 Sahagún (1977), t. III, pp 43-56; t. I, pp. 340-346.

LOS PELIGROS DE LA TIERRA RESBALOSA

Zanatzin no debía el éxito de su empresa a su inteligencia ni a su fino olfato, indispensable para sobrevivir en las fronteras lejanas, sino al favor de la divinidad. Gracias a los consejos de los ancianos, a la rectitud de su conducta y a la pureza de sus allegados, el Todopoderoso le dispensaba sus favores. Zanatzin sabía someter su carne a rigurosas disciplinas y hacer manar de su sexo la sangre preciosa. Dormía poco y se levantaba por la noche, para no perder tiempo en el sueño. Trataba de evitar el orgullo y la mentira para conservar la armonía de las fuerzas que regían la salud y el bienestar de su cuerpo. Cierto que esas fuerzas invisibles y materiales a la vez, escapan de nuestros sentidos, demasiado limitados para percibirlas. Una de ellas —el *tonalli*— era una especie de hilo que salía de la cabeza para unir directamente el cuerpo con el cosmos. Por tanto, el *tonalli* se concentraba en los cabellos. Según los ancianos, era la manifestación cálida y luminosa de energías llegadas de los tiempos de las creaciones que bañaban y penetraban al individuo cuyo destino sobre la tierra orientaban. Pero el hombre no era el único en tener ese privilegio. El *tonalli* también irradiaba de los animales, las plantas y los objetos, las mercancías y las montañas.[17]

El *tonalli* de nuestro mercader era fuerte, y recto y justo su razonamiento. Las pasiones casi no lo atormentaban, y su hígado estaba limpio, pues huía de la suciedad del coito adúltero que dañaba a los guajolotes, secaba los campos y deshacía los negocios más seguros, arruinando las mercancías. Como no estaba descontento de su éxito, su corazón-pájaro era impenetrable a los maleficios. Pero en su fuero interno, él admiraba a los plumajeros que vivían no lejos de su barrio: su corazón que ardía con el fuego divino les hacía capaces de transformar las materias que él mismo les llevaba en obras delicadamente trabajadas. A fuerza de transportar plumas de quetzal, Zanatzin había pensado, a menudo, en la manera de trabajarlas y de hacer resaltar su textura, sacando partido de sus colores tornasolados y metálicos.[18] Pero en el interior de su corazón había un guajolote adormecido, y su innata torpeza ponía en mayor relieve el talento de sus vecinos, recordándole a cada instante que nadie podía sustraerse por entero al destino inscrito el día de su nacimiento. A él le correspondía, por tanto, seguir su camino y realizar lo que la divinidad esperaba de él.

Como todos los hombres de la tierra, el mercader Zanatzin estaba obligado por su naturaleza, su estado y su educación, a participar en el mantenimiento y la marcha del cosmos, entregándose a los sacrificios. ¿Cuántas veces no se había atravesado la lengua, los párpados, el pene y los dedos con espinas de cacto? Y esa sangre que había hecho correr de su propia carne había contribuido a la regeneración de las fuerzas cósmicas. Siendo niño, le habían atravesado las orejas; más entrado en años, se le había en-

[17] López Austin (1980), t. I, p. 262; Legros (1986).
[18] Sahagún (1977), t. III, pp. 75-86; López Austin (1980), t. I, p. 256.

señado pronto a acostumbrarse al dolor, a privarse del alimento y del sueño, a los baños con agua helada, penosos sobre todo porque había que
tomarlos en las noches frescas de las altas mesetas. Ahora que su nombre
era conocido, podía ofrecer a las divinidades otros presentes aún más apreciados, como esos esclavos, hombres y mujeres, que él adquiría para en-
gordarlos y entregarlos a los sacrificadores. Las divinidades siempre estaban ávidas y, sin cesar, reclamaban fuerzas vitales. Para devolverles los
dones que dispensaban a la humanidad, para librarse del hambre y de las
epidemias, los hombres les destinaban esas ofrendas humanas. Nadie ignoraba que la sangre de los sacrificados, como la de los guerreros muertos
en combate, revitalizaba al Sol y la Tierra. Hasta el Gran Señor, imagen
viva de la Divinidad, aprovechaba esta liberación de fuerzas vitales engen-
drada por el sacrificio: salía de ahí reconstituido, cargado y ahíto de un
excedente de existencia, de bravura y de renombre.[19]

Zanatzin tenía cinco esposas. Un día, la más joven, a la que él amaba tiernamente por su belleza y su conducta irreprochable, "se corrompió": quedó
encinta. Los dos padres redoblaron las precauciones para que el niño que
iba a nacer pudiese recibir de los cielos superiores una primera irradiación.
El parto, como a menudo ocurría, fue un verdadero combate, entablado
valerosamente por la madre, que en ningún momento se dejó abatir por el
dolor. Al término de esta lucha por la vida nació un niño bajo el signo
1-Muerte, el del Todopoderoso Tezcatlipoca, cuya mano divina distribuía
las dignidades y los honores tan fácilmente como los arrebataba. El acontecimiento provocó en la familia una alegría indescriptible: era seguro que
el niño gozaría de un vigor poco común. El favor de esta divinidad haría del
futuro negociante —pues el oficio era hereditario— un "mercader de
esclavos", uno de los más altos rangos que un *pochteca* pudiese ambicionar.
Este nacimiento venía a compensar el del año anterior, ocurrido bajo un
signo funesto, ya que su primer hijo había nacido en el lapso de los cinco
días adicionales y nefastos con que se cierra el año. Abrumados por las des-
gracias que lo aguardaban en la Tierra, los padres lo habían entregado al
sacrificador para que ayudara al niño a escapar de su infortunio.[20]

La comadrona llenó de agua una vasija nueva, lavó al recién nacido para
hacer penetrar en él la fuerza del *tonalli* y suplicó a las potencias divinas,
la Señora del Agua, el Sol y la Tierra, que acordaran sus dones al niño. No
olvidó ningún rito; lo meció largamente murmurándole palabras tiernas,
para introducirlo en ese mundo terrestre: "Precioso collar, preciosa pluma,
preciosa piedra, precioso brazalete, preciosa turquesa…, has llegado a la
Tierra, el lugar del tormento, el lugar del dolor, donde hace calor, donde
hace frío, donde sopla el viento." El niño fue llamado Yaotl, el Valeroso, en
honor de Tezcatlipoca, el Todopoderoso.[21]

Sin embargo, la madre tuvo dificultad para recuperarse del parto. Tras
el nacimiento, disminuyeron sus fuerzas. Ella "se alteró". Comenzó su ago-

[19] Duverger (1979); López Austin (1980), t. I, pp. 432-439.
[20] López Austin (1980), t. I, p. 360.
[21] Sahagún (1977), t. II, pp. 170-192.

nía y con ella se aproximó la hora de la disgregación y de la dispersión de las fuerzas que la animaban. Su *tonalli* abandonó el receptáculo carnal. La energía que habitaba el corazón de la mujer también se separó, y como ella había perecido a resultas del parto, ganó el Cielo del Sol, en lugar del Mundo de los Difuntos, el *mictlan*, donde van a parar los muertos ordinarios. La joven esposa de Zanatzin iba a acompañar en el más allá a los hermosos guerreros caídos en el campo de batalla. Su cadáver fue vestido y maquillado antes de ser transportado a lo alto de una colina, donde fue quemado. Su familia le ofreció, para el viaje, vestidos, alimentos y utensilios de cocina. Y no necesitó más que 80 días para llegar al Cielo del Sol, mientras que su propia madre, muerta de vejez, había necesitado cuatro años para llegar al *mictlan* y retornar a esa nada, hundida en las tinieblas en que el individuo se disuelve para siempre. Más tarde, al término de pacientes rituales, Zanatzin recuperó el *tonalli* de la amada para encerrarlo en un cofrecillo tallado, con las cenizas y los cabellos de la difunta. Su gesto debía aumentar la intensidad de las fuerzas que protegían a la familia. Pero había que obligarse a olvidar sus instantes de dicha, prohibirse la nostalgia, no pensar más que en sus faltas y concentrar la propia energía en el momento presente.[22]

¿Se habría transformado aquella mujer virtuosa en mariposa, como los guerreros que en adelante serían sus compañeros, para recoger el néctar de las flores? ¿Iba a descender del cielo por el Árbol del Oeste para causar parálisis a los niños, para desfigurarlos? Su familia conservó el recuerdo de su modestia y de su valor, y su marido la lloró, aunque su muerte gloriosa hizo de su fallecimiento una apoteosis. Yaotl creció rodeado de sus madrastras, de sus hermanos y hermanas y de una multitud de sirvientes. Su padre, todopoderoso en adelante, ya casi no se ausentaba y se limitaba a organizar, desde su casa, los convoyes y a distribuir las mercancías. Pudo velar así más de cerca la educación de su hijo, y apartar las acechanzas que pudiesen menoscabar sus fuerzas vitales, frustrando el buen augurio de su signo. Así, todos tenían cuidado de no pasar por encima del cuerpecito de Yaotl durante su sueño, por temor a romper el hilo de su *tonalli* e interrumpir su crecimiento. Sus primeros dientes de leche fueron ofrecidos a los ratones, y los recortes de sus uñas a un extraño animal acuático consagrado a Tláloc, dios de la lluvia. El mercader aprovechó todos los pretextos para incitar a su hijo a mejorar y ponerlo en guardia contra los peligros que abundaban en la "tierra resbalosa". La existencia transcurría así, regulada, limpia y severa, mientras se adormecían los deseos, perseguidos por tanta vigilancia.[23]

LA HISTORIA DE UN ESCLAVO

Un día, en plena temporada de lluvias, Zanatzin compró en el mercado cuatro esclavos para ofrecerlos al señor del lugar. Eran jóvenes, esbeltos, y

---

[22] López Austin (1980), t. I, pp. 368, 382.
[23] Sahagún (1977), t. III, p. 202; Informantes de Sahagún, *Augurios y abusiones*, México, UNAM, 1969, pp. 69 y 95.

de piel impecable. Danzaban bajo la lluvia. El mercader los examinó cuidadosamente para ver que no tuviesen mancha ni enfermedad. No eran ni otomíes de cortos alcances ni totonacas de la costa, sino donceles que provenían de los alrededores y que hablaban la misma lengua que él. Satisfecho de su compra, el *pochteca* se disponía a retirarse del lugar cuando, de pronto, uno de ellos se apartó de él. Saltó como un conejo, inclinando diestramente la cabeza para que no le estorbara el tallo horizontal que le habían puesto en el anillo que llevaba al cuello. Los parroquianos y los curiosos se apartaron para seguir las peripecias de la carrera: ninguno de los comerciantes se inmutó. Por mucho que gritara Zanatzin, sabía bien que en el interior del mercado nadie tenía derecho de detener a un esclavo que se daba a la fuga. El muchacho huía como una flecha y, sin aliento, franqueó el cercado y, triunfante, puso el pie sobre un excremento que ahí se encontraba, por casualidad, delante de la entrada. La muchedumbre mostraba viva alegría. Ante los Purificadores, el prófugo hizo la siguiente declaración, en tono solemne: "Yo era esclavo, y he huido de las manos de mi amo, como un pájaro de su jaula. He caminado sobre esta mierda, como tenía que hacerlo, y vengo ante vosotros para que me purifiquéis y rompáis mi cautiverio."

Los Purificadores le quitaron, entonces, el anillo infamante, lo desnudaron y lo lavaron de la cabeza a los pies. Vestido con ropas nuevas, volvieron a presentarlo a su antiguo amo, quien lo honró y lo acogió en su casa como hombre libre; y, como recuerdo de su inaudita carrera, se le llamó Ágil.[24]

El ex esclavo, a quien agradaba la compañía de Zanatzin, se quedó en casa del mercader. Llegó a ser su hombre de confianza, ayudándolo a disponer los fardos y haciendo los trámites necesarios para la marcha del negocio. Esas tareas no consumían todo su tiempo y aquel hombre activo y sagaz podía entonces entregarse a mil juegos, en los cuales sobresalía. Sabía danzar maravillosamente, con los brazos tendidos hacia adelante, llevando brazadas de rosas y de plumas, inclinado sobre los hombros de un compañero, el cual, a su vez, se sostenía sobre las de un tercer danzante. Asimismo, podía tomar una vara con los pies y hacer juegos de destreza y volteretas que producían la admiración de cuantos lo contemplaban. O también, saltar a lo más alto del gran mástil, bailar y tocar el tamborín para, por último, descender con sus compañeros, atado por los pies, girando en torno del poste como un ave. Así, en todas las fiestas estaba Ágil, y de toda la ciudad acudían a buscarlo.[25]

A Yaotl le gustaba ver a Ágil hacer juegos de manos y retorcerse sin perder nunca el equilibrio. Un día, el ex esclavo le contó cómo había perdido la libertad: a consecuencia de una hambruna, sus padres, caídos en la miseria, lo vendieron para pagar sus deudas, y no pudieron rescatarlo. Desde que era libre no había vuelto a verlos, y hasta ignoraba si aún seguían con vida. Se ausentaba a menudo, so pretexto de hacer algún mandado para

---

[24] López Austin (1980), t. I, p. 465.
[25] Sahagún (1977), t. I, p. 328; Díaz del Castillo (1968), t. I, p. 272.

Zanatzin, e iba a jugar a los dados con frijoles, o frecuentaba a las "hijas de la alegría" sin que lo supiera su protector. Se le toleraban esas escapadas, por lo bajo de su condición. La purificación a la que se había sometido le había quitado la mancha de la esclavitud, pero su corazón no era tan lozano y frío como el de los hombres libres. Conservaba un poco de aquella condición cálida y cocida que caracterizaba a la gente de baja extracción.[26]

Otro día, una sacudida como las que regularmente azotaban a la ciudad de México-Tenochtitlan y que tal vez pronto destruirían al mundo, sembró el pánico en la casa de Zanatzin. Durante un momento, todo anduvo de cabeza. Luego, volvió la calma; nadie había resultado herido, pero se habían roto objetos. Siempre pronto a reaccionar, Ágil se puso a ordenar las cosas de su protector, que el sismo había dispersado. Recogió fardos y sacos, recuperó las piedras de jade que habían caído a tierra y, en un rincón, vio un guijarro negruzco, cuya tosquedad le llamó la atención. Nunca había visto nada semejante, y eso atrajo su curiosidad. Sintió deseos de guardarlo para sí, y lo escamoteó en la confusión general.

Transcurrieron los días. Zanatzin no parecía interesarse por el destino de aquella piedra, si es que la recordaba. Ágil olvidó su robo y siguió corriendo de aquí para allá, como de costumbre. Luego, se ausentó durante días. Y, habiendo sido alegre, se volvió taciturno. Corrió el rumor de que se embriagaba con gentes infames, quienes le habían dado unos brebajes que le habían hecho perder la razón, que había abusado de los hongos divinos. Zanatzin le cerró la puerta de su casa, pues su conducta lo deshonraba. Algún tiempo después, el mercader supo por boca de un cargador, que Ágil se había ido a las tierras cálidas de las Huastecas, al nordeste, donde las mujeres son elegantes e impúdicos los hombres. Lo habían visto en Tochpan, al borde de la Mar Inmensa (el Golfo de México). Temiendo ser visto por los cobradores de impuestos de México, que circulaban por esos parajes, emprendió la fuga en una embarcación fabricada a toda prisa y desapareció para siempre sobre las olas. En la playa, cerca de la desembocadura del río amarillento que arrastraba lianas y orquídeas, se habían borrado las últimas huellas de Ágil. No quedó más que una piedra negra y el estruendo de las olas que habían cubierto el ruido de las conchas aplastadas bajo sus pasos. ¡Qué locura irse a la mar cuando todos saben que en el horizonte todo está cerrado, y que la línea de las aguas verdes levanta la barrera líquida que sostiene los Nueve Cielos de Arriba! ¡Ni siquiera los gigantes que quisieron alcanzar el Sol pudieron franquear jamás el "Agua Maravillosa"![27]

[26] Sobre los juegos de azar y para atisbos penetrantes sobre la cultura de los nahuas, Christian Duverger, *L'espirit du jeu chez les Aztèques*, París, Mouton, 1978; López Austin (1980), t, I, p. 255.

[27] Sahagún (1977), t. III, pp. 119-131.

LOS RITOS DE LA LLUVIA

El joven Yaotl se ha dirigido con su familia a la fiesta de Tóxcatl, celebrada en honor de Tezcatlipoca, divinidad de piedra negra y luminosa, adornada de oro, de jade y de plumas de colores. Ahí, delante de él, está el dios todopoderoso y omnisciente. Tezcatlipoca lleva en la mano izquierda su espejo reluciente y pulido, en el cual se refleja el mundo. Con la mano derecha blande cuatro flechas que señalan el castigo que reserva a quienes transgredan el orden de las cosas. La morada de Tezcatlipoca se levanta en la cumbre de un santuario alto de 80 escalones, en un recinto que lo oculta a las miradas de la gente. Mas la piedra negra, que han sacado para esta ocasión, se expone hoy a los ojos de todos. Fascinante, reina ante el altar de piedra adornado de tejidos preciosos, de colores refinados. De pronto, se eleva el son agudo de una flautilla de terracota. La aflicción hace estremecer entonces a todos los que la oyen. Sus lágrimas suplican a la oscuridad de la noche y al viento no abandonarlos, o terminar con su vida y las penas que soportan. Mientras tanto, los sacerdotes han vestido con las insignias de Tezcatlipoca a la divinidad viviente que se apresta a ser sacrificada. Luego han corrido las cortinas de la cámara, para mostrarla al pueblo. Zanatzin y los suyos ya no ven en esta aparición maravillosa, a la vez alimento divino y divinidad de carne y hueso, al que poco antes fuera su semejante.[28]

La fiesta de Tóxcatl, celebrada para hacer caer la lluvia del cielo, dura 10 días. Se hace descender a Tezcatlipoca-piedra negra, sobre una plataforma al pie de las gradas. Los "donantes" —se llama así a los jóvenes que aprenden a hacer ofrendas— sacan entonces unos collares de espigas de maíz, que pasan por el cuello de los nobles, distribuyéndoles también rosas. Luego los jóvenes levantan la plataforma en que han colocado al Tezcatlipoca de piedra, y lo llevan en procesión, alrededor del patio central. La divinidad va adornada con centenas de flores, orquídeas y heliotropos sabiamente dispuestos, cuyo perfume y frescura regocijan el corazón. Una vez terminado el paseo ritual, la divinidad vuelve al santuario, en que se levanta entre los brazados de rosas.

Llega la hora de las ofrendas. Los más pobres ofrecen codornices. El sacrificador arranca la cabeza de las aves, y arroja éstas al pie del altar, donde se desangran. Otros llevan frutas, alimentos, según los recursos de cada quien. Cuando se han consagrado todas esas ofrendas, las gentes retornan a comer a su casa mientras que las doncellas consagradas a la divinidad preparan una variedad infinita de platos reservados a los dignatarios y a los grandes oficiantes. Una vez consumidos estos alimentos divinos, se reanuda la fiesta para proceder al sacrificio del dios vivo, el esclavo magnífico que sube, uno a uno, con lentitud calculada, los escalones que lo separan del altar. Los sacrificadores le inmovilizan manos y pies, y el cuerpo del hombre-dios así ofrendado mira hacia el cielo; luego, con un movimiento

[28] Durán (1967), t. I, pp. 37-44.

preciso y rutinario el ejecutante le abre el pecho con su cuchillo de obsidiana, hunde las manos en el torso abierto y le arranca el corazón aún palpitante, que tiende al Sol.

La costumbre ordena que en esta solemnidad se sacrifique a un solo cautivo. Sin embargo, cada cuatro años se añaden otros, y su sangre corre por las gradas de la escalera de piedra. Desde hace algún tiempo, las ofrendas humanas que exige una costumbre inmemorial se han intensificado considerablemente y para la fiesta de Huitzilopochtli, el Amo de la Guerra, el número de víctimas es tal que los oficiantes se suceden con fervor durante horas, mientras el olor de sangre fresca, mezclado con las nubes de incienso y el perfume de los ramos, embriaga a toda la concurrencia. El ritual reúne a una inmensa muchedumbre y va acompañado por multitud de danzas y cantos que ejecutan infatigablemente millares de jóvenes de la nobleza, suntuosamente vestidos. Esta profusión de ritos reproduce sobre la superficie de la tierra el movimiento del cosmos y del tiempo. Exigen tanta energía, tanto conocimiento, tanta preparación docta y recursos materiales que ya no se distingue la celebración del trabajo cotidiano.

Por otra parte, sobre la tierra, no hay más que labor y ritual, y así debe ser. Las ceremonias exhiben con un énfasis y una crueldad calculados el irresistible poderío de México-Tenochtitlan a ojos de los pueblos vecinos y de las ciudades vencidas. Pero, por encima de todo, expresan el afán y la convicción que tienen todos de tomar parte en la marcha del cosmos que, según las circunstancias, se puede acelerar o aminorar: pasos infinitamente lentos del cautivo que sube las gradas del santuario, frenesí ininterrumpido de los danzantes con plumas policromas, locas carreras de los donantes o de las futuras víctimas a través del valle...[29]

El "lugar sin polvo y sin suciedad"

A los 12 años, Yaotl, el hijo de Zanatzin, es admitido en el *calmecac* colegio religioso reservado a los vástagos de las familias nobles. Este privilegio le fue concedido por la virtud y la fortuna de su padre. Y sin embargo, el muchacho sabe bien que, pese al prestigio de su familia, jamás pertenecerá a la nobleza de los *pipiltin*. Su destino consiste en ser mercader *pochteca*. Un día deberá salir a los caminos y arriesgar su vida por la gloria del Gran Señor. Antes de su separación, su padre le ha repetido los consejos de siempre: "Has nacido, has vivido y has salido como el pajarillo del huevo y, como él, te ejercitas para emprender tu vuelo." Le ha hablado en un tono grave, enumerando las tentaciones que debe evitar y las ocasiones de ser virtuoso. Le ha hablado largo tiempo, orgulloso de verlo codearse con los hijos de los señores: "Tú tienes ojos, tú tienes orejas", le ha dicho, aludiendo a su discreción y a su juicio. "Vive con propiedad."[30]

---

[29] Legros (1986).
[30] Alfredo López Austin, *Educación mexica. Antología de textos sahaguntinos*, México, UNAM, 1985, p. 89 y *passim*.

Así, Yaotl es uno de los raros plebeyos que han sido admitidos en el *calmecac*. Si la inmensa mayoría de los niños estudia en otras escuelas, lejos de los poderosos, de quienes no aprenderán los valores ni la distinción, es porque los nobles de México-Tenochtitlan y de las grandes ciudades velan celosamente sus privilegios y su poder: de sus filas salen los guerreros y los Grandes Meritorios de las fuerzas superiores y de las entidades duales que animan el universo y rigen los destinos. A ojos de los nobles, esta separación entre los grupos se impone como la noche sucede al día. Si los "hijos de la gente", los *pipiltin*, dirigen las ciudades así como los ejércitos y reciben lo esencial del tributo arrancado a los pueblos dominados, ¿no es porque poseen una fuerza vital, un *tonalli* más fuerte que el común de los mortales? Sin embargo, deben saber mantenerlo y acrecentarlo sin cesar. Para empezar, consumiendo con discernimiento: los objetos de lujo de que los abastecen los mercaderes *pochteca*, las plumas de aves preciosas, las piedras raras, las vestimentas bordadas concurren a su bienestar. El perfume vigorizante de las flores —accesorio masculino por excelencia— es particularmente apreciado por los señores que se pasean por doquier con un ramo en la mano. El cacao, bebida codiciada y prestigiosa, la carne de las fieras y las drogas alucinógenas ocultan propiedades tan maravillosas que son atributo exclusivo de los dirigentes.[31]

Pero es, ante todo, una educación rigurosa la que contribuye a forjar las cualidades de los *pipiltin*. Como es bien sabido, todo lo que no es perfecto es condenable. Conscientes de estar destinados a desempeñar altas funciones, los jóvenes se esfuerzan por merecerlas mejor afirmando su *tonalli* personal, del que se derivará su aptitud para gobernar al pueblo. En el *calmecac*, el "Lugar sin suciedad, sin polvo", pero también la "Casa de los Llantos, de la Tristeza", se obligan a obedecer, a permanecer castos, a dominar sus deseos, a retener las lecciones de los venerables guardianes. Durante años, los hijos de la nobleza ayunan, se levantan a media noche y se sangran las orejas, los costados y las piernas con espinas de maguey y huesos afilados. Día tras día, robando tiempo al sueño, practican la lectura de los destinos y la cuenta de los años, la interpretación de los sueños, el arte de bien hablar y de decir las cosas exactas. El arte de hablar bien es tan apreciado en estas sociedades —que son mundos de la palabra donde los discursos nunca terminan— que el detentador del poder supremo lleva el título de *huey tlatoani*, el Gran Orador. Los discípulos repiten los "cantos divinos" bajo la mirada implacable de los maestros que, ayudados por los ancianos, despliegan ante sus ojos las pinturas, plegadas en forma de acordeón, en que aparece la esencia de las cosas. La varita del maestro señala las figuras policromas, a veces manchadas de sangre humana, y los alumnos identifican una tras otra las formas divinas, sabiendo que son capaces de desdoblarse, de fraccionarse, de sufrir toda clase de metamorfosis, desgarramientos y mutilaciones, o de recibir nombres secretos y cambiantes.[32]

---

[31] López Austin (1980), t. i, pp. 447-455.
[32] López Austin (1985), pp. 39, 53 y 67.

LOS ORÍGENES DE LA TIERRA Y DEL TIEMPO

¿Cuál es, pues, ese saber que asegura poder y clarividencia a quienes lo poseen? El conocimiento de los orígenes y del tiempo. Los discursos del maestro revelan a los jóvenes el contenido de las "pinturas", y el joven Yaotl, rodeado de sus condiscípulos, se entera de que en el origen de las cosas, las divinidades no hacían nada. Esta ociosidad duró 600 años. Entonces, por fin decidieron ponerse en acción creando el fuego, un medio sol; crearon al hombre y a la mujer e instituyeron el trabajo; hicieron los días, y con 20 de esas unidades formaron los meses, y con 18 de esos meses constituyeron años de 360 días; crearon el agua; hicieron descender del cielo a una diosa, Cipactli, la Dama de la Tierra, y la colocaron en el agua. Cipactli tenía la apariencia de un caimán, estaba cubierta de ojos y de bocas, y mordía como una fiera. Después, las divinidades que la hicieron descender se transformaron en serpientes y la partieron en dos. De uno de los trozos hicieron la tierra, y se llevaron al cielo la otra mitad.[33]

Para impedir que las partes separadas de Cipactli volviesen a unirse, las divinidades que la habían violado levantaron cuatro árboles para sostener la bóveda celeste. La separación así mantenida permitió la circulación de las fuerzas divinas entre el cielo y la tierra. En adelante, como compensación por el atentado que había sufrido, la Tierra produciría todos los alimentos que necesitaban los hombres; de sus cabellos salieron los árboles, las flores y las hierbas; sus innumerables ojos se convirtieron en fuentes, en cavernas, en pozos; sus bocas formaron los ríos y las grutas inmensas, mientras de su nariz brotaban las montañas y los valles. Sin embargo la Tierra llora a veces, por la noche. Sólo se calma cuando se la ha atiborrado de corazones humanos, y sólo entrega sus frutos si la riegan con sangre de los hombres.

En los patios frescos de los colegios *calmecac* los alumnos siguen en las "pinturas" las peripecias del origen del mundo y de los seres, que les explican los ancianos. Se esfuerzan por fijar en su memoria las formas y los colores que cubren esas hojas desplegadas. Con veneración contemplan la imagen de Cipactli, el monstruo de la Tierra, que tiene rostro ya de hombre, ya de mujer. El mundo sensible que los rodea, los animales y las plantas, los minerales y hasta los menores accidentes del relieve, los objetos son, pues, las emanaciones del cuerpo de esta diosa como si todos vivieran inmersos en la naturaleza divina, en una continuidad perfecta que sólo las insuficiencias de la percepción humana les impiden captar en conjunto. Por ello, cuando en la noche helada se van, como penitencia, a escalar las montañas, jóvenes y viejos pueden tener acceso a pasajes peligrosos que unen el mundo de los hombres al de los seres primordiales. Entre los espacios humano y extrahumano, entre las cosas, los animales, las plantas, los hombres y las fuerzas superiores, se abren paso circulaciones misteriosas, se

---

[33] *Teogonía e historia de los mexicanos*, editado por Ángel Ma. Garibay K., México, Porrúa, 1973, p. 108.

establecen intercambios incesantes, se operan flujos y metamorfosis que remueven inextricablemente los elementos del cosmos.[34]

El relato divino explica asimismo el origen del tiempo. El tiempo fue creado como cualquier otra cosa, y como cualquier otra cosa está condenado a la desaparición. Sobre la superficie de la tierra, en la unión de las fuerzas que descienden del cielo y de las que suben de las profundidades, surgió el tiempo de los hombres, el tiempo de cada día. Y sin embargo, lo precedieron otros dos tiempos: uno de ellos vacío, antes de los comienzos, cuando los dioses estaban sumidos en la inacción; el otro nació en el impulso de las violaciones, de los conflictos y de los asesinatos que señalaron la creación de los seres animados y de los inanimados. Este segundo tiempo es crucial: condiciona el que transcurre sobre la superficie de la tierra entre los hombres; determina la sustancia de los acontecimientos que componen nuestro tiempo humano.

Así, sobre cada momento que transcurre aquí en la tierra pesa un haz infinitamente complejo de fuerzas. Se las identifica por la señal de un signo (de 1 a 20) y de una cifra (de 1 a 13), que ofrecen 260 combinaciones posibles: se las interpreta por su posición dentro de una trecena, de un mes, de un año. De ahí se sigue que al cabo de un lapso considerable, todas las combinaciones pueden repetirse idénticamente y la historia puede repetirse punto por punto. La gran maquinaria cíclica de los tiempos, cuyos engranajes son los árboles-columnas helicoidales que unen el cielo y el inframundo nos ofrece, pues, una de las claves de la comprensión del universo.

Luego prosigue la enseñanza, sin dar casi respiro a los jóvenes. Y la voz del maestro explica incansablemente los misterios de la armonía del mundo: cada hombre debe esforzarse por controlar las fuerzas cósmicas, y por explotar y someter las que le favorecen, y por escapar de las nefastas energías que amenazan con agredirlo y destruirlo. Todo tiempo libre no dominado, sea el del esclavo o el del servidor que se sustrae a sus obligaciones, o el de la mujer negligente o ligera, conduce a la pérdida del transgresor. Ágil tenía que encontrar la muerte en las ondas del agua maravillosa.

Pero además hay que saber seguir la marcha del tiempo y notar los ciclos que regulan la irrupción de las fuerzas. Para lograrlo y medir el tiempo de las creaciones en la escala del tiempo humano, los Grandes Meritorios han elaborado unos complicadísimos calendarios que encierran la vida cotidiana en una red de prácticas y de ritos que repiten, en la escala humana, los acontecimientos creadores. Así, las grandes fiestas se celebran al ritmo del calendario de 360 días (18 meses de 20 días), a los cuales se añaden otros cinco, mientras que el calendario adivinatorio de 260 días tiene su propia división del tiempo. Los muchachos se inician de esa manera en el misterio de los números y de los calendarios, pero también en el desciframiento de los sueños y de los signos, discernibles en detalles tan insignificantes como el hecho de que un conejo se meta en una casa, o que un coyote se cruce en nuestro camino, o el ruido de un hacha por la noche. Otros tantos

---

[34] López Austin (1980), t. i, pp. 411-412, León-Portilla (1985), pp. 190-206.

augurios, por lo general inquietantes, que hay que interpretar a tiempo para reducir su alcance.

Ahora bien, desde hace varios días, el *calmecac* se plantea preguntas: ruidos, gritos extraños, arañas rojas y rugidos lejanos perturban la quietud de maestros y alumnos. Esa noche, Yaotl y sus compañeros observan con estupor un cometa que atraviesa el cielo, *Citlalin popoca*, Cabellera de Fuego, Flecha de Luz. Y el Gran Meritorio anuncia: "El Agua y el Brasero divinos se moverán", dando a entender así que estallará una guerra. Consternados, los campesinos exclaman: "Vendrá nuestra hambre, vendrá nuestra sed." A fuerza de vivir en el recuerdo permanente de lo que debe producirse y de contemplar el futuro como un acontecimiento funesto, la gente siempre estaba aprestada para lo peor.[35]

GUANAHANÍ*

Periódicamente, los huracanes devastan Guanahaní, pequeño islote enroscado alrededor de una laguna, protegido del oleaje por un arrecife de coral, huracanes que sacuden la armazón de los *bohíos*, al punto reconstruidos por una multitud de brazos que se activan como las abejas de una colmena. Es un pedazo de tierra, el eslabón de un archipiélago que incluye docenas de otros islotes, entre los cuales circulan desahogadamente las canoas y las piraguas. Las hay grandes, capaces de transportar a unos 50 hombres, y otras que llevan un solo remero y que hienden las olas como una flecha hiende los aires; pues los hombres no temen al oleaje que recorren hasta el sur, donde los grandes caciques de Cuba y de Quizqueya-Aiti, ayudados por sus poderosos antepasados, controlan el crecimiento de las plantas, el sol y la lluvia y hasta los partos. En esas islas meridionales, los hombres pululan y se afanan, y la autoridad de los jefes se mide por el número de sus *naborías*, esos servidores que saben transformar la tierra como los frutos amargos que recogen en los bosques para mejorar el destino ordinario.

Es grato vivir en Guanahaní, aunque hay que temer siempre los ataques por sorpresa de los vecinos. La tierra es plana y siempre verde; han construido unas lomas artificiales en las cuales crece la mandioca, lo amargo y lo dulce, que acompaña a los hombres aun durante los meses difíciles, la patata dulce, el maíz, el maní y el algodón; sin contar los frutos, los caracoles y los peces que la mar generosa ofrece durante todo el año. Cuando el *casik* (el cacique) convoca a su pueblo a las fiestas en honor de los antepasados, los alimentos parecen inagotables.

El cuerpo, casi desnudo, respira y se mueve en libertad. En las casas circulares se apilan las pacas de algodón, con el cual se tejen hamacas y sacos, pero también las preciosas envolturas ancestrales, las que guardan

[35] Legros (1986).
* Bahamas.

la fuerza contenida en las osamentas de los muertos de alto rango. La gente de las islas venera esos receptáculos y teme a los *zemes*, que son infinitamente más fuertes que los hombres. Los *zemes* hablan. Se desplazan, aunque se intente retenerlos con cuerdas; unos hacen caer la lluvia y soplar los vientos, otros hacen crecer las plantas. Pero se sabe aplacar sus enojos consagrándoles ofrendas apropiadas y escuchando la voz de los Hombres de Poder que viajan hasta ellos gracias al tabaco y a los ayunos prolongados de seis a siete días que los hunden en el éxtasis. No menos inquietantes son los muertos ordinarios, pues sus *zemes* gustan de abandonar su morada al caer la noche, para comer guayabas y seducir a las doncellas.

El cacique posee la sabiduría propia de su edad y de su función. En Guanahaní, como en las otras islas, impera una etiqueta. En ocasión de las grandes ceremonias públicas cuya iniciativa toma él, se sienta sobre su trono y con el tambor acompaña los cantos y las danzas de sus súbditos, que recitan su genealogía. Ante su morada, los guerreros juegan al juego de pelota, ese *batey* que las autoridades observan, sentadas sobre unos sillones rituales con esculturas complicadas, fabricados con una variedad de ébano. También es el cacique quien conserva las piedras de tres puntas que se depositan sobre los campos en el momento de la siembra, en el río, para calmar las tempestades, en las casas, para ayudar a las mujeres en el parto.

El *bohite*, "El que Ve", ha aprendido a hablar con los antepasados gracias a los vértigos que le causa el humo del tabaco que inhala por las noches, a la luz de las antorchas. Si el cacique actúa sobre el orden del mundo gracias al poder de los muertos de su linaje, en cambio el visionario está encargado de proteger a los hombres, de curar a los enfermos, de predecir el resultado de los combates. Pese a la tibieza de la noche y a la calma que reina en los *bohíos*, el *bohite* está inquieto. La víspera, su sobrina tuvo un sueño extraño que le dejó perturbado el espíritu. Se soñó encinta, pero su vientre estaba plano. De pronto, le llegaron los dolores, y ella se acurrucó, pero de su sexo no salió un niño, sino un huevo de piedra, de colores negro y dorado, que se rompió en mil pedazos. La muchacha divaga en el fondo de su hamaca y El que Sabe ve en todo ello un sombrío presagio que no logra descifrar.

Sale a la playa, pues le cuesta trabajo conciliar el sueño. La brisa nocturna acaricia la cabellera de las palmeras, y la arena bajo sus pies está fría. En el horizonte le·parece distinguir un punto de luz, o mejor dicho, un resplandor. Las tenues olas bailan, impidiéndole la vista del mar. El reflejo, tan tenue que él cree haberlo soñado, vuelve a surgir, para nuevamente desaparecer. La luz es demasiado alta para ser de una piragua, y demasiado baja para provenir de una estrella. El Hombre del Saber queda desconcertado y, de pronto, la calma de la noche se llena de incertidumbre. Él se queda ahí, esperando, y luego vuelve a su choza y cae en el abismo del sueño. Al día siguiente, cuando el sol disipa la oscuridad, dando a los loros la señal de volver a su picotería, los pescadores dan un grito de asombro. Ante ellos, sobre la mar de reflejos color turquesa, tres piraguas de dimensiones monstruosas, que más parecen colinas flotantes que no embarcaciones, han invadido la rada. Y cuando sobre la playa desembarcan unos seres ataviados con unas vestimentas ridículas, chorreando sudor y esparciendo un olor acre, casi tan agudo como el de los cadáveres venerables pero aterradores, las gentes de la isla corren a ofrecerles presentes, para que desaparezcan cuanto antes. Sólo el Hombre de Saber estará enterado, en adelante, de que el sueño no había mentido y que las mujeres no volverán jamás a tener hijos.[36]

[36] Pané (1977); Sauer (1984); Arrom (1975); Dreyfus-Gamelon (1980-1981).
· La visita del continente antes de la invasión debería proseguir por las tierras del norte de México, los grandes llanos, las montañas que hoy ocupan los Estados Unidos y Canadá. Aún más al norte alcanzaríamos las costas bañadas por mares helados por las que a veces sobresalen montañas de hielo. Pero en esas costas, en Terranova, en el Labrador, en la legendaria Vinlandia, desde hacía varios siglos, ¿no habían visto los indígenas desembarcar a seres desconocidos, grandes y rubios, llegados del este, de Groenlandia? Sin duda, el enfriamiento del clima en el curso del siglo XIV redujo las comunicaciones por el Atlántico norte. Pero es posible que hacia 1473 una expedición enviada por el rey de Dinamarca haya llegado a las aguas del San Lorenzo, y que por la misma época marinos de Bristol hayan tocado tierra firme. Sin embargo, esos contactos, aun cuando hubieran sido más continuos y repetidos de lo que se cree, nunca tomaron la forma de una invasión ni de una conquista. Para un balance de los contactos prehispánicos entre vikingos y amerindios, véase Riley, Kelley, Pennington y Rands (1971), y Crosby (1986), pp. 41-69.

II. 1492

Domaron sus adversarios
don Hernando e Isabel
y, vencidos los canarios,
quemaron muchos nefarios
y echaron a Israel.
De Granada triunfaron,
a España bien gobernaron,
hallaron gentes no vistas
y de Francia, por conquistas
a Nápoles recobraron.

Poema atribuido
a HERNANDO DEL PULGAR

1492. DE este año decisivo, año de todas las partidas y de todos los peligros, la historia ha retenido, sobre todo, la fecha del 12 de octubre, la del "descubrimiento de América" por Cristóbal Colón. Ahora bien, esta hazaña, debida ante todo a la aventura de un puñado de marinos, no tuvo para sus contemporáneos la importancia que después le atribuiría la historia. El acontecimiento de mayor significación sucedió algunos meses antes de la partida de las carabelas del almirante rumbo a los reinos de Catay y de Cipango, descritos ya por Marco Polo. Después de 774 años de presencia musulmana en tierra ibérica, los Reyes Católicos conquistaban, por la fuerza de las armas, el último reducto de los moros en España, el reino de Granada. Esta rendición ponía término a la campaña lanzada con encarnizamiento por Fernando e Isabel desde 1481; en adelante, la asombrosa diversidad cultural y lingüística de España habría de plegarse a lo que desempeñaba el papel de identidad nacional: el catolicismo triunfante.

La caída de Granada ocurrió el 2 de enero, al término de las fiestas de *yannayr* que coincidían con las que celebraban los cristianos entre la Navidad y el Año Nuevo. En aquel año fatídico de 1492, las festividades tradicionales de los moros, fruto de una larga cohabitación pacífica con los católicos, habían perdido su animación y su exuberancia habituales. Ignoramos si las parejas que aquel día se unieron en matrimonio obedeciendo a una costumbre ancestral verdaderamente creyeron que los auspicios les serían favorables. Debido al rigor del asedio, los puestos de frutas confitadas y de panes en forma de ciudadela, que poco antes alegraran como en estas ocasiones las callejuelas de la ciudad, estaban, sin duda, muy desprovistos. Y, ¿qué decir de los intercambios de regalos entre vecinos y parientes, que solían causar la reprobación de los ulemas, enemigos de las prácticas híbridas y, por consiguiente, impuras? ¿Habría ánimo para regocijarse y elogiar en verso a los poderosos?[1] Es muy probable que las élites

---

[1] La Granja (1969), pp. 35-36: "Los ricos montan en sus casas puestos como el de los ten-

presintieran que los granadinos vivían momentos irreversibles. Por lo demás, la catástrofe ya había sido anunciada por ciertos augurios. Entre tantos prodigios ocurridos en el curso de ese siglo, ¿cómo no ver *a posteriori* la sombra de la fatalidad en el temblor de tierra de 1431, que sacudió los cimientos de Granada e hizo desplomarse las paredes de la Alhambra?[2] Mohamed XII, llamado Boabdil, no logró jamás restaurar la "ciudad roja", la más bella joya del Occidente.[3]

Aunque deteriorada, la Alhambra era de una riqueza y de un refinamiento únicos. En contraste con los castillos castellanos, fortalezas sombrías y austeras, el palacio de los nasridas recogía la belleza de la vida, integrando a su arquitectura laberíntica el brillo de las nieves eternas del macizo de la Sierra Nevada, los juegos de luces sabiamente filtrados, el murmullo de las fuentes, el reflejo de los estanques, los perfumes de los jardines y el rumor de los árboles bajo la brisa. En la Alhambra no había retratos ni estatuas de soberanos de tiempos pasados que decoraran los interiores. Bastaba la palabra de Dios, que se mostraba en artesonados sobre la blancura de las paredes, alternando con poemas caligrafiados en honor de los emires. El palacio se extendía sobre la más alta de las tres colinas que constituían el emplazamiento de Granada. Enfrente, del otro lado del Darro, se levantaban los barrios de la Alcazaba y del Albaicín, con callecillas escarpadas en que los olores de frituras se fundían con el aroma de los jazmines. Desde el principio de la guerra ahí se apiñaban las gentes llegadas de los campos circundantes.

El año de 1492 señala, en primer término, el fin de la reconquista de España por los cristianos. Sólo más adelante se le asociará al descubrimiento del Nuevo Mundo. Para medir el peso de la cuestión musulmana basta evocar el contexto mediterráneo en el cual se inscribe la guerra de Granada: el avance otomano, que será el doloroso telón de fondo de la expansión más allá del Atlántico. Cuando el 28 de julio de 1480 los turcos invadieron Otranto, en la costa adriática de Italia, degollando y empalando a todos sus habitantes con excepción de los jóvenes de uno y otro sexo, la amenaza que representaban para la cristiandad desde la toma de Constantinopla en 1453, se volvió más tangible y angustiosa. El rey de Nápoles, que además era primo de Fernando de Aragón, solicitó repetidas veces el concurso de las fuerzas cristianas porque: "Mahomet Bey no sólo se proponía extirpar la religión cristiana sino también exterminar a todos los príncipes que eran sus defensores y reducir a la esclavitud a los italianos."[4]

deros y los arreglan esmeradamente. Hay gentes que permiten a sus familiares comer de ellos y otros se lo prohíben. Los adornan como si se tratase de una desposada subida en su estrado tras de la cual no se cerrarán las puertas. Los hay que comen una parte de aquello y venden el resto."

[2] Alonso Barrantes Maldonado, citado por Torres Balbás (1951), p. 188: "En este tiempo tembló la tierra en el real del Rey y en Granada se cayó parte de la Alhambra; [...] fué tan grande este temblor y tantas vezes que no avia memoria de gentes que uviesen visto cosa semejante."

[3] Monetarius (1920), p. 47: "*Simile credo in tota Europa non esse. Omnia adeo magnifice, adeo superbe, adeo exquisite erant facta de vario genere, ut paradisum crederes.*"

[4] Palencia (1975), *Década* I, vol. 1, libro IV, pp. 80-81: "amenazando a los italianos todos con el cautiverio y la extirpación de la religión católica".

Ante semejante peligro, Fernando e Isabel reaccionaron con prontitud en dos frentes: en Italia, adonde se envió una flota de 25 navíos mandados por Pedro de Cádiz *el Macho Cabrío*, y en la península misma, donde los musulmanes de Granada, por su posición estratégica, se habían convertido en la "quinta columna" del Gran Turco.[5] Así, los soberanos de Castilla y de Aragón se veían investidos de una misión doble: por una parte, ponían término a la ocupación secular de los moros y consolidaban la unidad de Castilla y de Aragón; por otra, se convertían en baluartes de una cristiandad sacudida hasta los cimientos. Por ello, la suerte del reino de Granada quedó decidida en 1481.

CRISTIANOS Y MUSULMANES ANTES DE 1481

Desde hacía más de dos siglos, los choques entre musulmanes y cristianos eran ya habituales, así como las treguas más o menos largas, los contactos y los intercambios de todas clases. La decadencia política de los reinos islámicos de España había comenzado desde la victoria cristiana de Las Navas de Tolosa, en 1212. En la segunda mitad del siglo XIV, Fernando III, llamado *el Santo*, había conquistado Andalucía, hogar del Islam peninsular, con excepción de la zona oriental de Granada. Enclave musulmán en territorio cristiano, ese pequeño pueblo tuvo un brillo efímero bajo el reinado de Mohamed V, constructor de la Alhambra. A su muerte, la familia de los nasridas cayó en las intrigas dinásticas y la agitación religiosa. De su gloria pasada no conservó más que un arte de vivir y un prestigio literario que, más allá de las fronteras culturales y religiosas, influyeron profundamente sobre la Castilla del siglo XV.[6]

En tiempos de Enrique IV *el Impotente*, medio hermano de Isabel *la Católica*, el celo de los atacantes cristianos se calmó sensiblemente, y por una buena razón: un rumor acusaba al rey de Castilla de haberse rodeado de jóvenes moros con los cuales se entregaba a "ignominias"; algo más grave aún: se acusaba al soberano de haber adoptado las costumbres de sus favoritos, y corría el rumor de que había abrazado la religión musulmana.[7] A Enrique IV le gustaba montar a la jineta, es decir, con los estribos muy cortos, lo que era contrario a la usanza castellana; le agradaban los alimentos de los infieles, los higos, las pasas, la leche y la miel que el rey de Granada le enviaba y que él paladeaba sentado en el suelo, a la manera de los mahometanos.[8] En Segovia, en el Alcázar, la estatua del rey en traje "sarraceno" parecía burlarse de la de don Rodrigo, último monarca visigodo,

---

[5] *Ibid.*, p. 81.

[6] Vernet (1978), pp. 67-68; para el reino nasrida, véase Rachel Arié (1987).

[7] Palencia (1975), *Década* I, vol. 1, libro III, p. 69: "los granadinos [...] confesaban [...] que había el Rey contraído arraigados hábitos de voluptuosidad en su trato con los moros, a cuyas costumbres, traje, sistema completo de vida y hasta la misma secta religiosa se mostraba tan aficionado que a todo lo anteponía".

[8] Palencia (1975), *Década* I, *ibid.*, pp. 71 y 73: "y en las marchas, puestos previamente de acuerdo con su escolta de jinetes moros, salíanle al encuentro con higos, pasas, manteca, leche y miel, que el Rey saboreaba con deleite, sentado en el suelo a la usanza morisca".

por cuya culpa los árabes atravesaron el estrecho de Gibraltar en 711 y entraron en España para quedarse durante siglos.[9]

La inclinación de Enrique IV hacia lo musulmán probablemente no fue ajena a la tibieza de los ataques contra el reino de Granada, antes del advenimiento de Fernando y de Isabel. Los combates contra los moros eran organizados por los señores instalados en las regiones llamadas "de frontera". Eran puntuales y se asemejaban más bien a incursiones, las famosas *entradas*. Como en la Antigüedad, esas incursiones tenían por objeto la destrucción de las fortificaciones enemigas, el pillaje, la toma de cautivos y de rehenes, y el poner en práctica la vieja táctica de la "tierra quemada" *(tala)* para rendir por hambre al adversario.[10] Los Grandes obtenían así honor, prestigio y gloria, pero también riqueza. Entre esos aristócratas, la familia de los Mendoza había adquirido una importancia de primera línea, forjándose un renombre y un poder considerables en el curso del siglo xv; años después de la caída de Granada, esta dinastía extendería su influencia más allá de los mares, en comarcas que Íñigo López de Mendoza, segundo marqués de Santillana, no podía siquiera imaginar.[11]

La guerra contra los moros había sido un buen negocio, como bien lo comprendió Diego Arias Dávila, tesorero del rey, quien aconsejó a Enrique IV emprender una nueva campaña contra los infieles en 1454 para calmar la opinión pública y las intrigas de los nobles, siempre dispuestos a levantarse contra un rey cuya debilidad y conducta escandalosa alimentaban las murmuraciones y la discordia. Al soberano le repugnaba atacar a aquellos por quienes se sentía indudablemente atraído, pero el señuelo de la ganancia y las palabras halagüeñas de Diego Arias acabaron con sus reticencias. La guerra justificaría un cobro extraordinario de impuestos, le repetía el tesorero, y esos nuevos *repartimientos* superarían los costos de la empresa.[12] Sin embargo, la guerra no tuvo buenos resultados. Enrique no pudo resolverse a arrasar los cultivos de los musulmanes; pretextando que le pertenecían, exigió a sus tropas que "respetasen los árboles frutales que tanto tardan en arraigar y en crecer y tan poco en morir con el más ligero daño".[13]

[9] *Ibid.*, libro IV, p. 230: "Por su orden estaba representado en traje sarraceno, como queriendo significar su odio a todo culto cristiano."

[10] Iranzo (1940), p. 89: "entró en la cibdad de Jahén leuando sus gentes muchos moros e moras e niños atados en cuerdas e muchos despojos de joyas e preseas muy ricas e ganados. Do fué reçebido con tant grant gozo e alegría como solían resçebir en Roma sus emperadores quando de sus conquistas boluían vençedores".

[11] Pulgar (1971), p. 21, escribe que el marqués de Santillana "fizo la guerra tan cruda a los moros que los puso so el yugo de servidumbre e los apremió a dar en parias cada año mayor cantidad de oro de la qual el rey esperava resçebir, ni ellos jamás pensaron dar. E allende del oro que dieron les constriñó que soltasen todos los christianos que estauan cativos en tierra de moros, los quales este marqués redimió del cativerio".

[12] Los argumentos que hizo valer Diego Arias aparecen en Palencia (1975), cuya crónica es francamente hostil a Enrique IV: "pues tanto las querellas del pueblo como las maquinaciones de los levantiscos magnates quedarían acalladas al solo apellido de la guerra contra los granadinos. Por otra parte, hasta el coste mismo de la campaña podría convertirse en ganancia si ordenaba para tal objeto nuevos repartimientos personales de impuestos"; vol. 1, *Década* I, libro III, p. 64.

[13] *Ibid.*, p. 71.

Si bien parece exacto que, en el curso de esas campañas, los moros evitaron todo choque con un rey que les inspiraba una evidente simpatía, apartándose de su paso en cuanto veían a lo lejos su silueta de jinete, en cambio los señores llamados al servicio de las armas no encontraron piedad. Así, el caballero Garcilaso de la Vega, emparentado por su madre con los Mendoza, fue atravesado en 1458 por una flecha envenenada; murió en medio de atroces convulsiones, ante la mirada impávida de Enrique IV, que le guardaba rencor por haber vencido en singular combate a uno de sus moriscos favoritos. Voyeurismo morboso, mezclado de ingratitud, ya que el rey entregó los trofeos de guerra y los títulos honoríficos, no al hijo del difunto, como lo estipulaba el código de la nobleza, sino al condestable Miguel Lucas de Iranzo, señor de Jaén, guerrero, gran cazador y cronista en sus ratos libres.[14]

En nombre de intereses particulares, varios señores —y no de segunda fila— a veces establecieron alianzas con los moros, en detrimento de otros nobles cristianos. Adversario feroz de Enrique IV y de su padre Juan II, Rodrigo Manrique, cuñado del desventurado Garcilaso e inmortalizado por los célebres versos que le consagró su hijo Jorge, se sirvió de tropas musulmanas para combatir a sus enemigos personales.[15] En 1462, Bartolomé de Mármol renegó del cristianismo y, en compañía de otros cuatro apóstatas, arrasó los campos andaluces, persiguiendo a los cristianos. Esos renegados mataron a una cuarentena; a los cadáveres les arrancaron la lengua, las orejas y los testículos, antes de dirigirse al rey de Granada para cobrar la recompensa por su hazaña. ¿Debemos creer al cronista Palencia cuando afirma que esos hombres formaban parte de la guardia morisca de Enrique IV?[16]

LOS PELIGROS EN LA MORADA (1463-1481)

La Reconquista se vio frenada por luchas dinásticas que dividían a la nobleza y que, en ciertos aspectos, cobraron dimensiones de guerra civil. En ese sentido, la Castilla cristiana estaba tan agitada como el reino de Granada, que se desgarraba en facciones. Para resumir un conflicto fértil en repercusiones, de donde salió el verdadero "hombre" de la situación, Isabel de Castilla, recordemos lo principal.

Enrique IV, rey de Castilla, después de ocho años de cohabitación marital sin descendencia, anula su matrimonio con Blanca, hija de don Juan de Aragón, y casa con doña Juana, hermana del rey de Portugal. Aunque la

[14] *Ibid.*, libro v, p. 108.

[15] Las Crónicas de Juan II, conocidas con el título de *Crónicas del Halconero*, publicadas por Mata Carriazo (1946), cuentan la traición de Manrique: "E de alli se ayuntó con fasta dos mill moros del rreyno de Granada e corrió çiertos logares del dicho adelantado de Murçia... E de que non pudo tomar ninguno dellos tomó consigo fasta ciento çincuenta de a cauallo de los dichos moros demás de los de su casa", capítulo CCCLXI, p. 494; también bajo Enrique IV: "Ca por algunas diferençias entre los prinçipales caualleros de Cordoua nasçidas, ligáronse con los Moros el conde de Cabra e Martin Alonso de Montemayor y sus aderentes; y diéronles entrada para en tierra de cristianos", Iranzo (1940), p. 472.

[16] Palencia (1975), *Década* I, vol 1, libro IV, p. 84.

impotencia del monarca es bien conocida de todos —se citaba hasta a testigos oculares—, la reina da a luz en 1463 a una hija, también llamada Juana, que el rumor público pronto llamará *la Beltraneja*, por el nombre del favorito del rey, Beltrán de la Cueva. Es fácil adivinar las intrigas provocadas por ese nacimiento, pues la Corona tiene otros pretendientes, a falta de hijos legítimos del rey: el joven príncipe don Alfonso, que morirá envenenado, y su hermana Isabel, hijos ambos de un segundo lecho del rey de Castilla, Juan II. Las vacilaciones de Enrique IV, las estrategias políticas y matrimoniales de los reyes de Portugal y de Francia, la diplomacia y las traiciones de todas clases tienen como centro a dos jóvenes doncellas, Juana *la Beltraneja* e Isabel. Mientras Enrique IV se encuentra en tratos para casar a su hermana con el duque de Guyana ocurre un dramático imprevisto de importante alcance político: Isabel casa con el príncipe Fernando de Aragón el 19 de octubre de 1469. Ella tiene 18 años; él, 17. En adelante, la heredera legítima del trono de Castilla se encuentra colocada, por su matrimonio, a la cabeza de casi toda España.

En el plano internacional, esta unión de las dos coronas introduce una amenaza temible; en el plano interno, los señores se encuentran divididos entre la lealtad a Enrique IV, que apoya las pretensiones de *la Beltraneja*, y el principio de la legitimidad dinástica. De ese conflicto, de cuya complejidad no podríamos dar aquí una idea, nace una lucha de facciones *(bandos)* que arrastra en la espiral de la anarquía a la nobleza, pero también a los pequeños hidalgos de provincia, que, a su vez, se reagrupan en *banderías*. A la muerte de Enrique IV, ocurrida en 1474, Portugal, que apoya a *la Beltraneja* y cuyas ambiciones políticas son evidentes, invade España; además, la Francia de Luis XI amenaza al reino de Castilla en Perpiñán y en Navarra. Pero Isabel y Fernando, apoyados por la mayoría de los grandes, entre ellos los Mendoza que, sin embargo, son tutores de *la Beltraneja*, saldrán vencedores de esas pruebas, y con determinación ejemplar lograrán restaurar la autoridad real.

En el curso de las luchas dinásticas que los opusieron, primero a Enrique IV y después a los partidarios de *la Beltraneja*, Isabel y Fernando supieron explotar la fibra "nacional", muy sensible en las comunidades, indignadas contra las exigencias ilegítimas de los extranjeros (en especial, los portugueses y los franceses): en una carta que dirigieron al rey Enrique IV para protestar contra sus tentativas de alianza con Luis XI, los jóvenes príncipes Isabel y Fernando no dejaron de hacer alusión a "gentes estrangeras a esta vuestra nación muy odiosas".[17] Alonso de Palencia, quien relata cómo el príncipe Fernando había prestado ayuda a su padre, el rey de Aragón, sitiado por los franceses al norte de Cataluña, revirtiendo la situación en su favor, atribuye al rey, agradecido, palabras asombrosas, considerando que estamos en 1472: "Dichoso yo que puedo llamarme padre de mi libertador y libertador de mi patria."[18] Sin contar que, bajo la pluma de su

---

[17] Pulgar (1943), t. I, p. 41: "se procura de meter gentes estrangeras a esta vuestra nación muy odiosas, e de hazer otros movimientos contra nosotros e contra la derecha e legítima subçesión".
[18] Palencia (1975), *Década* II, vol. 2, libro VIII, p. 104.

cronista oficial, Hernando del Pulgar, que además es un judío *converso*, los futuros Reyes Católicos aparecen en el momento de su boda como los candidatos del pueblo y de las comunidades, contra las ambiciones extranjeras de los partidarios de *la Beltraneja*.[19]

El término "nación" comienza a emplearse en el siglo xv para designar toda comunidad caracterizada por la conciencia de su unidad política. Esa palabra, en su acepción antigua, sigue siendo aplicada a cualquier grupo que posea características propias: los cristianos, los judíos, los gentiles, los labradores, los soldados, y hasta las mujeres —*femenil nación*—[20] y, por último, más tarde, a los indios de América. La *natio* también implica un origen común. Tal es, por ejemplo, el caso de esos peregrinos del Pequeño Egipto, nómadas llegados de Oriente a principios del siglo xiv, expulsados de su país por los musulmanes.

Aquellos a quienes aún no se llama gitanos visten de manera extraña. Los hombres llevan los cabellos largos, y anillos en las orejas; las mujeres, un turbante sobre una armadura de mimbre; tienen la piel del color del hollín y recorren Castilla y Aragón sin establecerse en ninguna parte.[21] Pero son católicos, y como tales cuentan con el apoyo del clero y de la nobleza. Por doquier, a su paso, los egipcios muestran cartas y salvoconductos, certificando que hacen penitencia por orden del Santo Padre, porque sus abuelos faltaron a la fe cristiana por temor al Gran Turco.[22] El condestable Miguel Lucas de Iranzo los recibe varias veces en su castillo de Jaén: aloja a las tribus, que pueden ser hasta de 100 personas, las mantiene varias semanas y, después de hacerles copiosos regalos, las deja partir cargadas de presentes y de dinero.[23] Otro grande de España, don Diego Hurtado de Mendoza, sucumbe ante la belleza gitana de María Cabrera, que en 1481 da a luz a don Martín, futuro arcediano de Guadalajara y de Talavera.[24] De momento, los egipcios fascinan pese a su extrañeza física; por la religión que profesan, son parte de la comunidad de los cristianos.

En el momento de la ofensiva contra Granada, las amenazas se evaporan. Se someten hasta las banderías andaluzas y extremeñas más recalcitrantes, sin deshonrarse empero, ya que en adelante adoptan un papel de primera fila en esta guerra contra los moros, que sirve para sellar la unión de la nación castellana ante el enemigo de siempre. Portugal abandona las hostilidades. Don Alfonso V ha muerto en Santarem en 1481. Durante su reinado, Tánger y Arcila fueron arrancados a los moros, y la costa de Guinea, explorada y explotada por sus súbditos, prometía riquezas infinitas. Fueron célebres su piedad y sus dones de taumaturgo. Como habían sustraído su cadáver a todas

---

[19] Pulgar (1943), t. i, p. 34: "de las quales (bodas) plogo mucho a toda la mayor parte de los grandes e caualleros del rreyno, espeçialmente a todas las comunidades e pueblos".

[20] Maravall (1972), i, pp. 468-470.

[21] Leblon (1985), pp. 18-22.

[22] Iranzo (1940), pp. 416-417: "Los quales andavan asi por el mundo segund diçian e mostrauan por çiertas letras, faciendo penitençia por mandado de nuestro Santo padre, porque sus anteçesores disque auian fallecido en la creençia de nuestra santa fé por miedo e temor del Grand Turco."

[23] Iranzo (1940), pp. 97-98.

[24] Leblon (1985), p. 24.

las miradas, la leyenda se apoderó pronto del monarca, fundando —o, tal vez, manteniendo— una tradición mesiánica propia del mundo lusitano. Corrió el rumor de que don Alfonso había partido en peregrinación a Jerusalén, torturado por los remordimientos por haber invadido el reino de Castilla; según otros rumores, vistiendo el sayo de monje, el soberano dividía sus días entre Santiago de Compostela y Roma. ¿Volvería alguna vez?[25]

El fin de la Reconquista (1481-1492)

La guerra de Granada, verdadera cruzada dirigida con mano maestra por Isabel y Fernando, prefigura en ciertos aspectos una conquista de una envergadura mucho mayor, emprendida en la escala desmesurada de un continente: la invasión de América.

En esta guerra, que duró 11 años, las campañas de acoso se alternan con las justas, las fiestas y los combates singulares: otros tantos medios de adquirir o de conservar el honor.[26] El reino de los nasridas estaba aislado y débil; si los asaltos hubieran sido regulares y se hubieran emprendido con un espíritu militar libre de limitaciones caballerescas, probablemente se habría obtenido con mayor rapidez el triunfo cristiano; y es que la guerra de Granada pone punto final a una época de reconquista, sin que se sepa demasiado bien, por entonces, a qué se asemejará el mundo que vendrá y que permitirá la victoria de Isabel y de Fernando. Escribiendo unos 30 años después de la toma de Granada, el diplomático veneciano Navajero insiste en esta experiencia militar situada en la unión de dos épocas y que se apoya en un ejército compuesto esencialmente de caballeros.[27]

[25] Bernáldez (1962), capítulo XLIX, pp. 110-111: "E halló la mina de oro e ganó a los moros a Tanger e a Arcila con que se acompañaron Alcazar e Ceuta [...] E fué fama pública en todo Portugal que el rey don Alonso no era muerto, por cuanto no fué enseñado después de difunto, como sí fuera o debiera ser enseñado, nin ovo persona que diesse fee que lo vido morir, nin ovo persona que adornasse su cuerpo para la sepultura, nin se pudo saver quién lo adornó, como suelen façer a los reyes cuando mueren. E toda su fin fué tan secreta, que lo que fué no lo supo sino el príncipe e rey don Juan, su fijo; [...] e por esso dixeron y fué pública fama, que como le avía sido rey muy temeroso de Dios e de su conciencia [...] que aun se hablava de donde ponía las manos en nombre de Jesucristo sanava los enfermos, especialmente los lamparones, e ivan a él de muy lexanas tierras. E que temiendo su conciencia, consideró e pensó en los muy grandes daños e muertes [...] que por su causa avían sucedido, e se avían fecho e recrecido por aver entrado en Castilla a reinar [...] le pesó mucho de todo lo pasado [...] e se avía ido pelegrinando a Jerusalén. Otros dixeron que se metió fraile e se fué a visitar los lugares sanctos de Santiago e Roma."

[26] *Ibid.*, capítulo XLVIII, pp. 109-110: "en el mes de otubre de 1481 començó el marqués de Cáliz a facer públicamente la guerra a los moros; e sacó hueste, e amaneció una mañana sobre Villaluenga e quemóla. E corrió los lugares de la tierra e corrió a Ronda e durmió sobre ella e derribóles la torre del Mercadillo e fízoles muchos daños, e bolvióse con su honrra e cavalgada. E dende en adelante fizo otras muchas entradas, e siguió la guerra entre los cristianos e moros en toda la frontera"; y del mismo autor, capítulo LXX, pp. 151-152: "fueron a hazer una gran tala en tierra de moros, por mandado del rey don Fernando [...] talaron (en 1484) todas sus comarcas (Malaga) [...] panes, viñas, e huertas e olivares e almendrales [...] e fizieron muchos daños en toda aquella tierra fasta el mar [...] E después que la dicha tala fué fecha muy largamente, viniéronse los dichos señores e gente con su honrra".

[27] Navajero (1983), p. 61: "No había por entonces tanta artillería como ha habido después y

Si bien la infantería no está tan desarrollada como lo estará después gracias a las innovaciones que Gonzalo Fernández de Córdoba *el Gran Capitán*, introducirá en Italia, la caballería, sobre todo practicada a la jineta, experimenta un auge considerable. Esta técnica de equitación, que saca el mejor partido del caballo andaluz y hace que el jinete sea extremadamente móvil es, sin duda, de origen árabe. El jinete es un "soldado ligero a caballo, montado y armado a la manera de los moros", protegido por una coraza y no por una armadura, vestido con un jubón y perneras, con un casco ligero rematado por una cresta en forma de media luna, el morrión, una espada, un puñal, una lanza más ligera y más corta que la de los "hombres de armas" y, para protegerse, un escudo ligero de forma oval, la adarga.[28] Como la guerra tiene un carácter lúdicro, la equitación a la jineta también tiene un lugar en las corridas de toros a caballo y en el juego ecuestre de las cañas, practicado por hombres vestidos a la usanza morisca, espectáculo que goza de gran afición entre la nobleza. Tras la caída de Granada, esta moda exótica desaparecerá poco a poco, y la equitación a la jineta será remplazada por otra, menos elegante pero más segura, que practicaban los italianos.[29] El ejército cristiano, asesorado por técnicos borgoñones y flamencos, dispone sobre todo de una artillería que inclina la balanza a su favor, aunque en el campo enemigo, los renegados saben disparar bombardas y ribadoquines. A lo anterior se añade un servicio médico de campaña que constituye una novedad en la historia de los ejércitos.

La Reconquista emprendida por los cristianos es, para los musulmanes, la versión cristiana del *jihad*, lo que le confiere una especie de legitimidad. En esta guerra santa, todas las armas son válidas: las flechas envenenadas, los alaridos ensordecedores, los incendios y saqueos de todas clases, pero también, del lado de los cristianos, el empleo de objetos sagrados cuya eficacia está demostrada ya de larga data. ¿Qué combatiente podía ignorar que en 1212, en Las Navas de Tolosa, los estandartes de la Virgen y las cruces llevadas por los guerreros cristianos habían deslumbrado a los moros con su brillo?[30] Se decía que el horror que inspiraban esas imágenes a los musulmanes había hecho vacilar su resistencia... A los clamores frenéticos de los mahometanos, los conquistadores oponen el grito de guerra de "¡Santiago!", que anima hasta las tropas más agotadas. En efecto, el apóstol Santiago fue el protector de la Reconquista antes de volverse el de los conquistadores del continente americano. Por lo demás, ese santo gue-

podían conocerse mejor los hombres bizarros. Todos los días se venía a las manos y todos los días se hacía alguna hazaña; encontrábase allí toda la nobleza de España y todos procuraban señalarse y adquirir renombre; de manera que en esta guerra se formaron los hombres valerosos y los buenos capitanes de España [...] No había señor que no estuviese enamorado de alguna dama de la Reina."

[28] Gerbet (1979), p. 351.

[29] Clare (1988), pp. 73-82; sin embargo, montar a la jineta sigue siendo, en el siglo XVI, exclusivo de la nobleza y añade al caballero una marca de distinción, como lo muestra el *Don Quijote* de Cervantes.

[30] Cardaillac (1979), p. 302: "a la presencia de la santa cruz que llevaban delante y la ymagen de la reyna de los ángeles sancta María, los Moros caieron todos en tierra deslumbrados del resplandor tan grande que les dió".

rrero será adoptado en el siglo XVI por los indios de Perú, que lo convirtieron en la encarnación del rayo, y hasta por los musulmanes de Argel, que lo identificaron con el califa Alí.[31]

Como en el pasado, afluyen señores con su contingente, "sus lanzas". De todos los grandes, el más poderoso es indiscutiblemente Íñigo López de Mendoza, conde de Tendilla e hijo del marqués de Santillana, aquel que había sabido mantenerse tan bien entre la lealtad que debía al rey Enrique, convirtiéndose en guardián de su supuesta hija, la Beltraneja, y la fidelidad jurada a la reina Isabel. El conde de Tendilla y su hermano, el arzobispo de Sevilla, han movilizado 500 caballeros, a la jineta y a la estradiota, y varios centenares de soldados de infantería llegados de sus tierras de Álava y de Guadalajara. Otros mantienen tropas más modestas, como el joven Garcilaso de la Vega que, con sus 40 lanzas, se estremece de impaciencia por vengar el honor de su tío, muerto en la guerra y humillado por su rey. Garci Rodríguez de Montalvo, compilador de la célebre novela de caballerías Amadís de Gaula, ha participado con otros hidalgos de la villa de Medina del Campo en la ocupación de la plaza de la Alhama en 1482.[32] Citemos también, entre tantos linajes ilustres, al capitán Gonzalo Fernández de Córdoba, y a su hermano, Alonso de Aguilar, de la casa del conde de Cabra, jefes de facción en la época de las banderías. A ellos se refieren los textos de la época cuando hablan de conquistadores: grandes de España, caballeros, pero a veces también simples escuderos cuyo valor es citado como ejemplo.

La reina Isabel ha ido hasta Vizcaya a reunir tropas para su cruzada; ha prometido a los condenados de derecho común de Galicia, que habían huido a Portugal y a Bretaña, una amnistía completa si se reclutan como soldados de infantería.[33] Ha traído a mercenarios franceses, ingleses y suizos, atraídos tanto por el sueldo como por el brillo de la misión. En todas las ciudades de Andalucía, de Castilla, de Extremadura, Isabel ordena un repartimiento excepcional de víveres para sitiar, una tras otra, las ciudades que rodean Granada, aprovechando las querellas dinásticas de los nasridas y cortando, con la ayuda de su flota, los accesos marítimos. Los judíos tienen que poner de su bolsillo, en particular los de Segovia y de Ávila, cuyas comunidades eran florecientes.[34] Y sin embargo, pese al fluir de hombres de toda la península y de otras partes, la empresa de la Reconquista,

---

[31] Bernáldez (1962), capítulo LVII, p. 122: "E arremetieron los unos contra otros diciendo los cristianos: ¡Santiago!" Cardaillac (1979), pp. 42-43, citando a Haedo, Topografía e Historia General de Argel, 1612, nos dice que: "tienen por santo algunos de los que nosotros Cristianos tenemos y honramos por santos [...] y los llaman marabutos y porfían que fueron moros, y el apóstol Santiago se llamó Ali."

[32] Avalle-Arce (1990), p. 135.

[33] Pulgar (1943), t. II, capítulo CXCVI, p. 252: "E porque en el reyno de Galicia avia muchos onbres omizianos, que por muertes e delictos estauan condenados a pena de muerte e destierro, e a otras penas corporales, e estos eran en gran número, los quales por miedo de la pena avian huydo, dellos al reyno de Portugal e dellos al ducado de Bretaña e Francia e a otras partes, mandaron dar sus cartas de seguro para que todos estos omizianos viniesen a la guerra de los moros e sirviendo en ella aquel año a sus costas, fuesen perdonados, para que pudiesen tornar e estar seguramente en sus casas, syendo perdonados de los enemigos."

[34] Ladero Quesada (1975), pp. 152 y ss.

que reunió a 20 000 caballeros y 50 000 infantes, sigue siendo asunto esencialmente castellano, pues la atención de Fernando es atraída por los negocios aragoneses e italianos.

Aun cuando el clima general es de reconciliación de la nobleza y de exaltación de los valores cristianos, no es posible minimizar el señuelo del botín. A finales del siglo xv, la gloria que dan los hechos de armas cede terreno a las ambiciones personales de enriquecerse y de lograr así un prestigio más duradero. Recordemos a los Mendoza, cuya fortuna e influencia política crecieron de manera considerable en el curso del siglo xvi.[35] En escala más modesta, muchos vieron en esta guerra la oportunidad de obtener esclavos y bienes considerables mediante el pillaje o el sistema de *encomienda*: cesión de tierras, de bienes y también de personas colocadas bajo la protección del rey o de algún personaje poderoso. La rapacidad de los conquistadores fue denunciada sin mayores consecuencias.[36] Dios, decíase, había permitido una derrota porque los conquistadores habían adquirido riquezas y privilegios de manera indebida.

Habían cambiado los tiempos desde las hazañas gloriosas de los príncipes de Aragón, cuyo esplendor efímero había cantado Jorge Manrique. A finales del siglo xv el interés material se liberaba de los valores medievales, para convertirse en un fin en sí mismo; el ideal caballeresco, que desaparecía progresivamente, se refugió en las novelas, cuya lectura suscitaba una pasión próxima a la locura… Los excesos cometidos pocos años después en América, que historiadores y antropólogos han atribuido a la brutalidad y a la ignorancia de conquistadores venidos a más, son, por tanto, menos accidentes de paso que el reverso obligado de aquello en que se había convertido la guerra ibérica. La caída de Málaga, en 1487, constituye una etapa importante en la Reconquista. Alonso de Palencia hace un relato arrobador de ese largo asedio, que anunció el fin del reino de Granada. Pese a la mediocridad de los fondeaderos, la costa de Málaga era la puerta de salida de los granadinos, y ahí el tráfico marítimo era particularmente intenso: navíos de Túnez, de Setif o de Egipto llevaban a los granadinos socorro en hombres y en víveres, pero también en dinero, para pagar las soldadas de los mercenarios de los países de Berbería, los *gum*.[37] Cons

[35] Nader (1977), p. 412: "*For four generations beginning in 1492, the marquises of Mondejar and their sons served as captains general of the kingdom of Granada, and during the reigns of Charles V and Philip II, they served as viceroys of the kingdoms of Navarre, Valencia, Naples, New Spain and Peru; presidents of the council of the Indies and the Council of Castile; admirals of Aragon; generals of the galleys, and ambassadors to Venice, the Papacy and the Council of Trent. Much of the impression that the Castilian nobility increased their political influence in the xvth century is due to the activities of the Mondejars.*"

[36] Bernáldez (1962), capítulo LX, pp. 129-130: "Este desbarato hicieron muy pocos moros, maravillosamente, e paresció que Nuestro Señor lo consintió, porque es cierto que la mayor parte de la gente iva con intención de robar e mercadear [...] la mayor parte ivan todos puestos en codizia de aver por robo tales cosas e alhajas como las de la Alhama, diziendo que muchos fueron ricos de Alhama e muchos llevaron encomiendas de sus amigos para conprar, de las cavalgadas que avian de hacer, esclavos e esclavas e ropas de seda." Sobre el sistema de la encomienda en la Edad Media española se puede consultar a Valdeavellano (1986), pp. 522-523.

[37] Palencia (1975), *Década* II, vol. 2, libro VII, p. 183: "Allí fondeaban embarcaciones de egip

ciente del destino histórico que le había tocado en suerte y de la gravedad de la hora, la población de Málaga ofreció una resistencia desesperada, aguijoneada más que alentada por las tropas bereberes, los salteadores de la sierra de Ronda, los renegados y los judíos, conversos o no, que para librarse de los primeros autos de fe de Sevilla se habían refugiado en aquella ciudad.[38]

La caída de la fortaleza de Vélez Málaga fue decisiva. Pero los combates estuvieron a punto de acabar mal para los cristianos, pues el rey Fernando, en el fragor de la acción, se expuso sin prudencia a las flechas enemigas que probablemente le habrían tocado si Garcilaso de la Vega y otros caballeros no hubiesen formado una muralla con sus cuerpos. En adelante, la violencia de la guerra triunfaba sobre cualquier otra consideración: "Ninguno pugnava por cautiuar al enemigo, salvo por lo ferir y matar."[39] Pronto escasearon los víveres, y los sitiados tuvieron que contentarse con ratas y perros. ¿Había que rendirse, confiando en la clemencia de Fernando? Los "feroces" bereberes, temiendo la justicia del rey, hicieron imposible toda tentativa de rendición: más valía intentar una salida desesperada y perecer combatiendo, que vivir en cautiverio o sufrir el castigo de los cristianos.

Y sin embargo, en un día de agosto, Málaga capituló. Un monje, Juan de Belalcázar, subió a la torre de la Alcazaba y desplegó ahí el estandarte cristiano, que había llevado enrollado en su túnica. A la vista de la cruz, un clamor se elevó de la multitud, como una oleada, para volver a caer, dejando lugar a un silencio de plomo. Los bereberes del *gum* y los renegados que ocupaban la fortaleza se rindieron, y Fernando, sordo a las llamadas de clemencia, decidió darles un castigo ejemplar. Los desertores, los renegados y los judíos, practicantes o conversos, fueron quemados vivos. Los hombres del *gum*, como los que habían llegado de los alrededores a prestar socorro a los habitantes de Málaga, serían reducidos a la esclavitud.[40]

cios, tunecinos númidas o sitifenses, y hasta de árabes de la próxima costa frontera y llevaban a los granadinos hombres, caballos y numerario. Particularmente traían un socorro en dinero recogido en las diversas regiones del África, bastante para el pago de los soldados de las guarniciones. A esto había que añadir las considerables rentas que en la provincia de Granada percibía su Rey y distribuía en su reino."

[38] *Ibid.*, pp. 183-184: "Los apáticos ciudadanos no se atrevían a más empresas que a las que la multitud africana se lanzaba, y para librarse de su crueldad creían necesario secundar su energía. A los arrojados gomeres se unieron varios renegados y conversos condenados por apóstatas en Sevilla y en otras partes de Andalucía [...] Además se encerraron en Málaga muchos monfíes que habían cometido crímenes en la serranía de Ronda." El término *monfíes*, utilizado por los cronistas del siglo XV, designaba a quienes se habían convertido al cristianismo por necesidad y que habían aprendido así perfectamente la lengua romana, convirtiéndose por ello en personas peligrosas, en potenciales espías; según los autores árabes citados por Covarrubias (1943), en su diccionario, p. 812, "*monfi* es hombre ahuyentado y retraído o bandolero".

[39] Pulgar (1943), t. II, capítulo CCIV, p. 286.

[40] Palencia (1975), *Década* II, vol. 2, libro VII, p. 196: "y al cabo vino a saberse que desde las primeras entrevistas con Ali Dordux el Rey había resuelto que se acañavereare a los renegados, que los desertores, conversos y judaizantes fuesen quemados vivos y que los gomeres, los de Osunilla y Mijas y cuantos habían acudido a la defensa de Málaga desde los pueblos de la sierra quedasen en duro cautiverio, repartiéndole entre los Grandes y soldados distinguidos y enviando algunos como muestra de congratulación al Papa y a varios Príncipes de la Cristiandad".

Málaga era una ciudad populosa y por ello el número de cautivos fue grande. Hernando del Pulgar, cronista oficial de las coronas de Castilla y de Aragón, informa que 100 bereberes del *gum* fueron enviados al papa, 50 doncellas a la reina de Nápoles, y otras 30 a la de Portugal. La tercera parte de los cautivos fueron distribuidos entre los caballeros, hidalgos y otras "naciones" que habían participado en el sitio, según los méritos de cada uno. Las damas del séquito de la reina también recibieron jóvenes moriscos, para su servicio.[41] Aparte de quienes fueron repartidos entre los vencedores, o donados a personalidades importantes, aún quedaba un buen número, la tercera parte de los habitantes, si hemos de creer a Pulgar, por los cuales se fijó un rescate muy elevado, que debería pagarse en un plazo de ocho meses. Los moros iniciaron entonces penosas negociaciones con sus hermanos de Granada, Baeza, Guadix y Almería, y hasta recurrieron a quienes vivían en el extranjero, con el propósito de reunir la suma exigida por los vencedores. Pretextando dificultades materiales, los reyes y los señores musulmanes se negaron, empero, a rescatar a sus correligionarios, y 11 000 cautivos fueron vendidos como esclavos.[42]

Fortalecidos con esta victoria, que permitía augurar en breve plazo el fin del reino de los nasridas, el rey y la reina podían permitirse responder con firmeza a la extorsión de aquel a quien se llamaba el *sultán de Babilonia*, nombre de uno de los barrios de El Cairo y, por extensión, de toda la capital egipcia. Avisado por emisarios granadinos que denunciaban la violencia infligida por los soberanos cristianos, el sultán había enviado a España a dos religiosos católicos, a guisa de embajadores. Los sacerdotes expusieron a Fernando la emoción del sultán y su voluntad inquebrantable de intervenir si el rey perseveraba en su rigor, pues el soberano musulmán estaba dispuesto a ejercer represalias contra todos los cristianos de Egipto, de Judea y de Siria; incluso amenazaba con destruir el Santo Sepulcro, en el cual había tolerado, hasta entonces, las peregrinaciones, y amenazaba con exterminar a sus guardianes.[43] Fernando hizo valer unos argumentos a los cuales el sultán se rindió, pese a su decisión vengadora: aun destruido, el Santo Sepulcro viviría en el corazón de los cristianos; en cambio, la ausencia de peregrinos sería ruinosa para el sultán. Además, si éste masacraba a los cristianos de Jerusalén, Fernando haría degollar a todos los mahometanos que hasta entonces vivían en tierra ibérica sin ser molestados.[44]

Así, el reducido territorio de Málaga se había convertido en escenario de un nuevo enfrentamiento entre dos concepciones del mundo y dos hegemonías: el Oriente musulmán y el Occidente cristiano.

[41] Pulgar (1943), t. II, capítulo CCXIII, pp. 335-336.

[42] Bernáldez (1962), capítulo LXXXVII, pp. 197-201.

[43] Palencia (1975), *Década* III, vol. 2, libro IX, p. 221: "trataría cruelmente a cuantos cristianos habitaban en Egipto, Judea y Siria; destruiría el sepulcro que en los pasados siglos se les permitía visitar en Jerusalén y mandaría matar a los guardianes".

[44] *Ibid.*, p. 222; Siria y Palestina fueron conquistadas por los otomanos en 1516, durante el reinado de Selim I, que así se convirtió en el protector de las dos ciudades santas, La Meca y Jerusalén.

La toma de Granada

El 26 de abril de 1491, el rey y la reina se instalan en Santa Fe y ponen sitio a Granada. Es difícil imaginar hoy la atmósfera que reinaba en el campamento de los cristianos, marcada por escaramuzas asesinas, fiestas y, sobre todo, una interminable espera. Para ponerse al abrigo de las incursiones granadinas, el campamento pronto da lugar a una pequeña ciudad fortificada, construida sobre un plano rectangular que se inspira en el campamento romano y el de las bastidas medievales de Castilla. Entre las filas de la gran nobleza puede verse a don Íñigo López de Mendoza, conde de Tendilla, presente desde el comienzo de las hostilidades con sus lanceros, a cuyo lado están su esposa y sus jóvenes hijos, entre los que figura Antonio, nacido sin duda en el curso del asedio, y al que aguarda un gran porvenir del otro lado del Atlántico; su hermano, don Diego Hurtado de Mendoza, obispo de Sevilla; el conde de Feria, don Gómez Suárez de Figueroa, bajo cuyos estandartes combatía Garcilaso de la Vega; el duque de Villahermosa, nieto bastardo del rey de Aragón y, por consiguiente, sobrino de Fernando, capitán general del ejército de las *Hermandades*, esas milicias populares organizadas por los habitantes de una ciudad o de una pequeña villa para protegerse de las bandas de asaltantes que asolaban los campos...

Esos grandes de España iban a la guerra con su familia, sus vecinos y hasta sus preceptores italianos, atraídos a España a precio de oro para difundir allí las luces del Renacimiento; tenían a su servicio personal a jóvenes pajes en el umbral de la adolescencia, como Gonzalo Fernández de Oviedo, en el séquito del duque de Villahermosa. Con sus ojos de niño —sólo tiene 14 años—, maravillado al codearse con los más ilustres linajes de España, ansioso por entrar en Granada, ciudad de leyenda, el joven Oviedo observó todo y conservó ese tesoro de imágenes y de experiencias en el fondo de su memoria; muchos años después, los fastos de Italia y las maravillas del Nuevo Mundo no le hicieron olvidar aquellos acontecimientos.[45] Otro observador, el italiano Pedro Mártir, estaba no menos impaciente por descubrir aquella ciudad, tantas veces elogiada por su belleza. En el campamento de Santa Fe también se encontraba una multitud que no pertenecía al oficio de las armas: cirujanos, mercaderes, embajadores, hombres de finanzas como Luis de Santángel —judío converso y miembro de una familia influyente que ya había pagado un fuerte tributo a la Inquisición—,[46] a los cuales se añadían artesanos, mendigos e, infaliblemente, prostitutas, pese a que Fernando había hecho prohibir la venalidad y los juegos, para evitar que la molicie corrompiera a sus tropas en vísperas de la victoria.

---

[45] El texto publicado por Juan Bautista Avalle Arce (1974), titulado *Las Memorias de Gonzalo Fernández Oviedo*, desgraciadamente está incompleto, según confesión del editor, quien consideró conveniente eliminar cierto número de capítulos "de lectura indigesta" (I, p. 10).

[46] Leibovici (1986), p. 50, citando a Cecil Roth, precisa que su bisabuelo se llamaba Azariah Chinillo y se convirtió a comienzos del siglo XV; por lo demás, Luis de Santángel tomó parte en la colonización de América ya que fue el primero en exportar cereales y caballos al Nuevo Mundo, contribuyendo así a remodelar el paisaje americano: p. 56, nota 5.

Al final del verano de 1491, cuando Santa Fe permanecía adormecida bajo un calor agobiante, en el campamento se recibió a un antiguo conocido de la reina: el marino genovés Cristóbal Colón, acompañado de un franciscano de La Rábida, el prior Juan Pérez. El hombre era obstinado. Mientras que todas las esperanzas se habían cifrado en la "ciudad roja", tan cercana que se podía aspirar el perfume de sus flores y percibir el rumor lejano de sus habitantes, el genovés insistía en su proyecto de llegar por el occidente a las tierras que Marco Polo había reconocido. Contemplando, a la puesta del sol, aquella ciudad espléndida cuyos días estaban contados, ¿pensaba Colón en lo que la astronomía de Al-Farghani —a quien él ya había rendido homenaje cuando navegó a lo largo de las costas de Guinea— o las cartas de declinación solar de Ibn al-Kammad le habían enseñado sobre el arte de la navegación?[47] Escuchando los proyectos que aquel extranjero exponía con gran vehemencia a todos los que se encontraran cerca de los soberanos, ¿presentía el corazón de Oviedo una aventura aún más excitante que la que él vivía, día tras día, en Santa Fe?

Colón hablaba bien y tenía gracia, pero el humor real no estaba para los grandes sueños oceánicos. El genovés tuvo que soportar un nuevo rechazo y retirarse de Santa Fe hacia La Rábida, decidido a recurrir a otros monarcas más emprendedores. Fue entonces cuando se dio un cambio cuyas consecuencias no podía prever nadie. A algunas leguas del campamento, Colón fue alcanzado por los emisarios de la reina y llevado de regreso a Santa Fe. Convencida por Luis de Santángel, y augurando para esta expedición un desquite importante contra Portugal, cuya supremacía marítima amenazaba a Castilla, Isabel aceptó las proposiciones del marino.[48]

Los preparativos se efectuarán a tambor batiente. De momento, todos los ojos se encuentran fijos en Granada. En el mes de diciembre, los moros, víctimas del hambre, deciden entregar el palacio de la Alhambra, así como las fortalezas de la ciudad, a cambio de la libertad.[49] Fernando e Isabel se comprometen a ello solemnemente, y el rey Boabdil, "el que lloró como mujer lo que no había sabido defender como hombre",[50] abre las puertas de la ciudad a los cristianos en la noche del domingo 1° de enero, sin que se enteren sus súbditos.[51] ¡Ridículo soberano ese Boabdil, condenado a actuar subrepticiamente y a engañar a quienes estaban decididos a sostenerse hasta el fin! Mediante un acto ritual que llamó la atención del joven Oviedo, testigo de esas jornadas memorables, las llaves de la ciudad pasaron de las manos de Fernando a las de Isabel, quien las entregó al príncipe Juan, el que a su vez las confió al conde de Tendilla, don Íñigo López de

[47] Vernet (1978), pp. 145 y 258.
[48] Heers (1981), pp. 196 y ss.
[49] Bernáldez (1962), capítulo CII, p. 230: "que los dexasse en su ley o en lo suyo".
[50] Mármol Carvajal (1946), capítulo XX, p. 151.
[51] "El rrey moro lo enbió hazer saber al Rey e a la Reyna nuestros señores y concertó que esa noche secretamente enbiasen persona que los reçibiese, por que desque los moros viesen que estauan apoderados en ella los xristianos, avrían por bien de abaxar las cabeças, lo que otra manera no harían sin mucho escándalo y aun peligro sy de día los viesen entrar por la çibdad a la reçebir." Carta de un tal Cifuentes dirigida a don Alonso de Valdivieso, obispo de León, el 8 de enero de 1492, y publicada por Pescador del Hoyo (1955), p. 285.

Mendoza. Éste, acompañado del duque de Escalona, del marqués de Villena y de muchos otros caballeros, seguidos de 3 000 jinetes y de 2 000 lanceros, penetró en la Alhambra, y ahí levantó la cruz.[52]

Tal fue, nos confía un testigo de la época, el día más feliz de la historia de España.[53] El 2 de enero, según Alonso de Palencia, Boabdil, acompañado de 50 jinetes, partió al encuentro del rey y de la reina, con gesto suplicante, "como si se arrepintiera de su obstinación". Viendo que el moro tenía la intención de besarle la mano, Fernando se lo impidió para evitarle la humillación y los dos soberanos, por medio de un intérprete, intercambiaron algunas palabras. Luego Boabdil se volvió hacia Isabel, quien le hizo concebir esperanzas si él no rebasaba los límites.[54]

Una salva de artillería tan poderosa que "pareció que la tierra temblaba" vino a rematar el acto que hacía entrar a Granada en la Corona de Castilla.[55] Terminada la ceremonia, la muchedumbre se precipitó sobre la Alhambra, pero los soberanos dejaron transcurrir varios días antes de tomar posesión del palacio.[56] Sin duda, deseaban permanecer a cierta distancia de la soldadesca desencadenada, que aun compuesta por hidalgos de las mejores familias, se entregaba a la embriaguez de un desquite aguardado durante ocho siglos. Encerrados en sus casas, los moros no asistieron al espectáculo de su ignominia.[57]

EL EXILIO DE BOABDIL

En cuanto a Boabdil, las fuentes difieren sobre la fecha exacta de su exilio. Según unos, el rey caído fue acogido durante un tiempo en el campamento de don Pedro Hurtado de Mendoza, hermano del conde de Tendilla. Según otros, Boabdil se fue a Andarax, en la sierra de las Alpujarras: tal fue el recuerdo que conservó Oviedo. Otro cronista, cuyo nombre nos es desconocido, se mostró sensible a la desolación del rey nasrida, que se hacía patente en actos tan sencillos como reveladores: mientras que el protocolo exigía que los caballeros de su séquito le cubriesen los pies y los estribos al vadear un río, Boabdil rechazó este honor, como rechazó a quien le tendía sus babuchas, que había dejado a la puerta de la mezquita.[58] En adelante, y pese a la deferencia que le mostraron Fernando e Isabel, ya no era más que un morisco obligado a reconocer la soberanía de los monarcas cristianos.

El destino de los moros prefigura el de centenares de sociedades aún desconocidas para los europeos en aquel año de 1492. Antes de Granada, otras ciudades ya habían sido reconquistadas y la situación de los musulmanes que las habitaban, los mudéjares, había sido determinada legal-

---

[52] Bernáldez (1962), cap. CII, p. 231.

[53] "Fué el más señalado y byen aventurado día que nunca jamás en España ha avido", Cifuentes en Pescador del Hoyo (1955), p. 287.

[54] Pescador del Hoyo (1955), p. 318: "si no traspasa los límites".

[55] *Ibid.*, p. 335.

[56] Torres Balbás (1951), p. 185.

[57] Mármol Carvajal (1946), cap. XX, p. 151.

[58] Pescador del Hoyo (1955), p. 340.

mente. En ciertas condiciones, sería tolerada la práctica del Islam. A esas poblaciones se les calificaba, a principios del siglo XVI, como *monfíes*, término ambiguo que designaba tanto a los moros convertidos al catolicismo y peligrosamente bilingües *(ladinos)* como a gente sin fe ni ley. Coexistían con los cristianos y se distinguían sobre todo en los oficios relacionados con el artesanado y la construcción. Así, el arte mudéjar había impuesto su estilo refinado a gran número de edificios religiosos y palacios, como por ejemplo el monasterio de Guadalupe, en Extremadura, cuyo claustro muestra aún la huella de esta sensibilidad hispano-musulmana. Aparte de los monumentos, objetos más modestos de la vida cotidiana —cojines de cuero de Granada o de Córdoba, cueros grabados al hierro, dorados o pintados, ebanistería, trabajo de latón, de cobre, de marfil, cerámica dorada— llevaban la marca de esta compenetración de culturas. La condición dada a los mudéjares se explicaba fácilmente por el afán de los reyes cristianos de no irritar las susceptibilidades islámicas. Ahora bien, Granada era el último bastión mahometano. Su caída trastornaba la relación de fuerzas: las élites musulmanas y la corte de Boabdil comprendieron que en adelante ninguna muralla los protegería de un desquite cristiano. Muchos de ellos emigraron al África del Norte.

Y sin embargo, si hemos de creer a los cronistas, don Íñigo López de Mendoza, capitán general de Granada, y Hernando de Talavera, arzobispo de la ciudad, dos figuras sobresalientes de la Reconquista, estaban dispuestos a adoptar para los vencidos la solución mudéjar que tantos siglos de coexistencia habían hecho aceptable para todos. Las condiciones impuestas a los vencidos les eran relativamente favorables. En principio, no debían alterarse los usos y costumbres, y los ulemas seguirían dirigiendo la vida religiosa de la comunidad. Pero se trataba de quimeras, propias de gentes de otra generación, y esta tolerancia llegó a su fin con la muerte de los viejos.[59] Una semana después de la caída de Granada, un testigo expresó sus dudas sobre la confianza que debía tenerse en los compromisos adoptados por los Reyes Católicos respecto de los mahometanos.[60]

Granada representaba cierto peligro debido a su posición estratégica y sus contactos con los moros del África del Norte. Por tanto, sería necesario reprimir toda tentativa de rebelión por parte de los vencidos. Además, los caballeros que habían participado en la guerra de la Reconquista tenían derecho a exigir sus recompensas. Así, la distribución de tierras y de privilegios conocida con el nombre de *repartimiento* comenzó al día siguiente de la victoria, en detrimento de la propiedad musulmana. Algunos comisarios evaluaron el conjunto de las tierras labrantías de la localidad antes de asignar un lote a cada colono en función de su calidad. Recordemos el término "repartimiento", que a menudo encontraremos del otro lado del océano.

[59] Diego Hurtado de Mendoza (1970), libro I, p. 104: "Gobernábase la ciudad y reino como entre pobladores y compañeros con una forma de justicia arbitraria, unidos los pensamientos, las resoluciones encaminadas en común al bien público: esto se acabó con la vida de los viejos."
[60] Cifuentes, en Pescador del Hoyo (1955), p. 287: "Agora que sus altezas tienen a Granada, que es lo que deseauan, en lo otro que queda ellos se darán buena maña y los moros son tales que sin quebrarles lo capitulado les harán dexar la çibdad."

El conde de Tendilla, para no citar más que a uno, recibió la sierra de Cenete, en que había gran cantidad de aldeas a las que se podría cobrar tributo, así como vasallos que vivían a la orilla del Purchena.

Por ese sistema, los moros que adoptaran la decisión de quedarse en el país en lugar de emigrar a Berbería —mas, partir hacia comarcas desconocidas, ¿sería preferible a quedarse en su propio país?— engrosarían en adelante una masa servil, abrumada por trabajos obligatorios y tributos. En cuanto a los señores, en los primeros tiempos pareció que se quedarían con algunos bienes. En el momento de su rendición, Boabdil recibió prácticamente la totalidad de la sierra de las Alpujarras; se instaló en Andarax, mas no por mucho tiempo, ya que en 1493 vendió todos sus bienes y emigró hacia Berbería. Con él, ciertamente, muchos nobles replegados a las Alpujarras marcharon al exilio, de modo que la comunidad islámica, despojada de sus élites, se hundió pronto, cayendo bajo la entera dependencia de los vencedores.[61]

En los meses que siguieron a la Conquista, Granada fue teatro de una actividad extraordinaria. Los reyes emprendieron trabajos de restauración de la Alhambra, y en ella se instalaron a comienzos del mes de abril.[62] Ese respeto a los monumentos construidos por pueblos considerados como infieles puede sorprendernos. Rompe con la conducta seguida en el Nuevo Mundo, una generación después, cuando los conquistadores arrasaron y extirparon de la memoria de los hombres palacios tan soberbios como la Alhambra de Granada. Y sin embargo, en el pasado se habían saqueado mezquitas y se habían demolido ciudadelas sin remordimientos de orden estético, que por lo demás hubieran sido totalmente anacrónicos; asimismo del lado musulmán, la destrucción de los símbolos sagrados del adversario era una ley de la guerra, como se aprecia en los textos, que se complacen en la descripción detallada de esas profanaciones. Esta furia devastadora también hizo estragos en las filas de los cristianos. En Sevilla, en 1471, el condestable de Enrique IV, Miguel Lucas de Iranzo, informa del enfrentamiento de dos facciones andaluzas, la del duque de Medina Sidonia, verdadero amo de la ciudad, y la de su rival de siempre, el marqués de Cádiz, cuyos partidarios incendiaron la iglesia de San Marcos.[63] Casos frecuentes y reveladores de este frenesí blasfemo que, al menos desde el siglo xv y hasta la guerra civil de 1936, brotó con intermitencia en suelo español, expresando tensiones que no pueden reducirse a simples divisiones políticas.

[61] Caro Baroja (1976), pp. 42-44. El término *repartimiento* no se utiliza aquí en el sentido de imposición sino en el de distribución de las tierras y de los bienes de las poblaciones reconquistadas, entre todos los que habían participado en la campaña, en función de su rango y condición. Véase Valdeavellano (1986), pp. 242-244.

[62] Torres Balbás (1951), p. 187.

[63] Iranzo (1940) [1471], p. 476. Las cursivas son nuestras: "Y como el duque esto fuese sintiendo y cononsçiendo, y fuése par muchos dello avisado, començose de reparar de gente e de las otras cosas a su fauor necesarias. Y las cosas llegaron a tanto que ouieron e venir a pelear unos con otros, do fueron asaz muertos e feridos de lanças y vallestas y espingardas. Y los de la parte del dicho marqués (de Calis) *quemaron una yglesia* que dicen Sant Marcos, que tenía onbres del duque."

Judíos y "conversos"

En 1492, en la secuela de su victoria, los soberanos de Castilla y de Aragón, que aún no habían recibido del papa el título glorioso de Reyes Católicos, tal vez pudieron darse el lujo de recuperar un patrimonio que desde siempre había suscitado la admiración de los cristianos. Ya no era momento de destruir sino de apropiarse, en nombre de la España triunfante, de los vestigios de su grandeza y también de lo que la hacía distinta del resto de Europa, es decir, de su otredad. La empresa resultó más fácil porque se trataba de vestigios materiales. En cambio, en lo tocante a los hombres, las vías fueron más arduas. En la medida en que la Reconquista hacía de una religión, el catolicismo, el único cimiento de la unidad española, todas las comunidades que de él se separaran serían no sólo marginales sino, sobre todo, indeseables. A esta tendencia unificadora que surge durante el siglo XV viene a añadirse el hábito de designar a todos los que no constituyen la masa de los "naturales" (es decir, originarios) en términos de desviación religiosa.

Debido a su diferencia y al odio ancestral de los católicos hacia quienes habían entregado a Cristo, los judíos estaban en buena posición para servir de blanco a ese protonacionalismo. Un siglo antes de la toma de Granada, en 1391, por doquier habían estallado en España motines contra los judíos, poniendo término a una convivencia secular entre las dos comunidades, la hebraica y la cristiana. No pocos judíos escogieron entonces convertirse al catolicismo, volviéndose así "cristianos nuevos", *conversos* o marranos. En principio, los primeros fueron sinceros en su conversión, mientras que los marranos no habían cumplido sus promesas de bautismo y continuaban practicando en secreto sus ritos judaicos. Matices que en muchos casos se borraron en detrimento del converso, categoría invariablemente sospechosa de traición al catolicismo.[64]

Algunas carreras, como la medicina, habían contado en sus filas con una mayoría de conversos; otros cristianos nuevos ocuparon puestos elevados en el seno de la Iglesia, como el célebre inquisidor Tomás de Torquemada, cuyos antepasados eran "del linaje de los judíos": don Francisco, obispo de Coria, originario de Toledo, y don Alfonso de Santa María, obispo de Burgos, quien "alunbrado de la gracia del espíritu santo... se convirtió a la nuestra santa fe catholica".[65] En el transcurso del siglo XV las comunidades judías recuperaron, en general, su prosperidad pero en todas partes el odio popular provocó reacciones hostiles contra ellas. A mediados del siglo XV, en tiempo del rey Juan II, cuya simpatía por los conversos era conocida, la

---

[64] Caro Baroja (1961), t. I, pp. 384-385, citando a Oviedo: "marrano propiamente quiere decir falto porque marrar quiere dezir faltar en lengua castellana antigua; e faltar a ser falto el ombre de lo que promete es cosa de mucha vergüenza".

[65] Pulgar (1971), p. 57: "Sus avuelos (Torquemada) fueron de linaje de los judíos convertidos a nuestra santa fe catholica"; p. 66: "fue de linaje de los judíos (Santa María) y tan gran sabio que fué alumbrado de la gracia del espíritu santo, e aviendo conocimiento de la verdad, se convirtió a la nuestra santa fe catholica"; p. 68: "sus avuelos [de Coria] fueron de linaje de los judíos convertidos a la santa fe catholica."

ciudad de Toledo elevó una queja para protestar a la vez contra los abusos del condestable Álvaro de Luna y contra el recrudecimiento de las prácticas judaizantes entre los "cristianos nuevos". Por lo general, la animosidad contra los judíos se manifestaba sobre todo entre el pueblo, la *comunidad*, y los argumentos que se esgrimían eran de dos clases: económicos, ya que la prevaricación y la usura eran invocadas a menudo para justificar esta hostilidad, pero también y sobre todo, religiosos, pues decíase que los cristianos nuevos eran blasfemos, apóstatas, relapsos, herejes o infieles, y hasta idólatras, ¡lo que era el colmo para una religión que rechazaba el culto de las imágenes![66]

Relacionados con el comercio, las finanzas, la medicina o las ciencias, los judíos también practicaban pequeños oficios y constituían una población esencialmente urbana. Según el cronista Bernáldez,

e todos eran mercaderes e vendedores e arrendadores de alcabalas e rentas de achaques, e fazedores de señores e oficiales tondidores, sastres, çapateros e cortidores e çurradores, texedores, especieros, bohoneros, sederos, herreros, plateros e de otros semejantes oficios; que nenguno ronpía la tierra ni era labrador ni carpintero ni albañil, sino todos buscavan oficios holgados, e de modos de ganar con poco trabajo.[67]

Esta holgura, junto con el brillo intelectual y el nexo visible que mantenían algunos con el ambiente de la usura y de las finanzas, despertó envidias tanto más fuertes cuanto que cierto número de conversos ocuparon cargos a los que nunca habría podido aspirar cualquier judío en el siglo XV.

E comunmente por la mayor parte eran gente logrera e de muchas artes e engaños, porque todos vivían de oficios holgados, e en conprar e vender ni tenían conciencia para con los cristianos. Nunca quisieron tomar oficio de arar ni cavar ni andar por los canpos criando ganados, ni lo enseñauan a sus fijos, salvo oficios de poblado, e de estar asentados ganando de comer con poco trabajo. Muchos dellos en estos tienpos allegaron muy grandes caudales e haciendas, porque de logro e usura no hacían conciencia.[68]

[66] Mata y Carriazo (1946), cap. CCCLXXVI, p. 524: "Por quanto es notorio que el dicho don Alvaro de Luna, vuestro condestable, públicamente a defendido e rreçebtado e defiende e rreçebta a los conversos de linaje de los judíos de vuestros señoríos e rreynos, los quales por la mayor parte son fallados ser ynfieles e herejes e han judayzado e judayzan e han guardado y guardan los mas dellos los rritos e cerimonias de los judíos, apostatando la crisma e vautismo que rreçeuieron, demostrando por las obras e palabras que lo rresceuieron en el cuero y no en los coraçones ni en las voluntades, a fin de que so color e nonbre de cristianos, prebaricando, estroxesen las ánimas e cuerpos e faziendas de los cristianos viejos en la fee catolica. [...] E otros muchos dellos an blasfemado muy aspera y grauemente [...] otros dellos an adorado y adoran ydolos. E asy el dicho don Álvaro de Luna se puede dezir e es dicho rreçebtador e defensor de los dichos ynfieles y erejes e como tales participe de las penas ynpuestas contra los tales eréticos. E demas de todo lo suso dicho, ha quevrantado e travajado de quevrantar los preuilegios e ynmunidades e esenciones e buenos usos e buenas costunbres desta dicha vuestra çibdad procurando de la fazer pechera e tributaria."

[67] Bernáldez (1962), cap. CXII, p. 257.

[68] *Ibid.*, cap. XLIII, p. 98.

Además de que nos dan la visión de la época, estos pasajes revelan una capacidad y un hábito de observación de la sociedad; éstos se ejercieron más adelante sobre las poblaciones indias del Nuevo Mundo con el mismo peso de prejuicios criminales y de estereotipos.

En el curso de las luchas entre las facciones ciertos señores, como Juan de Pacheco, marqués de Villena, al parecer deliberadamente atizaron esos odios, atrayendo también a la nobleza. En ciertos casos, esta demagogia antijudía desencadenó verdaderas matanzas, como en Toledo, Córdoba y Jaén. En cambio, en las ciudades en que los conversos eran muchos y poderosos, como en Burgos y Sevilla, las reacciones fueron menos violentas, pues ahí gozaban ellos de una reputación de piedad nutrida, acaso, por los judíos que habían abrazado las órdenes. No fue ése el caso de Segovia:

> Que parecía intolerable la conducta de los conversos, siempre empeñados en la opresión común de los demás ciudadanos, apoderados descaradamente de todos los cargos públicos y ejerciéndolos con extremada injuria y oprobio de la nobleza cargada de méritos [...] Al fin era durísimo para los segovianos [...] que hombres advenedizos, antes ocupados en viles menesteres y alejados de todo cargo honroso, disfrutasen los honores y a su capricho dictasen órdenes, todas en perjuicio de la antigua nobleza.[69]

Diego Arias Dávila, que perteneció al séquito del rey Enrique IV, ilustra el ascenso social de algunos conversos. Antes de ser tesorero del rey, Diego se ganaba la vida en el comercio de especias, recorriendo los pueblos de la región de Segovia, de la que era originario, y divertía a los campesinos con su ingenio y sus cantos moriscos. No se sabe por qué feliz destino ese buhonero logró ganarse la confianza del rey y volverse su recaudador, aunque algunos cronistas, como Palencia, han sugerido una relación amorosa entre los dos. El hecho es que Diego, convertido en tesorero, encargado de esta tarea a la vez lucrativa, delicada y peligrosa, se compró un caballo tan rápido que a menudo le permitió escapar de la cólera de los labradores, lo que le valió el sobrenombre de *el Volador*.[70] La familia Arias Dávila se enriqueció y llegó a adquirir títulos de nobleza, como el de conde de Puñonrostro. Uno de los hermanos de Diego, Pedrarias *el Valiente*, también ocupó el cargo de tesorero; otro, don Juan, llegó a ser obispo de Segovia. El asombroso ascenso social de esta familia inspiró poesías de todas clases: satíricas, como las de Rodrigo Cota, converso él mismo, o épicas, como las de Gómez Manrique.[71]

---

[69] Palencia (1975), *Década* II, vol. 2, libro VIII, pp. 93-94: "eran notorias las diferencias de hábito que en España existían entre los conversos, aunque iguales en nombre. Así los de Burgos eran considerados como muy observantes de la religión cristiana y de entre ellos habían salido prelados tan distinguidos por la pureza de sus costumbres como el obispo Pablo de Santa María".

[70] Sobre las costumbres de Diego Arias, véase Paz y Melia, en Palencia (1975), vol. 3, p. 252; sobre ese personaje se puede leer la sabrosa descripción de Palencia (1975), *Década* I, vol. 1, libro I, p. 40.

[71] Caro Baroja (1961), t. I, pp. 285-286, cita los versos de Cota dirigidos a Pedro en ocasión del matrimonio de uno de sus hijos: "Volvamos a nuestro hecho: es un mancevo sin mal; de muy onrrado cabal, arrendador de cohecho/De un aguelo Avenzuzen, y del otro Abenamias:

En 1480, durante el reinado de Isabel y en vísperas de la cruzada contra el reino de Granada, los conversos fueron nuevamente inquietados, esta vez de manera más directa, por la creación de un tribunal especial, la Santa Inquisición, encargada de eliminar la herejía por todos los medios, incluso por el fuego. Durante la estadía de los reyes en Sevilla, en 1478, se les había dado aviso de la herejía de los marranos.[72] Los que lograban escapar de la hoguera eran condenados a llevar en sus ropas grandes cruces rojas, para mostrar a los ojos de todos su pasado herético.[73] Sobre aquellos desdichados cayó toda una lluvia de prohibiciones: fueron expulsados de todo cargo público que implicara la menor responsabilidad y se les prohibió vestir de seda y llevar joyas, bajo pena de muerte. Mientras que Hernando del Pulgar da, en 1488, la cifra de 2 000 personas que habían sido condenadas a la hoguera en varias ciudades de España, el cronista Bernáldez, más mesurado, informa que fueron quemados más de 700 individuos acusados de practicar los ritos judaicos. El celo de los inquisidores no olvidó ni a los muertos, imitando así a los aborrecidos turcos, que habían desenterrado las reliquias y los huesos de los mártires de Constantinopla para arrojarlos al fuego. Los tribunales también quemaron en efigie a hombres ilustres: en 1485, Juan Arias Dávila, obispo de Segovia, vio condenar simbólicamente a sus padres y a sus abuelos como herejes judaizantes, y él mismo tuvo que partir hacia Roma.[74]

La obsesión por la mezcla de culturas y la conservación de prácticas semiclandestinas estalla en un opúsculo conocido con el título de *El Alborayque*, publicado en 1488. El texto describe los *anoussim* o bautizados a la fuerza, como seres híbridos y monstruosos, a imagen del animal mítico montado por Mahoma al llegar al Paraíso, el Elborak, dotado de 20 características diferentes, que van desde el lobo hasta el pavo, pasando por el lebrel, el águila y el león: "circuncisos como los moros, representando el sabbat como judíos, cristianos sólo de nombre, ni moros ni judíos ni cristianos",

de la madre Sophronias, del padre todo Cohén/ Sobrino de Avençavoca, negro nieto de Confrel, guarde el Dio, callad la voca, negro sea quien mal le quier." Augusto Cortina, en su presentación de la obra de Jorge Manrique, *Cancionero*, Madrid, Clásicos Castellanos, 1929, p. 64, cita las *Coplas para el señor Diego Arias de Ávila* escritas por Gómez Manrique, y muestra su influencia sobre la célebre elegía a la muerte de su padre, escrita por su sobrino Jorge Manrique. En todos esos poemas siguió presente el recuerdo de sus raíces judías.

[72] Pulgar (1943), t. I, p. 334: "algunos clérigos e personas religiosas e otros de la çibdad de Sevilla, ynformaron al Rey y a la Reyna que en aquella çibdad muchos cristianos del linage de los judíos tornaban a judaizar e fazer ritos de judíos secretamente en sus casas".

[73] *Ibid.*, p. 336.

[74] Según Palencia (1975), *Década* I, vol. 1, libro II, p. 52, en su descripción de la toma de Constantinopla por los turcos: "Los huesos de los mártires arrancados de sus sepulcros, son arrojados a las llamas"; y sobre el encarnizamiento de los inquisidores, dice: "Quemaron infinitos huesos de los corrales de la Trinidad e San Agustín e San Bernardo de los confessos que allí se avian enterrado, cada uno sobre sí, al uso judaico, e pregonaron e quemaron en estatua a muchos que hallaron dañados, de los judíos huídos." Bernáldez (1962), cap. XLIV, pp. 101-102; también Pulgar (1943), I, p. 336: "e fueron condenados e sacados sus huesos de las sepulturas e quemados públicamente". Sobre la Inquisición y los judíos a fines del siglo XV existe gran número de obras, entre ellas la clásica de Lea (1908), pero el lector puede remitirse a Bartolomé Bennassar *et al.* (1979), especialmente pp. 139-192, y Caro Baroja, (1961), t. I., pp. 100-150; sobre Arias Dávila, véase Caro Baroja, *ibid.*, t. I, p. 144 y Leibovici (1986), p. 23.

en suma, individuos arrancados a su comunidad de origen.[75] La diferencia de costumbres, especialmente respecto de la alimentación, fue base de unos prejuicios cuyo alcance no podría minimizarse; según los cronistas, los conversos eran "glotones aficionados a las comilonas", que continuaban preparando sus viandas a la manera judaica. Sus alimentos los preparaban durante toda la noche del viernes, de tal modo que el sábado estaban ya dispuestos sin que nadie tuviera que ocuparse de ellos. El olor de cebollas en aceite y de ajo cundía por doquier, traicionándolos, pues jamás utilizaban manteca para cocer la carne. Decíase que esta cocina hacía apestar su aliento y sus casas: "e ellos mismos tenían el olor de los judíos, por causa de los manjares e de no ser baptizados".[76] Del hedor de las fritangas al del aliento, del aire cargado de ajo a las sustancias corporales y hasta a la esencia misma del judío, pronto se dio el paso: de la cultura se pasó con facilidad a la naturaleza, y el apego al judaísmo se inscribió en la sangre, contaminándola.

LA EXPULSIÓN DE LOS JUDÍOS

Viviendo bajo tales amenazas, muchos judíos emigraron a Portugal, a Italia y a Francia algunos años antes del decreto oficial de expulsión. Sus bienes fueron confiscados y destinados a financiar la guerra contra los moros y otras acciones para gloria de la fe católica.[77] Pero el motivo económico no parece haber sido determinante; antes bien, fue el temor a la influencia nefasta que esta comunidad ejercía sobre los cristianos nuevos, siempre dispuestos a reanudar sus creencias antiguas, lo que acabó con las vacilaciones de Isabel y de Fernando, fieles a la concepción medieval de la comunidad judía, pero resueltos a eliminar la herejía judaizante que amenazaba con desgarrar la sociedad cristiana.[78] David de Módena, judío italiano contemporáneo de la expulsión, atribuye al soberano las palabras siguientes: '"Una vez que yo haya expulsado a los judíos, todos los marranos de mi reino —y el país está lleno de ellos— se volverán verdaderos cristianos', y eso fue lo que ocurrió."[79]

La cuestión musulmana estaba lejos de ser resuelta cuando, el 31 de abril de 1492, Isabel y Fernando firmaron el decreto de expulsión de los judíos, por el cual les daban la orden de convertirse o de abandonar definitivamente España, sin poder retornar jamás, bajo pena de muerte. El decreto les con-

[75] Leibovici (1986), p. 22.

[76] Bernáldez (1962), cap. XLIII, pp. 96-97: "Aveis de saber que las costunbres de la gente común de ellos, antes de la Inquisición, ni mas ni menos eran que de los propios hediondos judíos; e esto causava la continua conversación que con ellos tenían. Asi eran tragones e comilitones, que nunca dexaron el comer a costunbre judaica de manjarejos e olletas de adefinas e manjarejos de cebollas e ajos refritos con aceite e la carne guisavan con aceite e lo echavan en lugar de tocino e de grosura, por escusar el tocino; e el aceite con la carne e cosas que guisan hacen muy mal olor el resuello, e asi sus casas e puertas hedían muy mal a aquellos manjarejos; e ellos mismos tenían el olor de los judíos, por causa de los manjares e de no ser baptizados."

[77] Pulgar (1943), t. I, pp. 336-337.

[78] Kriegel (1978), p. 79.

[79] *Ibid.*, p. 88.

cedía un plazo de tres meses para liquidar sus asuntos, vender sus bienes y partir a otros países.[80]

Esta decisión no fue adoptada a la ligera. El pretexto lo dio en 1491 un asunto tenebroso, el del "santo niño" de La Guardia, que en un tiempo fue comidilla de todas las crónicas. El 6 de junio del año anterior, un converso llamado Benito García fue detenido en Astorga, cuando volvía de Santiago de Compostela: dos ebrios, que lo conocieron en un albergue, encontraron en su zurrón una hostia consagrada. Conducido ante el vicario episcopal y sometido a interrogatorio, él confesó: seis conversos (Benito García, cuatro hermanos Franco, que se dedicaban al comercio entre La Guardia y Murcia, y un tal Iohan de Ocaña), así como cinco judíos (don Ça Franco, anciano de 80 años y sus dos hijos, Mosé y Yucé, David de Perejón, "pobre" de La Guardia, y un médico, muerto en la época del proceso, el maestro Yuça Tazarte), según su confesión, se reunían de noche en una caverna cerca de La Guardia, donde crucificaron a un niño después de haberle infligido los suplicios de la Pasión. Esos hechos habían ocurrido en 1488, casi dos años antes de la detención. Según la confesión, algunos días después del crimen volvieron al mismo lugar y, con el corazón del niño y una hostia, hicieron un sortilegio destinado a hacer morir de locura furiosa a todos los inquisidores y los cristianos, para restaurar el judaísmo. Los culpables fueron quemados, unos en efigie porque ya habían muerto en el momento del proceso, y los otros en persona. La Inquisición dio una gran difusión a este acontecimiento. Incluso la sentencia fue traducida al catalán y publicada en Barcelona. Es evidente que se trataba de un asunto inventado en todos sus detalles y adornado con torturas sacrílegas, aunque no se puede negar que en prácticas mágicas rituales o hasta maleficios se había tratado de conjurar la influencia de la Inquisición, como ya había ocurrido en otras partes.[81]

Pese a las exhortaciones a la conversión, los judíos en conjunto permanecieron fieles a su fe y se prepararon para la gran partida. Ante el peligro, los ricos se hicieron solidarios de los más pobres. ¿Cuántas personas fueron afectadas por el decreto de expulsión? Bernáldez evoca el número de más de 30 000 "judíos casados" en Castilla, y más de 6 000 en Aragón, incluyendo Cataluña y Valencia, lo que, según él, representa más de 170 000 personas.[82]

La precipitación con la cual se efectuó el éxodo dio lugar a abusos de todas clases: los cristianos aprovecharon el desconcierto de los judíos para adquirir sus bienes a precios irrisorios, cambiando una casa por un asno,

---

[80] Bernáldez (1962), cap. CX, p. 252.

[81] Fita (1887), pp. 7-134, para quien el asesinato del niño ocurrió verdaderamente. Loeb (1887), pp. 203-232, sostiene, después de analizar las actas del proceso y sus contradicciones, que ese asesinato fue inventado por los inquisidores. Caro Baroja (1961), I, pp. 166-172, se inclina por la existencia, en los medios populares, de prácticas mágicas rituales o de maleficio, que por lo demás se realizaban en otras partes, como en el País Vasco, y Kriegel (1978), pp. 83-85, que acepta los análisis de Loeb, considera sin embargo verosímil la tentativa de conjurar la influencia de la Inquisición por algún acto mágico, como se había producido en otras circunstancias.

[82] Bernáldez (1962), cap. CX, pp. 254-255.

una viña por unas piezas de paño. Como se les había prohibido llevarse metales preciosos, parece que fueron muchos los que recurrieron a la estratagema, bien conocida de todos los exiliados y de los presos, que consiste en ocultarse piezas en el propio cuerpo, ingiriéndolas en los puntos de paso donde se les iba a revisar, en los pasos de montaña y en los puertos.[83]

En aquel verano de 1492 los judíos salieron de la tierra en que habían nacido, a pie o a lomo de asno, a través de los campos tórridos, amontonados sobre carretas: judíos de todas las edades, exhaustos, desplomándose los unos, levantándose difícilmente los otros, naciendo o muriendo en el camino e inspirando compasión por donde pasaban. En su camino, la gente de los pueblos les imploraba que pidieran el bautismo, poniendo así fin a su infortunio. Pero muy pocos escucharon esos consejos. La mayoría, alentada por los rabinos, cantaba para darse ánimo, tocaba el tambor y el pandero; unos llegaron a los puertos en que se embarcaron hacia África del Norte, otros se fueron a Portugal.[84] A la vista del mar, escribe el cronista Bernáldez, los clamores de los exiliados turbaron la serenidad de aquella jornada de estío: "Algunos no quisieran ser nascidos."

LA PARTIDA DE COLÓN

No es difícil imaginar los gritos de desolación, la confusión general y el amontonamiento en los muelles, sobre todo porque los judíos no eran los únicos en partir al comienzo de aquel mes de agosto; pues entre el puñado de medidas adoptadas en el curso de las semanas que siguieron a la caída de Granada, Cristóbal Colón vio recompensada su tenacidad: el 17 de abril, por las *Capitulaciones de Santa Fe*, fue nombrado Almirante de la Mar Océano, título honorífico a primera vista que confería al genovés unos poderes —que después resultarían exorbitantes— sobre todas las islas o tierras que descubriera.[85] Pero en abril no se podía presagiar lo que ocurriría en octubre, y los soberanos estaban lejos de sospechar el alcance inaudito de las Capitulaciones a la luz de los descubrimientos del almirante.

En el mes de junio, mientras los judíos ya invadían los caminos del exilio, Hernando de Talavera, confesor de la reina y converso, suplica en vano a Isabel que impida esta expedición insensata. No solamente desafiaba ella

---

[83] *Ibid.*, pp. 255-256: "e davan una casa por un asno e una viña por poco paño o lienço; porque non podían sacar oro ni plata"; p. 256: "sacaron [...] muchos cruzados e ducados abollados en los vientres, que los tragavan e sacavan en el vientre, en los pasos donde avian de ser buscados e en los puertos de la tierra e del mar; e en especial las mugeres tragavan mas".

[84] *Ibid.*, p. 258: "se metieron al trabajo del camino; e salieron de las tierras de su nascimiento, chicos e grandes e viejos e niños, a pie e cavalleros en asnos e en otras bestias e en carretas; e continuaron su viaje, cada uno a los puertos que avian de ir. E ivan por los caminos e canpos por donde ivan con mucho trauajo e fortuna, unos cayendo, otros levantando, unos muriendo, otros nasciendo, otros enfermando, que no avia cristiano que no oviese dolor dellos; e sienpre por donde ivan los conbidavan al bautismo, e algunos con la cuita se convertían e quedavan, enpero muy pocos; e los rabíes los ivan esforçando e hazían cantar a las mugeres e mancebos, e tañer panderos e adufes para alegrar la gente. E asi salieron de Castilla e llegaron a los puertos donde enbarcaron, los unos, e los otros a Portugal".

[85] Heers (1981), p. 199.

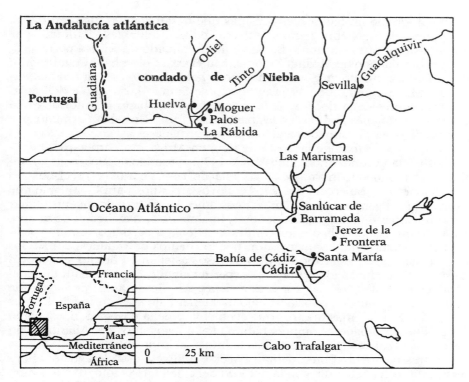

La Andalucía atlántica

los límites fijados por Dios a la expansión de los hombres por el occidente, sino que distraía a los cristianos de su tarea principal: la reconquista de la Tierra Santa, caída en manos de los infieles. Argumentos de peso, a los que el confesor añade un toque bilioso que después ha alimentado no pocas controversias sobre la auténtica identidad de Colón: "Si fuera la voluntad de la Santísima Trinidad ver partir sus hijos a las mares externas, ¿habría esperado nuestro Dios la llegada de un desconocido extranjero, cuyos orígenes no conocía nadie?"[86]

Manera apenas disimulada de hacer del almirante un advenedizo, un "recién llegado", *homo novus*, en suma, un converso. Pese a la autoridad de que goza Talavera, los soberanos aceptan que Colón se embarque en Palos, sobre la costa de la Andalucía atlántica, no lejos de la frontera portuguesa.

Este puerto no fue escogido al azar. Además de que todos los otros están atestados por el éxodo, Palos ofrece la ventaja de que allí están a disposición, sin costo alguno, dos carabelas "armadas", la *Niña* y la *Pinta*, pertenecientes, la una a Juan Niño, la otra a los hermanos Pinzón. La nave capitana, la *Santa María*, fue alquilada por Colón a un patrón de Galicia, Juan de la Cosa.[87] Este pequeño puerto le es familiar al genovés. En 1485, al salir de

[86] Leibovici (1986), p. 32.
[87] Heers (1981), pp. 217-219.

Portugal, donde no había recibido más que desaires, se refugió en Palos, en el condado de Niebla, región de tierras bajas inundables, dominada por el monasterio franciscano de La Rábida. El condado de Niebla pertenecía al riquísimo duque de Medina Sidonia, con el cual Colón había establecido, vanamente, contacto en Sevilla. Más éxito había tenido con su rival, el duque de Medina Celi, que poseía el puerto de Santa María, cerca de Cádiz.

Esos señores de la tierra y de la mar habían desafiado la autoridad real durante los difíciles tiempos de las banderías. También habían armado, por su cuenta, navíos destinados a atacar a los portugueses así como a los castellanos que regresaban de la Costa de Oro, en África, sin entregar el *quinto* del botín a la Corona. Ahora bien, desde 1479, el tratado de Alcaçovas garantizaba el monopolio portugués más allá de las Canarias y precisaba las condiciones del tráfico del oro y los esclavos africanos para Castilla, lo que explica que el genovés, que algunos años antes había tratado de aprovechar las ambiciones de esos grandes señores, finalmente se beneficiara de su apoyo. La reina Isabel obligó a los condes de Niebla a participar en la expedición de Colón, como compensación por los delitos de piratería cometidos por sus navíos, en violación del tratado luso-castellano. Por ello, el genovés heredó en su tripulación a marinos experimentados, cuyo espíritu de independencia se plegaba mal a sus exigencias. Así, desde antes de la partida pudo presentir que le costaría trabajo mantener bajo su autoridad a los tres hermanos Pinzón, más diestros que él en el arte de la navegación, así como a los Niño de Moguer, hombres habituados a los vientos del Atlántico, sin los cuales la expedición de las Indias habría sido imposible.[88]

Los tres navíos de Colón debían hacerse a la vela el 2 de agosto; ahora bien, esta fecha coincidía con la del 9 *ab* del calendario judío, día de ayuno y de aflicción que conmemoraba la destrucción del Primer Templo por Nabucodonosor, y del Segundo Templo por Tito... ¿Sabía Colón de este aniversario? ¿Sabía que ninguna empresa podía iniciarse con éxito ese día? Cuando todo ya estaba dispuesto, aplazó su partida para el día siguiente, el mismo día en que más de 8 000 familias se apilaban en todos los navíos fletados para el éxodo.[89]

Pero no terminó ahí el calvario de los judíos. Llegados frente a Orán tropezaron con la flota del corsario Fraguoso, que exigió un rescate. Para escapar de él, los navíos dieron media vuelta hasta llegar a Cartagena, donde 150 personas desembarcaron y pidieron el bautismo. Los demás retornaron al África del Norte y llegaron a Fez, "descalzos, en anrajos, cubiertos de pulgas, hambrientos y tan desdichados que partía el alma verlos".[90] Maltratados por los moros, muchos de ellos decidieron volver a España y aceptar el bautismo. Pero el regreso fue peor que la partida: despojados, violados y expoliados por los musulmanes, que buscaban las monedas ocultas en sus cuerpos, abandonaron aquella tierra de pesadilla para volver a su país de origen, pese al terror que les inspiraba la Inquisición:

[88] *Ibid.*, pp. 178-180. Según algunos historiadores, los acontecimientos de 1485 se sitúan tres años después, en 1488. Las Casas (1986), t. I, pp. 161-163.

[89] Leibovici (1986), pp. 68-69.

[90] Bernáldez (1962), cap. CXIII, p. 261.

E con esto, desque se vían acá, davan muchos loores a Dios, que los avía sacado de entre bestias brutas e traído a tierra de gentes de razón; e aun las mugeres confesavan cosas muy feas, que aquellos brutos animales moros e alarbes con ellas cometían, e aun con los muchachos e onbres, que no conviene escrebir.[91]

Una vez más, frente a aquel desorden, Isabel y Fernando concedieron el asilo con cuentagotas, temiendo ser de nuevo invadidos por los judíos:

Como vieron que continuamente se venían a ser cristianos cuantos podían, mandó el rey poner guardas e que non dexassen venir mas de los que ya eran venidos; que si licencia tovieran para se poder bolver e dineros para se deliberar, de cuantos judíos de Castilla entraron en el reino de Fez non quedara allá nenguno que non se viniera a ser cristiano.[92]

Tengamos en cuenta, aquí, el prejuicio antimusulmán que parece, por entonces, tan virulento como el odio al judío. En aquel fin de siglo, bajo la pluma de los cronistas o en la mayor parte de los "cristianos viejos", el espíritu de cruzada contra el Islam se confunde con el rechazo de los judíos y la exaltación de la superioridad de las tierras cristianas. Finalmente, otros "cristianos nuevos" abandonaron un país tan inhospitalario en busca de comarcas acaso más propicias, del otro lado del Atlántico, aprovechando la partida de las carabelas de Colón.

NAVIDAD

El año que terminaba había sido excepcional para las coronas de Castilla y de Aragón. Isabel y Fernando podían regocijarse de haber sometido a los infieles y destronado a Boabdil. La nobleza, que había causado tantos sinsabores a la realeza desde hacía decenios, había visto sofocadas sus veleidades de independencia. El latrocinio, que hasta entonces había hecho inseguros los campos, parecía contenido por las Hermandades, verdadera policía municipal. La sodomía, que había hecho hablar tanto en tiempos de Enrique IV y de su guardia mora, era perseguida por la Inquisición. Los judíos habían partido para siempre, o al menos eso se podía esperar en aquella víspera de Navidad en que las campanas de las iglesias sonaban con mayor alegría y vigor que antes. Desde Santiago de Compostela hasta el monasterio de Guadalupe, de las capillas de Asturias a las antiguas mezquitas santificadas por la cruz, se elevaban los cantos de Navidad en aquella noche de paz, como un himno de reconocimiento al Santo Salvador. Algunas familias, en Palos o en otras partes, oraban por los que habían partido con el extranjero en un viaje aterrador. Tal vez también Isabel pensaba en Cristóbal Colón y en sus sueños delirantes. Después de

[91] *Ibid.*, pp. 261-262: "e por los caminos por donde venían desde Fez a Maçalquivir e dende Arzila, salían los moros e los desnudavan en cueros vivos e se echavan con las mugeres por fuerça, e matavan los onbres e los abrían vuscándoles oro en el vientre, porque supieron que tragavan el oro [...] e metíanles las manos avajo para que echassen el oro y después soltávanlos.
[92] *Ibid.*, p. 262.

tantos meses sin noticias, ¿bajo qué estrellas se encontraba en aquella noche? ¿Y si Dios quisiera que triunfase?

La reina ignoraba aún que Colón había llegado el 12 de octubre a lo que él creía que era la extremidad de la costa asiática, en realidad la isla de San Salvador, en las Bahamas. En las semanas siguientes exploró el litoral de Cuba, y luego el de una gran isla, Santo Domingo, que él bautizó como La Española. En la húmeda noche de Navidad, bajo los trópicos, la carabela *Santa María* encalló muy cerca de la costa, en un mar como de aceite. "No debemos dormir la noche santa, no debemos dormir"; esas estrofas de un célebre villancico de la época, ¿resonaron como un reproche en las playas de La Española?[93]

Las extrañas circunstancias del accidente, la discreción de Colón en su diario, y el silencio en la carta que después dirigió a Santángel han inspirado interpretaciones diversas. ¿Se trataba simplemente de una negligencia de Juan de la Cosa, patrón del navío y navegante experimentado, que había confiado el timón a un grumete, o bien ese naufragio había sido provocado, en cierto modo, por el propio almirante? Al día siguiente de ese desastre, los indios llevaron a Colón "trozos de oro". El genovés vio en ello un feliz presagio y reconoció en el naufragio el designio del Señor. Partió de ahí algunos días después, dejando unos cuarenta hombres en aquella playa que se bautizó como Navidad, primer establecimiento europeo en lo que se creía eran los confines del Extremo Oriente.[94]

Los hombres que se quedaron en Navidad no figuraban en la lista de la tripulación, con una sola excepción. Este enigma intrigó en el siglo xx a Alice Gould y Quincy,[95] quien, al cabo de minuciosas investigaciones, llegó a identificar a una veintena, entre ellos varios conversos y otros cuyo origen se ignora. ¿Serían judíos que habían embarcado clandestinamente en la *Santa María*, escapando de las persecuciones, como lo han pretendido algunos autores a la luz de argumentos bastante convincentes?[96] ¿Sería ésta la razón por la que esos marinos habían suplicado a Colón dejarlos en la isla para no retornar a un país hostil?[97] Antes de convertirse en tumba de los indios, Santo Domingo fue tal vez durante algunos meses —ninguno de los marinos sobrevivió a los ataques indígenas— una tierra de asilo. En todo caso, en aquel 26 de diciembre de 1492, Colón podía escribir en su diario que el oro que no dejarían de encontrar en Navidad serviría para conquistar Jerusalén y la Santa Casa del Sepulcro de Cristo.[98]

[93] Colón (1984), p. 100: "El almirante resçibio mucho plazer y consolación destas cosas que vía, y se le templó la angustia [...] y cognosçió que Nuestro Señor avia hecho encallar allí la nao porque hiziese allí asiento." Las palabras que hemos transcrito corresponden a un canto anónimo de finales del siglo xv ejecutado por Montserrat Figueras y la Capilla Real de Cataluña, bajo la dirección de Jordi Savall y grabado por Audivis-Astrée (1990).

[94] Heers (1981), p. 240.

[95] Gould y Quincy (1924-1928).

[96] Leibovici (1986), pp. 92-100.

[97] Colón (1984), p. 100: "y bien es verdad que mucha gente d'esta que va aquí me avian rogado y hecho rogar que les quisiese dar licencia para quedarse".

[98] Juan Gil (1989), i, pp. 206-217, desarrolla este punto y establece claramente que en ningún caso la fe cristiana podía alimentar la esperanza de la reconstrucción del Templo de Jerusalén, sueño que acariciaba Colón. Su convincente argumentación demuestra la adhesión de Colón a ideas mesiánicas judías, fundadas en su interpretación de las profecías de Isaías.

III. SUEÑOS ATLÁNTICOS

Todo el globo de la Tierra se divide en tres partes, Europa, Asia y África.
Nuestro punto de partida se encuentra en el poniente y en el estrecho de Cádiz.

PLINIO EL VIEJO, *Historia natural*, III

1493. EN aquel comienzo de marzo, el invierno se retrasa en esta "lengua de mar", Galicia. Esta extremidad del reino de Castilla es tan remota que hay que ir hasta Zamora para encontrar los tribunales y las autoridades que tienen jurisdicción sobre la provincia. En la entrada de Bayona, pequeño puerto de pesca de la sardina, una carabela maltratada, con el nombre de la *Pinta*, avanza entre la bruma y la lluvia fina; luego atraca, ante la mirada indiferente de los marinos. En esas comarcas, las personas no son muy expresivas. Habituadas al océano, que arroja sobre la costa navíos, cuerpos y objetos de todas clases, los hombres y sobre todo las mujeres de Bayona que haraganean a esta hora sobre la playa casi no se inmutan cuando ven desembarcar a un hombre muy debilitado, sostenido por dos marinos que explican febrilmente su aventura, en una lengua con tonos melodiosos, propia de los países del sur, tan diferente de la lengua dulcemente silbante, parecida al portugués, que hablan los gallegos.

EN LAS RIBERAS DE GALICIA

Si las mujeres tuvieron dificultad, sin duda, para comprender el sentido del discurso de esos marinos, los hombres pronto establecieron la comunicación: ya en esta época, los gallegos eran emigrantes; escapando de la pobreza de la tierra, que pertenecía casi en su totalidad a la Iglesia, muchos se habían instalado en Extremadura y en Andalucía; otros habían elegido el mar, que recorrían hasta el Mediterráneo, llevando mercancías a Italia y a la España del Levante. Colón, en Palos, había reclutado a algunos gallegos, entre ellos a Juan de la Cosa, y la tripulación de la *Pinta* también contaba con gentes del norte habituadas a otros lenguajes y otras costumbres. Algunas frases, repetidas a quien quisiera oírlas, bastaron para hacer de la llegada de esta carabela un acontecimiento que trastornó la rutina cotidiana de Bayona.

Y es que la *Pinta*, mandada por Martín Alonso Pinzón, era, de momento, el único navío que había regresado de las Indias por el oeste. La *Santa María* había encallado en las Antillas la noche de Navidad, y la *Niña*, a bordo de la cual se encontraba Colón, había desaparecido durante una tempestad

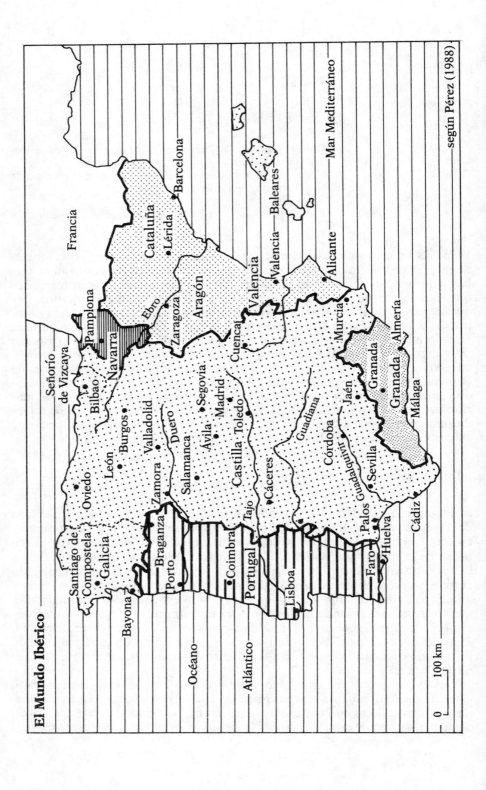

El Mundo Ibérico

según Pérez (1988)

0   100 km

Océano

Atlántico

Mar Mediterráneo

Francia

Señorío
de Vizcaya

Cataluña

Barcelona

Lérida

Aragón

Ebro

Zaragoza

Valencia

Valencia

Baleares

Alicante

Murcia

Granada

Granada

Almería

Málaga

Cuenca

Pamplona

Navarra

Bilbao

Burgos

Valladolid

Segovia

Avila

Madrid

Castilla

Toledo

Duero

Salamanca

Zamora

León

Oviedo

Santiago de
Compostela

Galicia

Bayona

Braganza

Porto

Coimbra

Portugal

Lisboa

Tajo

Cáceres

Guadiana

Córdoba

Guadalquivir

Sevilla

Palos

Faro

Huelva

Jaén

Cádiz

frente a las Azores, en la noche del 14 al 15 de febrero. Después de tantas aventuras, el capitán Martín Alonso Pinzón era el primero —y tal vez el único— en volver a pisar la tierra de España, cargado de un magro botín de oro recogido en las islas. Pese a la enfermedad que lo consumía, el andaluz no podía dejar de regocijarse: no sólo retornaba como un héroe, y tendría derecho a recibir honores, sino que también —y no era poco consuelo— se vengaría del almirante, pues entre ambos habían surgido fricciones desde el 11 de octubre de 1492, cuando, sin razón, Colón sostuvo que él había sido el primero en ver las luces de la tierra asiática, robando así ese honor a Juan Rodríguez Bermejo, sevillano de Triana. Con ese gesto mezquino, el almirante privaba de la renta real a aquel humilde marino. Pinzón y la tripulación de la *Pinta*, haciéndose solidarios de Bermejo, su camarada y compatriota, concibieron hacia el extranjero un desprecio que afectó el ambiente general, pese a la solidaridad que debía unir a los navegantes en aquellas horas exaltantes y peligrosas.

En cuanto desembarcó, Martín Alonso Pinzón mandó una carta a la corte para anunciar a los soberanos su llegada y, después de algunos días de reposo que apenas restauraron sus fuerzas agotadas, partió rumbo a su natal Andalucía. Es probable que algunas mujeres hábiles en el arte de la medicina, las *meigas*, inigualables en el conocimiento de los malos aires y de la pérdida de la sombra, fuesen llamadas a su cabecera. Por desgracia, las fumigaciones y las plegarias sirvieron poco ante aquel extraño mal contraído en las islas occidentales, cuyos chancros purulentos hacían estallar la piel. Así, Martín Alonso Pinzón fue el primer sifilítico de Europa.[1]

Por si esto fuera poco, el destino pareció encarnizarse contra él. Colón no había naufragado, y su carabela había sido impulsada por los vientos hasta Lisboa, de donde envió un recado a Isabel y a Fernando, que por entonces se encontraban en Barcelona. Los soberanos, respetuosos del protocolo, ordenaron a Pinzón que esperase hasta que el almirante llegara a España. Por segunda vez, el genovés le arrebataba el primer lugar. La amargura que invadió a Martín Alonso aceleró los síntomas de su enfermedad: algunas semanas más tarde murió en La Rábida, poco después de enterarse del triunfo de Cristóbal Colón.[2] Después de su muerte el olvido hizo su parte, y su desembarco en Bayona sólo fue mencionado por algunos cronistas, de manera tan sucinta que ignoramos todos los detalles.

Se detiene aquí la historia, y comienzan las conjeturas; pues podemos imaginar que en ese pequeño puerto de pescadores impregnado de olor a sardina, cobró cuerpo el rumor de la impostura de Colón, alimentado por la envidia que siempre inspira el triunfo. Corrió la voz de que Martín Alonso Pinzón, cuyos conocimientos en el arte de la navegación eran más sólidos que los del genovés, había sido informado de la posibilidad de llegar a

---

[1] Bataillon (1953), p. 37. De hecho, es probable que Pinzón, como otros marinos de la expedición, haya contraído el pian. Bajo el templado clima europeo, esta enfermedad venérea sufrió una mutación que hizo nacer la sífilis. Al respecto, véase Guerra (1982), pp. 295-310.

[2] Descola (1974), p. 72. El piloto de Triana, que fue el primero en ver las costas de América, abandonó España "despechado" por la mala pasada que le jugó Colón, rumbo a África, donde vivió como renegado, según Oviedo (1547), fol. VII, r°.

las Indias por el occidente.[3] Este rumor adquirió una consistencia inesperada cuando los soberanos se esforzaron por poner en duda los méritos de Colón, súbitamente temerosos de los poderes que con tanta imprudencia habían otorgado al almirante y a sus descendientes. El procurador de Su Majestad católica trató así de probar los derechos de Pinzón: "quando fué el Almirante a descubrir el primer viaje, un Martin Alonso Pinçón thenia ya noticia de las Indias por cierta escritura que obo en Roma e queria yrlas a descubrir".[4] ¿Habría compartido el secreto con el almirante, y éste le habría robado la gloria, como ya lo había hecho con el piloto de Triana? ¿Quién había redactado ese documento? ¿Un piloto de nombre desconocido que, por azar, había ido a parar a esas comarcas occidentales? ¿Un vasco? Más probablemente, un gallego...[5]

El hecho de que las costas de ese olvidado rincón del noroeste peninsular hubiesen sido las primeras de España en recibir a los navegantes de regreso de un viaje tan azaroso —todavía no se formaba la idea del descubrimiento de un mundo nuevo—, ¿no sería una señal de la Providencia? Es posible que esta creencia haya brotado en la mente de los habitantes de aquella provincia donde, desde hacía siglos, se había conservado una historia aún más asombrosa, la del traslado a Galicia de los restos del apóstol Santiago, muerto en Jerusalén por un grupo de sus discípulos. Los despojos del santo fueron desembarcados en Iria, después llamada Padrón, en el fondo de una ría, a algunas brazas de Bayona; de ahí los transportaron al lugar llamado "Campo de la Estrella", para ser sepultados. Con el tiempo, el sepulcro del apóstol convirtió a Compostela (Campus Stellae) en célebre centro de peregrinaciones que atraía a creyentes de toda la Europa occidental. El Finisterre gallego se convirtió en rival de Roma y de Jerusalén. La extraordinaria afluencia de peregrinos dio un aire cosmopolita a aquella ciudad en que se hablaban todas las lenguas. Ahí se encontraban los personajes más diversos, llevando consigo las ideas, las obsesiones y las costumbres de toda la cristiandad. A favor de ese movimiento incesante, hasta los "condes" y los "duques" del Pequeño Egipto se ponían su atuendo de peregrinos. Y a nadie se le habría ocurrido reprocharles su vagabundeo.[6]

Pese a esta dimensión europea, desde el siglo IX Santiago había encarnado la tradición "nacional" española. En efecto, el apóstol era considerado el primer evangelizador de la Hispania pagana y, como tal, fue el símbolo de la resistencia hispánica y de la cruzada contra el Islam, antes de encarnar asimismo la España triunfante ante la idolatría de los indios. Se puede

---

[3] Bataillon (1953), p. 39, cita una frase del procurador de Su Majestad católica, que intenta probar los derechos de Pinzón.

[4] La leyenda del piloto desconocido estaba ya en boca de todos cuando Las Casas llegó a La Española en 1503; ese cronista la menciona en el capítulo XIII de su Historia de las Indias (1986), t. I, p. 69, y precisa que varios indicios, como pedazos de madera trabajados y dos cadáveres llevados a las riberas orientales de las Azores por las corrientes y los vientos, dieron a Colón la certidumbre de encontrar una tierra cercana en dirección del occidente.

[5] Jacques Heers (1981), pp. 140-146, establece el punto de esta leyenda. Según Bataillon (1953), p. 39, esta historia fue inventada, íntegra, por Oviedo.

[6] Leblon (1985), p. 28.

comprender así que uno de los conquistadores de México haya podido afirmar: "Nosotros los españoles éramos idólatras antes de la llegada de Cristo a España y de la de Santiago".[7]

EL ORGULLO DE VIZCAYA

Es probable que las noticias de la *Pinta* llegaran muy pronto a Vizcaya, al mismo tiempo, sin duda, que las del desembarco de Colón en Lisboa, ya que los navíos vascos, aún más que los gallegos, circulaban regularmente a lo largo de las costas ibéricas. Participantes en el comercio atlántico, hechos para afrontar el océano, navegaban muy bien por cualquier mar, y durante los malos meses del invierno eran los únicos que podían llegar hasta Barcelona.[8] Más que el Mediterráneo, el Norte atraía a ese pueblo intrépido, que había establecido relaciones comerciales con Islandia y aún más allá. Desafiando los terrores de los hielos y las tinieblas, habían alcanzado ese país lejano en que el sol casi no se pone en verano, sin que sus débiles rayos lleguen a fundir por completo la capa de hielo que cubre las tierras, dejando libres solamente, aquí y allá, jirones minúsculos de piedra y de hierba. Para esos vascos del litoral que se dirigían a los *bacalaus* al noroeste de Irlanda, y que de ahí habían traído a unos hombrecillos vestidos de pieles para venderlos como esclavos en Inglaterra, la travesía de las carabelas de Colón era menos una hazaña que un camino, que había que considerar, de rodear los bancos de nieve y los peligros de un mar siempre desencadenado.

El interés que despertaron en Vizcaya los viajes de Colón y de Pinzón fue aún más vivo porque había vascos que formaban parte de la tripulación de las carabelas, y al menos dos de ellos se habían quedado en Navidad: Chachu y Domingo, nombres salvados del olvido, pero que los marineros de Pinzón y del almirante conocían bien. En la minúscula ciudad de Guetaria, encaramada sobre un promontorio que domina el mar, la familia Elcano, en que el oficio de marinero se transmitía de padres a hijos, no había sido insensible a los rumores llegados de Galicia y de Lisboa. Aquella avanzada asiática tropical, hollada por vez primera por Colón, era quizá, como se creía entonces, la extremidad meridional de las islas de los Bacalaos. ¿Producirían esos relatos en Juan Sebastián, todavía niño, el deseo de atravesar un día el océano inmenso, y de llegar aún más lejos que Colón? En 1521, Elcano completará la primera vuelta al mundo.

Los sueños de gloria que esos viajes transatlánticos suscitaron traducen, a su manera, esta obsesión de *valer más* que el historiador español Julio Caro Baroja atribuye a los vascos, de cualquier condición que sean. Esta

---

[7] Weckman (1984), I, p. 200.
[8] Heers (1955), p. 307. Pierre Chaunu (1969a), p. 282, recuerda que la España cantábrica estuvo ampliamente abierta al norte del Atlántico. Sus marinos, que habían adoptado el gobernalle de codaste desde fines del siglo XIII, frecuentaban los puertos de Inglaterra y de Irlanda y surcaban las aguas grises del mar del Norte. Sobre los viajes de los vascos a Groenlandia y probablemente al Labrador, véase Forbes (1988), pp. 20-21.

concepción quisquillosa del honor se explica en parte por la increíble proliferación de hidalgos en esas provincias vascongadas, cuna de toda la nobleza española según la tradición. Los nuevos amos de Granada, los ilustres Mendoza, eran originarios de Álava, y el castillo de sus antepasados se levantaba no lejos de la ciudad de Vitoria. En un escalón más modesto, la hidalguía se confundía en ciertos casos con el conjunto de la población, incluso si la dignidad no iba a la par con la riqueza: ¿no había ennoblecido la reina Isabel a pueblos enteros? El orgullo de ese pueblo, lo extraño de su lengua y de sus costumbres, habían llamado la atención de los cronistas del siglo xv, que veían en esos hombres salvajes —*montaraces, silvestres*— no sólo la encarnación del exotismo, ya que no descendían de los romanos ni de los godos, sino también el ejemplo mismo del valor y del espíritu de independencia.

La lealtad de los vascos a la Corona de Castilla no había vacilado durante los conflictos que estallaron con el rey de Francia, Luis XI. Sin embargo, esos vasallos de la Corona de Castilla, "aquella gente fiera no acostumbrada al yugo de la servidumbre", habían conservado su derecho consuetudinario "para rebajar el poderío de los Reyes".[9] Cuando el soberano de Castilla, o su representante, el duque de Haro, visitaba la provincia, observaba la costumbre inmemorial según la cual debía ir de Bilbao a Guernica, vestido con una casaca y un sayo rústicos, llevando descalzo el pie izquierdo. A la vista del roble majestuoso debía aproximarse corriendo y lanzar contra el tronco la azagaya que llevaba en la mano derecha, para después arrancarla. Una vez cumplido ese rito, tan intrigante como los de los indios de América, el monarca juraba respetar las instituciones antiguas, no atentar jamás contra las libertades de los vascos y exentarlos de todo tributo, con excepción de la leva de tropas: imposición que los vascos aceptaban de buena gana pues amaban la guerra, más por el placer de medirse con el adversario que por la soldada, que rechazaban con soberbia, si hemos de creer a Alonso de Palencia.

Leales a la Corona de Castilla, los vizcaínos habían combatido contra los vascos franceses en 1476, en Fuenterrabía, respondiendo así al llamado de la reina, y los habían rechazado hasta Bayona. Esos fieles vasallos podían, no obstante, romper los nexos de dependencia que los unían a su soberano, si consideraban que éste había fallado en sus funciones. Este acto grave, llamado en derecho consuetudinario *desnaturamiento*, parece haber sido más frecuente entre los señores de Vizcaya que en otras partes. En el siglo xv no fueron raros los ejemplos de ello.[10] En esta tradición se arraigan los

---

[9] Palencia (1975), *Década* II, vol. 2, libro IV, capítulo V, p. 17: "cuyas leyes, instituidas en los tiempos mas remotos y hasta los nuestros observadas, tienen disposiciones para rebajar el poderío de los Reyes"; p. 18: "aquella gente fiera no acostumbrada al yugo de la servidumbre".

[10] Pulgar (1943), t. I, cap. LVI, pp. 183-184: "Los de las villas de Sant Sebastiàn e del Pasage e de Ernani e Tolosa e Zarauz e Guetaria e Deva e de las otras villas cercanas, sabiendo que los franceses querían combatir en Fuenterrabía, juntáronse hasta tres mil hombres de toda aquella tierra e pusiéronse en las cuestas altas que están en derredor, y en las peñas y en otros lugares que están en circuito, dispuestos de tal manera, que poca gente se puede defender de mucha". Sobre el desnaturamiento véase Caro Baroja (1970), pp. 85-96.

comportamientos rebeldes de los hidalgos del país vasco, cuyo prototipo
es el conquistador Lope de Aguirre, descendiente de un linaje de Oñate.
De momento, aquel que desafiaría la autoridad de Felipe II desde la selva del Marañón no había nacido aún, pero el contexto general en el cual
fueron criados su familia y sus padres prefigura ya su destino excepcional.

"BANDERÍAS" Y HECHICERAS

El temperamento violento atribuido a los vascos —"gentes muy belicosas y
muy sabias en el arte de la mar"—, exacerbado por un orgullo que no cedía
jamás, desencadenó luchas entre facciones que, en esos parajes, cobraron
un cariz endémico durante todo el siglo xv. En varias ocasiones, sucesivos
reyes de Castilla trataron de quebrantar las banderías de Vizcaya; ya en
1438, Juan II había ordenado que los jefes de Guipúzcoa y de Vizcaya fuesen desterrados a la frontera de los moros, para combatirlos y servir a la
Corona.[11] Tal fue la suerte del señor de Loyola, cuya rica morada al borde
del Urola fue desmantelada aunque más tarde reconstruida, tal como la
conocemos hoy, en ladrillos rojos al estilo mudéjar. En esta mansión fortificada, parientes y rústicos de las aldeas vecinas encontraban refugio contra los partidarios de la facción opuesta. Cuando las noticias de las islas
descubiertas por Colón llegaron a las colinas verdeantes de Guipúzcoa, el
joven Íñigo de Loyola —el futuro San Ignacio, fundador de la Compañía
de Jesús— tenía apenas dos años; sus padres lo destinaban a la carrera de
las armas y esperaban que tuviese un poco más de edad para ponerlo al
servicio del virrey de Navarra. Así, por doquier en los campos, otros destinos arrojaban su sombra protectora, haciendo de cada uno de esos señores
su único amo después de Dios.[12]

Al alba, a la hora en que se levantan los campesinos, la bruma que rodea
los valles de Vizcaya surge de la oscuridad. La mirada trata de penetrar
esos copos como de algodón, que modifican el paisaje familiar, ocultando
aldeas enteras, enredándose en torno de un campanario, trazando formas
de contornos inquietantes, dejando libre un trozo del camino o una pendiente o un calvero, cuyo color oscuro resalta contra la blancura grisácea
de las nubes. Al llegar el día esas brumas se disipan, en parte para dar paso
a la llovizna y a los reflejos de los charcos en los campos. A lo lejos, se elevan hacia el cielo columnas de humo, allá donde los hombres de los bos-

---

[11] "Gente muy belicosa e muy sabia en el arte de marear", escribe Hernando del Pulgar
(1943), t. I, cap. LVI, p. 181. Palencia (1975), *Década* I, vol. 1, libro IV, pp. 94-95: "Navarros, vizcaínos y vascos viven desgarrados por sangrientas banderías." Sobre las tropas vascas contra
los moros, véase Caro Baroja (1968), p. 101.

[12] Palencia (1975), *Década* II, vol. 2. libro IV, cap. VI, p. 20, describe así los valles de Vizcaya,
en 1471: "llenos de caseríos donde sólo un puñado de hombres arrojados puede combatir,
porque las dispersas viviendas están cercadas de muros y según costumbre del país, edifican
a grandes trechos casas de madera dominadas por alguna torre de piedra a modo de fortaleza,
donde habita el caudillo y a la que se acogen en los peligros cuando se ven acosados por los
contrarios".

ques, que viven solitarios en las alturas, queman troncos de árboles para hacer carbón. Al caer la noche, los fuegos de esta combustión vegetal proyectan luces siniestras sobre los prados, que vuelven a ser inhóspitos e irreconocibles.

En el siglo xv, la violencia de los maleficios igualaba, al menos, la de las facciones. Las autoridades de la provincia de Guipúzcoa acabaron por dar la alerta a Enrique IV, pidiéndole que interviniera para extirpar de manera radical aquella plaga. En la región de Durango, cuna de futuros conquistadores como Pascual de Andagoya, y del primer obispo de México, Juan de Zumárraga, esas prácticas maléficas eran tan comunes que a las brujas se les llamaba *durangas*.[13] La gran epidemia de brujería que azotara todo el país vasco no había estallado aún, pero las brujas hacían ya estragos en una comarca que poco antes había sido escenario de un movimiento religioso comparable al de los fraticelos, considerado por los contemporáneos como un retorno al paganismo de esos hombres de las montañas,[14] pues, en opinión de la Iglesia, los vascos eran *gentiles*. El cardenal Juan Margarit *el Gerundense* escribió hacia 1480 que los vizcaínos seguían sin tener Dios, desde la Antigüedad.[15] Ningún obispo, decía *el Gerundense*, podía instalarse en Vizcaya. Cuando Fernando se dirigió a esta provincia acompañado del obispo de Pamplona en 1477, las autoridades provinciales objetaron su visita, diciendo que contravenía su costumbre. Fernando hubo de someterse para evitar dificultades. Los vascos se sintieron tan irritados por este asunto que borraron todo vestigio del suelo que el obispo había pisado, y quemaron ese polvo. Luego recogieron las cenizas y las arrojaron al mar.[16] ¿Sería el temor a la fuerza disolvente del paganismo lo que movió a Juan de Zumárraga a entrar en la más rigurosa de las órdenes, la de los franciscanos, mucho antes de hacerse a la mar, rumbo a México?

Así como las banderías expresan una hostilidad al poder central, los casos de hechicería diabólica revelan, a su manera, un rechazo de la Iglesia y

[13] Juan de Padilla *el Cartujano*, autor de una larga poesía, *Los doze triumphos de los doze apóstoles* (siglo xv), consagra varios versos pareados a los *nigrománticos y hechiceros*: todavía no se habla de demonolatría sino de prácticas de magias diversas: "Dexemos las cosas comunes rimadas / que riman y cantan por cada cantón / de Circe, Medea, Jasón / con las *Durangas* de embote nombradas", en Foulché-Delbosc (1912), i, pp. 305-306.

[14] Los fraticelos eran los herederos de los franciscanos que encontraron su inspiración en los sueños milenaristas de Joaquín de Fiore. Para ellos, la Iglesia de Roma era la "prostituta de Babilonia" y el papa era el Anticristo. Los fraticelos predicaban la pobreza absoluta de Cristo, y calificaron de herejes a todos los papas. La Iglesia los persiguió y se esforzó por eliminarlos por todos los medios. A mediados del siglo xv, la secta se había reducido a algunos grupos oscuros. La relación entre esos religiosos y la brujería ha sido tratada por Cohn (1982), pp. 53-82. Véase igualmente Reeves (1969), pp. 191-228.

[15] Caro Baroja (1966), pp. 188-189; Hernando del Pulgar (1856), *Letras*, núm. xxxi, p. 59. Refiriéndose a ese pueblo, el cardenal Juan Margarit *el Gerundense* escribe que los vizcaínos siguen sin tener Dios, desde la Antigüedad: "*De Galatis Hispaniae refert Strabo libro tertio de Orbis situ, quod Gallecii Hispaniae olim nullum habebant Deum, quod Biscayae usque ad haec tempora perdurat*", en Chabás (1902), p. 5. El texto data de 1480, aproximadamente.

[16] Chabás (1902), p. 5: "*Tantaque ex adventu Episcopi se affectos molestia ostenderunt, quod ubicumque Episcopus eorum solum calcasset, prosequentes vestigia ac erasa terra pulverem colligentes maximo coadunatum pulverem igne cremarunt, illiusque cineres in quandam superstitionem ac divini honoris ignominiam in mare projecerunt.*"

una burla. Los vascos han oscilado, según las circunstancias, entre la lealtad a su soberano y la ruptura —el desnaturamiento—, entre la hechicería demoniaca y la piedad extrema. La ambivalencia de los vascos se manifiesta también en su política de cierre y de endogamia —los nuevos estatutos de Guipúzcoa de 1486 prohibían a los habitantes de Castilla casarse e instalarse en el país vasco—, que sin embargo no les impedía colocar a los jóvenes donceles como pajes al servicio de los señores de Castilla. Hernando del Pulgar, en una carta que dirigió al cardenal de España Pedro González de Mendoza, hermano del conde de Tendilla, no dejó de burlarse de esta actitud: "¿No es de reír que todos o los más envían acá sus fijos que nos sirvan, e muchos dellos por mozos de espuelas, e que no quieran ser consuegros de los que desean ser servidores?"[17]

La otredad que encarnan los vascos prácticamente no tiene equivalente en tierra española: considerados como paganos en potencia, singularizados en extremo por una lengua, anterior al castellano, el *euskaro*,[18] no por ello dejan de dominar la de Castilla en lo más formal y sutil que tiene: las actas notariales, los escritos de todas índoles y el arte de la caligrafía. Así, al lado de los marinos para quienes el terruño era más un sueño que una realidad cotidiana, había entre ellos hidalgos rurales y urbanos, poderosos o desclasados pero instruidos, "bachilleres", "licenciados", notarios o escribanos de padres a hijos, orgullosos también de ese poder que confiere el dominio de las letras.

LISBOA, "LA REINA DEL TAJO"

Pero volvamos a Colón. En el mes de febrero de 1493, una tempestad había separado las dos carabelas, la *Niña* y la *Pinta*. En la nave comandada por el almirante, es grande la aflicción, y los marinos echan suertes sobre quién, si Dios los saca de ese mal paso, irá en peregrinación al monasterio de Guadalupe, con un cirio de cinco libras. Colón es el primero en probar suerte y extrae de un saco el garbanzo marcado. Así, será él quien deba cumplir la promesa.[19] Parece, por lo demás, que la Providencia escuchó las plegarias de los navegantes; la tempestad se disipó, y los vientos empujaron a la *Niña* hacia la costa.

El 4 de marzo, la imponente silueta del peñón de Cintra se levanta ante ellos. Ha terminado la pesadilla y helos· aquí llegados a las cercanías de Lisboa, con un tiempo detestable que hace que esta ciudad luminosa se asemeje a la brumosa Bayona. La tripulación desembarca en Belem, no lejos de una capilla erigida por Enrique *el Navegante*. Ni la torre del rey Manuel ni el convento de los Jerónimos, indisociable para nosotros del panorama de Lisboa, han brotado aún de la tierra. Pero la ciudad, llamada la Reina

---

[17] Pulgar (1856), p. 59.
[18] Navajero (1983), p. 93, escribía algunos años después, a propósito del *euskaro*: "La lengua vascuence es una lengua particular que no tiene ninguna palabra castellana ni de ningún otro idioma, de modo que fácilmente se puede creer que ésta era la antigua lengua de los españoles."
[19] Las Casas (1957), cap. LXIX, p. 218.

del Tajo, ya es el crisol exótico en que se mezclan los navegantes, los mercaderes y los aventureros de todas clases.

"No había otra solución", escribe Colón en su diario. ¿Qué indica esta aclaración? Algunas semanas antes, a su regreso de La Española, los portugueses los habían recibido muy mal en las Azores, y el almirante tuvo que ejercer toda la autoridad con que le habían investido los soberanos españoles para que pudiesen partir libremente.[20] Esta animosidad se explica por la guerra con Castilla, así como por el monopolio que reivindicaba Portugal sobre el comercio atlántico: ¿o acaso no había reservado el tratado de Alcaçovas (1479) a ese reino todas las ganancias y todos los derechos sobre las tierras situadas al sur de las islas Canarias? Apenas desembarcado en Rastelo (Belem), Colón envía un despacho a Juan II para anunciarle su llegada y solicitar su autorización para poder remontar el estuario del Tajo hasta Lisboa, pues el almirante teme ser atacado en esos remotos lugares por gentes atraídas por un supuesto cargamento de oro que en realidad él no lleva. Desea que el rey sepa que no vuelve de Guinea, sino de las Indias.

El retorno de Colón causa gran sensación, y don Juan lo recibe con fasto. El rey de Portugal escucha con atención el relato apasionado de ese viaje que habría podido ser su gloria si algunos años antes, evidentemente mal aconsejado, no hubiese opuesto un rechazo rotundo a aquel proyecto atlántico. Despechado, don Juan hace valer tímidamente el tratado de Alcaçovas, concluido en 1479 con Castilla, sobre la demarcación entre las colonias españolas y las portuguesas. Pero Colón replica que él no fue a Guinea ni a La Mina, en África; La Española se encontraba fuera de los límites establecidos y pertenecía, por tanto, a los reyes de Castilla y de Aragón, que habían financiado la empresa. Gran señor, don Juan celebra la hazaña de Colón y permanece sordo a los consejos de quienes le sugieren acabar con el almirante, para aprovechar sus descubrimientos.

La aparición de la *Niña* puso en efervescencia a la capital portuguesa. A pesar de la lluvia y del mal tiempo, portugueses, italianos, levantinos, ingleses, flamencos, sevillanos, moros y guineanos se arremolinaron para admirar la carabela, la silueta de Colón y a los indios. "El mar no se veía pues tan lleno estaba de barcas y bateles de los portugueses."[21] Lisboa era, sin duda, una de las capitales en que el retorno de Colón podía causar mayor emoción e interés. Sin perder completamente los vestigios de un pasado musulmán ya remoto, en el curso del siglo XV se había convertido en una metrópoli abigarrada. El puerto del Tajo desbordaba de actividad desde que el país había conquistado una posición excepcional en los mares del Sur (entiéndase el Atlántico).

Desde 1415 los portugueses habían emprendido la exploración sistemática del litoral africano, al principio en busca de un medio de rodear al adversario marroquí y, luego, de una vía meridional para llegar a la India que permitiera evitar el mar Rojo y las amenazas de los Estados musulmanes. Redescubrieron las Azores. En 1431, fray Gonçalo Velho afirmaba

[20] Sobre el retorno de las carabelas, véase Heers (1981), pp. 240-254. Para los viajes de Colón, se pueden consultar las obras clásicas de Morison (1942 y 1963).
[21] H. Colón (1984).

que esas islas "se habían vuelto la Tule de Occidente", es decir, su límite extremo.[22] Sin embargo, se necesitaría una veintena de años para realizar el reconocimiento y la ocupación del archipiélago. Durante el reinado de Alfonso V *el Bien Amado* (1438-1481), y con el impulso del infante Enrique *el Navegante*, los portugueses, al cabo de mil dificultades, descubrieron y explotaron las minas de oro de Guinea, al sur del Senegal.[23] Pedro de Cintra tocó Sierra Leona en 1460, el año de la muerte de Enrique *el Navegante*, quien había financiado, organizado y supervisado lo esencial de las expediciones. Los confines de las tierras exploradas retrocedían casi sin cesar hacia el sur, y los portugueses se establecían en forma permanente en las riberas del golfo de Guinea: en 1481 Juan II tomaba la decisión de edificar un castillo en San Jorge da Mina. Por último, en 1488, cinco años antes del retorno de Colón, Bartolomeu Dias doblaba el cabo de Buena Esperanza, pero su tripulación, agotada, se negó a continuar la travesía hacia el océano Índico. En adelante, nada impediría ya la conexión marítima con la India y el resto de Asia.

Entre españoles y portugueses era inevitable el choque marítimo. Los navíos de Lisboa entraron en conflicto con los del rey de Castilla que, no contentos con colonizar las Canarias, también habían abordado las costas de Guinea. Esta competencia marítima adoptó un cariz francamente hostil: los portugueses torturaban y mataban a los castellanos a quienes sorprendían al sur de las Canarias; para hacer cundir el terror en el adversario los mutilaban, "cortándoles pies y manos". Según Alonso de Palencia, Enrique IV dejó actuar libremente al "Señor de los Mares de Guinea", y se rebajó a solicitar de Alfonso V la autorización para que sus navíos se dirigieran al "país de los negros", a cambio de una quinta parte de las utilidades que se obtuvieran.[24]

En 1479, el tratado de Alcaçovas estableció la supremacía de Portugal más allá de las islas Canarias. Se multiplicaron las expediciones de La Mina, sobre la Costa de Oro, en la actual Ghana; Colón participó en ellas en años siguientes, antes de abandonar Portugal, rumbo a Palos y La Rábida. Las riberas africanas, las pepitas de oro intercambiadas por bisutería y conchas, la exuberante vegetación ecuatorial, el culto de los ídolos y de los fetiches le dieron el prisma a través del cual, algún tiempo después, observó las costas tropicales de aquella "punta asiática" que, a sus ojos era La Española.

La exploración de las aguas atlánticas y africanas a lo largo de todo el siglo XV permitió a Portugal acumular una experiencia marítima sin precedente que, como lo había hecho Colón, acudían a compartir los muchos

[22] *"Eram as Thule do Occidente"*, escribe Ayres de Sá (1916), p. 113, a propósito de las Azores, citando a Gonçalo Velho.

[23] Las expediciones portuguesas a lo largo de la costa africana han sido tratadas especialmente por Parry (1974), pp. 112-138. En 1444 se llegó a la desembocadura del río Senegal.

[24] "Llegó a tanto la insolencia de los portugueses que a los castellanos que apresaban más allá de las Canarias los hacían morir, a unos entre crueles tormentos y para infundir en los demás perpetuo terror, mutilaban a otros cortándoles pies y manos." Palencia (1975), *Década* III, vol. 2, libro XXV, cap. IV, pp. 260-261.

extranjeros que frecuentaban el estuario del Tajo. Los navegantes portugueses habían aprovechado las lecciones de la Europa del Norte y del Mediterráneo, adoptado la vela triangular (o latina) y creado la carabela, llamada a convertirse en el instrumento privilegiado de los descubrimientos. Las de Lisboa disponían de una superficie de vela considerablemente mayor, que hacía posible la navegación de bolina, es decir, contra la dirección dominante del viento: desplazaban unas cincuenta toneladas y poseían dos mástiles provistos de velas latinas triangulares. Las naves, por el contrario, eran embarcaciones con velas cuadradas que avanzaban viento en popa, lo que no excluía ni las disposiciones ni las combinaciones más diversas entre esos tipos de navíos: de las tres naves de Colón, la *Santa María* era un buque mercante, con velas cuadradas motrices, mientras que la *Niña* y la *Pinta* eran carabelas que originalmente sólo habían tenido velas latinas, más apropiadas para maniobrar. La *Niña* perdió una de sus velas latinas, a favor de una vela cuadrada. Sólo la *Pinta* no sufrió modificaciones, lo que dio a su capitán, Martín Alonso Pinzón, una libertad y una rapidez de maniobra que exasperaron a Colón.

Mas, para alejarse de las costas del mundo conocido, también se necesitaba un conocimiento preciso de las corrientes y de los vientos, así como buenos instrumentos. Enrique *el Navegante* se había rodeado de cosmógrafos y cartógrafos que perfeccionaron unos documentos cada vez más precisos. La escuela de cartografía de Lisboa llegó a ser tan célebre que atrajo hasta a navegantes extranjeros deseosos de formarse, así como a espías, apenas diferenciables de los anteriores, ávidos de penetrar en los secretos de las comarcas nuevas. Así, se vio aparecer hacia fines del siglo XV, sobre los mapas, al lado de la escala de las leguas, una proliferación de informaciones toponímicas, las rosas de los vientos orientadas al norte, la escala oblicua de las latitudes que tenía en cuenta la declinación magnética. Esos datos no habrían podido reunirse sin una práctica constantemente afinada de la observación del cielo así como de las tierras nuevas: a bordo de los navíos, los escribanos anotaban escrupulosamente las singularidades de las costas visitadas, y consignaban los informes reunidos por los intérpretes entre los indígenas.

Esa lección no la olvidarán Colón y los descubridores del Nuevo Mundo, quienes, a su vez, sabrán dar a su mirada de conquistadores la penetración de una observación naturalista y etnográfica antes de que existiera esta ciencia. A ello se añaden instrumentos y técnicas de navegación que se volvían menos rudimentarios: la brújula magnética —ya antigua—, las tablas trigonométricas, el desarrollo de la navegación astronómica y, sobre todo, los grandes astrolabios de madera del decenio de 1480, cuando se comenzó a practicar el registro sistemático de las latitudes sobre las costas de África.

Pero demasiado saber perjudica; debido a su ciencia nueva, los expertos de Lisboa habían rechazado y se habían burlado de las ofertas del genovés, que hoy volvía ante ellos como descubridor de las Indias por cuenta de Castilla.

LOS RUMORES DEL OCÉANO

Sin embargo, Colón había jugado primero su carta portuguesa. Desde 1477 se había instalado en Portugal. En 1479 casó con una dama de Lisboa, Felipa Muñiz de Perestrello (o Perestrelo e Moniz), unida por su madre a la familia real de Braganza, hija y nieta de los artífices del descubrimiento de la isla de Madera y de África. Gracias a Felipa se había establecido en Porto Santo, cerca de Madera, donde pudo estudiar a su gusto el régimen de los vientos. Su hermano Bartolomé era cartógrafo en Lisboa. Todo, en Portugal, incitaba a penetrar los secretos y superar los peligros de la navegación atlántica. Esta fascinante apertura al mar se reflejará hasta en la arquitectura manuelina que, algunos decenios después, desplegará sus sabias combinaciones de símbolos antiguos y náuticos inspirados en la expansión colonial, que mezclan profusamente conchas, cordajes y velas.

De momento, Colón asimilaba la experiencia portuguesa de todas las maneras posibles: participó en un viaje a San Jorge da Mina, "la gran factoría africana del comercio del oro", y retuvo en la memoria los paisajes, las técnicas: cómo navegar, pero también cómo descubrir, anotar lo inédito, consignar lo desconocido, describir (como después lo hará tan bien) las tierras y los seres nunca vistos...[25] El genovés heredó de su familia política un conjunto de mapas y de informaciones inapreciables. También conoció la carta de Toscanelli, de junio de 1474, que confirmaba la posibilidad de llegar a China por el occidente. Apasionado por la navegación, deslumbrado desde que había recorrido las aguas de Guinea y percibido aquellas comarcas sofocantes en que el oro parecía brotar tan naturalmente como los árboles, ¿no era natural que Colón buscara en Juan II el apoyo necesario para la ejecución de su proyecto de llegar al Asia por el oeste?[26]

Esta idea, en sí, no era absurda ni verdaderamente nueva. Hacía ya mucho tiempo que la redondez de la Tierra, enunciada por Aristóteles, era una hipótesis que se consideraba seriamente; corría ya por el mundo erudito al menos desde el siglo XIV. El sabio florentino Paolo del Pozzo Toscanelli había entablado con Fernão Martins, canónigo de la catedral de Lisboa, una correspondencia en que se hablaba de las rutas occidentales hacia Japón y China. Los medios científicos y comerciales europeos en esta segunda mitad del siglo XV estaban en busca de vías y de horizontes nuevos, que no podían ya ser estrictamente mediterráneos; con mayor razón en un Portugal lanzado abiertamente al descubrimiento del litoral africano.

Los viajes de los portugueses al África habían demostrado que era posible vivir en aquel horno ecuatorial; en cambio, hacia el norte, los marinos

[25] La *Mina do Ouro* no era una mina propiamente dicha sino un litoral en que se intercambiaba oro en grandes cantidades, en forma de polvo. Parry (1974), p. 128. Véase igualmente Chaunu (1969a), p. 302.

[26] Heers (1981), p. 135: *"Les hommes qui ont parcouru le monde [...] grâce à leur expérience des choses humaines, ils jugent que le cours naturel des astres est à peu près le même ailleurs que chez eux et que les hommes sont partout régis par le destin et par la Fortune."* Véase a este autor para la biografía de Colón.

contaban que el mar se inmovilizaba y se convertía en hielo, y que era peligroso y casi imposible abrirse camino. Algunas leyendas describían viajes lejanos hacia el occidente. Se decía que unos moros de Lisboa llamados los *almaghurrim*, los "errantes" en árabe *(almogarrirunes)*, habían llegado, hacia 1430, a tierras lejanas.[27]

Esa historia era la siguiente: ocho hombres originarios de Lisboa, primos hermanos, fletaron un navío al que cargaron de agua y de las provisiones suficientes para emprender un largo viaje. Deseaban llegar a los confines del océano para ver las maravillas que ocultaba. Habiendo jurado morir antes que volver a su país natal sin haber alcanzado la extremidad occidental del mundo, se hicieron a la mar y al cabo de once días entraron en una mar tenebrosa, agitada por enormes olas levantadas por ráfagas de viento y de polvo; las aguas eran profundas y sombrías, y estaban infestadas de tiburones. Persuadidos de que les esperaba una muerte segura, hicieron proa hacia el sur y al cabo de 12 días de travesía en una mar inmensa, encallaron en Yazirat-al-Ganam, la isla del ganado menor, en la que los rebaños eran numerosos. Estos animales no tenían pastor; en realidad no había un alma ahí. Los hombres degollaron algunas cabras, pero su carne resultó imposible de comer, y sólo conservaron las pieles. Volvieron a hacerse a la mar, y después de 12 días fueron abordados por unos marinos que los llevaron a una isla poblada de hombres rubios y de mujeres de una belleza indescriptible. Al cabo de cuatro días, después de reposar, recibieron la visita de un intérprete que les habló en árabe, y le narraron su aventura. El rey de la isla rio mucho y, por medio del intérprete, les explicó que él mismo había enviado a algunos de sus hombres hasta los confines del mundo; como allá no había luz, tuvieron que volver sobre sus pasos. El rey prometió tratarlos con benevolencia. Cuando el viento cambió y les fue favorable, hizo que los volvieran a llevar a la mar, maniatados y con vendas en los ojos. Al final, llegaron a las playas de Lisboa. En recuerdo de su aventura, a una calle célebre de la ciudad se le dio el nombre de "calle de los aventureros".[28]

Eustache de la Fosse, flamenco de Tournai, habla de otra leyenda que corría de boca en boca en Portugal hacia 1480. En tiempos de Carlomagno, cuando España fue conquistada por los sarracenos, el obispo de Portugal se hizo a la mar con todos los que habían querido servirle, y desembarcó en unas islas: "Y entonces dicho obispo, que era gran sabio, conociendo el arte de la nigromancia, encantó las dichas islas para que jamás pertenecieran a nadie mientras todas las Españas no fuesen devueltas a nuestra buena fe católica, pero a veces los cimarrones [los marinos perdidos] ven los pájaros de las dichas islas al navegar en ese rumbo sin poder jamás ver nada de las dichas islas, a causa de dicho encanto." La toma de Granada, afirma Eustache de la Fosse, puso término al encantamiento. "Y desde que la ciudad fue conquistada, se puede ir a capricho a las dichas islas encan-

---

[27] *"Almogarrirunes, palavra arabica que val o mesmo que errantes que se acharam n'este descobrimento."* Ayres de Sá (1916), p. 217. Se trata de moros establecidas en Lisboa.
[28] Castrillo Martínez (1969), pp. 92-95.

tadas y sin ningún peligro."[29] Se trataba de Madera, pero el retorno de Colón y su descripción de La Española volvieron a poner en boga esta vieja leyenda, con acentos mesiánicos. Ello sin contar la de San Brandano, evangelizador del norte de Inglaterra, conocida en todos los países de la costa atlántica europea: el santo había partido hacia el noroeste en el siglo VI y había descubierto una isla, llamada tanto la *Encuberta* como la *Non Trubada Antilia*, o la Isla de las Siete Ciudades.[30]

Estas islas misteriosas habían obsesionado al rey don Alfonso quien, en 1462, había concedido al caballero Johan Voguado todos los derechos sobre las que pudiese descubrir en dirección del oeste. Otros islotes más o menos fantásticos aparecían en los mapamundis de la época. Una *insula de Brazil* figura en los mapas medievales desde 1339, situada más bien al norte, cerca del mar de los Bacalaos... Proyectos alimentados por indicios reveladores, ya que en el archipiélago de Madera el gobernador Pedro Correa da Cunha había encontrado, encalladas sobre la playa, maderas talladas de naturaleza desconocida y bastones "tan gruesos que cada uno de ellos habría podido contener un cuarto de vino". Colón tuvo oportunidad de verlos en Lisboa, y los identificó con especies provenientes del Oriente, descritas por Ptolomeo. Además, unas habas que los indígenas llamaron *favas do mar*, y hasta dos cadáveres con rasgos asiáticos fueron depositados por las corrientes del oeste sobre las costas de las Azores, al cabo de un periodo al garete que nadie pudo precisar.[31] Mucho más al norte, Colón había visto en Galway, Irlanda, adonde había ido en su juventud, a un hombre y una mujer que habían estado a la deriva en unos postes de madera tallada y habían llegado a ese país por una notable casualidad. Él había deducido que hombres de Catay habían llegado al Occidente.[32]

A todas esas leyendas venían a añadirse otras creencias cuyo origen se remontaba a la Antigüedad y a los textos bíblicos. Pese a los considerables progresos logrados en el siglo XV en el arte de la navegación, la localización de las poblaciones asiáticas seguía siendo muy confusa. El término mismo de India era ambiguo. A comienzos del siglo XV designaba tanto a la región de Asia que sigue llevando ese nombre —y en tal caso, se añadía el epíteto de *Mayor*— como al África oriental, especialmente a Abisinia.[33] La Biblia y los textos clásicos ofrecían referencias que los viajeros intentaban verificar. Algunos situaban el Paraíso Terrenal, fuente de los cuatro ríos del mundo, entre ellos el Nilo y el Ganges, en el sur de Egipto. El mar de la Tana —actualmente mar de Azov— tenía, pues, su fuente en las aguas del Paraíso.[34]

Los geógrafos de la antigüedad clásica habían situado todas las maravillas del mundo en la punta más extrema de Oriente, que algunos coloca-

[29] De la Fosse (1897), pp. 189-190.
[30] Heers (1981), p. 137.
[31] *Ibid.* (1981), pp. 140-141.
[32] Colón (1984), p. 9: "*Homines de Cataya versus oriens venierunt. Nos vidimus multa notabilia e specialiter in Galluei Ibernie virum et uxorem in duobus lignis arreptis ex mirabili forma.*"
[33] Jiménez de la Espada, anotaciones del texto de Tafur (1874), p. 310.
[34] Tafur (1874), p. 164: "fuí a ver la Tana, que es una muy grant rivera e dizen que es otra agua que sale del Paraíso terrenal".

ban en la India y otros en Etiopía. Esas comarcas perdidas estaban habitadas por grifones y por seres monstruosos, de una sola pierna, cinocéfalos, hombres provistos de cola o de un labio tan prominente que les servía de protección contra los rayos del sol. Gracias a Alejandro Magno y a sus conquistas, esos monstruos caníbales habían sido rechazados a regiones alejadas, para alivio de los pueblos de Occidente. También se creía que unas temibles amazonas reinaban sobre una isla inmensa, localizada en el camino de Catay. Y también en ese Oriente misterioso, los hombres de fines del siglo xv situaban Ofir, la isla fabulosa de las minas del rey Salomón, confundida con la Taprobana de Plinio *el Viejo* y de Ptolomeo, atravesada por la línea equinoccial e indicada en el *Atlas catalán* de 1375. Esos mitos que hoy nos hacen sonreír constituían el bagaje intelectual de un hombre como Colón, en el mismo grado que los conocimientos científicos. Y a través de esta geografía fabulosa, el genovés interpretó los indicios que le ofrecieron las Antillas.[35]

EL PROYECTO DE COLÓN

En esta atmósfera favorable a los ambiciosos proyectos de navegación ¿cómo explicar que el de Colón fuera rechazado por el rey don Juan? Es posible que las exigencias personales del genovés desagradaran al monarca, quien tenía el monopolio real de los descubrimientos establecido desde 1474. Más determinante parece haber sido el argumento científico opuesto por sus consejeros.

Una vez aceptada la esfericidad de la Tierra, la longitud de su circunferencia era objeto de cálculos minuciosos. Ya Aristóteles, partiendo de la medida del grado, había hecho una evaluación muy cercana a la realidad que, en estadios, correspondía aproximadamente a los 40 000 kilómetros que le atribuimos actualmente. La primera indicación de una medida de la circunferencia de la Tierra realizada por los árabes llegó al Occidente en 1126.[36] Otras estimaciones se hicieron durante la alta Edad Media, especialmente la del sabio hispano-musulmán Al-Farghani quien, en su *Libro de las estrellas y de los movimientos celestes*, atribuía a cada grado una medida de 56 millas dos tercios, equivalentes a 122.6 kilómetros (contra 111.12 kilómetros de valor real).

Colón se inclinó por la hipótesis de Al-Farghani, pero se equivocó en la conversión de la milla y calculó una circunferencia de 30 000 km.[37] Seguro de esa cifra, Colón argumentó ante don Juan la escasa distancia que separaba a Portugal de Asia por el occidente; pero los consejeros del rey, habiendo consultado a unos matemáticos, rechazaron, con razón, ese resultado.

---

[35] La geografía mítica de los tiempos de Cristóbal Colón ha sido tratada de manera exhaustiva por Juan Gil (1989). Sobre el emplazamiento de la Taprobana, véanse en particular páginas 126-130. Sobre el conocimiento tardío que tuvo Colón del libro de Marco Polo, véase Gil (1988).

[36] Vernet (1978), p. 145.

[37] Heers (1981), pp. 157-158.

La distancia era mucho más grande y el viaje se volvía así una aventura excesivamente peligrosa. Los problemas de aprovisionamiento venían a añadirse a los peligros de la travesía así como a las reticencias de los marinos: se puso en duda la capacidad de Colón. En 1485 el genovés salió de Portugal para dirigirse a Palos y a La Rábida, en el reino de Castilla, donde esperaba encontrar una acogida más favorable. Ya sabemos lo demás. Ironía del destino: pese a los errores teóricos en que se fundaba el proyecto de Colón, la práctica le dio la razón.

Colón debió de experimentar una sensación de triunfo en aquella Lisboa que, ahora, estaba a sus pies. En la corte, el relato de sus aventuras alimentaba las conversaciones; probablemente fue entonces cuando el joven paje de la reina, Hernando de Magalhães, al que en adelante llamaremos Magallanes, oyó pronunciar por primera vez el nombre de Colón. El genovés, sin duda, había alcanzado la extremidad de Asia, pero no encontró el país de las especias. Además el sucedáneo de la canela que había traído no era comparable al que se podía encontrar en los mercados de Oriente. El porvenir aún estaba abierto a otros viajes y, ¿por qué no?, a otras victorias... Magallanes debió de ir, como tantos otros, al puerto para contemplar tanto la carabela de Colón como a los indios que había traído de La Española; pese al mal tiempo, ese espectáculo atraía a la muchedumbre, por muy acostumbrada que estuviese a ver navíos que regresaban de la extremidad de África desde que Bartolomeu Dias se había arriesgado a ir más allá del cabo de Buena Esperanza... "Oy vino infinitissima gente a la caravela y muchos cavalleros...", escribe Colón el 7 de marzo.[38]

Algunas frases apenas, y más bien lacónicas. ¿Adivina Colón una hostilidad y unos celos latentes? ¿O lo hace por desconfianza de un soberano cuyas ambiciones conoce bien? ¿O, sencillamente, por el afán de un reposo bien ganado y el fastidio de consignar por escrito lo que es de orden personal? El hecho es que el almirante, retenido por el mal tiempo, se quedó en Portugal aproximadamente una semana. Al aclarar el tiempo, el 13 de marzo, levó el ancla rumbo a Sevilla. Dos días después entraba en el puerto de Palos, algunas horas antes de que lo hiciera Martín Alonso Pinzón.

LAS RUTAS DE LAS ESPECIAS

Las especias constituían uno de los principales intereses de los viajes marítimos, y los portugueses no fueron los únicos en interesarse por ellas. En Lisboa, mercaderes italianos e ingleses reciben ávidamente las noticias que cunden en todos los puertos del Atlántico. En Bristol, Inglaterra, la hazaña de Colón entusiasma a otro genovés, naturalizado veneciano, Giovanni Caboto, o Cabot, según la grafía inglesa. Para él, ésta es la confirmación de un proyecto que persigue infatigablemente desde que presenció en La Meca la llegada de las caravanas del Extremo Oriente, con sus bultos llenos de seda y sus embriagantes olores a especias; en adelante, no tendrá

---

[38] Colón (1984), p. 135.

más que una idea: llegar por el occidente al país de la pimienta, el azafrán, el almizcle y la canela.

Cabot, como muchos de sus compatriotas, había recorrido el vasto mundo conocido participando en operaciones comerciales por cuenta de la república de Venecia. Había llegado hasta La Tana, en la desembocadura del Don, donde se hallaba establecida una factoría veneciana, unida por vía fluvial con Astracán, al borde del Caspio, estación terminal de la caravana que llegaba de China a través del Turquestán. El otro establecimiento estaba situado en Alejandría, donde los venecianos habían fundado una poderosa colonia. Era ahí donde llegaban las mercancías de las islas Molucas y de la India: drogas, plantas medicinales, especias, gemas, a través de La Meca y el puerto de Jedda. Esas plantas eran codiciadas tanto por sus virtudes medicinales como por su sabor; mejoraban los insípidos alimentos europeos y hasta atenuaban el olor manido de ciertas carnes. Se trataba, evidentemente, de artículos de lujo, que en Europa alcanzaban precios exorbitantes, sobre todo desde que los turcos dominaban el Mediterráneo oriental.[39] Cabot, hábil comerciante, sabía que era más rentable ir directamente hasta la fuente. ¿Cuál era, pues, el país en que se daban las especias? Los miembros de la caravana a los que interrogó en La Meca fueron incapaces de responderle con exactitud: habían recibido la mercancía de otros pueblos, que a su vez no habían sido más que intermediarios de naciones aún más lejanas. Por deducción, la comarca de las especias debía encontrarse, pues, en la extremidad nordeste de Asia, en la misma latitud que Bristol, según sus cálculos. ¿Sería posible alcanzarla por el occidente, más allá de Islandia?[40]

Y he aquí que en 1493 Cristóbal Colón había llegado antes que él, tomando una ruta meridional probablemente más larga. En la corte de Inglaterra, este viaje produjo el efecto de un verdadero milagro. Enrique VII otorgó a su italiano Cabot unas cartas de patente que le conferían

> pleno y libre poder de llegar con sus velas a todas las partes, países y mares del Este, del Oeste y del Norte, bajo nuestra bandera [...] con objeto de buscar, descubrir y encontrar islas, comarcas, regiones o provincias de paganos e infieles [...] las cuales hasta este tiempo hayan permanecido desconocidas de todos los cristianos.[41]

Pero si el viaje atlántico representaba una proeza, los resultados seguían

[39] Sobre las especias, se puede leer a Parry (1953). Una descripción de las caravanas que vuelven de la India al Sinaí, alrededor de 1436, se encuentra en Tafur (1874), p. 95, que también se refiere a la imposibilidad, para los cristianos, de aventurarse más allá de Egipto después de la conversión de los tártaros al Islam.

[40] Biggar (1903), pp. 510-522: en la página 516 el autor cita a Raimondo de Soncino: *"e fa questo argomento, che si li orientali affermano a li Meridionali che queste cose venghono lontano da loro, et cosi de mano in mano, presupposta la rotundità de la tierra, è necessario che li ultimi le tolliano al septentrione verso l'occidente".* Las redondas son nuestras.

[41] Biggar (1903), pp. 522-523. El texto de las cartas patentes de Enrique VII dice: *"full and free authority leave and power to saile to all parts, countries and seas of the East, of the West and of the North, under our banners [...] to seeke out, discover and finde whatsoever isles, countries, regions or provinces of the heathen and infidels [...] which before this time have beene unknown to all Christians".*

siendo decepcionantes, ya que Colón no había encontrado la tierra de las especias.

Movido por esta ambición, Cabot partió en el verano de 1494 y costeó Groenlandia, cuyas corrientes heladas no le llevaron los aromas de la canela y el almizcle. Empero, sin desesperar —*messire Zoanne* ya se sentía príncipe—, se dirigió en 1498 a Lisboa, donde reclutó una tripulación de *marinheiros* célebres por su competencia náutica.[42] Entre ellos se encontraba un tal João Fernandes, *lavrador* de oficio (en realidad, terrateniente en las Azores, y no campesino, como se ha creído); él dio su nombre a esa inmensa tierra desheredada que hoy llamamos el Labrador, y que, en el momento de su descubrimiento, parecía situada en la prolongación de Groenlandia.[43]

El retorno de Colón y las perspectivas atlánticas que abría no afectaron el proyecto portugués de establecer una vía africana hacia las especias. El 8 de julio de 1497, Vasco da Gama remontó la costa oriental de África, costeando Mozambique; el 20 de mayo de 1498 alcanzó Calicut, sobre la costa de Malabar, donde se quedó tres meses. El 10 de julio de 1499 su navío ancló en Lisboa. Viaje interminable y peligroso que, sin embargo, daba a los portugueses el control directo de esas raras mercancías, así como el de los mares orientales. Por envidia, los monarcas europeos dieron a Manuel I, sucesor de Juan II, el nombre burlesco de "rey especiero".[44]

SEVILLA, LA "NUEVA BABILONIA"

Con un litoral arenoso, que tanto se asemeja a la costa de Flandes cuando el viento la azota, las dunas de Punta Umbría se dibujan en el horizonte. En el momento en que el sol está más alto en el cielo de marzo, la carabela del genovés franquea la barra de Saltés, islote que protege Palos de Moguer contra el oleaje atlántico y cuyo aspecto modesto desdibuja la antigua grandeza de la ciudad que antes abrigaba: Tartessos, esta Troya del Occidente, cuya riqueza minera alimenta la leyenda. El navío que deja atrás Saltés vuelve, según se cree, de otras minas y de otras comarcas igualmente fabulosas... El genovés no se demora mucho en Palos, de donde había salido más de siete meses antes. Apenas el tiempo necesario para elevar una plegaria de acción de gracias en la iglesia de Santa Clara, y luego parte a través de los terrenos pantanosos del condado de Niebla, hacia Sevilla, a la que ese viaje extraordinario convertirá pronto en "la nueva Babilonia", la más bella ciudad de España y la orgullosa capital del Atlántico español.

En Sevilla hay una multitud ese domingo de Ramos: hidalgos, mendigos, negros, mestizos, gitanos del Pequeño Egipto y moriscos se apiñan ante el Arco de las Imágenes en San Nicolás, donde Colón exhibe a sus indios y algunos objetos que ha llevado de las islas occidentales. En medio

---

[42] Mahn-Lot (1970), p. 106. Sobre los marinos portugueses y el conocimiento de los vientos, véase Crosby (1986), pp. 113-115.
[43] Biggar (1903), p. 494.
[44] Parry (1974), p. 105.

de los notables se encuentra, sin duda, el arcediano Rodríguez de Fonseca. Futuro obispo de Burgos y presidente del Consejo de Indias, dentro de pocas semanas se le encargará organizar la segunda expedición, y terminará por adquirir el predominio sobre todos los asuntos del Nuevo Mundo.

Entre los curiosos se abre paso un negociante, Pedro de Las Casas; este viudo, atraído por el súbito renombre del genovés, acude acompañado de su hijo de ocho años, Bartolomé. El niño ha contemplado largamente a esos hombres extraños, de largos cabellos lacios que les caen sobre los hombros:

> Sus cabellos eran tan gruesos como pelos de cola de caballo. Se los cortaban dejándoselos caer delante hasta debajo de las cejas, pero por detrás llevaban mechas que dejaban crecer sin jamás cortárselas [...] Eran bien hechos, bien formados de cuerpo y de aspecto agradable.[45]

Bartolomé ha escuchado los comentarios sobre ese viaje, de los que retendrá lo esencial. La mayoría de los indios traídos por Colón habían muerto durante la travesía y sólo quedaban siete, que eran mostrados con unos loros verdes y rojos y con máscaras de incrustaciones de nácar y de oro. Se explicaba a los curiosos que esos polvos brillantes eran muestras aún más finas que las de África, y otras cosas asombrosas que durante largo tiempo se quedaron grabadas en la memoria del niño.[46]

Pedro de Las Casas comparte el deslumbramiento de su hijo. Colón no es desconocido para él, ya que uno de sus parientes, Juan de Peñalosa, por orden de la reina Isabel, había ayudado al almirante a armar sus carabelas, antes de la salida de Palos. Tal vez en ese momento, dejándose arrebatar por el júbilo general, germinó en su espíritu el proyecto de partir con Colón en su próximo viaje. Dejó a Bartolomé en la casa de su hija casada para probar fortuna en las Indias, con tanta más razón cuanto que la situación general se había deteriorado para los conversos, y la familia Las Casas era de cristianos de origen judío. Su pariente Juan de Las Casas y muchos otros habían sido condenados por la Inquisición. ¿No había llegado el momento de alejarse, en espera de días mejores...?[47]

Colón ha traído "cosas jamás vistas ni oídas en España", escribirá mucho después Bartolomé de Las Casas, lo que explica el entusiasmo de los sevillanos, por habituados que estuviesen a codearse con gentes llegadas de otras partes. Por doquier en las calles se cruzaban con egipcios, a los que se empezaba a llamar gitanos; con hombres *loros*, de piel cobriza; con guanches de las Canarias, y con negros de África, algunos de los cuales habían formado una familia, pues habían llegado a finales del siglo XIV. Esos negros, muchos de ellos nacidos en Sevilla, conservaron la costumbre de bailar las danzas de su país, que divertían a los citadinos. Al frente de

---

[45] Citado en Chaunu (1969a), p. 195.
[46] Las Casas (1957), cap. LXXVIII, p. 233.
[47] Mahn-Lot (1982), pp. 11-12; Guillén (1963), pp. 79-80; Pedro de Las Casas parte con Colón el 25 de septiembre de 1493 y regresa en la Navidad de 1499, para volver a partir en 1501, esta vez con su hijo Bartolomé. Sobre el auto de fe de 1481, véase Kamen (1984), p. 77.

ellos la Corona colocó a un juez de su nación, de noble cuna, que dirige los asuntos corrientes, velando por el respeto de las costumbres; es responsable de toda la comunidad de esclavos y de libertos, tanto en Sevilla como en los alrededores, según una práctica común en Aragón y Castilla para el gobierno de los judíos, de los moros y de los gitanos. Sin su consentimiento, no puede celebrarse ninguna fiesta. Ningún negro, sea esclavo o liberto, puede ser juzgado sin su presencia.[48] Esta autonomía comunitaria dentro de los límites impuestos por la Corona —las comunidades eran vasallas del soberano— todavía estaba en vigor a finales del siglo xv. Los negros, ahora cristianos, han fundado una cofradía en honor de Nuestra Señora de los Ángeles, y viven en los barrios de San Bernardo y de Triana, donde conviven con moros y moriscos. Aunque la mayoría de los negros son esclavos, entre ellos existen también en esta época libertos y mulatos. Algunos llevan en el rostro la marca infamante del amo, pero esa práctica está lejos de ser la regla; otros se confunden con la gente humilde: sirvientes, cargadores y hasta capataces. Los menos afortunados trabajan en el cultivo de la caña de azúcar, que comienza a desarrollarse en los campos sevillanos.[49]

¿De qué regiones de África provenían? Muchos de ellos, al menos en la segunda mitad del siglo xv, eran originarios de Guinea, es decir, de la región que se extiende al sur del Senegal. A finales del siglo xv el tráfico de esclavos negros —también los había de raza blanca, especialmente circasianos del mar Negro— se organiza en torno de un eje que une a Guinea con Lisboa y Sevilla: África aporta la mano de obra, la capital portuguesa la exporta y la ciudad andaluza recibe la mercadería humana y acaba por redistribuirla hacia otros mercados.[50] Sabemos, gracias al testimonio de Hernando del Pulgar, cuáles eran las modalidades de ese tráfico, desde antes de que los portugueses adquirieran su monopolio. En 1477:

La gente que yva a aquellas partes escogían naos pequeñas e caravelas, porque avian algunos ríos por donde avian de entrar a aquella tierra. Lo que lleuavan e se demandava por las gentes de aquellas partes eran ropas viejas traydas, que no toviesen pelo, e almireces de cobre e candeleros de latón e manillas de latón y en especial lleuavan de aquellas conchas, que eran allá mucho demandadas, decíase que eran mucho preçiadas [...] en aquellas partidas, porque cayan muchos rayos

---

[48] Por un decreto de 1475, Juan de Valladolid es nombrado "Mayoral e Juez de todos los Negros e Loros, libres e captivos que estan e son captivos e horros en [...] Sevilla e en todo su Arzobispado; y que non pueden facer ni fagan los dichos Negros y Negras y Loros y Loras ninguna fiesta nĩn juzgados de entre ellos salvo ante vos [...] y manadamos que vos conozcáis de los debates y pleytos e casamientos", documento citado por Forbes (1988), p. 28.

[49] Pike (1967), pp. 345-346. Poseer esclavos no era privilegio de los nobles. En Sevilla, a finales del siglo xv, los amos pertenecían a la mayor parte de las clases sociales. Franco Silva (1979), pp. 275-331, lo que prueba la extensión de la institución.

[50] Franco Silva (1979), p. 67. La trata de esclavos circasianos es descrita por el sevillano Tafur. Esclavizar a los blancos era lícito cuando se permitía "salvarlos" del cautiverio entre los musulmanes: "Los cristianos tienen bulla del Papa para comprar e tenerlos perpetuamente por cativos a los cristianos de tantas naçiones, porque no acampen en manos de moros e reñieguen la fe; éstos son roxos —rusos—, migrelos e abogasos e cercaxos e burgaros e armenios [...] e allí compré yo dos esclavas e un esclavo, los quales oy tengo en Córdoba e generación dellos." Tafur (1874), pp. 161-162. Notemos que los genoveses se encuentran a la cabeza de la factoría de Crimea.

del cielo e tenían aquellos bárbaros por fee que cualquier que traya una concha de aquellas que era seguro de aquellos rayos.[51]

Colón conocía esas prácticas, ya que él mismo se había dirigido, con los portugueses, a aquel "sepulcro de oro", que consumía a los mejores hombres.[52]

Mediante astucias, los andaluces habían hecho abordar un navío al "rey" de los azanegas y habían levado anclas, reteniéndolo prisionero junto con 140 hombres. Llegados a Palos, quisieron obligarle a ir junto con los otros esclavos, pero él opuso resistencia proclamando que debían darle un caballo o arrastrarlo al cabo de una cuerda, "porque su desdicha había de ser o terrible o digna".[53] Gonzalo de Estúñiga, conmovido por tanta determinación, o acaso movido por la codicia del rescate, le procuró una montura y el rey de los azanegas hizo en Sevilla una entrada célebre. Fernando de Aragón le devolvió la libertad y luego lo envió a su tierra en compañía de Alonso de Palencia, pero sus hermanos y sus parientes fueron vendidos como esclavos por toda Andalucía.

Sevilla, ciudad de aspecto árabe por su arquitectura y su urbanismo, entrelazamiento de callejuelas dominadas por arcos, con abundantes baños públicos, a los que la población, aunque cristiana, conserva gran afición, ya se ha vuelto hacia el Atlántico. No tiene, sin duda, la potencia de Lisboa, pero ya cuenta con colonias de italianos, hábiles para hacer fructificar sus haberes, de genoveses y de florentinos relacionados con la trata de esclavos. Las costas andaluzas y sus señores, entre ellos el duque de Medina Sidonia, difícilmente habrían podido permanecer indiferentes ante el avance de los portugueses a lo largo de las riberas africanas. Todos sentían una atracción irresistible por las aguas llenas de peces que separaban del Sahara el archipiélago de las Canarias. Las barcas se arriesgaban a veces más abajo, aunque las expediciones andaluzas por Guinea se habían reducido a operaciones de pillaje. Pero en la perspectiva, la conquista y la colonización de las Canarias parecen el ensayo vacilante de la gran empresa americana.

La conquista de las Canarias

Los indios que la familia Las Casas observaba no eran seres tan exóticos como podría creerse; antes de ellos, hombres llevados de otras islas y de

[51] Pulgar (1943), libro I, cap. LXXXI, pp. 278-279.

[52] Palencia (1975): *Década* III, vol. 2, libro XXVI, cap. V, p. 287: "La residencia es tan insalubre que muchos enferman y pierden la vida por buscar el oro. Los que sobreviven traen los rostros ennegrecidos, padecen de gran abatimiento de fuerzas, pero no desisten en emprender uno y otro viaje al sepulcro del oro, mientras llega el término de la enfermedad contraída. ¡Tan grande es el poder de la avaricia en el corazón de los míseros mortales!"

[53] No es fácil la identificación de los azanegas; es probable que esta denominación haya designado a unos comerciantes bereberes llegados a las costas de Guinea por las necesidades de la trata. Sea como fuere, ese término también aparece como forma corrompida de *Senegas* (senegaleses). Sobre la llegada del "rey de los azanegas", véase Palencia (1975), *Década* III, vol. 2, libro XXXV, cap. IV, p. 262.

otras comarcas habían despertado la curiosidad general. En ellos o, mejor dicho, contra ellos, se ejerció el aprendizaje de la otredad y de la dominación.

Archipiélago de 13 islas situado al oeste del Sahara, las Canarias se libraron prácticamente hasta el siglo XV del predominio occidental. Fue un francés, Jean de Béthencourt, quien conquistó las cuatro islas de Lanzarote, Fuerteventura, La Gomera y El Hierro hacia 1400. Béthencourt las vende a don Juan Alonso, conde de Niebla, el cual, a su vez, las cambia por unas tierras a Fernán Peraza, caballero de Sevilla. Éste fracasa en la conquista de las otras tres, la Gran Canaria, Tenerife y La Palma, pero se instala en el archipiélago, y los autóctonos, si hemos de creer a Bernáldez,[54] lo reconocen como su rey y señor natural. La dinastía de los Peraza ejerce su poder sobre los canarios hasta que Fernando e Isabel, en 1479, deciden tomar en sus manos los asuntos atlánticos, y envían a Pedro de Vera a conquistar las otras tres islas, más fértiles pero también más difíciles de someter. La encarnizada resistencia de los indígenas, que acaba gracias al temor provocado por los caballos de los castellanos, inaugura una historia que se repetirá muchas veces en el Nuevo Mundo, primero en las Antillas, y luego en el continente.

La conquista de la Gran Canaria, concluida en 1483, pareció ciertamente un acontecimiento político importante, a juzgar por el lugar que le dedican los historiadores de la época en el conjunto de sus crónicas. La de Alonso de Palencia, *Costumbres y falsas religiones de los Canarios*, desgraciadamente perdida, es testimonio de la curiosidad que las Canarias despertaron en los últimos decenios del siglo XV. Nombres tan prestigiosos como los de Hernando del Pulgar o de Bernáldez se volcaron al estudio de los canarios. Esos pueblos del océano nos interesan aquí porque encarnan una otredad muy distinta de la de los vascos, de los moros, de los judíos y de otras comunidades que vivían en tierra ibérica. Los canarios son objeto de un estudio etnográfico antes que existiese la etnografía; también son los primeros, en la alborada de los tiempos modernos, que sufren de lleno el choque de la política expansionista de Occidente.

Para los cronistas de fines del siglo XV, describir un pueblo diferente es, ante todo, explicar su religión. De los negros de Guinea se sabía que temían al trueno —fueron los primeros "fetichistas", adoradores de objetos inanimados o de fenómenos naturales—. De los canarios dicen las crónicas que son o idólatras o monoteístas.[55] Aún no están fijados los criterios, las categorías y los clichés que, algunos decenios después, explicarán los cultos de los indios de América.[56]

Según Bernáldez, la idolatría de los canarios se deduce de la materialidad de su ídolo, en este caso una madera tallada en forma de mujer desnu-

---

[54] Bernáldez (1962), cap. XV, p. 140.

[55] *Ibid.*, cap. XIV, p. 138; en cambio Pulgar (1943), t. I, p. 332, los considera como creyentes en un solo dios: "Su creencia era un solo Dios."

[56] La red idolátrica que algunos años después elabora Bartolomé de Las Casas a partir de la observación de los indios de América es deficiente. Se trata de un esquema de interpretación fundado sobre la denuncia de la idolatría en tanto que "falsa religión", en Bernand y Gruzinski (1988), pp. 41-74.

da ante la cual se encuentran otras dos figuras, que representan un macho cabrío copulando con una cabra. El carácter idólatra de esas imágenes está indicado por las ofrendas de leche y de grasa, "diezmos" y "primicias" que los isleños depositan a sus pies.[57] Aunque Bernáldez no esboce ningún comentario en ese sentido, la descripción de ese chivo lúbrico ante una mujer desnuda tal vez debía despertar en los lectores de su crónica una impresionante analogía con el culto del demonio en forma de macho cabrío, que parecía avanzar por el norte de España inquietando a las autoridades eclesiásticas. Por lo contrario, Hernando del Pulgar describe un culto que no necesita, para existir, apoyos materiales; bajo su pluma, la presencia de las cabras no tiene nada de perturbador, ya que se trata de animales santificados.[58] ¿Serán sus orígenes judíos los que le hacen presentar esos ritos de un pueblo pastor en términos neutros? ¿Será que los guanches, antes que los indios, tienden ya el espejo de los fantasmas de una España quebrantada por sus contradicciones y su diversidad interna?

Los guanches también son un pueblo "dejado a la buena de Dios". Bernáldez informa que se preguntó a los ancianos de la Gran Canaria si conservaban el recuerdo de su origen, a lo que respondieron que, según sus antepasados, Dios los había dejado ahí y los había olvidado, pero que un día, un ojo o una luz se abrirían en cierta dirección —y, con el dedo, señalaban la de España—, gracias a lo cual por fin podrían Ver.[59] Más allá del adoctrinamiento que manifiesta, esta anécdota resulta reveladora de la condición de los canarios. Para los españoles del siglo XV no son ni infieles ni apóstatas, como los moros, los turcos, los judíos, los moriscos y los conversos, sino hijos de Dios que, por su aislamiento, volvieron a caer en las tinieblas de la ignorancia. Para que los guanches tengan alguna esperanza de salvación, es necesario que rompan para siempre las raíces que los unen a sus islas y a sus cabras: por lo demás, algunos ya han logrado esta "reconversión" e, hispanizados y católicos, se han instalado en Sevilla y han servido de intérpretes entre los colonos españoles y los autóctonos.[60] Los que rechazaron ferozmente la evangelización fueron diezmados o sometidos.

La rusticidad de ese pueblo en su vida material, y su casi miseria, es un rasgo sobresaliente de esta etnografía premoderna de los canarios. Los isleños van casi desnudos, trabajan la tierra con cuernos de vaca, y como

---

[57] Bernáldez (1962), cap. XIV, p. 138: "una imagen de palo tan luenga como media lanza, entallada con todos sus mienbors de muger, desnuda, e con sus mienbros de fuera, e delante della una cabra de un madero entallada, con sus figuras de henbra que quería concebir, e tras della un cabrón entallado e otro madero, puesto como que quería sobir a engendrar sobre la cabra. Allí derramavan leche y manteca, parece que en ofrenda o diezmo o primicia; e olía aquello allí mal, a leche o a manteca".

[58] Pulgar (1943), t. I, p. 332: "e tenían un lugar do fazian oración, e su fin era regar aquel lugar donde oravan con leche de cabras que tenían apartadas e criauan para sólo aquello, e a estas cabras llamauan ellos animales santos".

[59] Bernáldez (1962), cap. XIV, p. 139: "Fué preguntado a los ancianos de la Gran Canaria si tenían alguna memoria de su nacimiento, o de quién los dexó allí y respondieron: —Nuestros antepasados nos dixeron que Dios nos puso e dexó aquí y olvidónos; e dixéronnos, que por la vía de tal parte se nos abriría e mostraría un ojo o luz por donde viésemos —y señalaban hacia España."

[60] Pulgar (1943), t. I, p. 332.

cuchillos usan pedazos de lajas.[61] No conociendo ni el arado ni el hierro ni el pan, su condición es muy inferior a la de los "villanos". En ese contexto, la introducción de mercancías nuevas es tanto una cuestión comercial como una obra de utilidad general. También sus costumbres matrimoniales son objeto de descripciones detalladas. Antes de la boda, ceban a la novia hasta que queda bien entrada en carnes. Entonces puede dormir con el hombre al que ella desea, y luego se casa con aquel a quien la han destinado. El marido aguarda algunos meses antes de consumar la unión, para saber si ella quedó embarazada por el otro. Si tal es el caso, el niño pertenecerá al linaje de su verdadero padre. Bernáldez rechaza con horror esta costumbre pagana, llamando "alimañas" a los canarios...[62] De hecho, la promiscuidad sexual, como la poligamia musulmana, impiden cualquier tentativa de integración a la sociedad católica. Desde la segunda mitad del siglo XV, el matrimonio monógamo y la moralización de la familia aparecen como la condición intangible de la asimilación de los pueblos extranjeros a la nación castellana.

El que los canarios sean descritos en términos tan despectivos no impide al cura de Los Palacios elogiar las disposiciones naturales de esos isleños cristianizados, favorecidas por su vida pastoral:

> Son en todas estas islas honbres de buen esfuerço e de grandes fuerzas e grandes braceros e honbres livianos e ligeros, e mas los de la Gran Canaria. Son en todas las islas honbres razonables, *de buenos entendimientos e de agudo ingenio, por ser silvestres e pastores ellos e ellas;* e son gente fiel e caritativa e de verdad e buenos cristianos.[63]

En este texto se dibuja ya en filigrana el tema bucólico que, varios decenios después, cuando los guanches no sean más que un recuerdo exótico, inundará la literatura del Siglo de Oro.

La curiosidad etnográfica es tanto más viva cuanto más rápida sea la desaparición de su objeto. La conquista de las Canarias probablemente constituye el primer ejemplo moderno de lo que, en nuestros días, se conoce como genocidio: todos sus habitantes fueron exterminados en un siglo, y el paisaje de esas islas fue radicalmente alterado por la introducción de plantas y de animales nuevos. Antes que los arawak del Caribe, los guanches fueron las primeras víctimas del imperialismo moderno.[64] Pero a finales del siglo XV apenas acababa de comenzar la catástrofe, y sus contemporáneos no podían imaginar su amplitud. A sus ojos, la violencia de la conquista justificaba en cierto modo el aplastamiento de esos pueblos salvajes. En efecto, el conquistador Pedro de Vera había tenido grandes dificultades para dominar la Gran Canaria, que era gobernada por dos jefes hostiles —los cronistas los llaman "reyes"—. Aprovechando las disensiones

---

[61] *Ibid.*, Bernáldez (1962), cap. XIV, p. 138.
[62] Bernáldez (1962), cap. XVI, p. 144: "Esta e otras costumbres gentílicas e como de alimañas tenían. E asi como bestias no avian enpacho de sus vergüenzas."
[63] *Ibid.*, cap. LXIV, p. 139. Las cursivas son nuestras.
[64] Crosby (1986), pp. 80 y ss.

locales —lo que, por cierto, hacían en España Isabel y Fernando con los moros de Granada—, Pedro de Vera logró celebrar una alianza con uno de los reyezuelos para combatir a su rival. Una vez alcanzado su objetivo, sometió la isla a la autoridad de los reyes de Castilla y de Aragón. Embarcó a su aliado hacia España, donde se dirigió a Madrid con la "reina" su esposa. Los soberanos españoles los trataron amigablemente.[65]

Esta primera versión, sucinta y retocada de los hechos, oculta una verdad más compleja. En realidad, Pedro de Vera atrajo al rey de Telde y a su corte a su navío; una vez todos a bordo levó anclas. "E si de la manera susodicha, Pedro de Vera no sacara los varones de aquella isla con aquel engaño, fuera gran maravilla poderlos sojuzgar", comenta Andrés Bernáldez.[66] Así, la isla perdió a sus hombres, y sólo quedaron ahí las mujeres, los niños y los viejos. En 1485 las mujeres, a su vez, fueron llevadas a Castilla y ahí se instalaron, especialmente en Sevilla, con sus esposos. Las familias se reagruparon en torno a la puerta de Mihojar. A la mayor parte les gustó esa región, donde establecieron linaje; otros retornaron a las Canarias donde, antes de la caída de Granada, los castellanos ya eran mayoría.[67]

En esas tierras volcánicas los cristianos plantaron, no sin dificultad, viñas y caña de azúcar; sembraron trigo y cebada y criaron ganado. También llevaron una pareja de conejos, que se reprodujeron con tal rapidez que en algunos años infestaron la isla. Los conejos royeron las cañas y los viñedos, destruyendo en poco tiempo lo que a los cristianos les había costado tanto trabajo aclimatar en esos islotes rocosos. Entonces, llevaron perros para cazar a los roedores y, para limitar los daños de unos y otros, se puso cerco a los campos. En menos de un decenio se había roto el equilibrio ecológico, habían desaparecido las sociedades nativas y la propiedad privada parcelaba una tierra que poco antes pertenecía a cabreros. El cronista Hernando del Pulgar describe ese fatal encadenamiento, pero su conclusión termina, paradójicamente, con una nota optimista: los conejos silvestres serían piezas de caza fáciles y abundantes. Aún triunfa un universo medieval dominado por la guerra y la caza; el pillaje y la depredación constituyen sus motores y si, aquí y allá, encontramos en los textos un indicio de sensibilidad para con esos paisajes destruidos en Andalucía o en otras partes, se trata de notas excepcionales.[68]

[65] Pulgar (1943), t. II, cap. CXLV, pp. 60-61: "E envió a este rey que le ayudó e a su mujer a la villa de Madrid (1483), donde el Rey e la Reyna estauan; los quales manadaron proueer de todas las cosas neçesarias a ellos y a todos los canarios que con ellos vinieron."

[66] Bernáldez (1962), cap. LXVI, p. 143.

[67] *Ibid:* "Quedaron entonces en Canaria las mugeres todas e la gente menuda, las cuales después las enbiaron a Castilla e les dieron casas en Sevilla; e toda la parcialidad del rey de Telde vino a Sevilla e fueron allí vezinos a la puerta de Mihojar, e muchos se mudaron libremente adonde quisieron e muchos se finaron, que los probó la tierra. E después los bolvieron por su grado a las islas, en la misma Gran Canaria, desque estava poblada de gente de Castilla, los que quedaron."

[68] *Ibid.*, p. 145: "Desque fueron los cristianos, pusieron parras e viñas e cañaverales de azúcar, e llevaron ganados, que ellos no tenían, sino muchas cabras, e trigo y cebada. No tenían caza de conejos, e de un conejo e una coneja que los cristianos llevaron, se hizieron tantos en tan poco tiempo que toda la isla era llena de ellos, e les comían cuanto avía, e las cañas de azúcar e plantas e cuanto tenían que no sabían qué remedio poner. E llevaron muchos perros e diéron-

El renombre de Pedro de Vera se extendió por toda Andalucía. En esa primavera de 1493 aún brillaba en el cenit de los héroes, pues su conquista había hecho posible el largo viaje del almirante al permitirle hacer un alto en un océano infestado de portugueses hostiles. Años después, ecos de aquella gloria recaerán sobre su nieto, el conquistador Álvar Núñez Cabeza de Vaca, quien no olvidará mencionar su noble ascendencia.[69]

Tenerife fue la última en caer. Mientras Colón se presentaba triunfalmente en Sevilla, Alonso de Lugo había emprendido la conquista de la isla. Lugo, caballero de Sevilla, deseoso de ganar honores y de servir a sus majestades en la conquista de las gentes "bárbaras e idólatras", había partido al principio con Pedro de Vera a la Canaria, donde recibió tierras como recompensa; luego se lanzó a sus expensas, pero con la venia de Isabel y de Fernando, a la conquista de La Palma. En varias ocasiones, los autóctonos habían recibido la orden de convertirse al catolicismo en virtud del *requerimiento*, texto jurídico derivado de una tradición antigua según la cual a los enemigos se les conminaba encarecidamente a hacer la paz; si no aceptaban las condiciones, el vencedor podía reducirlos al cautiverio. Esto fue por cierto lo que ocurrió a los guanches de Tenerife, con una pequeña diferencia: acosados por los castellanos, los isleños decidieron deponer las armas y reconocer a Fernando e Isabel como sus soberanos, para conservar la libertad. Pero los cristianos no cumplieron su promesa, objetando que habían debido pronunciar varias veces el *requerimiento*, sin gran éxito, que desconfiaban de aquella tregua y que la guerra les había costado mucho. La rapacidad triunfó sobre las consideraciones de derecho. En realidad, los hombres de Lugo no sólo codiciaban los cautivos y el botín, caso en el cual se habrían contentado con algunas *razzias*; deseaban instalarse en la isla y quedarse ahí como colonos.

Antes de las Indias occidentales, las Canarias fueron una de las primeras colonias europeas. Por la misma razón constituyen una experiencia atlántica ejemplar, previa a la colonización del Nuevo Mundo.[70]

LOS PAÍSES DEL LEVANTE

De Sevilla a Barcelona, el cortejo de Colón se asemeja al de un cónsul romano que vuelve de una campaña victoriosa. El genovés se dirige, para

se por muchas maneras a los destruir y apocar, e cercaron las heredades que pudieron e así remediaron. E tienen de ellos cuanta caza quieren, e los toman con poco travajo."

[69] Sancho de Sopranis (1953), pp. 73-77, hace una genealogía de Álvar Núñez Cabeza de Vaca, hijo de Francisco de Vera y nieto del "que ganó la Canaria"; en la familia de su madre, Teresa Cabeza de Vaca, también habrá conquistadores americanos: los Estopiñán, entre ellos Lorenzo, encomendero de Huánuco en Perú.

[70] Bernáldez (1962), cap. XXXIV, pp. 339-341: "E ellos dixieron que querían ser cristianos e libres [...] Lo qual no les fue acogido [...] lo primero, por los grandes gastos que ya estavan echos de la gente que sobre ellos iva. E lo segundo, porque ellos avían sido *requeridos* muchas vezes que se diesen al rey y a la reina e fuesen cristianos e libres, e non lo avian querido hazer. E lo tercero, porque no confiavan dellos, aunque se diesen, e seiendo ellos naturales e señores en su tierra, temíanse que cada vez que quisiesen se podían rebelar e alçar, por ser la tierra muy áspera." Las cursivas son nuestras. Sobre el origen del *requerimiento*, cf. Lemistre (1970).

empezar, a Córdoba, donde vive su concubina, Beatriz de Harana, con sus
dos hijos, Hernando, el bastardo, y Diego, el hijo legítimo de su difunta
esposa, la portuguesa doña Felipa Muñiz de Perestrello. Luego atraviesa
las provincias de Levante para dirigirse a Barcelona, donde reside la corte.
A su paso, para verlo, acuden multitudes de las aldeas vecinas, atraídas por
la gloria de sus hazañas. Mientras que 20 años antes cada región estaba
aislada y las noticias de Cataluña no llegaban a Andalucía, la toma de
Granada en 1492 y el retorno triunfal de Colón al año siguiente son los
primeros acontecimientos que adquieren repercusión nacional.[71]

En los países del Levante, vueltos hacia el Mediterráneo y los asuntos
italianos, la travesía atlántica de Colón, aunque no deja de despertar el interés de las poblaciones, parece un episodio más lejano. ¿Qué relación
puede haber entre el reino de Valencia y esos islotes asiáticos, en los confines del Atlántico? Pero Colón es genovés, y Génova es una ciudad fre-
cuentada por esa gente del Levante. ¿Se trata, para los valencianos, de una
hazaña imputable a Castilla, a la habilidad que se reconocía a todo navegante de la *Riviera*, o al dinero de los conversos? Los documentos no acla-
ran lo que los nobles y los burgueses valencianos pensaron de un acontecimiento que, en resumen, sólo les interesaba secundariamente.

Tampoco sabremos jamás con qué ojos vieron los indios de Colón aquella llanura valenciana cuyo esplendor ha sido tan celebrado, esa inmensa
huerta que en nuestros días deslumbra al viajero que la recorre. Es probable que la mirada de esos hombres, acostumbrados a la fertilidad del Caribe, haya sido atraída por los árboles en flor, los limoneros, los naranjos
curiosamente alineados hasta perderse de vista, tan diferentes de las fron-
das espesas y enredadas de sus islas. En el Caribe un río generoso basta
para regar la tierra, y sin duda el Turia les pareció modesto, y los canales
rectilíneos, construidos en tiempo de los moros, muy diferentes de las riberas sinuosas de su comarca natal.[72] También los campesinos moriscos
con turbante, cubiertos hasta los tobillos, escardando y labrando la tierra
bajo un sol que ya pesaba, probablemente asombraron a esos hombres de
las Antillas, cuya desnudez, pocos meses antes, había sorprendido a los
marinos castellanos llegados del sol levante... Moriscos de Valencia, indios
de las islas, miradas mudas que se cruzan en esa primavera de 1493: estos
pequeños detalles expresan los instantes de un descubrimiento recíproco.

Si la campiña valenciana era opulenta, la ciudad bien podía ser llamada
espléndida. En la época en que Colón y sus indios aparecieron en el atrio

[71] Las Casas (1957), cap. xxviii, p. 234: "Como comenzó la fama a volar por Castilla que se
habían descubierto tierras que se llamaban las Indias y gentes tantas y tan diversas y cosas
novísimas, y que por tal camino venía el que las descubrió y traía consigo de aquella gente,
no solamente los pueblos, por donde pasaba salía el mundo a lo ver, pero muchos de los pueblos, del camino por do venía remotos, se vaciaban y se henchían los caminos para irlo a ver
y adelantarse a los pueblos a recebir." Palencia (1975), *Década* ii, vol. 2, libro viii, cap. v, p. 100,
dice, a propósito de la guerra de los reyes de Aragón contra los franceses en 1474: "Nada de lo
que en Cataluña ocurría llegaba a noticia de los sevillanos, envueltos en los horrores de la guerra civil que devastaba Andalucía [...] así que la expedición de don Fernando a Cataluña en
auxilio de su padre quedó ignorada por los andaluces."
[72] Colón (1984), p. 80: "dezian que todas aquellas tierras estaban labradas y que por medio
de aquel valle passava un río muy ancho y grande que podía regar toda la tierra".

de la catedral, Valencia contaba con cerca de 9 000 hogares.[73] Sus numerosos mercaderes y artesanos hacían reinar una animación febril. La prosperidad era visible por doquier: en los atuendos, hechos con las telas más finas, en las sedas bordadas a la manera morisca, en los escotes de las damas que todo el tiempo lucían un maquillaje pronunciado, en los perfumes embriagadores que, en las iglesias, opacaban el olor penetrante del incienso... Por las noches, a la hora del fresco, nobles y burgueses salían a pasear hasta la media noche, y las tiendas, atestadas de provisiones, permanecían abiertas hasta muy tarde. Durante todo el día, salvo a la hora de la siesta, las calles bullían de gente, y en los barrios de la *Lonja* —el Mercado de la Seda— los esclavos canarios aserraban tablas y transportaban losas.[74] En 1493 no se había terminado aún la construcción de este gran edificio de estilo gótico flamígero.

Enriquecida por la llegada de los comerciantes catalanes, Valencia prestó sumas importantes a la Corona durante todo el siglo xv. Como el dinero fluía a mares, la población se entregaba a un consumo desenfrenado y al lujo. Al menos, así pareció ese pueblo sensual a Münzer (Monetarius), mercader de Nuremberg quien, por dos años, no presenció la llegada de Colón. Y sin embargo, el reino de Valencia había sido el escenario de las prédicas de Vicente Ferrer, canonizado en 1455. Este dominico había emprendido una campaña de resurgimiento moral de una cristiandad dividida por el cisma de Aviñón. Anunciaba el fin del mundo y la llegada del Anticristo, pues el valenciano Pedro Martínez de Luna, con el nombre de Benedicto XIII, uno de los tres papas en pugna en aquella época, había sido excomulgado en 1417 y se había refugiado en Peñíscola, en la costa valenciana, donde continuó considerándose el Santo Papa hasta su muerte en 1423. Según la tradición, San Vicente Ferrer convirtió, a principios del siglo xv, a 25 000 judíos y a 8 000 moros; fustigó a la sociedad de su tiempo, por considerarla decadente, así como las costumbres de los campesinos, que le parecían idólatras. ¿Cómo podían dar las gracias al sol por el pan, por el vino y por los frutos que la tierra les daba? El sol, como la luna, insistía Vicente, eran como piedras y no tenían alma. Los pintores que les daban un rostro eran simples mentirosos.[75]

Pese al tono exaltado de las prédicas del dominico y a la inminencia del fin del mundo que anunciaba, las costumbres de los eclesiásticos casi no se modificaron. Durante el siglo xv fue denunciada incontables veces la conducta escandalosa de los sacerdotes que vivían abiertamente en concubinato. Un valenciano, Rodrigo de Borja —para los italianos, Borgia— había ascendido al papado en 1492 con el nombre de Alejandro VI, y su repu-

---

[73] García Cárcel (1981), p. 45.

[74] Monetarius (1920), pp. 30-31: *"De consuetudine eorum etiam est quod omni sero populus utriusque sexus in multam noctem in stratis spaciantur in tanta copia ut nundinas crederes. Et tamen nullus ab alio offenditur."*

[75] Chabás (1903), pp. 87-88: *"Ydolatris son aquells qui adoren el sol: Ha y degù açi que quan hux lo sol, que li digue: ben sies vengut, sol, fes nos aquesta gracia, que hajam prou pa, prou vi e prou fruit? O ydolatria! ¿e al sol fas grasies? a Deus les fes, quel sol no ha anima, ne rahó, que axi es como una pedra. E semblantment a la luna [...] e los pintors que la pinten ab cara no saben que s'fan: mentirosos son."*

tación de *bon vivant* no escandalizaba a ese pueblo dado a la buena mesa y a los demás placeres de la existencia. Su hijo, don Juan Borja, tercer duque de Gandía, gobernaba Valencia, sin imaginar que la ostentación de su poder y de sus riquezas comenzaba a sembrar en las corporaciones de la ciudad la semilla del odio. Su religión —y en ello no hacía más que seguir el ejemplo de su padre el papa Alejandro— se acomodaba muy bien, dándoles su propia interpretación, a los 10 mandamientos y a la pobreza evangélica, enunciados poco antes por san Vicente Ferrer. ¿Será el rechazo de esta desmesurada propensión al placer la que hará del hijo de don Juan Francisco, muchos años después, uno de los tres santos, con Ignacio y Francisco Javier, de la orden de los jesuitas?

En esta alternancia de santos, de papas y de pecadores pesan amenazas sobre la "ciudad de los vergeles". Acosada por los piratas turcos que acechan los convoyes de abastecimiento y que toman cautivos hasta en las playas, abandonada por la nobleza que prefiere la pompa papal o la quietud de los dominios agrícolas, Valencia pide a Fernando el derecho de formar una confederación o *germandat*, que reúna a los notables burgueses y a la gente común, para luchar contra la piratería y el bandolerismo. Esta especie de milicia municipal es reconocida en 1488. A principios del siglo XVI, cuando la nobleza abandona la ciudad huyendo de la peste, las *germandats* están en posición de convertirse en interlocutoras únicas entre la Corona y el pueblo valenciano.

Ciudad de placeres, Valencia también era un centro de arte y de cultura. De sus imprentas había salido el primer libro de España, en 1474.[76] En 1490, tres años antes del retorno triunfal de Colón, salió a la luz la primera edición de *Tirant lo Blanc*, de los valencianos Joanot Martorell y Joan Martí de Galba. Destinada a ser uno de los grandes éxitos de la literatura española, esa novela describía las aventuras marítimas, exóticas y orientales del caballero Tirant lo Blanc, que recorrió el Mediterráneo, de Palermo a Constantinopla, donde heredó el trono imperial y se prendó de la bella Carmesina. Tanto como la conquista de las Canarias, esas proezas realizadas en alta mar excitaban la imaginación de quienes exaltaban la noticia del descubrimiento de las islas occidentales. Colón acababa de demostrar que las ficciones más alocadas podían convertirse en realidad, y nunca tanto como en aquella España del decenio de 1490, de la caída de Granada y de los primeros viajes transatlánticos, los confines entre lo imaginario y lo real se habían mezclado tan inextricablemente.[77]

También en Valencia la medicina judía conoció su momento de gloria antes de la Inquisición y la expulsión en 1492. Luego, ahí como en otras partes, llegó el tiempo de la clandestinidad y del disimulo. En la iglesia de San Cristóbal, los marranos se hacían enterrar como cristianos. El ataúd, cubierto de una tela dorada, era precedido por la imagen de san Cristóbal —*Cristophoros, Cristoferens*— pero, en secreto, lavaban el cadáver y lo enterraban según sus costumbres. Cuando Cristóbal el genovés llegó a la ciudad, acababan de celebrarse unos autos de fe; la iglesia estaba transformada en conven-

[76] García Cárcel (1981), p. 46.
[77] Avalle-Arce (1990), pp. 264-265.

to y, en la capilla contigua, los *sambenitos* de los marranos, con sus nombres, tapizaban las paredes. Monetarius afirma haber visto más de mil.[78]

BARCELONA, EL MEDITERRÁNEO

En el frescor primaveral del 20 de abril, Colón y sus indios finalmente llegan a Barcelona. Allí, si hemos de creer a Las Casas, se le brinda una recepción apoteósica. Y sin embargo, Barcelona no es tan próspera ni tan exuberante como Valencia. Los nobles más afortunados habían salido de ahí después de una revuelta popular y se habían instalado más al sur, en ese reino valenciano que se enriquecía año tras año y que parecía estar al abrigo de las discordias. Barcelona tenía su propio gobierno autónomo, y reconocía como su soberano a Fernando de Aragón. Como toda Cataluña, su destino era mediterráneo y los asuntos de Nápoles, gobernada por un rey de la dinastía aragonesa, eran para esta ciudad más importantes que aquellos lejanos viajes atlánticos que casi no la afectaban.

Pero la corte se encontraba ahí desde hacía varios meses, inmovilizada después del atentado sufrido por el rey Fernando en diciembre del año anterior. El joven paje Oviedo había sido testigo y, muchos años después, cuando escriba su *Historia natural y moral de las Indias*, no vacilará en incluir la tentativa de regicidio entre los grandes hechos que señalaron el año de 1492. El autor de la fechoría había sido un tal Juan Cañamares, villano de Remensa, en el principado de Cataluña, que había apuñalado al rey en las gradas del tribunal, mientras el soberano se preparaba para montar a caballo. Ese acto inexplicable fue interpretado como un acceso de locura, tanto más cuanto que el criminal afirmó que había querido ocupar el lugar del rey.[79] El frustrado regicida pereció tras sufrir tortura, y sus cenizas fueron arrojadas al viento.

Hoy nos parece muy comprensible que la idea de sustituir al rey pareciera una locura. Y sin embargo, a la luz de los hechos ocurridos casi una generación después, la tentativa de Cañamares se esclarece, tal vez, de otra manera. En efecto, durante el levantamiento de las *germandats* en Valencia, en 1519, un hombre al que la historia designa con el apodo del *Encobert* —el "encubierto"— se hizo pasar por el infante don Juan, hijo bienamado de los Reyes Católicos, declarando que no había muerto en 1497 sino que había vivido oculto en Orán, sobre la costa africana. El *Encobert* era en realidad un converso exiliado en África del Norte y vuelto a España a raíz de los disturbios que agitaban la región valenciana. El impostor pretendía haber sido enviado por Dios para socorrer y ayudar en su victoria a los miembros de la fraternidad, los *agermanats*. Fue ahorcado en 1522.[80]

---

[78] Monetarius (1920), p. 27.

[79] Oviedo (1959), cap. VII, p. 30; Bernáldez (1962), cap. CXVI, p. 265: "El traidor dañado paresció ser catalán y loco emaginativo e muy mal onbre a natura, de muy mal gesto e figura e por eso falló el diablo en él morada. E dixo que lo avia fecho porque avia enbidia al rey de su buena ventura, e que el diablo le dezía cada día a las orejas: Mata éste rey e tu serás rey, que este te tiene lo tuyo por fuerça."

[80] Caro Baroja (1961), t. I, pp. 411-412.

Este episodio posterior, ¿indica una hostilidad a la Corona, que había arraigado en los años anteriores a la unión de Aragón con el reino de Castilla? ¿Qué fuerzas y qué sentimientos impulsaron al regicida? El hecho es que Fernando e Isabel desconfiaron de Barcelona pese a las manifestaciones de amistad que les prodigaron los nobles y los notables Sin embargo, la corte permaneció ahí durante largas semanas, y fue ahí, en esa ciudad tan alejada de la aventura oceánica, donde Colón compareció ante los soberanos.

"Seis indios llegaron con el primero Almirante, a la corte de Barcelona", escribirá después Oviedo, insistiendo en su condición de testigo ocular, "y ellos de su propia voluntad e aconsejados, pidieron el baptismo".[81] Isabel, Fernando y el infante don Juan, cuyo paje era Oviedo, fueron los padrinos. Uno de esos indios, natural de La Española y pariente del cacique Goananagari, fue bautizado como "don Fernando de Aragón"; otro recibió el nombre de "don Juan de Castilla". El príncipe quiso conservar a su lado a su homónimo y dio orden de tratarlo con todos los honores, como si fuera hijo de caballero. Ordenó que le enseñaran el catecismo, y el indio aprendió pronto el español pero, de salud frágil, murió dos años después, precediendo en poco a su amo, don Juan. Los otros indios, ahora bilingües, retornaron a las Antillas con Colón.

En Barcelona, el almirante fue colmado de honores por los soberanos. Isabel y Fernando le dieron el título de almirante a perpetuidad, así como el derecho de transmitirlo a su hijo primogénito, don Diego. Su hijo menor, Hernando, fue legitimado, y su nombre quedó precedido de la partícula honorífica *don*, que se extendería a todos los hombres de su familia. El blasón de Colón quedó adornado con las armas reales de Castilla y de León, y se enriqueció con nuevos cuarteles. En mayo de 1493 el papa Alejandro dictó las bulas *Inter coetera:* la demarcación de las tierras descubiertas por Castilla y Portugal debía corresponder a la línea del meridiano situada a 100 leguas al occidente de las Azores y del Cabo Verde. Un año después, el tratado de Tordesillas entre España y Portugal ratificaba las bulas pontificias.

Catalanes, valencianos y aragoneses fueron excluidos en principio de la conquista de las Indias occidentales, cuya explotación se reservaba Castilla, lo que no impidió al monje jerónimo catalán Ramón Pané aprender la lengua de los indígenas de La Española, y redactar hacia 1498 el primer relato etnográfico inspirado por América: la *Relación acerca de las antigüedades de los Indios*. Con él, otros sacerdotes, reclutados en su mayoría en Cataluña, acompañaron a Colón en su segunda expedición.[82] De hecho, esta cláusula restrictiva nunca fue rigurosamente aplicada, sobre todo después de la muerte de la reina Isabel, en 1504. El *Te Deum* con que se recibió al almirante en la catedral de Barcelona constituyó el punto de partida de una "enorme máquina", que ya no era cuestión sólo de algunos marinos audaces.[83] El 25 de septiembre de 1493, partían de Cádiz hacia las islas de occidente 17 navíos que transportaban a más de 1 300 personas.

[81] Oviedo (1959), cap. VII, p. 31.
[82] Pané (1977), pp. 3-4, comentario de José Juan Arrom.
[83] La expresión "enorme máquina" es de Jacques Heers (1981), p. 246.

IV. EL TERRUÑO Y LA MAR

La soledad siguiendo
rendido a mi fortuna
me voy por los caminos que se ofrecen,
por ellos esparciendo
mis quejas de una en una
al viento, que las lleva do perecen

GARCILASO DE LA VEGA, *Canción I*

ENTRE su retorno triunfal en 1493 y la muerte de Isabel *la Católica* en 1504, Cristóbal Colón había cruzado tres veces el Atlántico y explorado las islas de las Antillas y el litoral continental: la región del golfo de Paria en Venezuela, Honduras, Veragua, una parte de Panamá que por entonces se llamaba Darién. El proyecto de establecerse duraderamente en esas tierras tropicales había surgido desde 1493. Colón había resuelto enviar sacerdotes, hidalgos, artesanos y labradores a esas comarcas desconocidas, abasteciendo a la comunidad con los víveres necesarios, armas, animales y granos. Así, en ese año se hizo a la mar una verdadera armada de 17 navíos. Las primeras tentativas de colonización de la tierra americana resultaron caóticas: volveremos a hablar de ellas. De momento, quedémonos en España para encontrar, en sus terruños respectivos, a los principales actores de la aventura americana, conquistadores y letrados, laicos y hombres de Iglesia, a quienes les estaba reservado un destino excepcional.

LOS PIZARRO DE EXTREMADURA

El 5 de abril de 1504, hacia las 9 de la mañana, la tierra de España tembló de manera tan espantable que muchos fueron presa del pánico, y algunos perdieron la razón. Por toda la península ibérica, así como en Tánger y en Fez, los efectos del sismo fueron considerables. En Sevilla y en Carmona, Andalucía, se desplomaron las torres de los campanarios y las bóvedas. Por milagro, el cronista Andrés Bernáldez salvó la vida, pues estuvo a punto de quedar sepultado bajo el techo de su iglesia de Los Palacios, cuando se preparaba a celebrar ese Viernes Santo. La emoción que él sentirá, así como la visión de la desdicha de otros, le impulsaron a narrar esos hechos, los primeros de una serie funesta, como pudo comprobarlo después.[1]

Y sin embargo, el año había comenzado bien. En Garigliano, Italia, los ejércitos de Gonzalo Fernández de Córdoba habían obtenido una victoria decisiva sobre los franceses y, con la toma de Gaeta, hicieron que el reino

---

[1] Bernáldez (1962), cap. CCI, pp. 482-484.

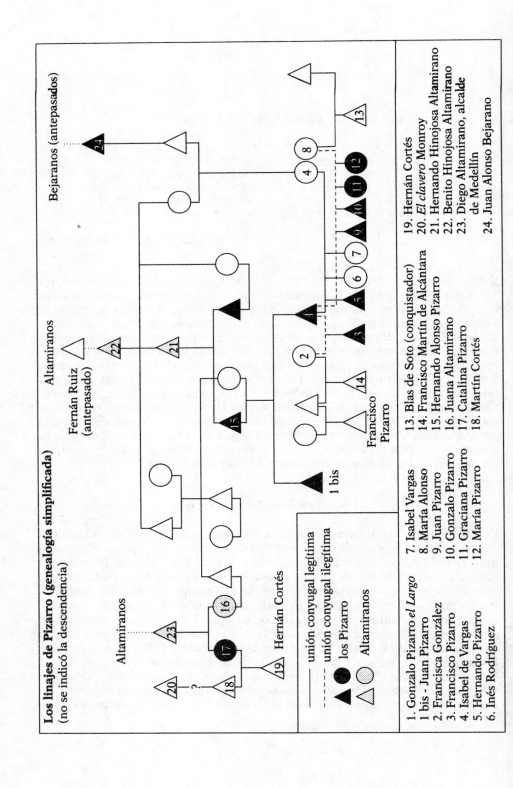

Los linajes de Pizarro (genealogía simplificada)
(no se indicó la descendencia)

Bejaranos (antepasados)

Altamiranos

Fernán Ruiz (antepasado)

Altamiranos

Hernán Cortés

Francisco Pizarro

1 bis

unión conyugal legítima
unión conyugal ilegítima

● los Pizarro
▲ Altamiranos

1. Gonzalo Pizarro *el Largo*
1 bis - Juan Pizarro
2. Francisca González
3. Francisco Pizarro
4. Isabel de Vargas
5. Hernando Pizarro
6. Inés Rodríguez

7. Isabel Vargas
8. María Alonso
9. Juan Pizarro
10. Gonzalo Pizarro
11. Graciana Pizarro
12. María Pizarro

13. Blas de Soto (conquistador)
14. Francisco Martín de Alcántara
15. Hernando Alonso Pizarro
16. Juana Altamirano
17. Catalina Pizarro
18. Martín Cortés

19. Hernán Cortés
20. *El clavero* Monroy
21. Hernando Hinojosa Altamirano
22. Benito Hinojosa Altamirano
23. Diego Altamirano, alcalde de Medellín
24. Juan Alonso Bejarano

de Nápoles se inclinara, por dos siglos, al lado de España. En Andalucía y en Extremadura, regiones que habían aportado un considerable contingente de soldados de infantería, las guerras de Italia inflamaban los ánimos. Por doquier circulaban los relatos adornados de los combates que los españoles habían entablado contra hombres tan temibles como Bayardo, cuyo valor y virtud elogiaba Europa entera. Los soldados que volvían al terruño narraban los estragos de una enfermedad horrible, el "mal de Nápoles", que atribuían, un tanto a la ligera, a los franceses, olvidando que los médicos de Sevilla habían descubierto aquella plaga en los hombres de la flota de Colón. Pero eran sobre todo las hazañas de don Diego García de Paredes, llamado "el Sansón de Estremadura", y de sus capitanes, originarios en su mayoría de Trujillo, como su jefe, las que despertaban el entusiasmo.

Entre esos militares selectos figuraba el capitán Gonzalo Pizarro, que ya se había distinguido en su juventud en el asedio de Vélez Málaga, y que por doquier en Italia acompañaba a su amigo, el invencible héroe de Extremadura. Las crónicas del Gran Capitán conservaron el nombre de este hidalgo, que entró así en el panteón de los hombres de guerra de comienzos del siglo XVI al lado de García de Paredes.[2] Poco antes del temblor de tierra, el capitán Pizarro había vuelto a su ciudad natal, Trujillo, para casar con la "bellísima dama" Isabel de Vargas. Esto causó cierta sensación, pues los hermanos de la novia se opusieron ferozmente a esta unión. La tenacidad de la madre de la doncella, a quien agradaba el capitán Pizarro, triunfó sobre las reticencias de sus hijos, y finalmente se celebraron las bodas.[3] Los cónyuges estaban emparentados, por cierto, ya que la madre de Isabel era la hermana menor del abuelo materno de Gonzalo, pero esta endogamia estaba lejos de ser excepcional, y el obstáculo fue salvado fácilmente, solicitando una dispensa.[4] Algunos meses después, Isabel dio a luz un niño al que se dio el nombre de Hernando, y el capitán volvió a partir a sus campañas.

Por encima de la simple anécdota, la animosidad de los hermanos Vargas revela los conflictos que desgarraban a las familias de Extremadura, en el seno de las cuales nacieron muchos de los conquistadores. Las razones invocadas por los padres de la joven no parecen, en todo caso, basadas en la disparidad social de los contrayentes. Gonzalo pertenecía a un linaje conocido en Trujillo, y gozaba de una indiscutible consideración ya que, desde hacía decenios, miembros de su familia se habían sucedido en el concejo municipal, en el cargo de regidor. Las objeciones de los hermanos Vargas se referían, antes bien, a la reputación de seductor del capitán y, más aún, a que pertenecía a la facción de Altamirano.

Gonzalo el Largo —llamado así debido a su estatura— había tenido incontables relaciones amorosas desde su adolescencia. Apenas salido de la infancia, le había hecho un hijo a Francisca González, joven criada colocada en el convento de la puerta de Coria. Naturalmente, no se había ha-

---

[2] Cúneo Vidal (1926), p. 136; Rodríguez Villa (1903), pp. 62 y 141.
[3] Muñoz de San Pedro (1951), pp. 23-25.
[4] Eso es lo que se deriva del estudio de la genealogía de los Pizarro, cuyas referencias se encuentran en Muñoz de San Pedro (1951 y 1966).

blado siquiera de matrimonio. Francisca era de origen muy humilde, aunque cristiana de vieja cepa, para pensar siquiera en ello, y Gonzalo, que por entonces vivía en la casa paterna, no parece haber tomado en serio esta aventura.[5] ¿En qué fecha exacta nació ese bastardo, futuro conquistador del Perú, que recibió el nombre de Francisco? Nadie recordaba el día ni el mes y ni siquiera el año. Todo ello había ocurrido antes de la guerra de Granada, probablemente en 1478.

El niño fue criado por su madre en un ambiente rústico: aprendió los modales de los villanos y adquirió una habilidad manual por la que durante toda su vida conservaría el gusto.[6] No recibió ninguna instrucción y vivió analfabeto, como su madre y los suyos, a la sombra de la casa de los Pizarro: muchos años después, los testigos recordarían haberlo visto en casa de su abuelo, el regidor Hernando Alonso. Es probable que Francisco, como tantos otros bastardos y de padres pobres, haya vivido en la casa paterna en calidad de criado.[7] En general, esas relaciones de dependencia eran reforzadas por nexos de padrinazgo. Los criados adoptaban el nombre del hidalgo colocado a la cabeza del linaje, y Francisco recibió el patronímico de Pizarro. Considerados como miembros de la familia en sentido extenso, esos criados quedaban exentos de los impuestos que abrumaban a los labradores. A cambio de esos privilegios, prestaban múltiples servicios, cuidaban los animales e iban a la guerra como escuderos de su protector. Una leyenda malévola, surgida en el momento de su gloria, presentará a Francisco como un niño abandonado y alimentado por una cerda; según esta versión, que cundió después de la conquista de Perú en 1532, el conquistador había sido un porquerizo miserable y piojoso.[8]

La verdad es, sin duda, menos truculenta. Que el joven Francisco todas las mañanas haya conducido a los robledos la piara de cerdos de su abuelo Hernando Alonso, de quien era criado, no necesariamente envilece su condición. En Extremadura, la cría de cerdos era a la vez fuente de riqueza y señal de prestigio. Poseer cerdos producía ganancias considerables y además permitía a los propietarios de estos animales, aborrecidos por los moros y los judíos, exhibir abiertamente la pureza de su filiación cristiana.[9]

Al llegar a la pubertad, Francisco abandonó la casa paterna para seguir a su madre y a su compañero de entonces a Castilleja del Campo, cerca de Sevilla, donde aquélla dio a luz otro hijo, Francisco Martín de Alcántara, destinado, también él, a desempeñar un papel de primer orden en la conquista del Perú, al lado de su medio hermano. Luego, Francisco se fue a Italia como paje de un militar español. ¿Lo hizo por el deseo de imitar a su

[5] Cuesta (1947), pp. 866-871, se pregunta por la ausencia de toda referencia a Francisco en el testamento del capitán Pizarro, muerto en 1522. Es probable que la condición de Francisca González, así como la irresponsabilidad del adolescente Gonzalo, expliquen que quien llegará a ser uno de los conquistadores más célebres no haya sido considerado realmente como hijo natural.

[6] Lockhart (1972), pp. 147-148.

[7] Gerbet (1979), p. 315.

[8] López de Gómara (1965), t. I, p. 249.

[9] Vassberg (1978), p. 47, califica a los conquistadores de Extremadura como los Pizarro, Cortés, Coronado y De Soto, como *hog-oriented people*.

padre el capitán, o bien por el de redimir sus orígenes bastardos adquiriendo un renombre de guerrero? El hecho es que se quedó allá poco tiempo.[10] Cuando en 1502 Nicolás de Ovando, originario de Cáceres —también en Extremadura—, reclutó hombres para partir a las Indias occidentales, Francisco se enganchó tanto más fácilmente cuanto que en La Española (hoy Santo Domingo) se encontraba ya su tío, Juan Pizarro, hermano del capitán, de quien decíase que había hecho fortuna.[11] Y cuando vino al mundo su otro medio hermano, Hernando, el legítimo, él ya había salido de España.

LA EXTREMADURA DE LOS CONQUISTADORES

Más que los escándalos del capitán, es la rivalidad entre las facciones la que explica la animosidad de los Vargas hacia su cuñado Pizarro. Durante el siglo XV habían resonado los ecos de las banderías: esas ligas de la nobleza, también llamadas *parcialidades* —término que tendrá fortuna en América—, no tenían un programa definido. Su acción era guiada por un principio de oposición sistemática a toda tentativa de gobierno, ya viniera de la aristocracia o de la Corona. Los Reyes Católicos habían logrado aplastar la rebeldía de los señores pero, en la escala local, subsistía una lucha de facciones imbricada en los lazos de parentesco, de la que Extremadura —y Trujillo en particular— ofrecía el ejemplo más perfecto.[12] Ése es un rasgo esencial del universo político de los conquistadores, cuya huella volveremos a encontrar en tierra americana.

A comienzos del siglo XVI, el linaje corresponde a todo grupo de descendencia constituido por tres generaciones. Por ejemplo, para probar que no se tenían ascendientes judíos, había que mostrar una genealogía que se remontara a los abuelos. En un sentido más limitado, el linaje englobaba a todos los descendientes de un antepasado común, originarios de un solar conocido, considerado como cuna de la familia. El solar se transmitía por vía de primogenitura, pero bajo su techo podían habitar linajes segundones, así como parientes lejanos y sirvientes. En Extremadura, como en Vizcaya, las casas solariegas semejaban caserones fortificados y rematados por una torre, que los Reyes Católicos ordenaron rasar a la altura de las habitaciones comunes y corrientes.[13]

Así, un *hidalgo* es aquel cuyo nombre pertenece a un linaje conocido. Esta notoriedad, garantizada por la tradición y no por documentos jurídicos, era la que legitimaba la hidalguía. En principio, la fortuna personal no intervino como norma nobiliaria, y a comienzos del siglo XVI encontramos una muchedumbre de hidalgos empobrecidos, antepasados del *Don Quijote* de Cervantes. Añadamos a ello que si la calidad de un individuo quedaba atestiguada por lo que hoy llamaríamos el "grupo de recono-

---

[10] Lockhart (1972), pp. 140-141.
[11] Cuesta (1947), pp. 866-871. Según el capitán Gonzalo Pizarro, su hermano Juan, a su muerte, "dexó en las Indias i en otras partes mucha cantidad de maravedíes".
[12] Gerbet (1979), pp. 434 y 441.
[13] *Ibid.*, pp. 203-209.

cimiento mutuo", el arraigo al terruño era la condición primera para que se reconociera esta nobleza de sangre. En contraste, todo cambio de residencia entrañaba, sobre todo para los pequeños hidalgos empobrecidos, el peligro de verse privados de esta notoriedad y de caer en la categoría de quienes se veían sometidos a la imposición.[14] De ahí la importancia de la declaración del testigo que aseguró haber "visto" a Francisco Pizarro trajinando en la casa de Hernando Alonso, certificando así que el conquistador pertenecía, desde hacía tres generaciones, a un linaje noble.

A ese grupo de parentesco formado por consanguíneos, por aliados y por toda una nebulosa de dependientes pueden agregarse otros linajes con objetivos políticos precisos. El linaje dominante se convierte así en un *bando*, cuyo poder está en relación directa con el número de parientes, reales o ficticios como los ahijados, a los que puede movilizar y manipular. Esas facciones de linaje, que brotaron de la tormenta de las guerras de Reconquista, desempeñaron un papel de primer orden en la vida política de las ciudades de Extremadura.[15] En Trujillo, el linaje de los Altamirano, que nació del caudillo Fernán Ruiz, ocupaba la mitad de los cargos del concejo municipal; los Bejarano, descendientes del conquistador de la ciudad de Beja, el portugués Fernán González, compartían con los Añasco la otra mitad. En el curso del siglo xv, esta rígida estructura se ensanchó, y a ella pudieron incorporarse hidalgos de rango inferior. Hernando Alonso Pizarro fue uno de los regidores de la facción de los Altamirano; en cambio, los Vargas descendían por su padre de un Bejarano. El matrimonio de Gonzalo Pizarro y de Isabel de Vargas vino pues a perturbar unas solidaridades establecidas ya de tiempo atrás y, como tal, quedó en la posteridad.[16]

Extremadura tenía otras particularidades. Esta vasta provincia, que nunca ha formado un reino independiente como Valencia o Aragón, ni un foco de cultura islámica, reunía regiones muy diferentes. La zona más meridional, en torno de Badajoz, daba hacia Andalucía, pese a la frontera natural de la Sierra Morena, y se prolongaba hacia el oeste por el Alentejo portugués, sin solución de continuidad; de Badajoz a Elvas, y hasta la llanura de Évora, la tierra que se abría sobre vastos horizontes anunciaba el mar. Durante el avance de la Reconquista, esta región cayó, en gran parte, bajo la férula de la poderosa orden militar de Santiago, detentadora de grandes dominios o encomiendas. Otros latifundios meridionales pertenecían a señores como los Suárez de Figueroa o los Portocarrero.[17] El territorio que se extendía al norte en torno de los señoríos de Cáceres y de

---

[14] *Ibid.*, pp. 106-107.

[15] *Ibid.*, p. 441. Los conquistadores que arrebataron Extremadura a los musulmanes eran originarios del norte de España y de Portugal. Cúneo Vidal (1926), p. 134, afirma que los Pizarro eran oriundos de Asturias, como lo atestiguan las armas grabadas en el blasón de la familia: el pino, los osos y las pizarras.

[16] Muñoz de San Pedro (1951), pp. 15-16.

[17] Doña María Pacheco, hija bastarda de don Juan Pacheco, consejero del rey Enrique IV, había desempeñado un papel importante en las banderías de Extremadura: "Esta condesa fué la principal que en los tiempos pasados sostuvo las guerras en aquellas partes de Estremadura", en Pulgar (1943), t. i, p. 361. Había encerrado en la torre cuadrada del castillo de Medellín a su hijo, don Pedro Portocarrero, partidario de Isabel y Fernando.

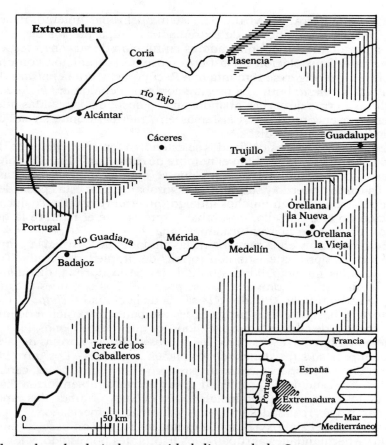

Trujillo, colocados bajo la autoridad directa de la Corona, era menos homogéneo y estaba más directamente ligado a Castilla. Consagrado en gran parte a la cría de ganado, comprendía igualmente densos robledales, a los que se llevaba a pacer las piaras de cerdos, y una franja fértil, la Vera, donde se cultivaban la viña y el olivar. En el límite de este paisaje verde se extendía una zona árida, Las Hurdes, enclave montañoso morisco, al sur de Ciudad Rodrigo. Esta meseta seca, situada entre el Tajo y el Guadiana, más propicia a la ganadería en gran escala que a la agricultura, era el feudo de otra gran orden militar, la de Alcántara, mientras que la sierra que separaba al este a Extremadura de Castilla, permanecía relativamente apartada bajo la influencia del monasterio de Guadalupe.[18]

Ciertas ciudades, llamadas de *realengo*, estaban sometidas a la autoridad de la Corona y gozaban, en principio, de una relativa autonomía política. La explotación y la pacificación de la comuna habían sido obra de los concejos municipales que habían otorgado a cada jefe de familia —o *vecino*—

18 Gerbet (1978), pp. 49-56; Altman (1989), pp. 14-17.

una casa y una tierra, por virtud del sistema del repartimiento. Esta institución, típica de Andalucía y de Extremadura, "repartía" los bienes ganados en guerra entre los conquistadores en función de su rango respectivo. Otra forma de apropiación de la tierra, base de la tradición comunitaria española y cuyo origen se remonta a la Reconquista, era la *presura*, término derivado de *presa*: botín. La presura confería a cualquiera el derecho de explotar las tierras desiertas, abandonadas o despobladas.[19] Más adelante volveremos a encontrar estos sistemas en América, donde su aplicación planteará problemas jurídicos.

Más allá de los campos cultivados se extendían terrenos cubiertos de malezas y de bosques que recibían el nombre de *extremos*.[20] Era allí donde los porquerizos conducían a las piaras que se alimentaban de bellotas y de trufas. La carne de cerdo y sus derivados gozaban, desde esta época, de excelente reputación. Si bien muchos hidalgos no eran ricos, parece que su alimentación no era, por ello, miserable, y que no fue el hambre la que los empujó a emprender la aventura americana.[21]

En Extremadura y en la mayoría de las ciudades de Castilla, la propiedad colectiva de la tierra coexistía con formas de propiedad privada. Trujillo, como todas las municipalidades o ciudades de la Corona, distinguía dos clases de bienes: los "comunes" y los "propios". Los comunes incluían terrenos de uso múltiple, situados a la salida de la ciudad —*ejidos*—, campos de pastoreo y bosques. Esas propiedades estaban a disposición de los vecinos de Trujillo; de ellas estaban excluidos los que fuesen ajenos a la ciudad. Los que no tenían tierras, es decir, los pobres según las normas de la época, dependían para su subsistencia de los bienes "comunes". Los "propios" englobaban tierras —especialmente de pastoreo—, así como casas, cercados y arriendos. Ese sistema de propiedad de las tierras también forma parte del bagaje de los conquistadores. Instalados en el Nuevo Mundo, los españoles lo adaptarán a las realidades indígenas y al espacio americano.[22]

A comienzos del siglo XVI, España es una sociedad con base corporativa: cofradías y hermandades agrupan a los habitantes por estado, y los consejos reglamentan la vida de las comunidades. De todas esas instituciones, la más importante es el ayuntamiento, organismo destinado a gobernar los asuntos municipales y que comprende a representantes de los dos grandes grupos sociales, los nobles o hidalgos y los plebeyos. En Trujillo y en muchas otras ciudades de Castilla, el concejo municipal ya no es la asamblea democrática de sus orígenes, sino el escenario en que se enfrentan las facciones, bajo el predominio de la nobleza.[23] El primogénito de un linaje

[19] Vassberg (1986), pp. 21-24.

[20] Gerbet (1979), pp. 40-41.

[21] Vassberg (1986) sostiene la tesis de la relativa abundancia de los campesinos de Castilla a comienzos del siglo XVI. Sólo con la desaparición de las tierras colectivas, en la segunda mitad del siglo XVI, empeoró la condición rural.

[22] Sobre la propiedad municipal, véase Vassberg (1986), pp. 33-83. El autor sugiere más adelante, p. 120: "Sería fascinante poder investigar el destino de estos propios, ejidos, dehesas boyales y otras formas de propiedad comunal transplantadas al nuevo y exótico escenario del hemisferio oeste y, particularmente, su interacción con las instituciones indígenas existentes."

[23] Pérez (1970), pp. 71-72, subraya la diferencia que existía entre España, en la que las ciu-

es igualmente un jefe político que distribuye los cargos municipales entre sus parientes. Para tener acceso a esas opciones, los hidalgos tienen que ser criados, es decir, clientes de un caballero regidor, que los coloca en cargos inferiores.[24] Contra lo que estaba estipulado por las leyes, los regidores de Trujillo adquirieron la costumbre de alquilar las tierras municipales a sus amigos y a nobles. En 1502, los Reyes Católicos pusieron fin a ese favoritismo que perjudicaba los intereses de los labradores. Pero los alquileres eran excesivos para los campesinos, que debieron agruparse para poder pagarlos. Otros conflictos oponían las autoridades citadinas a los usuarios. Éstos adoptaron la práctica de ocupar subrepticiamente los terrenos municipales y de cercar los predios; los incendios consumían los bosques, dejando espacios libres para el cultivo.[25] En la época en que Francisco Pizarro se embarcó rumbo a las Indias, en vísperas del siglo XVI, los enfrentamientos por las tierras eran frecuentes en las ciudades de Extremadura y sobre todo en Trujillo, cuyos habitantes eran particularmente leguleyos y turbulentos.[26]

LOS CONQUISTADORES DEL NUEVO MUNDO

Los Altamirano se habían dispersado por toda Extremadura. Se les encontraba no lejos de Mérida, en Medellín, en las riberas del Guadiana, a la sombra del enorme castillo que domina los alrededores. Un tal Diego Altamirano había sido alcalde de la ciudad, cargo municipal ocupado por magistrados con poder de ejecución y colocados bajo las órdenes del corregidor. Había casado con una doncella Pizarro, lo que muestra una vez más las relaciones privilegiadas de ciertas familias. La pareja tuvo dos hijas. Una de ellas casó con el tío materno del capitán Gonzalo Pizarro; la otra, Catalina Pizarro, se unió a un soldado de infantería de Salamanca, Martín Cortés, que había participado en la guerra de Granada como "lanza" de Alonso de Monroy, clavero del convento de San Benito de Alcántara (es decir, segundo del prior), donde algunos caballeros llevaban una vida conventual. Don Alonso de Monroy había desempeñado en la segunda mitad del siglo XV un papel político de primer orden.[27] Era un personaje casi legendario, verdadero caudillo, sobrio y tan corpulento que nadie más que él podía llevar sus armas.[28]

---

dades eran regidas por la pequeña nobleza, e Italia, donde era la burguesía la que constituía el patriciado urbano.
[24] Gerbet (1979), p. 457.
[25] Góngora (1965), p. 11, sobre la deforestación; Vassberg (1986) ofrece incontables ejemplos de conflictos entre concejo municipal, particulares y pastores trashumantes. En lo tocante a la tradición comunitaria, véanse pp. 15-82.
[26] Vassberg (1979), p. 177.
[27] Gerbet (1979), p. 165: la condesa de Medellín y el clavero de Alcántara don Alonso de Monroy habían apoyado al rey de Portugal contra Isabel de Castilla en 1479. Vencido por las tropas fieles a la reina de Castilla, el clavero fue perdonado.
[28] Gerbert (1979), p. 364.

¿Estaría Martín Cortés relacionado con el clavero por nexos de dependencia y de fidelidad, como lo muestra su constante presencia al lado del señor, durante todo el difícil periodo de las banderías? O bien, ¿sería su pariente cercano, hijo bastardo de Hernando Rodríguez de Monroy y de una mujer de apellido Cortés?[29] El hecho es que al nacer su primer hijo, en 1485, Martín Cortés le dio el nombre de su padre, Hernán, según la costumbre de la época. El niño era débil y estuvo varias veces a punto de morir. La leyenda dice que su nodriza, María de Esteban, echó a suertes las imágenes de los 12 apóstoles; la última que salió fue la de San Pedro, que así quedó como protector del pequeño Hernán Cortés. Los padres hicieron celebrar misas en su honor, y Hernán se restableció muy pronto.[30] A la edad de 14 años, su padre, que quería hacer de él un letrado, lo envió a Salamanca, donde estudió latín y leyes en la más célebre universidad de España, donde habían enseñado catedráticos tan brillantes como el gramático converso Antonio Elio de Nebrija, criado de don Juan de Zúñiga, señor de Alcántara.[31]

Un hidalgo de poca fortuna podía elegir entre tres carreras: la Iglesia, las armas y el derecho, o mejor dicho, según la fórmula consagrada: *iglesia, mar o casa real*. Hernán no estaba hecho para la Iglesia, pues le gustaban demasiado las mujeres y la aventura; los estudios no lo apasionaban, aunque adquirió cierto conocimiento del derecho, sobre todo por la lectura del código de Alfonso X, *Las Siete Partidas*, texto fundamental del siglo XIII, impreso por vez primera en Sevilla en 1491.[32] En cambio, las armas no podían dejar de seducir a aquél a quien de niño habían mecido haciéndole el relato de los hechos heroicos de su primo, el clavero Monroy. En Sevilla, donde ejercía sus talentos de notario desde comienzos del siglo, oyó hablar de la expedición de Ovando a La Española, la misma a la que se había unido su lejano pariente de Trujillo, Francisco Pizarro. Así, como tantos hombres de Extremadura, escogió el camino de las Indias, y no el de Italia en los ejércitos de Gonzalo Fernández de Córdoba. Al acercarse la fecha de su embarque, Hernán, que tenía una cita galante con una dama, cayó de lo alto de una pared, y quedó herido. Debió resignarse a esperar la partida de otra expedición, en 1504, después del temblor de tierra del Viernes Santo que, sin que él lo supiera, lo preparaba para otros sismos bajo otros cielos.

En Jerez de los Caballeros, ciudad de la orden de Santiago, cercana de la frontera portuguesa y de Andalucía, se esperaban con impaciencia las noticias de las Indias occidentales. En la casa de Francisco Méndez de Soto se hablaba mucho de un hombre del terruño, Vasco Núñez de Balboa, que había atravesado el océano en compañía de otros individuos oriundos de la comarca, impulsados a la emigración, tanto por el amor a la aventura como por la presión cada vez más fuerte que se ejercía sobre los campos,

[29] Elliot (1967), pp. 47-48; Gómez Orozco (1948), pp. 297-298.
[30] López de Gómara (1965), 2a. parte, t. II, p. 10.
[31] Gerbert (1979), p. 332. En el último decenio del siglo XV, la corte de Juan de Zúñiga en Zalamea —barrio hoy olvidado, sobre la ruta de Salamanca a Sevilla— fue un foco de humanismo (Bataillon [1982] p. 26).
[32] Elliott (1967), pp. 44-52.

bajo el efecto de la extensión de los dominios señoriales.[33] Sin duda, esos comentarios aguzaron la imaginación del joven Hernando de Soto, hijo menor de aquel hidalgo provincial, nacido a comienzos del siglo, el año de la partida del futuro descubridor del Pacífico.[34]

En Badajoz, un niño de la misma edad que el joven Hernando de Soto, pero de clase más elevada, Sebastián Garcilaso de la Vega y Vargas, probablemente se arrullaba entre relatos similares. Por su madre, Sebastián descendía de don Gómez Suárez de Figueroa, el poderoso conde de Feria. Su abuelo materno llevaba el mismo nombre que el ilustre antepasado, y se le apodaba *el Ronco* para distinguirlo de todos los homónimos, como era costumbre en la época. Suárez de Figueroa *el Ronco* había tomado parte en las banderías que tanto abundaran en tiempos de Enrique IV. Ese caballero había comenzado por apoyar a *la Beltraneja*, y luego había acabado por engrosar las filas de Isabel. *El Ronco* era sobrino de aquel Garcilaso de la Vega al que vimos agonizar bajo la mirada satisfecha de Enrique IV, herido de muerte por la flecha envenenada de un moro; también era hermano de este otro Garcilaso, valeroso combatiente de la guerra de Granada, que salvó la vida del rey Fernando, antes de irse como embajador a Roma, ante el papa Alejandro VI Borgia.

De orígenes nobles, Sebastián pertenecía, empero, a una rama menor, y además pobre, subordinada al linaje de los condes de Feria. En 1504, el niño era demasiado pequeño aún para que sus padres pensaran seriamente en su carrera. Si lograba sobrevivir a la primera infancia, podría llegar a ser criado de los condes de Feria y aprender "las armas y las letras" como correspondía a un hijo de caballero. Tal era también el porvenir fijado a sus dos primos de Toledo, los hijos del embajador. Si los tres muchachos se apartaron de los caminos que les habían señalado, en cambio adquirieron cierto renombre. El destino de Sebastián de Badajoz se cruzará, años después, con el de Francisco Pizarro y sus hermanos, para su gloria y su desdicha; en cuanto a los dos hijos toledanos del embajador, uno de ellos se unirá en 1519 a la rebelión de las comunidades contra Carlos V, y el otro, con el nombre de Garcilaso de la Vega, quedará en la historia como el renovador de la poesía española.[35]

A riesgo de cansar al lector, y tal vez de extraviarlo entre estas selvas de nombres y de parentescos, nos ha parecido conveniente hacer notar algunas de las figuras que volveremos a encontrar del otro lado del océano. Prácticamente no hay otro medio de reproducir la trama de las relaciones sociales y el exotismo del mundo ibérico. A esos nombres bien podríamos añadir otros, más oscuros, originarios de Extremadura. En efecto, esta región aportó el mayor contingente de conquistadores, al menos en los primeros tiempos de la Conquista.[36]

---

[33] Góngora (1965), pp. 22-23.
[34] Albornoz (1971), p. 23. Hernando de Soto se lanzará a la conquista de la Florida.
[35] Sobre el linaje de Garcilaso de la Vega, véase Inca Garcilaso de la Vega (1960c), núm. 132, pp. 231-240 y Lohmann Villena (1958), pp. 369-384 y 681-700.
[36] Góngora (1965), pp. 1-2, afirma que entre 1493 y 1519, la gente de Extremadura consti-

Todos esos hombres se encuentran insertos en redes familiares y jerárquicas ordenadas según el sistema de facciones. La parentela y la "patria"
son aquí, más que en otras partes —con excepción de Vizcaya— los dos
parámetros de la identidad.[37] La "patria" es el reino, pero sobre todo el terruño en el que se nació y al que se está apegado con raíces afectivas particularmente fuertes. "Se sirve al rey con lealtad, a la patria con amor",
escribía muy justamente Hernando del Pulgar, y el madrileño Oviedo sólo
siente amor por "Madrid, mi patria".[38] El terruño es lo que permite a un
individuo vivir y reaccionar conforme a su naturaleza. Por consiguiente,
exiliarse es un acto grave, una experiencia negativa, bien traducida por la
expresión española "extrañamiento de la tierra".[39] Todos los que se embarcan rumbo a las Indias occidentales no tienen, al menos al principio, el
proyecto de exiliarse. Mas, para atenuar la nostalgia del alejamiento, esos
hombres suelen rodearse de compatriotas, de extremeños, más que de
andaluces o de vizcaínos o, mejor aún, de hijos de su país. Trujillo, Medellín, Cáceres o Badajoz, con las solidaridades y los particularismos propios,
son los crisoles políticos y afectivos de donde surgirán los únicos caudillos
verdaderamente legítimos capaces de conducirlos a la gloria.

Caballeros, hidalgos de vieja cepa o criados, esos individuos que aca-
bamos de evocar se encuentran, pese a las diferencias que los separan,
confrontados a un mismo estancamiento social, consecutivo al final de la Reconquista. Si hubiesen nacido un poco antes habrían podido ganar honra
y gloria combatiendo a los moros en las filas de un señor. El propio Alonso
de Monroy, ¿no sostenía que la guerra borraba las diferencias entre los
labradores y los guerreros más fogosos?[40] Pero el fin de esta época heroica
pone término a una coyuntura excepcional que favorecía el ascenso social
en función del mérito personal. Desde fines del siglo XV, una serie de disposiciones tienden a reorganizar la vida interior del reino y a precisar las
condiciones de unos y de otros. Así, una ley de 1499 reglamenta el orden
vestimentario para evitar la confusión social. En adelante, sólo quienes
pueden mantener un caballo, sean hidalgos o no, están autorizados a
vestirse con telas de seda y de brocado.[41]

tuía 14.2% de la emigración. Sobre la base del catálogo de pasajeros hacia las Indias, los emigrantes originarios de Extremadura se repartían así: 609 hombres y 40 mujeres provenientes
de los pueblos realengos, 548 hombres y 82 mujeres de señoríos laicos y monásticos; 109
hombres del señorío de la orden de Alcántara y 677 hombres y 72 mujeres de la orden de
Santiago.

[37] Como muy bien lo dice el Inca Garcilaso de la Vega (1986), I, cap. XIV, p. 107, hijo del
capitán Sebastián, hablando de Hernán Ponce, uno de los miembros de la expedición de Soto
a la Florida.

[38] Máxima citada por Maravall (1972), I, p. 463.

[39] Maravall (1972), I, p. 502.

[40] Góngora (1965), pp. 21-22, nos informa de las frases del cronista del clavero de Alcántara: "con la usanza de la guerra de gran tiempo no había diferencia dellos [los labradores] a
los mas belicosos guerreros que hubiese".

[41] Alonso de Santa Cruz (1951), t, I, cap. XLVI, p. 199: "Yten mandaron por su carta que
ninguna persona, de qualquier estado y condición que fuese, no pudiese traer ni truxese ropa
alguna de brocado ni de seda ni de chamelote de seda, ni de zarzahan, ni ternecel ni tafetan,
en bainas ni en correas del espada ni en cinchas, ni en sillas ni alcorques ni en otra cosa algu-

Cierto, quedaban otros caminos de gloria, en Italia y en el África del Norte. Pero la guerra había cambiado de naturaleza. Gonzalo Fernández de Córdoba había desarrollado en Italia la infantería, en detrimento de la caballería, haciendo caducos a los señores con sus "lanzas", remplazados en adelante por soldados de oficio, contratados por un sueldo. Ese sistema más eficaz dejaba poco margen a la improvisación de los caudillos; parecía haber pasado el tiempo en que los Altamirano o los Bejarano, con su simple valor, lograban fundar linajes y facciones. ¿Cómo, en ese caso, hombres como Hernán Cortés o Francisco Pizarro no se habrían dejado tentar por la aventura de las Indias? El señuelo del oro, por poderoso que fuera, no era la única motivación de esos oscuros hidalgos. Allá, del otro lado del Atlántico, una nueva conquista los aguardaba y, gracias a ella, la posibilidad de elevarse a un rango de igualdad con los más grandes nombres de España.

GANADEROS, "VAQUEROS" Y PASTORES

Al acercarse el invierno, los rebaños de ovejas que descendían de la meseta castellana, sobre todo de la región de Segovia, invadían las comarcas meridionales en que el clima es más benigno. Esos caminos tomados por la trashumancia, las cañadas, atravesaban la península de norte a sur, ramificándose. Desde 1273 las fraternidades de criadores de ganado se habían reunido en una asociación, a la escala de todo el reino, el *Honrado Concejo de la Mesta*, encargado de reglamentar los desplazamientos del ganado. Desde el punto de vista jurídico, todos los rebaños eran uno solo, colocado bajo la protección real, exento de peaje con el derecho de pastar por doquier, salvo en los campos cultivados, los viñedos y los cercados.[42]

Cuando se dejaban sentir los rigores del verano, las ovejas remontaban los senderos hasta las llanuras de Castilla, levantando nubes de polvo que, de lejos, podían hacer creer que era un ejército en marcha; tal fue el espejismo que engañó a Don Quijote, un siglo después, en las llanuras del Guadiana. Región de hibernación por excelencia, Extremadura sufría cada año la invasión de los ovinos, y esta molestia, no desdeñable, había hecho que las ciudades exigieran unos pagos, contrarios a las franquicias de que gozaba la asociación.

Si la cría de puercos era una actividad apreciada por los hidalgos de Extremadura, que obtenían de ella a la vez riqueza y posición, la de bovinos, practicada en gran escala, daba a Castilla unos rasgos particulares que sólo podían encontrarse en Hungría y en las zonas occidentales de la Gran Bretaña. Al principio, esta forma de recría caracterizó la meseta central que se extendía desde el curso medio del Duero hasta las sierras de Gata, de Guadarrama y de Gredos, especialmente en las tierras de Zamora, Salamanca,

na. Ni pudiesen traer bordados de seda, ni de chapado de plata ni de oro de martillo, ni tirado, ni hilado ni texido, ni de otra qualquier manera."
"Pero que las personas que mantubiesen cavallo, pudiesen traer ellos y sus hijos jubones, caperuças, bolsas y ribetes [...] Y las mujeres de los que mantubiesen cavallos y sus hijas."
[42] Gerbet (1979), pp. 76-77; Klein (1920) habla de 2 694 032 cabezas en 1477.

Segovia y Ávila. Con la Reconquista, se extendió hacia el sur. Desde la toma de Sevilla por Fernando III en 1248, los campos y los pantanos del Guadalquivir se habían convertido en la única región de España y probablemente de Europa en que la actividad agropecuaria giraba alrededor de la cría de ganado bravo, destinado principalmente a la producción de cuero y a las corridas de toros.[43] La extensión de los latifundios y la existencia de vastas tierras de pastoreo en las cadenas centrales de la península favorecían una actividad que exigía grandes espacios.

Los espacios que ofreció el Nuevo Mundo, en donde el ganado era desconocido, satisficieron plenamente el amor de los conquistadores por la recría. Colón introdujo bovinos en La Española, y luego en Tierra Firme. Esto no fue fácil, pues las embarcaciones eran pequeñas, y a veces había que deshacerse de la mayoría de los animales en plena ruta, para aligerar los navíos. Después, los conquistadores adquirieron el hábito de dejar libres a las bestias en las riberas, para que pudiesen reproducirse en libertad. Así, los europeos se aseguraban una preciosa fuente de aprovisionamiento. En unos cuantos decenios, y en el impulso de otra conquista, los rebaños ocuparon *par maronage* territorios inmensos, que iban desde Wyoming hasta la Patagonia.[44]

El término español *vaquero* designa al antepasado castellano de los *cowboys*, de los *llaneros* venezolanos y de los *gauchos* argentinos y carece de equivalente adecuado en francés, aunque se aproxima al del *gardian* camargués. Hay que imaginar al vaquero recorriendo a caballo tierras de pastoreo con hierbas altas, vestidos con un largo sayo de cuero, derribando las bestias con ayuda de una pica similar a la que se utiliza en las corridas de toros. Esos hombres vivían apartados de los centros habitados y alquilaban sus servicios a un terrateniente —las más de las veces, a un señor— o a una ciudad, por todo el año a partir del día de San Juan; a cambio recibían un sueldo que se les pagaba en especie, así como un porcentaje de los animales.[45] La recría presuponía complejas técnicas de domesticación, conocimientos, marcas de propiedad, un vocabulario preciso y, desde luego, un modo de vida distinto. Hizo surgir leyendas que transmitieron la tradición oral y la literatura, pues esos hombres de la sierra, tan al margen de la sociedad, fascinaban a los demás.

Uno de esos relatos cuenta que los reyes de Castilla, Navarra y Aragón, al partir en campaña contra los moros, encontraron el camino de Castro-Ferrol bloqueado por los musulmanes. Acudió entonces en su auxilio un pastor de rebaños, y les señaló un camino, indicado por el cráneo de una vaca que había sido devorada por los lobos. El rey de Castilla, agradecido, lo ennobleció, y entonces el vaquero tomó el nombre de Cabeza de Vaca.[46] Esta leyenda nos interesa porque explica el origen de un patronímico que

---

[43] Bishko (1952), pp. 493-498. El toro de la península ibérica era un híbrido de *Bos Taurus Ibericus* y de vaca. Las corridas de toros, originarias de las mesetas castellanas, surgieron entre los siglos XII y XIII.
[44] Deffontaines (1957 y 1959); Digard (1990), pp. 168-169.
[45] Bishko (1952), p. 506. Sobre la ropa de los vaqueros, véase Covarrubias (1943), p. 993.
[46] Covarrubias (1943), pp. 988-989.

la conquista de América hará célebre, pero también porque hace hincapié en ese papel de guía que recayó en el guardián —o la guardiana— de los rebaños que el autor del *Libro de Buen Amor*, Juan Ruiz, arcipreste de Hita, ya había tratado con truculencia.[47]

¿Acompañarían esas representaciones a los conquistadores al Nuevo Mundo? Sabemos que Diego de Almagro, originario de Malagón de Ciudad Real, comarca célebre por sus tierras de pastoreo, fue tratado de *baqueano*, "conocedor de los caminos", "pistero", por Hernando Pizarro, que lo despreciaba por sus orígenes oscuros.[48] ¿Sería Almagro, también, un vaquero de origen morisco, como a veces lo sugieren sus adversarios? Desconocemos casi todo de su infancia y de los años que pasó en España. Él mismo parece haber borrado intencionalmente las pistas que llevaran al conocimiento de su identidad. ¿Deberemos creer que fue el hijo ilegítimo de una campesina originaria de Almagro, en la provincia de Cuenca? ¿Fue depositado, poco después de nacer, ante la puerta de un abate llamado Luque, quien lo recogió y lo ayudó en los momentos más importantes de su vida? En todo caso, es probable que el futuro conquistador de Perú creciera en ese universo de vacas y de toros que parece haber influido sobre sus modales de manera definitiva. Independiente, brutal, poco inclinado a la religión, el que adoptó el patronímico de Almagro seguía aún en España en este año de 1504, y tenía cerca de 25 años.[49]

A esos rebaños de ovinos y de bovinos se mezclaban, en el sur de España, animales más exóticos. Por ejemplo, los camellos se habían aclimatado en Andalucía, y los cristianos conservaron las tierras de cría, en la embocadura del Guadalquivir. Más adelante se pensará, sin éxito, en llevar camellos a Perú. Las gacelas, que encantaban a los árabes, así como las avestruces, adornaban los parques andaluces. Por último, no olvidemos la importancia de la caza, actividad noble por excelencia, a la cual se entregaban también los villanos bajo modalidades particulares: trampas de

---

[47] Las vaqueras del *Libro de Buen Amor*, hacia 950-1224, son mujeres temibles, más próximas a las ogresas, que retienen a los viajeros o que los desorientan, y les hacen pagar un peaje —a menudo, de tipo sexual— para dejarlos partir.

[48] Pedro Pizarro (1965) p. 171: "la cual palabra [Almagro] no cumplió y por esta causa Hernando Pizarro trató mal de palabra a don Diego de Almagro, llamándole de vaquiano". El mismo cronista dice en otra parte, p. 168, que Almagro era capaz de seguir la huella de un indio en los bosques más espesos. Por lo demás, en el siglo xvi, el término "baqueano" fue empleado en la América hispánica en el sentido de cazador de esclavos. Los baqueanos organizaban expediciones, llamadas también "cabalgatas", que comprendían asimismo piaras de cerdos que servían como reserva alimentaria; eran capaces de penetrar en tierras inexploradas sin extraviarse y, desde luego, eran temidos por los indios. (Céspedes del Castillo [1988], pp. 73-75.) El sentido de "baqueano", relacionado con el mundo de la recría, se ha mantenido en Argentina hasta la época actual.

[49] Pedro Pizarro (1965), pp. 210-211: "Era un hombre muy profano, de muy mala lengua, que en enojándose trataba muy mal a todos los que con él andaban, aunque fuesen caballeros." La vida de Diego de Almagro, antes de su llegada a tierra americana, es muy poco conocida: los cronistas Oviedo, Zárate, Cieza de León y López de Gómara nos dan datos simples, a menudo contradictorios. En todo caso, parece que Almagro mantuvo el secreto por razones que siguen siendo oscuras. Una biografía de este conquistador, bien documentada para la etapa americana, es la de Rolando Mellafé y Sergio Villalobos (1954).

paso para atrapar pájaros, redes para capturar perdices, batidas en los matorrales para cazar jabalíes o liebres, perseguidas por perros, sin contar el arte de la halconería, al que era muy aficionado el rey Fernando.[50] Aunque no encontró los animales fabulosos descritos por los autores antiguos, Colón, que conocía los gustos del monarca, le había hablado extensamente sobre los innumerables halcones que surcaban el cielo de los trópicos. Encantado con la idea de importar de esas lejanas tierras unas aves tan apreciadas por la nobleza, el soberano había fomentado financieramente las expediciones ulteriores.[51]

GUADALUPE, UN MONASTERIO EN LA SIERRA

La figura misteriosa del guardián de rebaños resurge en el relato de la fundación del poderosísimo monasterio de Guadalupe, en la frontera norte de Extremadura. Según versiones recogidas en el siglo xv, uno de esos vaqueros perdió una vaca. Oyó entonces una voz —la de la Virgen— que le indicó el lugar en que yacía el animal. Obedeciendo órdenes de la Virgen, el vaquero excavó la tierra bajo el cadáver del animal y descubrió, enterrada, una imagen de Nuestra Señora, de piel oscura —*morenita*—, que un sacerdote había enterrado para salvarla de la profanación de los musulmanes. El hombre colocó el icono sobre el cuerpo de la bestia, y ésta volvió a la vida. Luego, el arzobispo de Sevilla levantó una ermita en aquel lugar boscoso y oculto, que fue convertida en monasterio después de que en ella se produjeron milagros innumerables.[52] Colón se dirigió allí al regreso de su primer viaje, para dar gracias a la Virgen por haberle llevado a buen puerto. Llevó incluso a los indios traídos de las Antillas, para que recibieran el bautismo.[53] En su segunda expedición, en 1493, dio el nombre de Guadalupe a una de las islas del Caribe, que le pareció estar pobla-

[50] Doignée (1892), pp. 458-460; sobre los camellos en Perú, Garcilaso de la Vega (1960a), libro IX, cap. XVIII, p. 434.

[51] Gil (1989), t. I, pp. 64-65.

[52] Monetarius (1920), p. 105: *"Post multos autem annos recuperata Ispali a Rege Ferdinando cuidam pastori, qui vaccam unam perdiderat, vox una intonuit dicens: 'Vade ad hunc locum et vaccam tuam mortuam invenies et in hoc loco fodias et ymaginem meam reperies. Qua posita super vaccam vite restituetur. Posteaque archiespiscopum ispalensem accedas et narratis his, que vidisti, manda, ut in honore meo capellam construet, quo in hoc abdito et silvestri loco etiam coleat..."*. Según un manuscrito de mediados del siglo xv citado por Barrado Manzano (1955), p. 276: "el qual fabla de como embio sant Gregorio a España a sant Leandro, arçobispo de Seuilla, la ymagen de sancta Maria de Guadalupe e de como fuyeron con ella de Seuilla e la ascondieron en unas grandes montañas cerca de un río que ha nombre Guadalupe e de como la Virgen appareçió a un pastor e le dise como estaua aquella ymagen allí escondida e díxole que lo fuesse a dezir a los clérigos que la sacassen de allí e que le fiçiessen una yglesia e que allí faría muy muchos miraglos". Aquí, el término *pastor* es utilizado en su sentido general: el que hace pastar a los animales. Sigüenza (1907), el historiador de la orden de San Jerónimo, describe lo que llama la invención de la imagen de la Virgen, t. I, pp. 77-82, así como los milagros. El guardián de rebaños se convirtió en guardián de la preciosa imagen, "de color algo moreno," p. 79: "Quedóse allí el vaquero con su muger e hijo, trocando el officio de guardar vacas, en guarda de la preciosa imagen de la Virgen", p. 81.

[53] Heers (1981), p. 595.

da por amazonas. La Virgen de Guadalupe extendía su protección a la gente de mar que le había consagrado capillas; los marinos también habían fundado cofradías bajo su patrocinio, especialmente en Sevilla y en Portugal. Más adelante, ese culto popular arraigó en el continente americano, con la fortuna que todos conocemos.

Monetarius, el médico alemán que recorrió la península ibérica a finales del siglo xv, dedica un capítulo a ese monasterio construido al pie de una montaña, "de donde manan cuatro fuentes cuyas aguas se extienden por doquier", verdadero paraíso terrenal en miniatura. El interior del templo, escribe, es suntuoso. La imagen de Nuestra Señora descubierta por el vaquero está iluminada por 16 lámparas de plata, en medio de las cuales brilla la más grande, donativo de los guardianes de rebaños. También otros objetos llamaron la atención del médico alemán: un cirio gigantesco ofrecido por el rey de Portugal para conjurar la peste; la piel de un cocodrilo de Guinea, donativo de un portugués que se había librado apenas de las mandíbulas del animal invocando a la Virgen; un caparazón de tortuga de grandes dimensiones; un colmillo de elefante, y dos barbas de ballena. A esas piezas exóticas se añade el espectáculo fascinante de incontables cadenas sujetas a las paredes, que algunos cristianos rescatados del cautiverio habían llevado en señal de reconocimiento.[54]

Construido en un estilo mixto, en el que predominaban los elementos mudéjares, el monasterio de Guadalupe era ante todo una inmensa finca pastoral. Con una riqueza ganadera de varios miles de ovejas y de más de 4 000 cabezas de ganado, el establecimiento, en el que vivían cerca de mil personas, estaba expuesto periódicamente a la rapiña organizada por los hidalgos de Extremadura, entre los cuales encontramos a los Vargas y Pizarro de Trujillo.[55] Esos ataques reflejan un estado de ánimo que disociaba cuidadosamente la devoción —la Virgen de Guadalupe era la patrona de Extremadura— de aquellos que supuestamente eran sus garantes. Los monjes jerónimos, que estaban al frente de ese gran dominio, ¿sufrían, como la mayoría de los sacerdotes de la península, de esta tibieza respecto a ellos?

Parece ser que en todo el norte de esta comarca casi no hubo en el siglo xv movimientos populares ligados a corrientes espirituales, como ocurrió en Cataluña, Valencia y hasta en el país vasco. Las visitas episcopales informan de la desafección general hacia la misa dominical, de las risas y los murmullos durante.los oficios y sobre la costumbre de celebrar, en el interior de las iglesias, unas fiestas claramente paganas, como las *mayas* du-

---

[54] Monetarius (1920), p. 105: "*Vidimus etiam pellem cocodrilli maximi a quibusdam Portugalensibus allatum, qui in Genea precibus Beate Marie a periculis eius sunt erepti. Item maximam cooperturam testudinis, id est schiltkroten in qua se ut in tina quisque lavare posset. Item duas pinnas maximas longitudinis 4 ulnarum et in basi latidunis duarum palmarum, que allate sunt ex uno psice balena maxima in Portugalia in cuius barba 1200 erant pinne; magnitudo inestimabilis erat. Item longissimum dentem elephantis.*"
[55] Gerbet (1979), p. 440, cita un documento en que el monasterio acusa a dos caballeros de Trujillo, Diego Pizarro y García de Vargas, de haber robado trigo, dinero y varios cientos de animales.

rante el mes de mayo, en el curso de las cuales los jóvenes, de los dos sexos, se permitían toda clase de licencias. Por su parte, las autoridades urbanas denunciaban la conducta del clero y los abusos de los curas, que se inmiscuían en el seno de los concejos municipales y hasta de las familias en el momento en que se redactaban disposiciones testamentarias. En suma, muchas cosas separaban el universo del clero, dividido a su vez, de un pueblo poco inclinado a cumplir con derechos parroquiales onerosos o a soportar los sermones de los curas que, de ordinario, vivían en concubinato.[56]

LA TENTACIÓN MILENARISTA

La riqueza de los jerónimos, edificada sobre la explotación de vastas propiedades agrícolas, se anticipaba a la de los jesuitas, que vendrían menos de un siglo después.[57] Como la mayoría de los religiosos pertenecía a la nobleza, los donativos afluían a sus conventos, el más célebre de los cuales era el de Guadalupe. Se distinguía de los otros establecimientos monásticos por sus estatutos, su ceremonial y su código consuetudinario. ¡Qué contraste con la austeridad original de los monjes, tan cercanos de los tradicionalistas franciscanos que habían denunciado la simonía romana, inspirándose en las profecías milenaristas de Joaquín de Fiore!

Los escritos de ese profeta del siglo XII, originario de Calabria, habían dejado huella en la espiritualidad de la baja Edad Media, y su influencia aún se hacía sentir en vísperas de los tiempos modernos, hasta en las prédicas del dominico de Florencia, Savonarola. El mesianismo de Joaquín de Fiore, fundado en la exégesis de las alegorías de las Sagradas Escrituras y en un simbolismo aritmético, anunciaba el advenimiento de un tiempo, el del Espíritu Santo, dominado por la orden monástica de la Caridad, que triunfaría sobre la Iglesia sacerdotal y jerárquica. Esa tercera edad sucedería a las dos grandes eras de la historia, que correspondían al Antiguo y al Nuevo Testamento. Tales concepciones lindaban con la herejía y algunos grupos que las adoptaron, como los beguinos, los begardos y los fraticelos, se levantaron contra la Babilonia romana.

¿Subsistían huellas de ese radicalismo entre los jerónimos españoles? Sigüenza, historiador de la orden de San Jerónimo, menciona la existencia en los conventos, en pleno siglo XV, de un número considerable de hermanos laicos.[58] ¿Sería ése el signo de un compromiso difícil entre la ortodoxia de los claustros y el espíritu de independencia que había animado a quienes actuaban según su conciencia, sin pronunciar los votos ni someterse a la disciplina de la Iglesia? El hecho es que los religiosos vivían divi-

---

[56] Góngora (1965), pp. 22-23; Pérez (1988), pp. 198-199.

[57] Américo Castro (1987) citando a Sigüenza, el cronista de la orden, pp. 66-71.

[58] Sigüenza (1907), t. I, pp. 10-15 y 217, describe las primeras ermitas y a los primeros anacoretas; Castro (1987), p. 69. Los fraticelos eran franciscanos disidentes, fieles a la pobreza integral. Fueron duramente perseguidos entre 1330 y 1350, pero a mediados del siglo XV aún conservaban un gran prestigio entre el pueblo, y el papado tuvo que organizar contra ellos campañas de predicación. Sobre Joaquín de Fiore, véase Reeves (1969).

didos entre dos tendencias contradictorias: una los llevaba a explotar vastos latifundios, que dejaban rentas considerables, y la otra, más fiel a los orígenes franciscanos, les incitaba a entregarse a los trabajos manuales y practicar la pobreza, lejos de tentaciones mundanas.

Los jerónimos también se singularizaban por su actitud hacia los conversos. Alonso de Oropesa, general de la orden en 1457, había proclamado la sinceridad de los judíos convertidos que, en su opinión, eran tan cristianos como los gentiles bautizados. Ya no debía perseguírseles, y por tanto podían tener acceso a cargos eclesiásticos y seculares, como los cristianos de vieja cepa. Es probable que Oropesa, así como otros monjes que le rodeaban, fuese un converso. En 1485, en Guadalupe, la Inquisición organizó siete autos de fe contra los judaizantes, y entre ellos, "algunos frayles corrompidos con estos errores", que "fueron condenados por hereges y quemados públicamente".[59]

¿Bastan esos indicios para descubrir influencias judías entre los jerónimos? ¿Hay que ver en la vocación científica y literaria de Guadalupe el signo de un humanismo arraigado en la tradición hebraica?[60] Y cuando, en ese comienzo de siglo, estalla un movimiento mesiánico que agita las comunidades de conversos localizadas en los confines de Extremadura y de Castilla, y cunde hasta Andalucía, la Inquisición sospecha que el arzobispo de Granada, don Hernando de Talavera, jerónimo y converso, la fomentó.[61] Sea de origen judío o cristiano, la creencia en el advenimiento más o menos próximo de un mundo nuevo, purificado de la corrupción romana o de la violencia inquisitorial, es una constante en esos mundos ibéricos.

Lejos de ser homogéneo, el franciscanismo, vasta corriente en la que se entroncaban los jerónimos, cubría, pues, un registro extenso que iba de un radicalismo pronunciado a posiciones más conciliadoras, como las que encarnaba el cardenal Francisco Jiménez de Cisneros, arzobispo de Toledo en 1495, llamado por la reina a Granada para organizar la cristianización de los moriscos. En diversos grados, la llama milenarista, indisociable del espíritu de conversión, habitaba empero en todos esos grupos monásticos. Ya a mediados del siglo XIII, unos hermanos mendicantes habían acompañado a Marco Polo y a los mercaderes en su travesía por Asia. Según una de las muchas leyendas que corrían, uno de ellos, el Preste Juan, se había establecido en esas comarcas para evangelizar a los bárbaros; cuando los tártaros abrazaron el Islam, hacia mediados del siglo XIV, quedó cor-

---

[59] Castro (1987), pp. 89 y 92; Sigüenza (1907), t. II, p. 33: "mandaron al Prior de Guadalupe impetrasse lo mas presto que pudiesse un indulto del Papa [...] para que jamás pudiesse ser algun neophito (ansí se llaman los que dezimos recien conuertidos), aunque ya lo estienden a todos los que son en nuestra opinión christianos nueuos [...] recebido en nuestra religión... y mucho menos... en aquel santo conuent, porque se hallaron en el algunos frayles corrompidos con estos errores y fueron condenados por hereges y quemados públicamente".

[60] Gerbet (1979), pp. 332-333.

[61] Kriegel (1978), pp. 86-87. El movimiento mesiánico comienza en 1500 en Herrera del Duque, donde la hija de un cordonero "viaja" por el cielo y tiene la visión de una maravillosa ciudad en que los judíos convertidos serán llamados a vivir al abrigo de toda necesidad. Todos los miembros de la casa de Talavera son arrestados en 1505.

tada la ruta terrestre de Asia, pero la figura del misionero no dejó de fascinar a las mentes de Europa occidental.[62] Mientras que el papado y el clero secular caían en descrédito, los hermanos minoristas gozaban de gran estima entre las clases populares.

El propio Colón, familiarizado con el convento de La Rábida, se había adherido a su tercera orden, abierta a los laicos, y había llevado en su segundo viaje al jerónimo Ramón Pané, primer cronista de las Indias occidentales. La dimensión indiscutiblemente mesiánica de los Reyes Católicos, que habían expulsado a los infieles del suelo de España, pero también la del almirante, que en adelante firmaba *Christo ferens*, aprovechando la etimología de su nombre —el que lleva a Cristo—, tenían que alimentar inevitablemente el milenarismo franciscano. Sus esperanzas y sus temores no tenían nada que fuese incompatible con el auge y la difusión de una cultura en las ciudades universitarias.

LOS MAESTROS DE SALAMANCA

Fue en Salamanca, en Castilla, donde la reflexión teológica se alimentó con las primeras experiencias americanas. En esa ciudad universitaria, tan prestigiosa como París, Oxford o Bolonia, 5 000 estudiantes asistían a los diversos colegios. A finales del siglo XV, la biblioteca establecida en un edificio anexo a la catedral ya contaba con varios miles de volúmenes, especialmente de teología y de filosofía.[63] En Salamanca, Antonio Elio de Nebrija entabló la lucha contra la barbarie medieval, anunciando su propósito de consagrarse a la gramática de las Sagradas Escrituras, es decir, a la exégesis de la Biblia, lo que no le impidió publicar un pequeño tratado de geografía, *In Cosmographiae libros introductorium*, donde trataría los descubrimientos del Atlántico. Ahí, Nebrija expresa la esperanza de obtener una información detallada sobre las islas de las Antillas, sin aludir, empero, a las concepciones de Colón relativas a su localización asiática. Es probable que el gramático hiciese eco a un colega suyo, Núñez de la Yerba, quien, en su prólogo a la *Corographia* de Pomponio Mela, escribía ya en 1498: "En dirección del Occidente, los serenísimos soberanos de España [...] hallaron una tierra habitada remota del Occidente —las Canarias— de 45 grados, que algunos, abusivamente, llaman las Indias."[64]

Los maestros de Salamanca explicaban la gramática, las letras clásicas, la medicina y el derecho. Enseñaban la escolástica, en particular el tomismo, es decir, esa síntesis entre la Revelación y el aristotelismo que, en el siglo XIII,

---

[62] Phelan (1972), p. 31. El viajero del siglo XV Pero Tafur se encontró en el Sinaí a Nicolo de Conto (o Conti), que regresaba de la India con su familia. El veneciano le describió al Preste Juan, rodeado de sus fieles, viviendo en un monasterio. Esos hombres habían perdido todo contacto con Roma y ya no seguían las reglas de la Iglesia: "non an noticia nin se rigen por la nuestra yglesia de Roma", Tafur (1874), p. 107.

[63] Monetarius (1920), p. 103: "*In tota Hispania non est preclarius studium generale quam Salamanticum, et illa hora qua affui dicebant adesse quinque milia, qui omni facultate insudarent.*"

[64] Bataillon (1977), pp. 164-165.

había intentado hacer Santo Tomás de Aquino. En el convento de San Esteban, adscrito a la congregación de la Observancia, los dominicos renovaban el espíritu primitivo de la orden, conciliando el ardor apostólico con la austeridad. Desde su origen, en 1215, los hermanos predicadores se habían fijado como primera tarea la difusión del Evangelio en todas partes, a través de la palabra y del ejemplo, como lo había hecho en Valencia San Vicente Ferrer. En época más reciente, los dominicos habían aportado los principales colaboradores de la Inquisición, entre ellos el temible Torquemada.

La formación de los monjes de Salamanca incluía el estudio profundo de las dos *Summas* de Tomás de Aquino y el aprendizaje del método escolástico: ese bagaje intelectual iba a ejercer una influencia incalculable sobre la visión del Nuevo Mundo. Según las concepciones tomistas, el derecho divino, que manaba de la Gracia, no anulaba el derecho natural, que procedía de la naturaleza racional. Por consiguiente, los príncipes paganos eran poseedores legítimos de sus reinos.[65] Semejante posición iba en contra de los argumentos sostenidos por los partidarios de Enrique de Susa, cardenal de Ostia en el siglo XIV, según el cual todos los soberanos paganos eran usurpadores. Había aquí el esbozo de una crítica de la política de los soberanos cristianos para con los infieles y los indios.

Esta herencia medieval ofreció el terreno del que se nutrirán en el siglo XVI los textos jurídicos y políticos de la "Escuela de Salamanca". Con Francisco de Vitoria y Domingo de Soto, esta escuela abordará el problema crucial de la legitimidad de la conquista y de la evangelización forzosa de los indios. Mas de momento, son el texto y el alcance de la bula pontificia *Inter caetera*, que dividía al mundo en dos zonas reservadas a las coronas de Portugal y de Castilla, los que son sometidos al examen atento de los dominicos. Como a España le ha tocado la responsabilidad de explorar, con vistas a poblar y a evangelizar todas las islas y la "Tierra Firme" situadas al oeste de la línea trazada por el tratado de Tordesillas de 1494, es por tanto en ese reino —y no en otra parte— donde deben definirse las modalidades de esta misión excepcional. Parece próximo el momento tanto tiempo esperado, desde Joaquín de Fiore, de establecer por fin una comunidad espiritual sobre la Tierra y, como los franciscanos, también los dominicos arden de impaciencia por trabajar en esta nueva tarea en las tierras descubiertas por Colón.[66]

LAS COLUMNAS DE HÉRCULES

El renombre de Salamanca no sólo se basaba en la excelencia de su universidad. Corría el rumor de que bajo la capilla consagrada a San Cipriano existía una bóveda subterránea, en que los magos cultivaban las ciencias ocultas. Ese emplazamiento no era infundado. Antes de ser canonizado, Cipriano había sido un poderoso hechicero que practicaba "ligaduras" a la

---

[65] Mahn-Lot (1982), pp. 76-77.
[66] *Ibid.*, pp. 124-125; Pagden (1982), p. 60.

manera antigua, entre los seres, los fenómenos y las cosas.[67] Esta especialización en las artes mágicas le valdría, más tarde, ser a la vez el defensor de las víctimas de maleficios y el guía de quienes echaban las suertes. Y es que a fines de la Edad Media eran muchos quienes recurrían a tales prácticas bajo los efectos de la envidia, la codicia o el deseo amoroso. La frontera que separa entonces el ocultismo de otras tradiciones menos elaboradas probablemente cae entre el texto escrito, considerado de tiempo atrás como peligroso por la Iglesia, y la costumbre. Don Enrique de Villena, réplica española del doctor Fausto y miembro de una ilustre familia castellana, nos ofrece el ejemplo. Célebre por sus conocimientos en el arte de la alquimia y de la adivinación, este aristócrata había escrito un *Tratado de la fascinación*, en que completaba las observaciones de Plinio *el Viejo*, con referencias hebraicas y árabes, así como con alusiones a las prácticas corrientes. A su muerte, en 1434, el rey don Juan II hizo quemar los 50 volúmenes de su biblioteca, versados en las "malas artes". Por lo demás, el nombre del marqués de Villena quedó asociado a la escuela de ocultismo de Toledo.[68]

Ese saber oculto provenía de otros horizontes culturales. De hecho, la escuela de traductores fundada en Toledo en el siglo XII era única en Europa. A través de los libros árabes de Toledo, los cristianos habían descubierto las obras de Ptolomeo, de Aristóteles y de Euclides. No sólo se trataba de traducciones sino de obras anotadas y comentadas por los sabios musulmanes, y transcritas a la lengua vulgar por orden de Alfonso *el Sabio*. Los manuales de medicina redactados en el camino trazado por Galeno —el autor predilecto de los árabes— necesariamente incluían referencias zodiacales, astrológicas, alquímicas y mágicas, como el célebre *Tratado sobre las piedras* o *Lapidario*, derivado de Dioscórides.

Esas obras venerables continúan, a principios del siglo XVI, ocupando las bibliotecas de los sabios; además, están a punto de enriquecerse con el

---

[67] Este concepto es típico de la Antigüedad clásica, como bien lo ha mostrado A. Bernand (1991). *Sorciers grecs*, París, Fayard. Es interesante señalar que esta forma tan antigua de hechicería, muy diferente de la demonolatría denunciada por los inquisidores, sigue siendo practicada en España, al menos hasta el siglo XVIII, como lo demuestran las fuentes. Así, el texto de la oración dirigida a San Cipriano, fechada en 1634 y conservada en los archivos históricos nacionales de Madrid —*Inquisición*, 4444, núm. 59— contiene referencias análogas a las de las inscripciones griegas de la Antigüedad: "esta es la muy santa oración la qual fué hecha y ordenada para librar las personas de malos hechos y hechizos y ojos malos y malas lenguas y para cualquier ligamentos y encantamientos para que todos sean desatados y desligados..." No carece de interés saber que tales prácticas formaban parte del horizonte cultural de los conquistadores. Observemos también que en el norte de Argentina y probablemente en otras partes, el término *salamanca* designa una gruta habitada por seres malévolos que practican las artes de la magia.

[68] Barrientos (1946), cap. XCVI, pp. 170-171: "fué muy grant sabio en todas çiencias en especial en la theología e nigromancia y fué grant alquimista. Y con todo esto vino a tan grant menester, al tiempo que fallesció non se falló en su cámara con qué le pudiesen enterrar. Y fué cosa de Nuestro Señor, porque las gentes connoscan quanto aprovechan las semejantes çiencias. Y después que fallesçió el Rey mandó traer a su cámara todos los libros que este don Enrique tenía [...] e mandó a fray Lope de Barrientos, maestro del Príncipe, que catase si auia algunos dellos de çiencia defendida. E católos e falló bien cincuenta volumes de libros de malas artes. E dió por consejo al Rey los mandase quemar [...] e todos ellos fueron quemados".

descubrimiento de una flora y de una fauna desconocidas hasta entonces en el mundo antiguo. El objetivo principal de la alquimia, ciencia árabe que desde el siglo XII se había infiltrado en el mundo occidental, era la transmutación de los metales viles en oro y en plata, por medio de la piedra filosofal, o elíxir. Por analogía con el proceso alquímico, los médicos árabes supusieron la existencia de un elíxir de larga vida y se pusieron a buscarlo.[69] También en esto, las expediciones de Colón hicieron nacer esperanzas nuevas. El almirante se había jactado, en efecto, de haber descubierto el Ofir bíblico de las arenas de oro, La Española; también dio a entender que los indios de Guanahaní (Bahamas) no pasaban de los 30 años, cifra que, según la tradición hebraica, constituía la edad perfecta. Dado que esos gentiles desconocían la vejez, ¿podía deducirse de ello que habían encontrado la Fuente de la Juventud? En una España que se dormía leyendo novelas de caballerías, no pocas almas se dejaban arrullar con esos sueños, que se tomaban como certidumbres.[70]

El esplendor intelectual de Toledo, debido a los intercambios que se daban entre sabios de diversas religiones, comenzó a declinar con las primeras persecuciones de la Inquisición. Y sin embargo, se necesitó largo tiempo para que se borrara el renombre de esta ciudad misteriosa. Un siglo después, Cervantes mantendrá la ficción de que el libro de *Don Quijote* provenía de un manuscrito *aljamiado* —castellano transpuesto en caracteres árabes— encontrado en una tienda de Toledo, y redactado por un tal Cide Hamete Benengeli. La literatura se confunde aquí con la magia, por intermediación de la escritura, acto subversivo, y la novela cervantina aparece como una versión moderna del célebre *Picatrix*, escrito por el madrileño Abu Maslama alrededor de 1056.[71] Al lado de los tratados de adivinación que alimentan las llamas de los autos de fe en esos comienzos de siglo, existen textos más mediocres, como los formularios de magia o las *nóminas*, oraciones garabateadas sobre un papel que se ocultan bajo los pliegues de la ropa para protegerse de los conjuros y del infortunio.

Los círculos intelectuales de Salamanca y de Toledo, ciudad aún más prestigiosa, ilustran esta imbricación entre los distintos tipos de saber: las artes ocultas, la teología, la filosofía y las tradiciones antiguas. Según creencias inmemoriales, el origen de los conocimientos se remontaba a Hércules. Un testimonio francés del siglo XV nos brinda la leyenda siguiente:

Hércules... se fue a la ciudad de Salamanca y como estaba bien poblada, quiso hacer ahí un estudio solemne, e hizo cavar en tierra un gran hoyo a manera de estudio y ahí metió las siete artes liberales con varios otros libros. Luego hizo venir a estudiar a gentes del país... El renombre de este estudio fue grande en el país y duró dicho estudio desde los tiempos en que Santiago convirtió España a la fe.[72]

[69] Vernet (1978), p. 229.
[70] Gil (1989), t. I, pp. 225-227 y 265-266.
[71] Rabelais lo cita más adelante en *Pantagruel*. Citado por Waxman (1916), pp. 327-328; Rabelais, *Pantagruel* I, III, 23, Vernet, p. 230, señala que esta obra alcanzó una gran difusión en Occidente en su versión latina atribuida a un tal Picatrix, posible corrupción de Hipócrates.
[72] En efecto, eso es lo que escribe Lefèvre en el *Recueil des Histoires de Troye* en 1464, citado por Waxman (1916), pp. 357-358.

Esta figura de Hércules como héroe cultural ibérico arraiga en un pasado venerable. Según relatos que el cronista del siglo XV Pero Niño presentaba como históricos, Hércules había construido cavernas, casas o palacios subterráneos para contener ahí todo el saber del mundo, en el emplazamiento de la ciudad de Toledo. Según otras tradiciones, su descendiente, el misterioso rey Rocas, fue el fundador de la escuela de magia de Toledo. Decíase que ese personaje había encontrado, en el lugar en que después se construyó la ciudad de Toledo, 70 columnas sobre las paredes de las cuales estaban consignados todos los saberes. Rocas, que tenía la pasión del conocimiento, copió esas inscripciones en un libro en que quedaron reunidas las predicciones del porvenir.[73]

Cualesquiera que sean las variantes de ese mito de las cavernas, atribuían conocimientos ocultos a un pagano, cuyas huellas dejadas en la península ibérica —las célebres columnas de Hércules, que la imaginación situó tanto en Cádiz como en la Coruña— prueban bien el nexo particular que lo unió al mundo hispánico. Durante la monarquía visigótica, los secretos de Hércules fueron celosamente guardados en la célebre gruta toledana, cerrada por 24 candados. Rodrigo, vigésimo cuarto rey de la dinastía, quiso violar el misterio del antro mágico; al saltar la última cerradura, cuando él pudo franquear el umbral de la caverna, encontró en ella un cofre de madera adornado con extrañas figuras, al parecer de árabes. Esos dibujos iban acompañados de la inscripción siguiente: "Cuando se abra esta casa, un pueblo, cuya figura y aspecto se asemejan a los que aquí están representados, invadirá este país, lo vencerá y lo conquistará."[74] La profecía se cumplió, y Rodrigo perdió España. Se habían necesitado casi ocho siglos de reconquista para que los cristianos borraran aquella deshonra. Los Reyes Católicos, que Dios había elegido para realizar esta misión, inauguraban una nueva época, poniendo fin así a la maldición pagana.

En ese contexto de espera mesiánica, de hermetismo y de desciframiento de signos naturales y sobrenaturales —el cronista Alonso de Palencia no deja de enumerar todos los prodigios que preceden a los grandes acontecimientos históricos—, hay que considerar las medidas de "normalización" adoptadas por los Reyes Católicos. La reina Isabel en particular, en contraste con su medio hermano Enrique IV, se mostraba hostil a toda pretensión de manipular los fenómenos naturales con fines personales.[75] La represión de los magos y de los nigromantes comenzó en 1500, un año después de la publicación en Burgos de *La Celestina*, obra perturbadora compuesta por Fernando de Rojas, jurista castellano y, además, converso, que ponía en el centro de la existencia el goce, procurado con ayuda de artes mágicas.[76] La ley contra los adivinos y los nigromantes se inscribía en un pro-

---

[73] Waxman (1916), p. 337: "por o adeuinaua muchas cosas de las que auien de seer e fazie tan grandes marauillas que los que lo ueien tenien que fazie miraglos".

[74] Waxman (1916), p. 332.

[75] "Que castigasen a las adevinas e otras personas legas que dixesen cosas por venir; y si fueran clérigos, los manifestasen a sus prelados y jueces, para que fuesen castigados", Santa Cruz (1951), t. I, cap. LIII, p. 221.

[76] El título de la obra en la época fue el de *Comedia de Calisto y Melibea*. La pieza pasó por

ceso de control de las poblaciones, hecho a expensas de los egipcios, entre otros grupos. Esos nómadas, buscados por los nobles en una época en que eran flexibles las fronteras entre los reinos y los señoríos, se volvían inquietantes. Los gitanos fueron obligados a abandonar sus hábitos errantes y a volverse sedentarios, bajo pena de servidumbre perpetua.[77]

LA CASTILLA DE ISABEL

La meseta castellana, con sus temperaturas extremas, difería de las demás regiones de la península. Castilla estaba dividida en dos regiones distintas por una cadena montañosa. En el norte, el área comprendida entre León, Ávila, Segovia, Valladolid, Salamanca y Zamora, constituye hoy una de las comarcas más yermas de la Europa occidental. Ese paisaje austero, que el filósofo Miguel de Unamuno ha considerado emblemático del carácter nacional, no siempre fue tan severo. Durante el reinado de Enrique IV, bosques de robles, encinas y abetos se extendían hasta la entrada de las ciudades. En Segovia, residencia favorita del monarca, los jabalíes destrozaban regularmente los cultivos, sin que los labradores se atreviesen a matarlos, por temor a indisponerse con el soberano, pues éste, "enamorado de las tinieblas del bosque, buscó refugio en los más espesos". Los hizo encerrar con un muro para impedir que los vagos cortaran ramas y árboles, con objeto de que las bestias pudiesen multiplicarse con toda libertad.[78] Alrededor de Madrid, en las colinas boscosas de la sierra, los osos eran tantos que valieron a la ciudad el sobrenombre de *orsaria*.

varias reediciones y su éxito manifestó la diferencia entre la legislación represiva y los gustos y las prácticas de la gente.

[77] Santa Cruz (1951), t. I, cap. XLVI: "Yten mandaron Sus Altezas y ordenaron que los egicianos que andaban por su reino tomasen oficios de que viviesen o tomasen bivienda con sennores a quien sirbiesen y les diesen lo que ubiesen menester; y que no andubiesen mas juntos vagando por sus reinos. Y si no lo hiciesen, que dentro de 60 días saliesen de sus reinos; y si no lo hiciesen ni tomasen oficios, ni bibiesen con señores, se les diese a cada uno cien açotes y los desterrasen perpetuamente del reino. Y por la segunda les cortasen las orejas y los desterrasen; y por la tercera fuesen cautibos por todas sus vidas."

[78] Alonso de Palencia (1975), *Década* 1, vol. 1, libro I, p. 11; libro IV, p. 98, y libro X, pp. 229-230: "En la construcción permitía don Enrique, celoso conservador de los bosques, emplear las maderas que en ellos se crían. Otra causa de su especial predilección por la ciudad era las dilatadas selvas de altísimos pinos, de encinares y de robledales que la rodean y de los que nadie se atrevía a cortar la más pequeña rama, a fin de que los jabalíes, osos, ciervos, cabras monteses y gamos vivieran con la mayor seguridad. De este modo, en aquellos sitios cubiertos de nieblas, nieves y hielos, don Enrique, enemigo de todo sentimiento humano, negaba con tal avaricia lo que la naturaleza liberalmente produjo para sustento del hombre, que muchos sufrían extremado castigo por cortar algunas ramas de árboles silvestres, o por evitarle, quedaban expuestos a inminente peligro de muerte, a causa del rigor del frío. Tal atrevimiento llegaron a cobrar los ciervos y jabalíes, que devastaban los frutos de las cercanías a presencia de los campesinos, por la costumbre de verlos contemplar en silencio el destrozo, sin exhalar la menor queja. Sucedía esto principalmente entre la ciudad y el Gobia (elevado monte cubierto de nieves eternas) porque allí hay bosques que don Enrique hizo cercar con tapia en su mayor parte, y en su recinto construyó un vasto y magnífico edificio donde se encerraba a solas con los rufianes para celebrar sus banquetes y contemplar las innumerables fieras que por allí habitaban."

Hacia fines del siglo XV, los bosques de Castilla la Vieja, reservas de madera y de caza que pertenecían las más de las veces a las tierras comunales, se vieron mermados bajo los efectos del pillaje sistemático de los hombres, hasta los flancos de las colinas y de las sierras. Esta modificación del paisaje, que reducía los bosques a las pendientes montañosas, repercutió en el vocabulario. El término *monte* vino a designar tanto los accidentes orográficos como los bosques y la maleza. El crecimiento demográfico, las mayores necesidades de combustible y de materiales de construcción, y el desarrollo de las industrias minera y textil aceleraron la desforestación.[79]

La unidad que mostraban las ciudades de la meseta castellana era producto de una historia común, que se reflejaba en las instituciones, en la población abigarrada —los mudéjares y los conversos estaban abundantemente representados— y el auge de las actividades comerciales y artesanales. En el curso del siglo XV, aprovechando los disturbios desencadenados por comerciantes enriquecidos durante los reinados de Juan II y de Enrique IV, las ciudades se habían levantado contra la autoridad real y proclamado su deseo de gobernarse según el régimen de la comunidad. Esas revueltas urbanas pretendían arrebatar sus funciones a los consejos dominados por la nobleza, y sustituirlos por organismos constituidos por simples ciudadanos: el común.[80] Se arraigaban en una tradición de asociación popular conocida en España con el nombre de Hermandad. Corporaciones de este tipo habían surgido en Segovia, Toledo, Medina del Campo y otras ciudades castellanas para luchar contra el bandolerismo que infestaba los campos. Con motivo de la guerra de Granada, los Reyes Católicos habían buscado el apoyo de esas milicias, entre las cuales gozaban de un gran favor. Los miembros de la fraternidad formaban compañías de arqueros que perseguían a los malhechores y los ejecutaban según un ritual que fue ligeramente modificado a fines del siglo.

Por el robo mas insignificante [...] persíguese al culpable hasta Aragón y hasta Portugal, y una vez preso, llevanle hasta unos montecillos señalados para las ejecuciones, donde han de atarle en lo alto de un madero. Antes acuden de las aldeas vecinas y de las chozas en que viven por los montes y extraviadas soledades los guardas de las colmenas, que son el mayor recurso de aquellos rústicos; hablan familiarmente con el reo, comen todos juntos cual en regocijado festín y se alegran con el vino, tenido por suave y excelente. Acabando el banquete, atan al infeliz y diestros cuadrilleros disparan contra él unas veinte saetas. Al que le atraviesa el corazón tiénesele por merecedor del premio; pero el que las clava fuera del pecho paga como multa el próximo banquete y queda inhabilitado para tomar parte en los sucesivos. Inmediatamente después, jueces nombrados por la junta de rústicos declaran los motivos de la sentencia por la que aquel desdichado,

---

[79] Vassberg (1986), pp. 55 y 204-205.
[80] Maravall (1979), pp. 90-91. Esos movimientos, típicos de la vida urbana de la baja Edad Media, eran comparables a los que estallaron en Francia desde el siglo XIV en cierto número de ciudades que luchaban por tener su propia forma de gobierno, encarnada en la posesión de tres elementos: el campanario, la campana y el sello.

ya exánime, ha merecido tan cruel pena. Este atroz género de muerte y la crueldad de la sentencia *a posteriori* mereció tal aprobación de nuestros mayores".[81]

¿Están muy alejadas esas prácticas de los ritos de los avaporu que
hemos evocado al comienzo de esta obra? Segovia y toda Castilla, así
como Galicia, establecieron una Hermandad siguiendo el ejemplo de Toledo; esas fraternidades, fuertemente ritualizadas, pasaron a depender de los
Reyes Católicos, según un proceso de centralización que se intensificó después de la toma de Granada.

De las ciudades castellanas, una de las más ricas era Segovia gracias a la
floreciente industria del paño. Sin ser una capital —por entonces, la corte
no tenía sitio fijo— había sido, como se recordará, la residencia predilecta
de Enrique IV. En su circunscripción, al lado de esos extraños toros de
piedra tallados en la noche de los tiempos y levantados en la landa desolada de Guisando —refugio de los anacoretas—, el rey don Enrique, de mala
gana, había apartado a *la Beltraneja* de la sucesión al trono en favor de su
medio hermana Isabel. También en Segovia, ésta fue proclamada reina de
Castilla en 1474. Esta ciudad, renombrada y emprendedora en negocios,
tenía una apreciable comunidad de conversos. Los descendientes del rico
Arias Dávila, *el Volador*, seguían habitando ahí, y el impresionante torreón
de la casa señorial, que podía verse desde la plaza de los Huertos, parecía
desafiar al santo tribunal de la Inquisición.

Pedrarias, nieto del tesorero, ya entrado en la cincuentena, había casado
con Isabel de Bobadilla, descendiente de un linaje ilustre, "manchado",
como el suyo, de sangre hebraica. En 1504, la ruta de las Indias probablemente no entraba en sus proyectos, y la idea de que dos de sus hijas pudieran un día casar con oscuros hidalgos de Extremadura, unos Núñez de
Balboa o unos Soto, era tan ajena a su mente, como el giro que le reservaba el destino a una edad en que normalmente la vida ya no está en el
futuro, sino en el pasado. ¿Conocía él ya a Oviedo, converso también, y
colocado en la casa real desde su adolescencia? Podemos imaginar el rostro
severo de Pedrarias animándose a la vista de aquellos jóvenes temerarios,
entre ellos el propio Oviedo, que se divertían caminando sobre la arista
superior del acueducto romano, arriesgando la vida.[82] Ese majestuoso monumento, "modelo de ingeniosidad" —según palabras de Oviedo—, dominaba la ciudad. En aquel principio de siglo, acababan de ser reconstruidos
varios arcos destruidos cuando la toma de Segovia por los moros, lo que
era otro testimonio del afán de restauración de las construcciones antiguas que inspiraba a los Reyes Católicos.

Ese interés por los monumentos romanos, góticos o árabes, no se extendía a todos los vestigios del pasado. Por ejemplo en Madrid, que en aquel
comienzo de siglo aún era una pequeña ciudad de aspecto medieval, las

[81] Palencia (1975), *Década* 1, vol. I, libro VIII, pp. 191-192. La Santa Hermandad Vieja de
Toledo, Talavera y Ciudad Real, había sido organizada a comienzos del siglo XIV. Valdeavellano (1986), p. 420.
[82] Oviedo (1974), p. 206.

murallas formaban un grillete sofocante. Mientras que los artesanos moriscos y cristianos se apiñaban en el laberinto de callejas mal ventiladas, la
población más próspera prefería los barrios de Atocha y de Alcalá, en
expansión desde el fin del siglo.[83] Su situación central y la pureza de su
atmósfera —no la afectaban las brumas marítimas— hacían atractiva la
permanencia en esta ciudad. En Madrid nació Juana *la Beltraneja*, causa
de tantas discordias, y en el alcázar de la ciudad, Isabel *la Católica* hacía
justicia públicamente. Pero en 1502 la ciudad sólo hablaba del valor de
otra mujer, Johana de Duero: había corregido a golpes de espada a un escudero que la había insultado llamándola "vieja puta". La reina Isabel había apreciado esa fuerza de carácter.

También en Madrid había visto la luz Oviedo en 1478, el mismo año sin
duda en que Francisco Pizarro, con quien compartía, si no la cultura al
menos la condición de hijo ilegítimo. Oviedo había crecido en el círculo de
los Grandes, pese a una lejana ascendencia judía. Había residido, intermi-
tentemente, en esta ciudad "rodeada de fuego y fundada sobre el agua",
giro precioso, elegido para evocar las canteras de sílice y las fuentes de su
territorio. Ahí había casado con "una de las mujeres más bellas del reino
de Toledo y de nuestra ciudad". Mas, después de 10 meses de dicha, Margarita moría y Oviedo partía a combatir contra los franceses, sin olvidar
jamás a su compañera "de los cabellos de oro".[84]

LAS FERIAS DE MEDINA DEL CAMPO

Pese a la barrera geográfica de Guadarrama que separa las dos Castillas, la
Vieja al norte y la Nueva al sur, la comunicación entre esas vastas regiones
era relativamente fácil. Los rebaños trashumantes franqueaban los obstáculos naturales, y las mercancías, transportadas por recuas, unían las diferentes ciudades continentales con los puertos cantábricos, mediterráneos y
atlánticos. La animación de las ciudades castellanas, cuyas actividades
principales, aparte de la industria textil, eran el trabajo del cuero y las fá-
bricas de papel, se ampliaba con la celebración de las ferias, reunidas dos
veces al año, de acuerdo con privilegios acordados por la Corona. Las más
famosas de España eran las que se celebraban en Medina del Campo.

La ciudad salía de una breve noche en aquella mañana de octubre de 1504,
mientras que, en la imponente fortaleza de ladrillo rojo de La Mota, ago-
nizaba Isabel *la Católica*. La feria de otoño acababa de comenzar. El invierno se había adelantado y el viento de la meseta se metía por las callejuelas atestadas de personas que habían acudido de todos los rincones de

---

[83] Ezquerra Abadía (1982), pp. 14-18.

[84] Otte (1958), p. 9; Guillén (1963), p. 81, señala igualmente la identidad conversa de
Oviedo. El propio Oviedo lo informa en una de sus *Quincuagenas* (1974), pp. 298 y 312-313.
Véase también *ibid.*, pp. 506-507, y Gerbi (1978), p. 166. En 1504 se encontraba en Vizcaya,
en Durango, donde se perfeccionaba en el derecho y se preparaba para una carrera de escribano público. Ejerció ese oficio en Madrid hasta su partida rumbo a las Indias, donde tuvo
entre sus clientes a un cierto número de conversos (Otte [1958], p. 10).

la península, demasiado ajetreadas para preocuparse por la escarcha de la mañana. Desde hacía algunos decenios, Medina del Campo se había convertido en una de las capitales económicas del reino. Dos veces por año, mercaderes y negociantes originarios de toda la Europa occidental se dirigían ahí para comprar paños y lana así como otras mercancías que se mostraban a lo largo de las calles, en tiendas, en puestos al aire libre, en escaparates y en depósitos. Sobre todo genoveses, pero también franceses, portugueses, flamencos e irlandeses, trataban con castellanos, sevillanos, moriscos, vascos y gallegos. Esta población de temporada hacía la dicha de los mesoneros, que proporcionaban modestísimos albergues a precios exorbitantes, pese a los controles municipales. La pasión del lucro atraía a todos los que esperaban encontrar algún provecho en la riqueza del prójimo, y Medina del Campo podía jactarse de reunir, durante algunas semanas, a una verdadera república de indigentes, organizados en hermandades de mendigos, o disfrazados de burgueses para fundirse con la multitud, asaltantes y vagabundos que subían de Sevilla y de otras partes y que se regresaban, las más de las veces, con las alforjas llenas.

Las mercancías se exponían según su naturaleza en calles acondicionadas para la ocasión. En la vía principal, que cortaba la ciudad a lo largo, se podía encontrar toda clase de paños, desde los de lana fina hasta los de seda, fustanes y muselinas. En las calles transversales, los pañeros vendían al menudeo. En otras partes se alineaban los puestos de los plateros, los negociantes de pieles, de sillas y de monturas; de las pilas de especias se desprendían aromas que se esparcían por las calles adyacentes; cera, pez, grasa y aceite impedían el paso. Aquí, un callejón sin salida había acogido la cestería, allá se amontonaban tapices para recubrir las bancas de piedra y de madera; más lejos se agitaban los hortelanos y los pescadores. En la plaza de la Daldajuela, sobre excrementos y lodo pataleaban los animales: vacas, asnos, corderos y caballos, colocados en sitios reservados, y cuidados por vaqueros, rústicos y chalanes que entablaban transacciones laboriosas desde las primeras luces del alba.[85]

Desde que Colón había abierto el camino de las Indias occidentales, en las tiendas se mostraban algunos productos de las islas, especialmente pepitas de oro que excitaban la imaginación, pese a su aspecto decepcionante. Entre tantas mercancías que llenaban las tiendas o que se apilaban en el convento de San Francisco, el chalán podía procurarse algunas resmas de papel gris, así como libros que devoraba el público, cuando se trataba de novelas de caballerías. Fue precisamente en 1504 cuando el muy activo Montalvo, regidor de la ciudad, poco antes de morir, dio la última mano a su *Amadís de Gaula*, uno de los más grandes éxitos del género caballeresco en la España del siglo XVI.[86] Gracias a esas ferias, los moros tenían el derecho de salir de su barrio para vender sus productos en las tiendas cristianas.

La organización de la feria siempre era cuestión delicada, pues la fiebre de las transacciones caldeaba los espíritus, y pronto se pasaba a los intercambios de golpes. Sobre todo el regateo, causado por quienes compraban

[85] Espejo y Paz (1912), pp. 32-33.
[86] *Ibid.*, p. 182.

existencias que luego revendían al menudeo, invariablemente causaba discordias. Desde que los Reyes Católicos habían prohibido portar armas mientras duraran los mercados, se habían contenido un tanto las violencias. El concejo municipal ejercía durante esas semanas de fiesta y de agitación una vigilancia intensificada. Como Montalvo, también Francisco Díaz del Castillo, uno de los 24 regidores de Medina del Campo, debió de gustar de esas jornadas en que el afán de lucro favorecía otros vértigos, que en su caso le valieron el sobrenombre de *el Galán*. Su hijo Bernal, niño por entonces, evocará más tarde, bajo los cielos del Nuevo Mundo, el espectáculo de esas ferias.

La principal mercancía de Medina del Campo era la lana, en bruto o tejida, que daban los rebaños de la Mesta: la de mejor calidad era exportada a Flandes por Vizcaya y Santander; la más rústica se destinaba sobre todo al mercado interno,[87] y servía para fabricar las bayetas, los barraganes, las estameñas, telas burdas que cubrían a los pobres de la península ibérica antes de vestir a los indios americanos. A fines del reinado de los Reyes Católicos, el comercio textil era la actividad más lucrativa del país. Esquiladores, deslustradores, despinzadores, cardadores, tejedores y tintoreros se agrupaban en poderosas corporaciones, bajo el patrocinio de un santo.

En torno a la exportación de la lana fina se había constituido una red comercial que unía las ciudades de Segovia, Medina del Campo, Burgos y Bilbao, bajo la dirección de negociantes de Burgos.[88] Como cada año, los mercaderes trataban de aprovechar los problemas de temporada de los pequeños criadores de ganado, en dificultades por el pago del alquiler de las tierras de pastoreo y los impuestos de la trashumancia. Así, compraban la lana antes de la tonsura, hacia Todos Santos, y ésta les era entregada en mayo. Los Reyes Católicos habían favorecido su exportación, en detrimento de la industria local, obedeciendo así a los intereses conjuntos de la nobleza —propietaria de los latifundios—, de los negociantes y de la Corona, enriquecida por el gravamen que pesaba sobre los rebaños trashumantes y las tierras de pastoreo. Los pañeros formaban un grupo minoritario, ante todos los que apoyaban a los exportadores.[89] En ese comienzo de siglo, el conflicto que oponía los talleres textiles a los negociantes era ya notable; al cabo de los años, estas separaciones llegarán a ser uno de los fermentos de la rebelión de las comunidades. Podemos suponer que en este final del reinado de Isabel, esas rivalidades de intereses alimentaron más discusiones en Medina del Campo que las aventuras de los castellanos que habían partido tras la huella de las expediciones de Colón. Ya habían transcurrido varios años desde que, en aquella misma feria, se había exhibido a tres antropófagos capturados en las islas por el almirante.[90]

El 26 de noviembre de 1504, en Medina del Campo, Isabel *la Católica* falleció de muerte natural a la edad de 56 años. Ese mismo día, Fernando mandó izar los pendones con las armas de su hija Juana y de su esposo

---

[87] *Ibid.*, p. 168.
[88] Pérez (1970), p. 42.
[89] *Ibid.*, p. 42.
[90] Mármol Carvajal (1946), cap. XXI, p. 152.

legítimo, el archiduque de Austria, Felipe *el Hermoso*. La muerte de la soberana marcaba un cambio dinástico. Fernando conservaba el reino de Aragón, y pensaba dedicarse a los asuntos africanos. En su testamento, Isabel había nombrado regente de las Indias a su esposo, el rey Fernando; no había olvidado ni a los monjes jerónimos —orden a la que pertenecía su confesor, Hernando de Talavera— ni a los indios del Nuevo Mundo. En su lecho de muerte dictó un codicilo, en que pedía a su hija Juana y al príncipe su esposo no tolerar injurias de ninguna clase a las personas o a los bienes de sus indios bienamados.

Isabel, "la magnífica leona, la reina afortunada", exaltada por sus panegiristas,[91] había pedido ser enterrada en su ciudad de Granada. Los preparativos del cortejo fúnebre comenzaron con las primeras horas de recogimiento. La escolta que acompañaba los despojos de la soberana se puso en marcha y salió de Medina del Campo bajo verdaderas trombas. Durante las 22 jornadas que duró el viaje tuvo que hacer frente a los elementos desencadenados; lluvias torrenciales hicieron crecer los ríos, derribando gran número de puentes. El año terminó con una serie de catástrofes naturales, que preludiaban tiempos de hambre y de peste.

GRANADA SE VUELVE MORISCA

Doce años habían transcurrido desde que Granada cayera en manos de los Reyes Católicos, el 2 de enero de 1492. A partir de este episodio irreversible —al menos, con la perspectiva del tiempo, así nos lo parece— la condición de los musulmanes pasó por muchas vicisitudes. Las condiciones de la rendición de Granada estipulaban que los vencidos conservarían sus usos y costumbres, especialmente su religión: en principio el clero, la ley y los tribunales musulmanes debían ser respetados "para siempre jamás". Y sin embargo, el arzobispo de Granada, don Hernando de Talavera, inauguró escuelas para instruir en la religión y los usos cristianos a todos los infieles que decidieran abrazar la nueva fe. Para evitar la mediación de intérpretes, Talavera encargó a los misioneros aprender la lengua árabe, como había empezado a aprenderla él, pese a su avanzada edad.[92]

Aunque había perdido cerca de la mitad de su población,[93] Granada siguió siendo una ciudad morisca en la que se apiñaba una población abigarrada, cruza de árabes, bereberes y sirios, que conservaba su lenguaje, sus costumbres y sus aromas. Los moros llegados de África, a quienes se llamaba los *ghazi*, se mezclaban con descendientes de cristianos que habían pasado al Islam, renegados evidentemente aborrecidos por los cristianos, los *elches*; los artesanos menesterosos, los esclavos negros se codeaban con los nobles vencidos y con los ricos mercaderes de la seda. Aunque bautizados, la mayoría de los habitantes conservan el uso de los nombres árabes que resue-

---

[91] Véanse los *Romances y villancicos* de Juan del Encina en la discografía.
[92] Garrido Aranda (1980), pp. 115 y 235; Pérez (1988), p. 368.
[93] Según Monetarius (1920), p. 38: *"Olim habuit quinque milia casas habitatas. Nunc non octigentas."*

nan por doquier en los dédalos de las calles, en los mercados: Hali, Muça, Zalema, Fátima, Brahim, Hameth, Huceph, Meriam...[94] Las mujeres con el rostro velado se apresuran hacia los baños por las callejuelas de la ciudad y del bazar, al pie de los palacios de la Alhambra. Aún llevan en las manos y en el rostro el polvo de la alheña. Sus calzas, las *zaragüelles*, sorprenden a los viajeros.[95] Por las grandes casas y los patios perfumados en que corre el agua se llevan a cabo danzas, fiestas y bodas a la usanza musulmana, mientras que los niños, cristianos y musulmanes, mezclan sus juegos. Los llamados del *muezzin* sacuden, a hora regular, el sopor de los campos de Granada, para escándalo de más de un visitante procedente de la Europa católica. En 1494, el alemán Monetarius se guardó de parar en los barrios en que todos los habitantes eran musulmanes.[96]

La tolerancia de los primeros conquistadores de Granada reflejaba un secular afán de coexistencia y acomodo que explica en parte que durante todo el siglo XVI se mantuviera una cultura morisca en España. Los habitantes de la península ibérica estaban habituados desde hacía largo tiempo, a la pluralidad de culturas y religiones, con todo lo que esta situación suponía de enfrentamientos y de componendas. Pero desde hacía poco se habían impuesto opiniones más rígidas, acordes con las ambiciones unificadoras de los Reyes Católicos y en ese sentido premodernas. La propia reina, como hemos visto, había tratado de eliminar modos de vida y prácticas juzgadas poco conformes a la ortodoxia. ¿Cómo los moros, más numerosos que los gitanos, habrían podido librarse de las medidas coercitivas recién ordenadas, y destinadas a controlar las comunidades religiosas, las prácticas mágicas y las "naciones" nómadas sobre suelo español?

Poco después de la caída de Granada se elevaron voces que reclamaban la expulsión definitiva de los musulmanes, a ejemplo de la de los judíos. Sin embargo, los Reyes Católicos se negaron a adoptar esa medida: habían dado su palabra y no querían aparecer, a la vista de los pueblos, como perjuros.[97] De hecho, pese a las tolerantes disposiciones de Talavera, los musulmanes no abjuraron su fe. Los Reyes Católicos designaron como adjunto del arzobispo a un hombre más autoritario, el franciscano Francisco Jiménez de Cisneros, arzobispo de Toledo. Su llegada inauguró una política de triquiñuelas y de presiones brutales que desembocaron en bautismos en masa. Con respecto a los numerosos volúmenes árabes que descubrió en Granada y en otros dominios, Cisneros conjugó el humanismo con la represión. Después de haberlos examinado minuciosamente, envió cierto número a la universidad de Alcalá de Henares, e hizo quemar, en el lugar, todos los ejemplares del Corán. Esta ambivalencia resurgirá entre los evangelizadores del Nuevo Mundo.[98]

[94] Caro Baroja (1976), p. 120.
[95] *Ibid.*, p. 53.
[96] Monetarius (1920), pp. 36-37, 38 y 44.
[97] Mármol Carvajal (1946) da una explicación más tardía sobre su actitud: "Y demás desto, teniendo como tenían puestos los ojos en otras conquistas, no querían que en ningún tiempo se dijese cosa indigna de sus reales palabras y firmas", cap. XXII, p. 153.
[98] *Ibid.*, cap. XXIV, p. 154: "Y el arzobispo de Toledo les tomó gran copia de volúmenes de

Las reacciones no se hicieron esperar. El primer gran motín musulmán contra los invasores cristianos estalló en 1500 en el barrio del Albaicín. Desafiando la lluvia de piedras lanzadas por los musulmanes enfurecidos contra la adarga de don Íñigo López de Mendoza, conde de Tendilla, Talavera trató de calmar a los amotinados. Entonces el conde, acompañado de sus alabarderos, se quitó el bonete rojo y lo lanzó al centro de la multitud, para mostrar que iba en plan de paz. Y para tranquilizarlos más, instaló en una casa del Albaicín, junto a la Gran Mezquita, a su mujer y a sus hijos pequeños —entre los cuales probablemente estaba Antonio, futuro virrey de México y de Perú— y los dejó ahí, a manera de rehenes. Ese acto calmó los ánimos.[99] En otra parte, en Guéjar, Lanzarón y Andarax, en las Alpujarras, los musulmanes siguieron el ejemplo de los granadinos.

En 1502 los Reyes Católicos, hartos de aquella resistencia, dieron dos meses a todos los moros del antiguo reino de Granada, así como a todos los mudéjares de Andalucía y de Castilla, para convertirse. Si no lo hacían en ese plazo, serían reducidos a la esclavitud.[100] Los que aceptaron el bautismo se volvieron moriscos. Esas medidas brutales fueron contemporáneas de las que Nicolás de Ovando, recién llegado a La Española, aplicó, según se dice, para librar a los indios de la esclavitud y de los malos tratos. Mientras que la política de asimilación de los moros propuesta por Talavera termina en un fracaso, la reina Isabel, en el codicilo añadido dos años después a su testamento, temiendo con razón las modificaciones tropicales de su legislación, ordena a Ovando tratar con "amor" a sus nuevos súbditos del otro lado del Atlántico. Pero la suerte de los indios fue aún peor que la de los moriscos, como veremos más adelante.[101]

Aun cuando las fluctuaciones de la política real, las negociaciones repetidas y las subvenciones ofrecidas por la comunidad granadina retardaron la aplicación de las medidas integradoras o moderaron su ejecución, la

libros árabes de todas facultades, y quemando los que tocaban a la seta, mandó encuadernar los otros y los envió a su colegio de Alcalá de Henares para que los pusiesen en su librería." En Granada, en vísperas del siglo XVI, las medidas de conversión forzosa fueron tomadas como lo que eran: la señal de la negación de las garantías reales. Bernáldez (1962), cap. CLX, p. 387: "e quedó el arçobispo de Toledo con el de Granada, dando forma en el conbertimiento de la cibdad. Y buscaron todos los linages que venían de cristianos y convirtieron e bautizaron muchos dellos. E los moros tuvieron esto por muy mal e alborotáronse unos con otros e escandalizaron la cibdad, de manera que se alzaron muchos, e otros se fueron de la cibdad e alborotaron los lugares comarcanos e las Alpuxarras e alçáronse contra los cristianos".

[99] Diego Hurtado de Mendoza (1970), I, p. 102; Mármol Carvajal (1946), cap. XXV, p. 155: "Luego llegó el conde de Tendilla con sus alabarderos y quitándose un bonete de grana que llevaba en la cabeza, lo arrojó en medio de los moros, para que entendiesen que iba en hábito de paz [...] Y para que se asegurasen más, hizo el conde un hecho verdaderamente digno de su nombre, que tomó consigo a la Condesa su mujer y a sus hijos niños, y los metió en una casa en el Albaicin junto a la mezquita mayor, a manera de rehenes. Y con esto se apaciguó la ciudad."

[100] Bernáldez (1962), cap. CXCVI, p. 472: "mandaron que todos los moros del reino de Granada y todos los moros mudéjares de Castilla y Andaluzia, dentro de dos meses, fuesen baptizados, so pena de ser esclavos del rey e de la reina, los que fuesen realengos; e los de los señoríos, esclavos de sus señores".

[101] Isabel *la Católica* no prohibió completamente la esclavitud, que siguió siendo posible en calidad de medida punitiva.

cuestión morisca ya no dejó de plantearse. ¿Cómo garantizar la seguridad del reino y hacer buenos católicos a todos los súbditos de la Corona? ¿Cómo borrar el Islam, pero dejando subsistir lo que era parte de la costumbre y de la tradición? ¿Cómo distinguir la costumbre tolerable de la religión prohibida? Otras tantas preguntas a las que inevitablemente tuvieron que enfrentarse los conquistadores y, más aún, del otro lado del océano, los evangelizadores del Nuevo Mundo.

Por más que la Corona se esforzó por convertir en masa a tales poblaciones, éstas permanecieron durante largo tiempo como musulmanas, manteniendo en torno de los conquistadores cristianos un medio tan ajeno, un clima tan hostil, como los que encontraron en la tierra de América. Y tal vez más agresivo aún, porque los moriscos estaban bien conscientes de la incompatibilidad radical que desde hacía siglos enfrentaba a un monoteísmo contra otro, mientras que los indios no captaron inmediatamente, y en algunos casos nunca, el trastorno que representaba para ellos la conversión al cristianismo.

Así, una población entera decidió ejercer sus ritos en el secreto y la clandestinidad. Sus *alfaquíes*, los doctores de la ley musulmana, tomaban precauciones infinitas para formar a las generaciones jóvenes; la presión y la fuerza del número atemorizaban a los recién convertidos, o imponían el silencio a los cristianos viejos que habían llegado a colonizar el reino. Por lo demás, la religión no era la única frontera que separaba a los cristianos viejos de los moriscos. Eran los modos de vida los que divergían o se oponían. Entre los moriscos, chocaban y molestaban su organización patriarcal, la poligamia, el dominio sostenido de los viejos, la manera de vestirse, de bailar, la música, los alimentos: los moriscos no consumían más que carne de toros abatidos ritualmente, y execraban la carne de cerdo. Muchos ocultaban armas y obras religiosas, millares de ejemplares del Corán que durante todo el siglo XVI las autoridades españolas se esforzarán por confiscar para quemarlos, mientras que en América destruirán con la misma obstinación los *quipu* de los Andes y los códices mexicanos.[102]

Granada vencida era una tierra de conquista, como se volvería América. Desde 1492 unos colonos cristianos, los pobladores, se introducían por miles en el reino de Granada, apoderándose de las tierras más ricas.[103] Los grandes señores, los nobles que participaron en la Conquista, recibieron tierras y vasallos. El repartimiento granadino aparece como una anticipación de la encomienda, que confiará al conquistador de las Indias los ingresos de los pueblos indígenas. Y sin embargo, la nobleza musulmana había obtenido la promesa de que se respetarían sus tierras y sus bienes; pero muy pronto, a pesar de esas promesas, los nuevos señores los obligaron a perderlas. En muchos aspectos Granada, al igual que la conquista de las Canarias, permitía presagiar el destino de las tierras occidentales que el Almirante de la Mar Océano se enorgullecía de haber descubierto.

---

[102] Caro Baroja (1976), p. 118.
[103] No olvidemos que durante dos años (1490-1491) los cristianos habían devastado la vega de Granada para que los granadinos, sitiados, no pudieran aprovisionarse.

Aunque la ciudad vencida conservaba un aire exótico, ya no podía ignorar la presencia de los Reyes Católicos, de la Iglesia, del gótico final, de los humanistas atraídos por los Mendoza. La corte se instaló en la Alhambra. Los hijos de Colón, Diego y Hernando, aprendieron ahí los modales cortesanos, mientras su padre se reunía, también ahí, con los soberanos al retorno de su tercer viaje. Las mezquitas fueron remplazadas por iglesias, y los palacios moros se transformaron en conventos: señal de los tiempos y del triunfo perdurable de los soberanos de Castilla y de Aragón, en 1505, el arquitecto Enrique de Egas levantó la capilla *real* que recibirá, 16 años después, los despojos de Isabel y de Fernando.

LAS ESPAÑAS DE LOS REINOS Y DE LOS TERRUÑOS

La asombrosa diversidad de las regiones de la península, sus infinitas modulaciones y el espectáculo repetido sin cesar y por doquier de la otredad tal vez expliquen la agudeza de la mirada que muchos españoles lanzaron hacia las Indias y, para empezar, sobre su mundo. Aunque sólo fuesen las observaciones que el filólogo Nebrija consagró a los pájaros y a la sémola, cuyo consumo apunta entre los andaluces, los moros y los negros. Revelan una asombrosa sensibilidad hacia lo real, lo concreto y su prodigiosa variedad, y sin embargo están insertadas en el meollo de una obra docta de comentarios sobre la Biblia. El universo de Nebrija no disocia el estudio de las lenguas antiguas de la observación del terreno: el *alcuzcuz*, es decir, el cuscús, y el conocimiento de las costumbres de los *Mauri atque Aethiopes qui apud nos degunt*, esos "moros y negros que viven entre nosotros", son una prolongación natural de su vocación humanista.[104]

La multiplicidad de los focos de actividad debe mucho al brillo de las ciudades. Cada ciudad y sus tierras constituyen el horizonte privilegiado de los españoles de fines del siglo XV, ya sea que se queden en la península o que vayan a las Indias. Una numerosa nobleza abierta —hemos visto hasta qué punto en el País Vasco—, una burocracia influyente de hombres de Iglesia y hombres de pluma, mercaderes, los más afortunados de los cuales toman parte en el negocio internacional, campesinos, artesanos y sobre todo una muchedumbre de empleados, de sirvientes, dependientes, pajes y factotums, componen un cuerpo social en cuyo seno, hay que repetirlo, son fundamentales las relaciones de clientelismo y de patrocinio. Para todos, el ideal del hidalgo es la piedra de toque. Puede comprenderse así que los trabajadores de la tierra se apresuren a abandonarla y que los marinos —esenciales, empero, en la aventura atlántica— sean objeto de un desprecio igual mientras que, más abajo aún en la escala social, los esclavos que pueblan las ciudades constituyen preciosas señales exteriores de riqueza.

Esos reagrupamientos jerárquicos, que mezclan a parientes, a aliados en todos los sentidos del término y a la servidumbre, explotan los nexos legíti-

[104] Bataillon (1982), p. 33.

mos del matrimonio y de la descendencia tanto como las relaciones ofi-
ciosas que se tejen mediante la bastardía y el concubinato. Su flexibilidad
explica la facilidad con que los conquistadores del Nuevo Mundo se unirán
a mujeres indígenas e integrarán su progenitura ilegítima en las filas de su
"familia" convirtiéndolos en pajes, en sirvientes o en esclavos. Capaces de
reproducirse y de ramificarse al margen de las estructuras estatales y eclesiásticas, esos organismos tentaculares resultaron particularmente adapta-
bles en tiempos de expansión cuando participan en la ocupación de nuevos ambientes. Como contrapartida, socavan las tentativas de organización
y de estabilización que emanan del poder central, ya se trate de la Iglesia o
de la Corona.[105]

A la diversidad del espacio ibérico —se habla de las Españas para designar
al conjunto de los reinos, incluido Portugal, que ocupan la península—, a la
pluralidad de las culturas y de las lenguas, a la aptitud para crear nexos de
todas clases, se añaden la heterogeneidad de las instituciones y la debilidad
del aparato de Estado, que en nada es comparable a un Estado moderno. El
carisma de Isabel no puede bastar, y la burocracia de notarios y de abogados —los *letrados*— que prolifera por doquier está al servicio de la Corona
tanto como al de quienes ocupan esos cargos. La estrecha imbricación de
la Iglesia y del poder real que predomina sobre esta última es un arma
para el porvenir más que para el presente. Y sin duda porque este conjunto
heteróclito deja un margen considerable a las iniciativas de los particulares, sean éstos extranjeros, o sean aquéllas las más alocadas, el genovés
Colón acabó por obtener un apoyo decisivo mientras que desde el reinado
de Enrique *el Navegante* la expansión portuguesa está pesadamente contenida por la Corona, y no llega a América.

La geografía política de la península presenta "una mezcolanza bastante
grande".[106] Durante el reinado de los Reyes Católicos, Castilla, que forma
una unidad más homogénea, llevó una existencia totalmente independiente
de la confederación aragonesa con sus reinos y sus asambleas. En Aragón,
el poder real es de naturaleza "pactista" y se funda en constantes negociaciones con las diputaciones locales. El soberano tiene más libertad en Castilla, al menos mientras respete la autonomía de las posesiones de las
grandes órdenes militares de Calatrava, Alcántara y Santiago, o la de las tres
provincias vascas. A pesar de una unificación monetaria, subsisten barreras aduanales entre las dos entidades. La unión de las dos coronas realizada por Isabel y Fernando reposa casi esencialmente en sus personas, y
en particular en la personalidad de la reina: es una unión frágil, que estuvo
a punto de romperse después del segundo matrimonio de Fernando. El
país que se lanza a la aventura americana sale de varios años de guerra civil (1464-1480) y pasa por años agitados a la muerte de Isabel (1504-1507).

Cualesquiera que sean los méritos de Fernando *el Católico*, de quien el florentino Maquiavelo hizo no obstante un elogio vibrante, el poder real está
lejos de haberse consolidado, y al mismo tiempo hace falta una mano de hierro para controlar la expansión hacia el Nuevo Mundo. El papel de los Gran-

[105] Lockhart y Schwartz (1983), p. 8.
[106] Lapeyre (1970), p. 67.

des y de la aristocracia está igualmente mal definido. En más de una ocasión se inclinan en sentido contrario de los intereses de la Corona, ya sea que apoyen a la Beltraneja contra Isabel o que, después, tomen partido por el hermano del joven rey Carlos, so pretexto de que él fue criado en España. En 1507-1508, el conde de Ureña y el duque de Medina Sidonia —cuyos predecesores se habían lanzado tras los portugueses en la aventura atlántica— marchan contra Fernando, quien los aplasta in extremis.

Controlar el dominio de las creencias parecía más fácil. A partir de 1480, la Corona dispuso de un arma temible: la Inquisición. En principio, la cristianización forzosa debía acabar con las minorías religiosas; empero, no hizo más que dividir la opinión cristiana. ¿Qué política religiosa se debía seguir? ¿Había que contener la máquina inquisitorial, y, en caso afirmativo, cómo? ¿Qué umbrales de tolerancia había que respetar? Al multiplicar el número de los "cristianos nuevos", sospechosos y frecuentemente detestados por los "cristianos viejos", la Corona precipitó la aparición de grupos intermedios, ni judíos ni moros ni, a los ojos de los demás, realmente cristianos. Esas medidas tuvieron el paradójico efecto de aproximar, sin fundirlos, los componentes cristiano, moro y judío de España, imponiendo el barniz uniformador de la conversión al catolicismo. Una vez convertidos, los judíos tenían acceso, teóricamente, a funciones que hasta entonces les habían estado prohibidas. Esto era confundir los límites tradicionales sin borrar en lo profundo las especificidades ni suprimir los odios. Por lo demás, la integración religiosa no era ni sistemática ni uniforme: los mudéjares de Aragón pudieron conservar su fe musulmana durante los 20 años que siguieron a la muerte de Isabel la Católica.[107]

No importa; la cristianización no sólo era un programa de gobierno, sino que respondía a evoluciones perceptibles en ciertos sectores de la opinión. Pensemos, por ejemplo, en la evolución de un género literario que contaba con el favor de la mayoría de las poblaciones de la península: las novelas de caballerías, equivalentes a la vez a nuestros westerns y a los relatos de ciencia-ficción, mezclados con novelas policiacas. Amadís de Gaula, evocado en Medina del Campo, o Tirant lo Blanc, señalado en Valencia, son los ejemplos más célebres. De Valencia a Sevilla, de la Granada reconquistada a Barcelona, el género constituye un rasgo unificador, que por lo demás desborda extensamente las fronteras ibéricas ya que corresponde a la adaptación, a través de Francia, de los ciclos legendarios que narraban las hazañas de los caballeros de la Mesa Redonda en el mundo anglosajón. El retorno de las mismas peripecias, el trazo de las intrigas, de los personajes y de las parentelas, la geografía fantástica de los lugares organizan una imaginería común, ibérica y europea, que constantemente hay que tener en cuenta.

Pero ese patrimonio medieval no franqueó sin daño los últimos años castellanos del siglo xv. Resulta revelador que una parte de la tarea de Montalvo, el hábil compilador de la novela Amadís de Gaula, haya consistido en cristianizar los valores de que era portadora la obra medieval, desta-

---

[107] Kamen (1984), p. 73.

cando aquí el amor cristiano y el matrimonio, en detrimento del amor
cortesano y de las situaciones juzgadas demasiado escabrosas, y exaltando
allá el ideal evangélico de la lucha contra los infieles. No hay en ello nada
inocente cuando se piensa en el éxito nacional e internacional, europeo y
americano de la novela y de su continuación, *Las sergas de Esplandián*,
durante todo el siglo XVI. Ficción, sueño, fábulas, ciertamente, pero sobre
un fondo moralizador y cristiano en un autor que felicita a los Reyes Católicos por haber rechazado más allá de los mares a los infieles de Granada
y limpiado la "sucia lepra, malvada herejía sembrada en sus reinos por
muchos años"; traduzcamos: el judaísmo.[108]

En vísperas del siglo XVI, las cuestiones del poder, de las regiones, de las
minorías, de las religiones y de las culturas están en suspenso, e impiden
considerar a España como un edificio monolítico. ¿Unidad o pluralismo?
Todo eso está lejos de ser resuelto, y mientras tanto se dilata inconmensu-
rablemente el espacio ibérico, puesto que a las Antillas (1492) se añaden
las riberas de la América del Sur (1498).

Uno de los rasgos más sobresalientes del descubrimiento y de la conquista del Nuevo Mundo será, sin discusión, la proyección de este anda-
miaje inestable, de este inconcluso rompecabezas de costumbres, de creencias, de lenguas y de intereses sobre un espacio americano que se extiende
sobre dos hemisferios. Asimismo, el surgimiento simultáneo, de ambos
lados del océano, de interrogaciones capitales para el destino de las poblaciones vencidas: la unidad religiosa, ¿presupone una uniformidad de culturas? ¿Es conciliable la conversión con el mantenimiento de las tradiciones locales? ¿Se puede disociar la "costumbre" —nosotros diríamos la
cultura— de la religión? ¿A qué instrumento recurrir? ¿A la Inquisición?

---

[108] Avalle-Arce (1990), p. 426: "No contentos con esto [los nuestros muy católicos rey y rey-
na] limpiaron de aquella sucia lepra, de aquella malvada herejía que en sus reinos sembrada
por muchos años estaba, así de los visibles como de los invisibles."

V. EL ECO DEL NUEVO MUNDO

Príncipe ilustrísimo, te he ofrecido un espléndido océano
hasta hoy oculto y descubierto
por el almirante Cristóbal Colón
bajo los auspicios de nuestros soberanos,
como un collar de oro cuyos defectos
sólo son culpa de la torpeza del artesano

PEDRO MÁRTIR, *Décadas*, VII

GRANADA, 1501. Un clérigo italiano, instalado desde hace 14 años en tierra
ibérica, recaba pacientemente las noticias sobre las islas occidentales.
Bajo sus ventanas, los ruidos, los colores y los olores de lo que subsiste de
la España musulmana y sobre todo de Granada, "su ciudad querida entre
todas", la ciudad del "otoño eterno".[1] En su amplia terraza, cuando la tibieza de la tarde sucede al duro sol de verano, o en los castillos de Castilla
y las ciudades que visita la corte, Pedro Mártir de Anglería acoge todo lo
que importa en el mundo del descubrimiento: a los navegantes y los pilotos, pero también los objetos extraños, las plantas, las especias, los frutos,
los loros multicolores y... a los indígenas. De cuando en cuando se adivinan los rumores mal sofocados de las pugnas que comienzan a surgir debido a las expediciones a través de la Mar Océano. Los clanes que tratan
de dominar las tierras nuevas se forman desde antes que éstas revelen que
no son un puñado de islas sino todo un continente.

Después del retorno triunfal de 1493, los descubrimientos se suceden.
Colón vuelve a partir hacia las Indias, esta vez a la cabeza de una expedición imponente; en 1494 el almirante explora Cuba; en 1498 alcanza la
"tierra firme" —América del Sur— y penetra en la desembocadura del Orinoco, mientras que Vasco da Gama dobla el Cabo de Buena Esperanza. En
1499 Américo Vespucio y Juan de la Cosa reconocen las costas de Venezuela; en 1500, Pedro Alvares Cabral descubre el Brasil...

Atengámonos a esto por el momento, pues lo único que sobre el descubrimiento de América puede captar el observador más sagaz en el alba del
nuevo siglo son los rumores, los objetos, las cartas exageradas por decenas
de relevos, pero ciertamente no cuenta con una cronología ni con una historia en debida forma que expusiera el inexorable avance de los europeos
sobre el continente "virgen". El espacio geográfico americano es desconocido, aun para sus descubridores, y las expediciones las más de las veces

---

[1] Pedro Mártir (1953-1957), Carta XCIV; sobre Pedro Mártir, un clásico antiguo, J. H. Marié-
jol, *Pierre Martyr d´Anghera*, París, 1887; Gerbi (1978), pp. 66-95; P. MacNair, *Peter Martyr in
Italy*, Oxford, Oxford University Press, 1967; Pérez-Embid (1975).

se emprenden a ciegas, o impulsadas por consideraciones sin fundamento en torno de un Japón o de una China tan fantásticos como el mundo de las Amazonas y de Amadís. Tanto como el propio descubrimiento, la noticia sobre el mismo —y en cierto modo su mediatización— y la manera en que se la recibe constituyen un testimonio nada desdeñable del acontecimiento. Antes de atravesar el Atlántico, una mirada a Europa y a los europeos de la época nos ayudará a comprender mejor en cuáles medios comenzaba a imponerse la idea de un nuevo mundo.

El milanés Pedro Mártir o el genovés Colón no son los únicos extranjeros que se interesaron por Castilla y las islas. La España de los terruños y del descubrimiento no es una península excéntrica, encerrada en su Reconquista y que hubiese permanecido apartada de las corrientes materiales e intelectuales que agitaron el crepúsculo del siglo XV, o bien que hubiera sido arrojada casi a su pesar a una competencia marítima con Portugal, para la cual parece tan mal preparado el reino de Isabel. Múltiples nexos unen las coronas de Castilla y de Aragón con el resto del mundo occidental. Éstos se traducen en particular en la presencia de colonias de extranjeros en suelo ibérico: unos le insuflan el espíritu del Renacimiento italiano, otros acuden a vender ahí sus técnicas, sus mercancías o sus baratijas. Otros más, que no son la minoría, viven con los ojos vueltos hacia el Atlántico.

PEDRO MÁRTIR, O EL GENIO DE LA COMUNICACIÓN

Lo que más temía Colón era que le robaran su descubrimiento. ¿Y si hubiese tenido oscuros predecesores que hubieran llegado a las costas nuevas pero que no hubiesen podido prevalecer a los ojos del mundo? Durante el retorno del primer viaje, en medio de la tempestad que amenazaba con aniquilar la única nave que le quedaba, el almirante tuvo el cuidado de envolver en una tela encerada el relato de su feliz travesía, de encerrar el paquete en una envoltura de cera y de introducirlo en un barril que hizo arrojar al mar. Luego repitió la operación, colocando un segundo tonel en lo alto de la popa; "lo puse en lo alto de la popa para que, si se hundía el navío, quedase el barril sobre las olas a merced de la tormenta".[2] Colón deseaba con toda su alma que, por cualquier vía, se informase a la Corona que estaba "consehuida victoria". El tonel se perdió sobre las olas pero el almirante regresó sano y salvo. Una publicidad excepcional —¡e insólita, si pensamos en el secreto con que se llevaban a cabo las expediciones portuguesas!— rodeó su primer retorno en la primavera de 1493, cuando por doquier se formaron muchedumbres "para verlo". El almirante podía ahora estar seguro de que nadie le robaría su "victoria".[3]

La voluntad de comunicar su "victoria" encontró un aliado incompara-

[2] H. Colón (1984), p. 123. Colón hace pasar su precaución por un gesto de devoción: "lo éché al mar creyendo todos que sería alguna devoción".

[3] *Ibid.*: "y así confuso en mí mismo, pensaba en la suerte de Vuestras Altezas que, aun muriendo yo, y perdiéndose el navío, podrían hallar manera de no perder mi conseguida victoria; y que sería posible que por cualquier camino llegara a su noticia el éxito de mi viaje".

ble en Pedro Mártir de Anglería. ¿Por qué conservar la memoria de ese personaje, ilustre en su tiempo y que después cayó en el olvido? Este hombre de 36 años ocupa en cierta manera la posición del lector de hoy: recibe, de pronto, a partir de 1493, una cantidad considerable de informes sobre comarcas, indígenas y navegantes cuyos contornos y siluetas van a precisarse poco a poco en su mente. Las noticias del Nuevo Mundo no se habrían difundido tan prestamente en Europa sin el genio de ese milanés que asegura, durante más de 30 años (1492-1526), lo que hoy llamaríamos la "cobertura noticiosa" del acontecimiento: "Demos a conocer sus proezas como lo merecen, hasta el límite de nuestras fuerzas [...] Cada día estamos en espera de noticias más importantes que las precedentes." Porque en unos cuantos renglones, Pedro Mártir sabe decir lo esencial —lo que está en juego, las necesidades, los motivos de la empresa colombina— y comunicarlo fuera de España:

> Un italiano llamado Cristóbal Colón propuso a los Reyes Católicos D. Fernando y Da. Isabel y los persuadió de, partiendo de nuestro Occidente, debería hallar las islas en los confines de las Indias si le aprestaban los navíos y las otras cosas necesarias: contribuirían así al progreso de la religión cristiana y podrían obtener una cantidad incalculable de perlas, de aromas y de oro".[4]

La trayectoria de Pedro Mártir ilustra lo que podría llamarse la movilidad de los hombres en Europa a finales del siglo XV. Es la de un humanista, como lo fueron el filólogo Nebrija o el cardenal Cisneros. Pedro Mártir nace no lejos de las riberas del Lago Mayor, a mediados del siglo XV, en las tierras de la familia Borromeo, que pronto lo toma bajo su protección. A partir de 1478 pasa temporadas en Roma, donde sigue las lecciones del humanista Pomponio Leto, fundador de la brillante Academia romana. Ahí adquiere el gusto por la Antigüedad clásica y la elegancia, el sentido de la mesura, y tal vez sea también ahí donde se distancia un poco de la religión, que practicará sin celo. Más de una sonrisa ha provocado la pedantería de su maestro Pomponio que, con el título de *pontifex maximus* presidía los destinos de la Academia. Mas por la misma época se inauguraba en Florencia la Academia platónica bajo los auspicios de Lorenzo *el Magnífico* y la dirección de Marsilio Ficino. Tanto en las riberas del Tíber como en las del Arno ha llegado el momento de romper con los pesados aparatos escolásticos, mientras que el creciente interés por las letras antiguas hace surgir una mayor exigencia de racionalismo, que no excluye ni la ironía ni el placer. No en vano, a mediados de siglo, Lorenzo Valla había dado un impulso decisivo a la filología y a la crítica histórica, aliando el escepticismo y el rigor científico.[5]

---

[4] Pedro Mártir (1964), t. I, pp. 103 y 346.

[5] El retorno al texto original, que predica Valla, inspirará el afán de autenticidad que, hasta Garcilaso de la Vega, guiará a más de un cronista del Nuevo Mundo. Sobre esta posteridad, véase Margarita Zamora, *Language, Authority and Indigenous History in the Comentarios Reales de los Incas*, Cambridge, Cambridge University Press, 1988, pp. 18-20 y *passim*. Sobre Ramos de Pareja y su canon "Mundus et musica et totus concentus", véase Bartomeu Cárceres..., Villancicos..., en nuestra discografía.

En Roma, por primera vez en su existencia, Pedro Mártir ocupa un excelente puesto de observación, pues la Roma del decenio 1470-1480 es, al igual que un centro intelectual estimulante —de lo que dan prueba la fundación y la apertura de la Biblioteca Vaticana—, un escenario que recupera su prestigio: Sixto IV, interesado por el urbanismo, inaugura varios talleres.[6] El célebre arquitecto del Renacimiento Leone Battista Alberti, muerto en 1472, tal vez hubiese llamado la atención del embajador de Castilla, don Íñigo López de Mendoza, lo que explicaría que 60 años después, su nieto Antonio de Mendoza haya llevado en su equipaje a México el tratado que labró la gloria del arquitecto.[7] Roma se restaura, ofrece fiestas suntuosas y populares, celebra carnavales en que desfilan las divinidades del paganismo antiguo. Se encamina a realizar las inversiones grandiosas y espectaculares que Lutero, 40 años después, denunciará indignado. Durante ese tiempo, la diplomacia de los príncipes de la Iglesia sobre la península se convierte en un arte complicado en el cual se inicia Pedro Mártir, o se limita a observarlo, en el séquito de sus protectores, los cardenales Ascanio Sforza y Arcimboldo.

Pedro Mártir ha llegado casi a los cuarenta años de edad cuando, sin escuchar el consejo de su maestro, Pomponio Leto, se va de Roma rumbo a Castilla. ¿Lo hizo huyendo de las emanaciones de las marismas que sofocan la ciudad santa o del aire pútrido de África, llevado por el viento del sur, que inunda el Lacio?[8] ¿Es atraído por "el renombre de las guerras de Granada", el entusiasmo de una Reconquista en sus últimas etapas, la extraña fascinación ejercida por la dinastía mora de los nasridas y sus palacios de leyenda? ¿Qué espejismo le ha mostrado don Íñigo López de Mendoza? Probablemente, el apoyo de una familia que abre al milanés las puertas de Castilla y la corte de Isabel en el momento en que ella es uno de los grandes mecenas del Renacimiento en tierra ibérica.[9]

El hecho es que Pedro Mártir llega a España cinco años antes de la caída de Granada —a la cual asiste, y en la que acaso participa— y del descubrimiento de las Indias. El mismo año es ordenado sacerdote, y la reina Isabel le encomienda iniciar a los cortesanos en la cultura humanista. Ya lo tenemos enseñando el latín al duque de Villahermosa, al duque de Cardona, a Pedro de Mendoza y "a muchos otros personajes de la nobleza que he visto recitar a Juvenal y a Horacio".[10] Más adelante será preceptor de Diego Hurtado de Mendoza, futuro cronista de la guerra de Granada y hermano de Antonio, al que volveremos a encontrar como virrey de México. Ese papel le conviene tanto que se queda en España hasta su muerte, ocu-

---

[6] Sobre Roma y el Renacimiento, André Chastel, *Le grand atelier. Italie 1460-1500* y *Renaissance méridionale. Italie 1460-1500*, París, Gallimard, 1965; Ivan Cloulas, *L'Italie de la Renaissance. Un monde en mutation 1378-1494*, París, Fayard, 1990.

[7] *Cf. infra*, cap. x.

[8] *Cf.* nota 1.

[9] Kamen (1984), p. 105. Véase también Nader (1979) y Camilo (1976). No sobra subrayar que al lado de los Mendoza, los nuevos amos de Granada, Pedro Mártir realizó el aprendizaje de las culturas no occidentales.

[10] *Ibid.* Desde el decenio de 1470, profesores italianos enseñaban en la Universidad de Salamanca (Kamen [1984], p. 104).

rrida en Granada en 1526, salvo durante el tiempo de una embajada que le lleva a Egipto por vía de Venecia y de Creta (1501-1502).

Los conflictos que no dejan de azotar la península italiana —las famosas "guerras de Italia"— y la amistad de los Reyes Católicos convencen, en efecto, a Pedro Mártir de que debe establecerse definitivamente en España. Llueven las sinecuras: se le nombra canónigo en Granada, cronista de Castilla, abate de Jamaica, donde por cierto nunca puso un pie, pero cuya belleza lo encanta desde lejos: "Mi Jamaica es más afortunada que todas las demás islas." La Junta, y luego el Consejo de Indias, que supervisan los asuntos de las tierras recién descubiertas, le abren sus puertas de par en par. Dispone así de fuentes de información excepcionales. El hombre de gabinete recorre toda España como parte de la corte y no vacila en tomar el peligroso camino de Oriente y de Egipto. Descubridor no, pero viajero sí. Nunca vio el Nuevo Mundo —lo que se le ha reprochado— pero conoció Alejandría y visitó las Pirámides. Aunque sea letrado y humanista, Pedro Mártir lleva la paradoja al grado de elogiar la Edad de Oro "sin el dinero que mata…, sin jueces que calumnien y sin libros…", que cree reconocer en las islas descubiertas por Colón.[11] Pero sobre todo su pluma, infatigablemente curiosa e impaciente por comprender y por dar a conocer, nos deja de él una silueta de pasmosa vitalidad, tan seductora como las de los Bernáldez, los Del Pulgar y los Palencia que hasta aquí nos han acompañado. Para empezar, Pedro Mártir, como el Colón del *Diario de viaje*, supo encontrar el tono y el ritmo que convenían a lo que aún no se llamaba América, sin dejar por ello de servir indefectiblemente a la propaganda de los Reyes Católicos.

A veces es en Granada donde se puede abordar al futuro abate de Jamaica. Ese milanés, henchido de Antigüedad pagana, capta el exotismo de América en el marco igualmente exótico de una sociedad apenas salida del Islam, donde él muere en 1526. En Granada, en su casa de Madrid o en la corte, Pedro Mártir conversa con Colón —"a quien me une una amistad íntima"—, su hijo Diego, los hermanos Pinzón, Enciso, que publicó el primer libro en español sobre América, el futuro cronista Oviedo, Vespucio, que dio su nombre al nuevo continente, el sobrino de este último, "un joven tan inteligente", Sebastián Caboto, Rodrigo Colmenares… Es amigo de Pedrarias de Segovia, a quien volveremos a encontrar en Panamá. Más adelante, interrogará a Juan de Ribera, secretario de Cortés, quien le describe México-Tenochtitlan.[12] Pedro Mártir escucha, observa, toma notas, interroga, consigna la diversidad de las opiniones —"adoptaremos la explicación cierta cuando la tengamos por tal"—, revisa los mapas y los portulanos. Examina la primera verdadera representación cartográfica de La Española, levantada por el piloto Andrés de Morales y sin duda manda hacer una copia de ella, dedicada al papa León X.[13]

Probablemente será en Valladolid donde pedirá a un joven indio mexicano que le represente las danzas y los ritos de su país. El indio se cam-

---

[11] Pedro Mártir (1965), t. II, p. 667.
[12] Pedro Mártir (1964), t. I, pp. 121, 125, 387, 389, 390 (1965), t. II, p. 538.
[13] Sauer (1984), p. 71.

biará de ropa en el departamento de Mártir antes de presentarse sobre la terraza en que están reunidos los invitados del humanista. Vestido, para empezar, como guerrero, simula un combate, una captura y después un sacrificio humano. Y mientras el mancebo se retira a su cámara, todos hacen preguntas a un visitante de importancia, Ribera, enviado de Cortés. Después de un rato, el mexicano reaparece en atuendo de fiesta:

> Llevaba en la mano izquierda un juguete de oro adornado de mil maneras y en la derecha un rosario de cascabeles; mientras lo agitaba, echaba suavemente el juguete hacia arriba, le daba vueltas y lo bajaba; cantando a la manera de su país, bailaba sobre el suelo donde nos habíamos sentado a contemplarlo. Nos gustaba ver cómo, cuando se acercaba al que fuera más importante, lo saludaba como lo hacen a su rey cuando le ofrecen sus presentes, es decir, con voz temblorosa, la mirada fija en el suelo y sin mirarlo jamás a la cara; prosternado el cuerpo, lo llaman rey de reyes, señor de los cielos y de la tierra, ofreciéndole en nombre de su urbe o de su pueblo dos regalos para que él elija uno.

Por tercera vez, el joven vuelve, ahora presentándose como un ebrio:

> Cuando esas gentes quieren obtener de sus dioses algo que desean, se reúnen dos o tres mil, se atiborran del jugo de una hierba embriagante y se van desnudos por las calles y las plazas de la ciudad, apoyándose en las paredes, preguntando el rumbo de su propia casa, escupiendo, vomitando y, las más de las veces, dando en tierra. Pero ya he hablado demasiado de este joven.[14]

Esa búsqueda febril, esos intercambios y esas especulaciones nos recuerdan la tradición de los cenáculos romanos en los que había participado Pedro Mártir en su juventud. Pero ahora, el objeto es la comprensión del Nuevo Mundo, el conocimiento de una realidad que se revela progresivamente ante sus ojos. Cierto es que se reprocha al milanés no haber visto nunca aquello de lo que habla "el que escribe lo que sabe de oídas... es como los loros y los estorninos que hablan sin saber lo que dicen y picotean cuando tienen hambre", y que su imaginación a veces se desboca. En lugar de disertar sobre los dioses de los romanos, Pedro Mártir, no haciendo más que cambiar de repertorio mítico, sueña con la isla de las Amazonas en que las mujeres se ocultan en inmensas minas subterráneas, antes de que los rumores transmitidos por los indígenas y los marinos se borren, por obra de la observación de una realidad más trivial.[15] Mas Pedro Mártir recaba sin tregua informes sobre la duración del día y de la noche, sobre las constelaciones que pueden observarse en el cielo de las islas. Se inquieta por las consecuencias de la brusca abolición de los ritos indígenas (nosotros hablaríamos de aculturación), o se interesa por la escritura de los mexicanos: ¿son letras sus jeroglíficos?

> Ribera en persona —el secretario de Cortés— nos ha dicho que no los hacen para leer, sino que sus caracteres que representan imágenes diversas sirven de

[14] Pedro Mártir (1965), t. II, p. 545.
[15] Oviedo (1974), p. 418. Pedro Mártir (1964), t. I, p. 117. Pedro Mártir esboza aquí una aproximación con las expediciones periódicas de los tracios hacia las amazonas de Lesbos.

modelo a sus artistas para la confección de joyas, de cortaplumas y de atuendos adornados con esas figuras. Así como veo en España, a cada paso, a las costureras y a las que con seda bordan lacillos, rosas, flores y muchas otras cosas deleitables a la vista, poseer paños con dibujos que les sirven de guía para enseñar a las niñas. Como los informes son tan diversos, no sé a qué atenerme. Creo que se trata de libros y que sus caracteres e imágenes significan otra cosa, pues en Roma he visto sobre los obeliscos unos dibujos semejantes que pasan por ser letras, y he leído que los caldeos tuvieron la misma clase de escritura.[16]

Todas las facetas de Pedro Mártir están ahí: los recuerdos de Roma, la cultura humanista —la alusión a Caldea—, el espectáculo de las bordadoras de la seda que abundaban en la morisca Granada, y la intuición —"creo que se trata..."— que se impone sobre la seguridad del testigo.

En la quietud de su oficina (*ex officina mea*), para satisfacer la impaciencia de sus ilustres corresponsales, Pedro Mártir redacta en latín, si hemos de creerle, "hasta un libro por día", o centenares de cartas. Esta rapidez que le imponen, y que él se impone, sólo es frenada por el ritmo del dictado. Refleja un mundo en que la comunicación se acelera, en que el latín se transforma y se abre a los términos nuevos —"las denominaciones vulgares de bergantines, carabelas, almirante y *adelantado*"— porque parecen más apropiados al tema; en que la sed de información llega a triunfar sobre la calidad del relato: "De los originales del almirante Colón he seleccionado esos datos con toda la celeridad con que [el] secretario podía transcribir lo que yo le dictaba."[17] Esta avidez de noticias va acompañada por el deseo irrefrenable de decir cada vez más, de correr infatigablemente tras la información, en cuanto llega un viajero, un emisario portador de hechos nuevos: "Así como al cortar la hidra su cabeza se multiplica por siete, cuando termino un relato me vienen muchos otros a la punta de la pluma".[18]

La lectura de Pedro Mártir no aburre nunca. Su texto tiene algo de periodismo, pero de un periodismo exigente, que se nutre de las mejores fuentes. Se entra en él de lleno en la medida en que la forma que elige —la carta— hace innecesario el aparato de referencias y justificaciones. Además de un ritmo ágil, Pedro Mártir tiene el don de crear fórmulas: es el primero que, sin darle el sentido que hoy tiene, lanza en 1493 el concepto *orbis novus*, "mundo nuevo". El término era lo bastante vago para contener las diferentes hipótesis que fueron debatidas durante más de 10 años: ¿islas situadas frente a las costas de Asia, extensión de Asia de la que Cuba sería una avanzada continental, tierra firme desconocida por los antiguos...? Evitando las explicaciones *a priori* —recordemos la obstinación de Colón, convencido hasta el fin de haber llegado a Asia—, Pedro Mártir da pruebas de una flexibilidad y de una amplitud de criterio que le ayudan a interpretar mejor las ideas recibidas y a asimilar los informes llegados del otro

---

[16] Pedro Mártir (1965), t. II, p. 548.
[17] Pedro Mártir (1964), t. I, pp. 127, 264.
[18] Pedro Mártir (1965), t. II, p. 537. Sobre el empleo de *novis orbus (Colonus ille novi orbis repertor)*, atestiguado en la carta del 1º de noviembre dirigida al cardenal Ascanio Sforza, véase el análisis de E. O'Gorman en Pedro Mártir (1964), t. I, p. 21.

lado del Atlántico. Así, rechaza la idea de que Colón ha descubierto la fabulosa isla de las arenas de oro, Ofir, y propone el nombre de *Antiglia* (Antilla) para La Española, "isla antes de las otras islas", que aún era la *Non Trubada* o la isla de las Siete Ciudades.[19] La misma actitud prevalece en el plano religioso, pues la fe del autor —pese a su condición de clérigo, después canónigo de Granada y por último abate titulado de Jamaica—nunca nubla su visión, y tampoco es su eje organizativo. La preocupación espiritual no alcanza en él ni por asomo la intensidad obsesiva de los relatos de los misioneros o de Hernán Cortés.

Pedro Mártir se dirige en Italia a corresponsales prestigiosos, al papa, al cardenal Sforza. Allá, en la otra orilla del Mediterráneo occidental, sus textos son devorados. En Roma, el papa León X los lee después de cenar, en voz alta, a su hermana y a los cardenales, cubriendo de elogios al milanés. El oscuro discípulo de Pomponio Leto había sabido sacar un partido excelente a su posición en España. A las cartas, Pedro Mártir añade las muestras. A veces, granos y especias:

Para que, consultando a farmacéuticos, especialistas en especias y perfumeros, puedas darte cuenta de lo que producen estas regiones, te envío toda clase de granos así como corteza y pulpa de unos árboles que se supone que son de canela. Si tú, príncipe ilustrísimo, quieres probar esos granos o pepitas caídas de esos árboles como tú lo verás, o bien su madera, hazlo tocándolos ligeramente con los labios pues aun si no son venenosos, tienen tanta acidez y calor que pican la lengua si entra en contacto largo tiempo con ellos; pero aun de esa manera basta beber un poco de agua para que desaparezca el ardor. El mensajero te entregará en mi nombre unos granos blancos y negros de trigo con el cual fabrican el pan [el maíz] y lleva también el tronco de un árbol del que se dice que es de áloe; si lo mandas cortar, sentirás el delicado perfume que exhala.[20]

Por último, a través de él llegan a Italia objetos de culto, de formas extrañas: siguiendo a Colón y a Pané, Pedro Mártir los llama *zemes;* son figuras de algodón que los indígenas reverencian en La Española, sobre cuyo origen él se interroga largo tiempo.[21]

La mayor parte de esas cartas fueron reunidas en las *Décadas del Nuevo Mundo.* Ya sea en ediciones piratas, traducciones —el texto original está en latín— o reimpresiones, las *Décadas* hacen cundir por toda Europa la historia de los descubrimientos: la primera *Década* se publica en veneciano en 1504; y se reimprime tres años después; aparece en latín en 1508; las tres primeras *Décadas* aparecen juntas en 1516; luego en Basilea, Colonia y París (en versión francesa) en 1532; la traducción italiana se pone en circulación dos años después en Venecia. Una versión alemana aparece en Estrasburgo en 1534; la versión inglesa, en Londres, en 1555... Esas ediciones dan una repercusión sin igual al entusiasmo del autor: "Cada día pululan, germinan, crecen, maduran y se cosechan cosas más ricas que las que se acaban de indicar. En comparación con ellas, ¿qué vale todo lo que

[19] Gil (1989), t. I, pp. 82-84 y 225.
[20] Pedro Mártir (1964), t. I, p. 125. Esta información tiene la fecha del 29 de abril de 1494.
[21] Sobre la cuestión de los *zemes* en Pané y en Pedro Mártir, Gruzinski (1990), pp. 25-44.

descubrió la Antigüedad por la mano de Saturno, de Hércules o de otros héroes de ese género?"[22]

EL ROBO DE AMÉRICA O EL MONOPOLIO ITALIANO

Pese a la invención de la imprenta y al celo mediador de un Pedro Mártir, la información sigue siendo un bien escaso y precioso. El éxito de las *Décadas* y de la literatura de los descubrimientos se limita, durante decenios, al estrecho círculo de la Europa latina y humanista. Pero basta alinear los "puntos privilegiados del descubrimiento, de los negocios, de la banca y de la navegación: Lisboa, Sevilla, Génova y el cuadrilátero toscano, Amberes y las faldas de los Alpes de la Alemania italiana",[23] y unir a ello Londres y Bristol para comprobar que la aventura americana toca lo esencial de la Europa empresarial de la época.

La Italia renacentista dispone en Europa, especialmente en España, de verdaderas redes de letrados, de mercaderes, de banqueros y de embajadores que se sobreponen y a veces se confunden. ¿Debemos asombrarnos del cuasi monopolio italiano de la información sobre las nuevas tierras y de la competencia desenfrenada que existe allí entre los divulgadores, y que suscita pirateos de todas clases?[24] A Pedro Mártir le roban el manuscrito de su primera *Década*. En 1504, de las prensas de La Laguna, y sin su consentimiento, surge un resumen veneciano, *Libretto de tutta la navigatione del re de Spagna*, 12 años antes de la publicación (por fin autorizada por el autor) de la primera entrega de las *Décadas*. El secretario del embajador de Venecia ante los Reyes Católicos se había encargado de traducir cartas de Pedro Mártir y de enviarlas a la República. La misma traducción vuelve a aparecer en Vicenza en 1507, y después, en versión latina, en Lyon. La pluma del milanés no perdona a otro veneciano, Luigi Cadamosto, quien tiene el don de ponerlo fuera de sí. Brillante especialista en los descubrimientos portugueses, Cadamosto no vaciló, según dice Pedro Mártir, en apropiarse informaciones que no le pertenecían:

> Me quedé asombrado de que un tal Cadamosto, veneciano, cronista de las cosas portuguesas, no tuviera empacho en escribir a propósito de cosas de Castilla "hemos hecho", "hemos visto", "hemos estado", cuando ningún veneciano las ha hecho ni visto. Cadamosto se limitó a extraer y a saquear los tres capítulos primeros de la *Década* que yo he dedicado a los cardenales Ascanio y Arcimboldo [...] pensando que mis escritos jamás serían publicados.[25]

Error imperdonable y mimetismo asombroso de Pedro Mártir, que se identifica espontáneamente con los castellanos...

Otro divulgador de genio lleva la audacia más lejos aún. Se trata de otro italiano, el florentino Américo Vespucio, que se había establecido en Sevi-

[22] Pedro Mártir (1964), t. I, p. 330.
[23] Chaunu (1969a), p. 237.
[24] *Ibid.*, p. 236.
[25] Pedro Mártir (1964), t. I, p. 259. Véase Cadamosto en el índice onomástico.

lla en 1491. En 1500, Vespucio no ha inventado ni el Nuevo Mundo ni la América. Nuestro florentino aún está "esperando aportar grandísimas noticias y descubrir la isla de Taprobana, que se encuentra bajo el mar Índico y el mar Gangético". Para los geógrafos de la Antigüedad, como Plinio *el Viejo*, la Taprobana era "otro mundo llamado Antíctona". Ya Pomponio Mela había expresado sus dudas a propósito de la Taprobana: ¿era una gran isla, o era la primera parte de "otro mundo"? Colón empezó a emplear la expresión, relacionándola con su tercer viaje: "Aquella tierra de allá es otro mundo": en el almirante, la terminología clásica alterna con fórmulas bíblicas del estilo de "del cielo y de la tierra nueva yo me hice mensajero". En suma, no pocos navegantes —Vicente Yáñez Pinzón, Diego de Lepe, Colón y Vespucio— buscaban la isla mítica en una mezcla de informaciones, rumores, tradiciones antiguas y geografía clásica. En ese contexto, en 1502, al retorno de un viaje efectuado por cuenta del rey de Portugal, Vespucio dirige una carta al embajador de Florencia ante el rey de Francia, Lorenzo di Pier Francesco de Medici. En 1503 esa carta es publicada en París, en latín, y al año siguiente en Venecia, con el título que la ha hecho célebre, de *Mundus Novus*. Entre 1503 y 1506, pasa por 11 ediciones latinas y por un gran número en lenguas vulgares.[26]

Pero otro texto de viaje, publicado bajo el nombre de Vespucio, debía contribuir a su celebridad: las *Cuatro Navegaciones*, que aparecen en Italia y después en latín, en Saint-Dié, en el ducado de Lorena. En esos relatos, nuestro florentino se atribuía el reconocimiento del continente americano un año antes que Cristóbal Colón, durante un viaje efectuado en 1497. Según él, había navegado a lo largo de las costas de América, ¡desde Venezuela hasta la altura de la actual Bahía de Chesapeake! La edición lorenesa de *Quatuor navigationes* (1507), que obtuvo un éxito asombroso, contiene una presentación cosmográfica debida a Martin Hylacomylus Waltzemüller (Waldseemüller), quien proponía dar al nuevo mundo el nombre de Vespucio: Amerigo: nació así la *América*, "la cuarta parte del mundo que desde que Américo la ha descubierto, puede llamarse América".

Inútil fue denunciar, como lo hizo Las Casas, la impostura: en materia de viajes, no sólo importa ser el primer descubridor, también hay que ser el primero en asegurarse la publicidad, lo que hicieron maravillosamente "ese florentino, fanfarrón encargado, por así decirlo, de las 'relaciones públicas'", y aún más sus compiladores anónimos,[27] pues reconozcamos, en descargo de Américo, que las *Cuatro navegaciones* y la *Carta del Nuevo Mundo* fueron considerablemente retocadas y alteradas con fines sensacionalistas por una o varias manos, de inspiración muy libre, y que probablemente esta operación se realizó en una oficina florentina, ansiosa por hacer sombra a los viajes del genovés Colón. La autorización de textos expresamente concebidos para complacer al público, la evocación maca-

[26] Mahn-Lot (1970), pp. 70, 124; Gil (1989), t. I, pp. 130-132.
[27] Chaunu (1969a), p. 221. El capellán del duque de Lorena se propuso designar con el nombre de *América* las costas brasileñas reconocidas por Vespucio. Según Tzvetan Todorov ("Fictions et vérités", en *L'Homme*, núms. 111-112, 1989, p. 27), el poeta Mathias Ringman acaso fuera el autor del texto en que se propuso llamar América al nuevo continente.

bra del canibalismo —no menos eficaz hoy día— y las imágenes exóticas que muy pronto sirvieron de ilustraciones, construyeron el renombre europeo de Vespucio. ¡Cuántos europeos no soñaron con esas historias de penes monstruosamente agrandados por indias lúbricas, o esas confesiones de devoradores de hombres, recogidas en medio de terroríficas salazones de carne humana!

El relativo secreto que rodeaba los descubrimientos, las competencias marítimas, comerciales y diplomáticas de todas índoles, el temor a la competencia, la precipitación y las vanidades personales dan a la divulgación de los resultados de las expediciones un giro extrañamente actual. Es probable que Vespucio no fuera el único en sembrar la duda o en alterar los hechos. En 1500 Alvares Cabral descubre Brasil y se apresura a hacerlo saber al rey Manuel, enviándole lo más pronto posible un relato circunstanciado. La operación se efectúa tan perfectamente que podemos preguntarnos si no estaba destinada a disimular un descubrimiento anterior que Lisboa había callado pero que había tomado en cuenta al firmarse el tratado de Tordesillas (1494). ¿No hacía retroceder el acuerdo, hacia el oeste, la línea de separación de los mares y de las tierras en bastantes leguas, para que el futuro Brasil cayera en el dominio portugués? Así como los retornos de los navegantes son pretexto para ruidosas recepciones —recordemos la llegada de Colón, en 1493—, las noticias que llevan se prestan a todas las interpretaciones, desde la idealización hasta la pura y simple fantasía.

En torno de Pedro Mártir y de la corte gravita un curioso núcleo de italianos. Para empezar, de letrados, traídos a Castilla para educar a los nobles y los príncipes: es así como el futuro obispo de Santo Domingo, el romano Alessandro Geraldini (1455-1524) —la generación de Pedro Mártir— fue invitado por la reina Isabel para hacerse cargo de la educación de los infantes. Se le consultó, en los muros de Granada, sobre el proyecto de Colón. Él ignoraba que su viaje a España terminaría en el otro extremo del mundo, y que haría levantar una catedral de estilo florentino en la isla descubierta por el almirante. El historiador Lucio Marineo Sículo había llegado tres años antes que Pedro Mártir a España, enseñó 12 años en Salamanca y residió en la corte desde 1496. Ligado a nuestro milanés, manda publicar su primera *Década* en 1511, y con él comparte el cargo de historiógrafo. Tres años antes de su muerte, su *De Rebus Hispanie Memorabilibus* sale de las prensas de Alcalá. A los españoles, el siciliano Lucio Marineo no les reprocha más que "su ignorancia del latín", aunque la propia reina Isabel, a los 31 años, se haya puesto a estudiarlo sin lograr, por cierto, sensibles progresos. La presencia de los italianos contribuye sin embargo a desarrollar un humanismo de corte y a arrastrar a familias nobles, seducidas por sus lecciones, a la aventura del mecenazgo.[28] El estudio de las letras clásicas no deja por ello de ser un fenómeno aislado, pese a la creación de la universidad de Alcalá en 1508 y a la redacción de la Biblia poliglota.

Además de nuestros dos cronistas establecidos en España para siempre,

[28] Gerbi (1978), pp. 68-69, 191-192, 231 y 292; Mahn-Lot (1970), p. 48.

en la corte de los Reyes Católicos es posible cruzarse con prelados de paso, con embajadores, con médicos: Caracciolo, legado del papa; Gaspar Contarini, enviado de Venecia, pero también boloñeses, milaneses, "deseosos de escuchar y de ver cosas nuevas"; Juan Cursio, embajador de Florencia, a quien nuestro milanés explica y hace ver lo nunca visto; Giovanni Ruffo de Forli, arzobispo de Cosenza, que devora golosamente las batatas llegadas de América —los antepasados de nuestras papas— y priva así a Pedro Mártir del placer de enviarlas a Su Santidad. En Barcelona, el médico siciliano Nicola Scillacio no sólo se interesa por el mal francés, sino que en 1494 divulga unos informes que le llegan de Guillermo Coma y de los allegados a Colón, en una carta publicada en Pavía. Michele de Cuneo, italiano de Savona, tiene sobre los anteriores la ventaja de haber acompañado a Colón en su segundo viaje, que relata en una carta de 1495. El almirante le ofrece la isla de Bella Saona, bautizada así por el nombre del puerto genovés, Savona, del que Michele era originario.[29]

Esos extranjeros, llegados a España en busca de una calma que les niega la Italia recorrida por los ejércitos de España, de Francia y del papa, a veces están tan hispanizados que escriben en castellano a sus corresponsales italianos, pero en un castellano plagado de italianismos que reflejan la compenetración de las culturas en los medios de la corte. A través de las cartas se perfilan redes de amistades y de informaciones que se despliegan desde las ciudades ibéricas hasta la corte pontificia, de Roma a los señoríos italianos, Florencia, Venecia, Génova, hasta la corte de los Gonzaga en Mantua, a orillas del Mincio, donde se pelean por una relación de los tesoros llevados de México por Cortés, y de los indios, "llegados de las Indias". Todo ese mundo de observadores se asombra, comenta, compara, escudriña, espía en caso de necesidad, y se ponen de acuerdo para hacer cundir las noticias. Ahora podemos comprender por qué textos capitales sobre el descubrimiento y la conquista de América nos han llegado solamente en versión italiana, siguiendo oscuros caminos: tal es el caso especialmente de la *Relación de las antigüedades* del catalán Ramón Pané, de la historia de Cristóbal Colón relatada por su hijo Hernando o de la descripción de México atribuida al misterioso Conquistador Anónimo.[30]

Bastante paradójicamente, los españoles son los menos informados sobre las tierras nuevas. El primer libro impreso en español sobre las Indias no se publica hasta 1519: es la *Suma de Geografía* del conquistador Martín Fernández de Enciso. Además es un tratado que aborda el mundo entero. Hubo que aguardar el advenimiento del emperador Carlos V (1519), la conquista de México —la primera *Carta* de Cortés aparece en Sevilla en 1522— y la impresión en 1526 del *Sumario* de Oviedo para que una información en español se vuelva fácilmente accesible al lector ibérico que practicaba poco el latín. Sólo en 1535, con la *Historia general y natural de las Indias*, del mismo Oviedo, se dispondrá de un relato en castellano de los via-

---

[29] Pedro Mártir (1965), t. II, pp. 540 y 668 y (1964), t. I, p. 209; Gerbi (1979), pp. 41-45 (Scillacio) y 46-49 (Cuneo); Sauer (1984), p. 108. Cuneo es el autor de una carta (octubre de 1495) en que describe con detalle las prácticas de los caníbales *(Cartas de particulares* [1984]).
[30] Pané (1977); H. Colón (1984); *Le Conquistador Anonyme* (1970).

jes de Colón, o sea ¡unos 40 años después del acontecimiento! Los españoles, como muchos europeos de la época, preferían devorar novelas de caballerías, sólo que, conforme a los vientos que soplaban, esos héroes de ficción gustaban ahora de hacerse a la mar para explorar mundos insulares.

NAVEGANTES Y COMERCIANTES

Los navegantes aportan su contingente de extranjeros, sobre todo de italianos: genoveses en el séquito de los Colón, padre e hijo; florentinos como los Vespucio; otros genoveses convertidos en venecianos como Sebastián Caboto, que sirve al rey de España después de haber servido a los reyes de Inglaterra y Portugal. Los descubridores pasan de un país a otro —y, a veces, de una mujer a otra—, coleccionando mapas, atentos a los relatos de los marinos, espías cuando hace falta, indiferentes a unas fronteras que aún no existen en el sentido en que nosotros las entendemos, cualesquiera que sean las rivalidades de todas índoles que desgarran tanto a italianos como a ibéricos.

Los hombres de mar que se suceden en la obra de Pedro Mártir encarnan los sucesos marítimos incesantes de una Europa en expansión, ávida de metales preciosos y de especias. En el curso del siglo xv, venecianos, portugueses y genoveses se adentraron en el Oriente y en el Extremo Oriente. Cargados del fuerte aroma de las especias, nombres mágicos resuenan en los oídos de los europeos: Basora, Ormuz y después Sumatra y Malaca. Sobre la vertiente atlántica se ha visto durante todo el siglo a los navíos de Portugal que superan uno tras otro los peligros de la navegación en alta mar, exploran la costa africana, y doblan las islas de Cabo Verde en 1445. Vasco da Gama ha rodeado África y tocado Calicut en 1498, seis años después del descubrimiento de América. Una generación después, Magallanes se embarcará para dar la vuelta al mundo en 1519, lo que, pese a ser portugués, realiza por cuenta del futuro Carlos V.[31]

Sobre ese trasfondo de expansión portuguesa y de capitales italianos circulan los hombres. El mejor ejemplo de esta gran movilidad lo da Cristóbal Colón. Es originario de Génova, sede del gran comercio y del capitalismo marítimo, que desde hace largo tiempo se ha vuelto hacia el Atlántico, por vía del Mediterráneo occidental. Este hombre, joven aún, ha viajado por las islas griegas: en Quíos embarcó mastique y resina; habiendo partido hacia el mar del Norte en un navío flamenco que fue hundido por los franceses, Colón naufraga frente a Portugal y llega a Lagos, que durante largo tiempo fue avanzada de las expediciones portuguesas que partieron rumbo al África. Y en su primera estadía en Portugal se encontró de nuevo con su hermano Bartolomé. Como Sebastián Caboto, pero antes que él, tendría conflictos con los marinos de Bristol, exploraría Irlanda y tal vez la helada

---

[31] Chaunu (1969a), p. 171. Sobre los Cabot, véanse los clásicos ya antiguos de J. A. Williamson, *The Voyages of the Cabots and the Discovery of North America*, Cambridge, Hakluyt Society, 1929; *The Cabot Voyages and Bristol Discovery under Henry VII*, Cambridge, Hakluyt Society, 1962 y Biggar (1903).

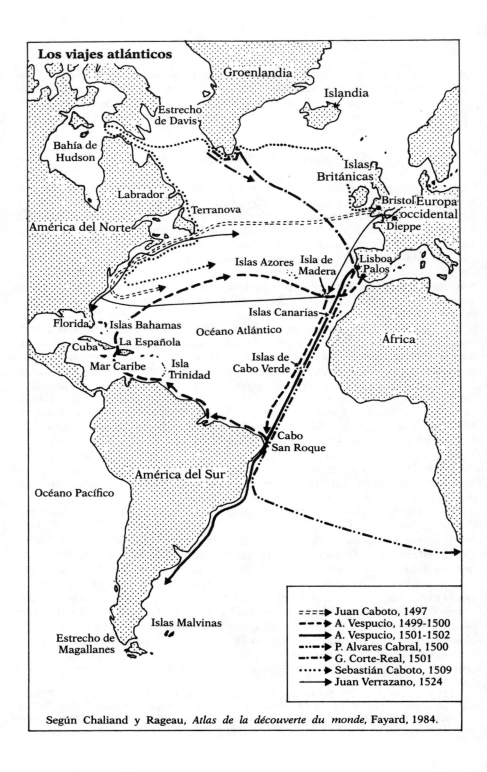

Los viajes atlánticos

Groenlandia

Islandia

Estrecho
de Davis

Bahía de
Hudson

Islas
Británicas

Labrador

Bristol Europa
occidental

Terranova

Dieppe

América del Norte

Islas Azores

Isla de
Madera

Lisboa
Palos

Florida

Islas Bahamas

Océano Atlántico

Islas Canarias

África

Cuba

La Española

Mar Caribe

Isla
Trinidad

Islas de
Cabo Verde

América del Sur

Cabo
San Roque

Océano Pacífico

Islas Malvinas

Estrecho de
Magallanes

=====▶ Juan Caboto, 1497
- - -▶ A. Vespucio, 1499-1500
———▶ A. Vespucio, 1501-1502
-·-·-▶ P. Alvares Cabral, 1500
-··-··▶ G. Corte-Real, 1501
······▶ Sebastián Caboto, 1509
———▶ Juan Verrazano, 1524

Según Chaliand y Rageau, *Atlas de la découverte du monde*, Fayard, 1984.

Islandia. Es sabido que después desembarcó en Madera y descendió por el golfo de Guinea. Todo incitaba al genovés a presentar a Portugal su proyecto de travesía atlántica. Pero el rey Juan II, por las razones que ya sabemos, le negó un apoyo que también solicitó, sin éxito, en Inglaterra y hasta en Francia.

Vinieron entonces un brusco cambio de ambiente y un feliz "restablecimiento", como era costumbre: Colón, viudo, endeudado, con un hijo de cinco años, salió de Lisboa rumbo a la vecina Andalucía, hizo allí amistades nuevas y, con mil trabajos, terminó por obtener el apoyo de los Reyes Católicos, que en abril de 1492 celebraron con él las exorbitantes "Capitulaciones de Santa Fe". Nombrado "Almirante de la Mar Océano", *don* Cristóbal Colón se pasaba al bando castellano, que ya no abandonaría pese a los sinsabores que le aguardaban. Su trayectoria lo llevó tan alto que la Corona no dejó de regatear las pretensiones del almirante-virrey. Colón volvió de su tercer viaje en 1500 con grilletes en los pies, privado para siempre de lo esencial de sus prerrogativas. Murió en 1506, dos años después que la reina, frustrado y físicamente abatido.[32]

Américo Vespucio encarna otro trasplante logrado. Como Isabel, Colón o Pedro Mártir, el florentino nació a mediados del siglo XV. Andaluz por adopción, se instaló en Sevilla en 1491, y ahí murió en 1512. Se ocupó de la preparación de los viajes de Colón antes de explorar las costas del Nuevo Mundo al servicio, alternativamente, de las coronas de Castilla y de Portugal. La curiosidad lo llevó a informarse con extranjeros sobre todas las cosas nuevas, y a pasar 27 días entre los "caníbales". Vuelve a encontrársele, al final de su existencia, sobre las riberas del Guadalquivir, en las cómodas funciones de piloto mayor de la Casa de Contratación, prueba más que evidente de la asombrosa integración de los extranjeros a la burocracia de los Reyes Católicos.[33]

Las relaciones entre España e Italia no se limitan a la experiencia oceánica de los marinos de Génova y de Venecia, a la correspondencia erudita y científica, o a las cartas (¿tal vez?) intercambiadas entre Colón y el geógrafo florentino Paolo del Pozzo Toscanelli. Desde hace tiempo, incontables comerciantes italianos se han establecido en las ciudades ibéricas. Y no son los únicos. En los puertos del norte —la costa cantábrica—, en Barcelona, que domina el Mediterráneo occidental, en Medina del Campo, sobre la meseta castellana, forman legión los negociantes extranjeros: franceses, ingleses, flamencos y alemanes. Los muelles de la Andalucía atlántica reciben las pesadas galeras italianas en ruta hacia Inglaterra o Flandes. La caída de Constantinopla a manos de los otomanos (1453) y el parcial cierre de los mercados del Mediterráneo oriental fueron el origen de los reacomodos comerciales que representaron buenas ganancias para la península ibérica. Atraídos desde el siglo XIV por el azúcar de las Azores o de Madera, así como por el oro de las costas africanas que explotaban los portugueses, los genoveses se habían apiñado sobre la costa atlántica, dispensando ahí sus conocimientos en cartografía y navegación. Del Mediterráneo

---

[32] Mahn-Lot (1970), p. 40.
[33] Sobre Vespucio, R. Levillier, *Amerigo Vespucci*, Madrid, 1966.

oriental y de Sicilia habían llevado las técnicas de producción y de comercialización del azúcar. Para asegurar su explotación se necesitaba una mano de obra servil, que los portugueses consiguieron introduciendo esclavos africanos. Muy pronto, negros obtenidos mediante la trata de esclavos emplearon sus fuerzas en los molinos de azúcar de las plantaciones canarias y andaluzas. Sólo faltaba trasplantar el complejo económico y humano a las Antillas recién descubiertas. Por tanto, no hay nada sorprendente en que el genovés Colón, durante su paso por Madera, se dedicara a la caña de azúcar.

En Sevilla, poderosa capital del Sur creciente, en ciertos aspectos más terrestre que marítima, prosperan colonias de genoveses establecidas allí desde el siglo XIII, pero también de florentinos, flamencos, portugueses. Los Berardi de Florencia y los Centurione de Génova extienden ahí la potencia de la banca italiana.[34] Vespucio representa los intereses de la casa de Médicis. Opera en estrecha relación con el banquero Berardi, que presta sumas importantes a Colón y, de consuno con Santángel y los marinos de Palos, hace posible el primer viaje. Sobre la costa andaluza, los puertos de Sanlúcar y de Cádiz —de donde parten expediciones de contrabando hacia el África portuguesa prohibida a los castellanos— se desarrollan bajo el impulso de los factores del puerto ligur mientras que otros genoveses llegan al interior de las tierras españolas, como aquel "boticario" de Córdoba en cuya casa pernoctó Colón, aún desconocido, el tiempo suficiente para enamorarse de Beatriz de Arana, madre de Hernando, el futuro historiador. Algunos flamencos cambiaron las dunas grises del mar del Norte por las arenas deslumbrantes de Huelva, en la confluencia del Tinto y del Odiel.

Todos esos extranjeros, con Vespucio a la cabeza, pasan con toda facilidad de Sevilla a Lisboa, y de Portugal a Andalucía. Parte activa en las empresas marítimas de los dos reinos, los italianos están perfectamente colocados para establecer el nexo entre las experiencias náuticas, las prácticas comerciales y los circuitos de información. Esos desplazamientos y esas inserciones sucesivas son facilitados por alianzas que remueven hombres y culturas: el genovés Cristóbal Colón casa durante su estadía en Lisboa con una portuguesa, cuya hermana casó con un flamenco establecido en Huelva, en Andalucía.[35] Por las virtudes del matrimonio una familia portuguesa que contaba entre sus miembros a uno de los artífices de la colonización de Madera se ligaba con la Europa flamenca y el Mediterráneo italiano.

[34] Chaunu (1977), pp. 31 y 34; Mahn-Lot (1970), p. 37; Chaunu (1969a), p. 181, n. 2. El genovés Antonio da Noli sale de Sevilla rumbo a Lagos y descubre las islas del archipiélago de Cabo Verde. El portugués Perô da Covilhã pasó su juventud en Sevilla antes de realizar diversas embajadas en Europa y partir a Egipto y a las Indias a preparar la llegada de los navíos portugueses (Chaunu [1969a], pp. 150 y 158).

[35] Mahn-Lot (1970), pp. 37, 46 (Beatriz de Arana era hermana de un vizcaíno), 70; p. 41: la hija de Isabel Moniz, suegra de Colón, casó con el flamenco Mulyart; Chaunu (1969a), pp. 106 y 150.

Gentes de la imagen y del libro

En España, otros extranjeros se distinguen por el sitio que han adquirido en el terreno de la circulación de la información escrita y de la imagen grabada: los impresores germánicos. La capacidad de reproducir fácilmente textos e imagen gracias a la difusión de la imprenta siguió siendo uno de los principales acontecimientos de la segunda mitad del siglo xv. Esta revolución de los medios de comunicación multiplicó las capacidades de colonización y de transformación del nuevo continente.[36]

A primera vista, nos sentiríamos tentados a oponer la Europa del Norte y de la imprenta a la península ibérica de la Reconquista y de los descubrimientos. Pero esto sería no tomar en cuenta la circulación de los hombres y de las cosas a través de la Europa de entonces. Las rutas comerciales no sólo estimulan el desplazamiento de los libros y las imágenes, sino que muy pronto España atrae a impresores alemanes y flamencos itinerantes que recorren las ciudades ibéricas; acaban por establecerse en el país, y desde 1473 se instalan en Zaragoza. Al mismo tiempo que los libros, aparecen grabados inspirados en matrices originarias de la Europa del Norte. Probablemente es un flamenco, Lambert Palmart, el que imprime en Valencia el primer libro español en 1474. Un sajón, Nicolas Spindeler, realiza la mayor parte de sus obras en Valencia, pero también se le encuentra en Tortosa, Barcelona o Tarragona. A él se debe la impresión del texto de *Tirant lo Blanc*, primera novela de caballerías impresa en España (1490),[37] que comienza con una página de pasmoso virtuosismo: los adornos de una vegetación exuberante se mezclan con un bestiario fantástico, similar al que algunos años después los marinos esperarán encontrar en cada recodo en las islas occidentales. En adelante, la imprenta ofrecía a esos sueños el medio cómodo de reproducirse y de acompañar a navegantes y conquistadores en sus travesías por la Mar Océano.[38]

En Zaragoza, en el último decenio del siglo, trabajan los alemanes de Constanza, Pablo y Juan Hurus, que copian grabados alemanes producidos en Augsburgo, Ulm, Nuremberg o Basilea. Durante largo tiempo, el grabado es el gran vector de imágenes del Occidente. Difunde una manera de ver los seres y los objetos que impone al lector con la evidencia de la cosa vista. Cuando Pablo Hurus imprime el *Viaje de Tierra Santa* de Bernardo de Breidenbach, en 1498, pone al alcance de los españoles un excepcional diario de viaje, pero también una serie de ilustraciones que en su mayor parte eran obra de uno de los compañeros de Breidenbach, Erhart Reuwich, de Utrecht. ¡Una invitación a descubrir el Mediterráneo oriental a través de ojos holandeses! Sevilla, el puerto del Guadalquivir, despierta al comercio con las islas nuevas poco tiempo después de haber recibido la imprenta. Desde 1480 aparece ahí el primer libro ilustrado, el *Fasciculus*

---

[36] Lyell (1976).
[37] *Ibid.*, pp. 3 y 21. Según Kamen (1984), p. 106, el *Sinodal* de Segovia fue la primera obra impresa en España en 1472.
[38] Sobre esta literatura, Avalle-Arce (1990).

Temporum de Werner Rolewinck, compendio de la historia del mundo que durante cinco decenios será uno de los más grandes triunfos de la edición europea. Vistas de Roma, de Venecia y la Torre de Babel se ofrecían al lector andaluz. Los "compañeros alemanes", Paul de Colonia, Johan Pegnitzer, Magnus Herbst y Thomas Glockner trabajan en las orillas del Guadalquivir entre 1490 y 1503. Tres de ellos publican la *Crónica del Cid*.

Sin duda hace falta un esfuerzo de imaginación para darse cuenta de que, durante el decenio de 1490, los libros impresos eran objetos tan exóticos y preciosos como las curiosidades llevadas de las islas de la Mar Océano. Como para recordarnos que la polémica antimorisca y el esfuerzo de conversión dominan los primeros años del siglo XVI, en 1500 Stanislao Polono imprime en Sevilla una refutación del Corán, antes de emigrar a Alcalá. Quince años antes, Fadrique de Basilea se había instalado en Burgos, capital del comercio internacional, donde introdujo la imprenta. De las prensas de Pedro Hagembach, de Toledo, salen los *Comentarios* de César y un suntuoso misal mozárabe, el *Missale Mixtum*. Letras clásicas, obras de propaganda religiosa, literatura caballeresca y religiosa: toda la España letrada del cambio del siglo se abastece en esos modestos talleres. Habría que evocar en Barcelona a Jean Luschner, Juan Rosembach y a otros. Por fin, Granada la Mora, pocos años después de la entrada de los Reyes Católicos, se abre también a los alemanes de Sevilla, Juan Pegnitzer y Meinardo Ungut, que ahí publican dos obras.[39] Las imprentas se instalan por doquier, siguiendo el avance de los conquistadores.

Una familia ilustre de ascendencia germánica es la que, con mucho, sobresale en el mundo de la edición española de la primera mitad del siglo XVI: los Cromberger de Sevilla. A ellos se debe, en profusión, la impresión de obras de Petrarca y de Boccacio, *La Celestina* de Rojas, el *Amadís de Gaula* (1535), la *Guerra de los judíos* de Flavio Josefo (1536) y un abundante catálogo de títulos religiosos. Es Jacobo Cromberger el que, en 1511, realiza una edición parcial de la *Primera Década* de Pedro Mártir y de su viaje a Egipto, la *Legatio Babylonica*. Antes de 1539, la familia Cromberger participa activamente en la creación de la primera imprenta en América, enviando a México al italiano Juan Pablos. Menos por el espíritu de pionero que por el intento de reforzar sus intereses en una parte del mundo en que ya poseen minas y haciendas, los Cromberger envían a México los muebles, el equipo y la tecnología necesarios, al mismo tiempo que al primer impresor de lo que ya se llama entonces la Nueva España.

Pero sería engañoso reducir las impresiones españolas a la obra de alemanes. Sería olvidar a Alonso del Puerto y Bartolomé Segura en Sevilla, a Antonio de Centenera en Zamora, a Diego Gumiel en Barcelona, al francés Arnaldo Guillén de Brocar en Pamplona. Todos aprovechan la moda de la literatura de caballerías, que supera con mucho a la publicación de los textos clásicos. No obstante, y desde cualquier punto de vista, no se podría minimizar la huella dejada por la Europa del norte en el espíritu de los lectores de la península y de todos los que se embarcaron hacia el Nuevo Mundo. Desde luego, no hay que suponer un modelo uniforme. Por lo con-

---

[39] Lyell (1976), pp. 68, 76, 90 y 246.

trario, prevalece una asombrosa diversidad de formas, modas y estilos si se piensa, por ejemplo, que Juan Cromberger no vaciló en reutilizar en 1537, para su edición de las *Epístolas de san Jerónimo*, una matriz con una antigüedad de 65 años.[40]

Los nexos nórdicos se manifiestan con mayor brillo aún en el terreno artístico, en particular en el pictórico y plástico. Desde el decenio de 1430, la influencia de Flandes se deja sentir en la pintura castellana y andaluza. Jan Van Eyck había acompañado a una embajada del duque de Borgoña que había llegado hasta Valencia y Granada. Ahí, el pintor dejó un recuerdo perdurable. La Corona de Castilla adquirió la *Fuente de gracia* de Van Eyck, para ofrecerla al monasterio del Parral. Las obras de Van der Weyden, del Maestro de Flemalle, de Dierk Bouts o, aún más a menudo sus copias, son muy apreciadas en la España del siglo xv, hasta el punto de que en la feria de Medina del Campo se celebra una especie de mercado de pintura flamenca. En los flamencos se apreciaban unos procedimientos y unas técnicas de excepcional fecundidad y no cabe duda que la minucia de su mirada educó a más de un observador de las cosas del Nuevo Mundo.

Artistas de otros lugares abandonan las tierras del Norte para marchar a la península ibérica, penetrada por el arte borgoñón. El arquitecto de Granada y de Toledo (a quien se debe el hospital de Santa Cruz) Enrique de Egas es hijo del bruselense Jan van der Eycken (Anequin de Egas). Hans de Colonia trabaja en Burgos, y al parecer una influencia germánica dominó la construcción de la catedral de Sevilla. Escultores nórdicos recorren igualmente las Españas: Hans en Zaragoza, el flamenco Dancart en Sevilla, el holandés Copin, el alemán Michel Locher en Barcelona, Rodrigo Alemán *(el Alemán)* en Plasencia y Toledo. Pero la figura de Gil de Siloé, de Amberes, que lleva a su apogeo la escultura gótica flamígera, los domina a todos. Trabaja en Castilla (en Valladolid, entre otros lugares) desde 1486, y su nombre permanece unido al extraordinario retablo de la Cartuja de Miraflores, cerca de Burgos, que fue dorada, según se dijo, con el primer oro llegado del Nuevo Mundo. Por último, a principios del siglo xvi la península acoge a algunos italianos, como el florentino Domenico Fancelli, que comienza la construcción de la tumba de los Reyes Católicos en Granada, y sus compatriotas Michele y Torrigiani, en Sevilla, y Andrea, en Toledo, mientras que artistas ligures y lombardos edifican el patio central del castillo de la Calahorra, en el reino de Granada.[41]

[40] Araujo (1979), p. 19; Oviedo (1974), p. 193, que sin embargo es el autor de una novela de caballería, persigue con sus ataques ese género literario: "Acuérdome aver hallado çiertos cavalleros, hijos de padres ilustres de títulos y estados, en casa de uno dellos ocupados en un livro de ésos, con mucha atención, oyendo la materia de que tractava. E pidiéronme que en çierto paso que yo les dixesse mi paresçer. Lo hize e les dixe: Señores, todo lo que esos renglones dizen son mentiras equívocas e traen aparejo de entenderlas o sentirlas, añadiendo la misma mentira o menguado el caso..."; Kamen (1984), p. 106: en 1501, ya se habían publicado en España más de 800 títulos.

[41] Sobre los italianos establecidos en España, Bosque (1965); Manuel Gómez Moreno, "Sobre el Renacimiento de Castilla y la Capilla Real de Granada", *Archivo Español de Arte y Arqueología*, 1925, t. I, pp. 69-77; del mismo, *Renaissance Sculpture in Spain*, Nueva York, Hacker, 1971; J. Pijoán, *La escultura y la rejería españolas del siglo XVI*, Madrid, Suma Artis, t. XVIII, 1961.

"Una España tan frecuentada de estraños"

¿Qué es un extranjero en la tierra ibérica a comienzos del siglo xvi? Aun cuando hemos conservado para ese término su acepción actual, recordemos que para Castilla los valencianos y los catalanes son, a su manera, extranjeros. ¡Para no hablar siquiera de los vascos! A los contemporáneos les gustaba distinguir a los "naturales", arraigados al menos desde hacía 20 años y casados con gente del país, de quienes provenían de otras partes, de otra jurisdicción o de otra ciudad.

Todos los extranjeros que se cruzan en los caminos de España no tienen las relaciones, la fortuna o el renombre de los precedentes. Los oscuros forman legión. Los artilleros borgoñones y flamencos que participaron en la guerra de Granada chocan con las multitudes de alemanes que se apiñan en el camino de Santiago hacia el santuario milagroso de Compostela; se encuentran con domadores de osos que han venido de Francia y de la Europa del Norte, se codean con los castellanos y con los caldereros llegados del otro lado de los Pirineos: "esos françeses que vienen de Urllac a España, a rremendar calderas y estragar çerraduras e hazer llaves baladis, que todo quanto hazen no vale nada e buelven con hartos dineros mal ganados a sus tierras". Muy al comienzo del siglo xvi, los alfareros italianos se instalan en la región de Sevilla y someten a la influencia renacentista una producción hasta entonces dominada por los moriscos. Aun rotos, las ollas y los platos "barnizados" que salen de sus hornos hacen la dicha de los indígenas de las Antillas. La evolución de las formas y de los gustos puede verse hasta en las vajillas que adquieren o que llevan consigo los navegantes y los colonos del Nuevo Mundo, y que hoy yacen entre las ruinas de las aldeas tropicales.[42]

Por último, también algunos religiosos marchan hacia España, atraídos por la resonancia del descubrimiento. El primer viaje de Colón despertó un interés apasionado entre los franciscanos y su vicario general, Olivier Maillard. Los límites geográficos de las órdenes religiosas no eran los mismos que los de los reinos, y España, Portugal, Francia, los Países Bajos, Inglaterra y el norte de Europa formaban entonces la provincia ultramontana colocada bajo la dirección de un mismo vicario general, lo que explica que varios de los misioneros que llevaron a cabo su labor en las tierras

---

[42] Sobre el concepto de extranjero, Maravall (1972), p. 501: los "naturales" son los que viven en España durante 10 años consecutivos, "diez de ellos con casa y bienes raíces no inferiores a 4 000 ducados y estando casados con natural o hija de extranjero nacida en estos reinos" (Pérez Bustamante [1941], p. 85). Véase también Monetarius (1920); Oviedo (1974), p. 115: "El broquel hecho pedazos es el quarto punto y el quinto los çedaços sin telas, y la caldera sin suelo es el sexto e último punto. E todos tres estos últimos son tan inútiles quel tal broquel e esos çedaços, o aros dellos, no pueden servir sino de acompañar el fuego. Y lo demás que de la caldera sin suelo quedare podría ser útil a lañas de otras calderas, como se acostumbra hazer en especial esos françeses que vienen de Urllac a España, a rremendar calderas y estragar çerraduras e hazer llaves baladis, que todo quanto hazen no vale nada e buelven con hartos dineros mal ganados a sus tierras"; H. Colón (1984), p. 93; los trabajos de la arqueología colonial han resultado inapreciables: véase, entre otros, Deagan (1987), p. 61.

nuevas no fueran oriundos de la península ibérica. Desde fines de mayo de 1493, el capítulo general de los franciscanos observantes del sur de Francia, en Florenzac, decidió enviar a dos hermanos laicos al otro lado del océano: Jean de la Deule —*el Rojo*— y Jean de Tisin se embarcaron con Colón, en su segundo viaje. Para los castellanos o para Las Casas, que no compartían nuestra visión cerrada de las nacionalidades, eran borgoñones o picardos. Jean de la Deule y el catalán Ramón Pané decidieron evangelizar La Española. Jean de Tisin (o de Cosin) se consagró a la isla de Cuba. De regreso en 1499, volvieron a embarcarse al año siguiente en compañía de otros tres religiosos españoles. Los capítulos generales de Laval (1505) y de Ruán (1516) tomaron a su vez decisiones que orientaron la evangelización de las islas y de la Tierra Firme.[43]

Intelectuales, embajadores, navegantes, impresores, artistas, mercaderes, peregrinos, religiosos y buhoneros animan las múltiples redes que se sobreimponen al tejido de las parentelas y de las comunidades. Esas circulaciones irrigan los terruños, mantienen los nexos que unen la península a la Europa del Renacimiento. Por doquier se manifiesta, ya se trate de la comunicación de los hombres, del desplazamiento de las cosas y de las formas, la permeabilidad del espacio ibérico. Una imagen de desconcertante ambivalencia surge en el crepúsculo del siglo XV: la misma península que atrae a los europeos y capta las influencias italianas y nórdicas borra de un plumazo el pluralismo medieval al expulsar a los judíos y los moros. Pero esas medidas son demasiado recientes para borrar la naturaleza profundamente híbrida de las culturas de la península.

España, no lo olvidemos, es uno de los últimos países europeos que expulsan a los judíos: dos siglos antes, Inglaterra; Francia un siglo antes, y numerosas ciudades y países germánicos durante el siglo XV, casi por las mismas razones, habían tomado esta decisión radical.[44] La tierra que descubre la América no tiene nada de un Estado moderno, homogéneo y centralizado, y nunca estará lingüísticamente unificada. Es un vivero de particularismos, de sociedades y de religiones que vive de integraciones y de exclusiones, víctima de las tendencias contrarias de la formación y del pluralismo. La España de la Inquisición todavía es la de *La Celestina* de Rojas (1499), en que reinan el dinero, la libertad de costumbres y la crudeza del lenguaje.

LA REACCIÓN ANTIFLAMENCA (1516-1520)

La reacción antiflamenca que sigue al advenimiento de Carlos se inscribe en la línea de esas exclusiones. En mayo de 1516 Castilla tiene un nuevo rey. Del matrimonio concertado entre Juana, hija de Fernando y de Isabel, y Felipe *el Hermoso*, archiduque de Austria, nació el 24 de febrero de 1500, en Gante, el futuro Carlos V. Su madre, Juana, había reinado algún tiempo después de la muerte de Isabel, en compañía de su esposo Felipe

---

[43] Las Casas (1967), t. I, p. 634; Gómez Canedo (1977), pp. 3-4, 12 y 25.
[44] Kamen (1984), p. 106.

el Hermoso, llegado a España con algunos flamencos que recibieron sinecuras. El príncipe murió en septiembre de 1506, y la reina fue cayendo progresivamente en la locura. Juana acompañó largo tiempo el ataúd de Felipe, que viajaba sólo por la noche, a la luz de las antorchas. En 1509, el macabro cortejo acabó por detenerse al pie de la fortaleza solitaria de Tordesillas, que volvió a cerrarse tras la reina demente. La locura de Juana y la desaparición prematura de Felipe habían estado a punto de aniquilar la política matrimonial de Isabel. Empero, estos hechos abrieron las puertas a Carlos, quien sucedió a su madre y a su abuelo Fernando *el Católico* en 1516.

El reinado de Carlos comienza mal, pues la proclama hecha en Bruselas se asemeja mucho a una impostura. Por mucho que el príncipe se diga rey de Castilla desde la muerte de Isabel, es su madre Juana *la Loca* la que ocupa legítimamente el trono. A esa España tan tenazmente apegada a su diversidad, a sus privilegios, a sus autonomías, donde un aragonés, un castellano o un vasco tienen, cada uno, marcado su lugar, no le hace la menor gracia el gesto precipitado de Bruselas. Apenas soporta que su nuevo soberano parezca preferir sus dominios nórdicos y tarde en visitarla. Tolera mal que los extranjeros del séquito de Carlos que han acudido a la península se repartan los más altos cargos como despojos fácilmente ganados. Esas gentes con nombres extraños, impronunciables: Guillaume de Croy, señor de Chièvres; Jean le Sauvage, gran canciller de Borgoña; Jean Carondelet, deán de Besançon; Laurent de Gorrevod, gobernador de Bresse, y tantos otros... ¿Se ha convertido España en las Indias de los flamencos? De esos flamencos que dirigen hacia esas comarcas ibéricas miradas de asombro, sonriendo ante el exotismo de las costumbres o inquietándose por las influencias "turcas y judaicas" que aún se entreven.

Los seis primeros años del reinado se verán perturbados por manifestaciones de xenofobia dirigidas contra el séquito del príncipe. Cuando Carlos llega de los Países Bajos con sus consejeros, surge el descontento. El joven soberano no habla castellano. Se cree que está sometido al todopoderoso señor de Chièvres, que se encarga de la dirección de las finanzas (contador mayor), mientras que su sobrino se convierte en arzobispo de Toledo. El preceptor del rey, Adriano de Utrecht —el futuro papa Adriano VI—, recibe el obispado de Tortosa y después la regencia, al salir Carlos de España por haber sido elegido a la Corona imperial. Cuando el canciller Jean le Sauvage muere en 1518, es un piamontés, Mercurino di Gattinara, quien lo sucede. Todo el país murmura. Hasta se forma un partido para apoyar al hermano menor del rey, a quien se le prefería por haber sido educado en Castilla. Los "flamencos" pronto son odiados por los españoles, excepto por el clérigo Bartolomé de Las Casas, quien no agota los elogios sobre la humanidad de ese pueblo, "más dulce y más humano que nosotros mismos". Como sucede tan a menudo en el transcurso de su vida, el defensor de los indios va contra la corriente.

Las Casas —"Micer Bartolomé" para los recién llegados—, quien se ve obligado a comunicarse con sus interlocutores nórdicos en latín, logra captar su atención mientras es conducido por los miembros castellanos del Consejo real. Cierto, le intriga el comportamiento singular de esos cortesanos que siguen "la costumbre de la casa de Borgoña", ignoran todo de la península y no comprenden nada de las cosas del Nuevo Mundo. Pero sabe agradecer la atención que le prestan cuando les explica lo referente a las Indias, y goza de la simpatía de un caballero flamenco bien situado en la corte, el señor de La Mure, a quien escandalizan la crueldad de los españoles y la disminución de las poblaciones indias. La reacción de Las Casas sigue siendo una excepción. El resto de los castellanos se quejan amargamente de ser tratados "como los indios" por los nuevos amos.[45]

Así, la carga de una corte nórdica que reúne las tradiciones de Flandes, de Picardía y de Borgoña, tiende a sumarse al abigarramiento de los terruños y de las religiones ibéricas. La irrupción habría podido ser más soportable si los flamencos no hubiesen empuñado las riendas del poder e incluso intentado invadir el Nuevo Mundo, ya que las Indias —hasta entonces reservadas a los castellanos, y después abiertas a los aragoneses, por la gracia de Fernando— en adelante se volvían accesibles al conjunto de los vasallos de Carlos. No hay por qué sorprenderse de que se haya pensado en otorgar como feudo al almirante de Flandes, el saboyano Lorenzo de Gorrevod, Yucatán con todas las tierras que se descubrieran en esos parajes, ¡es decir, todo México! Cinco navíos cargados de campesinos flamencos atracaron en Andalucía, en Sanlúcar de Barrameda, pero el asunto, después de la intervención de Las Casas, quedó ahí, y México no fue poblado por hombres del norte. Aquellos desdichados colonos que no perecieron "de enojo y angustia desto", volvieron a sus patrias perdidas.[46] Las relaciones entre Carlos y los españoles se complicaron más cuando él ascendió al título imperial. En adelante, el lugar reservado a España dentro del tablero de los Habsburgo inquietó a todo el mundo.

En 1518 y 1519 aumenta la tensión. En sermones se denuncian los abusos de los consejeros extranjeros. En 1520, un cometa maravilloso hace presagiar una suerte funesta para Castilla, y pronto estalla el levantamiento de los comuneros (1520-1521), que aglutina en la disidencia a las más grandes ciudades del reino. Ese movimiento, dirigido tanto contra la nobleza como contra los "malos consejeros", obliga a Carlos a dar marcha atrás. Confía a españoles la administración de sus posesiones ibéricas y decide residir siete años consecutivos en la península.[47]

[45] Las Casas (1986), t. III, pp. 168, 174, 181, 184-185 y 187; De la Torre Villar (1974), pp. 18-20. Sobre la visión flamenca de los castellanos, la *Relación del primer viaje de Carlos V a España*, por Lorenzo Vital (Madrid, 1958), en Bernis (1959), pp. 203 y ss. Schäfer (1935), t, I, p. 3.

[46] Las Casas (1986), t. III, p. 174: "Como si le [el Almirante de Flandes] hobiera hecho merced el rey de alguna viña que de su casa estuviera un tiro de ballesta y en la plaza los cavadores para cultivalla, con la misma facilidad despachó a Flandes y dentro de cuatro o cinco meses vinieron creo que cinco navíos al puerto de Sant Lúcar de Barrameda cargados de gente labradora para venir a poblar la dicha tierra." El asunto sugiere la dificultad que había para representarse desde Europa las tierras americanas, ya se trate de la calidad de lo que estaba en juego o simplemente de las dimensiones y de las distancias.

[47] Alba (1975), pp. 102-103. Recordemos que prodigios semejantes al parecer fueron anunciados algunos años antes a los indios de México, sobre la invasión de su país por los españoles: véase al respecto a Jean-Michel Sallmann *et al.*, *Visions indiennes, visions baroques. Les métissages de l'inconscient*, París, PUF, 1991. En 1526, Carlos V hace de Granada,

A decir verdad, otros factores menos coyunturales conspiraron para apartar a los extranjeros. Ellos serán la afirmación creciente de una identidad española ante los pérfidos franceses, ante los turcos y los indios de América, pero también el temor a la herejía y al contagio de las ideas. Con el ascenso del luteranismo, las autoridades españolas y la Inquisición mostrarán una desconfianza cada vez más pronunciada hacia los extranjeros. En el decenio de 1520, la difusión de la doctrina de Lutero acabará por agotar el flujo de los peregrinos alemanes, mientras que la Inquisición se dedicará a censurar la publicación de libros, comenzando por los del reformador. Por lo demás, a partir del decenio de 1520 la fisonomía del poder se hispaniza irremediablemente, y España, lentamente, empieza a mostrarse más rígida. El odio al "extranjero que saca todo el oro del país" se vuelve entonces obsesivo.

Y sin embargo, en ese mismo momento, Castilla era el corazón de un imperio europeo y la cabeza de un Nuevo Mundo que cada año se enriquecía con gigantescos espacios y pueblos innumerables. Una vez más, ¿estaba desgarrada entre la normalización y el pluralismo?[48]

durante un tiempo, su capital, y ordena la construcción del suntuoso palacio renacentista de la Alhambra.

[48] Oviedo (1974), p. 505: "Quién vido aquel camino de Sanctiago quajado de peregrinos alemanes que por su gran devoción por la mar e por la tierra en todos tiempos era dellos frequentada esta romería! E agora ninguno dellos haze tal camino por quel erético Martín Lutero e otros erejes alemanes se levantaron contra Christo, formando e predicando nuevos e eréticos errores en ofenssa e contra la Yglesia con que han maculado, no solamente a Jermania, más a los ingleses e bohemios e otras nasciones..."

VI. LA EUROPA IMPERIAL

Algunos dicen que quiero ser soberano del mundo pero mis ideas y mis obras prueban lo contrario... no pretendo guerrear contra los cristianos, sino contra los infieles.

Carlos V (1536)

Aunque esta afirmación pueda desagradar a los castellanos, el advenimiento de Carlos V inscribió a la península ibérica en una vasta Europa de la que la separaban los Pirineos y Francia: el Franco Condado, los Países Bajos, Austria, Hungría y las posesiones italianas. Cierto es que los contactos de todas clases establecidos con los extranjeros daban a los españoles desde hacía largo tiempo una primera idea de los países cuyo promontorio avanzado constituían. Pero ésta era una visión fragmentaria. Se añadía al panorama imaginario, y sin embargo tan imponente, que las novelas de caballería les brindaban desde hacía varios siglos. Las aventuras de los caballeros de la Mesa Redonda habían familiarizado a generaciones de españoles con el mundo del rey Arturo, Inglaterra, Irlanda, Escocia, la Galia, Londres, París y hasta Palermo o Trebisonda. Las hazañas de *Tirant lo Blanc* o de *Amadís* desplegaban infatigablemente este telón de fondo europeo y mediterráneo, ofreciendo unos rudimentos de geografía universal a quienes nunca se habían arriesgado a salir de su aldea, así como a los navegantes y a los soldados que atravesaron el océano. ¿No acabarían, un día, por llegar a California o al reino de las Amazonas?

La entrada en el escenario internacional

Sin embargo, no vayamos a creer que los partidarios de Amadís cambiaron súbitamente a sus emperadores de Constantinopla o de Trebisonda por el emperador Carlos, trocando el sueño de las novelas por la brutal realidad de los flamencos. La apertura política de España hacia Europa precedió al reinado del César y al establecimiento del imperio. En la segunda mitad del siglo xv España no existía aún, y hubo que aguardar a la caída de Granada para que Isabel y Fernando se asomaran al escenario internacional.

Las coronas de Castilla y de Aragón, unidas bajo los Reyes Católicos, debieron establecer su hegemonía sobre la península antes de afirmar su presencia en Europa. Lo lograron utilizando las alianzas dinásticas y desplegando una red diplomática incomparable sobre el continente europeo, tan "crucial para el auge de la potencia española" como particularmente onerosa. Razón de más para asegurarse del oro de las Indias. Por primera vez, una potencia ajena a Italia mantenía representantes fijos ante sus principales aliados, Londres, Bruselas, Roma, Venecia. Esos enviados no se limitaban a negociar alianzas, sino que informaban a los soberanos católicos sobre los proyectos marítimos de sus amigos; el rey inglés era objeto de una vigilancia particular. Como contrapartida, puede comprenderse mejor la importancia y la intensa actividad de los embajadores italianos en la Castilla de los Reyes Católicos.[1]

Las turbulentas relaciones con Portugal se aplacaron en el decenio de 1490. La Corona de Castilla consolidó definitivamente su dominio sobre las islas Canarias, que le abrieron la ruta del Nuevo Mundo: la Gran Canaria fue ocupada en 1483, Palma en 1492 y Tenerife en 1493. Los conflictos entre pescadores cántabros, andaluces y portugueses, que se disputaban el acceso a los bancos de peces de las costas del Sahara, quedaron resueltos en parte con el tratado de Tordesillas (1494). Por su parte, Aragón, que reivindicaba Cerdeña y el Rosellón contra Francia, los adquirió en 1493. En 1515, Navarra fue anexada a la Corona de Castilla.

En el sur, como lo había deseado la reina Isabel en su testamento, proseguía la Reconquista. Los españoles atacaron la costa de África del norte y fundaron los "presidios": Orán cae en 1509. Según testimonio de Pedro Mártir, el contacto con los indígenas no provocó choques:

> Los árabes, esas gentes nómadas y sin ley que viven a la intemperie o bajo tiendas de campaña y que transportan su familia y sus bienes sobre camellos por doquier van, comercian de modo tan intenso y continuo con nuestras guarniciones de Orán que parecen mantener lazos cordiales con ellas desde hace cien años.

Es una visión idílica, todo lo exótica que se pueda pedir, de un observador lejano, que hace contrapeso a las primeras imágenes llegadas de las islas occidentales. Bugía cae en 1510 con ayuda de Pedrarias de Segovia. Argel, amenazada por el avance de los cristianos y sometida en 1510-1511, solicita el apoyo de los corsarios turcos, los hermanos Barbarroja, que se instalan ahí en 1515. Cinco años después se desarrolla la campaña de Djerba en la que participan Álvar Núñez Cabeza de Vaca y otros soldados que, después de esas primeras armas, se embarcarán, también ellos, a las "Indias del Mar Océano".

Para algunos, la experiencia africana —como para otros el paso por las Canarias— es un preludio a la aventura americana: indígenas inhospitalarios, un ambiente hostil, el aislamiento, el sol devorador, la falta de agua, preparan a los hombres para las duras pruebas del otro lado del Atlántico. En Orán, un representante de la Corona, letrado y con la experiencia que dan cincuenta años de una vida cumplida y valerosa, aquilata la dimensión de las dificultades que provoca la administración de un puñado de colonos inmersos en un medio no europeo. Vasco de Quiroga ignora que afrontará

---

[1] En los últimos 10 años del reinado de Isabel se gastaron en el servicio diplomático 75 millones de maravedíes. Kamen (1983), pp. 29 y 91.

una situación aún más difícil en México, aunque ya le llegan algunos ecos de la Nueva España.[2]

La ruta de Italia durante el cambio de siglo

Por su parte, los aragoneses ejercían desde hacía largo tiempo una política activa en el Mediterráneo occidental. Estaban en Sicilia desde fines del siglo XIII, y en Nápoles desde 1443. A través de la persona de Isabel, Castilla se encontró mezclada, en adelante, en su zona de influencia. El reino de Nápoles excitaba la codicia de las potencias, y los españoles chocaron ahí, de nuevo, con los franceses. Fue la época de las guerras de Italia. El padre de Ferrante, rey de Nápoles, había reinado sobre un imperio que reunía Aragón, Sicilia y Nápoles. De ello había quedado una comunidad de intereses. Cuando la Corona de Francia decidió reivindicar el trono de Nápoles, los españoles no se cruzaron de brazos, y al llegar las tropas francesas a Milán, Parma, Florencia, Roma y la Italia del sur en 1494, los Reyes Católicos, el imperio y el papado se aliaron contra los invasores. El equilibrio italiano estaba roto y la península entraba en un largo periodo de turbulencias y de guerras. Gonzalo Fernández de Córdoba, el *Gran Capitán*, desembarcó en Nápoles en auxilio de Ferrante II y expulsó a los franceses en 1496. Según el cronista Oviedo, que no pierde ocasión de atribuir al Nuevo Mundo todo lo que le corresponde, le imputa igualmente la sífilis:

> Entre aquellos Españoles fueron algunos tocados desta enfermedad y por medio de las mugeres de mal trato y vivir se comunicó con los Italianos y Franceses. Pues como nunca tal enfermedad allá se avía visto por los unos ni por los otros... Muchas veces en Italia me reya oyendo a los Italianos dezir el mal francés y a los franceses llamarle el mal de Nápoles; y en la verdad los unos y los otros le acertarán el nombre si le dixeran el mal de las Indias.[3]

No olvidemos que esas guerras se desarrollan con el trasfondo de la amenaza turca. En 1490, en plena campaña de Granada, el papa Inocencio VIII había lanzado un proyecto de cruzada. Y cuando en 1494 el rey de Francia, Carlos VIII, puso la vista en el reino de Nápoles, fue en parte con el designio de convertirlo en base de una cruzada que él dirigiría contra el Gran Turco. Y es que el imperio otomano de Bayaceto II (1481-1512) cu-

---

[2] Rumeu de Armas (1975); Alba (1975), p. 84; Pedro Mártir (1955), p. 293 (Carta 421, 4 de julio de 1509); Warren (1977), pp. 15-22; Santa Cruz (1951), t. II, cap. XXVIII, p. 117.

[3] "Desde a pocos meses, el año susodicho de mil y ccccxcvi, se començó a sentir esta dolencia entre algunos cortesanos, pero en aquellos principios era este mal entre personas baxas y de poca autoridad; y así se creya que le cobravan allegando a mugeres públicas y de aquel mal trato libidinoso. Pero después estendióse entre algunos de los mayores y más principales. Fue grande la admiración que causava en quantos lo vían, assí por ser el mal contagioso y terrible como porque se morían muchos desta enfermedad. Y como la dolencia era cosa nueva no la entendían ni sabían curar los médicos ni otros por experiencia consejar en tal trabajo. Siguióse que fue embiado el gran capitán Gonzalo Fernández de Córdoba a Ytalia con una hermosa y gruessa armada [...] y entre aquellos españoles fueron algunos tocados desta enfermedad...", Oviedo (1547), fols. XXV°-XXII°.

bría ya una gran parte de la Turquía actual, Grecia, Albania, Herzegovina y Bulgaria. Los otomanos eran los amos del mar Negro, y si bien el sultán rara vez atacaba de frente a las potencias cristianas, las *razzias* que organizaba contra Dalmacia, Hungría o Polonia, así como la piratería que practicaba en las aguas del Mediterráneo, hacían que ni por un momento pudiera olvidarse su existencia.

Sin embargo, los proyectos de cruzada se desvanecieron e Italia siguió siendo teatro de combates entre cristianos. Los cronistas españoles no se muestran muy benévolos hacia los franceses, que "fuerzan las mugeres, pillan las ciudades y sus iglesias, derraman mucha sangre...".

Los ejércitos de Francia reaparecieron en Italia en 1499, recorrieron el norte de la península y ocuparon Génova y la Lombardía. En 1501, tropas españolas y francesas se repartieron el reino de Nápoles, antes de precipitarse a unos enfrentamientos sin piedad. Varias veces, el *Gran Capitán* aplastó a los franceses, que en 1505 reconocieron la soberanía de Fernando sobre Nápoles. Desde entonces, los virreyes llegados de España velaron por el destino de la Italia meridional.

La experiencia italiana, contemporánea del descubrimiento de América, sucedió a la experiencia granadina. Ofreció a los españoles el ejemplo de otra sociedad, de otro arte de vivir y de matar. Desembarcados en una península recorrida y a menudo devastada por los ejércitos, de la que huyen los humanistas en busca de paz y de las sinecuras ibéricas, los mercenarios de Aragón, de Castilla y de Extremadura venden sus servicios bajo el cielo del Renacimiento y de los Borgia, en el dédalo de unas cortes refinadas en que imperaban la corrupción, la pasión por el juego y las intrigas interminables. Lejos de llegar con las manos vacías, hacen cundir el gusto por las novelas de caballería españolas, que vuelven a publicarse, en castellano, en las prensas italianas. En los campos de batalla, ante la soberbia de los franceses y sus derrotas en Ceriñola y en Garigliano, los españoles perfeccionan técnicas de guerra y adquieren la certeza, por un siglo y medio —hasta Rocroi—, de ser invencibles.

Probablemente en 1503, Gonzalo Fernández de Córdoba (1453-1515) lleva a cabo la primera reorganización del ejército español: desarrolla la artillería de campo, inventa la división, aumenta la proporción de los arcabuceros, da el predominio a la infantería e impone una disciplina estricta. "Facilita el paso de la columna en camino al orden de batalla fraccionando los batallones en compañías, cada una de las cuales viene a la altura y a la derecha de la que la precede para formar el frente de combate."[4] La infantería española, imbuida del honor nacional, se convierte, en adelante, en instrumento temible. En cuanto a los franceses, utilizan en los campos de batalla la artillería, que hasta entonces se había reservado a los sitios. En

---

[4] Mantran (1989), pp. 105-116; Santa Cruz (1951), t. I, cap. CXLII, p. 361; Quatrefages (1977); Roland Mousnier, *Les XVIᵉ et XVIIᵉ siècles, Histoire générale des civilisations*, t. IV, París, PUF, p. 145. Según Santa Cruz (1951), t. I, cap. 167, p. 403, en 1500 el Gran Capitán "levó mas de 300 ginetes [...] La gente de a pie que llevó fueron 4 000 peones para la tierra e otros 4 000 para la mar con capitanes". Sobre los capitanes y los mercenarios que pasaron a Italia, véase el testimonio pintoresco de Oviedo (1974), pp. 140-146.

1515, los cañones franceses exterminan a los suizos en Marignan. En México, como en los Andes, los españoles no olvidarán la lección italiana: arcabuceros e infantería destrozarán a las tropas indígenas.

No obstante, artistas y humanistas precedieron a los soldados en el camino de Italia, de Venecia, de Roma o de Florencia. A los 19 años, en 1460, Antonio Elio de Nebrija estudió a los autores clásicos en la península italiana. En un periodo de 10 años, en Bolonia y otras ciudades, se inició en el método crítico que había perfeccionado Lorenzo Valla. Volvió a España con la intención de extirpar la "barbarie" de su país y de difundir la enseñanza de la gramática latina y de los clásicos. Nebrija regresaba a Iberia cuando Pedro Berruguete se instalaba en Italia. El pintor se puso al servicio del duque de Urbino, Federico de Montefeltre, hacia el decenio de 1470, antes de reaparecer en España, donde en Toledo y en Ávila pintó algunas obras que son testimonio de un arte consumado de la perspectiva y del claroscuro.

Por último, no olvidemos la creación musical que descubrimos gracias a las investigaciones y a los registros de Jordi Savall. El canon perpetuo *Mundus et música...* reveló el talento de un tal Bartolomé Ramos de Pareja, teórico y compositor andaluz, que permaneció unos 10 años en la península italiana. Ahí, mandó publicar su *Música práctica* (1482) al mismo tiempo que trababa amistad con músicos ingleses y catalanes. Por su parte, los contactos entre Valencia y Nápoles contribuyeron al extraordinario auge de la música española del Renacimiento, que los misioneros y los conquistadores llevarían al Nuevo Mundo.[5]

ITALIA VISTA POR OVIEDO (1497-1501)

La trayectoria italiana de Oviedo, el muy joven espectador de la caída de Granada, pero también futuro cronista del Nuevo Mundo, hace desfilar ante nuestros ojos las facetas múltiples, gloriosas o inconfesables de la experiencia italiana. El madrileño Oviedo se ha cruzado con Pedro Mártir al pie de la "Ciudad Roja", mas para seguir un itinerario al revés. Abandonando el servicio del príncipe Juan de Aragón en 1497, sale de España "a peregrinar por el mundo": "Discurrí por toda Italia, donde me di todo lo que pude saber e leer entender la lengua toscana, y buscando libros en ella, de los cuales tengo algunos que ha más de 55 años que están en mi compañía, deseando por su medio no perder todo mi tiempo". "En diversas partes discurriendo, como mançebo a veces al sueldo de guerra y otras vagando de unas partes y reynos en otras regiones", Oviedo visita Italia del norte y la rica campiña lombarda, y sirve al duque de Milán y luego al de Mantua. En Génova, ciudad natal de Colón, ve, con disgusto, que una parte de los mercenarios alemanes es de origen judío.[6] Se une al séquito del

---

[5] Zamora (1988), p. 23; Gerbi (1978), p. 213 n.
[6] Gerbi (1978), p. 161; Oviedo (1974), p. 85: "ví en Génova compañías de infantes alemanes a pie e por Italia ganar el sueldo como ombres de guerra en sirviçio del señor Ludovico, duque de Milán (y de otros señores) y en algunas capitanías désas mezclados soldados dellos

cardenal Giovanni Borgia, arzobispo de Valencia, *amicissimo degli spagnuoli* y sobrino del papa Alejandro VI, hasta que el prelado perece, envenenado por su primo César Borgia. Las crueldades de César, como las de Ludovico *el Moro*, duque de Milán, resultan edificantes para el joven, que vivió lo bastante para comprobar que "aun si tarda, la justicia de Dios nunca se olvida ni deja de ser ejecutada"... Esas atrocidades lo escandalizan, por cierto, más que las de los españoles en las Indias, en parte a causa de su naturaleza premeditada. Dicho esto, los Borgia son tanto más favorables a los españoles cuanto que la familia del pontífice es, como bien se sabe, originaria de Valencia. Mezclado entre los pajes y los mercenarios llegados de Europa entera, Oviedo observa una Italia del norte atormentada por la guerra, repartida entre los aliados de los Reyes Católicos, Milán, Mantua, el papado y los partidarios del rey de Francia, que reivindica el Milanesado.

Si nuestro castellano asiste a la entrada solemne del rey de Francia, Luis XII, en Milán, no parece en cambio que haya ido a Florencia. La capital del Renacimiento italiano, la ciudad de los banqueros, de los pintores y de los escultores, también abriga a humanistas, sabios y médicos como Paolo del Pozzo Toscanelli, quien había alentado a la corte de Lisboa y tal vez a Colón a buscar las Indias partiendo hacia el oeste, y a realizar "su magnífico designio".[7] A través de esos representantes dispersos en la cuenca mediterránea y la Europa septentrional, la ciudad del Arno dispone de una formidable red de informaciones, que enriquecen los numerosos visitantes de paso.

En crisis profunda desde la muerte de Lorenzo de Médicis, desaparecido el año mismo del descubrimiento (1492), ante Roma y los principados del norte, Florencia entró en la alianza francesa y atravesó por un periodo singularmente agitado. En el curso del invierno de 1497-1498, los acontecimientos se precipitaron. Florencia era amenazada por el papa y por la liga de los príncipes italianos. Desde hacía cuatro años un dominico de Ferrara, convertido en prior del convento de San Marcos, Jerónimo Savonarola, anunciaba el advenimiento de una "Quinta Edad", y después la victoria de un cristianismo renovado que acabaría con los turcos y los paganos. Seducida por las prédicas del fraile, la ciudad se veía llevada a la cabeza de una era nueva y al alba de otra Edad de Oro.[8] Partiendo de Florencia —la Nueva Jerusalén, la "nación elegida"—, la reforma invadiría Italia, la cristiandad y después la Tierra entera. Savonarola supo dar un impulso decisivo y un tinte político a unas tradiciones milenaristas y mesiánicas que se remontaban a Joaquín de Fiore y que circulaban hasta en los claustros de Extremadura. Así, la expectativa del surgimiento de una época que sería "el reino del Espíritu sobre la tierra y precedería al choque del fin de los tiempos", animaba la ciudad toscana.[9]

judíos, de la misma lengua y patria alemana, ganando el sueldo [...] Digo esto porque no se maraville el letor si de tal mezcla rresultan e se forman eregías luteranas e anabatistas y otras setas y maldades contra nuestra sancta fe cathólica".

[7] *Ibid.*, p. 98; Mahn-Lot (1970), p. 42; Trexler (1980).

[8] Weinstein (1973), pp. 39 y 41.

[9] *Ibid.*, p. 99; sobre los milenarismos medievales, Cohn (1974), *passim*.

Pero al papa Alejandro VI Borgia no le gustaron las profecías del amo espiritual de Florencia. En 1497 se lanzó contra el dominico que levantaba y exaltaba la ciudad con sus prédicas inflamadas. "Durante un tiempo, Savonarola pensó en convocar a un concilio de toda la cristiandad y hasta empezó a escribir cartas al emperador y a los príncipes europeos, urgiéndolos a deshacerse de los enemigos de Cristo y a liberar a la cristiandad de Alejandro VI, que no era ni papa ni cristiano." El 23 de mayo de 1498, Savonarola fue ahorcado y después quemado en la plaza de la *Signoria*, y sus cenizas acabaron en el río Arno. No por ello el predicador de Florencia dejó de despertar la admiración de una dominica de Castilla, Sor María de Santo Domingo. Años después, los éxtasis y las profecías de la que será llamada la Beata de Piedrahíta apasionarán a la España mística del cardenal Cisneros y del rey Fernando. El ejemplo de los niños inspirados que sostuvieron con fervor la obra de Savonarola tampoco dejará indiferentes a los franciscanos de Castilla. De las riberas del Arno a los conventos de Extremadura, el nuevo siglo nace entre rumores mesiánicos, esperas y prodigios, propicios todos ellos a recoger la chispa encendida por Savonarola.[10]

No todos los florentinos tuvieron los ojos fijos en Savonarola. Mercaderes más preocupados por las cosas de este mundo llevaban a la península ibérica los productos de lujo que salían de los talleres de los artesanos toscanos, de orfebres, ebanistas, ceramistas, grabadores en cristal y en piedras finas. Algunos de esos objetos llegarán hasta las Indias y revelarán a los príncipes mexicanos el refinamiento que podía alcanzar la civilización material de un universo atrapado en el Renacimiento. Así, mientras Savonarola agitaba Florencia, Américo Vespucio representaba a los Médicis en Sevilla, equipaba la segunda y la tercera expediciones de Colón y soñaba con riquezas y viajes, dejando a otros miembros de su familia en la paz, muy relativa, de los claustros florentinos, y en las intrigas de la política toscana.

Una vez pasada la tormenta, la vida prosiguió su curso, más gris y desencantada, en la ciudad vencida. A la muerte de Savonarola, Nicolás Maquiavelo, quien había permanecido al margen de las luchas que acababan de perturbar la ciudad, era aún poco conocido. A los 29 años iniciaba apenas la carrera pública en la cual obtendría la experiencia y la inspiración que reflejan las obras de su madurez. Años después, rendirá homenaje al pensamiento político —*la dottrina, la prudenza e la virtù dello animo suo*— del profeta de Florencia, y asimismo saludará la inteligencia y la astucia de Fernando *el Católico*. En cambio, mostrará un atisbo de desdén por su compatriota Vespucio, tan dispuesto a encanallarse con los patanes, a investigar países extranjeros y cosas curiosas.[11]

El nuevo siglo se inaugura sin que Oviedo haya recorrido las calles de Florencia, y jamás conocerá a Maquiavelo. En cambio, el madrileño visitó la Roma de los Borgia. En los primeros meses del año 1500 lo encon-

---

[10] Weinstein (1973), p. 292; Alba (1975), pp. 86-94; Trexler (1980), pp. 474-490.

[11] El erudito Giorgio Antonio Vespucci era uno de los religiosos del claustro de San Marcos: Weinstein (1973), pp. 117 y 328; Maquiavelo (1971), pp. xxi y 233; Gerbi (1978), p. 57, n. 48 (Maquiavelo sobre Vespucio en una carta a Vettori del 10 de diciembre de 1513).

tramos en la capital romana, en donde reinaba el papa valenciano Alejandro VI Borgia, el ejecutor de Savonarola, rodeado de su hijo César, su hija Lucrecia y el menor, Jofré. Durante el reinado del papa aragonés, Calixto III, y más aún en el de Alejandro, la colonia española se había vuelto la colonia extranjera más importante de Roma. Era tan heteróclita como la población local, compuesta de prelados, cardenales, sacerdotes, soldados, hosteleros y prostitutas. En suma, un medio familiar para Oviedo, que de Campo dei Fiore iba al castillo Santángel pasando por la calle de los Banchi (o Cambi), la famosa vía del palio. En Santa María del Popolo asistió a las exequias de su protector el cardenal Giovanni, y ahí mismo lloró la muerte de su amigo, el poeta y músico Serafino dall'Aquilano, que falleció víctima de la peste a los 34 años. Si la belleza e inteligencia de Lucrecia Borgia lo deslumbraron por un instante, no se perdió ni las celebraciones del jubileo ni las riñas que oponían en la ciudad santa a los mercenarios suizos y franceses contra los soldados españoles. Los gritos de "¡España, España! ¡E mueran los borrachos franceses e suiços traidores!" resonaron más de una vez en las noches romanas, sobre las orillas negras y nauseabundas del Tíber. Pero lo que le asqueaba era el mundo de los clérigos y de las intrigas: "Allí, pues, avía tan frequentada la maliçia de los ombres que dava causa de penssar que las rreliquias verdaderas que allí ay, sostienen que no se hunda con el clero e los demás aquella çibdad sancta, cabeça del mundo." El anticlericalismo de Oviedo —que comparte con Erasmo y con otros muchos humanistas— habría de exacerbarse en las Indias, donde "llueven los religiosos".[12]

La fórmula del cronista irá enderezada, entre otros, contra una de sus *bêtes noires*, el dominico Las Casas. Sus pasos estuvieron a punto de cruzarse en Roma. Siete años después de la estadía de Oviedo y tres años antes de la de Lutero, quien por otras razones se llevará una mala impresión de la "ciudad santa", Bartolomé de Las Casas sucumbió a la tentación del turismo humanista y también visitó Roma. Era un joven de 22 años que descubría la ciudad. En 1507 aún no se había convertido a la causa de los indios, y sólo después sería adversario apasionado de Oviedo. Como muchos españoles curiosos por las antigüedades, se interesó en las ruinas, en las vías romanas, así como en lo que había sobrevivido de las fiestas antiguas. Como visitante atento, acumuló anotaciones y recuerdos eruditos sobre las costumbres locales. La entrada de los cantantes y de los músicos en los palacios romanos, la suavidad de sus conciertos, las recompensas que reclamaban una vez terminada la serenata, quedarán grabadas en su memoria. La permanencia de tradiciones que se resistían a la cristianización lo intrigó y, tal vez desde esta época, lo escandalizó.

Casi medio siglo después, célebre y en el crepúsculo de su vida, el dominico aprovechará sus recuerdos de Italia para redactar su monumental *Apologética Historia Sumaria*. Su evocación de la Antigüedad se nutrirá de esa breve experiencia romana para añadir un poco de vida a su fantástica cultura libresca. Pero, ¿quién podrá decir si Las Casas, el converso, apro-

[12] Gerbi (1978), pp. 162 y 210; Oviedo (1974), pp. 179-180, 630-631, 200.

vechó su estadía en Roma para recibir el sacerdocio o si, como Oviedo, probó los placeres de la ciudad, siendo las dos actividades perfectamente compatibles? La ciudad de Lucrecia era un tugurio de prostitutas dispuestas a satisfacer a los clientes, eclesiásticos o no, que deambulaban de los monumentos a las iglesias y de las ruinas a los garitos. Discreto, al envejecer Las Casas esgrimirá una pluma infatigable para describir los desenfrenos de la Roma... antigua.[13]

Pero volvamos a nuestro madrileño. Habiendo marchado a Nápoles en 1500, Oviedo iba a asistir a la liquidación —no encontramos otra palabra— de la dinastía aragonesa que reinaba sobre esta parte de Italia, y a la toma de poder de los Reyes Católicos. En efecto, a comienzos de 1501, Francia y Aragón decidieron repartirse el reino, con la bendición de Alejandro VI. Privado de su corona, el rey Federico llegó a Isquia y después a Francia, mientras que el heredero del trono, contra todas las promesas, era llevado a España. Antes de que se consumara la tragedia de la que conservaría un puñado de imágenes amargas, Oviedo cedió al encanto de la corte napolitana. Nápoles sería pronto la ciudad más grande de Italia. Oviedo admiró sus casas a la orilla del mar, "assí çercanas de los navíos"; los impresionantes Castelnuovo, Castel dell'Ovo y Castel Capuano, y las viñas que parecen trepar sobre el Vesubio. Aquí, como en otras partes, nuestro cronista es sensible al detalle, a un perfume, a un color. ¿Cómo olvidar las maravillosas ensaladas que se sirven cada noche en la mesa del rey Federico? Compuestas de hierbas y de flores multicolores admirablemente dispuestas sobre vajilla de plata, reproducían el escudo real, un navío o a un soldado, según la fantasía del *maître d'hôtel*, "formado en el sabor de las plantas de cada temporada". El fuerte olor del jazmín y de la violeta se mezclaban con el del aceite, el vinagre y el azúcar de la sazón. Delicias del paladar y de la vista que después rivalizarán con los atractivos aún más fabulosos de las piñas que descubrirá en el trópico. Empero, todo ello no impidió a Oviedo mezclarse con el círculo humanista que rodeaba al Pontano poco antes de su muerte, probando la erudición y el humor meridional del viejo maestro a la sombra de los jardines reales, pletóricos de árboles frutales. Ni tampoco ir a visitar, escéptico, la supuesta tumba de Virgilio, al pie del Pausilipo.

A finales del mes de agosto de 1501, Oviedo acompañó a la antigua reina de Nápoles a Palermo y después a España. Con esta travesía terminó la estancia en Italia de Oviedo, que coincidió con el probable paso de otro español, reclutado entre las tropas del *Gran Capitán*: Francisco Pizarro, el futuro conquistador del Perú.[14]

---

[13] Las Casas (1967), t. II, p. 161: "yo lo he visto los días que estuve el año de siete, digo quinientos y siete, que destas Indias fui a Roma. Juntábanse por pascua de los reyes y hasta las carnestolendas munchos cantores y tañedores, y entraban en las casas de los ricos, donde tañían y cantaban dulcemente y después pedían sus estrenas y aguinaldo"; p. 627: "el camino que dicen haber hecho los romanos desde España hasta Italia, en España y en Italia algunos pedazos he yo visto..." Sobre Roma, Partner (1976).

[14] Gerbi (1978), pp. 162 y 225; Oviedo (1974), pp. 194 y 272-273: "en un plato de plata de seys o siete marcos ponerle en su mesa una ensalada de diversas yervas e flores de colores diferentes, e apropriadas a la salud e al gusto formando un escudo con las armas reales, o una

UNA EXPERIENCIA ITALIANA

¿Qué podía captar un joven aventurero español de los paisajes, de la gente y de las cortes de esta Italia renacentista? Es sabido que Oviedo, cuyo latín no era más que un barniz, aprendió el toscano. Conservó canciones en la memoria. Retuvo sabores de frutas —las fresas, los duraznos de Nápoles—, el sabor incomparable de las carpas del Mincio que se pescan cerca de Mantua, la delicadeza de las ranas asadas que le servían en Roma; en cambio, se negará a comer los batracios que le preparen los indios. Adquirió libros italianos, que toman, junto con él, el camino de las Indias y, sobre todo, se familiariza con autores, poetas, sabios e historiadores, cuya influencia puede apreciarse en toda su obra. Oviedo descubrió al Petrarca de los *Trionfi* y del *Canzoniere*, a Dante, a Bocaccio. Frecuentó a historiadores del siglo XV, como Leonardo Bruni y San Antonio de Florencia, que le inspiraron más de una reflexión sobre las culturas de los pueblos del mundo. Sus lecturas lo incitaron a comparar a los tártaros de Gengis Khan con los indios del Nuevo Mundo. Oviedo devoró con la misma avidez la obra de los geógrafos (Ludovico de Varthema, que se había adentrado en las Indias orientales), de los cosmógrafos, de los humanistas. El cronista se jactó, asimismo, de haberse acercado a Leonardo da Vinci y a Andrea Mantegna, los dos gigantes de la pintura de la época. Todos los medios son lícitos, así fuesen los más inesperados: a los 22 años, Oviedo ha desarrollado una habilidad fuera de lo común manejando las tijeras, en el arte del papel cortado, lo que le vale la atención del duque de Milán, Ludovico *el Moro*, a quien ofrece un motete a cuatro voces, adornado con el blasón de los Sforza. El gran Leonardo se declara estupefacto por los prodigios realizados por ese joven "dios de las tijeras".

Un éxito similar aguarda a Oviedo en la corte de Mantua, a orillas del río Mincio, donde se encuentra Andrea Mantegna, pintor oficial de los Gonzaga. El autor de la *Cámara de los esposos* había terminado en 1492 sus nueve composiciones sobre el tema del *Triunfo de Julio César*. ¿Se habrá posado la mirada de Oviedo sobre los frescos de la *Cámara de los esposos*, sobre esta pasmosa arquitectura ficticia que da la ilusión de que el artista ha logrado abrir el techo ante un trozo de cielo? La obsesión del detalle auténtico, siempre de acuerdo con las exigencias plásticas de la composición, prefigura el afán naturalista con que el cronista madrileño anotará las maravillas del Nuevo Mundo, dispuesto a aportar un dibujo, a proponer una pintura del objeto o del ser nunca visto. "Yo desseo mucho la pintura en las cosas de historia porque sin dubda los ojos son mucha parte de la información destas cosas, e ya que las mismas no se pueden ver ni palpar, mucha ayuda es a la pluma la imagen dellas."

Es ese agudo sentido de lo concreto el que hace que, aún hoy, Mantegna

nao, o un ombre de armas, o otra figura, la que al maestro o rrepostero que tenía cargo desa ensalada le parescía que quería pintar en su ensalada, tan excelentemente fecho e con tanta perfición e primor e rrazón del arte del debuxo como un singular pintor la supiera muy al natural pintar: cosa sin dubda mucho de ver".

y Oviedo dialoguen con nosotros. ¿Habrá captado el madrileño toda la importancia del retorno a la antigüedad que inspiró la búsqueda de Mantegna y que alegró las suntuosas fiestas a las que pudo asistir? ¿Comprendió la revolución artística que encarnaban Leonardo da Vinci y el pintor de los Gonzaga, o no hizo más que reflejar el extraordinario renombre que rodeó a los dos pintores en la Italia de la época? Sin duda. Pero éstos, a su vez, ¿apreciaron en su justo alcance el choque de las Indias tal como Oviedo iba a experimentarlo por el resto de su vida? El hecho es que el madrileño conservó de su viaje por Italia un amor por ésta que le acompañó a lo largo de todas sus expediciones y sus libros. Escribió soñando perdidamente con su amada Italia, consciente del interés sostenido que ahí suscitaban los descubrimientos, pero también animado por el deseo secreto de ser leído por los habitantes de la península; tal vez con ese asomo de nostalgia que en él despertaba el recuerdo de la música alegre y refinada de la corte de Mantua, que componía su amigo Serafino dall'Aquilano, el "nuevo Orfeo".[15]

Si bien su trayectoria siguió siendo excepcional y pareció querer opacar la riqueza de la experiencia italiana, Oviedo no fue el único que emprendió el camino hacia Italia o que soñó con ella. Francisco Pizarro probablemente atravesó el Mediterráneo occidental siguiendo las huellas de su padre Gonzalo, y Cortés se propuso durante un momento probar suerte en la península, antes de embarcarse hacia las Indias; sin contar a todos aquellos cuyos nombres no conservó la historia, o lo ha hecho apenas, y que aprendieron el uso del arcabuz, la artillería ligera a la francesa, los *engins*, las técnicas de combate y de zapa en los campos de batalla de Italia, antes de utilizarlos contra los ejércitos mexicanos o peruanos. Tal es el caso de Mesa, el artillero; de Benito de Bejel, el tambor; de Francisco de Orozco, a quien Cortés pondrá al frente de su artillería poco después de su llegada a México; de Heredia, formado en las artimañas de las guerras italianas; de Tovilla, hábil para manejar la pica y toda clase de armas; de Sotelo, quien, sin embargo, fue el inventor de un desastroso trabuco. Todos esos antiguos soldados de Italia se batirán de nuevo sobre tierra mexicana. También se encontrará allá a Botello, el conquistador-astrólogo, cuyo lamentable fin cierra definitivamente un recorrido que lo había llevado a Roma, tal vez a la corte de los Borgia, o bajo las bóvedas de esos palacios romanos cuyos cielos de estrellas pintadas eran otras tantas lecciones de astrología. Botello se había preguntado, a menudo, cuáles serían la forma y las circunstancias de su muerte.

La experiencia de las guerras de Italia y el saber de todas clases recogido en la península constituyen un pasado que provoca jactancias en los cuarteles del Nuevo Mundo, sobre todo de quienes han servido a las órdenes del célebre Gonzalo Fernández de Córdoba y participado en las grandes batallas contra los franceses. Pero hay que exponer a los mentirosos descarados, a quienes Oviedo denuncia implacablemente "diciendo que nunca

---

[15] Gerbi (1978), pp. 184 y 228; sobre Serafino Dall'Aquilano y los músicos de la corte de Mantua, véase, por ejemplo, Dall'Aquilano, Cara, Trombocino, Pesenti, *La Favola di Orfeo, Anno 1494*, Huelgas Ensemble, Paul van Nevel, RCA Victor, CD GD71970 (2).

falta uno que diga que estuvo en la batalla de Ravena ni otro que participó en la de Pavía o en el saqueo de Génova o de Roma.[16]

LAS NARANJAS DE BRUJAS

Fuera de Italia, los españoles eran menos numerosos. Los que visitaban la Europa del Norte y la Europa atlántica no siempre eran marinos vascos o gallegos ni estudiantes que, como Ignacio de Loyola, buscaban, de París a Lovaina, un saber aún poco accesible en la península. Desde el siglo XIII numerosos mercaderes españoles habían pisado suelo francés: se les encontraba en Burdeos, La Rochelle, Nantes, Ruán, Troyes, así como en Marsella, Narbona o Montpellier. Los navíos de Sevilla que navegaban hacia las Canarias, Constantinopla y Rodas tomaban con la misma facilidad la ruta de Inglaterra o de Flandes, cargados de hombres y de mercancías.

También desde el siglo XIII se habían establecido españoles en Brujas. Un cuadro de la iglesia de Saint-Jacques, la *Leyenda de santa Lucía de Siracusa*, muestra, en segundo plano, un panorama de la ciudad tal como lucía en 1480, dominada por las torres de Saint-Sauveur y de Notre-Dame. En ese decorado se aprecian las naranjas de Granada y las limas de Castilla, que llegan a Brujas tan frescas "que parecen apenas cortadas", y gracias a los mercaderes de la península, entre los cuales había muchos *marranos*. Los negociantes ibéricos vendían el alumbre, la lana y los frutos de su país, y compraban bellas telas, tapices, pescado salado y productos de lujo manufacturados en los talleres de los Países Bajos y de las tierras germánicas.

Pero el acceso a los mercados nórdicos sólo exacerbó las viejas rivalidades hispánicas. Durante el siglo XV resonaron en Brujas los enfrentamientos entre vascos y mercaderes de Burgos, que se disputaban con encono la representación de la nación española. Los vascos ocupaban la *Biskajer Platz*, mientras que sus rivales castellanos, llegados de Burgos, Toledo o Sevilla, se habían establecido en el *Lange Winkel*. En 1492, toda la colonia se mudó a Amberes; volvió dos años después a Brujas, que abandonará, definitivamente esta vez, con rumbo al puerto del Escalda en 1510. En Amberes, con algunos meses de retraso, se festejó la gran noticia del año de 1492, la toma de Granada. Un suntuoso manto dorado se ofreció a la Virgen de la catedral, y el 26 de mayo, una ciudadela construida siguiendo el modelo de la de Granada y "provista de cosas buenas", fue entregada a la voracidad de la multitud. Los españoles que a la menor provocación se peleaban por la posesión de la capilla de la Santa Cruz en Brujas, no por ello dejaban de multiplicar los gestos y las fundaciones piadosas. Cada año, todos honraban la Santísima Sangre de Brujas, aquella preciosa reliquia de Cristo donada por el patriarca de Jerusalén al conde

---

[16] Díaz del Castillo (1968), t. I, pp. 96 y 155: "Y el Heredia lo hizo según y de la manera que le fué mandado, porque era hombre bien entendido y avisado, que había sido soldado en Italia", 355-356; t. II, pp. 341 y 59: "decía el mismo que había estado en Italia en compañía del Gran Capitán y se halló en la chirinola de Garellano (Garigliano) y en otras grandes batallas", 93.

de Flandes, Thierry d'Alsace. A comienzos del siglo XVI, Álvaro de Almaraz erigirá en Amberes un hospicio que llevará su nombre.

Los nexos económicos entre Flandes y la península ibérica no fueron ajenos a las influencias artísticas que invadieron España y Portugal en los siglos XV y XVI: gracias a los comerciantes establecidos en las ciudades septentrionales y a los contactos que establecieron con los talleres locales, pintores, retablos, estampas y técnicas llegaron en gran número a las tierras hispánicas, enriqueciendo los tesoros de las iglesias y de los conventos. A los nexos del comercio y del arte se añadieron las relaciones políticas cuando los Reyes Católicos unieron a su hija Juana con Felipe, hijo del emperador Maximiliano y heredero de la casa de Borgoña. El séquito de la joven reina que residía en Bruselas descubrió los encantos y las brumas de los Países Bajos. Pero Fernando *el Católico*, desde lejos, velaba por sus intereses y por el porvenir de su corona. Mientras que los nobles se entretenían, un joven aragonés, Conchillos, incondicional del rey Fernando, trataba de indisponer a la reina Juana contra su esposo Felipe. El príncipe sorprendió la maniobra y se vengó, atormentando al secretario-espía. Pero Felipe *el Hermoso* murió en 1506 en España y Conchillos, inválido de por vida, continuó una prodigiosa carrera al lado de Rodríguez de Fonseca, el omnipotente amo de los asuntos de las Indias. Estos dos hombres, que ejercieron una influencia inaudita sobre la colonización del Nuevo Mundo y sobre la suerte de los indios, probablemente se conocieron en 1505 cuando Fonseca fue a Bruselas a buscar al nuevo rey de Castilla, Felipe *el Hermoso*. El que esas dos personalidades se hayan encontrado en los Países Bajos confirma la importancia adquirida por esas comarcas en la política española, importancia que prevalecerá por largo tiempo.

Frente a Brujas, en dirección hacia el oeste, se hallan las costas de Dover, el estuario gris del Támesis, y la Inglaterra tan cercana. Mercaderes y marinos de España, desde hace largo tiempo en negocios con comerciantes de Bristol, intercambiaban mercancías y, como en todas partes, también informes: así nacieron los contactos epistolares entre John Day de Bristol y el *Gran Almirante*, o sea Cristóbal Colón, a quien su corresponsal inglés explicó, con el apoyo de un croquis, los descubrimientos de Giovanni Caboto (1497). El puerto de Bristol era tan familiar a la gente de España que *Bristoya* había adquirido derecho de ciudadanía en las novelas de caballerías de la península: tal era la guarida del malvado duque y de la bella duquesa que acabó por unirse a Guilán *el Cuidador*. Por último, no olvidemos a aquellos que representaban a las coronas de Castilla y de Aragón en esas lejanas comarcas: el embajador Rodrigo González de Puebla, un converso castellano que permaneció más de 20 años en su puesto en Londres, donde negoció el matrimonio de Catalina de Aragón y del futuro Enrique VIII; el embajador Ayala, que observa con mirada preocupada las expediciones atlánticas de la gente de Bristol, sigue con inquietud los viajes de Caboto y recuerda al monarca inglés los derechos acordados a Castilla por el tratado de Tordesillas. Otros, menos célebres, recorren por su cuenta esas rudas comarcas del Norte. Diego de Méndez, por ejemplo, conocido por haber sido el redactor del último viaje de Colón, a quien había acompañado a las Indias desde 1494, recorre Francia, Inglaterra, Flandes, y llega a Noruega y Dinamarca antes de establecerse en... La Española.[17]

La Europa de Carlos V (1516-1530)

Las coronas de Castilla y de Aragón parecían en plena expansión en 1514. Según el gramático y humanista Nebrija, "aunque el título del imperio esté en Germania, la realidad de él está en poder de los reyes españoles, que dueños de gran parte de Italia y de las Islas del Mediterráneo, llevan la guerra a África y envían su flota siguiendo el curso de los astros hasta las islas de los Indios y el Nuevo Mundo"[18]. Así, sólo le faltaba el título imperial al rey de Castilla.

En 1519 se fundieron el título y la realidad. La corona imperial recayó en el joven rey Carlos, que se convirtió en Carlos V. Tal fue el desenlace brillante e imprevisto de una política de alianzas matrimoniales destinada a afirmar la presencia de los Reyes Católicos en el escenario europeo. Con el advenimiento del joven Habsburgo, no sólo fue una dinastía extranjera la que subió al trono de Aragón y de Castilla, sino otra concepción del poder la que se perfiló, más alejada de los súbditos españoles, de tradición borgoñona y de inclinación absolutista.[19] Esto, como hemos visto, no dejó de causar profundo descontento en los habitantes de la península. Pero la invasión temporal de los flamencos a España muy pronto encontró su contrapartida en la dimensión europea y pronto mundial del rey-emperador. Por una concatenación de circunstancias, el ascenso de Carlos al trono imperial (elegido en junio de 1519, es coronado en Aquisgrán en octubre de 1520) y la inserción de España en la Europa de los Habsburgo son contemporáneos de la conquista de México (febrero de 1519-agosto de 1521).

En mayo de 1520, mientras que un puñado de conquistadores masacran a lo más selecto de la nobleza de México, el séquito del joven rey se pone en camino hacia su tierra natal, al término de una estadía de dos años en España. Carlos vuelve a sus Países Bajos, de los que había salido muy a su pesar. Algunas semanas después llega a las costas flamencas. En Bruselas, en ese mes de agosto de 1520, las oriflamas ondean al sol entre una tormenta y otra que lavan el cielo; la cerveza embriaga a los castellanos del séquito de Carlos, y los carillones de los campanarios resuenan a todo vuelo. En medio de suntuosas festividades, que sabían organizar bien los duques de Borgoña, y a las que él se había aficionado, la ciudad brabanzona celebra la elección de Carlos a la cabeza del Imperio. Los españoles de la corte no son los únicos que recorren las calles de Bruselas. Mientras en las librerías el hijo bastardo de Colón, Hernando, que a los 32 años es un *dilettante* riquísimo y culto, hace amplia provisión de libros —todas las obras de Erasmo entonces disponibles, la *Utopía* de Moro...—, en el ayuntamiento un

---

[17] Bataillon (1982), p. 110; Carlé (1954); Goris (1925), Avalle-Arce (1990), pp. 181-182; Bataillon (1982), p. 809; Schäfer (1935), t. I, p. 24.

[18] Kamen (1984), p. 29.

[19] *Ibid.*, p. 108.

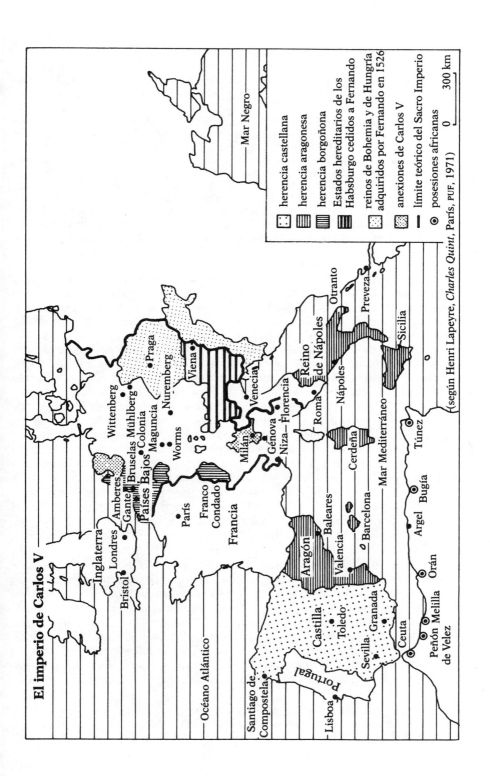

El imperio de Carlos V

Inglaterra
Londres
Bristol

Santiago de Compostela

Océano Atlántico

Lisboa
Portugal

Ceuta
Peñón Melilla de Velez
Orán

Castilla
Toledo
Sevilla
Granada

Aragón
Valencia
Baleares
Barcelona

Argel
Bugía
Túnez

Mar Mediterráneo

Wittenberg
Amberes
Gante
Bruselas Mühlberg
Colonia
Países Bajos Maguncia
Worms
Nuremberg

Franco Condado
París
Francia

Milán
Génova
Niza Florencia

Praga

Viena

Venecia
Roma
Reino de Nápoles
Nápoles
Cerdeña

Otranto
Preveza
Sicilia

Mar Negro

(según Henri Lapeyre, *Charles Quint*, París, PUF, 1971)

Leyenda:

- herencia castellana
- herencia aragonesa
- herencia borgoñona
- Estados hereditarios de los Habsburgo cedidos a Fernando
- reinos de Bohemia y de Hungría adquiridos por Fernando en 1526
- anexiones de Carlos V
- límite teórico del Sacro Imperio
- posesiones africanas

0   300 km

pintor alemán de Nuremberg, en camino hacia Holanda, visita la más extraña de las exposiciones. Alberto Durero guardaría largo tiempo ese recuerdo:

He visto las cosas que le fueron enviadas al Rey desde la nueva tierra del oro, un sol hecho todo de oro, de una braza de anchura, y una luna toda de plata, del mismo tamaño, y también dos habitaciones llenas de las armas del pueblo de allá, y todas clases de maravillosas armas suyas, jaeces y dardos, muy extrañas vestiduras, lechos y toda índole de asombrosos objetos de uso humano, mucho más dignos de verse que prodigios. Todas estas cosas son tan inapreciables que se les ha valuado en cien mil florines. En todos los días de mi vida no había visto nada que regocijara mi corazón tanto como estos objetos, pues entre ellos he visto maravillosas obras de arte, y me pasmo ante los sutiles entendimientos de los hombres de otras partes. Verdaderamente soy incapaz de expresar todo lo que pensé allí.[20]

Y sin embargo no son las obras maestras de Florencia ni de Venecia las que pasman a la gente del Norte, sino los tesoros de México enviados a Carlos por Hernán Cortés, aquel hidalgo de Extremadura que partió a la conquista de un mundo desconocido. Pocos meses antes, en Valladolid, Pedro Mártir, los embajadores italianos y el dominico Las Casas habían tenido ocasión de contemplarlos. Las piezas siguieron al rey-emperador a Bruselas: objetos de oro y de plata, tejidos de algodón de una gran finura, adornos de plumas, un gran disco de oro decorado en el centro con una figurilla del sol "con sus rayos y follajes", un disco de plata con la "figura de la luna", escudos y mosqueros adornados de plumas "con mil lindezas de oro", collares de turquesa (que el nuncio Ruffo había comparado con las piezas de cristal de Murano), pieles de "panteras" cubiertas de plumas de loro, cabezas de animales del mismo material adornadas con pedrería, de un realismo asombroso, un penacho multicolor montado sobre una banda decorada con piedras pequeñas —sin duda, el que hoy conserva el museo de Viena...—. Era "un presente de cosas tan ricas y por tal artificio hechas y labradas que parecía ser sueño y no artificiadas por mano del hombre".[21]

El fastuoso México de los mexicas —los que erróneamente llamamos aztecas— desembarcó en los Países Bajos. Mientras que América entraba en la época de la Conquista, de las sociedades refinadas que dominaban México y los Andes, Europa tenía un príncipe que reinaba de Granada a Nápoles y de Viena a Rotterdam. Jamás había existido una dominación como la de Carlos. Jamás las Antillas habían maravillado, fascinado y hecho soñar tanto como las nuevas tierras que conquistó Cortés. Esas dos aceleraciones simultáneas de la historia se tradujeron en una brusca dilatación del espacio dominado y en una multiplicación de las culturas y de las sociedades súbitamente yuxtapuestas unas a otras y reunidas bajo un mismo cetro. Tal fue el imperio de Carlos V que, a través de España, organizó el segundo y verdadero descubrimiento de América, el de las grandes

---

[20] *Ibid.*, p. 112; Bataillon (1982), p. 100; Keen (1971), p. 69; M. Thausing, *Dürers Briefe, Tagebücher und Reime*, Quellenschriften für Kunstgeschichte, Viena, 1888.
[21] Las Casas (1986), t. III, p. 245.

civilizaciones de México y del Perú, de la América continental, urbana y organizada, que en adelante se proyectaría hacia la órbita occidental. A todas luces, los años de 1520 a 1540 fueron cruciales: el joven emperador dominó casi la mitad de la Europa occidental, mientras que sus posesiones del Nuevo Mundo aumentaron en cerca de dos millones de kilómetros cuadrados. Como lo recuerda Pierre Chaunu, "si dibujamos sobre un mapa las etapas sucesivas de la formación del dominio controlado desde ultramar por el conjunto de las naciones europeas que brotaron del desmembramiento de la cristiandad, veremos que la adquisición consolidada de los dos decenios de la Conquista (1520-1540) sobrepasa la adquisición consolidada de los siglos XIII, XIV y XV, de los 60 años restantes del siglo XVI y de todo el siglo XVII".22

Más que nunca, la persona del soberano es el eje de la monarquía y de los dos mundos. Los Reyes Católicos habían recorrido sin cesar todas sus posesiones ibéricas. Carlos retomó esas constantes idas y venidas, pero en la escala europea. El torbellino que arrastraba a Castilla y Aragón se apoderaría de Europa. Para tratar los asuntos de las Indias o de Alemania, en adelante habría que hacer el viaje a Bruselas o a Italia para acercarse al emperador, a quien sus contemporáneos, ceremoniosamente, llaman César. ¿No se había dirigido Durero a Bruselas a solicitar del nuevo príncipe que le confirmara una pensión concedida por el emperador Maximiliano?

Pero ya cuatro años antes, Oviedo, de regreso de las Indias, había tenido que ir a Bruselas para encontrar a la corte. Llegó a la capital brabanzona en agosto de 1516, después de salir de la Tierra Firme (las costas de Colombia) en octubre de 1515, y de tratar inútilmente, en diciembre, de ver al rey Fernando en Sevilla. La muerte del soberano aragonés en enero de 1516 le obligó a visitar las tierras del norte, para depositar a los pies del joven Carlos la memoria en que daba cuenta del estado de la Tierra Firme. O sea, por lo menos una decena de miles de kilómetros, por tierra y por mar, para arreglar las cuestiones de administración local.23

LOS PAÍSES BAJOS DE CARLOS

A través de Carlos es, pues, la Europa del Norte la que se abre a la aventura americana. Nacido en Flandes ocho años después del descubrimiento de las Antillas, el joven príncipe es nieto del emperador Maximiliano de Habsburgo, como lo es de los Reyes Católicos. Pero también es heredero de los príncipes borgoñones, bisnieto de Carlos el Temerario, duque de Borgoña, el desventurado rival del rey Luis XI. Sus antepasados franceses habían reinado sobre un dominio que corría del Morván al Rin y del Jura al Zuyderzee. Además, no dejaría de ejercer el cargo de gran maestre de la

22 Chaunu (1969b), p. 137.
23 De ese viaje a Flandes, Oviedo volvió con anotaciones preciosas en sus *Quincuagenas* (1974). Y sin embargo tuvo que aguardar a 1519 para ser escuchado en Barcelona; obtuvo algunos cargos a título personal —el de regidor perpetuo de Nuestra Señora del Antigua— y sólo volvió a embarcarse en abril de 1520 con destino al Nuevo Mundo. En junio llegó al Darién.

orden del Toisón de Oro, fundada por Felipe *el Bueno*, y perseguiría obstinadamente el sueño de recuperar Borgoña de manos del rey de Francia, ya que sólo había conservado el Franco Condado. Por ello, de este último proceden los consejeros que, como los Granvela presiden durante algún tiempo el destino de sus posesiones y, por tanto, el de las Indias. ¿No había dominado la civilización borgoñona a Europa del Norte en el siglo xv, como la del *Quattrocento* dominó la península italiana? Aquélla había conjuntado una formidable ambición europea, un arte de vivir, una prosperidad material y un aparato de los que Carlos se asumió como legatario.[24]

Tras el breve precedente de su padre Felipe, una vez más, fue un príncipe ajeno a España el que descubrieron en 1516 los gentileshombres castellanos que acudieron a los Países Bajos a rendir homenaje a su soberano. ¿Cómo lo vieron? Un joven de apenas 23 años, Antonio de Mendoza, los acompañaba. Era el hijo del maestre de Granada, don Íñigo López de Mendoza. Para ese cortesano, educado en el seno de los antiguos palacios moros de la Alhambra, en el refinamiento de las costumbres granadinas, ¿podía haber cambio más radical, sin referirnos, evidentemente, al que le reservará, 20 años después, el virreinato de México? De momento, Antonio tuvo que familiarizarse con esos antípodas del Mediterráneo andaluz, y con los modales de la gente del norte que hablaba unas lenguas incomprensibles. Y acaso los fastos borgoñones le hayan parecido el mejor equivalente nórdico de los lujos de Granada, y la opulencia de las tierras y de las ciudades, sin duda el más bello patrimonio de los Habsburgo, le haya seducido, como seducía a Oviedo. A mediados del siglo xvi Amberes contaba con 100 000 habitantes, y Bruselas y Gante con 50 000. El auge del comercio y de la industria sólo podían compararse con el brillo de la vida religiosa e intelectual, al cual contribuyeron la difusión de la imprenta, el prestigio de la universidad de Lovaina y la influencia de los humanistas. La vida espiritual se veía impulsada por una piedad dinámica, la *devotio moderna*, que desde hacía tiempo habían difundido los hermanos de la Vida común, y que fue inculcada al príncipe Carlos por su preceptor Adrián Floriszoon, futuro regente de Castilla y futuro papa con el nombre de Adriano VI.[25]

Lo que Antonio de Mendoza casi no dejó entrever, Oviedo lo reveló al plasmar algunas intensas imágenes de esos Países Bajos que visitó en 1516, el año en que murió Jerónimo Bosch, *el Bosco*. ¡Cuán gris debió parecerle el mar de Zelanda después de ver el incandescente cristal del Caribe o los azules profundos de la bahía de Nápoles! El viejo león del palacio de Gante, la prosperidad y el orden del mercado de Amberes, los diques y las salinas de la rica Zelanda asombraron al cronista que había hecho el viaje del Darién (en la actual Colombia) a Bruselas. Se divertía

---

[24] La civilización borgoñona no aguardó a Carlos V para ejercer su influjo sobre la península ibérica. Véase igualmente la reedición de la vieja obra de Joseph Calmette, *Les grands-ducs de Bourgogne*, París, Albin Michel, 1964.

[25] Sobre la *devotio moderna* y la espiritualidad de los Países Bajos, Halkin (1987) e indicaciones en Francis Rapp, *L'Église et la vie religieuse en Occident à la fin du Moyen Âge*, París, PUF, Nouvelle Clio 25, 1971, pp. 34-36.

con las borracheras, las francachelas que alegraban las *kermeses* de los campos, o con los concursos de tiro organizados en los días de fiesta; pero las chozas de los campesinos le parecían más miserables que las chozas de las Antillas. El recuerdo de las *pandas*, esos puestos de los flamencos en que se apilaban las mercancías de todas clases que la gente ardía en deseos de comprar para mostrarlos a los amigos en España, si tienen los medios, le inspiró incluso algunos versos:

> Sin dineros en la *panda*
> no me quiero yo hallar
> Pues no me dan por mirar
> Cosa que bien me parezca.

La *panda* es, desde luego, el mundo donde no se obtiene nada sin pagar pero, por encima de la metáfora mercantil —metáfora anunciadora de nuestra sociedad—, Oviedo expresa la fascinación ejercida por la abundancia de los artículos que se ofrecen al rústico, desde las baratijas más insignificantes hasta las imágenes piadosas que regocijan el alma y los objetos que alegran la casa y la vida de todos los días: "Quel que no dessea comprar allí algo es por falta de conoscimiento."[26]

Miseria y país de cucaña. Esta visión de un hombre de 38 años que ha pasado por Italia y las islas tropicales: "holgábame yo de ver algunas vezes en Flandes la *panda*", ¿podría confundirse con la del joven cortesano de Granada? Nos parece curiosamente cercana a la mirada que una o dos generaciones después, Brueghel *el Viejo* tendrá del Brabante y fijará en sus lienzos... Otros tantos clichés, sin duda, pero que sugieren la originalidad de esas tierras a las cuales el César Carlos se muestra tan estrechamente unido.

BRUSELAS, CAPITAL DEL IMPERIO

Durante una docena de años, Carlos residió en los Países Bajos, donde recibía a los enviados y los correos de las islas. Bruselas era entonces la capital del mundo occidental, o poco menos; la ciudad recibía visitantes desde los confines de Hungría o de las Indias, al cabo de interminables viajes por tierra y por mar. Fue Felipe *el Bueno*, duque de Brabante y de Borgoña, quien estableció ahí su residencia. Después de su emancipación (enero de 1515), el joven príncipe se había instalado en el castillo de Bruselas; ahí se hizo proclamar rey de Castilla al año siguiente y reunió una corte heterogénea y poliglota de la que se reía Erasmo —que sin embargo,

---

[26] Oviedo (1974), pp. 460-462, p. 183: "Sin dineros en la panda / no me quiero yo hallar / Pues no me dan por mirar / Cosa que bien me parezca [...] Creo que flamencos dan este nombre panda a una casa particular que es así como aquella que los moros (y aun los sevillanos arrimándose a tal vocablo) llaman alcaçería. Y como en el alcaçería hallays muchos paños e sedas e otros offiçios destinos de cosas que se venden e plateros, etçétera, así en los pueblos principales de Flandes ay una casa llamada panda, donde se venden muchas cosas de diversas calidades y valores..."

formaba parte de ella—: "españoles, marranos, chievristas [partidarios de Guillermo de Chièvres, mentor del príncipe], franceses, imperiales, napolitanos, sicilianos e ignoro cuántos otros". También sería ahí, más tarde, donde abdicaría el exhausto emperador. Para los españoles establecidos en las Antillas, para los conquistadores que recorrían el nuevo continente, Bruselas y Flandes eran ese extremo del mundo que evocaban los cronistas al término de una frase, al día siguiente de un descubrimiento, al cabo de un combate indeciso en las montañas mexicanas o en las selvas de la América Central: "En aquella estación, el emperador estaba en Flandes."[27] Esa comarca que, desde las Indias, parece aún más lejana que las riberas del Guadalquivir, las rías de Galicia o los muelles de Barcelona, abrigaba, empero, el poder supremo, el recurso último.

Es difícil imaginar desde el Nuevo Mundo las fiestas y las "alegres entradas" que en Bruselas, como en las provincias, mezclaban el esplendor borgoñón con el ímpetu y el regocijo de los flamencos. La corte real y después imperial atrajo a la gran ciudad brabanzona a una muchedumbre de consejeros, de soldados, de aventureros; ahí proliferaron los oficios de lujo con su cortejo de tapiceros, de orfebres, de artesanos del cuero; ahí se apiñaron los pintores como Mabuse y Jan Mostaert.[28]

La capital brabanzona no permaneció al margen del Nuevo Mundo. Un bruselense, Maximiliano de Transilvania, escribió una de las relaciones del periplo de Magallanes, y Mostaert pintó en Malinas, en las cercanías de Bruselas, hacia 1523, un *Episodio de la conquista de América*. Esta obra notable nos revela lo que representaba el Nuevo Mundo para sus contemporáneos, fuesen pintores, eclesiásticos o poderosos; es así como el César se imaginaba las Indias, y con él todos los que no habían tenido, como Oviedo o Las Casas, la fortuna de explorar las tierras de ultramar. El cuadro es impresionante: un paisaje de montañas como las que se apreciaban en tantas obras nórdicas; rocas escarpadas bajo un cielo poblado por masas de nubes del tipo que sólo se veían en Flandes; un mar tan gris y verdoso como el Mar del Norte; una vegetación y unos animales domésticos que sólo existían en Europa; y con este trasfondo, ante los invasores españoles que avanzan en filas apretadas, armados de cañones y de alabardas, unos seres desnudos, mujeres y hombres barbados equipados con bastones, piedras, arcos y flechas. Son los "hombres salvajes" de la imaginería occidental, que durante largo tiempo se empeñaría en representar en esta forma al indígena americano.

Poco importa que la visión nos parezca muy alejada de los horizontes tropicales y dé la razón a todos los que, como Oviedo, critican a los europeos que pretenden mostrar a América sin haber puesto los pies en ella. El cuadro restituye bajo un conjunto de clichés la interpretación de un tiempo y de un medio. En esta escenografía extrañamente apacible e indiferente estalla el drama histórico que ocupa el centro de la composición: un español destroza con su espada a un indígena herido, una mujer huye con

[27] Fórmula frecuente bajo la pluma de Díaz del Castillo (1968).
[28] Sobre Bruselas, A. Henne y A. Wauters, *Histoire de la ville de Bruxelles*, Bruselas, Culture et civilisation, 1968-1969, 4 volúmenes.

sus dos hijos, unos indios tratan de oponerse con un armamento irrisorio al avance implacable de los conquistadores llegados del mar. Es la América vista desde los Países Bajos, una América ambigua en la que, sin duda, se presencia el combate de la barbarie contra la civilización, pero en la cual, asimismo, la guerra de conquista es pintada como un combate desigual, desprovisto de la menor justificación religiosa. Recordemos la paciencia con la cual en España los flamencos del séquito de Carlos habían escuchado los alegatos de Las Casas. La versión del pintor Mostaert expresa la misma idea y comunica una repulsión que, retomada y ampliada, alimentará la leyenda negra antiespañola.

Al lado de Mostaert, un bruselense, Bernard van Orley, crea obras de una maestría excepcional, retablos suntuosos, vitrales y cajas de tapices en los que se aprecia la marca de la escuela romana y de Rafael. Retratista de talento, Van Orley pinta a Carlos V en 1521, cuando acaba de ascender al trono del imperio y de imponer, gracias a Cortés, su soberanía a los indios de México. El lienzo, actualmente en el museo de Budapest, muestra unos rasgos singularmente ingratos, un rostro prógnata enmarcado por largos cabellos, "pero la mirada ya es segura y hasta altiva".[29] Oviedo y Durero no sólo conocen a pintores y artistas de talento. No hay fiesta o misa sin concierto en la Bruselas de Carlos, en que los músicos de la capilla real cultivan con brillo y elegancia las formas polifónicas. Oviedo, tan sensible a las canciones napolitanas y relacionado con el compositor Serafino dall'Aquilano, no pudo permanecer indiferente al triunfo de una escuela franco-flamenca que produjo las misas y los motetes de Obrecht, de Ockegem y de Josquin des Prés, el "príncipe de los músicos", muerto en 1521. La grandeza de la polifonía flamenca bien puede compararse a la elegancia de los compositores de Mantua o al encanto popular de las músicas valenciana y catalana. Sin esta atmósfera propicia, ¿habrían los misioneros flamencos difundido tan fácilmente en América, de México a Quito, una enseñanza musical y artística de calidad?[30]

EL BÁTAVO Y EL INGLÉS (1516-1521)

El renombre europeo de la polifonía flamenca o de los artistas de la corte brabanzona no eclipsó la presencia discreta, al lado del joven rey, de uno de los intelectuales más importantes de la época, por entonces unánimemente respetado, Erasmo de Rotterdam. En 1521 el humanista se instaló a las puertas de Bruselas, en una confortable casa de Anderlecht, y no había día en que no fuera, a caballo, al palacio del emperador. Un año antes había asistido en Calais, con su amigo Tomás Moro, al encuentro de Carlos V

[29] Hoy, el cuadro se conserva en el museo Frans Hals de Harlem: Henri Lapeyre, *Charles Quint*, París, PUF, 1971, p. 25.

[30] No es casualidad si en Mons, a algunas leguas de Bruselas, nació en 1532 la más grande figura musical del siglo XVI, Rolando de Lassus. Sobre Josquin Des Prés, *L'homme armé Masses*, The Tallis Scholars dirigidos por Peter Phillip, Gimel, CDGIM 019 y R. Wangermee, *La Musique flamande des XVᵉ et XVIᵉ siècles*, Bruselas, Arcade, 1965.

y de Enrique VIII que sellaba la alianza de las dos potencias contra Francia, pocos meses después del fracaso en el campo del Paño de Oro. En el momento en que Carlos se apresta a ascender al imperio y Cortés a invadir México, la celebridad de Erasmo es tal que llegó a escribirse que "todos los sabios, salvo los portadores de cogulla y algunos teologastros, son erasmistas".

Erasmo, que fue ordenado sacerdote el año mismo del descubrimiento del Nuevo Mundo y de la caída de Granada, estaba formado a la imagen de esta Europa móvil, en que los hombres, fueran soldados, aventureros, descubridores o sabios, circulaban sin cesar. Las grandes etapas que marcaron su carrera lo llevaron a la Inglaterra de Oxford y de Cambridge; en Francia, a París y a Saint-Omer; en Italia a Venecia y a Roma; a Lovaina y a Basilea. Había publicado sus *Adagios* en Venecia y luego, en París, el *Elogio de la locura* (1511). A diferencia de Pedro Mártir, no sucumbió al encanto de España, que lo invitaba y lo tentaba con un rico obispado: "España no me seduce [...]. No tengo corazón para hispanizarme." En realidad, el humanista Erasmo compartía los prejuicios que corrían en Europa sobre la península, tierra que se decía infestada de judíos: "Apenas hay cristianos en ella." Aunque Carlos lo estima y lo protege, él no acompaña a su príncipe a España, prefiriendo quedarse cinco años en los Países Bajos.[31]

Pese al poco interés que Erasmo mostró por España, su obra se difundió en la península antes de llegar a las nuevas tierras americanas. Los círculos humanistas, los traductores, el cardenal Cisneros, fueron conquistados por las ideas y la pluma del holandés; más adelante, conquistadores y evangelizadores cruzarían el océano llevando sus libros: personalidades tan disímbolas como Oviedo y el franciscano Zumárraga. Pese a los prejuicios italianizantes que le conocemos, Oviedo conoció y puso en práctica varias de sus obras. La lectura de los *Coloquios* le confortó en sus comentarios acerbos sobre el clero de las Indias. El primer obispo de México, el vasco Juan de Zumárraga, fue un lector más convencido y más comprometido con el humanista, al que siguió escrupulosamente en el catecismo que redactó, la *Doctrina breve*. Si en Oviedo fue en parte el "efecto de moda" el que triunfó, la curiosidad de Zumárraga se dirigió a lo que constituía la esencia del erasmismo. Partidario de una teología nueva fundada en las Escrituras, crítico implacable de los ridículos de su época, Erasmo preparaba la obra de los grandes reformadores, aunque se negó, con tanta prudencia como obstinación, a la ruptura con Roma. En muchos puntos su programa respondía a las exigencias de la evangelización de las poblaciones indias, y a la de la fundación de una "iglesia nueva y primitiva". Como veremos, la calidad, la apertura y la sensibilidad de la cristianización emprendida por los franciscanos en México, deberán mucho a la obra del humanista de Rotterdam y de sus émulos españoles, de los cuales uno de los más importantes es Juan de Valdés, cuya obra también cruzará el Atlántico.[32]

[31] Bataillon (1982), pp. 112, 81, 77; Halkin (1987), p. 214 y *passim;* E. E. Reynolds, *Thomas More and Erasmus*, Londres, 1965.
[32] Bataillon (1982), pp. 82-91, 817, 807, 825.

Dos años antes del ascenso de Carlos, en 1515, un amigo de Erasmo, el inglés Tomás Moro (1478-1535), visitó los Países Bajos para arreglar un diferendo entre Enrique VIII y el joven príncipe. Hombre de leyes, diplomático y político, Moro se quedó en Brujas de mayo a octubre. Las actividades de la vieja ciudad sufrían entonces una lenta decadencia que benefició a Amberes. El Zwin que llevaba a Brujas se llenó de arena, y los navíos y los mercaderes abandonaron el puerto que, a pesar de todo, siguió siendo una etapa en el camino de Londres y una ciudad de pintores, de obras de arte y de humanistas como el valenciano Juan Luis Vives, admirador de Erasmo. Pero la diplomacia no ocupaba todo el tiempo de Tomás Moro, quien se esforzó por sacar provecho de su estadía en los Países Bajos para continuar escribiendo su obra maestra, la *Utopía*.

A comienzos del siglo XVI, tanto en Brujas como en Amberes, a menudo se hablaba del Nuevo Mundo entre los navegantes, los negociantes y los letrados. Del otro lado del Mar del Norte, en Londres, que soñaba con volverse "un gran depósito de especias, más grande que el de Alejandría", y sobre todo en Bristol, mercaderes y marinos mostraban algo más que interés o curiosidad por las tierras recién descubiertas. Recordemos que la Inglaterra de Enrique VII y de Enrique VIII soñaba con emular a los españoles y a los portugueses llegando a las Indias por el norte. El propio cuñado de Moro, John Rastell, se embarcó en 1517 con el propósito de descubrir el paso del noroeste y de abrir establecimientos en las frías comarcas exploradas por los Caboto: en 1497 Juan había llegado a Nueva Escocia, y 12 años después su hijo Sebastián avanzaba por la bahía del Hudson, pasando junto a inmensos *icebergs* que iban a la deriva.[33]

Moro no era un descubridor de tierras. El humanista se limitó a atravesar el Mar del Norte. Pero andaba en busca de materiales destinados a la redacción de la *Utopía*. Por medio del editor Pierre Gilles, un amigo de Amberes relacionado con Erasmo, los descubrió en las *Navegaciones* atribuidas a Américo Vespucio y en otros relatos que circulaban por las riberas del Escalda. Moro imagina que a la salida de una misa, en el atrio de la colegiata de Amberes, una de las más grandes catedrales góticas de los Países Bajos, encuentra a Rafael Hitlodeo, el marino-filósofo que, bajo su pluma, se convierte en el compañero de viaje del florentino Vespucio. Rafael regresa de Utopía; ésta es una isla en forma de media luna, bordeada por altas montañas, tierra de otredad absoluta, situada al sur del Ecuador, más allá de "los vastos desiertos en que reina un calor sin tregua" y, por tanto, en las antípodas de las tierras frías de los Caboto.

Esta América ficticia concebida por un inglés sobre suelo flamenco es, asimismo, una repetición de la tradición antigua: comparte muchos rasgos de la legendaria Ofir, comarca inaccesible, rodeada de arrecifes y buscada por los antiguos. Una vez más, sería vano tratar de separar lo nuevo de lo antiguo o lo fantástico de la especulación intelectual. La isla de Moro abriga la ciudad de los utópicos en que prevalece la "mejor forma de gobierno", modelo primigenio de encuadramiento totalitario y aplastamiento del

[33] *Ibid.*, p. 101; Mahn-Lot (1970), pp. 63, 66 y 106; Moro (1987), p. 155.

individuo. El Nuevo Mundo apenas naciente ofrece así materia a una de las más asombrosas construcciones ideales del pensamiento europeo, aunque ya Pedro Mártir había esbozado un acercamiento entre las islas de Colón y el siglo de la Edad de Oro. La empresa de Moro también tiende a hacer de las Indias lejanas el espejo de las dificultades y de las aspiraciones de la vieja Europa. Es una incitación a denunciar los errores del antiguo mundo: "Tampoco negaré la existencia en la república utópica de muchas cosas que más deseo que espero ver implantadas en nuestras ciudades."

La *Utopía* ofrece la ocasión de reflexionar sobre la multiplicidad de las creencias, de considerar los límites de la cristianización o de abordar los desiguales intercambios entre las culturas y las civilizaciones, y ello un año antes del descubrimiento de México y 14 años antes del de los incas de Perú. Los utópicos "que no tenían ninguna noción de nosotros" supieron asimilar hábilmente lo que les llegaba de Occidente, mientras que "por el contrario, se necesitará largo tiempo para que recojamos la menor de las cosas por las cuales son superiores a nosotros." La aptitud para asimilar la cultura clásica occidental "en ese nuevo mundo que está separado del nuestro por el ecuador" aparece en términos que servirán 10 años después para describir el aprendizaje de los indios de México: "Comenzaron a imitar tan fácilmente la forma de las letras, a pronunciar con tal desembarazo las palabras, a confiarlas con tal presteza a su memoria y a repetirlas de coro con tanta fidelidad, que hubiera parecido cosa de milagro." Así, de los relatos de viaje a los propósitos de la *Utopía* no existe, pues, una separación marcada entre lo auténtico y lo ficticio. Las divagaciones de los navegantes, los pasmos de Colón eran a veces tan imaginarios como las descripciones de Moro, sin la pertinencia ni la premonición de los análisis hechos por el humanista en su cámara.

Publicada en 1516, la *Utopía* obtuvo un triunfo resonante, antes de llegar a una prodigiosa posteridad. Ya en noviembre de 1518 se encontraba en su cuarta edición latina. El obispo de México, el erasmista Juan de Zumárraga, se llevaría un ejemplar cuando partió al nuevo continente. De la *Utopía* "procede, aunque no corresponde de manera exacta a las intenciones de Moro en el alba del Renacimiento, la función que recayó en el género utópico; esencialmente práctico, es una invitación a modificar, por medio de una legislación perfecta, el curso de la historia". Pero ¿podemos disociar del propósito de Moro los esfuerzos ulteriores de los cronistas españoles que se aplicaron a pensár en las sociedades indias anteriores a la conquista española y, por tanto, a reconstituir de un modo sistemático, y a veces ideal, mundos tan refinados como la tierra de los utópicos?[34]

Resulta revelador que en el curso del mismo decenio, la *Utopía* de Moro, como al otro lado de los Alpes la obra del florentino Nicolás Maquiavelo

---

[34] Moro (1987), pp. 32, 87, 57, 213: "sus religiones varían de una ciudad a otra y hasta en el interior de una misma ciudad", *ibid.*, pp. 215, 132, 133, 199, 186, 188 (los utópicos se familiarizan con la imprenta y la fabricación de papel, como algunos años después los indios de México), *ibid.*, p. 64. Muchas páginas de Las Casas (1967) consagradas a los mexicanos y a los incas incluyen puestas en perspectiva que quieren ser, asimismo, portadoras de lecciones, a la manera de *Utopía*.

—*El príncipe* data de 1513—, se interroguen tan lúcidamente sobre el Estado y el político. Más sorprendente resulta que la cuestión del gobierno y de la organización de la ciudad esté tan magistralmente planteada en el momento mismo en que España está en vísperas de instaurar una dominación continental sobre la mayor parte de América, en un encuentro con pueblos tan organizados y asombrosos como los de la isla de Utopía. La figura del conquistador y del constructor de imperios, la justificación de las empresas de colonización tanto como la búsqueda de una sociedad ideal encuentran entonces en el Nuevo Mundo un extraordinario campo de aplicación. El arte, el humanismo, la espiritualidad o la economía trazan de todas las maneras posibles esta gigantesca triangulación europea —Países Bajos/Italia/península ibérica— que se proyectará del otro lado del océano a las tierras nuevas y que oculta el resorte profundo de su colonización: la occidentalización del Nuevo Mundo.[35]

AMBERES Y GANTE (1521-1522)

Los florentinos de Amberes y los *marranos* portugueses sueñan más en los negocios que en los engranajes de la política y de la moral pública. El puerto del Escalda es ante todo una formidable plaza de intercambios económicos que aprovechará plenamente la llegada de los productos del Nuevo Mundo. Situado junto al río, en el corazón de la Europa del noroeste, en la unión de las redes de los mercaderes de la Hansa y de los italianos, entre el Mosela, el Rin y el Támesis, Amberes ha suplantado a Brujas, desde el año 1460, y llega a su apogeo durante el reinado de Carlos. Es probablemente la primera plaza comercial de la Europa de entonces, donde se mezclan alemanes, ingleses, italianos, portugueses y españoles organizados en naciones.

La ciudad recibe los productos de Inglaterra, del Báltico, de los puertos franceses, pero también la sal, el azúcar, las especias y la pedrería de Lisboa. España le envía aceite, lana y frutos antes de la cochinilla mexicana y los metales preciosos de América, a cambio de armas, cañones, pólvora o papel. Probablemente de Amberes y de su región provienen las cofias de lana roja que los conquistadores ofrecen a los indios de México, quienes se apresuran a consagrar esas cosas divinas a sus ídolos, así como las tres camisas de Holanda que Cortés hace enviar al soberano mexica Moctezuma. Amberes también es un mercado financiero, que compite con Lyon. Es ahí donde Carlos consigue una parte de los recursos que exige el financiamiento de sus guerras y de su política. "Esta circulación de monedas y de lingotes por vía marítima a buena distancia de la Francia hostil... hace ver que los Países Bajos no son solamente una plaza de armas para el imperio de Carlos V, sino también una plaza de la plata por la cual el metal

---

[35] En Brujas, en 1521, Tomás Moro encuentra por última vez a Erasmo, que poco antes le había dedicado su *Elogio de la locura*. Sobre las empresas de colonización organizadas por los utópicos, Moro (1987). La figura de Luis Vives presente en esas tierras del Norte establece el nexo con la península ibérica (Bataillon [1982], pp. 101-102).

americano se redistribuye en dirección del norte de Alemania y de las islas
británicas." Por último, Amberes es una capital de la imprenta y de la edición: las *Décadas* de Pedro Mártir, para no citar más que un título, serán
publicadas allí en 1536.[36]

Las relaciones de todas clases que surgen entre los Países Bajos y la
península ibérica explican que tres religiosos flamencos se hayan encontrado entre los primeros franciscanos que desembarcaron en México.
Cambiaron los brumosos canales de Gante por los de la capital mexicana.
No hay nada más alejado de México-Tenochtitlan que la vieja ciudad gan-
tesa que, desde el siglo XII —dos siglos antes de la fundación de la metrópoli "azteca"—, prosperaba gracias a su industria pañera. Situada en la
ruta de los granos que exportaba Francia por el Lys y el Escalda, Gante
sigue floreciente a finales del siglo XV. Reconciliada con los duques de Borgoña en el año del descubrimiento de América, y siguiendo la huella de
Amberes, que ha relevado a Brujas, la ciudad vive de la producción de sus
paños y de sus tapices pero más aún del tráfico fluvial que la une con el
gran puerto del Escalda. Como en Brujas, los pintores de la ciudad son fa-
mosos, y muchos visitantes llegan de lejos a admirar el políptico del *Cordero místico* de los hermanos Van Eyck que adorna una de las capillas de
Saint-Bavon. El pintor Alberto Durero, al que hemos encontrado en Bruselas en 1520, pasa por ahí tres años después. Por último, el nacimiento de
Carlos V en el Prinzenhoff en 1500 y su bautismo en la iglesia de San Juan
—hoy la catedral de Saint-Bavon—, han estrechado los nexos de la ciudad
con Maximiliano de Austria y con el mundo de los Habsburgo.[37]

Abril de 1522. Bajo el cielo blanco, un velo de bruma viene a colgarse del
campanario y de las torres de las iglesias, que dominan los aguilones góticos; sube un rumor del mercado de paños, del *koornmarkt* (mercado de
cereales) y del mercado de pescados; los fuertes olores del muelle de las
hierbas se mezclan con los de los canales de aguas negras; los boteros se
agitan en todas direcciones; los regidores se apresuran a llegar al Ayuntamiento, cuya delicada fachada se comenzó a construir en 1518. A través
de la *devotio moderna* y el ejemplo de los Hermanos de la Vida Común que
copian libros y dirigen pensiones de escolares, una espiritualidad de origen neerlandés imbuye los claustros y los conventos, cuyos jardines anun-
cian ya las primeras señales de la primavera. El humanismo parece tener
su morada propia: ¿no cuenta Erasmo en Gante con admiradores fervien-
tes en buenos puestos? Pero la calma es engañosa. Desde hace algún tiempo resuenan las réplicas de Martín Lutero, cuyos escritos ya siembran la
discordia. Desde el año precedente (1521) el escándalo de las condenas y

[36] Díaz del Castillo (1968), I, pp. 185 ("un chapeo de los vedejudos colorados de Flandes que
entonces se usaban"), 131; Fernand Braudel, *La Méditerranée et le monde méditerranéen à
l'époque de Philippe II*, t. I, París, Armand Colin, 1966, pp. 437-438 [Hay edición del FCE]. Sobre
la historia de Amberes, véase el clásico de H. van der Wee, *The Growth of the Antwerp Market
and the European Economy*, 3 vols., Lovaina, 1963.
[37] Chaunu (1969b), p. 272; Pedro Mártir (1964), p. 57 (el *De novis insulis nuper repertis*,
probable reimpresión de la edición de Basilea de 1521); Monetarius y el cardenal Luis de
Aragón, corresponsal de Pedro Mártir, visitan la obra maestra de Gante (André Chastel, *Le
Cardinal Louis d'Aragon. Un voyageur princier de la Renaissance*, París, Fayard, 1986, p. 178).

las amenazas de represión ha hecho temer tiempos más sombríos, lo que mueve a Erasmo a irse para siempre de los Países Bajos. ¿Pesaría esta situación, asimismo, sobre el ánimo de los tres franciscanos que en abril de 1522 parten a convertir a los indígenas de México, cuya conquista ha emprendido entonces Cortés? Johan Dekkers, confesor del emperador y guardián del convento de Gante, Johan Van den Auwera y el hermano laico Pedro de Gante llegan a la costa de Flesinga, en la desembocadura del Escalda, donde un navío los conducirá a España.[38]

Otros hombres del norte les habían precedido en el camino de las Indias. Así, poco menos de 30 años antes, el franciscano Jean de la Deule —por el nombre de un plácido río que corre cerca de Lila antes de unirse al Escalda— probablemente fue el primer misionero que administró el bautismo en La Española. Ese pionero murió en Jamaica entre 1508 y 1511. De los tres misioneros ganteses destinados a México, Pedro de Gante es sin discusión la figura más sobresaliente. Su trayectoria espiritual y política es uno de los hilos que permite captar mejor la dimensión europea, frecuentemente subestimada, de la colonización del Nuevo Mundo. No era más que un hermano laico, como Jean de la Deule. También era hijo bastardo del emperador Maximiliano (1459-1519), el abuelo de Carlos, y fue criado con el nombre de Peter Moor o Van der Moere, lo que le permite escribir a su sobrino el emperador: "Vuestra Majestad y yo sabemos cuán próximos estamos, hasta el punto que la misma sangre corre por nuestras venas." Nacido entre 1476 y 1483 en Ayghem-Saint-Pierre, cerca de Gante, probablemente fue educado por los Hermanos de la Vida Común y siguió los cursos de la universidad de Lovaina, donde tuvo por condiscípulos a Erasmo y al futuro papa Adriano VI. Al servicio de la corte de Felipe *el Hermoso* desde el decenio de 1500, consejero de Carlos —su sobrino—, ¿es Pedro ese "Señor de La Mure" que apoyó a Las Casas cuando descubrió, a través de los relatos de ese sacerdote llegado de las islas, el destino aterrador de los indios de las Antillas? El hecho es que en 1517 Pedro de Gante acompañó a Carlos a España, donde tuvo tiempo de familiarizarse con el Nuevo Mundo antes, probablemente, de contemplar en Bruselas o en Gante los tesoros mexicanos.[39]

Aprovechando el favor que el emperador muestra a los flamencos, a los ganteses y a un pariente tan próximo, Dekkers, Van den Auwera y Pedro se embarcan hacia España y llegan a Sevilla (¿por vía de Galicia?), de donde parten hacia México, después de un año de espera. Si sus dos compañeros desaparecen prematuramente, Pedro de Gante ejercerá en la ciudad de México durante casi medio siglo (1523-1572) un magisterio que volveremos a encontrar. No olvidará a Flandes, y enviará a los Países Bajos la primera obra europea en lengua indígena —un catecismo redactado en náhuatl, bajo su revisión— con objeto de que ahí se imprima, tal vez en Amberes. En 1529, siguiendo la línea de los hermanos de la Vida Común, exigirá que sus corresponsales flamencos le envíen biblias. Los países nórdicos habían

---

[38] Sobre la condena del luteranismo en los Países Bajos, Bataillon (1982), pp. 103 y *ss.*, 113.
[39] De la Torre Villar (1974); F. Kiechens, *Fray Pedro de Gante, religioso flamenco, primer misionero de Anáhuac: México, 1523-1572*, Puebla, Nieto, 1948.

enviado a México, en la persona del gantés, un representante excepcional, testigo del humanismo y de la espiritualidad septentrionales, emparentado con la familia del monarca y dotado de una visión política imperial y borgoñona y, por tanto, europea.

Los vientos de reforma, el evangelismo y la creatividad que vivifican las culturas de la Europa del Norte llegaron al Nuevo Mundo por otros caminos. La imagen flamenca, en especial, desempeñará ahí un papel decisivo. El universo visual occidental que descubrieron los indios de México en las telas y los grabados es la herencia de los flamencos antes que la de los artistas italianos del *Quattrocento*. La pintura de los Países Bajos, que de tiempo atrás había invadido la España de la Reconquista, penetrará en América con la llegada de los misioneros como Pedro de Gante, y luego directamente, por medio de los pintores que partieron de los Países Bajos rumbo a la península ibérica sin saber que irían a crear y a morir en las Indias.

El fin del siglo xv marca el crepúsculo de la gran escuela flamenca: Hugo Van der Goes fallece en 1482, mientras que Memling, el maestro de Brujas, expira en 1494. Sin embargo, la tradición permanece viva gracias a una pléyade de pequeños maestros arcaizantes y anónimos que trabajan en Brujas, en Gante y en Amberes. Deseosa de apropiarse los descubrimientos de los pintores meridionales, la pintura flamenca se italianiza a comienzos del siglo xvi: la emoción de Quentin Metsys —el amigo de Erasmo—, muerto en Amberes en 1530, los paisajes minuciosos de Joachim Patenier, la fantasía de Mabuse y los manieristas de Amberes, vacilando entre un gótico moribundo y un barroco primitivo, perpetúan la fecundidad de una producción que sigue siendo la referencia obligada para los españoles: cuando el dominico Las Casas quiso hacer el elogio de la virtuosidad de los artistas mexicanos, fueron evidentemente las "telas de Flandes" las que le vinieron a la mente.[40]

LOS PAÍSES GERMÁNICOS (1519-1527)

Como lo recuerdan la presencia de Durero en Bruselas o el mismo título imperial, otros horizontes prolongan hacia el este las tierras flamencas: son los mundos germánicos del Renacimiento, cuya prosperidad se edificó, en parte, sobre las minas de plata del Tirol y de Bohemia, y que pronto serán arrastrados por el torbellino de la Reforma. El pintor de Nuremberg es, como Erasmo u Oviedo, uno de los que se encuentran por doquier, y es artista, ingeniero y teórico, por turnos. Nacido en Nuremberg, hijo de un orfebre húngaro establecido en Colmar y después en Estrasburgo, Durero hizo un viaje a Italia, de donde volvió seducido, como Oviedo, por la obra de Mantegna. La potencia armoniosa del arte italiano no le impidió perfeccionar nuevas técnicas de reproducción —el grabado al aguafuerte— ni extasiarse en Bruselas con las obras de los artesanos mexicanos. El Nuevo Mundo le cautivaría hasta su muerte. Publicó en octubre de 1527 un *Trata-*

---

[40] Fray Pedro de Gante, *Doctrina cristiana en lengua mexicana*, México, Centro de Estudios Históricos Bernardino de Sahagún, 1981, p. 80; Gruzinski (1990), pp. 112-119.

do de las fortificaciones en el que aparece el dibujo de una ciudad ideal, que muy probablemente lleva la huella del México conquistado seis años antes. Durero al parecer se inspiró en un plano de México-Tenochtitlan, aparecido en 1524 en Nuremberg, en la traducción latina de la *Segunda* y de la *Tercera cartas* de Hernán Cortés. Ese plano, elaborado a partir de un croquis cortesiano, al parecer le indujo a hacer del centro de la ciudad un cuadro fortificado, considerablemente extendido, rompiendo así con la visión de los urbanistas italianos de los comienzos del siglo XVI.

Por la misma época, Durero, más concretamente, imagina la forma que debe darse a las fortificaciones de Nuremberg, ya que el desarrollo de la artillería obliga a modificar por doquier las defensas urbanas. La mirada que dirige el alemán hacia el mundo nuevo difiere radicalmente de la del pintor Mostaert, en los mismos años, sobre la conquista de América. Mostaert explica visualmente lo que Las Casas denuncia con virulencia: los horrores de la invasión. Durero se interesa por la otra América, la anterior a la conquista, que es, para él, fuente de asombro y de reflexión. Como a Tomás Moro, las tierras nuevas le inspiran un modelo que mezcla una sociedad ideal con una sociedad real. Por lo demás, poco importa que el humanista inglés haya bordado sobre las narraciones de los descubrimientos o que la imaginación de Durero se haya dejado influir por una representación muy poco realista: esas construcciones literaria y gráfica revelan la manera en que circula la información sobre América y la calidad de su impacto sobre el pensamiento europeo, impacto que, como veremos, no impide los efectos de regreso.[41]

Nuremberg, donde se saborea "la frescura y el perfume exquisito de los tilos", es por entonces una ciudad floreciente, cuyas actividades económicas no opacan su brillo intelectual. Impresores, artesanos, mineros, matemáticos, cartógrafos y humanistas contribuyen al renombre de la ciudad que acogió la primera papelería de Alemania, a fines del siglo XIV. Ya es antiguo el interés de Nuremberg por el Atlántico y las Indias. En 1480 Martin Behaim, hijo de un comerciante de la ciudad, se estableció en Lisboa, casó con una portuguesa, y visitó las Azores y las costas africanas. Como Colón, se dirigió a La Mina, en Guinea. Volvió a Alemania en 1492 y trató de construir en Nuremberg, con ayuda de los magistrados de la ciudad, un globo terráqueo. Al año siguiente, en 1493, pero antes de saberse del viaje de Colón, un amigo de Behaim, el médico y viajero Monetarius, escribía al rey de Portugal Juan II para exhortarle a "buscar la riquísima tierra oriental de Catay" navegando hacia el occidente. En 1494 se había completado el globo: "Todas las *leyendas* que se han inscrito sobre la esfera reflejan exactamente el estado de los conocimientos geográficos de Colón y traducen un designio idéntico: atravesar el Atlántico y, por medio de las Antillas y de Cipango, llegar a Catay."

41 Chastel (1986), p. 160; Erwin Walter Palm, "Tenochtitlan y la ciudad ideal de Durero", *Journal de la Société des Américanistes*, XL (1951), pp. 59-66; Keen (1971), pp. 69-70. México, a su vez, había de ocupar una primera fila entre las islas exóticas, en la compilación de México de Benedetto Bordone y de Thomaso Porcacchi di Castiglione (Manuel Toussaint, Federico Gómez de Orozco, Justino Fernández, *Planos de la ciudad de México*, México, 1938, p. 93).

Las prensas —la primera apareció en Maguncia en 1455— debían satisfacer las curiosidades locales. Podemos suponer que desde 1493 los muchos impresores germánicos de la península ibérica atizaron el interés de sus corresponsales en Alemania. En Basilea, aquel mismo año, Bergman de Olpe ofreció una edición ilustrada de la carta de Colón en su *Oceanica classis*. Si Nuremberg se encargó de la publicación de las *Cartas* de Cortés, la *Cuarta Década* de Pedro Mártir que trata del descubrimiento de México, *De las islas descubiertas bajo el señor Carlos y de las costumbres de los indígenas...*, apareció en Basilea en 1521, año de la caída de México. Fue reimpresa en Colonia en 1532, y dos años después surgió en Estrasburgo una traducción alemana.[42]

El Nuevo Mundo se sitúa, a pesar de todo, lejos de las preocupaciones inmediatas de la Alemania de Durero y de la Inglaterra de Moro. Lutero redacta sus tesis en 1517, cuando la primera expedición española parte en dirección de Yucatán. Sus proposiciones son condenadas en Lovaina en el año en que Cortés se lanza a la conquista de las tierras mexicanas (1519). Lutero se presenta ante la dieta de Worms en abril de 1521. Queda proscrito del imperio el 25 de mayo. Al día siguiente, al otro lado del océano, el conquistador emprende el asedio de México-Tenochtitlan, que cae en su poder el 13 de agosto. El surgimiento de la América mexicana en la órbita imperial es, como vemos, exactamente contemporáneo de los comienzos del cisma, hasta el punto de que muchos católicos acabaron por ver en la cristianización de las Indias la contrapartida de la herejía que desmanteló la Europa católica. La reforma luterana provocó tales disturbios y triunfó en forma tan categórica que pronto alemán y luterano fueron sinónimos en el espíritu de los castellanos, así como, paradójicamente, marrano y español eran uno solo en boca de los franceses, de los alemanes y de los italianos, demasiado dispuestos a confundir a los judíos con el pueblo que los había expulsado en 1492.[43]

Así, las dos más grandes etapas del descubrimiento de América corresponden a dos giros cruciales de la historia religiosa de la Europa occidental. El año de 1492 pone fin a la experiencia ibérica de una sociedad plurirreligiosa, con la eliminación del Islam granadino, la expulsión de los judíos y la normalización de las creencias. Los años 1519-1521 traen la ruptura irremediable de la Europa cristiana. Esos acontecimientos, que evidentemente no tienen ninguna relación mutua, contribuyen a poner en escena un mundo moderno caracterizado por la expansión de la dominación occidental, la cristalización de sus valores y de sus culturas (cristianos viejos contra cristianos nuevos, protestantes contra católicos) y las veleidades de normalización que, paralelamente, desarrollan las reformas protestante y católica.

Si la herejía de Lutero representa una profunda aflicción para el "César Carlos", que presencia, impotente, el ascenso de los protestantes y la división de los príncipes, Alemania le ofrece, empero, el suplemento precioso de los capitales amasados por las grandes empresas comerciales. Los amos

---

[42] Mahn-Lot (1970), p. 33; "Toda la Europa culta está madura en el siglo xv para la gran aventura científica y técnica del desenclavamiento planetario" (Chaunu [1969a], p. 176).
[43] Oviedo (1974), p. 125.

de las minas, del comercio de las especias y de los tejidos también son los hábiles financieros que facilitaron la elección de Carlos al imperio. Son los Fúcar, los Welser, los Hochstetter, los Paumgartner... La industria minera y metalúrgica prospera; el comercio continúa enriqueciendo las ciudades nórdicas de la Hansa e irriga la Alemania del sur: Ulm, Ratisbona, Nuremberg, Augsburgo; por doquier, la vida urbana llama la atención: "Veinte capitales, cada una de las cuales poseía sus propias instituciones, sus artes, sus costumbres, su espíritu."[44]

El Dorado de los Welser (1528-1544)

Esos hombres de dinero que promovieron la elección imperial no estuvieron ausentes en el Nuevo Mundo, y aún menos, como hemos visto, en España y Portugal. Si Martin Behaim, el cosmógrafo de Nuremberg, pudo formarse entre los portugueses es porque representaba en Lisboa a varios mercaderes de su ciudad. Múltiples nexos comerciales se tejen entre la península ibérica, los estados alemanes y los mares nuevos. En 1505 pueden verse navíos alemanes hasta en las aguas de Calicut, fletados por los Welser, los Fúcar o los Hochstetter. Pero tal vez sea en la aventura venezolana de los Welser donde el compromiso americano adopta el cariz más espectacular.

En 1528 los Welser de Augsburgo se cuentan entre los más grandes banqueros de la época. Tienen representantes en Nuremberg, Berna, Zurich, Friburgo, Lyon, Amberes, Lisboa, Milán, Venecia y Roma; sus actividades cubren el tráfico de la plata del Tirol, la lana inglesa, los paños de Flandes, la plata de Sajonia y las especias. En ese año, los Welser reciben de Carlos V una gigantesca concesión en Venezuela como premio por sus servicios —habían contribuido eficazmente a la elección imperial—, pero también para comprometerlos a prestar cada vez más a la Corona. Al principio, los banqueros ven con reservas la concesión americana, y Carlos ha de "forzarles la mano" otorgándoles privilegios excepcionales. Tenemos aquí reunidos, en una misma empresa europea e intercontinental, a la ciudad de Augsburgo, por entonces la más rica de Alemania, el puerto de Sevilla, La Española, en que se han instalado los factores florentinos de los Welser, una Venezuela todavía inexplorada en la que pronto penetran y se pierden los gobernantes alemanes, y el Consejo de Indias, que los hombres de negocios no tardarán en abrumar con peticiones y quejas.

Después de hacer escala en La Española, Ambrosius Ehinger desembarca en 1529 en una comarca devastada por los cazadores españoles de esclavos, tristemente ejemplar por los pillajes y las atrocidades que ahí se perpetran. Según los términos de su contrato, los Welser pueden introducir esclavos africanos en número de 4 000, y fundar dos establecimientos, con al menos 300 personas. En Coro, en el golfo de Venezuela; en Maracaibo,

[44] Lucien Febvre citado en Lapeyre (1971), p. 99. Jean Delumeau, *La peur en Occident, XIVe-XVIIIe siècles*, París, Fayard, 1978, pp. 296-297.

sobre la laguna, y en los bordes de las marismas se instalan soldados, mineros y algunas mujeres que habían salido de Alemania. Habiendo partido en busca de *El Dorado*, la tierra del *rey dorado* —¿y quién mejor que los poderosos Welser habría podido explotar las riquezas inagotables de El Dorado?—, Kasimir von Nürnberg, y Ambrosius Ehinger perecieron a manos de los indígenas, lejos de sus bases, Coro y Maracaibo. Pero fueron españoles los que asesinaron en 1544 (?) a Philippe von Hutten y a Bartolomé Welser, hijo mayor de uno de los banqueros de Augsburgo. La empresa fue ahogada en sangre. Los alemanes no pudieron descubrir jamás el Reino de las esmeraldas ni El Dorado. La falta de olfato, la fortuna adversa y la exasperación de los colonos españoles acabaron con la empresa venezolana. De ella sólo quedó un puñado de imágenes sangrientas: el joven Philippe von Hutten buscando vanamente durante cuatro años el camino de El Dorado de Omagua, en medio de los afluentes del Orinoco, o las siluetas de esos alemanes de Espira, de Nuremberg o de Augsburgo, abandonados en el calor sofocante de Coro, no lejos de las pesquerías donde expiran por centenas los indios y los negros pescadores de perlas. Más afortunada, una doncella Welser desposa en 1557 al hijo del emperador Fernando I, el hermano de Carlos V. Ya se había olvidado la aventura americana.[45]

LA ITALIA IMPERIAL (1530-1550)

Retorno a Italia, para cerrar el largo ciclo inaugurado por Pedro Mártir. Cuando, en la catedral de Bolonia, Carlos V recibe solemnemente la corona imperial de manos del papa en 1530, la península italiana ya no es lo que era medio siglo antes, cuando el cronista milanés salió de ella rumbo a la Castilla de Isabel. Es un poco menos italiana y más española.

¿No se sienten los españoles como en su casa en Cerdeña y en Sicilia, donde han acantonado a 3 000 hombres y una escuadra de galeras? También así se sienten en Nápoles. Y todavía deben contar con los barones, los hombres de negocios genoveses y el pueblo turbulento del reino meridional. Como tendrán que contar con las aristocracias indígenas y los conquistadores de México y de los Andes. Convertido en virreinato administrado por los representantes de España, Nápoles prospera bajo el mando del hijo del duque de Alba, don Pedro de Toledo (1532-1553). Aliado a los Pimentel por su mujer, Pedro también está aliado, lo que es más sorprendente, a los Colón: su prima María de Toledo ha casado con Diego, hijo mayor de Cristóbal, segundo almirante del mismo nombre, virrey y gobernador de La Española. Como los Mendoza en Granada y después en México, Pedro asegura en Nápoles la presencia de las grandes familias de

[45] Pierre Jeannin, *Les marchands au XVIe siècle*, París, Seuil, 1967, p. 69; Frederici (1987), t. II, pp. 217 y 224. Nicolas Federmann, originario de Ulm, llega a Coro en 1530. Es él quien realiza la unión con las tropas de Jiménez de Quesada. Escribe la primera relación que tenemos sobre los *llanos* de Venezuela. También hubo alemanes en el Río de la Plata —otra concesión de los Welser—, como Ulric Schmidl en 1534. Su obra, que tuvo bastante difusión, es uno de los primeros documentos sobre esta región.

Castilla, cuyo fasto y autoridad posee. El hombre frisa ya en la cincuentena cuando hace su entrada solemne por la puerta de Capua. Estrechará sus nexos con la península italiana hasta el punto de casar, después de no pocos regateos, a su hija Leonor con Cosme de Médicis, futuro gran duque de Toscana.

El puerto de Nápoles, en que se apiñan cerca de 170 000 habitantes, es por entonces una de las principales ciudades del mundo, superada en Europa por París y, en América, hasta 1521 por lo menos, por México-Tenochtitlan. El virrey Pedro de Toledo gasta ahí sin miramientos —*il Toledo doveva avere la mania delle costruzioni:* edifica un cerco de murallas, construye barrios para alojar a una población en pleno crecimiento, inaugura fuentes, abre una vía que recibe su nombre, remodela y construye palacios. Volveremos a encontrar semejante pasión por emprender y organizar en varios virreyes de México y de Perú, en el curso del siglo. Más o menos tolerados, los españoles difunden "el uso de su lengua, el amor a las ceremonias y a los títulos pomposos, el espíritu caballeresco y galante". Se podría decir que lo que España edificará en escala continental del otro lado del Atlántico lo practica ya, más puntillosamente pero con no menor obstinación, entre el Tirreno y el Adriático.[46]

Al norte de la península, Carlos se interesa mucho por el Milanesado, pieza vital de sus posesiones europeas, "la puerta para ir y venir en Italia y en Flandes". Los españoles se establecerán ahí definitivamente en 1545. Los Médicis y Génova (desde 1528) gravitan en la órbita imperial. Sólo el Piamonte (francés), la Santa Sede y Venecia logran librarse del imperio y de la omnipresencia españoles.

¿Quién se sorprenderá por la parte que tiene la cultura italiana del Renacimiento en la empresa colonial? El orden visual que España impone en América es, para empezar, el de Flandes, pero luego es el legado por el *Quattrocento*. Unos nexos "mediáticos" privilegiados continúan uniendo a las dos penínsulas. A este respecto, Venecia desempeña un papel considerable en la difusión de las noticias del Nuevo Mundo, la información que circulaba, al principio, de España a Italia. Pero volvamos a Oviedo, cuya trayectoria siempre es instructiva. Aunque haya salido definitivamente de la península en 1501, rumbo a España y después rumbo a las Indias, sus relaciones con Italia, lejos de desaparecer, se transforman y se refuerzan cuando, familiarizado con el Nuevo Mundo, esboza la publicación de su obra. *El Sumario* (1526) es traducido por el secretario del senado de Venecia, Giovan Battista Ramusio, en 1534. Un grupo de sabios de Padua, Verona y Venecia sigue de cerca los trabajos del cronista: el poeta y médico Fracastoro, el cardenal Pietro Bembo y Ramusio. Especialmente Bembo toma de Oviedo la sustancia del libro VI de su *Historia de Venecia* y escribe al español manifestándole su impaciencia por leer "la nueva y bella obra que deberá complacer y recomplacer". Ramusio lo incluye en sus compilaciones y le asegura una difusión europea.

Por lo demás, basado en informaciones de Oviedo, Ramusio publica el

---

[46] Coniglio (1967), p. 44; Lapeyre (1971), p. 79; Coniglio (1951), Véase también Bentley (1987).

primer mapa "moderno" del globo, que reparte en dos hemisferios, el Viejo y el Nuevo Mundo. América dejaba, en adelante, de ser un apéndice de Asia o un puñado de islas dispersas ante unas costas vagamente trazadas. La correspondencia entre los dos hombres revela los caminos y la confirmación de un conocimiento que se construye por toques sucesivos, en la escala misma del planeta. Ramusio no vacila en enviar a Santo Domingo una carta anunciando un eclipse a Oviedo, y le hace llegar la *Tabula* de Olao Gotho, afirmando que el Labrador se unía a Europa. Desde América, Oviedo da las gracias al italiano: "Ha querido que acá en este Mundo Nuevo yo sepa y vea pintada y escripta la raçón de aquellas tierras septentrionales." A cambio, le envía una iguana que, desgraciadamente para su destinatario, no sobrevivió a la travesía.

La información circula de una costa a otra del Atlántico y hasta en Italia, a un ritmo que asombra. Un ejemplo, entre otros. El virrey de México Antonio de Mendoza, el mismo que había acudido a Bruselas a saludar al joven rey Carlos en 1516, envía a su hermano, embajador ante la Serenísima república de Venecia, la copia de una relación sobre el origen de México-Tenochtitlan. El texto va a dar a las manos de Ramusio, que se apresura a hacerlo llegar a Oviedo —por entonces en Santo Domingo— para recibir sus críticas y sus observaciones. El cronista escribe al punto a México, para saber más. Esas preocupaciones científicas e intelectuales no excluyen, por cierto, los buenos negocios: vemos aquí a Oviedo, en 1538, y por seis años, formando parte de una sociedad que reúne a su amigo y corresponsal Ramusio así como a un noble veneciano, Antonio Priuli, de quien esperan obtener los principales fondos. Las mercancías venecianas debían salir de la laguna rumbo a Mesina, para llegar a Cádiz y luego a las manos de Oviedo en Santo Domingo. Esta mezcla de interés científico y de sentido comercial reproduce maravillosamente el asombroso sentido de lo concreto que caracteriza a esos espíritus, dondequiera que se encuentren.

Por esos mismos años, otros españoles han tomado el camino de Italia. Para empezar, ese joven castellano que seguirá las huellas literarias de Oviedo y nos dejará una *Conquista de México* a la gloria de Cortés, unos *Anales de Carlos V* y una *Crónica de los hermanos Barbarroja*, Francisco López de Gómara. Hace el viaje a Roma 30 años después de Oviedo, y casi a la misma edad que él. La Roma de Miguel Ángel lo retiene un decenio, y luego marcha a Venecia antes de lanzarse a la expedición de Argel, organizada por Carlos V. La campaña resulta un desastre para España, y termina, para Gómara, en el encuentro providencial, en la costa africana, con Hernán Cortés. Pero ya más de una generación separa a Gómara de Oviedo, y su mundo ya no es el mismo, aunque la muerte se los lleve con pocos años de distancia.

Como Pedro Mártir, Gómara nunca puso los pies en las Indias, así como tampoco lo hizo un intelectual de Córdoba, Juan Ginés de Sepúlveda, no menos inseparable de su historia. Sepúlveda termina en 1536 una estadía de más de 20 años en la península, que le hizo rozarse con los historiadores italianos, conocer a Pietro Pomponazzi y acercarse a Aldo Manucio. Lejos de dar flexibilidad a su espíritu, esta Italia que preparaba la reacción del Concilio de Trento lo fortaleció en su dogmatismo y su rigidez, inspirándole páginas virulentas contra Lutero y los turcos, y algunos ataques contra el erasmismo. Y sin embargo, aunque encuentra en Bolonia a Hernando, el hijo de Cristóbal Colón, siempre en busca de libros y de humanistas, y admira a Oviedo, los indios del Nuevo Mundo todavía no son el blanco de sus ataques; llegarán a serlo en la memorable polémica que, en España, lo enfrentará a Las Casas.[47]

Por cierto que Italia, más que el imperio, está físicamente presente en el Nuevo Mundo. El dinero, el afán de obtener conocimientos o simplemente el amor a los viajes —ver mundo— lanzan a los océanos a marinos, pilotos, soldados, clérigos, cocineros, artesanos, mercaderes o prelados; los genoveses desarrollan el cultivo de la caña de azúcar en Puerto Rico y en La Española. También se embarcan sabios como ese médico veneciano Miçer Codro, que llega a las Antillas en 1515: "Por ver mundo había venido a estas partes". Apasionado de las "cosas nuevas", estudió la flora americana, descubrió las virtudes del árbol del bálsamo y murió en las Indias. Enterraron a Codro en la isla de Cebaco, al pie de un árbol en que se talló una cruz. Se le consideraba "gran filósofo", pero también adivino y astrólogo, pues no tenía rival para descubrir las islas y los puertos seguros o detectar las fuentes de agua dulce indispensables para el abastecimiento de los navíos. El veneciano poseía otros talentos más ocultos, pues había podido predecir la muerte de Vasco Núñez de Balboa, descubridor del Pacífico y del istmo de Panamá. Esta ciencia del futuro, tan difundida en la Europa del Renacimiento, resultó inapreciable en la existencia aleatoria que llevaban descubridores y conquistadores. Huelga decir que los italianos de las Indias se hacen pasar sistemáticamente por napolitanos y sicilianos, es decir, por vasallos de Carlos, así como los portugueses afirman ser gallegos, los franceses dicen ser flamencos y los suizos juran ser alemanes. Por medio de esta precaución los extranjeros, si hemos de creer a Oviedo, pululan por las Indias.[48]

La referencia a Italia es un elemento clave en la exploración del Nuevo Mundo, pues la analogía y la comparación fundamentan en la época todo intento de conocimiento. Italia ofrece modelos ilustres, patrones y un medio familiar. Oviedo, por ejemplo, compara las confederaciones de las ciudades mexicanas con las alianzas concluidas entre las ciudades italianas, y relaciona la organización de los estados indígenas con la de Venecia, Génova o Pisa. Los recuerdos de Italia influyen sobre la mirada de los conquistadores que han visitado la península: cuando por primera vez los compañeros de Cortés ven surgir la ciudad de México-Tenochtitlan, en medio de su "laguna", imaginan descubrir otra Venecia, y los comerciantes que siguen de lejos la expedición transmiten también el nombre y la noticia.

Bajo la referencia italiana aflora a menudo la referencia a la antigüedad que ha invadido la Europa letrada del Renacimiento: el turismo arqueológico de Las Casas o de Oviedo, el *Adán y Eva* de Durero (1507), los cua-

---

[47] Gerbi (1978), pp. 194-196 y 198; Pagden (1982), pp. 108-109; Bataillon (1982), pp. 407-410.
[48] Gerbi (1978), pp. 231-233; Delumeau (1967), pp. 397-402.

dros de Van Orley o el palacio de Pedro de Machuca en Granada trazan la geografía europea de esta admiración y de esta moda. Pero los saberes antiguos habían guardado silencio sobre las Indias nuevas y los progresos incesantes de las exploraciones invitaban constantemente a emularlos. ¿Se iba a acordar a las viejas civilizaciones amerindias el estatuto y la antigüedad de los mundos grecorromanos? La tierra americana no tuvo esta fortuna ambigua: las civilizaciones inca y mexicana que Las Casas, aislado en su combate, compara sin ambages a Roma y a Grecia, serán destruidas con tanta pasión como la que se ponía en coleccionar las inscripciones y las estatuas antiguas en la Italia del siglo XVI. Los dioses que fueron a adornar el museo del Belvedere fundado por el papa Julio II se librarán de la suerte reservada a los "ídolos demoniacos" de México, que serán destrozados, derribados de los templos y quemados. El pasado de las Indias nuevas no es el de Europa. De hecho, para la aplastante mayoría de los invasores, esas comarcas nuevas no tienen ningún pasado y no deben tenerlo. No obstante, tal vez porque cree poder contener el retorno al pasado, el Nuevo Mundo experimenta más pronto y más cruda-mente la modernidad.[49]

LA EUROPA DE LOS HABSBURGO ANTE EL NUEVO MUNDO

El ingreso de América en la órbita europea es, al principio, empresa española. Oviedo no hubiera soportado que se le contradijera sobre este punto. Pero también, en otros planos, es asunto europeo. Carlos tiene una vocación planetaria, como bien lo saben sus consejeros, aunque lo expre-san en términos de cristiandad y de extensión de la fe. "Señor, pues que Dios os ha conferido esta gracia inmensa de elevaros por encima de todos los reyes y príncipes de la cristiandad a una potencia que hasta hoy no había poseído más que vuestro predecesor Carlomagno, estáis en el cami-no de la monarquía universal, reuniréis la cristiandad bajo un solo caya-do":[50] tales eran las ambiciones proclamadas de Gattinara, ascendido en 1518 al título de gran canciller de todos los reinos y las tierras del rey. El sentimiento de tener a la cristiandad bajo su imperio y más aún explica que, poco después de su elección al imperio, el césar Carlos haya podido soñar con una monarquía universal.

Pero el occidente del siglo XVI, tanto como la península ibérica, es una tierra dividida, separada por las ambiciones, las instituciones y las cul-turas, aunque se encontrara, en parte, unida por la fidelidad a un mismo príncipe. Carlos respeta esos particularismos sin tratar de imponer a sus dominios una administración unificada, como no sea por un consejo de estado encargado de supervisar el conjunto, presidido al principio por los borgoñones y después por los españoles. Por lo demás, el imperio no desig-na *stricto sensu* más que la dependencia del Sacro Imperio germánico,

[49] Gerbi (1978), p. 209; Delumeau (1967), pp. 95-138; Lockhart y Otte (1976), p. 28.
[50] Kamen (1984), p. 118.

aunque el título da a su poseedor el segundo rango en la cristiandad, después del Papa.[51]

No por ello deja Europa de constituir, por encima de las rivalidades políticas y económicas, un patrimonio de pensamientos y de prejuicios, de maneras de ser y de actuar que los colonizadores reproducen en el continente americano. Estas páginas sólo nos dan un breve atisbo, tal vez suficiente para que pueda apreciarse la complejidad de la aportación occidental y de los nexos establecidos de un lado y otro del océano. De los campos de batalla de Granada, de Orán o de Garigliano parten hombres de guerra hacia el Nuevo Mundo. De los canales de Gante o de los de Venecia, las imaginaciones de los descubridores, las esperanzas de los sacerdotes y las especulaciones de los mercaderes van hacia la otra ribera del Atlántico, hacia otros canales en los que se reflejan las cimas nevadas del Popocatépetl y del Iztaccíhuatl. Según Octavio Paz, las Américas fueron una "proyección del espíritu europeo", nacidas "en el momento universal de España, en el siglo XVI. En el momento en que España no sólo era una potencia mundial, sino una nación abierta al mundo".[52]

Esta proyección es indisociable de la movilidad de los hombres y de las cosas sobre el espacio europeo y atlántico. De viajes a descubrimientos, las siluetas que hasta aquí hemos encontrado parecen poseídas por un movimiento incontenible, análogo al que empuja a los héroes de las novelas de caballerías, de Irlanda a la Galia o de Palermo a Constantinopla. Lo intrincado de esas vidas en que creemos captar la dinámica de la Europa renacentista evoca, extrañamente por lo demás, el entrelazamiento de los destinos que sirve de trama a esas ficciones interminables. Imágenes de una Europa nómada: Carlos V en el curso de su vida fue nueve veces a Alemania, seis veces a España, cinco veces a Italia, dos veces a Inglaterra y dos veces a África. ¿Caso excepcional de un príncipe destinado a una ubicuidad imposible, y que pasó viajando una cuarta parte de los días de su reinado? No. Pensemos en el itinerario del médico de Nuremberg, Monetarius, quien entre 1494 y 1495 recorre Europa, por placer y para obtener información... tanto como para huir de la peste que azota su ciudad. Monetarius atraviesa Suiza, desciende el valle del Ródano, llega a España y Portugal, visita tanto París y Lisboa como Santiago de Compostela. Lo encontramos en todas las etapas de nuestro itinerario: Sevilla, Granada, Gante, Amberes, Nuremberg... Falta Italia, que nuestro médico conoce ya, pues siguió estudios en Pavía. Apasionado por las reliquias, curioso de todo, desde los moriscos de Levante hasta las bodegas de Lisboa atiborradas de mercancías destinadas a África y al resto de Europa, Monetarius está hecho a la imagen de este occidente ambulante, a la vez calculador y piadoso enamorado de la escritura, para dicha del historiador. Los más grandes, Durero, Erasmo, Josquin des Prés recorren igualmente Europa; muchos italianos van a Flandes y a España; muchos españoles recorren Italia y los Países Bajos. Cortés se encontrará al lado del César en el sitio

[51] Ibid., pp. 110-118; Lapeyre (1967), pp. 331-336.
[52] Octavio Paz et al., Octavio Paz ou la raison poétique. Détours d'écriture, t. XIII-XIV, Aix-en-Provence, Edisud, 1989, p. 138.

de Argel, años después de haber conquistado México y una parte de la América Central.[53]

Al margen de las redes intelectuales, de los itinerarios artísticos y comerciales, a merced de los encuentros y de los trayectos divergentes para siempre —Erasmo se retira a Basilea, mientras que los franciscanos de Gante llegan a América—, se perfila una Europa abierta a América, una Europa mediterránea y nórdica que incluye la Inglaterra de Londres y de Bristol, y que a menudo rodea a Francia —¡limitaciones del estado de guerra!— aunque los marinos normandos, las prensas de Lyon o la universidad de París, por una razón o por otra, tuvieron su parte en la gran aventura. Resulta significativo que, de regreso de Inglaterra, donde había tratado de obtener el apoyo de Enrique VII para el descubrimiento de la India, Bartolomé Colón se haya enterado por boca del rey de Francia, Carlos VIII, del triunfo de su hermano Cristóbal. Pero el rey no pasa de ser un espectador de los descubrimientos. Como buen público, da al hermano de Colón 100 escudos para que prosiga su viaje.

Esta movilidad que hace cruzarse en todos los caminos y apiñarse en nuestros espíritus la Alemania de los maestros cantores y la de los Welser —de Augsburgo a El Dorado por vía de Maracaibo—, los Países Bajos del Toisón de Oro, la Italia de los Borgia y de Leonardo, la España de los aragoneses y de Granada, es indiscutiblemente un legado de la baja Edad Media, de un mundo fluido, casi sin fronteras, antes de la formación de los Estados-naciones. De ahí surge una Europa receptiva a las culturas, a la mezcla de las lenguas y de los estilos, permeable a los hombres y a las cosas llegados de horizontes diversos, antidogmática, inclinada a la componenda como podía serlo Erasmo u otros humanistas antes que se abatieran las condenas sin apelación de un Lutero o de un San Ignacio de Loyola.

La confusión de las identidades y de los orígenes —a la que hoy somos más sensibles— se transparenta en no pocos itinerarios: el de Pedro de Gante, arraigado para siempre en un México del que, antes de 1518, no podía tener la menor idea; el de Pedro Mártir, arraigado para siempre a la tierra de España y a los jardines moros de Granada. O bien el recorrido del descubridor Sebastián Caboto, del que ya no se sabe si es veneciano o genovés, si sirve al rey de Inglaterra, al de Portugal o a la Corona de Castilla. De ello son testigo esas cartas escritas en español pero llenas de italianismos que los embajadores italianos envían a su tierra natal; el genovés Colón redactando su diario de viaje en un castellano mezclado de portugués, o las traducciones que, como cascada, no dejan de difundir las noticias del Nuevo Mundo.[54]

La mirada, a menudo superficial, que corre de un objeto a otro, va tan presta como las informaciones, como la imagen perpetuamente modificada del mundo nuevo: islas, pre-Indias (tal es el sentido de la palabra Anti-

---

[53] Monetarius (1920); Halkin (1987); Chastel (1986), pp. 158-160.

[54] H. Colón (1984), p. 179. C. Colón habló primero el genovés, luego el portugués; su primera lengua escrita fue el castellano. Sobre la lengua de Colón, Ramón Menéndez Pidal, "La lengua de Cristóbal Colón", en *La lengua de Cristóbal Colón, el estilo de Santa Teresa y otros estudios sobre el siglo XVI*, Madrid, Espasa-Calpe, 1959, pp. 9-46.

llas), avanzadas de Japón y de la China, luego Tierra Firme, Nuevo Mundo, y por último, continente bautizado como América. Incesante puesta en entredicho, que relativiza el saber de los antiguos. Vemos así expedidos desde las islas y el continente los objetos nunca vistos que se amontonan: *zemes* de las Antillas, "semejantes a los espectros que pintan los pintores",[55] discos de oro y de plata, adornos de plumas de México a los cuales se echa una mirada maravillada y calculadora, sin conocer demasiado bien ni tratar de conocer la naturaleza y el sentido de las piezas expuestas ante los ojos. Bazar que asombra, en que se unen las pepitas, las perlas, las frutas, las plantas exóticas —¡las *batatas* de Pedro Mártir!— y los indígenas atraídos, de grado o por fuerza, así como pasman las riquezas de las bodegas de Lisboa: "paños que se llevaban de Túnez, tapices, telas, calderos, ollas, cuencos, collares amarillos de vidrio [...] pólvora malagueta, marfil, granos de paraíso". La imagen del bazar concreta espectacularmente las tendencias sincréticas que atraviesan las culturas de la época y se expresan en el plano artístico por la unión de las tradiciones antiguas y de las formas locales. La mezcla del arte morisco y del arte renacentista en Granada; las variaciones góticas vivificadas por influencias italianas y luego "romanistas" en los Países Bajos y en Alemania, y las extraordinarias realizaciones del estilo manuelino en Portugal marcan este "arte heteróclito" (Delumeau) que juega con lo antiguo, lo exótico y lo nuevo, prolongando las investigaciones del arte *flamboyant* en su apogeo. También es un tiempo que confunde en un mismo impulso la mercancía, la pieza exótica, la extrañeza de las formas, el valor de las cosas, en que se sueña con los objetos y en que se sueña con adquisiciones, pensando en los pandas de Flandes...

Después del decenio de 1520 se perfila un movimiento distinto, que esboza una cristalización de las diferencias y de las identidades y sirve de preludio al encerramiento tras las fronteras nacionales. Ese lento proceso de normalización puede verse de muchas maneras: la purificación del arte del Renacimiento, vuelto sin cesar hacia modelos antiguos; el fracaso del erasmismo; la división de la cristiandad entre católicos y protestantes antes de los grandes enfrentamientos entre la Reforma y la Contrarreforma; el ascenso de los Estados-naciones —Francia e Inglaterra, que permanecieron apartadas de América por falta de interés y de medios— y la aparición de un sentimiento alemán detrás de Lutero; correlativamente, el desvanecimiento del sueño imperial y universal; por último, en España, la reconcentración sobre la península desde el fin del reinado de Carlos, y el camino hacia la expulsión de los moriscos... Esos innumerables indicios del despliegue de lo que hoy llamaríamos la "modernidad" a su vez hacen llegar a su fin esta Europa mezclada que se lanzaba al descubrimiento de las Indias. Y sin embargo, no se podría fijar una fecha precisa y oponer rotundamente 1492-1540 a lo que sigue. La caída de Granada en 1492 y la expulsión de los judíos ya ocultaban la derrota del pluralismo cultural y religioso, allanando el camino a la represión y después a la expulsión de los moriscos a principios del siglo XVII.

---

[55] Pedro Mártir (1964), t. I, p. 191.

No por ello deja de subsistir aún siglo y medio de Renacimiento o, si se prefiere, de "premodernidad" en que se forjan experiencias compuestas y se modelan unas sensibilidades que a veces evocan en nosotros curiosas resonancias. Y uno de los motores de ello es el Nuevo Mundo, así como es Carlos V quien se convierte en su eje a partir de 1516. Por esa razón, como por muchas otras, "el resultado más notable de su reinado fue sin duda la fundación de un inmenso imperio en el Nuevo Mundo".[56] Balance a la vez circunscrito e inmenso de una dominación europea que debe renunciar a aplastar a los luteranos de Alemania y difícilmente logra contener a los turcos.

EL PELIGRO TURCO Y LOS SUEÑOS MESIÁNICOS

Anotaba Oviedo:

Jerusalem, como bemos y es notorio, está en poder de Turcos en gran ofenssa y vergüença de los christianos, e la casa y estado del Gran Turco en nuestros tiempos ha cresçido tanto que demás del imperio de Constantinopla y el de Trapesunda e nueve rreynos que quitó Mahoma e sus suçessores a christianos, ha tomado todo el gran señorío del Soldán de Babilonia, y es quasy señor de todo el Oriente [...] Se ha fecho señor el Gran Turco del rreyno de Ungría e en la batalla murió el rey Luis de Ungría, que era casado con la sereníssima rreyna María, hermana del Emperador, nuestro señor, e después tomó a Rodas e por fuerça de armas echó de allí la sagrada orden e cavallería que en aquella ysla residía, defendiendo la fe.[57]

El aterrador panorama pintado por este autor refleja la inquietud que aflige a la cristiandad y domina el escenario político en una Europa occidental que debe afirmar su identidad y su solidaridad ante el Islam. Una vez más, no es sorprendente que novelas de caballerías como *Las sergas de Esplandián* dejen lugar al sitio de Constantinopla por los turcos, aquí secundados por Calafia, reina de las amazonas que acudió desde su misteriosa isla de California.[58] El enemigo prioritario del cristiano es el infiel. No lo será jamás el indio.

Antes de volver nuestra atención hacia el Atlántico, las nuevas tierras y la verdadera California, detengámonos un instante en la contrapartida oriental de los descubrimientos y de las exploraciones: esta otra mitad del mundo que se dilata en dirección de Europa, a·medida que ésta se extiende hacia América. La amenaza del Oriente musulmán, antigua, obsesiva, se engalana desde 1520 con el prestigio de Solimán *el Magnífico*, quien no vacila en aliarse al rey de Francia para tomar por la retaguardia al emperador Carlos. El pacto de Francisco I con el sultán escandaliza a los espa-

---

[56] Monetarius (1920), p. 86: "*Et vidimus multos pannos varii coloris distinctos, quos ex Tunnis facit aportari. Item tapetes, telam, caldarios cupreos, pelves, paternoster citrina, ex vitro et alia infinita genera. Item in alia domo vidimus que ex Ethiopia afferuntur, grana paradisi, plures ramos et racemos piperis, quorum multos nobis dedit...*"; Lapeyre (1971), p. 126.

[57] Oviedo (1974), p. 60.

[58] Avalle-Arce (1990), *passim*.

ñoles, pues este acuerdo hace revivir el temor a todas las traiciones, la de los herejes de Alemania, la de los conversos y los moriscos de la península. De ahí vienen esas sorprendentes idas y vueltas entre el Antiguo y el Nuevo Mundo: muchos conquistadores hacen sus primeras armas en Italia, otros, de regreso de América, guerrean contra los turcos. El más ilustre de ellos, Hernán Cortés, se bate al lado de Carlos V en Argel en 1541. El sitio terminó en desastre: "Muchos navíos grandes, naos y caravelas se perdieron e muchos ombres se anegaron e la persona de César estuvo en mucho peligro de perderse."

De la expedición de Argel nos queda al menos el encuentro de Cortés con su futuro cronista, López de Gómara. Éste, como Oviedo, nos restituye el horizonte de sus contemporáneos. Ambos desarrollan una visión que abarca el universo de Carlos V en su totalidad, desde las orillas del Golfo de México hasta Turquía, un mundo en que Cortés, el conquistador de México, es considerado como igual de Barbarroja, el corsario del Mediterráneo. Por lo demás, la comparación no siempre es en ventaja de los cristianos. Gómara, que a menudo comete el error de escribir lo que piensa, no puede dejar de dirigir una mirada crítica y exasperada a las componendas políticas del césar Carlos:

> Estos emperadores Carlos y Solimán poseen tanto como poseyeron los romanos y si digo mas no erraré, por lo que los españoles han descubierto y ganado en las Indias; y entre estos dos está partida la monarquía: cada cual dellos trabaja por quedar monarca y señor del mundo; mas vemos que por nuestros pecados sucede mejor a Solimán sus deseos y sus engaños que no a don Carlos. Entrambos tienen casi una misma edad, empero muy diferente ventura; entrambos exercitan la guerra por un igual, sino que los turcos exercitan mejor su intento que no los españoles; guardan mejor la orden y disciplina de la guerra, tienen mejor consejo, emplean mejor su dinero.[59]

Si unos españoles miran con tanta inquietud el duelo de los dos imperios, es que lo viven como un conflicto que no sólo domina el Mediterráneo sino también el destino de la cristiandad entera. Bajo ese conflicto estalla una imaginería que desborda las consideraciones políticas o religiosas. El enfrentamiento del emperador y el Gran Turco alimenta un mesianismo y un milenarismo que galvanizan las energías, forman los sueños y despiertan los temores seculares del Viejo Mundo.

Nada de eso es nuevo. En el umbral de los tiempos modernos, Europa se ha instalado en un clima de perpetua excitación. La esperanza y la pesadilla del fin del mundo así como la venida del Anticristo son preocupaciones vivas, de diferente manera, que la exaltación de las lenguas antiguas o el retorno a la Antigüedad. Por Europa corren rumores apocalípticos y milenaristas que levantan a las masas y a los seres con tanta fuerza como los mitos de los indios de América. Siendo iguales las demás cosas, la búsqueda obsesiva de los Santos Lugares no deja de evocar la búsqueda de la Tierra sin Mal que agita a los guaraníes de la América del Sur, y las beatas

---

[59] Oviedo (1974), pp. 505, 511; Gómara en su *Crónica de los Barbarrojas*, citada en Iglesia (1980), pp. 187 y 192.

inspiradas o los predicadores cristianos que inflaman a las masas mediterráneas valen por todos los chamanes y los hombres-dioses del Nuevo Mundo. La España espiritual de Fernando *el Católico* poseía sus religiosas-profetisas —¡sor María de Santo Domingo, *alias* la Beata de Piedrahita, había predicho al rey que no moriría sin haber conquistado Jerusalén!—, así como el imperio inca, las ciudades mexicas o el trasfondo de las selvas amazónicas. Todo ello basta para recordar que bajo la Europa de los sabios y de los mercaderes respira una Europa profética que obtiene una fuerza acrecentada de la imprenta. Las prédicas de Savonarola son manifestación florentina y culta, mientras que el *Libro de los cien capítulos* (1510) expresa las esperanzas que por entonces recorren las poblaciones renanas y que mezclan la reforma de la sociedad, la derrota de los turcos, la toma del Santo Sepulcro y el reino universal del emperador. La figura de Maximiliano y después la de su nieto Carlos suscitan esperanzas y profecías.

En la España de fines del siglo xv, la herencia del judaísmo, viva entre los conversos, y las guerras europeas, mantienen una tensión propicia a las inquietudes escatológicas, como lo atestiguan el *Libro del Anticristo* de Martínez de Ampiés (1496) o el aura mesiánica de los Reyes Católicos. Recordemos que en 1489 el sultán de Egipto había pedido a Fernando y a Isabel poner término a la guerra de Granada, bajo pena de destruir los Santos Lugares... y que Colón aprovechó la ocasión para incitar a los soberanos a financiar su viaje al lejano Occidente, pues las ganancias fabulosas que produciría harían que se llevara a buen término la conquista de Jerusalén.

¿No era con proyectos de esta envergadura como Colón había obtenido en 1485 el apoyo de los franciscanos de La Rábida, quienes lo introdujeron en la corte de Castilla? Ésa fue una de las claves del triunfo colombino, pero una clave que sólo se comprende en el contexto exaltado de los rumores que periódicamente sacudían al Occidente cristiano. Ciertos rumores daban a entender que las tierras misteriosas de las mares océanos "jamás aparecerían a nadie mientras las Españas no estén reunidas en nuestra buena fe". En los primeros años del siglo se había descubierto en Toledo una pieza de alfarería pintada con una inscripción que decía: "Cuando esto aparezca a los ojos de los hombres, será inminente la destrucción de aquellos cuyas imágenes están contenidas aquí." En 1506 el cardenal Cisneros, uno de los personajes más escuchados y más poderosos del país, retomó la antorcha de la cruzada y conquistó Orán. El humanista, que soñaba con celebrar la misa en el Santo Sepulcro, se volverá a su vez una figura mesiánica.[60] Poco después de la desaparición del prelado, a comienzos del reinado de Carlos, unas profecías apocalípticas acompañaron al

---

[60] Cohn (1974), p. 26; Milhou (1987), p. 99; Bataillon (1982), pp. 52-53, 67 y 71; Alain Milhou, "La Chauve-Souris, le Nouveau David et le Roi caché (trois images de l'empereur des derniers temps dans le monde ibérique)", *Mélanges de la Casa de Velázquez*, xviii-1, 1982, pp. 61-78. El converso Palma proclamaba en 1479 el papel liberador del rey (Kamen [1984], p. 107). Ya no es posible olvidar las profecías que circularon entre los medios moriscos (Cardaillac [1979]) o el éxito de la obra de Fray Antonio de Aranda, *Verdadera información de la Tierra sancta según la disposición en que este año de Mil y Quinientos y treinta el autor la vio y passeó*, Alcalá de Henares, 1533. Sobre el caso de la Italia profética y el papel de la imprenta, Ottavia Niccoli, *Profeti e popolo nell'Italia del Rinascimento*, Roma, Bari, Laterza, 1987.

levantamiento de los comuneros. Desplegaban la figura del Anticristo y la obsesión por la "destrucción de España", mientras corrían rumores en torno de la identidad de un *encubierto*, misterioso salvador que surgió en el levantamiento de Valencia. Una vez aplacados los disturbios, los temas del emperador mesiánico, de la conquista de Jerusalén y del oro redentor de las Indias acabaron por resurgir y fundirse en los espíritus. La literatura entró al relevo, y libros como el que Antonio de Aranda consagró a la Tierra Santa, visitada en 1530, tuvieron un éxito duradero, y repetidas ediciones.

Así, la recuperación de los Santos Lugares —la vieja idea de cruzada— no dejaba de tentar a los europeos y obsesionaba a los españoles hasta el punto de que a los 78 años nuestro Oviedo, agotado por las interminables travesías entre Europa y América, se sintió renacer: "Me paresce que soy de veinte años e dispuesto para tal camino, pero aunque mis fuerças son pocas y mi vejez patente, confío en Dios que puede suplir mis faltas y estorvos corporales para que pueda ver lo que tanto deseo". Todo el oro de las Indias servirá para apoyar la empresa de reconquista, "tan sanctísima empresa". Entonces, "la misericordia de Dios será restituida venciendo nuestro Carlos Quinto Emperador al Gran Turco". Como si "este viaje de la conquista de la Tierra Sancta de Jherusalem" hubiese representado, desde antes de comenzar, el resultado ardientemente deseado de la gran aventura de las Indias, como si por un gigantesco retorno del fiel de la balanza, el impulso que había lanzado hacia el oeste las fuerzas de los descubridores y de los conquistadores ineluctablemente debiese partir hacia el este de los otomanos.

Volveremos a encontrar a veces en el ojo de los descubridores y de los conquistadores que recorren América, la imagen fascinante y execrada del Islam, a la vista de una pirámide maya, de un sexo que parece circunciso o de ciertos ritos que parecen familiares en una fiesta india. En el recodo de una playa, el fantasma de Granada...[61]

---

[61] Caro Baroja (1978), p. 253; Oviedo (1974), pp. 588 y 597.

SEGUNDA PARTE
EL NUEVO MUNDO

VII. LAS PUERTAS DE AMÉRICA

Nunca pude sentir ni entender las cosas de las Indias
hasta que las vine a ver e entendí muy diferenciadamente
lo que ví e veo de lo que antes avía oydo.

OVIEDO

CUBA, 1517. ¿Sería en las proezas de *Amadís* con las que soñaría Bernal
Díaz del Castillo frente a la mar? ¿Con las promesas de remotas expediciones hacia tierras afortunadas? ¿O con Medina del Campo, su ciudad natal? Se había disipado el suave aroma del estoraque. El sol del mediodía
había consumido los "vapores de la tierra" que se elevaban de las cenizas
de las fogatas encendidas por los indígenas para moderar la frescura de la
noche. El silencio sólo era roto por los gruñidos de un cerdo que hozaba el
campo de un indígena abrumado, quien apenas tenía fuerzas para apartar
al animal. En la bahía, algunos postes demolidos surgían de las olas, únicos vestigios de los criaderos de mujoles, que poco antes aún conservaban
los naturales. Cortejos de flamencos de color rosa, "no parecen sino greyes
de ovejas señaladas o almagradas", volaban sobre el agua salada. Indiferente a la mancha de sangre que avanzaba por el mar, Bernal Díaz del Castillo no había olvidado su primera experiencia, la expedición que lo había
llevado tres años antes a la costa atlántica de Panamá, la pesadilla de
Castilla del Oro, la caída de hombres en las marismas con vapores envene-
nados. Los guerreros vestidos de seda que habían agonizado lánguidamen-
te o que murieron de hambre, habían sin embargo rozado la gloria en la
Italia del Gran Capitán. Pero la ociosidad de las islas, regada con un "vino"
agrio del país, en torno de una iguana asada o de una rebanada de tortuga,
¿valía más que los espejismos del continente?[1]

SOBRE LA FRONTERA DEL NUEVO MUNDO (1492-1517)

En un cuarto de siglo los españoles habían descubierto y ocupado las Antillas, creando un mundo tenso, destructor e inestable. El suntuoso paraíso
de los verdes valles vislumbrado y descrito por Colón pronto se convirtió
en una trampa para muchos europeos y en un matadero para las poblaciones indígenas. En el umbral de un continente del que aún no se sabía

---

[1] Las Casas (1986), t. II, p. 511: "Es cosa de ver cuando se comienzan a colorar, que como
siempre están 500 y 1000 juntas no parecen sino greyes de ovejas señaladas o almagradas;
comunmente no andan volando como las grullas, sino que siempre o casi siempre están en la
mar, todas las zancas o piernas metidas en el agua salada, los pies en el suelo, que no les llegue a la pluma el agua"; H. Colón (1984), p. 168; Avalle-Arce (1990), pp. 133-135, 38; Sáenz de
Santa María (1984), p. 128.

prácticamente nada, y que, con excepción del Darién, en la orilla de Panamá, de las costas de Colombia y de Venezuela, seguía siendo un enigma, en que se acumulaban las energías, las esperanzas y las frustraciones. Durante ese tiempo una catástrofe humana y ecológica devastaba las islas.[2]

Recordamos algunas fechas esenciales. Veinticinco años antes, el 12 de octubre de 1492, Colón había tocado una isla del archipiélago de las Lucayas. Lo recibió un pueblo desnudo, como los guanches de las Canarias o los negros de Guinea. Llegó a Cuba el 28 de octubre, y después a La Española (la isla de Santo Domingo) el 6 de diciembre. Casi de un solo golpe, el genovés había descubierto la ruta marítima que permite un aprovechamiento óptimo de los vientos. A la ida tuvo que escoger entre dos hileras de islas. La pendiente de los alisios, la ruta corta de menor dificultad, el viento atrás y corriente en popa. Al regreso, Colón fue hacia el norte a buscar los vientos del oeste favorables que empujan hacia las Azores y España. El hallazgo, decisivo, es tan asombroso como el mismo "descubrimiento de América", y señala un camino que durante tres siglos será tomado regularmente por la flota española de las Indias. En parte por deducción, en parte por intuición, el genovés probablemente se inspiró en las maniobras que realizaban los marinos portugueses que remontaban las costas de África, imaginando una gigantesca transposición geográfica hacia el Atlántico norte. La suma de conocimientos, de prácticas y... de errores (la circunferencia terrestre exageradamente reducida) acumulados por Colón produjo, así, una travesía magistral, apenas más larga que las de las flotas que lo seguirán.[3]

Como buen genovés y discípulo de los portugueses, Colón no dejó de emprender actividades de exploración, creando fortines destinados a servir como bases comerciales, partiendo en busca de artículos raros o fácilmente comercializables. El oro excitó, al punto, su codicia, y. la explotación de las vetas auríferas de La Española comenzó desde fines de 1493. A diferencia de lo que ocurría en Guinea, los recién llegados se vieron obligados a organizar la extracción en lugar de contentarse con obtener el metal por simple trueque. Las islas nunca llegarían a ser una pequeña África vigilada por fortalezas y establecimientos dedicados a reunir oro y esclavos. Colón se apartó aún más del precedente portugués cuando, aquel mismo año, una importante flota cargada de hombres, de animales y de plantas se hizo a la mar con destino a las islas nuevas. Poco tiempo después los europeos exploraban la costa cubana, luego bordeaban Jamaica, y el hermano de Colón, Bartolomé, fundaba la ciudad de Santo Domingo.

Y sin embargo, desde 1495, los Reyes Católicos se esforzaron por recortar los privilegios otorgados a Colón y a los suyos tres años antes, cuando muchos creían, junto a las murallas de Granada, que el almirante desaparecería para siempre bajo las aguas de la Mar Océano. Pese a la benevolen-

[2] Las Casas (1967), t. I, p. 15: "cuando la descubría el Almirante y la contemplaba, decía della maravillas".

[3] Un pueblo como los guanches o los negros de Guinea, Chaunu (1969a), pp. 211, n. 1a, pp. 213, 121, 190.

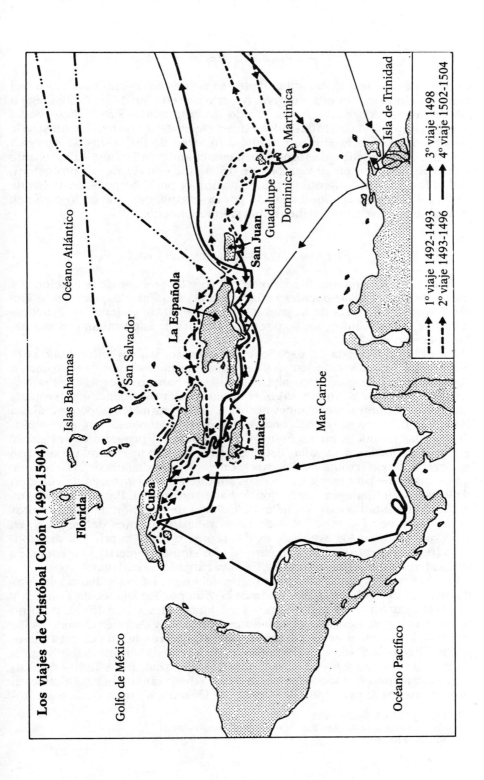

Los viajes de Cristóbal Colón (1492-1504)

Golfo de México

Océano Atlántico

Islas Bahamas

Florida

San Salvador

La Española

San Juan

Guadalupe

Dominica

Martinica

Cuba

Jamaica

Mar Caribe

Océano Pacífico

Isla de Trinidad

1º viaje 1492-1493 ⟶ 3º viaje 1498
2º viaje 1493-1496 ⟶ 4º viaje 1502-1504

cia de la reina Isabel, las dificultades se acumularon entonces contra el
genovés, sin lograr nunca, empero, hacerlo desistir. En 1498, Colón llegó a
las costas de Venezuela; había tocado un continente. En el curso de su
cuarto y último viaje (1502-1504) estuvo cerca de conocer a los mayas de
México, volvió hacia el este y siguió a lo largo de las costas de América
Central, desde el cabo de Honduras hasta el golfo de Darién. El almirante
volvió a Sanlúcar en noviembre de 1504. La muerte de su protectora,
Isabel *la Católica*, lo llenó de consternación, y poco después, en mayo de
1506, falleció en Valladolid minado por la artritis. Pero ya, en lo esencial,
el Mediterráneo de los Caribes había sido reconocido.[4]

LA ESPAÑOLA, PRESA DE LOS INVASORES

Hasta 1516 La Española fue sitio de relevo y luego base de operaciones a
partir de la cual los españoles recorrieron las Antillas y exploraron la Tierra Firme. La historia de la gran isla es breve, atroz y ejemplar. Prácticamente en dos decenios, los colonos que llegan a la isla acaban con sus habitantes y su oro.[5]

De 1494 a 1496 toda La Española cae, primero, bajo la influencia de Colón y de los suyos: los ataques, las deportaciones de esclavos, la destrucción
de los cultivos de productos alimenticios y el hambre diezman las poblaciones indígenas. Y sin embargo, el descubrimiento decepciona, tanto así
que las exorbitantes concesiones hechas a Colón enfurecen al poder real: La
Española produce muy poco oro. A manera de compensación, e inspirándose en las prácticas portuguesas, Colón monta un proyecto de tráfico de
esclavos caribeños a España. Esta iniciativa no mejora sus relaciones con
la Corona, pues termina en desastre y duele a la conciencia de la soberana,
que se propone proteger a sus nuevos súbditos. Y sin embargo, la cuestión
de la esclavitud indígena está lejos de haberse resuelto. Por último, la guerra civil que estalla entre los fieles de Colón y una facción de descontentos
encabezada por Francisco Roldán no arregla los asuntos del genovés; en
1499, para calmar los espíritus, el almirante organiza la primera distribución (repartimiento) de indios, pero al año siguiente pierde lo esencial de
sus poderes: el navegante vuelve a España cargado de cadenas.[6]

Desde entonces se modifican las reglas del juego. La maquinaria administrativa, manipulada en adelante desde Sevilla por Rodríguez de Fonseca y
su grupo, sustituye al genovés por servidores fieles y con título, pero no
siempre competentes: los gobernadores Bobadilla y después Ovando. A los
50 años, Fonseca, el ex arcediano de Sevilla, emprende una carrera fulgurante. Obispo de Badajoz y después de Córdoba, eslabón inevitable y temido entre la Corona y las islas, se convierte en el amo de las Indias nuevas,
dispuesto a apartar a todos los que puedan amenazar su poder. Tal no es el
caso, al menos al principio, de Nicolás de Ovando, a quien envía a las An-

---

[4] Chaunu (1969a), pp. 224-229.
[5] Sobre la historia de las Antillas, Arrom (1975), Sauer (1984).
[6] *Ibid.*, pp. 130-160.

tillas en 1502, a la cabeza de 30 navíos. El nuevo gobernador de las Islas y de la Tierra Firme de la Mar Océano desarrolla ahí el sistema de encomienda que había practicado en España cuando era comendador de la orden de Alcántara. Pero la encomienda ibérica consistía en distribuir pueblos y tierras de los moros a los conquistadores cristianos, en tanto que la encomienda antillana confía los isleños a la Corona o a los colonos para obligarlos a trabajar en los campos, las minas y las casas. Llamada a convertirse en institución importante de la América española en el siglo XVI, legaliza y organiza la práctica del repartimiento, inaugurada por Colón. Todos los españoles que llegan con Ovando sueñan con tener una encomienda o un repartimiento, y entre ellos también un joven de 18 años, Bartolomé de Las Casas, cuyo padre, Pedro, ya había pasado cinco años en La Española.[7]

Bajo el caos de los acontecimientos se aprecian ya las tres grandes experiencias en que se inspiran, combinándolas, descubridores y conquistadores: por una parte, el legado africano-luso-genovés, que une la exploración al trueque con los indígenas; por otra parte la tradición castellana de la Reconquista ibérica, con lo que implica de operaciones militares y de ocupación definitiva de la tierra; por último, más lejana en el tiempo, la conquista brutal de las Canarias. El precedente granadino y el de las Canarias —la invasión conquistadora y exterminadora, emprendida por hombres de guerra— triunfan y el genovés, mal preparado para lanzar una empresa de población, acaba por perder en pocos años el dominio de las operaciones. Pero también fracasan las medidas estabilizadoras y represivas de Ovando, que masacra a los isleños. El choque de los modelos y de las experiencias, la gigantesca chapucería social y económica que de ello resulta y que termina en la caída acelerada de las reservas de mano de obra, nos dan cuenta de los padecimientos, de los desastres y de las atrocidades que se suceden. Monstruo híbrido, La Española dejaba de ser un simple depósito, una factoría a la portuguesa, sin llegar a ser, empero, una colonia.[8]

MUERTOS EN MORATORIA: LOS INDÍGENAS

Sin embargo, los primeros contactos fueron casi idílicos. Los paisajes, los seres vivos y las cosas dejaron maravillado a Colón, y la investigación confiada al religioso catalán Ramón Pané da testimonio de una sensibilidad a la diferencia no menos notable.[9] Pero, pasada la etapa inicial, la mirada sobre esas poblaciones se endureció, y luego llegó a la indiferencia, animándose sólo para expresar la irrisión o la curiosidad divertida: algunos observadores notan invariablemente la tez "olivácea" de la piel de los naturales, la sensualidad desenfrenada —con un toque de sodomía—, la poligamia, el culto a objetos extraños, la embriaguez provocada por el tabaco —otro descubrimiento—, los sacerdotes adivinos, mitad estafadores, mitad cu-

[7] Chaunu (1969b), p. 227; Lockhart y Schwartz (1983), pp. 68-71.
[8] Chaunu (1969a), pp. 213, 195-196; Pané (1977), p. 200; Elliott en Bethell (1988), p. 18.
[9] Pané (1977); H. Colón (1984), pp. 184-206.

randeros, los alimentos exóticos (maíz, cazabe y patatas dulces), la ausencia de "caballos, asnos, toros y carneros". "Los trueques causaban risa, fuera por desprecio que [los isleños] hacían del oro o por ansia de adquirir los artículos comunes de comercio." Los indígenas parecían actuar en contra del buen sentido, sin ninguna noción del valor de las cosas: "Davan lo que valía ciento por lo que no valía diez ni aun cinco." Raros fueron los que, como Hernando, el hijo de Colón, comprendieron que los indígenas sacralizaban los objetos europeos: "Les parecía que por ser nuestras eran dignas de mucho aprecio por tener como cosa cierta que los nuestros fuesen gente bajada del cielo y por ello anhelaban que les quedase alguna cosa suya como recuerdo."

Las distinciones étnicas eran resumidas y utilitarias: los españoles diferenciaban a los grupos amistosos —generalmente los arawak y los taínos— y a los grupos hostiles, llamados uniformemente caribes. La ceguera de los recién llegados nos asombra: "Por lo demás, gracias a las relaciones establecidas con los españoles, todo mejoró, salvo que, entre tantos millares de hombres que poblaban la isla, sólo queda alguno con vida aquí y allá." Oviedo, el espectador de la Italia renacentista, el observador de los paisajes del Nuevo Mundo, nos ofrece conceptos que no necesitan comentarios:

> porque capas no las trayan ni tampoco tenían las cabeças ni las tienen como otras gentes, sinon de tan rezios y gruessos cascos quel principal aviso que los christianos tienen quando con ellos pelean, es no darles cuchilladas en la cabeça porque se rompen las espadas. Y assí como tienen el casco grueso, assí tienen el entendimiento bestial y mal inclinado, como adelante se dirá de sus ritos y cerimonias y costumbres.

El descubrimiento del canibalismo entre los caribes da a los españoles una justificación en su rechazo y confirma el estereotipo. El tema es tanto más sensible cuanto que, en más de una ocasión y bajo la presión de las circunstancias y del hambre, algunos europeos serán tentados por esta práctica que les parece monstruosa.[10]

Es difícil evocar la mirada de los vencidos, de esos taínos que poblaban las islas, primera humanidad americana que recibió el choque del Occidente. De hecho, pocos trataron de recoger las reacciones de aquellos a quienes la muerte debía tan pronto suprimir. No los imaginemos unánimemente pasivos, fascinados con los objetos de Europa que se les "ofrecen" a puñados —"cuentas de vidrio, cascabeles, campanillas, la menor chuche-

---

[10] Oviedo (1547), f. Lr°: "Era el exercicio principal de los indios desta ysla [...] mercadear y trocar unas cosas por otras, no con la astucia de nuestros mercaderes, pidiendo por lo que vale un real mucho mas, ni haziendo juramentos para que los simples los crean; sino muy al revés de todo esto y desatinadamente porque por maravilla miravan en que valiesse tanto lo que davan como lo que ellos bolvían en precio o trueco; sino teniendo contentamiento de la cosa por su passatiempo, davan lo que valía ciento por lo que no valía diez ni aun cinco"; XLIVv°; XXVv° (los Caribes); H. Colón (1984), p. 94; p. 211: "[el hambre] fue tan grande que muchos [españoles], como caribes, querían comerse los indios que llevaban; y otros, por ahorrar lo poco que les quedaba, eran de parecer que se les tirase al mar"; *De Rebus Gestis* (1971), p. 323; Cabeza de Vaca (1977), p. 77.

ría"—, víctimas embrutecidas de la rapacidad y de los perros de los conquistadores, como los canarios de generaciones anteriores. Como lo sugiere el cuadro del flamenco Mostaert, los indígenas saben revertir la relación de fuerza cuando encuentran los medios para hacerlo, defender encarnizadamente sus tierras, acosar a los invasores, liquidar a los agresores aislados y rechazar la cristianización. Pero las epidemias, mucho más eficazmente que los españoles, acaban con todas las resistencias y todas las astucias. Sin embargo, algunos indios se pasan al campo de los vencedores, convirtiéndose en colaboradores inapreciables. Actitud determinante que se reproducirá por doquier en el Nuevo Mundo, permitiendo a los descubridores-conquistadores avanzar y establecerse, con menor desgaste, en una gran parte del continente.

Si se comprenden los móviles de la colaboración de ciertos grupos o de ciertas etnias indígenas —oportunismo, cálculo político, temor religioso, rencor por un dominio apenas tolerado...—, en cambio se desconocen todas las razones que pesaron sobre actitudes individuales y anónimas: por ejemplo, ¿qué esperanza, qué sueño incitaron a un indio de Jamaica a huir de su familia y de su comunidad para arrojarse en la boca del lobo y correr a los navíos españoles, suplicando que lo llevaran a Castilla? Apenas se acababa de descubrir Jamaica. La condición de doméstico —se le llamaba *naboría*— era, ciertamente, menos intolerable que la esclavitud en los campos y en los placeres, pero no se necesitaba gran cosa para ser arrojado de la casa española e ir a morir en una encomienda.[11]

En 1517 los naturales de La Española, como los de otras islas, son diezmados o están ya en vías de extinción. Todas las cifras al respecto, aunque aproximadas, son abrumadoras. Según Las Casas, La Española perdió más de tres millones de indígenas entre 1494 y 1508. En 1516, desde su confortable posición en España, el cronista Pedro Mártir se inquieta por esta catástrofe, recordando la estimación de 1496: uno o dos millones de indios. El juez Zuazo, pocos años después, lamenta que de 1.3 millones de indígenas sólo queden 11 000.[12]

Son múltiples las causas de esta mortandad: la represión de las revueltas, la persecución de esclavos emprendida por españoles organizados en cuadrillas, la deportación y la ruptura con el medio, los malos tratos de todas clases, la impericia de los europeos indiferentes a las necesidades elementales de la mano de obra que explotan, ávidos de obtener ganancias instantáneas, dispuestos a abandonarlo todo por otras comarcas más prometedoras y con mayor cantidad de indios. Al ritmo de las intrigas y con la venia de las autoridades, los indígenas pasan de mano en mano, de una aldea a otra, presas de una dominación desordenada que trastorna radical-

---

[11] H. Colón (1984), pp. 165-166, 180, 203, 167: "llegó a los navíos un indio muy joven diciendo que se quería ir a Castilla. Detrás de él vinieron muchos parientes suyos y otras personas en sus canoas, rogándole con grandes instancias que se volviese a la isla; pero no pudieron apartarlo de su propósito. Antes bien, para no ver las lágrimas y los gemidos de sus hermanas, se puso en parte donde nadie pudiera verlo. Maravillado el Almirante de la constancia de este indio, mandó se le tratara muy bien".

[12] Sauer (1984), pp. 235 y 304.

mente la vida local. Algunos de ellos —los *naboríes*— se encuentran apega-
dos a los españoles como lo habían sido a sus amos indígenas antes de la
Conquista; otros, sometidos al sistema de repartimiento —o encomienda—
deben consagrar una parte considerable de sus fuerzas a satisfacer las exigencias de los europeos. Poblaciones que, por falta de tiempo y de libertad,
ya no son capaces de cazar ni de pescar, son víctimas de la subalimen-
tación. Los viveros de peces, antes repletos de mujoles, han quedado abandonados; los pocos cultivos alimentarios que subsisten sufren los ataques
de los cerdos, verdadera encarnación animal del impacto desencadenado
por la irrupción de los cristianos. Decapitada por las guerras y las matanzas "preventivas", se disloca la jerarquía tradicional; se rompen los ritmos
de la vida comunitaria; se borran los recuerdos. Los grupos quedan irremediablemente desarticulados. Los indios colaboracionistas matan a quienes tratan de resistir la invasión extranjera, y viceversa. Para escapar de
los trabajos forzados, algunos aborígenes se envenenan o se ahorcan. A
partir de 1508, creyendo paliar la desaparición física de las poblaciones
locales, las autoridades españolas aceleran el despoblamiento organizando
la deportación masiva de los indígenas de las Bahamas: según Las Casas y
Pedro Mártir, cerca de 40 000 naturales son introducidos de esta manera en
la isla. En 1512 se han consumido las reservas humanas de las Bahamas.
Por doquier triunfan la lógica de la carrera del oro y el desbocamiento de
un sistema portador de muerte.

Pero, ¿se puede hablar aún de lógica en el clima de caos y de desastre
que asfixia las Islas? ¿Cómo obtener, por cierto, la mayor cantidad posible
de oro y mantener la producción a un nivel elevado mientras se vuelven cada vez más escasos la mano de obra y el metal? Se elevan voces de los
dominicos contra esta monstruosidad, para empezar la de Antonio de Montesinos, quien en 1511, en un sermón tronante, anuncia a los colonizadores de La Española que corren el riesgo de condenarse "como los moros y
los turcos" si continúan maltratando a las poblaciones indígenas.[13]

Pero no son éstas las únicas víctimas de los blancos: en muchos islotes
los animales que nunca han visto seres humanos se dejan matar sin ofrecer resistencia. De manera general, la fauna y la flora pagan un tributo tan
pesado como los naturales a la explotación desenfrenada, mientras que los
animales de Europa, sueltos sobre las tierras nuevas, conquistan el espacio
americano con tanta violencia como sus amos cristianos. Los isleños recordarían largo tiempo la llegada de los caballos —desconocidos en América—, que por doquier siembran el espanto. Las lacónicas observaciones de
los colonos españoles indican, por cierto, la extensión del drama ecológico: "Lo que hoy es un yermo estaba antes muy poblado."[14]

Por si todo eso no bastara, los sobrevivientes, convertidos en un proleta-
riado famélico, sufren de lleno los efectos de los milenios de aislamiento que

---

[13] Oviedo (1547), f. xxvir°; Chaunu (1969b), p. 129; Pagden (1982), pp. 30-31.
[14] H. Colón (1984), p. 176: "Mataron ocho lobos marinos que dormían en la arena y
cogieron también muchas palomas y otras aves; porque no estando habitada aquella isleta, ni
los animales acostumbrados a ver hombres, se dejaban matar a palos."

habían preservado a las poblaciones de América de las enfermedades que padecían Eurasia y África. Los descendientes de aquellos que varias decenas de millares de años antes habían franqueado el estrecho de Behring, han perdido progresivamente las inmunidades adquiridas por sus antepasados en los remotos tiempos asiáticos. El descubrimiento, y despúes la conquista y la colonización de América, los ponen bruscamente en contacto con europeos y africanos portadores de gérmenes nuevos. También lo contrario ocurrió, si recordamos el destino de la sífilis. A las infecciones tradicionales se añaden, pues, enfermedades nuevas que aniquilan a los indígenas: la viruela, que mata desde 1518; la malaria, transmitida despúes por los veteranos de las guerras de Italia. Ahora bien, la viruela en Europa atacaba principalmente a los niños y a los recién nacidos. En América ataca a todos los indígenas, sin distinción de origen o de edad. Sin hacerse ilusiones, el enviado del cardenal Jiménez de Cisneros, el juez Zuazo, anuncia, a principios del decenio de 1520, la extinción de la población aborigen, pese a las medidas preconizadas *in extremis* por la Corona, que ordenó reinstalar a los indios en sus comunidades y liberarlos de la servidumbre. Pero ya era demasiado tarde.

El desastre demográfico —que debía repetirse en México, en escala aún más espectacular— no obedece a ningún plan razonado, a ninguna voluntad deliberada. Se trata de un "genocidio sin premeditación", para retomar la fórmula de Jacques Ruffié. Por lo demás, ¿por qué habrían tratado los españoles de eliminar la mano de obra que hacía sus fortunas? El genocidio resulta de la brutal yuxtaposición de dos sociedades y de dos universos. El mundo mutilado y disgregado de las islas se derrumbaba bajo el frenesí brutal de los recién llegados, hombres de todas las clases y todas las tendencias, pero se encontraba no menos súbitamente sujeto al asalto —invisible y aún más implacable— de virus y de microbios desconocidos.[15]

Las soluciones que las autoridades españolas, incapaces de contener la catástrofe, intentaron con las ideas y los medios de la época, no hicieron más que desencadenar otros desastres humanos. Para compensar la falta de mano de obra y paliar la suerte de las poblaciones sometidas, los defensores de los indios y de la autoridad real —los jerónimos que gobiernan La Española de 1517 a 1518, Las Casas en 1517 y después el juez Zuazo— reclamaron la importación de esclavos *bozales*, es decir, de negros llevados de África. Comenzaba así otro capítulo de la historia de América, no menos decisivo que el descubrimiento y la conquista europeos. Las "santas" intenciones de los jerónimos salidos de sus claustros de Castilla se diluyeron en la marisma de intrigas y de intereses del Nuevo Mundo y contribuyeron a la pérdida de los indios que, concentrados en aldeas, cayeron bajo el azote de "viruelas pestilentes". Administradores sin par en Castilla, los religiosos de San Jerónimo habían logrado, al menos, desarrollar la industria azucarera.[16]

15 Crosby (1986), p. 200; Sauer (1984), pp. 306-310.
16 *Ibid.*, pp. 310-311; Oviedo (1547), f. xxxviiiv°

Los europeos: el infierno y el paraíso

La imagen macabra de ese naufragio humano es indisociable de la sociedad colonial que se esboza en el caos y el exceso. Extraño cuerpo social,
far west (antes de conocerse esta expresión), microcosmos abigarrado, sin
costumbres y sin ley, "no había control ni limitación",[17] que se despliega
en lo que se convierte en la primera de las fronteras americanas. El mundo
de las islas es un híbrido monstruoso que parece desafiar al análisis socio-
lógico clásico: sobre unas sociedades indígenas mutiladas para siempre en
su organización y su patrimonio se injerta, sin lograrlo siempre, una población europea arrancada de sus terruños, sacudida por movimientos que
desencadenan el desarraigo, el alejamiento de la metrópoli y la búsqueda
del oro. En una sociedad que deja de serlo se abate como enjambre de depredadores un conglomerado de seres, de esperanzas y de ambiciones.

Desde 1494 y el segundo viaje de Colón surge un medio envenenado por
incesantes rivalidades, víctima de la guerra civil en embrión que levanta a
los partidarios de Colón contra los de Roldán, instigador de la primera
disidencia, y luego contra los representantes de la administración real. Los
primeros en llegar son, en su gran mayoría, hidalgos habituados a la vida
fácil —"eran nobles y criados en regalos"—, tan incapaces de mantener un
séquito demasiado numeroso, como poco deseosos de trabajar con sus
manos cuando los escasos artesanos llegados estaban en el límite de sus fuerzas: "los más estaban enfermos, y flacos y hambrientos y podían poco por
faltarles las fuerzas".

Y sin embargo, la tierra nueva tiene sus aspectos paradisiacos: la belleza,
los perfumes y la feracidad de las islas encantan a los descubridores; se
maravillan al probar, en Navidad, uvas e higos frescos, o de pasar sudando
a mares aquella noche bendita; los pescados son sabrosos, y los mameyes sin
igual: "el olor y sabor dellos cierto es tal que ninguna fructa se le iguala de
todas cuantas habemos y comemos en Castilla". Pero todavía faltan los conocimientos y la voluntad para aprovechar el descubrimiento.[18]

Las primeras experiencias constituyen un fracaso lamentable y son una
lección para los sobrevivientes. Los pioneros de Navidad se matan entre sí,
cuando no son masacrados por los indígenas. En Isabela, sobre la costa
norte de La Española, los colonos tienen que enfrentarse al hambre, el calor, la sed, la impaciencia y la desesperanza. En 1494 se vio a cinco enfermos compartir un huevo de gallina y una "caldera de cocidos garbanzos".
"El hedor [que reina allí] es muy grande y pestífero." Mucho tiempo después de haber sido abandonada, la Isabela continuará aterrorizando a los
visitantes de paso: un rumor público decía que:

---

[17] Sauer (1984), p. 227.
[18] Las Casas (1986), t. I, p. 376; (1967), t. I, pp. 29-30; H. Colón (1984), pp. 164 y 168: "el
olor del aire era tan grato que les parecía estar entre rosas y las mas delicadas fragancias del
mundo"; Oviedo (1547), f. xxxviiv°: "la noche de navidad uvieron tanto calor que sudaron y
aquel día a comer les dieron los frayles uvas frescas e higos acabados de coger".

por aquellos edificios de la Isabela en una calle aparecieron dos rengleras a manera de dos coros de hombres que parecían todos como gente noble y del palacio, bien vestidos, ceñidas sus espadas y rebozados con tocas de camino de las que entonces en España se usaban; y estando admirados aquel o aquellos a quien esta visión parecía, cómo habían venido allí a aportar gente tan nueva y ataviada sin haberse sabido en esta isla dellos nada, saludándolos y preguntándoles cuándo y de dónde venían, respondieron callando, solamente echando mano a los sombreros para los resaludar, quitaron juntamente con los sombreros las cabezas de sus cuerpos, quedando descabezados y desaparecieron; de la cual visión quedaron los que lo vieron cuasi muertos y por muchos días penados y asombrados.[19]

No todos los colonos se vuelven espectros. Los que, amargados o desesperados, vuelven a España a reclamar lo que se les debe, se unen contra el almirante. Hernando Colón, hijo mayor de Cristóbal, tiene 12 años cuando oye y ve a una cincuentena de hombres agitarse en el patio de la Alhambra de Granada y gritar contra su hermano y contra él: "mirad los hijos del Almirante de los mosquitos, de aquél que ha descubierto tierras de vanidad y engaño para sepulcro y miseria de los hidalgos castellanos! [...] Tanto era su descaro que si el rey Católico salía, lo rodeaban todos y los cogían en medio, gritando: ¡Paga, paga!" Los manifestantes habían comprado una gran cantidad de uvas y se habían sentado en la tierra del patio (como vendedores moriscos) para mostrar a la corte el estado al que se hallaban reducidos. Hernando Colón recordaría largo tiempo las pullas con que lo perseguían. Otro testigo, Oviedo, lo confirma: "por cierto yo ví muchos de los que en aquella sazón volvieron a Castilla con tales gestos que me paresce que aunque el Rey me diera sus Indias quedando tal como aquellos no me determinara a venir a ellas".[20]

"TAN LEJOS DE CASTILLA"

Nos gustaría poder sondear el estado de ánimo de los emigrantes que alternativamente fueron descubridores, conquistadores y colonos. "Como pudo bivir o escapar hombre de todos ellos mudándose a tierras tan apartadas de sus patrias y dexando todos los regalos de los manjares con que se criaron y desterrándose de los deudos y amigos y faltando las medicinas..." Nuestra exploración de los terruños ibéricos, de esas "patrias" a menudo minúsculas, permite percibir mejor el alcance de la interrogación de Oviedo. El malestar que provocaba el "extrañamiento de la tierra", el exilio, exaspera la sensación de alejamiento hasta que el olvido, mezclado con la amargura, distiende los nexos con la península y con Europa. Poco menos o poco más de un mes para llegar, empujados por los alisios; de 35 días a dos meses para el regreso.

Lo peor no es, sin duda, la relativa longitud de la travesía, sino sus peligros. Uno de cada tres pasajeros no llega jamás a las Indias. Los que sí lle-

[19] Oviedo (1547), f. xviiir°; Las Casas (1986), t. i, pp. 377, 378.
[20] H. Colón (1984), pp. 260-261.

gan, rápidamente desengañados, vuelven a España; otros, como Bernal Díaz, aguardan el momento propicio para hacerse a la vela hacia las misteriosas tierras "a descubrir". Hasta un hombre de fe de la talla del flamenco Pedro de Gante no puede disimular sus flaquezas: "Fui muchas veces tentado de volverme a Flandes." Pedro resiste, se aferra a las Indias, pero siete años después de su llegada reconoce que ya no es capaz de expresarse en su lengua natal: "Desearía muy ardientemente que alguno de vosotros tomara sobre sí por amor de Dios el trabajo de traducir a mis parientes para que a lo menos sepan de mí algo cierto y favorable, como que vivo y estoy bueno." ¿Y qué decir de las pocas europeas que, huyendo de la miseria de la península, se encuentran en el extremo del mundo, donde deben saber administrar su escasez para afrontar mejor los asaltos de sus compatriotas? Tal vez el colmo del aislamiento se haya alcanzado en 1506, cuando Fernando se desinteresó temporalmente de la suerte de Castilla y ya nadie pensó en ocuparse de las islas. Durante más de un año La Española quedó pura y simplemente abandonada a sus fuerzas.[21]

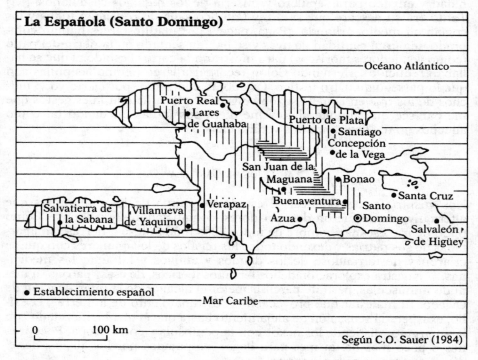

La Española (Santo Domingo)

Océano Atlántico

Puerto Real
Lares
de Guahaba
Puerto de Plata
Santiago
Concepción
de la Vega
San Juan de la
Maguana
Bonao
Verapaz
Buenaventura
Santa Cruz
Salvatierra de
la Sabana
Villanueva
de Yaquimo
Azua
Santo
Domingo
Salvaleón
de Higüey

● Establecimiento español

Mar Caribe

0   100 km

Según C.O. Sauer (1984)

---

[21] Oviedo (1547), f. xxiiiv°; "como pudo bivir e escapar hombre de todos ellos múdandose a tierras tan apartadas de sus patrias y dexando todos los regalos de los manjares con que se criaron y desterrándose de los deudos y amigos y faltando la medicina..."; Chaunu (1969a), pp. 190, 201-213; De la Torre Villar (1974), p. 51. El caso de las doncellas Suárez, hijas de una familia que al parecer fracasó en su instalación en Granada, se conoce gracias a López de Gómara (1542), f. iiir°; Schäfer (1935), p. 23.

El espacio y el tiempo de las Indias ya no son los del mundo antiguo. El espacio es inmenso, desconocidos los mares y nuevas las tierras. El tiempo de las Antillas queda colocado bajo la alternancia de las lluvias y de la sequía; desconoce la familiar separación en fiestas cristianas y trabajo en el campo que se observa en la península, y transcurre más rápidamente que en Europa: las plantas producen dos veces por año: "las hierbas y las semillas fructifican y florecen de continuo".

La misma apreciación es hecha después por Pedro de Gante en México, a comienzos del decenio de 1520: "esta tierra aventaja a todas las demás del mundo porque no es fría ni caliente en demasía y en cualquier tiempo se siembra y se cosecha por ser tierra de regadío". La aceleración del tiempo también puede medirse por la velocidad con la cual lo que llega del Viejo Mundo se trasplanta y se aclimata en las Indias "en tan breve tiempo y en tierras tan apartadas de nuestra Europa". A medida que se inventan nuevas maneras de medir el tiempo, los europeos se acostumbran a vivir en perpetuo cambio.[22]

Los españoles son sensibles al nexo extremadamente aleatorio que mantienen con la península ibérica. Esta precariedad transforma las relaciones entre los grupos y entre los individuos. Cuando Bernal Díaz recuerda que sus compañeros de fortuna se sienten "tan apartados de Castilla sin tener socorro ni ayuda salvo la gran misericordia de Dios", expresa una desolación que continuamente abruma a descubridores y conquistadores. Como contrapartida, el alejamiento favorece la improvisación, la toma de decisiones individuales y la puesta en entredicho de la autoridad. En las islas y en la franja continental, que se comienza a explorar a partir de 1498, son comunes las iniciativas más desordenadas. Evidentemente, en esas tierras vírgenes no se encuentran europeos ni organización eclesiástica ni red señorial ni costumbre ancestral, es decir, ninguna señal, ninguna estructura a la que pueda apegarse un cristiano. Al multiplicarse las situaciones límite, ese radical cambio de ambiente precipita unas actitudes, unas reacciones, unas elecciones que mezclan inextricablemente el pasado recién dejado y el presente de las islas, la adquisición de las experiencias anteriores y lo imprevisible de que está hecha la realidad de las Indias nuevas.[23]

En el umbral del siglo XVI, mientras declina inevitablemente el poder de Colón, el "Almirante de los mosquitos", La Española, antes que Cuba, se llena de una población de desarraigados que no se establece en ninguna parte, de destino incierto y a veces apenas más envidiable que el de los indígenas. En abril de 1502 desembarcan en Santo Domingo cerca de 2 500 personas —administradores, clérigos, colonos y aventureros— en el séquito del nuevo gobernador, Nicolás de Ovando.[24]

Los emigrantes, en su mayoría, como Las Casas, son originarios del sur de la península. Y luego, a esos andaluces y extremeños se unen vascos, asturianos, valencianos, aragoneses: otros tantos grupos de costumbres y ha-

[22] H. Colón (1984), p. 164; De la Torre Villar (1974), p. 13.
[23] Díaz del Castillo (1968), t. I, p. 40.
[24] Sauer (1984), p. 223.

blas diversas que se miran unos a otros como extranjeros o adversarios, sin contar que la gente de mar no puede tolerar a la de tierra, y viceversa. Desde el verano de 1494 se habían enfrentado genoveses y catalanes: el partido de Colón contra el de fray Buil. Grupos de delincuentes exiliados a las Indias engrosaron después las filas de los recién llegados, lo que hace decir a Oviedo que "en aquellos principios si passava un hombre noble y de clara sangre venían diez descomedidos y de otros linajes oscuros y baxos".

Las "diferentes maneras de gentes", para tomar los términos de Oviedo, constituyen causa continua de tensiones y de disensiones. La heterogenei- dad, unida al pequeño número, desorganiza el juego habitual de las relacio- nes sociales y trastorna el sistema de valores. Esta situación singular no pasa inadvertida para Oviedo: "en estas tierras nuevas donde por conser- var la compañía de los pocos se ha de disimular muchas veces las cosas que en otras partes sería delicto no castigarse". Para subsistir es necesario cimentar amistades sólidas como, por ejemplo, la que une en La Española a Las Casas y a Pedro de la Rentería, compañero inseparable con el cual comparte todo. En las islas el ambiente es tan conflictivo que Oviedo llega a considerarlo rasgo natural de esas regiones; metamorfosea a las personas o exacerba el temperamento espontáneamente agresivo de los españoles: "a al- gunos de los que a estas partes vienen luego el ayre de la tierra los despierta para novedades y discordias".[25]

La exacerbación de las pasiones triunfa cuando el paraíso se transforma en infierno. Algunas semanas después de la llegada del nuevo gobernador, en junio de 1502, un huracán de violencia excepcional hunde 20 de sus 30 na- víos, "sin que hombre, chico ni grande dellas, escapase ni vivo ni muerto se hallase". Como en las mejores novelas de caballerías, los enemigos del almirante acusan al "hechicero" Colón de haber desencadenado la tempes- tad utilizando la magia para hacerles pagar mejor su desgracia. Cerca de un millar de europeos pereció en los campos auríferos donde, en lamentables condiciones materiales, se apiñaban colonos, lavadores de metales y mano de obra indígena. Muchos sufren de ese mal extraño que se llama *modorra*, una especie de lasitud que confina con la depresión nerviosa: el enfermo pierde el uso de la memoria, de la vista y de los otros sentidos.[26]

El "mal de las Indias" (la sífilis) ha atacado desde el primer viaje de Co- lón: recordemos los sufrimientos de Pinzón. Acaba con más de la tercera parte de los recién llegados. Para los contemporáneos, tanto para Oviedo como para Las Casas, el origen y el itinerario del mal no dejan ninguna du- da: traído de las islas por los marinos o los indios llevados por Colón, llega a España, atraviesa el Mediterráneo occidental, cae en Nápoles sobre las

[25] Lockhart y Schwartz (1983), pp. 65-67; Chaunu (1969a), pp. 213-214; Oviedo (1547), ff. xxrº, xvɪɪrº: "por la mayor parte en los hombres que exercitan el arte de la mar, ay mucha falta en sus personas y entendimiento para las cosas de la tierra porque, demás de ser por la mayor parte gente baxa y mal doctrinada, son cobdiciosos e inclinados a otros vicios assi como gula y luxuria y rapiña y mal sufridos"; *ibid.*, f. xxɪɪɪrº, xɪxvº; *ibid.*, f. xxrº; Gerbi (1978), p. 390; Las Casas (1986), t. ɪɪ, p. 546.

[26] Chaunu (1969a), p. 229; H. Colón (1984), p. 178: en 1494 Colón cayó víctima de la *modorra*, "la cual de golpe le privó de la vista, de los otros sentidos y de la memoria".

tropas francesas y se convierte en el "mal francés". La sífilis tiende sus redes de sufrimiento y de muerte entre el descubrimiento de América y las guerras de Italia. Ese mal "contagioso y terrible" horroriza: "como la dolencia era cosa nueva, no la entendían ni sabían curar los médicos".

Algunos indios, que parecen conocer la sífilis desde hace largo tiempo, atribuyen su origen a las tortugas de agua dulce, pero esta explicación deja escéptico a Bartolomé de Las Casas que, de todos modos, prudentemente evita comerlas. Para librarse de los dolores lancinantes, unos españoles aprenden a fumar tabaco, hierba desconocida de la que los indios abusan en sus ritos diabólicos. La promiscuidad de las mujeres indígenas, castas con los naturales pero "fáciles" con los europeos —al menos ésta es una observación que los cronistas siempre hacen con agrado—, no mejora las cosas.²⁷

Sin embargo, como los sufrimientos parecen competir entre sí, los europeos atribuyen no menor importancia a los daños causados por un parásito, la *nigua*, que se aloja y prolifera bajo la epidermis, entre los dedos. Causa infinitas molestias si no es extirpada a tiempo: "muchos perdían los pies por causa destas niguas". Oviedo y Las Casas describen extensamente el modo en que conviene extraer, por medio de una aguja, la pequeña bola blanca del tamaño de una lenteja, y después de un garbanzo, que se forma bajo la epidermis y contiene centenares de larvas. Para librarse de esta bola hay que esperar a que haya alcanzado su pleno desarrollo, teniendo cuidado de no reventarla, para evitar que queden animálculos bajo la piel o se incrusten en otras partes del cuerpo. En ambos casos —de la nigua y del "mal de las Indias"—, los españoles observan que los indios están mucho menos expuestos que ellos. En los indígenas las bubas se reducen a una variedad benigna de viruela, y las niguas no atacan a esos naturales que se lavan frecuentemente y van descalzos, mientras que los europeos calzan alpargatas cuando no llevan zapatos y calzas en que se acumula la transpiración. Los esclavos negros, en cambio, siendo sucios, no se lavan y, como su epidermis se presta, son devorados por las niguas. Leyendo a Oviedo veremos que el grado de inmunidad y de limpieza corresponde casi exactamente a las barreras que hay entre los grupos étnicos. Otras enfermedades hacen su aparición como, al parecer, la fiebre amarilla, que en 1495 devasta el primer establecimiento de las islas y da a los enfermos un color de azafrán: Oviedo cree reconocer en ello el color del oro tan codiciado: macabra simbiosis entre el organismo, el metal y la muerte.²⁸

²⁷ Chaunu (1969a), p. 224; Las Casas (1967), t. I, pp. 93, 38; Oviedo (1547), ff. xxvº, xLVIIIº: "sé que ya algunos christianos lo usavan, en especial los que estavan tocados del mal de las bubas porque dizen los tales que en aquel tiempo que están así trasportados no sienten los dolores de su enfermedad [...] Al presente muchos de los negros de los que estan en esta ciudad y en la ysla toda han tomado la misma costumbre y crian en las haziendas y eredamientos de sus amos esta yerva"; *ibid.*, f. xLIxvº.

²⁸ Las Casas (1967), t. I, pp. 93, 94; Oviedo (1547), vol. xxIIº, xvIIIº: "Aquellos primeros españoles que por acá vinieron quando tornavan a España, algunos de los que venían en esta demanda del oro, si allá bolvían era con la misma color del, pero no con aquel lustre, sino hechos azamboas o de color de açafran o tericia y tan enfermos que luego desde a poco que allá tornavan se mo-

Los Robinsones del Caribe

Y, además, ricos o pobres tienen que soportar las travesías en malos navíos, podridos o carcomidos por la *broma* (un molusco), arrastrados por las olas y el viento, sin ningún abrigo para guarecerse de las trombas o del sol de los trópicos y, en caso de naufragio, con el riesgo de perecer devorados por indios caribes, de ser comidos por sus mismos congéneres —a cada uno su antropofagia— y, sobre todo, de morir de sed, el peor de todos los fines. El mar y las riberas desconocidas reservan unas pruebas de las que Oviedo, siempre al acecho de la vivencia, ya se trate de experiencias ordinarias o extremas, recuerda orgullosamente "que no se pueden assi aprender por los cronistas que no navegan".

En esos dramas de los trópicos abundan los marinos que abandonan cobardemente a sus pasajeros, las travesías sin brújula y las barcas remendadas. Náufragos sagaces, inspirados en las prácticas indígenas, frotan varas para obtener fuego; otros engullen la clara de los huevos de tortuga para engañar la sed, beben la sangre fresca de animales capturados o se atreven a mamar de una "loba de mar", es decir, de una foca, a riesgo de sufrir una mordida terrible. Los Robinsones del Caribe son, asimismo, hijos del descubrimiento. Transforman las conchas marinas y los caparazones de las tortugas en otros tantos utensilios de mesa y de cocina. Recuperan el múrice para trazar con una tinta roja, sobre fragmentos de mapas, el mensaje tal vez salvador; fabrican armas para cazar al tiburón, manera de matar el tiempo y de mejorar la propia suerte. Pero más fácilmente logran masacrar las focas, cuyos despojos sirven como odres "de los más extraños", que ellos llenan de agua dulce.[29] La supervivencia depende de esas facultades de adaptación a las condiciones locales, y más de una expedición de descubrimiento se ve reducida a inventar infatigablemente sustitutos de los objetos y los productos de que llega a carecer: estopa, brea y cuerdas se fabrican con plantas indígenas o con materiales europeos cuidadosamente reciclados: las camisas sirven para hacer velas, y con las crines de los caballos se hacen cuerdas.

No es posible dejar de evocar aquí, aunque es posterior en una generación, la aventura de Álvar Núñez Cabeza de Vaca. Maravillosamente narrada por su héroe, es un inventario rebosante de formas de supervivencia. Una increíble odisea llevará al descendiente del conquistador de la Gran Canaria, de la Florida al delta del Misisipí, y luego de Texas al noroeste de México, por tierra y por agua. Naufragio interminable cuyos actores desaparecen uno tras otro, diezmados por el hambre, la sed, los indios, las olas o los animales. Y como Cabeza de Vaca se decide a ser comerciante y lue-

rían." Podría ser, asimismo, una forma de hepatitis endémica, Jacques Ruffié y Jean-Charles Sournia, *Les épidémies dans l'histoire de l'homme*, París, Flammarion, 1984, pp. 179-180.

[29] Oviedo (1547), ff. clxvii°, clxiiii°-v°, clxxvii°, clxviiiv°. Remitimos al lector al libro *Último de los infortunios y naufragios de casos acaecidos en las mares de las Indias e yslas y tierra firme del mar oceano* que contiene, como su título lo indica, el detalle de esas catástrofes (f. clxiiii°, y ss.).

go acepta el papel de curandero, logra salvar la vida y alimentar su cuerpo desnudo. La supervivencia se consigue al precio de una resistencia excepcional y de la integración forzosa a las sociedades indígenas, pues esta vez las relaciones de fuerza se invierten y toca a los cristianos el turno de ser explotados a muerte por los indios.[30]

Dios salva a Cabeza de Vaca y le da la fuerza para soportar los malos tratos. No olvidemos que los Robinsones españoles también son, ante todo, hombres de fe que se agotan en penitencias y en procesiones para implorar la misericordia celeste. La espera del milagro, la convicción de que la intervención divina puede, en cualquier momento, resolver las situaciones más desesperadas, acompañan por doquier a los descubridores y conquistadores. Oviedo nos lo recuerda, en un relato de rara intensidad.

Habiendo encallado frente a Cuba, sobre las islas de los Escorpiones, que también se llaman islas de los Sepulcros, los náufragos aguardaban ya la muerte cuando Santa Ana se le apareció a uno de ellos —una niña de 11 años— para revelarle en qué islote podrían saciar su sed. Ahí, el jefe de la expedición, el licenciado Zuazo, organizó una procesión con sus compañeros de infortunio. Azotados por el sol, los hombres trazaron con sus pies en la arena ardiente una inmensa cruz que dividía de un lado a otro el aislado islote, como si se hubiera tratado de un pan del que se hicieran cuatro partes iguales. En la intersección de la cruz, a un codo de la superficie, los náufragos por fin encontraron el agua dulce que les salvó la vida. Pero antes de que se arrojasen sobre ella, el licenciado ofreció unas gotas del milagroso líquido a Cristo, como acción de gracias, y luego la distribuyó a cada uno de sus compañeros de infortunio "en manera de comunión".

Otro milagro de la plegaria, también en las islas de los Escorpiones:

Ovo una persona que rezava una oración prolixa en la qual entrava Gloria in excelsis Deo. Y en aquel passo estando a par del agua aparecieron cinco lobos muy grandes nadando en el agua cerca del que orava y mostrando con alegría como que retoçavan unos con otros y bolvían las barrigas encima del agua. Y desde a poquito salieron todos cinco en tierra y pusieronse alrededor del que estava en la oración hincado de rodillas; y los dos se pusieron a un lado y los otros dos al otro y el uno delante del y començaron a dormir y ovo lugar para matar el uno dellos y con aquel fueron los lobos que mataron de que muchos comieron en aquella isla trezientos y setenta y tres entre chicos y grandes.

Puede comprenderse que Oviedo, sin preocuparse mucho, por cierto, habla de "matanzas" de los "lobos de mar" y de que las focas hayan comenzado a escasear en las aguas antillanas. Años antes, otros españoles no menos hambrientos habían exterminado los "perrillos" de La Española. Los muertos de sed, los náufragos que deliran quemados por el sol, confundiendo las nubes del sol poniente con carabelas que se acercan, los esqueletos humanos que se arrastran sobre las playas van a unirse a los fantasmas sin cabeza de la Isabela y a las muchedumbres indias, en las matanzas del descubrimiento. Oviedo no tiene palabras para describir las pérdidas de los

[30] Cabeza de Vaca (1977), pp. 55-56, 86.

suyos: "quantos et quáles se han quedado acá de asiento, perdidos o muertos [...] ahogados en los rríos et muchos a manos de estas gentes salvajes,
sin sepultura sagrada la mayor parte y también algunos en papos de coca-
trizes e otros en las uñas de los tigres e infinitos de hambres".[31]

LA FORTUNA AL ALCANCE DE LA MANO

A pesar del hambre, la enfermedad y los naufragios, muchos habían decidido romper por largo tiempo o para siempre con el marco familiar del
burgo ibérico o de las ciudades ajetreadas, los horizontes tranquilizadores
del terruño, las devociones de las cofradías, el ciclo de las fiestas locales, el
habla de la comarca... Las Casas abandona la agitación de Sevilla, Oviedo
la de Madrid y Díaz del Castillo la de Medina del Campo. A decir verdad,
más de uno, como Oviedo y Pizarro, habían recorrido los caminos de Italia
antes de probar la vía de las Indias. Pero Italia no es por entonces, después
de todo, más que una prolongación de la península ibérica. La colonización canaria, los caminos riesgosos del contrabando en las costas de África
(pues los portugueses no bromean con las tripulaciones que aprehenden),
el tráfico de contrabando, Orán, Bugía con su perfume de cruzada, preparan sin duda a los españoles para el desarraigo de la aventura americana,
sin poseer sus misterios ni alcanzar su intensidad.[32]
   Habiendo desembarcado en las islas, los españoles debieron afrontar toda
clase de situaciones límites y sacarles partido. A falta de trigo, poco a poco
se acostumbraron a consumir el cazabe (pan de mandioca o yuca), la tortuga, el guaminiquinaje y la iguana, aunque Las Casas no pudiera resolverse a
ello: "nunca pudieron conmigo que las probase". A su dieta ordinaria añaden el sabroso manatí, un cetáceo herbívoro "que mucho se assemexa a una
especie de pellejo en que se transporta el mosto en Medina del Campo".
   Hay que saber contentarse con poco y reconocer que en los trópicos un
agua fresca es una delicia, de un sabor y de un olor incomparables, más
suave que el agua "que de las rosas y del azahar y jazmines se saca". Pese
a las críticas de que son objeto, algunos españoles prueban el tabaco y no
pueden ya privarse de él. Vuelve a hablar Las Casas, esta vez moralista:

no sé que sabor o provecho hallaban en ellos (los tabacos). Cierto es que los indígenas tenían la costumbre de mezclar a la planta unos polvos narcóticos que
acentuaban sus deliciosos efectos. En cambio, aprenden a prescindir del vino
(con precios que no están al alcance de nadie, o imposible de conseguir), y de las
europeas, y a superar el temor a las bubas venéreas que, supuestamente, transmiten sus parejas indígenas, por lo demás tan tentadoras. Los invasores asimilan
los rudimentos de la lengua taína y fijan precios de oro a los menores objetos
importados de España. Se hacen construir unas casas que no soportan la comparación con las chozas flamencas, se desplazan en canoa a lo largo de las costas

---

[31] Oviedo (1547), ff. CLXXIVv°, CLXXVIIIv°; *ibid.*, ff. XVIIIr°; Oviedo (1984), p. 261.
[32] Sobre el concepto de "extrañamiento de la tierra", véase cap. IV.

y sobre los ríos, se balancean y duermen en hamacas, aunque con ello se resienta su espalda. Maíz, piragua, canoa, cacique... son algunas de las palabras indígenas que a través del castellano llegan a las lenguas europeas.[33]

Y sin embargo, de la noche a la mañana la fortuna puede sonreír si el terreno en que se busca oculta ese oro tan codiciado. Esta esperanza es el motor del descubrimiento y de la ocupación de las islas. Los que sobreviven sueñan con comer en vajilla de oro, y Oviedo —que no olvida nada— informa que un día ciertos afortunados se hicieron servir un lechón asado sobre una gigantesca pepita que una india había encontrado. Las Casas consigna la respuesta de un anciano al que él interrogaba sobre la razón de su partida a las Indias: "A la mi fe, señor, a morirme luego y dejar mis hijos en tierra libre y bienaventurada."[34] Cierto es que, para algunos, las Indias son un prodigioso acelerador social. Los protagonistas del descubrimiento y de la conquista tienen un origen oscuro o modesto, comenzando por Cristóbal Colón, "nacido en lugar humilde o de padres miserables", que recibió el título prestigioso de Almirante de la Mar Océano, cuyos hijos son criados en la corte y cuyo nieto será duque de Veragua (Panamá). Las Casas, hijo de un mercader converso, por otros caminos se labrará un prestigio y una influencia sin igual denunciando magistralmente la conquista de América y la servidumbre de los indios. Pedro Mártir, Américo Vespucio y los Caboto, gracias al Nuevo Mundo, ocupan en un momento u otro el centro de la escena oceánica. Pedro Mártir llegó a ser el corresponsal escuchado del papa, Caboto se da el título de almirante, Colón y después Cortés se alzarán a la altura de sus soberanos, orgullo que, por cierto, precipitará su caída.[35]

Si a veces desembarcan familias extrañas —como esta pobre mujer de Granada, flanqueada por un hijo y cuatro hijas, una de las cuales caerá en los brazos de Hernán Cortés—, los recién llegados son, en su mayoría, hombres solos, célibes o maridos que dejaron mujer, manceba e hijos en España. Al igual que la astucia y la tenacidad, también la juventud y la movilidad dan cartas de triunfo indispensables a quien quiere sobrevivir y enriquecerse. Las Casas tiene 18 años, Bernal Díaz y Cortés tienen 19 cuando atraviesan el Atlántico. A un amigo que le propone establecerse en La Española y aceptar quedarse ahí al menos cinco años para aprovechar los privilegios reservados a los residentes (vecinos), le responde el futuro conquistador de México: "Ni en esta isla ni en ninguna otra de este Nuevo Mundo quiero ni pienso estar tanto tiempo; por lo mismo no me quedaré aquí con semejantes condiciones." Las autoridades habían tratado de atraer campesinos y ar-

---

[33] H. Colón (1984), p. 162; Las Casas (1986), t. II, p. 513; t. I, p. 231; Oviedo (1547), ff. CLXXIXvº, XCIIIrº (las observaciones sobre el modo de contagio): "Está averiguado que este mal es contagioso y que se pega de muchas maneras: assi en usar el sano de las ropas del que está enfermo de aquesta passión, como en el comer y bever en su compañía o en los platos y taças con que el doliente come o beve. Y mucho mas de dormir en una cama y participar de su aliento y sudor. Y muchos más aviendo excesso carnal con alguna muger enferma deste mal, o la muger sana con el hombre que estuviese tocado de tal sospecha", ff. XLIXrº.

[34] *Ibid.*, f. XXVIII; Las Casas (1986), t. III, pp. 191-192.

[35] H. Colón (1984), p. 32: *"humili loco seu a parentibus pauperrimus ortus"*.

tesanos, de hacer viajar a familias enteras, de favorecer la llegada de vascos a los que se consideraba demasiado numerosos en Guipúzcoa. Se suponía que las villas los reagruparían. Así, Santo Domingo se convierte en la primera ciudad del Nuevo Mundo, con sus edificios públicos y su plano como tablero de ajedrez, que se repetirá infinitas veces sobre todo el continente americano.

Los recién llegados reconstruyen una apariencia de vida citadina, a imagen de la de la metrópoli. La ciudad, o la villa, y la organización municipal representan el apoyo y el punto de partida de las empresas de colonización en el Nuevo Mundo. A pesar de lo regular de la cuadrícula urbana, la disposición de los principales edificios civiles y eclesiásticos en torno de una plaza central y la existencia de un centro estructurado a partir del cual la aglomeración podrá tener una expansión geométricamente ordenada, hacen surgir un medio inédito. El cuadro americano rompe radicalmente la disposición tradicional del hábitat medieval, aunque las quintas reunían en potencia, o en desorden, a la mayor parte de esos elementos. La implantación urbana no siempre es un éxito. Las *villas*, a menudo miserables, que deberían retener y fijar a los recién llegados, resultan albergues provisionales que los habitantes se apresuran a abandonar en cuanto creen que en otras partes encontrarán un destino mejor, indios u oro. Barriadas fantasmales que terminan por desaparecer de los mapas y de las que, medio siglo después, ya no se sabe prácticamente nada. Los europeos viven en el presente, en busca de la ganancia rápida —"tienen por mejor su interés presente"—, y también así es América.[36]

La Iglesia logra imponer una apariencia de orden entre los más favorecidos, los que han recibido indios en concesión, o sea en encomienda o repartimiento, para explotar su fuerza de trabajo. Las instrucciones enviadas al gobernador Ovando estipulaban que los matrimonios mixtos favorecerían la cristianización; en 1514 una partida de españoles se casa y, lo que es más asombroso, un hombre de cada tres lo hace con una mujer indígena. Es que había "mucha falta de mugeres de Castilla". Pero las jóvenes antillanas no son del gusto de todos los europeos. Como lo dice Oviedo, que probablemente comparte esta aversión: "aunque algunos christianos se casavan con indias, avía otros muchos mas que por ninguna cosa las tomaran en matrimonio por la incapacidad y fealdad dellas". Lo que no excluye contactos furtivos o relaciones extramatrimoniales en gran parte toleradas aunque siempre peligrosas porque la sífilis, es decir, Dios, castiga a los españoles incontinentes.

La llegada a esas Indias de un contingente de europeas jóvenes y célibes es durante largo tiempo un acontecimiento notable y apreciado por los hombres "en falta" que viven en las islas. Las que acompañan a la virreina María de Toledo, esposa de Diego Colón, o al menos las más seductoras, vienen a caza del rico minero que las salvará de la miseria ibérica. El matrimonio con una indígena —o, más frecuentemente, la relación extramatrimonial— añade a esas sociedades móviles e inciertas de porvenir el elemento

---

[36] Las Casas (1986), t. II, p. 530; *De rebus gestis* (1971), p. 317; López de Gómara (1552), f. IIVº; Sauer (1984), pp. 298, 233, 301.

perturbador que encarna el mestizo. No es difícil imaginar, al margen de esas uniones cristianas, las miriadas de parejas mixtas más o menos efímeras, las progenituras brutalmente abandonadas o simplemente libradas a su suerte. En 1498 la Corona autoriza a los españoles que vuelven a la península a traer de vuelta a sus parejas insulares en condición de esclavas, estipulando que los hijos de esas parejas serán declarados libres. Legítimos o no, los pequeños mestizos simbolizan en su carne el encuentro de dos mundos; repiten y amplifican el desarraigo de los dos campos, tanto más intensamente cuanto que el grupo de los invasores es un mundo masculino formado por adultos, sin mujer y sin hijo, que no están preparados para dar acomodo a sus retoños insulares.[37]

En esta frontera americana del mundo occidental, en los primeros años del siglo XVI, lo provisorio, lo efímero y lo inestable son la regla entre los europeos, así como la explotación, el agotamiento y la muerte lo son para los indios. Se amasan fortunas considerables: el comerciante Nicuesa reúne fondos que le permiten financiar la colonización de la Castilla del Oro, en la costa atlántica del istmo de Panamá y de Colombia. De hecho, los verdaderos beneficiarios de la colonización son los mercaderes que abastecen a los conquistadores de los víveres y los objetos manufacturados que necesitan, a cambio del oro que han pillado o sacado de sus concesiones. Cordón umbilical con la metrópoli lejana, aportan las noticias y el correo y atraen hacia ella el metal precioso. Como los conquistadores, forman redes tentaculares cuyos miembros, inversionistas, representantes e intermediarios, se reparten entre las ciudades de Castilla, Sevilla y La Española. Su fortuna está ligada a las vicisitudes del descubrimiento, al éxito de las expediciones y del pillaje, y sus ganancias pueden sobrepasar el 200%, a menos que la quiebra y los naufragios los devoren. Para los mercaderes, el momento febrilmente esperado de la fundición de metales preciosos —cuando todo el oro recogido se fundía y luego era evaluado y distribuido entre los conquistadores— sigue el ritmo de los negocios y del crédito.

También prosperan los litigios. Se multiplican los procesos, los abogados se enriquecen y reinvierten sus ganancias en expediciones a las islas y el continente. "El capital que se había ido acumulando en la isla en este periodo de prosperidad española financió fundamentalmente la ocupación de la Tierra Firme." Hernán Cortés es uno de esos letrados que han desembarcado de España sin haber hecho allí carrera pero que resultan indispensables en las islas. El poco orden que reina en la región reposa en esos técnicos que conocen las leyes y la escritura y saben cobrar caros sus servicios y sus pergaminos. Un barniz de estudios en Salamanca o con un notario de Valladolid, el conocimiento de las *Siete Partidas* (el viejo código castellano que se remontaba al siglo XIII) se convierten aquí en carta de triunfo tan preciosa como una mina de oro, y bastan para que un Cortés haga las veces de

---

[37] Lockhart y Schwartz (1983), pp. 68-70; Garrido Aranda (1980), p. 208; Sauer (1984), p. 300; Oviedo (1547), f. xxxv°; Las Casas (1967), t. II, p. 93: "es cosa muy averiguada que todos los españoles incontinentes que en esta isla no tuvieron la virtud de la castidad, fueron contaminados dellas, y de ciento no se escapaba quizá uno si no era cuando la otra parte nunca las había tenido"; H. Colón (1984), p. 249.

notario en La Española durante seis buenos años. Lo que no le impide soñar:

> estando en Azúa sirviendo el oficio de escribano, adurmiéndose una tarde soñó que súbitamente, desnudo de la antigua pobreza, se vía cubrir de ricos paños y servir de muchas gentes extrañas, llamándole con títulos de grande honra y alabanza; y fue así que grandes señores destas Indias y los demás moradores dellas le tuvieron en tan gran veneración que le llamaban *teult*, que quiere decir "dios y hijo del sol y gran señor", dándole desta manera otros títulos muy honrosos; y aunque él como sabio y buen cristiano sabía que a los sueños no se había de dar crédito, todavía se alegró porque el sueño había sido conforme a sus pensamientos...[38]

En cuanto a los que también sueñan pero que no han recibido nada, ni siquiera un indio, y que no aparecen en los censos, se mueren de impaciencia por seguir al capitán que les asegurará en otra parte lo que La Española les niega. Innumerables españoles insatisfechos, mal atendidos o abandonados a sus recursos, están dispuestos a ganar las islas misteriosas en busca de la fortuna y de la gloria. Es gracias a este incentivo que Ponce de León y Vázquez de Ayllón descubrirán la Florida (1513) y las Carolinas, Gil González de Ávila desembarcará en América Central (1526) y Juan de Ampués en Venezuela (1528). Aquí es donde la historia se bifurca y, para no interrumpir nuestro relato, hay que dejar en paz temporalmente las cosas de Panamá y de la América del Sur para seguir el itinerario que lleva a Cortés de La Española a Cuba y de Cuba a las grandes tierras del poniente.[39]

CUBA, TRAGEDIA INDÍGENA Y MELODRAMA IBÉRICO (1511-1517)

A partir de 1510 muchos grupos salen de La Española, ya exangüe, rumbo a Jamaica, Puerto Rico o la Tierra Firme. La ocupación y la conquista de Cuba se remontan al año de 1511. Colonos desocupados —entre ellos Hernán Cortés— piensan en marchar a Cuba cuando el hijo del almirante, Diego Colón —que ha sucedido a Ovando en el puesto de gobernador—, pone a la cabeza de la expedición a un veterano que ya ha servido durante 17 años en La Española: Diego Velázquez. Es un castellano de Cuéllar, burgo cercano a Segovia. El hombre tiene experiencia pero le estorba su obesidad. Velázquez se ha hecho notar organizando con el gobernador Ovando la matanza de los caciques de Xaraguá, en la parte occidental de La Española. Matanza preventiva, destinada a sofocar una posible rebelión, y que decapitó a las sociedades locales: Cortés, que desembarca un año después, no olvidará la lección ni la receta. Relacionado con Velázquez, estimulado por sus compañeros, se lanza a la aventura cubana "esperando que el futuro sería mejor que el presente". En 1511 la expedición sale de La Española

---

[38] Sauer (1984), p. 234; Lockhart y Otte (1976), pp. 17-27; Cortés (1986), p. XLVII; Cervantes de Salazar (1985), p. 100. Sobre la formación de Cortés y su universo mental, Elliott (1989), pp. 27-41.

[39] Sauer (1984), p. 299.

Los establecimientos españoles en Cuba

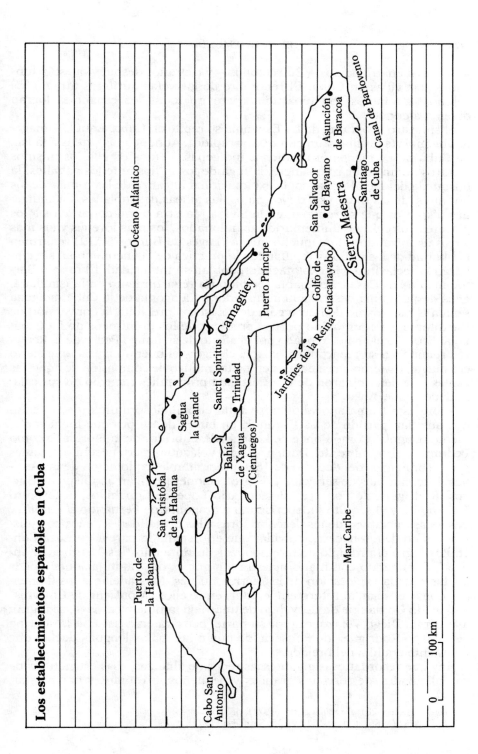

Océano Atlántico

Puerto de
la Habana

San Cristóbal
de la Habana

Cabo San
Antonio

Sagua
la Grande

Sancti Spiritus

Camagüey

Trinidad

Bahía
de Xagua
(Cienfuegos)

Puerto Príncipe

Jardines de la Reina

Golfo de
Guacanayabo

San Salvador
de Bayamo

Asunción
de Baracoa

Sierra Maestra

Santiago
de Cuba

Canal de Barlovento

Mar Caribe

0 ___ 100 km

—de tres a cuatro navíos, y 300 colonos— y tres años después ya están fundadas seis villas en Cuba. El renombre de las vetas auríferas atrae a los colonos; los indios son repartidos, pero no todos los españoles logran obtener alguno.[40]

El siniestro programa de La Española se repite en Cuba. Aquí las imágenes de muerte desfilan aún con mayor rapidez. Aunque más extensa, la isla de Cuba posee menos oro y menos indígenas. Vemos en ella los mismos cuadros de un color rojo sangre: la fuga de los indios ante los caballos, la búsqueda del metal precioso, la explotación a ultranza de las minas, de los hombres, de las mujeres y de los niños, las aldeas despobladas, los indígenas dispersos que se refugian en la Sierra Maestra o son deportados a los placeres, los cultivos alimentarios abandonados, los más jóvenes y los más viejos agonizando... Por mucho que las Leyes de Burgos (1512) reafirmen la libertad de los indios y regularicen la práctica de la encomienda, sin embargo la esclavitud y la explotación redoblan su intensidad. El propio Bartolomé de Las Casas, que había recibido un repartimiento en la isla, hará, años después, una descripción abrumadora. La agonía de la Cuba indígena señala el paroxismo de la tragedia de las islas y precipita la conversión de Bartolomé, ya conmovido por las prédicas de los dominicos de La Española. En 1515 el abate, apoyado por el afecto de su amigo Pedro de la Rentería, renuncia a su repartimiento: "...el clérigo y el buen Rentería, que cierto era bueno, tuvieron cuasi en un tiempo un motivo de compasión de aquestas gentes y se determinaron de ir a Castilla a procuralles remedio de sus calamidades con el rey..."[41]

Sobre esta trama apocalíptica se agita el bullicioso mundo de los colonos que han partido de La Española en busca de un oro que ineluctablemente se agota. Como Ponce de León, el descubridor de la Florida, o como Pedrarias, el hombre del Darién, Diego Velázquez pertenece a los clanes que a comienzos del decenio de 1510 precipitan la explotación de las Antillas. Intercambios de servicios y de protecciones los ligan al obispo de Burgos, Rodríguez de Fonseca, al secretario Lope de Conchillos, al tesorero Pasamonte y al séquito judeocristiano y aragonés de Fernando *el Católico*. Las locas iniciativas de los descubridores y las brutalidades de los conquistadores no deben hacernos olvidar que en España la pareja Fonseca-Conchillos logró el prodigio de monopolizar durante años los "asuntos de Indias", dominando con mano maestra y a golpes de "capitulaciones" todas las fases de la explotación de las tierras nuevas. Más adelante los flamencos que aconsejan al futuro emperador, entre ellos "Monsieur de Chièvres" —el ávido Guillaume de Croy, hijo de una vieja familia picarda—, se unirán a la carga. Diego Velázquez, por su parte, pensará en casar con la sobrina del obispo Rodríguez de Fonseca, de quien las malas lenguas decían que realmente era hija del prelado.

Hay que recordar esas gigantescas redes de alianzas, esas estructuras de complicidades, de servicios grandes y pequeños, prestados y por prestar,

[40] *Ibid.*, pp. 26 y 281: *De rebus gestis* (1971), p. 320.
[41] Las Casas (1986), t. II, pp. 527 y 535; Saint-Lu (1971), p. 89.

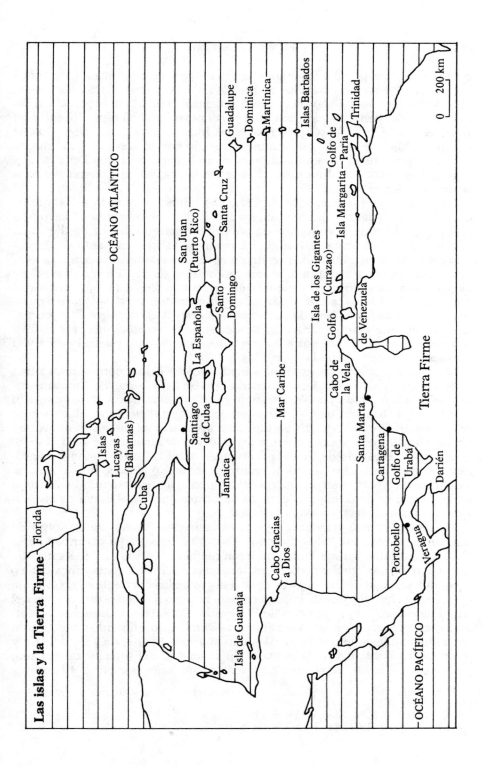

Las islas y la Tierra Firme

Florida — Tierra Firme

OCÉANO ATLÁNTICO

Islas Lucayas (Bahamas)

Cuba

Santiago de Cuba

La Española

Santo Domingo

San Juan (Puerto Rico)

Santa Cruz

Guadalupe

Dominica

Martinica

Islas Barbados

Golfo de Paria

Trinidad

Isla Margarita

Isla de los Gigantes

Golfo de Venezuela

Golfo (Curazao)

Cabo de la Vela

Santa Marta

Cartagena

Golfo de Urabá

Jamaica

Mar Caribe

Cabo Gracias a Dios

Isla de Guanaja

Portobello

Veragua

Darién

Tierra Firme

OCÉANO PACÍFICO

0   200 km

como los ejes en torno a los cuales se aglutinan y se organizan los colonos (pobladores) y los funcionarios de las islas. De las Indias, esas redes se remontan en España a los protectores influyentes, a la alta aristocracia, a los miembros del consejo real, casi al rey. ¿Por qué, por ejemplo, Nicolás de Ovando pierde en 1509 su gobierno de las Indias en favor de Diego Colón? Es que el hijo mayor del almirante ha casado con una sobrina del duque de Alba (quien tenía la ventaja de ser primo hermano del rey Fernando) y porque Fonseca-Conchillos y sus clientes en la isla habían conspirado para su eliminación.[42]

En principio, el gobernador de Cuba permanece sometido a las autoridades de La Española, pero gracias a sus brillantes relaciones metropolitanas, Diego Velázquez dispone de un amplio margen de acción, llevando una vida fastuosa en la extremidad sudeste de la isla, en Santiago. El gobernador distribuye los indios según conviene a sus intereses, acapara todo el oro que puede y compra a los representantes de las "comunidades" de europeos, pero siembra el descontento entre aquellos a los que mantiene en la miseria. Cierto es que Velázquez gobierna casi sin desplazarse, puesto que su obesidad le impide participar en nuevas cabalgatas. El gobernador prefiere mandar y manipular desde lejos las expediciones que él mismo promueve. Pero los resultados no son satisfactorios, pues el poder y la corrupción se ejercen mal desde lejos.[43]

Las condiciones de los españoles instalados en Cuba, como en las otras islas, varían en extremo. Los representantes de la Corona, los "hombres ricos" que han recibido pueblos de indios que explotan hasta el agotamiento —entre ellos Hernán Cortés— abruman con su desprecio a los soldados desprovistos, inclinados a partir en busca de aventuras. Hidalgos, hombres de armas y artilleros a veces tienen la experiencia de las guerras de Italia. Tal es el caso de Umberto de Umbría, a quien en México Cortés confiará su artillería. Otros han hecho sus primeras armas matando al indio insular en ocasión de una revuelta o de una *razzia*. Bien pueden aguerrirse más en el curso de la conquista de Cuba, a la manera de Cortés que "se afanaba en las maniobras, las marchas y las velas".[44]

Algunos pilotos aguardan a que se les contrate, como aquel Antón de Alaminos, nacido en Palos. Siendo niño, Alaminos había acompañado a Colón. Ya adulto, guía a Ponce de León hacia la Florida en 1513 antes de participar en las tres expediciones lanzadas hacia las costas mexicanas. Llegará a ser uno de los mejores conocedores de las corrientes del Golfo de México y el descubridor de la gran ruta de regreso hacia Sevilla, por vía del canal de Yucatán y el estrecho de la Florida. Cuba cuenta también con algunos mercaderes que amasan fortunas vendiendo alimentos y equipo a las tripulaciones que unían las islas con la Tierra Firme, Castilla del Oro y Panamá. Evidentemente, la gente de la costa y la del interior de España, marinos y soldados, no sienten aquí más cariño unos por otros. El antago-

---

[42] Sobre esos contratos de explotación, o sea las capitulaciones, véase cap. XI y Diego Fernández (1987); Oviedo (1547), f. XXXIVv°.
[43] Cortés (1963), p. 26; Sauer (1984), p. 319.
[44] *De rebus gestis* (1971), pp. 318 y 324.

nismo es aún más enconado entre los marinos de Levante y los hombres de tropa. Los levantinos son, ordinariamente, griegos del Mediterráneo oriental y hasta esclavos moros capturados por los cristianos. Excluidos de las ganancias pero no de los peligros, son los olvidados de la conquista y del descubrimiento, pues "no ganábamos sueldos sino hambres y sed y trabajos y heridas". Pequeños comerciantes fletan canoas indígenas y alquilan remeros para transportar cargamentos de camisetas de algodón. Hay pocas mujeres europeas, como en La Española, pero las más bonitas son festejadas y sueñan con matrimonios ricos que en un día las convertirán en grandes damas. Los caballos, como los negros y las mujeres, son escasos y caros. Si aún no existen bovinos y ovinos en la isla, en cambio prosperan las crías de puercos —Velázquez da, para el año de 1514, la cifra de 30 000 cabezas— que arrasan los cultivos alimentarios, destruyendo la fauna local —queda diezmada la *hutía*, roedor comestible, de carne sabrosa—, mientras que los naturales, masacrados y hambrientos, desaparecen. En suma, la rutina siniestra de las primeras oleadas de ocupación.[45]

Fuera de las redes de clientelismo y de amistad, de los nexos familiares y de los compadrazgos, el individuo tiene poca importancia. Las afinidades regionales a menudo suscitan amistades tanto como atizan rivalidades, hasta el punto de que algunos años después, en el curso de la conquista de México, Cortés podrá presentar su conflicto contra Narváez, el enviado de Velázquez encargado de eliminarlo de la escena mexicana, bajo el aspecto de un enfrentamiento entre castellanos y vascos: "Nosotros somos de dentro de Castilla la Vieja [...] y aquel capitán [...] y la gente que trae es de otra provincia que llaman Vizcaya, que hablan como los otomíes, cerca de México." Esto es pura y simplemente la transposición del desprecio que sus interlocutores mexicas demostraban por los otomíes, de cuya rusticidad se burlaban. Sea como fuere, mucho antes de la conquista de México, Cuba se había convertido, después de La Española, en lo que bien podemos llamar "una trampa para cangrejos"[46].

Volvamos a Cortés. El hombrecillo de ley —letrado— que desembarca en las Indias estaba ligado a Medina, el secretario del gobernador Nicolás de Ovando. Aún más que en la vieja Europa, un hombre sin apoyo es aquí hombre perdido y los desarraigos de las Indias suscitan su inmediato antídoto: la amistad oportuna de Medina. Cortés se ganó la protección de Diego Velázquez y, en ocasión de la conquista de Cuba, reforzó sus nexos con él: "Es el primero de sus amigos." El gobernador de Cuba fue padrino de uno de sus hijos. Esas relaciones de amistad y de compadrazgo, que desempeñan un papel importante en las sociedades ibéricas, duplicaban las relaciones de orden profesional. Según Las Casas, por haber "estudiado leyes en Salamanca y ser en ellas bachiller", Cortés había desempeñado las funciones de notario en una barriada de La Española antes de ser uno de los dos secretarios de Velázquez y alcalde ordinario de Santiago de Cuba. Pero la extensión de una red puede poner en los logros adquiridos y desen-

---

[45] Sauer (1984), pp. 325 y 284; Díaz del Castillo (1968), t. I, pp. 55, 57 y 92; Las Casas (1986), t. II, p. 512: López de Gómara (1552), ff. IIIrº.
[46] Díaz del Castillo (1968), t. I, p. 347.

cadenar inmediatas reacciones. Al punto, parientes, amigos y clientes del gobernador se dedican a socavar la influencia de aquel astro ascendente, desacreditando a Cortés en el ánimo de Velázquez, que lo hace arrojar en prisión, pero que le devuelve su favor después de algunas peripecias. Y ambos, en señal de reconciliación, comparten la misma mesa y el mismo lecho, como lo quería la costumbre. Al menos eso es lo que cuenta López de Gómara que, según dice Las Casas, "compone muchas cosas en favor de [Cortés]".[47]

Esos nexos casi físicos se hacen y deshacen de acuerdo con los intereses, el humor, los celos y las traiciones. En ello intervienen las pocas mujeres de la isla. Las bellas hermanas Juárez hacen latir con fuerza los corazones y provocan una querella entre Cortés y Velázquez. Nadie logra obtener nada. Esos cambios pintan un círculo dirigente distinto del mundo de los aventureros sin blanca, al que domina, pero su suerte es casi igualmente inestable; en todo caso, indiferente al destino de los indios cuya hipocresía se critica ("son todos mentirosos"), así como la poligamia generalizada y las uniones efímeras, quebrantadas por una nadería, elementos con los que se establecen unos estereotipos que tendrán gran porvenir en el continente americano.[48]

La impaciencia de Bernal Díaz (1517)

La riqueza fácil o inaccesible, la inacción, el hastío, las intrigas, las mujeres... Todo eso es lo que preocupa a Bernal Díaz del Castillo cuando vitupera los "vicios de Cuba". Uno de los cronistas más notables de su siglo no es aún más que un joven devorado por la impaciencia. Bernal Díaz del Castillo había nacido en Medina del Campo, hacia 1495, en el seno de una familia de servidores de los Reyes Católicos. Criado en la agitación de esta ciudad de ferias en que más de una vez se estableció la corte, Bernal Díaz habría podido seguir sin dificultad los acontecimientos de las islas, escuchar los relatos de los mercaderes y de los navegantes, observar los objetos y los productos que llegaban del Nuevo Mundo.[49] Tenía 19 años —la edad de Cortés al emprender la travesía— cuando se embarcó en 1514 rumbo a las Indias, siguiendo a Pedrarias, nombrado gobernador de Tierra Firme. La expedición tuvo un mal resultado; después volveremos a ella. Después de tres o cuatro meses, la enfermedad azotó la ciudad de Nombre de Dios, situada sobre la costa atlántica de Panamá: "Dio pestilencia, de la cual se murieron muchos soldados, y demás de esto, todos los demás adoleríamos y se nos hacían unas malas llagas en las piernas." Esta porción del continente no tenía nada que ofrecer a Bernal Díaz y a sus compañeros, que habían llegado demasiado tarde para repartirse los despojos. Decep-

---

[47] De rebus gestis (1971), p. 324; López de Gómara (1552), f. iiv°; Las Casas (1986), t. ii, p. 530: "Tuvo Cortés un hijo o hija, no sé si en su mujer y suplicó a Diego Velázquez que tuviese por bien de se lo sacar de la pila en el baptismo y ser su compadre"; ibid., p. 528; López de Gómara (1552), f. iiiv°.

[48] De rebus gestis (1971), p. 338.

[49] Sáenz de Santa María (1984), p. 48.

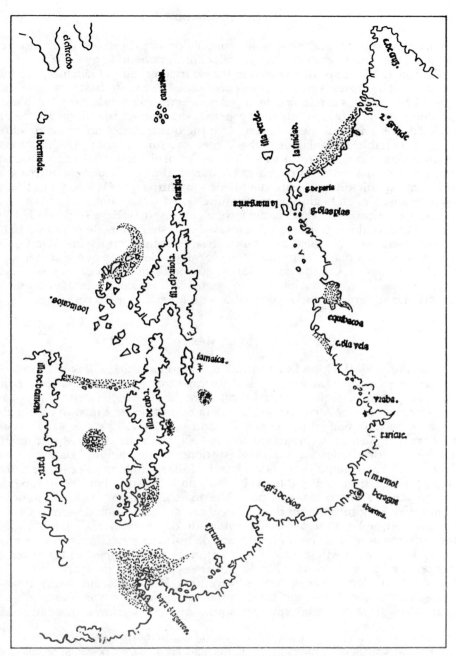

El Nuevo Mundo hacia 1511, en Pedro Mártir, *Oceani Decas*,
Sevilla, Jacob Cromberger, 1511 (Biblioteca Mazarino)

cionado, se fue a Cuba, esperando contar con la protección de Diego Velázquez, con quien tenía una lejana relación: "era deudo suyo".[50]

Fueron 1515 y 1516 dos años que transcurrieron en la inacción: "No habíamos hecho cosa ninguna que de contar sea." Pero esto basta para revelar
que no quiere a los españoles de las islas y rehusar la ayuda del gobernador
de Cuba que le propone o le deja esperar, vagamente, una dotación de indios, "de los primeros que vacasen". "No me quedé rezagado en los muchos
vicios que había en la isla de Cuba." "Siempre fui adelante"; traduzcamos:
"nunca estuve quieto en un mismo lugar". Cortés casi no decía otra cosa
10 años antes. A los 22 años, en 1517, Bernal Díaz se dispone a unirse a la
primera expedición con destino a México mientras que Oviedo y Las Casas
estarán ausentes en la grandiosa aventura. Oviedo, que también había acompañado a Pedrarias en Castilla del Oro, ha regresado a España desde 1515 y
ha alcanzado al rey Carlos en Bruselas al año siguiente. De mayo de 1517
a noviembre de 1520, Las Casas también se encuentra en España donde, sobre la cuestión india, se enfrenta a Oviedo, al que detesta, y que le corresponde el sentimiento. Como Pedro Mártir, que por esta época entra en el Consejo de Indias, o, mejor dicho, en lo que hace las veces de éste, el cronista
madrileño se verá limitado a describir a un México que no verá jamás.[51]

EL DESCUBRIMIENTO DE MÉXICO (1517-1518)

El Almirante de la Mar Océano había aconsejado a los Reyes Católicos
proseguir empecinadamente el descubrimiento, "no debe dejarse de continuarlo porque a decir la verdad si no a una hora se hallará en otra alguna
cosa importante". No es imposible que la península de Yucatán haya sido
vagamente vista por pilotos españoles antes de 1517. El mapa grabado en
madera que ilustra la primera edición de las *Décadas* de Pedro Mártir muestra los contornos de una península y tiene la indicación: "Bahía de los
Lagartos." Ya el mapa de Canerio (hacia 1503) señalaba al oeste de Cuba
una punta de tierra en que figuraba "Río de Lagartos". Pero se trataba de
informaciones imprecisas que no debieron atraer mayor atención, aunque
algunos se preguntaban de dónde llegaban los indios que desembarcaban
en Cuba o que llegaban al Darién, evocando otras comarcas lejanas y misteriosas. Pedro Mártir había hecho eco de esos rumores. Pero en este universo de límites móviles, inasibles, ¡corrían tantos rumores, tantas novedades podían hacer retroceder hoy lo que era el horizonte de ayer!

En 1502 Colón había encontrado frente a Honduras una barca de dimensiones respetables, "tan larga como una galera", cuyas mercancías e
indios lo intrigaron. ¿Hay que ver aquí a algunos *pochteca* que hubiesen

---

[50] Díaz del Castillo (1968), t. I, p. 9; Sáenz de Santa María (1984), p. 49.
[51] Díaz del Castillo (1968), t. I, pp. 43 y 42: "siempre fuí adelante y no me quedé rezagado
en los muchos vicios que había en la isla de Cuba, según más claro verán en esta relación". El
sacerdote Las Casas, dedicado en cuerpo y alma a los indios, afrontó el pragmatismo del conquistador "ilustrado": el primero condenaba la destrucción de las Indias cuando el segundo,
el administrador Oviedo, se contentaba con denunciar sus consecuencias.

salido de México, o a mercaderes mayas acostumbrados a esas aguas? El almirante no había dejado de ver a las mujeres que se cubrían el cuerpo y el rostro como las moras de Granada. La referencia a esta última nunca es fortuita: aquí como allá, sugiere la presencia de una sociedad no cristiana pero civilizada, a la manera del pueblo que la España de los Reyes Católicos acababa de aplastar. Asimismo, en Panamá el almirante había descubierto la primera huella de construcción en duro y había mandado arrancar "un trozo como recuerdo de esta antigüedad". A decir verdad, nadie parece haber sospechado el universo que, una vez franqueados los 160 kilómetros del canal de Yucatán, se extendía más allá de esta "bahía de los caimanes". Nadie, si no fue acaso el piloto Alaminos, quien confió su intuición a un hidalgo amigo de Las Casas, Francisco Hernández de Córdoba: "por aquella mar del poniente, abajo de la dicha isla de Cuba, le daba el corazón que había de haber tierra muy rica".[52]

Bernal Díaz y los españoles de Cuba, que no habían recibido indios en reparto, y que eran un centenar de personas, decidieron "reunirse" para organizar una expedición bajo la dirección de Hernández de Córdoba, "para ir a nuestra ventura a buscar y descubrir tierras nuevas para en ellas emplear nuestras personas". En 1517 esta tropa fletó dos navíos, y el gobernador Velázquez aportó un tercero, con el encargo de reconocer varias islas al pasar. Todos se equiparon, bien o mal. "Nuestra armada era de hombres pobres." Embarcaron pan cazabe confeccionado con uvas, y centenares de cerdos, pagados a tres pesos por cabeza, pues en Cuba todavía faltaban las vacas y las ovejas. Se avituallaron con aceite, pacotilla, cables, cordajes, anclas, barricas "para llevar agua", escudos, anzuelos y arpones. Tres pilotos —entre ellos Alaminos—, originarios de Palos, Huelva y Triana en Andalucía, guiaron los navíos. Acompañaron la expedición un sacerdote y un veedor para el caso de que —siempre la intuición… a menos que ya supieran más de lo que simulaban— se descubrieran "tierras ricas y gente que tuviesen oro o plata, o perlas, u otras cualesquier riquezas" y a los que, por consiguiente, habría que cobrar el quinto real que, por derecho, correspondía al soberano.[53]

Después de un viaje difícil, la expedición descubre una tierra nueva —la extremidad nordeste de la península de Yucatán— y a dos leguas por el interior de las tierras, una población mucho más importante que las ciudades indígenas de La Española y de Cuba. Fascinados, no cabiendo en sí de asombro, los españoles llaman el "Gran Cairo" al lugar, "en recuerdo de la capital egipcia", como lo hace Pedro Mártir, que imagina el lugar a través de los recuerdos de su viaje a Egipto. Tal es el primer contacto con México. En versión levantina: los edificios de piedra blanqueada, las amplias vestimentas de algodón con que se cubren los indígenas sugieren las orillas del

---

[52] H. Colón (1984), p. 267: "tenía por cierto que cada día habían de descubrirse cosas de gran riqueza [...] No debe dejarse de continuarlo, porque, a decir la verdad, si no a una hora, se hallará en otra alguna cosa importante"; *ibid.*, p. 275: "las mujeres se tapaban la cara y el cuerpo como hemos dicho que hacen las moras en Granada"; *ibid.*, p. 286; Sauer (1984), p. 324; Pedro Mártir (1964), t. I, p. 397.

[53] Díaz del Castillo (1968), t. I, pp. 47 y 44; "Probanza…" en García Icazbalceta (1971), p. 414.

Mediterráneo oriental y, para algunos, los alrededores de Granada. Durante largo tiempo los españoles reconocerán mezquitas donde nosotros creemos ver pirámides, y darán el nombre de *alfaquíes* (ulemas) a los sacerdotes de los santuarios mexicanos: como si la reconquista de Granada prosiguiera sobre esas costas tibias, que se reflejan en el cristal del mar Caribe. El recuerdo de la España musulmana se habría prestado menos a la descripción de las islas, aunque las casas altas y redondas de los indígenas hacían pensar en los *alfaneques*, esas grandes tiendas moriscas que los españoles utilizaban, tanto en la caza como en la guerra. A través de esos aproximativos puntos de contacto se transparenta la sorpresa de los descubridores, persuadidos al principio de haber llegado a un mundo sin medida común con el de las islas y el de la Tierra Firme: ¿no iban vestidos esos indios, mientras que los otros iban casi desnudos?[54] Pero ese primer encuentro termina mal: los españoles caen en una emboscada de la que apenas logran librarse para descubrir un centro ceremonial compuesto de tres casas de piedra dispuestas en torno de una pequeña plaza. Los *cues* o santuarios contienen ídolos de terracota y algunos objetos de oro encerrados en cofrecillos. El botín, la guerra, la idolatría... El decorado de la Conquista ya está implantado desde el primer contacto con la tierra maya.

La expedición vuelve a hacerse a la mar, sin alejarse de las costas que sigue en dirección del oeste, y alcanza Campeche y después Champotón antes de llegar, a través del Golfo de México, a la lejana Florida, descubierta cuatro años antes por Ponce de León. Cada vez que los españoles desembarcan para aprovisionarse de agua son atacados por los indios, que diezman sus filas. Las heridas y la sed son el premio que reciben los conquistadores al término de una expedición sin gloria, que constantemente linda con el desastre. El capitán Hernández de Córdoba expira en Cuba a consecuencia de sus heridas, y con él, otros soldados. En total hubo 57 muertos, de 110 participantes, o sea ¡50% de pérdidas!

De regreso en Cuba, no han terminado las penas de Bernal Díaz. Tratando de llegar a la villa de Trinidad, naufraga, se encuentra desnudo sobre una playa, y logra alcanzar una aldea que pertenece al sacerdote Bartolomé de Las Casas. Una vez más, henos aquí, lejos de los clichés de la Conquista: avance irresistible de los conquistadores, indios presas del pánico e invariablemente derrotados... Las correcciones son muchas, lo mismo si borran derrotas más rápidamente que victorias. Queda en pie el testimonio de los sobrevivientes —habían visto indios vestidos de algodón, cultivando el maíz—, que provoca la curiosidad, y los ídolos y los objetos de oro que han traído consigo despiertan la codicia en Cuba, en La Española, en Jamaica y hasta en Castilla.[55]

En 1518 es organizada una segunda expedición por el gobernador de Cuba, quien le confía el mando al joven Juan de Grijalva, originario como su protector de Cuéllar, en Castilla. Bernal Díaz, pese a sus dificultades y a sus llagas, forma parte del viaje. Doscientos cuarenta españoles, atraídos por los

---

[54] Pedro Mártir (1964), t. I, p. 398; Sauer (1984), p. 101.
[55] *Ibid.*, p. 286; Díaz del Castillo (1968), t. I, pp. 43-57.

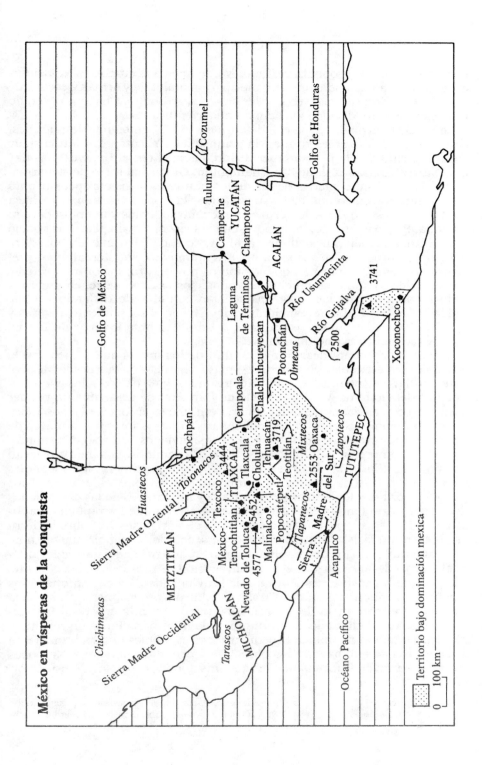

México en vísperas de la conquista

rumores que corren sobre la tierra nueva, se unen a la empresa, "y pusimos cada uno de la hacienda que teníamos para matalotaje y armas y cosas que convenían". Una vez más, españoles sin recursos que no habían obtenido indios en reparto, deciden participar en la aventura.

La modesta armada zarpa el 8 de abril de 1518. Veinte días después descubre la isla de Cozumel, frente a la península de Yucatán. La flotilla sigue la misma ruta que la primera expedición, hacia el oeste. Una vez más hay que batirse contra los indios en Champotón. Gracias al forro de sus armaduras de algodón, copiadas de las de los naturales —los europeos pronto comprendieron su comodidad y su eficacia— la tropa se sostiene y rechaza a los asaltantes. En Boca de Términos encuentran ídolos y templos, pero ni un alma. Por lo contrario, los conquistadores cazan, no sin placer, el conejo y el ciervo, que mejoran su alimentación. Otro encuentro en la embocadura del río Grijalva: esta vez se evita el enfrentamiento; se intercambian presentes, los cuales confirman que los indios poseen oro; mejor aún, se cree comprender que abunda mucho más allá, lejos hacia el oeste, en una misteriosa comarca que los indígenas señalan con el dedo diciendo "Colúa, Colúa" y "México". La navegación prosigue hacia el sol poniente; los ríos y las sierras tras las cuales se oculta el sol desfilan ante los ojos de Bernal Díaz, y reciben cada uno un nombre.[56]

Bernal Díaz intenta descifrar la actitud de los indios que presencian la llegada de los españoles. Se enterará —más adelante— de que desde México-Tenochtitlan, el soberano mexica Moctezuma seguía de cerca los acontecimientos del Golfo de México. En Río de Banderas se desarrolla un primer encuentro con enviados del Gran Señor. Pero sólo se le conocerá *a posteriori*, pues de momento se comunican por señas ya que los intérpretes mayas de los conquistadores ignoran la lengua de los enviados. Un velo de ignorancia y de incomprensión impide verse a los dos mundos. Los indios truecan oro por baratijas. Más lejos, en una isla, por vez primera, los españoles identifican restos de sacrificios humanos: "Y estaban abiertos por los pechos y cortados los brazos y los muslos, y las paredes de las casas llenas de sangre." Aún bajo la impresión del espectáculo que les repugna, bautizan el islote: "Pusimos nombre a esta isleta de Sacrificios..." Sobre la tierra firme, frente a la isla, entre las dunas de arena, los españoles instalan su campamento, no lejos del emplazamiento en que más adelante se levantará el puerto de Veracruz. Luego, la navegación se prolonga hacia el norte, a la vista de las costas, hasta llegar a la provincia de Pánuco. Entonces, los españoles deciden regresar a Cuba: la falta de provisiones, la amenaza indígena y el cansancio de los soldados ponen fin a la empresa. Un episodio muestra el clima de incertidumbre, de improvisación y, en resumen, de desorientación de toda la expedición. Los españoles obtienen mediante trueque más de 600 hachas de cobre, que creen que son de oro. No pocas burlas se harán en Cuba cuando los conquistadores se percaten de su error.

<hr>

[56] *Ibid.*, pp. 60, 65 y 67: "[decían] que adelante, hacia donde se pone el sol, hay mucho [oro]; y decían: Colúa, Colúa y México, México y nosotros no sabíamos qué cosa era Colúa ni aun México".

Algo más serio: Bernal Díaz aprovechó la última escala para sembrar granos de naranjo: "y nacieron muy bien porque los papas de aquellos ídolos las beneficiaban y regaban y limpiaban desde que vieron eran plantas diferentes de las suyas". ¡Los sanguinarios oficiantes se convierten en hábiles jardineros! El detalle, insignificante en apariencia, revela muchas otras transferencias no menos pacíficas y mudas entre los dos mundos. Cierto es que el conquistador, al envejecer, tomó la precaución de raspar, en su crónica, la evocación de los sacerdotes horticultores por temor, sin duda, a atraer la atención de la Inquisición.[57]

---

[57] *Ibid.*, pp. 71, 76 y 77: "como yo sembré unas pepitas de naranja junto a otra casa de ídolos y fue de esta manera: que como había muchos mosquitos en aquel río, fuímonos diez soldados a dormir en una casa alta de ídolos, y junto a aquella casa las sembré, que había traído de Cuba, porque era fama que veníamos a poblar, y nacieron muy bien porque los papas de aquellos ídolos las beneficiaban y regaban y limpiaban desde que vieron eran plantas diferentes de las suyas; de allí se hicieron naranjos de toda aquella provincia. Bien sé que dirán que no hacen al propósito de mi relación estos cuentos viejos y dejarlos he".

VIII. LA CONQUISTA DE MÉXICO

> Siempre desde entonces temí la muerte más que nunca y
> esto he dicho porque antes de entrar en las batallas se me
> ponía una como grima y tristeza en el corazón y orinaba
> una vez o dos, y encomendábame a Dios y a su bendita
> madre y entrar en las batallas todo era uno y luego se me
> quitaba aquel pavor.
>
> BERNAL DÍAZ DEL CASTILLO,
> *Historia verdadera de la conquista de la Nueva España.*

HUBO que aguardar a la tercera expedición para que por fin comenzara la conquista de México. En Europa, los grandes acontecimientos del año de 1519 son la muerte de Maximiliano, la elección de Carlos al trono imperial y la condena de Lutero. En el terreno de los descubrimientos, en septiembre Hernando de Magallanes zarpa de Sanlúcar de Barrameda y de las costas de Andalucía para intentar dar la vuelta al mundo. En Cuba, donde abundan los rumores en la inacción forzosa de las islas, las noticias que lleva el joven Juan de Grijalva logran sacudir la indolencia. Al calor de las conversaciones que se eternizan, acompañadas por vino de España o por un jugo de ananás mezclado con moscatel, no cesan las especulaciones sobre las tierras del oeste. Se discute interminablemente sobre el posible origen de esos indios: ¿estarán los españoles ante judíos expulsados hace centenas de años por el emperador romano Vespasiano y que misteriosamente arribaran a esas costas? ¿O serán moros? Para los castellanos, judíos y moros representaban los dos únicos pueblos que podían ser a la vez diferentes —es decir, no cristianos— y civilizados, en contraste con los negros de Guinea, los canarios o los indígenas de las Antillas, esa gente "desprovista de todo".[1]

ENTRA EN ESCENA CORTÉS (1519)

Furioso por el fracaso de Grijalva ("otra cosa no debí esperar de este bruto"), Diego Velázquez decidió colocar a Hernán Cortés a la cabeza de una tercera expedición. Olvidando los conflictos que ha tenido con su secretario, el gobernador de Cuba cree haber designado a un hombre confiable y experimentado, sin poner al principio demasiada atención en las predicciones de su bufón Cervantes, ni tener en cuenta la oposición de quienes lo rodeaban. Encarga a Cortés de explorar y de comerciar pero no de "po-

---

[1] Sobre Magallanes, véase cap. XI.

blar" las tierras nuevas, ya que Velázquez no ha recibido aún de la Corona el derecho de proceder a semejante empresa. Con la muerte de Fernando *el Católico*, la llegada de Carlos a Castilla (septiembre de 1517) y el retorno del obispo Rodríguez de Fonseca a los asuntos públicos, el gobernador de Cuba tiene buenas esperanzas de alcanzar sus fines.[2]

Entre las instrucciones recibidas de Velázquez, Cortés hace figurar hábilmente una vaga cláusula que le permite tomar todas las medidas que exigiera el servicio de Dios y de Su Majestad. En cuanto lo nombran, Cortés se metamorfosea, cuida su apariencia, usa un penacho de plumas, se acicala con oro y terciopelo. Endeudado y sin blanca, obtiene préstamos de unos comerciantes amigos suyos. Previsor, el nuevo Alejandro hace buena provisión de quincallería: "A un tal Diego, español, compró una tienda entera de buhonería. Apela a todos los recursos de sus amigos, que venden sus bienes para adquirir armas, caballos y provisiones. Unos protegidos de Diego Velázquez —entre los cuales está nuestro Bernal Díaz— deciden, por puro oportunismo, seguir a Cortés, que resulta ser un maestro en el arte de la comunicación: "Era hablador y decía gracias, mas dado a comunicar con otros que Duero [...] Era muy resabido y recatado, puesto que no mostraba saber tanto (ni ser de tanta habilidad) como después lo mostró en cosas arduas... y así no tan dispuesto para ser secretario." Es ésta una cualidad importante, llamada a desempeñar un gran papel en la conquista de México. Todos estos individuos intrigan y tratan de adelantarse unos a otros: Cortés multiplica los gestos apaciguadores y de deferencia para no indisponerse con Velázquez, pero trata de poner lo antes posible el mar entre él y el gobernador, antes de que éste reciba de España los poderes solicitados. Durante ese tiempo, los parientes de Diego Velázquez se esfuerzan por lograr la destitución de Cortés y por detener la expedición. Todo es en vano. El 10 de febrero de 1519 los 11 navíos zarpan pese a la orden de suspensión que envía el gobernador de Cuba. En adelante, Cortés jugará la carta del hecho consumado.[3]

La tercera expedición habría podido no ser más que una repetición de las anteriores. Por lo contrario, fue el comienzo de una gigantesca empresa de conquista, de un prodigioso avance que deja muy atrás los pequeños logros alcanzados en las islas y en la Tierra Firme para precipitar el ingreso en la órbita europea de todo un continente. Se trata de la primera etapa de la occidentalización de América y la prefiguración de un fenómeno que hoy puede observarse en escala planetaria: la uniformidad del mundo en su doble movimiento de destrucción de la tradición y de difusión de los valores, las instituciones y los modos de vida que ha producido y esparcido la Europa occidental. El descubrimiento de América, en el sentido de su integración al Occidente, ocurre en 1519.[4]

---

[2] *De rebus gestis* (1971), p. 343; López de Gómara (1552), f. vv°; Chaunu (1969b), p. 141.

[3] Cortés (1986), pp. XIII, XIV y XV; *De rebus gestis* (1971), p. 348; López de Gómara (1552), f. vr° Las Casas (1986), t. II, p. 528.

[4] Sobre la conquista de México, Díaz del Castillo (1968); Cortés (1963 y 1986); Gómara (1552 y 1943).

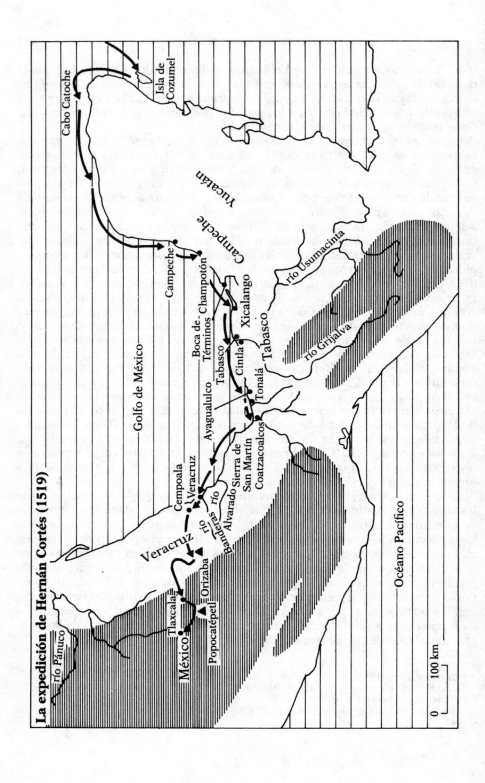

La expedición de Hernán Cortés (1519).

río Pánuco

México

Tlaxcala

Popocatépetl

Orizaba

Veracruz

Cempoala
Veracruz

río Banderas

río Alvarado
Sierra de San Martín

Coatzacoalcos

Ayagualulco

Tabasco

Tonalá

Cintla

Xicalango

Tabasco

río Grijalva

río Usumacinta

Boca de Términos

Champotón

Campeche

Campeche

Yucatán

Cabo Catoche

Isla de Cozumel

Golfo de México

Océano Pacífico

0   100 km

Cortés sigue la ruta de Grijalva. Su flota toca Cozumel, boga hacia el oeste y navega a lo largo de las costas de Yucatán y luego de las de Tabasco. Ya no están ante lo desconocido. En Boca de Términos llaman la atención de la tripulación de Escobar —que ha partido a hacer un reconocimiento— los ladridos de un animal que corre sobre la playa. Los marinos recuperan la lebrela perdida durante el viaje de Grijalva: "Estaba gorda y lucia... cuando vio el navío que entraba en el puerto, que estaba halagando con la cola y haciendo otras señas de halagos, y se vino luego a los soldados y se metió con ellos en la nao."[5] Bernal Díaz reconoce costas, paisajes y puertos que en adelante le serán familiares: los horizontes desesperadamente llanos de Yucatán y de Tabasco, la Sierra de San Martín, el nevado Pico de Orizaba, el peligro de los bajos fondos, los estuarios de los ríos que se suceden y cuyos nombres, dados el año anterior, repite una y otra vez. Los navíos evolucionan unidos, a veces se extravían, son dispersados por el viento y se guían de noche por la luz de los fanales. En el viaje no faltan algunas peripecias: gobernalles que saltan, navíos que se pierden de vista...[6]

Recordemos las grandes etapas: la victoriosa batalla de Cintla, en Tabasco, el 25 de marzo; la llegada a la Vera Cruz el Viernes Santo; la primera misa el 24 de abril; las negociaciones sobre la playa con los emisarios de Moctezuma, el amo de México-Tenochtitlan, que se esfuerzan por disuadir a Cortés de avanzar más allá. En julio se consuma la ruptura con Velázquez. Después de haber cortado el cordón umbilical que lo unía a Cuba, Cortés se inventa una legitimidad. Los españoles se familiarizan con el mundo de la costa, se hacen aliados del cacique de Cempoala —con ese término, tomado del lenguaje de las islas, designan a los jefes indígenas— y a mediados de agosto se ponen en marcha hacia el altiplano, rumbo a la mirífica capital de los mexica: México-Tenochtitlan. Para empezar, chocan violentamente con los tlaxcaltecas que, desde hace decenios, viven rodeados por los mexicas y sus satélites. Españoles y tlaxcaltecas, al descubrir que su enemigo común son los mexicas, concluyen un pacto, y los invasores vuelven a ponerse en marcha hacia la ciudad de Moctezuma... Pero la rápida revisión de los acontecimientos no nos explica en qué condiciones unos 600 hombres se atrevieron a lanzarse al asalto de un territorio gigantesco poblado de millones de indios y triunfaron.

"UN PAVOR INSÓLITO"

El hambre, el calor sofocante de abril y mayo, los mosquitos, la fatiga y el agotamiento no dan momento de reposo a los hombres. Bernal Díaz sufre de todo esto, como los demás. Cuando desembarcan, los alimentos que les ofrecen los indios son reservados, con prioridad, para Cortés y sus capitanes. "A nosotros los soldados, si no lo mariscábamos o íbamos a pescar, no lo teníamos", observa Bernal Díaz, lleno de amargura; les queda como

---

[5] Díaz del Castillo (1968), t. I, p. 105.
[6] *Ibid.*, pp. 104, 101 y 95.

recurso el trueque, que les permite a cada quien cambiar las baratijas ("cuentas verdes, diamantes y otras joyas", en realidad, cuentas de vidrio, sin valor) llevadas de Cuba, por oro y alimentos. Los marinos se hacen odiar vendiendo a precio de oro sus pescados a los soldados hambrientos. Los españoles ignoran que más adelante, en el altiplano, a más de mil metros de altitud, el frío hará tiritar sus cuerpos demasiado habituados al calor de las islas, y desprovistos de ropas de abrigo. No saben que durante algún tiempo, privados de sal, se verán reducidos a consumir alimentos insípidos: régimen insoportable para hombres del siglo xvi.[7]

A las privaciones se añade la amenaza constante de los ataques de los indios. Los habitantes de México, como ya lo han demostrado, no se dejan matar tan fácilmente como los taínos de las islas. Cierto es que los españoles supieron mostrar desde Cintla, en Tabasco, una energía que no tuvieron los grupos precedentes. Y sin embargo, pese a la victoria, los inquietan la aplastante superioridad numérica de los indios y su determinación. Y tal vez más aún, lo desconocido, lo imprevisto, el peligro que se adivina y que no se puede identificar, este otro mundo que no es de salvajes ordinarios. Los conquistadores tuvieron la presciencia o la conciencia —tal es el caso de Cortés— de encontrarse ante algo fascinante, indefinible y, a menudo, aterrador.

Quisiéramos captar mejor esta espera, preñada de angustia, de la que presentimos que a veces se transforma en un inefable pánico. Pero los textos de que disponemos levantan ante nosotros, las más de las veces, una pantalla. Las *Cartas* de Cortés, por muy admirables que sean, reconstruyen los hechos para dar un barniz de legitimidad a sus iniciativas y a su rebelión contra Velázquez. Unos 40 años después de los hechos, cuando Bernal Díaz redacta su crónica en su retiro guatemalteco, el juego ha terminado: él conoce el resultado como conoce el mundo indígena, y tuvo el tiempo suficiente para reconstruir a su gusto el anverso de la historia, es decir, la manera en que los indígenas habían reaccionado a la invasión. Su relato destila el sentimiento de un irresistible avance, de un concatenamiento regulado que tenía que conducir a la victoria final. Asombrosa narración llena de episodios crispantes, con repercusiones sin número, la crónica de Bernal Díaz describe un pasado reescrito, de punta a cabo, con un arte insuperable que, invariablemente, nos fascina. El autor conocía demasiado bien las novelas de caballerías para no haber dado a su relato el ritmo épico de esas obras de ficción.[8] Por tanto, hay que leer entre líneas para encontrar la percepción de los conquistadores en 1519, que cotidianamente se enfrentan a la realidad mexicana.

Recurrir a la astrología, a las suertes y a la adivinación nos da elementos de respuesta. Ante el temor a lo desconocido, lo incomprensible o los gestos extraños imposibles de descifrar, los conquistadores, como todos los hombres del Renacimiento, se valen de viejas recetas. Tras un sueño

---

[7] *Ibid.*, p. 129: "allí trajeron indias para que hiciesen pan de su maíz y gallinas y fruta y pescado y de aquello proveían a Cortés y a los capitanes que comían con él, que a nosotros los soldados, si no lo mariscábamos o íbamos a pescar, no lo teníamos".

[8] Véase, por ejemplo, Avalle-Arce (1990), pp. 51-52, 54 y 175.

premonitorio, Cortés tomó papel y pluma para dibujar una noria, dio una
letra a cada arcaduz y plantó un clavo sobre los de arriba como si quisiera
impedir que descendiera la rueda de su fortuna. También observando los
astros y determinando su influencia sobre la tierra se vuelve previsible lo
imprevisto. ¿Cómo asombrarse de que en los peores momentos la tropa de
Cortés recurra al astrólogo Botello? A ojos de sus compañeros, Botello
pasaba por hombre de bien, por letrado (latino) que "había estado en Roma": "decían que era nigromántico, otros decían que tenía [demonio]
familiar, algunos le llamaban astrólogo". Después de su muerte se encontró en su mochila el producto de sus elucubraciones:

> Unos papeles como libro, con cifras y rayas y apuntamientos y señales, que decía
> en ellas: "Si me he de morir aquí en esta triste guerra en poder de estos perros
> indios". Y decía en otras rayas y cifras más adelante: "No morirás" y tornaba a
> decir en otras cifras y rayas y apuntamientos: "Sí morirás". Y respondía la otra
> raya: "No morirás". Y decía en otra parte: "Si me han de matar, también mi
> caballo". Decía adelante: "Sí matarán". Y de esta manera tenía otras como cifras
> y a manera de suertes que hablaban unas letras con otras en aquellos papeles
> que eran como libro chico. Y también se halló en la petaca una natura como de
> hombre... hecha de baldrés, ni más ni menos, al parecer de natura de hombre, y
> tenía dentro como una borra de lana de tundidor.

Botello, el soldado que había contemplado el esplendor de Roma, como
Oviedo o Las Casas, perecerá con su caballo en el desastre de la Noche
Triste, el 30 de junio de 1520, cuando Cortés se ve obligado a abandonar la
ciudad de México. Sin condenar un arte que la Iglesia tolera, sin tampoco
hablar demasiado de ello, Bernal Díaz no explica más que lo que quiere
explicar, y concluye lacónicamente: "No le aprovechó su astrología." Ese
extraordinario testimonio pone al desnudo las angustias de la "triste guerra" al mismo tiempo que exhala el odio al indio, al que trata de "perro" (por
lo demás, ni más ni menos que a los moros y a los judíos). Con ello bien
podemos recordar que los europeos no tienen el monopolio de la razón y
de la ciencia y que, en este terreno como en otros, recurrir a lo irracional y
a la magia iguala a invasores y a invadidos.[9]

Lo imprevisto es inseparable del temor que atenacea. A él, Bernal Díaz le
consagra renglones notables, en los cuales se esfuerza por describir un
sentimiento que él domina cada vez más mal, o, mejor dicho, un malestar
nuevo, "este pavor insólito", irreprimible, que lo invade desde que ha visto a
docenas de sus compañeros sacrificados a los ídolos: "Siempre desde entonces temí la muerte más que nunca y esto he dicho porque antes de entrar
en las batallas se me ponía una como grima y tristeza en el corazón y orinaba
una vez o dos, y encomendándome a Dios y a su bendita madre y entrar en
las batallas todo era uno y luego se me quitaba aquel pavor." Y sin embargo,
ya ha visto otras, "habiéndome hallado en muchas batallas y reencuentros
muy peligrosos de guerra". El lector se enfrenta a las repercusiones físicas,

[9] La noria o *rueda de arcaduces*, en Cervantes de Salazar (1982), p. 100; Díaz del Castillo
(1968), t. I, pp. 393 y 398.

a la tensión perpetua que mantenía la inmersión en un medio ajeno, hostil e imprevisible. Explican, sin justificarlas, las explosiones de barbarie y las matanzas "preventivas" que van marcando el avance de las tropas. Bernal Díaz había adoptado tan bien el hábito de dormir armado y en cualquier lugar que, mucho tiempo después de los hechos, el reflejo le seguirá siendo familiar: "Y ahora cuando voy a los pueblos de mi encomienda no llevo cama [...]" Y añade: "No puedo dormir sino un rato de la noche que me tengo que levantar a ver el cielo y estrellas y me he de pasear un rato al sereno y esto sin poner en la cabeza cosa ninguna de bonete ni paño y gracias a Dios no me hace mal por la costumbre que tenía."[10]

Como Oviedo lo había comprobado en las islas y como más cerca de nosotros nos lo recuerdan otras guerras, la experiencia de la conquista y de los estados apenas tolerables modifica a los seres humanos en sus ritmos y sus comportamientos más profundos. El redoble de los tambores, los alaridos de los indios decuplican la tensión. A su vez, los mexicas sufren el estrépito ensordecedor producido por las armas y las armaduras de los invasores. Proyectémonos al término de esta epopeya. Cuando, al final de un asedio terrible, la ciudad de México cae en manos de los españoles (agosto de 1521) y las armas callan, Bernal Díaz es testigo de un instante inolvidable:

Quedamos tan sordos todos los soldados como si de antes estuviera un hombre encima de un campanario y tañesen muchas campanas, y en aquel instante que les tañían, cesasen de tañerlas y esto digo al propósito porque todos los noventa y tres días que sobre esta ciudad estuvimos, de noche y de día daban tantos gritos y voces [los indios] [...] desde los adoratorios y torres de ídolos los malditos atambores y cornetas y atabales dolorosos nunca paraban de sonar. Y de esta manera de noche y de día teníamos el mayor ruido que no nos oíamos los unos a los otros y después de preso Guatemuz cesaron las voces y todo el ruido; y por esta causa he dicho como si de antes estuviéramos en campanario.

El silencio bajo el efecto del choque. Es raro que el historiador o el testigo conserve para la posteridad el recuerdo de un silencio que también es una suspensión del tiempo, el equivalente de una especie de paro sobre la imagen tanto más asombroso cuanto que marca exactamente la transición del México amerindio al México colonial.[11]

A esos instantes de depresión y de angustia suceden los entusiasmos basados en los recuerdos de las novelas de caballerías: Rolando, Héctor y los troyanos son modelos que los conquistadores, por momentos, tienen la sensación de sobrepasar. Cuando Cortés contempla por vez primera las orillas de la Vera Cruz, un conquistador no puede dejar de acercársele y recitarle los versos de la novela de Montesinos: "Paréceme, señor, que os han venido diciendo estos caballeros que han venido otras dos veces a estas tierras:

---

10 *Ibid.*, t. II, p. 67; t. I, p. 332.
11 *Ibid.*, t. II, p. 63.

Cata Francia, Montesinos;
Cata París, la ciudad,
Cata las aguas del Duero
Do van a dar en la mar...

Y añade en un arranque premonitorio: "Yo digo que mire las tierras ricas, y sabeos bien gobernar."

A pesar de ello, bajo la pluma de Bernal Díaz, lo épico nunca da cabida a lo inverosímil: nuestro autor desconfía de lo maravilloso, muestra su escepticismo ante los milagros o las proezas legendarias que, supuestamente, se suscitaron durante la conquista, oponiendo el testimonio de sus ojos a los decires de los cronistas que nunca salieron del Viejo Mundo. La seriedad de Bernal Díaz pertenece al linaje de Pedro Mártir y de Oviedo, y no al de los editores florentinos de Vespucio. También es obra de un hombre de tropa, que tiene buen cuidado de recordar el papel de los hombres oscuros frente a los jefes, siempre sensible al antagonismo, manifiesto o latente, que recorre el cuerpo expedicionario.[12]

LA GUERRA DE CORTÉS

Después de la escala en la Vera Cruz, una parte de la tropa pensó prudentemente en regresar a Cuba "por ver la tierra tan grande y tal y ver los pocos españoles que éramos". Y sin embargo, aún no sabían de las pruebas y los temores que les aguardaban en las mesetas. De momento, todos conservaban la mirada fija en la línea de las olas, en los navíos, prestos a abandonar aquellos parajes inhóspitos, donde a cada instante se temía tropezar con los cadáveres de los sacrificados. El mar, ahora casi tranquilizador, acariciado por una brisa ligera, reflejaba hacia el cielo la luz del sol. Como las otras veces, se habrían contentado con trocar baratijas por un poco de oro para luego volver, sin gloria, a La Habana o a Santiago de Cuba. Por lo demás, los partidarios de Velázquez contaban con impedir a Cortés transformar la expedición en guerra de conquista para proteger los intereses del gobernador de Cuba. Esto era no conocer la tenacidad de su jefe ni la determinación de un puñado de hombres para quienes el mundo insular ya no tenía mucho que ofrecer. Cortés decidió penetrar en el país. Entonces, aquello fue como una inmersión en lo desconocido, lejos de las costas y de los navíos, en medio de poblaciones de las que se ignoraba casi todo, salvo que sabían combatir, que practicaban los sacrificios humanos y la antropofagia y... que eran ricas.[13]

En contraste con sus predecesores, Cortés acariciaba el proyecto secreto de vencer y conquistar. El trueque apenas le interesaba: "No venía él para tan pocas cosas." Pero no hay que atribuirle, *a posteriori*, unas ambiciones

---

[12] *Ibid.*, t. I, pp. 386 y 397; Sáenz de Santa María (1984), p. 136, el verso *más vale morir con honra/que deshonrados vivir*, tomado del ciclo de Roncesvalles, se escucha, varias veces, en boca de Cortés.

[13] Cortés (1963), p. 35.

que se precisaron en el transcurrir de los acontecimientos y el avance de la expedición, aunque con frecuencia Cortés debía tener en el recuerdo el ejemplo de su pariente, Alonso de Monroy, el maestre de Alcántara, héroe de Extremadura y de las guerras civiles de fines del siglo. La expedición fue concebida desde el comienzo como una empresa militar minuciosamente organizada. El conquistador contaba con una flota importante de 11 navíos y 508 hombres, más un centenar de otros que componían las tripulaciones, 17 caballos, 32 ballesteros, 13 escopeteros, 10 tiros de bronce y cuatro falconetes. Frente a él, los habitantes de México, ¡tal vez una veintena de millones! Pero Cortés lo ignora, y ésta fue probablemente una de las claves de su triunfo. Presta atención particular a la artillería y al mantenimiento de las piezas, y pone a su cabeza a Francisco de Orozco, veterano de las campañas de Italia. La disciplina de hierro que impone a sus hombres con su autoridad y su oportunidad impresionan a Bernal Díaz desde la escala de Cozumel: "Aquí en esta isla comenzó Cortés a mandar muy de hecho [...] que doquiera que ponía la mano se le hacía bien."[14]

Cortés está resuelto a tomar la ofensiva cada vez que le parezca indispensable. Muy atrás ha quedado el tiempo del pavor y de los repliegues desordenados bajo las nubes de flechas y de piedras. La batalla de Cintla, en marzo de 1519, es cuidadosamente preparada, así como los otros encuentros: una preparación que se impone tanto más cuanto que los indios aguardan a pie firme al adversario —incluso han fortificado sus pueblos— y, por las expediciones precedentes e informados por un español que fue a dar a sus costas, saben con quién tienen que vérselas. Las lluvias de proyectiles abruman a los españoles; los silbidos, el estrépito de los tambores y de las "trompetillas" los ensordecen; la paja y la tierra lanzadas al aire los sorprenden, pero no logran, empero, desorganizarlos.[15]

Ante unos indios resueltos a batirse y que cuentan con una aplastante superioridad numérica, Cortés perfecciona tretas y tácticas, organiza movimientos de tropas y logra rechazar al adversario infligiéndole grandes pérdidas. Aprovecha el efecto sorpresa causado por los caballos. Después de la batalla de Cintla saca ventaja al máximo de las dos principales cartas de triunfo de los españoles: los caballos y los *tepuzques* (así designan los indígenas a los cañones de metal, y es esta palabra náhuatl la que registran los invasores). El conquistador se las ingenia para hacer creer a los indios que han venido a hablar de paz, que los cañones *tepuzques* y los caballos le obedecen como si estuviesen dotados de voluntad propia, y afirma que sólo él puede aplacarlos. El empleo de los caballos constituía, por lo demás, un recurso ya probado ante la superioridad numérica de los indígenas, ya que un cuarto de siglo antes Colón había sacado de ellos excelente partido en La Española, y tiempo atrás los canarios también habían sido sus víctimas. Sin embargo, las armas de fuego no sólo sembraban el terror en el campamento de los indios. El empleo de cañones repugnaba a los viejos caballeros de los campos de batalla europeos tanto como asombraba a los combatientes indígenas: ¿No se escribía ya en la Europa de 1499 que

[14] Díaz del Castillo (1968), t. I, pp. 105, 95 y 96.
[15] *Ibid.*, pp. 113, 108 y 114.

"de todos los inventos que fueron imaginados para la destrucción de la humanidad, los cañones son el más diabólico"?[16]

Sin embargo, la ventaja tecnológica no es una panacea ante rivales tan numerosos. Los cañones son difíciles de maniobrar, de precisión dudosa, y a veces falta la pólvora. Pronto, los indios inventan formas de oponerse a los caballos que cargan contra ellos. Por tanto, Cortés intenta, cada vez que puede, evitar el enfrentamiento, buscando la negociación. Aquí, los españoles son más "invasores" que "conquistadores": en la altiplanicie, lejos de su base veracruzana, abrumados por los ataques de las tropas tlaxcaltecas, ponen todas sus esperanzas en una paz que les permita recobrar sus fuerzas y volver a abastecerse. Hasta la lectura *in extremis* del requerimiento parece participar de ese afán. El requerimiento es una intimación, leída ante notario, que ordena a los indios someterse sin resistencia a la Corona de España. Casi todo el tiempo incomprensible para los indios, es ante todo una formalidad y una argucia de juristas destinada a legitimar la agresión militar y la conquista. En las costas de América del Sur y en las islas, su empleo dio lugar a farsas grotescas y trágicas para los indígenas. Pero también es, en el espíritu de Cortés, una última maniobra dilatoria. El letrado, cuidadoso de las formas, es indisociable del diplomático que descubre y aprende la política local a medida que hace avanzar sus piezas y manipula a sus aliados.[17]

VICISITUDES DE LA COMUNICACIÓN

El desatino militar se convierte en una aventura de apariencia más pacífica y de realización más ardua: la instauración de una comunicación con el mundo indígena, preámbulo obligado de toda extensión de la dominación española. Recordemos las palabras de Pierre Chaunu:

> La Conquista, a nuestros ojos, es lo que sin duda se opone mejor a la conquista. La Conquista no implica ninguna acción en el terreno; no entraña ningún esfuerzo en profundidad para entablar un nuevo diálogo entre el hombre y la tierra. La Conquista no apunta a la tierra sino tan sólo a los hombres.

Esto es, a la dominación de los hombres. Y para empezar la comunicación en la cual, como lo hemos visto, Cortés sobresale.

Pero, ¿cómo comunicarse cuando la agresión, las culturas y las lenguas multiplican los obstáculos, cuando no hay ningún rasgo común, ningún precedente, ninguna referencia que compartir? Contra lo que los españoles habían creído, esos indios no son algo ya visto con anterioridad. No son moros ni judíos extraviados en aquellas Indias lejanas. Pertenecen a sociedades ricas y ordenadas —la disposición de las construcciones sorprende a

---

[16] *Ibid.*, pp. 114-115 y 117-118; H. Colón (1984), p. 182; Polidoro Vergilio citado en Delumeau (1967), p. 216.

[17] Hassig (1988), pp. 237-238. Sobre el requerimiento, Silvia Benso, *La conquista di un testo. Il requerimento*, Roma, Bulzoni, 1989.

los conquistadores— que han adoptado ritos de tal complejidad que "en mucho papel no se podría hacer de todo ello... entera y particular descripción". Notando que "viven más política y razonablemente que ninguna de las gentes que hasta hoy en estas partes se ha visto", los invasores subrayan la diferencia cualitativa que perciben entre esos indígenas y las poblaciones de las islas o del Darién.[18]

Por esas razones, apenas llegado a Cozumel, Cortés pone en práctica sus dotes diplomáticas y su habilidad. Trata de establecer relaciones amistosas con los mayas de la isla, y lo logra: "el cacique con toda su gente, hijos y mujeres de todos los del pueblo [...] andaban entre nosotros como si toda su vida nos hubiesen tratado". Visión apacible, similar a la que nos ha dado Pedro Mártir sobre las relaciones entre castellanos y musulmanes en Orán, 10 años antes. Al establecerse esos primeros nexos, las palabras no tienen la importancia que nos sentiríamos inclinados a atribuirles. Desde este punto de vista, el avance de los conquistadores es la historia de una comunicación que sólo secundariamente se basa en los discursos. En Cozumel, el intercambio verbal sigue siendo aproximativo: el intérprete indígena no dominaba el castellano y, probablemente, tampoco la retórica local como para entablar un diálogo digno de ese nombre. Aun cuando Cortés dispondrá de intermediarios calificados, el diálogo permanecerá circunscrito al estrecho círculo de los capitanes españoles y de los jefes indígenas. Por lo demás, ¿hasta qué punto podían los interlocutores comprenderse, con hábitos oratorios y modos de razonamiento tan diversos? Las sociedades indígenas atribuían un lugar importante al discurso, al juego de habilidad y de las respuestas, a los momentos consagrados a este intercambio de palabras como si les dieran un modo de domesticar las relaciones humanas y de dominar el transcurso del tiempo. Cortés, como Colón, no se ha formado en esas prácticas. Comprende lo que quiere comprender; pero el abismo que separa las concepciones de poder, de Dios y del mundo que alimenta cada campo, no parece percibirlo. De hecho, la recíproca certidumbre de penetrar en las ideas del adversario y la incapacidad de imaginar las fuerzas que en realidad representa desempeñan un papel esencial en ese enfrentamiento.

Todos conocemos el papel decisivo de los equívocos en todo proceso de dominación y de aculturación. Toda la historia del encuentro de los europeos y de los indios sobre la tierra americana está formada de acercamientos, de errores y de intercambios. Si las palabras pasan con dificultad, la comunicación escrita resulta impracticable para aquellos conquistadores que, como Bernal Díaz, Cortés y otros, son tan hábiles en el manejo de la pluma. El envío de cartas a los indios muestra la amplitud del equívoco. Cuando Cortés manda misivas a los indígenas, no se está engañando, pues sabe que son incapaces de comprender el alfabeto. Sin embargo, está persuadido de que sus destinatarios reconocerán en ellas la materia de un mensaje. ¿Cómo reaccionan los indios? Ofreciendo las cartas a sus dioses, tal vez a la manera en que les destinaban sus ofrendas de papel ritual manchado de asfalto o de sangre humana. Cortés envía unos signos que tam-

[18] Chaunu (1969b), p. 135; Cortés (1963), pp. 24 y 25.

bién son objetos materiales e inertes; los indígenas los convierten en una materia habitada, investida de una fuerza que sus divinidades absorberán. Cortés maneja la metáfora, sus adversarios la metonimia, que trata la misiva como una parte de la potencia de los invasores.[19]

El intercambio de embajadas entre los dos bandos tampoco se libra del equívoco. ¿Se trata de una relación política, como lo suponen los españoles, o de un nexo que colocaría a los invasores en un plano extrahumano? A primera vista, las formas y las señales de respeto, mostradas de una y otra parte, parecen integrar un lenguaje común, un ritual libre de equívocos. El abrazo español responde a las tres reverencias y a las volutas de copal con que los indios honran a sus "visitantes": los invasores estrechan entre sus brazos a sus nuevos aliados. La liturgia de la misa celebrada ante los indios y las procesiones aumentan la solemnidad del intercambio: la forma triunfa manifiestamente sobre la sustancia, pues los indígenas no debían comprender mucho de ese cristianismo que, por vez primera, les mostraban —"explicaban" sería inapropiado— los conquistadores.

Aunque cada uno de los "socios" intenta a su manera añadir algo al nexo recién creado, las gestiones se desarrollan sobre registros totalmente distintos: la sacralización que la misa introduce posee una dimensión pedagógica; quiere ser instrumento de una conversión del adversario, mientras que la ritualización que se materializa en el humo del copal expresa el reconocimiento de la condición singular de los invasores. Los indios son vistos como idólatras que hay que convertir; los españoles, como intrusos poderosos y temibles, en el límite de la monstruosidad, lo que no impide que los europeos resulten extremadamente sensibles a las reacciones de sus interlocutores y a su modulación: cada bando sabe valorar el rango y la jerarquía. Después de la batalla de Cintla, Cortés no se equivoca con la llegada de una delegación de 15 esclavos miserablemente vestidos: descontento, reclama el envío de señores para tratar más dignamente las condiciones de paz.

Entre los jefes, gestos y palabras sellan, bien o mal, la coexistencia, y los invasores explican con dificultades que: "Los queremos tener por hermanos, y que no tuviesen miedo", pero tales no son las únicas formas de comunicación. Se establecen otras relaciones, tal vez más eficaces, aunque ocupan menos lugar en unas crónicas hechas sobre el modelo clásico, es decir, tachonadas de discursos reescritos o reinventados para disponer a las exigencias del género y al gusto de los lectores. Entre la infantería, es el trueque, mudo al principio, el que esboza y mantiene los contactos. Para la tropa, para el joven Bernal, todos pasan por la observación, la mímica, las cosas, las formas, las indias, la belleza de los hombres: "La gente de esta tierra es bien dispuesta; antes alta que baja. Todos son de color trigueño, como pardos, de buenas facciones y gestos..." Se observan, gesticulan, se logra, aquí como en otras partes, obtener alimentos, cambiar baratijas de Europa por oro de los indios.

---

[19] Díaz del Castillo (1968), t. I, p. 96. Los papeles en que Botello el astrólogo o Cortés dibujan unas figuras que deben revelarles o fijar su porvenir siguen siendo los apoyos inertes de un saber, así fuera mágico (véase n. 9).

La mirada de los invasores resulta extraordinariamente receptiva del mundo indígena; no, desde luego, por curiosidad etnográfica, sino por el afán de asegurarse la supervivencia, de penetrar al adversario, de captar sus reacciones para mejor precaverse de ella, aun cuando a veces los conquistadores se dejan llevar por la extrañeza o la suntuosidad del espectáculo que se muestra a sus ojos. Como en las islas, sobrevivir consiste en tomar alimentos indígenas, pero también en beber el cacao de los indios y en adoptar sus armaduras forradas de algodón mejor adaptadas al sol de los trópicos que las metálicas de Europa.

Por último, aunque Bernal Díaz del Castillo y los otros cronistas soberbiamente pasen por alto el tema, las pocas europeas que acompañan a los invasores y el puñado de sirvientes cubanos que los rodean establecen los primeros contactos con las mujeres del otro mundo. En torno de los huipiles bordados, de los collares de oro y de piedras verdes, de los alimentos y de los niños, de los gestos íntimos, de las camisas que se ponen a secar al sol, se adivinan los intercambios sin palabras, y después, las explicaciones dadas por la india doña Marina, la amante-intérprete que seducirá a Cortés, mientras que los gineceos mexicanos acaso evoquen, para esos españoles, la imagen de los palacios granadinos, llenos de damas adornadas y de esclavas sometidas.[20]

INTERCAMBIO DE OBJETOS, DONACIÓN DE MUJERES, CONTAMINACIONES

Vemos, así, que la comunicación no se limita a gestos de respeto y de distinción, ni a sacralizaciones enigmáticas; de manera más prosaica, se traduce en la recepción de los presentes que aportan los indios, plumas, oro, tejidos de algodón y, sobre todo, dones en especie, alimentos preparados, maíz, pavos, frutas y pescado, que los invasores, a menudo hambrientos, se apresuran a recibir. Los intercambios de objetos preciosos sirven para exaltar a la vez la grandeza del donante y la del destinatario. El amo de la lejana México-Tenochtitlan envía presentes de oro que dejan atónitos a los conquistadores, mucho antes de asombrar a España, a Durero y a Europa. Cortés, menos bien provisto, se contenta con ofrecer cuentas de vidrio, pero siente la necesidad de añadir "una copa de vidrio de Florencia, labrada y dorada con muchas arboledas y monterías que estaban en la copa, y tres camisas de Holanda". En un envío anterior había dado "una silla de caderas con entalladuras de taracea", así como "una gorra de carmesí con una medalla de oro de San Jorge como que estaba a caballo con su lanza, que mata a un dragón".[21]

El gesto de Cortés perpetúa una tradición: ya en diciembre de 1492 Colón había dado a un cacique de La Española un collar de cuentas de ámbar, unos zapatos rojos, una regadera de vidrio para escanciar agua de flor

---

[20] *Ibid.*, p. 116; *El Conquistador Anónimo* (1970), p. 3: "*La gente di questa provincia è ben disposta, piu tosto grande, che picciola, son tutti di color berettino, como pardi, di buone fazzioni e gesti*"; sobre las mujeres que acompañan a la expedición, véase cap. IX, n. 14.

[21] Díaz del Castillo (1968), t. I, p. 127.

de naranjo, y unos paños. Los presentes de Cortés, como los anteriores, no son arbitrarios: la elección de los atuendos, el refinamiento de la vajilla y del mobiliario tienen un sentido evidente para los europeos. La copa florentina, el color carmesí o la silla de entalladura, reservados de ordinario a la nobleza y a los poderosos, son otros tantos signos exteriores de riqueza, testimonio de los decorados que por doquier difunde el Renacimiento. Portadores de la primera moda occidental que llega a las costas mexicanas, inauguran una cadena de arribo de objetos que no dejará de ampliarse. Son, asimismo, embajadores de una manera de beber, de sentarse, de un modo de vida aristocrático que remite a los modales de la mesa, a la caza, así como al ejercicio de la justicia. Por sí sola, la medalla de San Jorge constituye un resumen fascinante de la civilización de los conquistadores: el oro buscado por doquier, la mitología de los santos y la lucha contra el paganismo.

Los presentes mexicanos enviados a Cortés no tienen menor significado ni menos referencias autóctonas. La entrega de adornos suntuosos, ¿podrá emparentarse con una restitución? ¿Pertenecían al santuario del dios Quetzalcóatl que, según decíase, había partido rumbo al este lejano? Parece que Cortés, este ser extraordinario que ha surgido del Oriente, sólo después fue identificado con esta divinidad. Mientras tanto, los adornos maravillosos son, ante todo, vestimenta lujosa: para los indígenas, encierran la presencia y la fuerza de un dios. Desde luego, todo ello sigue siendo bastante nebuloso a ojos de los invasores, que son soldados y no etnógrafos; por lo contrario, apartan, horrorizados, los platos con carne humana que los indios ofrecen ceremoniosamente a sus visitantes divinos.[22]

Ambos bandos están de acuerdo, involuntariamente, en un punto: las hazañas de San Jorge para los cristianos, como los gestos divinos para los mexicanos, poseen una indiscutible realidad. Pero la significación de los objetos que circulan sigue siendo opaca para el adversario. ¿Qué sabe Cortés de los ornamentos que se le ofrecen? ¿Qué sabe Moctezuma de los talleres nórdicos en que se tejieron las camisas, de los artesanos florentinos al servicio del Renacimiento, de los símbolos europeos o de la idea misma de símbolo? La noción de joya y de valor no es la misma entre los europeos que entre los indios. Recuérdense las pobres cuentas de vidrio que los castellanos destinan a sus encantados interlocutores, y las plumas cosquilleantes, los jades y las turquesas a los cuales los indios atribuyen una naturaleza divina, pero que los españoles colocan muy por debajo del oro. Sobre todo, es el uso de los objetos el que preocupa a Cortés cuando pide a los enviados de Moctezuma que el soberano se ponga los vestidos europeos que le envía, y por tanto, que habitúe su cuerpo a unas formas y a unas materias ajenas y a unas posiciones inhabituales (la silla). Para el conquista-

[22] H. Colón (1984), p. 110. Sobre los presagios que anunciaron la llegada de los españoles según las versiones que después los indios elaboraron y transmitieron a los europeos, véase Durán (1967), t. II, pp. 467-471. Es poco creíble que los indios hayan identificado a Cortés con Quetzalcóatl, y aún más que los españoles hayan captado esa identificación. Sólo en el curso del siglo XVI, informadores, indígenas y cronistas españoles perfeccionaron y fijaron lo que después sería una explicación de la conquista de México.

dor ese sentido es evidente, así como para los marinos españoles que sirvieron al licenciado Zuazo, de regreso de su naufragio, una colación sobre una pequeña mesa hacia la cual hicieron avanzar una silla con respaldo, como si espontáneamente ese mobiliario materializara el acceso (o el retorno) a la civilización tal como la conciben los españoles.

Lo que es evidente para los europeos, tan evidente que nadie piensa ni por un instante en explicarlo a los indios, ¿lo es también para el destinatario indígena? Ciertamente, no. Y por el contrario, todo lo que llega inmediatamente a los sentidos, al tacto, a la mirada, no pudo dejar indiferentes a los protagonistas. La vestimenta europea entregada a los embajadores de México —el gorro con la medalla, las camisas de Holanda—, así como los ornamentos divinos, traducen una voluntad de "aculturación de las apariencias", y, más insidiosamente, del cuerpo. Ignoramos si Moctezuma se puso esos hábitos exóticos, la camisa y el gorro carmesí, pero Cortés en cambio, casi seguramente se puso, por un instante, uno de los penachos obsequiados, a petición de los enviados mexicas, que pudieron guiar sus gestos vacilantes. Lo que no impide que, aunque siguen siendo enigmáticos —¿qué origen, qué sentido y qué uso tienen...?—, los presentes intercambiados dan, a cada uno, idea de la riqueza, de lo superfluo y del ingenio del adversario: la taracea de Europa ante las plumas de México.[23]

En varias ocasiones, los conquistadores reciben indias que los caciques les entregan para sellar la alianza y obtener progenie de ellos. Los invasores parecen regocijarse de ese presente que los capitanes se reparten, apresurándose a hacerlas sus concubinas una vez que han sido bautizadas, casi sin aguardar a la ceremonia. El donativo de mujeres acerca físicamente a las dos sociedades, preparando más o menos deliberadamente lo que será su destino común: el mestizaje. Entre las 20 mujeres que los caciques del río Grijalva entregan a Cortés figura una india bautizada con el nombre de Marina, que sabe el náhuatl, la lengua de México, y el maya. De rara inteligencia, Marina se vuelve pronto la intérprete indispensable. Acompañará por doquier al conquistador, encarnando el nexo físico, afectivo e intelectual que unirá a Cortés con el mundo que está descubriendo.[24]

El entendimiento cordial se da en otros terrenos: después de la batalla de Cintla, Cortés autoriza a los indios a recoger sus muertos y a incinerarlos "conforme a su costumbre". Un código diplomático-militar, así sea rudimentario, sirve de común denominador. El valor, la bravura y la honra demostrados en cada bando esbozan esos nexos como si, por encima de las palabras, los puntos de base —en la costumbre, en los comportamientos— permitieran tender algunos puentes. Ello puede decirse tanto de los

[23] Díaz del Castillo (1968), t. I., p. 322; Oviedo (1547), f. CLXXIXvº: "pusieron luego al licenciado la silla que no era poco alivio a quien estava tan cansado de se echar y assentar en aquella arena e hizo luego poner la mesa bien baxa para que comiessen todos los que en ella cupiessen y assí con gran gozo comieron platicando...". Sobre la aculturación de las apariencias y de la vestimenta, véase Daniel Roche, *La culture des apparences. Une histoire du vêtement, XVIIᵉ-XVIIIᵉ siècle*, París, Fayard, 1989, *passim*.
[24] Díaz del Castillo (1968), t. I, pp. 401 y 301. Sobre el sentido del juego entre los nahuas, véase Christian Duverger, *L'esprit du jeu chez les Aztèques*, París, Mouton, 1978.

aliados —"nuestros amigos los tlaxcaltecas hechos unos leones"— como de los adversarios. Esta coexistencia se manifiesta en unas escenas inesperadas y perturbadoras: meses después, cuando los conquistadores se hayan instalado en México y conserven como rehén a Moctezuma, Cortés, Alvarado, el soberano mexica y uno de los príncipes indígenas, a veces pasarán el tiempo jugando al *totoloque*, "que es un juego que así le llaman con unos bodoquillos chicos muy lisos que tenían hechos de oro para aquel juego y tiraban los bodoquillos algo lejos y unos tejuelos que también eran de oro y a cinco rayas ganaban o perdían ciertas piezas y joyas ricas que ponían". Elegancia suprema, Cortés ofrecerá sus ganancias al séquito de Moctezuma, y el soberano repartirá las suyas entre los capitanes de Cortés. También causarán asombro las lágrimas que vierten los conquistadores sobre sus aliados cuando las circunstancias se prestan: la muerte de Moctezuma, la de don Fernando, príncipe de Texcoco...[25]

Son probablemente esas intimidades físicas, esta proximidad cotidiana, estos intercambios precipitados pero bastante eficaces, los que explican que los españoles logren bastante pronto enseñar unas técnicas, y hacer fabricar armas a los indígenas; de igual modo, algunos hombres de Cortés logran hacerse pasar por indios, aprovechando una tez naturalmente morena, e imitando la actitud y el comportamiento de los autóctonos. Cierto es que no se ha seguido la huella de indígenas que se habrían hecho pasar por europeos, y tal vez sea esto lo que mejor permite medir la capacidad de adaptación de los pueblos ibéricos, confrontados secularmente a otros grupos y a otras culturas y, aquí, en situación de desarraigo; lo que no significa que los indios hayan permanecido impermeables al mundo de los blancos: la evolución de su arte de la guerra, como veremos, nos da un testimonio elocuente, pero la rigidez de los cuadros culturales y el hecho de estar en su propio terreno les incitaban menos al cambio.[26]

Por último, otros contactos aseguran unas transmisiones mortales cuyos primeros efectos hemos observado en las Antillas: a menudo, los invasores van en mal estado de salud, "cubiertos de bubas", y un esclavo negro —chivo expiatorio oportuno— pasa a la posteridad por haber contaminado las tierras nuevas provocando una mortandad considerable y sin precedente: "según decían los indios, jamás tal enfermedad tuvieron y como no la conocían, lavábanse muchas veces y a esta causa se murieron gran cantidad de ellos". La viruela que hizo estragos en la isla de Cuba a finales de 1519 penetró en México con la llegada de la flota lanzada por Velázquez en persecución de Cortés, y fue la primera de una larga serie de epidemias que en un siglo casi acabaron con las poblaciones indígenas de México.[27]

---

[25] Díaz del Castillo (1968), t. I, pp. 120-121.
[26] *Ibid.*, p. 350: "envió dos soldados hechos indios, puestos masteles y mantas como indios propios [...] y como eran morenos de suyo dijo que no parecían españoles, sino propios indios, y cada uno llevó una carguilla de ciruelas a cuestas, que en aquella sazón era tiempo de ellas"; *ibid.*, p. 355.
[27] *Ibid.*, pp. 406 y 378: "Carta de Diego Velázquez"); (1971), pp. 402-403.

UN LENGUAJE DOBLE

Si los gestos, los objetos y las mujeres aproximan instantáneamente a esas sociedades, la empresa cortesiana no podría prescindir largo tiempo del relevo de los intérpretes y de las palabras. Organizado progresivamente en el lugar, un relevo humano de notable eficiencia permite superar las vicisitudes y las imprecisiones del intercambio gestual y material: el andaluz Jerónimo de Aguilar, esclavo de los mayas durante ocho años, traduce su lengua al español mientras que la india Marina, obsequiada por los caciques de Tabasco, sirve de intérprete entre el náhuatl y el maya. Queda así establecido el nexo entre los invasores y las sociedades nahuas de México, es decir, México-Tenochtitlan. Para mantenerlo en el curso de sus entrevistas, Cortés y los capitanes no ahorran ni los cumplidos ni las "buenas palabras", ni las promesas que infatigablemente la pareja mediadora traduce a los caciques indígenas. Esas interminables palabras no sólo tienen una virtud conciliadora. Pese a los equívocos y a la incomprensión de fondo, dan a los españoles la información necesaria para su avance y, sobre todo, revelan a Cortés las contradicciones del mundo indígena: "de plática en plática supo Cortés cómo tenía Montezuma enemigos y contrarios, de lo cual se holgó".[28]

De ahí el lenguaje doble que Cortés mantendrá hasta la caída de México-Tenochtitlan. A partir del momento en que decide penetrar en el interior de las tierras en dirección de la ciudad de México, se ve obligado a actuar con precaución y tomando en cuenta los principales datos del mapa político de México: la dominación lejana, reciente, brutal y mal soportada de los mexicas de México-Tenochtitlan sobre los pueblos tributarios, la diversidad de las lenguas y de las etnias: mayas de Yucatán, nahuas, totonacas de Cempoala y de la Sierra. A él le tocará ganarse a los indios sometidos a México y explotar las rivalidades locales para progresar sin violencia, evitando levantarse abiertamente contra la persona de Moctezuma. Ante los enviados de este último, Cortés disimulará sus fines de conquista y transformará su invasión en una visita "turística" y comercial: "Veníamos para verlos y para contratar."

Resulta ejemplar el episodio de Cempoala. Situada no lejos de la Vera Cruz, en el calor de la planicie costera, la ciudad de Cempoala es dirigida por un indio al que los conquistadores bautizaron como el "cacique gordo", en vista de su·barriga. Ahí, Cortés hace un gran alarde. Da orden de prender a los cobradores de impuestos de Moctezuma para mostrar a sus anfitriones que no teme al amo de México-Tenochtitlan. Pero, con habilidad, se las arregla en secreto para dejarlos libres, explicando que no tuvo que ver en ese desdichado asunto. Este buen ejemplo de lenguaje doble no quiere decir que se libre de todas las trampas. Cuando los indios de Cempoala le piden intervenir contra unos vecinos supuestamente adquiridos a los mexicas, Cortés ignora que los cempoaltecas pretenden aprovechar su presencia para eliminar a sus adversarios. Dándose cuenta *in extremis* de

---

[28] Díaz del Castillo (1968), t. I, pp. 121, 104, 135 y 125.

que, a su vez, está siendo manipulado por sus anfitriones, interrumpe su intervención, sermonea a los responsables cempoaltecas y logra convertir a unos enemigos irreductibles en aliados agradecidos. La versión que la historia ha conservado nos muestra a un Cortés que se sentía tan a sus anchas entre los grupos indígenas como si se encontrara en medio de la lucha de las facciones y los clanes de su natal Extremadura.[29]

Pero es a los mexicas a los que constantemente Cortés tiene que vigilar. Los enviados de Moctezuma intentan por todos los medios que los conquistadores abandonen la idea de "rendir visita" al amo de México. Cortés opone sus argumentos a la retórica de los mensajeros, insiste afablemente y persiste en tomar el camino de la ciudad. Ya en marcha, se gana la amistad de los totonacas y de los pueblos sometidos a México, presentando su empresa invasora como una guerra de liberación. Pero también se dedica a tranquilizar a Moctezuma y a sus emisarios, lo que explica que, llegado al altiplano, pueda entablar de frente negociaciones con los embajadores de México y con sus adversarios, y que todos le ofrezcan su apoyo.[30] A Cortés le toca adivinar dónde se sitúan el verdadero o el menor riesgo, qué bando se apresta a aplastarlo o trata de ganarlo para su causa. Como en el episodio de Cempoala, los tratos de la meseta están a la medida de la complejidad y de los peligros de la situación. Revelan la habilidad o la intuición de un Cortés que sin cesar anda a tientas sobre un terreno nuevo, sobre unas relaciones de fuerza que apenas logra descubrir. La posición del conquistador no deja de parecer asombrosamente frágil: una sola derrota y los españoles estarían acabados.

EL ESCOLLO DE LA IDOLATRÍA

Los invasores saben, en caso de necesidad, respetar las costumbres del adversario. Pero la tolerancia, las promesas, las componendas, las mentiras a medias no se sostienen, o se sostienen menos cuando chocan con la práctica de la idolatría. Acaso más que la sumisión a la Corona española, cuyas consecuencias inmediatas y futuras perciben mal los indios, el culto de los ídolos constituye el principal obstáculo entre los dos mundos. Obstáculo tan poderoso que en varias ocasiones Cortés está a punto de perder el apoyo de sus aliados indígenas y de precipitar la expedición al fracaso.

El espectáculo de los sacrificios humanos es causa repetida de repulsión para los invasores, que saben a qué atenerse desde la expedición de Grijalva. En la isla de Cozumel, primera parada cortesiana, el flujo de indígenas no deja de intrigar a los españoles. Una buena mañana, los conquistadores observan ahí unos cultos que los desconciertan: "como era cosa nueva para nosotros, paramos a mirar en ella con atención". Cortés pide que le traduzcan el "negro sermón" del oficiante y luego ataca verbalmente el culto de los ídolos, manda destruir las estatuas e instalar un altar improvisado "donde

[29] *Ibid.*, pp. 144-151 y 157-158.
[30] Sobre los tlaxcaltecas, Gibson (1952).

colocamos la imagen de Nuestra Señora". Tal es el punto de partida de una guerra de las imágenes cuya historia hemos esbozado en otra parte.

A su vez, los indios se quedan estupefactos, convencidos de que sus dioses se vengarán de los intrusos. Pero el silencio de las deidades sanciona la victoria y la superioridad de los invasores. Por doquier avanza la expedición, los españoles se esfuerzan por persuadir a los indios de abandonar el culto de los ídolos y los sacrificios: ya se trate del autosacrificio con que el sacrificador se martiriza la lengua, las orejas, el pene o los miembros, o más aún, del sacrificio humano, "cosa horrible y abominable y digna de ser punida que hasta hoy no habíamos visto en ninguna parte [...] la más cruda y espantosa cosa de ver que jamás han visto". Sin contar otras *torpedades*: entendamos con ello el canibalismo y la sodomía. La denuncia, a veces explícitamente formulada, de la sodomía y de los sodomitas, proyecta, probablemente sobre los indios, una vieja acusación estereotipada que se dirigía contra los musulmanes. La explicación del cristianismo ocupa, por cierto, gran parte de las palabras dirigidas a los caciques indígenas; por lo menos eso es lo que dan a entender las fuentes españolas.[31]

Los conquistadores tropiezan, de ordinario, con una especie de incomprensión. Los indios tenían todas las razones para rechazar unos cultos exóticos que representaban una dominación nueva, o unos gestos y unas figuras cuyo sentido les era desconocido. Por lo demás, parece que los indígenas comprendieron lo que el cristianismo implicaba, de puesta en entredicho del orden de las cosas y del mundo, de desestabilización social y política, más allá de la introducción de nuevos poderes divinos, Dios, la Virgen o los santos. Si el desencanto que introdujo es insoportable, ello se debe a que el discurso cristiano "pasa": los dioses indios no serían entonces más que pedazos de madera inertes y muertos, destruidos ante sus ojos. Esta comprobación hecha a medias por los indígenas, resulta insostenible. Un episodio posterior ilustra este proceso. Cuando, en México-Tenochtitlan, Moctezuma es tomado como rehén de Cortés, el soberano al que nadie se atreve a mirar a los ojos llegará a la misma conclusión, en el curso de sus conversaciones con los invasores. Él, que pasa por un ser dotado de poderes sobrehumanos, termina por reconocer que no es más que un simple mortal —"un cuerpo de hueso y carne como vosotros"—, y Cortés, a quien los indios tomaban por una potencia divina, reconoce que en él mismo no hay nada de divinidad, en un asombroso diálogo, al término del cual ambos ríen...

Si la anécdota es auténtica, el diálogo habría llevado al extremo esta voluntad específicamente occidental de hacer reconocer al adversario aquello que se pretende inculcarle.[32] No de otra manera funcionan la Inquisición o la confesión. ¿Sería esa comunicación lo bastante profunda para que, de

---

[31] *Ibid.*, pp. 98-100; Pedro Mártir (1964), t. I, p. 418; Gruzinski (1990), pp. 44-62.

[32] Díaz del Castillo (1968), t. I, p. 269: "[Moctezuma dijo:] Veis mi cuerpo de hueso y de carne como los vuestros, mis casas y palacios de piedra y madera y cal: de señor, yo gran rey sí soy, y tener riquezas de mis antecesores sí tengo, mas no las locuras y mentiras de mí os han dicho; así que también lo tendréis por burla, como yo tengo de vuestros truenos y relámpagos." Para una crítica de ese tipo de testimonios, Cortés (1986), pp. 467-469.

un lado y de otro, cayeran las máscaras? Si tal es el caso, entonces es evidente que lo que toma el aspecto de un reconocimiento mutuo de la humanidad
del adversario no es, en todo caso, más que uno de los riesgos de la occidentalización, es decir, la proyección sobre el interlocutor indio de unos
valores europeos de vocación universal. El desencantamiento de las cosas,
la desmitificación de los seres nunca desembocan sobre cualquier verdad
objetiva, sino sobre esas categorías, caras al pensamiento occidental que
son lo humano, lo profano, la materia perecedera. Sin reducir la conquista
española a un simple desencantamiento, notemos que inaugura un proceso de desmitificación, de erosión de las creencias locales y de reificación de
lo que era la esencia misma del mundo indígena. Proceso que se extenderá
a todo el conjunto del continente americano antes de atacar al resto del
planeta.

LA TENTACIÓN INDÍGENA

Cortés, al tiempo que hace frente a las poblaciones indígenas, debe mantener la unidad de sus tropas. Las facciones que las dividen hacen correr a la
expedición peligros casi tan grandes como los representados por las ofensivas indígenas. A partir del momento en que el conquistador decide avanzar al interior de las tierras, toda defección de importancia amenaza con
asestarle un golpe del que no podrá levantarse. Pero, ¿qué es lo que teme
Cortés? Ciertamente, no que sus hombres se pasen al campo indígena,
mundo demasiado extraño para atraer a unos improbables renegados.

Y sin embargo, el ejemplo de Gonzalo Guerrero no dejó de sembrar la
perplejidad y la consternación. En 1511 naufragaron unos españoles que
habían salido del Darién. Quince hombres y dos mujeres se refugiaron en
una barca y creyeron ir hacia Cuba o hacia Jamaica. La corriente los llevó
a la costa yucateca, y los caciques mayas se los repartieron, después de
haberlos capturado. Los náufragos fueron reducidos a la esclavitud; algunos perecieron de agotamiento y otros fueron sacrificados a los ídolos,
con excepción de dos hombres. El primero de ellos, Gonzalo Guerrero, logró
integrarse al medio indígena. Su valor lo llevó a ocupar, incluso, el rango
de cacique y de jefe de guerra; tomó una esposa india, con la que tuvo hijos. Unas señas corporales marcaron su pertenencia al mundo maya: sin
duda, tenía la cabeza tatuada y pintada, y las orejas horadadas. Al desembarcar en Cozumel, Cortés envió mensajeros a Yucatán para rescatar a sus
compatriotas, pero Gonzalo Guerrero se negó a unirse a la expedición:

> Yo soy casado y tengo tres hijos y tiénenme por cacique y capitán cuando hay
> guerras; idos con Dios, que yo tengo labrada la cara y horadadas las orejas.
> ¡Qué dirán de mí desde que me vean esos españoles ir de esta manera! Y ya veis
> estos mis hijitos cuán bonicos son. Por vida vuestra, que me deis de esas cuen-
> tas verdes que traéis, para ellos y diré que mis hermanos me las envían de mi
> tierra.

Esta elección escandalizó a los "hermanos" españoles. ¿Cómo explicar el
asombroso paso al mundo más extraño que imaginarse pudiera? "Parece

ser aquel Gonzalo Guerrero hombre de la mar, natural de Palos." ¿Un marino, menos sensible al desarraigo, más inclinado a la marginalidad? Los marinos tienen mala reputación, "no saben de policía y buena crianza". Se les atribuyen hábitos repugnantes "hablando aquí con acato de los señores leyentes". Al perecer en 1536 en la costa de las Hibueras (Honduras), en un enfrentamiento contra los españoles, Gonzalo Guerrero se comporta como habría podido hacerlo un renegado andaluz que se hubiese pasado al Islam. Pero el salto cultural que lleva a cabo es de otra envergadura. Ninguna historia común liga a los mayas con los extranjeros llegados del mar, ningún pasado, ningún monoteísmo. Cuando algunos judíos se vuelven cristianos, cuando unos musulmanes piden el bautismo o unos cristianos abrazan el Islam, todo ocurre entre sociedades vecinas, conocidas, que se odian o que coexisten de tiempo atrás. Y sin embargo, el destino del marino Guerrero probablemente no sea único, aunque sigue siendo excepcional. Nos recuerda que la indianización, así fuese en formas menos extremas, pudo tentar a algunos individuos, y que era practicable.[33]

Otro español que había sufrido la misma suerte decidió, en cambio, unirse a sus coterráneos: Jerónimo de Aguilar. Era originario del centro de Andalucía, de Ecija, pueblo situado a una cincuentena de kilómetros de Córdoba, y reconquistado en 1420. Pedro Mártir nos dice que "al saber de la desdicha de su hijo, la madre de Aguilar se volvió loca de dolor, aunque sólo a medias palabras se le dijo que había caído en manos de los antropófagos. Cada vez que la infeliz veía carnes asadas o puestas a la parrilla, llenaba de gritos su casa y clamaba: 'Veis allí pedazos de mi hijo y veis en mí la más desdichada de todas las mujeres'".

Aguilar sabía leer y hasta había recibido las órdenes menores. Si permaneció fiel a su fe y a los suyos es porque recibió un trato menos envidiable que el de Gonzalo Guerrero. Milagrosamente se salvó del cuchillo de sacrificio y se refugió al lado de un cacique al que servía como esclavo. Desde entonces llevó una existencia miserable; casi no podía alejarse del territorio del pueblo y cayó enfermo a fuerza de llevar cargas excesivas. Cuando decidió unirse a Cortés, ya se asemejaba tanto a un indio que los españoles tuvieron dificultades para reconocerlo como uno de los suyos: "Porque Aguilar era ni más ni menos que indio [...] porque de suyo era moreno y tresquilado a manera de indio esclavo, y traía un remo al hombro, una cotara vieja calzada y la otra atada en la cintura y una manta vieja muy ruin, y un braguero peor, con que cubría sus vergüenzas." Aguilar hablaba el español, "el español mal mascado y peor pronunciado". Exclamó "Dios y Santa María y Sevilla", como si el apego al terruño pudiese sobrevivir a todos los cautiverios lejanos. Había deseado, a toda costa, aferrarse a su religión así como se aferraba a su vieja vestimenta, "y traía atada a la manta un bulto que eran Horas [de la Virgen] muy viejas". En esta figu-

---

[33] *Ibid.*, pp. 103 y 98; *ibid.*, pp. 99 y 302. En los siglos XVI y XVII, muchos europeos, voluntariamente o no, abandonaban la cristiandad para establecerse en tierra musulmana. Algunos participaban activamente en las campañas de piratería que aterrorizaban las costas de España y de Italia. Sobre los renegados, véase Bartolomé y Lucile Bennassar, *Les chrétiens d'Allah. L'histoire extraordinaire des renégats XVIe-XVIIe siècle*, París, Perrin, 1989.

ra que resurge milagrosamente después de años de aislamiento en el seno del mundo indígena, los objetos, jirones de creencias y de modos de vida habían mantenido una especie de nexo físico con el pasado europeo.[34]

Estos dos destinos esbozan la amplitud y los límites de toda aculturación: aun aislado, y hasta físicamente transformado y deprimido —"quedó muy triste"—, Aguilar, el clérigo de Ecija, siguió fiel a sus orígenes, mientras que Gonzalo, el marino de Palos, de donde partieron tantos pilotos hacia América, abrazó los intereses de los indígenas. A éstos lo unían para siempre su mujer india y sus bonitos hijos mestizos. Recordemos que los indios de Yucatán no quedaron tan sorprendidos por la llegada de los conquistadores como se habría podido imaginar. Incluso estaban preparados para ello, si hemos de creer a Aguilar, quien acusa a Gonzalo de haber azuzado a los indios contra la expedición de Hernández de Córdoba: "Que él fue inventor que nos diesen la guerra que nos dieron." Por ello, pues, los indios de Campeche habían recibido tan mal a la tropa de Hernández de Córdoba al grito de "¡Castilan, Castilan!". Aguilar pronto se vio llevado a desempeñar un papel importante, ya que conocía la lengua maya. Resultó un intérprete seguro, tanto más valioso cuanto que Melchorejo, el intérprete indígena que acompañaba a la expedición, abandonó a los españoles y, como Gonzalo, soliviantó a las poblaciones contra los invasores. Aguilar concibió su papel de intérprete en un sentido más vasto: se preocupó por ganarse a los indios para Cortés y para la fe, "les aconsejaba que siempre tuviesen acato y reverencia a la santa imagen de Nuestra Señora y a la cruz y que conocerían que por ello les venía mucho bien".[35]

El dominio de la expedición

Las dificultades "internas" que afrontó Cortés sólo excepcionalmente se debieron a defecciones de esta índole. Las más graves fueron resultado de las disensiones que ya en la isla de Cuba oponían a los partidarios, parientes, clientes, amigos y deudos del gobernador Velázquez al resto de los españoles. Se recordará que el gobernador de Cuba había querido conservar el dominio sobre la expedición; aunque desconfiando de Cortés, le había dado su dirección, para gran despecho de su clan, que le insistía en que modificara su decisión. Cortés estaba dispuesto a adelantarse y dirigir la empresa a su modo. En México constantemente tuvo que contar, pués, con sus partidarios, y ganarse o neutralizar a los de Velázquez.

En julio de 1519 un acontecimiento decisivo nos lleva a miles de leguas de ahí, a la realidad de los terruños y de los países ibéricos: en la Vera Cruz se crea un concejo municipal o cabildo, el primero de México. El cabildo hereda los poderes de Velázquez y al día siguiente nombra a Cortés alcalde, justicia mayor y capitán general; en suma, le confiere plenos poderes para dirigir la expedición a su arbitrio. Sin duda, era solución ya

[34] Díaz del Castillo (1968), t. I, pp. 102-105.
[35] Ibid., pp. 99, 97, 111 y 104.

probada y conforme a la costumbre. Pero al mismo tiempo, éste es un truco de prestidigitador que deja manos libres al conquistador y a su grupo.
América no deja nunca indemnes las cosas del Viejo Mundo. Por lo demás,
el conflicto entre Cortés y la gente de Velázquez alcanzará su clímax al año
siguiente, cuando llegue de Cuba una flota para prender al conquistador,
instalado entonces en México. Tanto en las Indias como en España, la afirmación del poder central tropieza con fuerzas que chocan entre sí y proceden tanto de la preservación de los particularismos como de una anarquía
latente.[36]

A todo ello se añade el destino de las rivalidades ordinarias y de los
antagonismos que oponen a los capitanes y a la infantería. Se exacerbarán
cuando, poco después de la llegada a México y pasados los peligros y los
temores, se procederá al reparto del botín. Los estados mentales del piloto
Cárdenas, hombre de mar nativo de Triana, en Sevilla (o del Condado),
revelan las esperanzas y las frustraciones de la tropa:

> Y el pobre tenía en su tierra mujer e hijos y, como a muchos nos acontece,
> debería estar pobre, y vino a buscar la vida [a las Indias] para volverse a su
> mujer e hijos, y como había visto tanta riqueza en oro, en planchas y en granos de
> las minas, y tejuelos, y barras fundidas, y al repartir de ello vio que no le daban
> sino cien pesos, cayó malo de pensamiento y tristeza, y un su amigo, como le
> veía cada día tan pensativo y malo, íbalo a ver...

El hombre entonces expresaba su rencor contra Cortés y los capitanes.
El conquistador terminó por enterarse y hábilmente calmó sus inquietudes, ofreciéndole 300 pesos.[37]

Una vez más, "con palabras muy melifluas", a fuerza de regalos y de promesas —"que todos seríamos señores"—, Cortés calma las cosas y mantiene la unidad del grupo. Tanto con los suyos como con los indios, el conquistador despliega una astucia y una habilidad que Bernal no puede dejar
de mencionar: "He traído esto aquí a la memoria, y aunque va fuera de
nuestra relación, para que vean que Cortés, so color de hacer justicia,
porque todos le temiésemos, era con grandes mañas." La corrupción en
todas sus formas es práctica corriente, y para describir los hechos menu-
dos, Bernal encuentra fórmulas tajantes: "dádivas quebrantan peñas", "les
untó las manos con tejuelas y joyas de oro". El ejercicio del poder revela en
Cortés, alternativamente, al jefe de banda y al representante de Carlos V, al
letrado al que preocupan las formas —y que, llegado el caso, sabe aprovechar el legalismo—, y por último, por encima de todo, al político que
explota con gran obstinación tanto las disensiones del bando indio como
las fallas de su propio bando. Cortés es un manipulador capaz de analizar

---

[36] El enfrentamiento con Narváez complicará más la situación, en Cortés (1963), p. 36, e
infra.

[37] Díaz del Castillo (1968), t. I, p. 325. Como Botello el astrólogo o Guerrero el tránsfuga,
Cárdenas es uno de los personajes cuyo testimonio nos ha conservado Díaz del Castillo. El
amor a la progenitura y a la esposa, la angustia ante la muerte y la depresión son dimensiones de la experiencia personal que generalmente descuidan los cronistas y que, por consiguiente, se le escapan al historiador.

y de dominar variables complejas y numerosas, sin que su conducta haya sido estudiada por completo. A veces, hasta es difícil imaginar una estrategia más enredada. Y es que, confiando constantemente en la Providencia, se basa en una improvisación que no aparece en nuestras fuentes: Las *Cartas de Relación* de Cortés y los escritos de los cronistas han racionalizado, *a posteriori*, unas opciones que tal vez no lo eran, eliminando, en beneficio de la claridad y de la ejemplaridad del relato, lo azaroso o lo aberrante.[38]

Cortés no deja de jugar en varios tableros: asegurar su avance en el mundo indígena, maniobrar de tal manera que conserve el dominio de las operaciones y obtener en Europa el favor del joven emperador adelantándose al gobernador de Cuba y a su protector en España, el inamovible Rodríguez de Fonseca, pues el enemigo de Colón y de Las Casas continúa supervisando los asuntos de las Indias. Uno de los objetivos, si no el objetivo esencial de las *Cartas* que dirige a Carlos V es, por cierto, legitimar su empresa haciendo aceptables a los ojos del soberano y de su corte sus iniciativas más discutibles, y en caso necesario, amañándolas.[39]

"COSAS NUNCA OÍDAS NI AUN SOÑADAS"

Cortés avanza por tierra desconocida desde que abandona su base en la Vera Cruz. En el altiplano, los tlaxcaltecas están a punto de derrotarlo antes de ofrecerle su ayuda contra los aliados de Moctezuma. Pero en cuanto los invasores se aproximan al valle de México, donde el Gran Señor es el amo, su suerte ya sólo pende de un hilo.

Noviembre de 1519: nevaba. En pocos meses habían pasado del calor de los trópicos al viento cortante de las montañas del altiplano. "El suelo se cubrió de una capa de nieve" a medida que los invasores escalaban la sierra que los separaba del valle de México. Los 400 soldados habían recorrido a caballo o en su mayor parte a pie las pocas centenas de kilómetros que los separaban de la costa del Golfo de México. El camino, obstaculizado por troncos de árboles, conducía a una garganta, inclinada a más de 3 000 metros de altitud entre los volcanes Popocatépetl —"la Montaña que humea"— e Iztaccíhuatl —la "Dama blanca". Luego, los españoles emprendieron el descenso y se detuvieron en unas construcciones en que los mercaderes *pochteca* tenían la costumbre de detenerse: "tuvimos bien de cenar y con gran frío".

Al llegar al valle, los primeros pueblos que acogieron a los españoles les ofrecieron oro, mantas de algodón e indias. Pese a los temores de sus aliados indígenas, Cortés siguió su camino hacia México-Tenochtitlan. Una vez más, Moctezuma intentó hacerle dar marcha atrás. Hasta circuló el rumor de que los sacerdotes mexicas habían aconsejado a Moctezuma dejar penetrar a Cortés en la ciudad, para aniquilarlo con más facilidad. Los españoles marchaban con precauciones. La angustia los invadía: "Y como somos hombres y temíamos la muerte, no dejábamos de pensar en

---

[38] *Ibid.*, pp. 326, 328, 341 y 349; Cortés (1986), p. XII.
[39] Cortés (1986), p. XL.

El valle de México

Llegada de Cortés a México-
Tenochtitlan (noviembre de 1519)

Fuga de Cortés hacia Tlaxcala
(a partir del 30 de junio de 1520)

0   10 km

ello." El valle parecía muy poblado, pueblos y villas se sucedían: Ameca-
meca, Tlalmanalco y, más lejos, Chalco, lugares todos ellos cargados de
una historia que los españoles ignoraban. En Ayotzinco tocaron los bordes
de uno de los lagos que se localizaban en el valle: allí, las canoas se alineaban como en la rada de un puerto. Se detuvieron para comer en Iztapa-
latengo. Fue ahí adonde Moctezuma envió a su sobrino, Cacamatzin, "a
dar el bienvenido a Cortés y a todos nosotros".

Cacamatzin era el señor de Texcoco, antigua ciudad nahua cuyo esplendor superaba al de México-Tenochtitlan, pero que, quisiéralo o no, se había
vuelto su satélite. Desde hacía casi un siglo, México-Tenochtitlan, Texcoco
y Tacuba estaban confederadas en el seno de una Triple Alianza, dominada por los mexicas. Los conquistadores descubrían a los actores políticos
al mismo tiempo que las ciudades y el paisaje lacustre. Deslumbrados por
el lujo del príncipe, se interrogaban sobre el espectáculo que les reservaría
Moctezuma. Al día siguiente, por una calzada recta y bien nivelada, en
medio de pueblos y de ciudades construidos sobre el agua, los españoles se

dirigieron a Iztapalapa. A su paso se apiñaban las muchedumbres, para contemplar a quienes se llamaba los *teúles*, los "seres divinos y demoniacos", "pues jamás habían visto caballos ni hombres como nosotros".[40]

El asombro fue compartido por los invasores, que encontraron en las novelas de caballerías un medio de traducir la emoción que sentían:

> Y decíamos que parecía a las cosas de encantamiento que encuentran en el libro de Amadís por las grandes torres y cues y edificios que tenían dentro en el agua, y todos de calicanto, y aun algunos de nuestros soldados decían que si aquello que veían si era entre sueños, y no es de maravillar que yo escriba aquí de esta manera, porque hay mucho que ponderar en ello que no sé cómo lo cuente: ver cosas nunca oídas ni aun soñadas, como veíamos.

Cuarenta años después, en la ciudad de Guatemala en que redacta su crónica, Bernal no termina de maravillarse: "ahora que lo estoy escribiendo se me representa todo delante de mis ojos como si ayer fuera cuando esto pasó". Los palacios de Iztapalapa y los jardines lo habían dejado estupefacto: "Que no me hartaba de mirar la diversidad de árboles y los olores que cada uno tenía, y andenes llenos de rosas y flores, y muchos frutales y rosales de la tierra, y un estanque de agua dulce." El tema del deslumbramiento ante el adversario va seguido, inmediatamente, desde luego, por su contrapunto, la exaltación repetida de los invasores: "¿Qué hombres [ha] habido en el universo que tal atrevimiento tuviesen?" Apenas 400 españoles, ante centenas de millares de indígenas en una ciudad "más grande que Venecia, y a más de mil quinientas leguas de nuestra Castilla". Lo que no impide que la emoción suscitada por México-Tenochtitlan no tenga otro equivalente que el éxtasis que se apoderó de Colón en 1492, ante los paisajes de Cuba. Asistimos a un segundo descubrimiento de América, el de las grandes civilizaciones. A este respecto, la invasión de Perú no será más que una fabulosa variante, aunque sigue un curso distinto y los indios de los Andes no reaccionan como los de México. La relación del Occidente con América adquiere en 1519 una consistencia real: es toda la empresa colonial la que adopta un curso nuevo, como Cortés había podido presentirlo desde la etapa maya de Cozumel. La visión de México-Tenochtitlan le da una confirmación espectacular, que se graba en la memoria.[41]

La tropa continúa su marcha hacia México-Tenochtitlan. En los escalones de las pirámides, las terrazas de los palacios y las canoas, se apilan los curiosos: sacerdotes, nobles y gente del pueblo. Los mercaderes *pochteca* que, sin embargo, conocen los confines de Guatemala y las orillas de la mar infinita, abren mucho los ojos. En las cercanías de México-Tenochtitlan la tropa se inmoviliza para un encuentro que podría eclipsar al del *Camp du Drap d'or*, celebrado algunos meses después, del otro lado del océano, entre Francisco I y Enrique VIII. Los señores mexicanos que escoltan a Cortés parten al encuentro del "Gran Moctezuma", cuyo palanquín se aproxima. De él desciende el soberano. Apoyado en los grandes que lo

---

[40] Díaz del Castillo (1968), t. I, p. 255: "subiendo a lo más alto comenzó a nevar y se cuajó de nieve la tierra"; *ibid.*, pp. 256-259.

[41] *Ibid.*, pp. 261-262; Avalle-Arce (1990), pp. 187-191.

rodean, se pone al abrigo de un dosel rutilante de plumas, de oro, de plata, de perlas y de pedrería. Moctezuma lleva sandalias con suelas de oro, cubiertas de piedras preciosas; ante él, los nobles barren el suelo sin cesar y colocan tejidos de algodón para que su pie no pise nunca directamente la tierra. Con excepción de los cuatro señores que lo rodean, nadie osa ver al soberano en pleno rostro. Cortés desciende de su caballo y saluda a Moctezuma. Le ofrece un collar de cuentas montadas en cordones de oro y conservadas en almizcle "porque diesen buen olor". Desde luego, desconoce la importancia que los indios atribuyen a los perfumes, cuyos efluvios estimulan la fuerza de los poderosos. Cortés le coloca el collar en torno del cuello, pero los señores lo detienen cuando pretende abrazar a Moctezuma, es decir, darle el saludo a la española. Algunos gestos son imposibles. Ambos intercambian cumplidos por medio de sus intérpretes; luego Moctezuma se aleja en compañía de los señores de Cuitláhuac, de Tacuba y de la corte. Alojan a los españoles en el palacio de Axayácatl, padre de Moctezuma, entre los ídolos que el soberano ha reunido ahí, como si los "divinos" extranjeros espontáneamente encontraran su lugar en medio de las divinidades mexicanas. Moctezuma recibe a Cortés, lo toma de la mano y lo conduce a sus aposentos. Ahí le pone un collar adornado de crustáceos de oro, antes de retirarse.[42]

LOS VISITANTES

Desde entonces los invasores —que aún no son más que visitantes— pasan por una experiencia única de cohabitación cultural y de observación recíproca. La relación de fuerzas está en favor de los indios, y poco faltó para que los testigos europeos de esta experiencia terminasen ahogados en el fondo de los canales o sacrificados a los ídolos. Si las cosas se desarrollan de otro modo es porque los mexicas no perciben claramente a los europeos como enemigos en estado de guerra abierta. Su postura sigue siendo ambigua, y a ello contribuyen tanto el doble lenguaje de Cortés como los cálculos de Moctezuma, quien está pensando en aliarse a Cortés, ofreciéndole una de sus hijas, y en apartarlo de los tlaxcaltecas. Por último, materialmente, noviembre no se presta mucho al desencadenamiento de un conflicto pues los hombres están en los campos ocupados en recoger el maíz. En suma, el momento era inoportuno para hacer la guerra a unos extranjeros que en todos los tonos proclamaban sus intenciones pacíficas.

Los españoles viven este encuentro como si estuviesen de visita en alguna corte lejana y fabulosa. "Esta gente tenía un gran señor que era como el emperador y debajo de él había otros padecidos a nuestros reyes, duques, condes, gobernadores, artistas, militares [...] También había religiosos [...] semejantes a nuestros obispos, canónigos y otros dignatarios." Bernal Díaz no cesa de extasiarse ante el lujo y el fasto indígenas, sin dejar de observar su especificidad. "según su usanza... a su uso y costumbre". La diferencia cultural no impide apreciar y admirar, así como los españoles se extasiaban

42 Díaz del Castillo (1968), t. I, pp. 263-264.

ante la elegancia de la Alhambra de Granada o la majestuosidad de las ruinas romanas. La cortesía, los buenos modales y la generosidad de gran señor que muestra el *tlatoani* Moctezuma fascinan a Bernal Díaz y a los capitanes. La cohabitación entre los dos bandos es, en apariencia, la de una corte organizada en la que las recíprocas manifestaciones de respeto se observan minuciosamente: los capitanes de Cortés adoptan la costumbre de descubrirse ante el *tlatoani* mexica. Los cumplidos y las amabilidades no cesan mientras se observa cómo los indios se dirigen al Gran Moctezuma: "Habían de entrar descalzos y los ojos bajos, puestos en tierra, y no mirarle a la cara, y con tres reverencias que le hacían y le decían en ella: 'Señor, mi señor, mi gran señor'." Al igual que la etiqueta, el orden en la mesa es escrupulosamente observado por un Bernal Díaz sensible al detalle exótico, tanto como a todo lo que evoca una corte europea o, mejor dicho, lo que él imagina: la cantidad y la diversidad de los platos, los enanos que divierten al príncipe, los cantantes y los danzantes que amenizan los banquetes... En más de una ocasión, bajo la pluma de este aficionado a las novelas de caballerías asoma la sorpresa del campesino abrumado por la diversidad y la riqueza del mundo indígena. Tenemos la sensación de que nuestro cronista reacciona casi como Oviedo en la corte de Mantua o de Ludovico *el Moro*, tal vez con el escozor, además, de tener que reconocer entre paganos tanta distinción y refinamiento.[43]

Los visitantes observan y anotan, al no poder actuar. Pasmados, recorren el inmenso mercado de Tlatelolco, se cruzan con sus chalanas innumerables, admiran su orden y su disposición. Cada tipo de mercancía ocupa un emplazamiento particular. Su mirada se posa en los objetos de oro, de plata y en las piedras preciosas, en las vestimentas de algodón y en los vendedores de cacao. Las muchedumbres de esclavos les recuerdan los negros de Guinea, vendidos por los portugueses; los mercaderes *pochteca* tienen el aire y la autoridad de los obesos mercaderes de Burgos y de Sevilla. Bernal Díaz no puede dejar de pensar en su ciudad natal, Medina del Campo, "donde se celebran las ferias". Y siempre ese *leitmotiv* del orden, el concierto, que, por encima de las diferencias y de las sorpresas, impone la admiración.[44]

Pero un asombro más vivo aún invade a los conquistadores cuando escalan el "gran oratorio de Huitzilopochtli" que domina la aglomeración, y descubren la extensión de México-Tenochtitlan, que se muestra ante sus ojos con sus tres calzadas que la unen con Iztapalapa por el sur, Tacuba por el oeste y Tepeaquilla por el norte. El lago es surcado por una miriada de canoas que aprovisionan la ciudad y que parten de ella atiborradas de mercancías. Desde el mercado

que solamente el rumor y zumbido de las voces y palabras que allí había sonaba más que de una legua, y entre nosotros hubo soldados que habían estado en muchas partes del mundo, y en Constantinopla, y en toda Italia y Roma, y di-

[43] *Ibid.*, pp. 266-268, 272 y 273: "digo que había tanto que escribir cada cosa por sí, que yo no sé por donde encomenzar, sino que estabamos admirados del gran concierto y abasto que en todo tenía"; *El Conquistador Anónimo* (1970), pp. 12-13.
[44] Díaz del Castillo (1968), t. I, p. 278.

jeron que plaza tan bien compasada y con tanto concierto y tamaño y llena de tanta gente no la habían visto.

Tal vez habría que remitirse a los relatos de Marco Polo para notar emoción semejante: México-Tenochtitlan, con sus 200 000 a 300 000 habitantes, era comparable a las capitales del mundo conocido, a la Roma de los papas y a Constantinopla. Un esbozo enviado por Cortés al César entre 1520 y 1522 difunde la visión de los conquistadores por la Europa occidental y es ésta la que, por medio de un grabado, despierta la imaginación del pintor Durero.[45]

EL "SECRETO" DE MÉXICO

Pero, tomando una fórmula cara a Cortés y a los descubridores, ¿cuál podría ser el "secreto" de esta ciudad y de los pueblos que la rodeaban? Para los mexicas, sin duda México-Tenochtitlan era el centro del cosmos, el *ombilicus mundi*. Evidentemente, no era esto lo que interesaba a los invasores. Lo que los españoles han aprendido poco a poco de las sociedades mexicanas nunca ha sido más que la parte aparente, la más espectacular, del universo mesoamericano. Su curiosidad es política y económica: se preocupan ante todo por las fuentes de la riqueza y las formas de dominación. Ésta es sin duda una consideración parcial, pero puesta constantemente a la prueba de los hechos y de la experiencia en la práctica. Por lo demás, la comprensión de los mecanismos familiares, la penetración de los ritos y el estudio de las lenguas tendrán que aguardar a la llegada de los misioneros-etnógrafos y exigirán años de investigación y observación.

El poder de Moctezuma —el "Gran Orador"— no ha dejado de intrigar y de cautivar a nuestros conquistadores, que muy pronto comprendieron que él constituía el elemento esencial del tablero político mexicano. El dominio del *tlatoani* mexica les parece extenso y frágil. Los españoles tienen la experiencia de ello en la Vera Cruz cuando se encuentran con los enviados de Moctezuma, en Cempoala, y sin gran dificultad capturan a los cobradores del tributo, y también en la ciudad de México. La dominación mexica está fundada, pues, en el tributo, la guerra de conquista y la amenaza de represalias. También es una dominación reciente ya que se remonta al establecimiento, en 1428, de la Triple Alianza, que reúne a tres ciudades del valle de México: Tacuba, Texcoco y México-Tenochtitlan. A lo largo de todo el siglo XV, esta especie de confederación había extendido su dominio sobre las mesetas hasta alcanzar las costas cálidas del Pacífico y del Golfo de México. Los ejércitos de las ciudades del valle se lanzaron a expediciones cada vez más lejanas, hasta llegar a Guatemala a fines del siglo XV.

Pero, a falta de una logística satisfactoria —la rueda, aunque conocida, no se utiliza, no existen bestias de tiro, y todos los bagajes y víveres circulan a lomo de hombre—, ¿podría llevar más allá sus incursiones la Triple Alianza? No mantenía ejércitos de ocupación ni poseía guarniciones más que

[45] *Ibid.*, pp. 280 y 297; véase *supra*, cap. VI, p. 201.

en la frontera del noroeste, al borde del hostil Michoacán. La tutela de la Triple Alianza, potencia nueva, también es impugnada, no sólo por los pueblos periféricos como los totonacas, sino también por otros nahuas, como esos tlaxcaltecas que deciden apoyar a Cortés, o hasta esas ciudades sometidas y esos aliados que soportan cada vez con mayor irritación el verse confinados a las márgenes del poder. Si Cortés hace del poder de Moctezuma una "tiranía" fundada sobre la fuerza y si presenta sistemáticamente su avance como una guerra de liberación es porque, más allá de las necesidades de su propaganda, ha evaluado la precariedad de su principal adversario.[46]

Del ejército de Moctezuma, los españoles no tienen más que una visión externa, captada a través de señas aparentemente familiares —las divisas, los escuadrones, los penachos rutilantes, las astucias de la guerra— o anonadantes, como el sacrificio humano y la antropofagia, patrimonio de los guerreros. Son sensibles a la importancia dada al valor y a unas normas en las cuales creen reconocer su propia ética militar y sus propias referencias, ellos, a quienes gusta compararse con Héctor y con el Rolando de la leyenda. Sin duda, los veteranos de las guerras de Italia eran los más capaces de juzgar la bravura del adversario: "Juraron muchas veces a Dios que guerras tan bravosas jamás habían visto en algunas que se habían hallado entre cristianos contra la artillería del rey de Francia ni del gran Turco; ni gente como aquellos indios con tanto ánimo cerrar los escuadrones vieron." Si la inferioridad del armamento indígena es reconocida por unanimidad, los españoles no ignoran ya que las tropas indias saben engañarlos o aterrarlos, y que explotan un notable servicio de información, que hace gran uso de la imagen pintada.[47]

Los invasores han comprendido desde su estadía en la costa que el tributo impuesto a las comarcas vecinas es una sangría para las riquezas del país, que se lleva a México-Tenochtitlan. Las listas de productos entregados por los pueblos sometidos y los satélites estaban detalladas en unos registros policromados, que Cortés se apresura a consultar para identificar la naturaleza y la procedencia de los bienes que afluyen hacia el valle de México. Una parte del tributo iba a dar al mercado de Tlatelolco, que ellos acababan de observar a su gusto. Los santuarios "magníficamente construidos" que los invasores identifican con torres y con mezquitas, los sacerdotes indígenas vestidos de negro, de cabellos largos, y la proliferación de los ídolos constituyen otro punto de observación. Los complejos ritos desafían toda descripción y comprensión, y algunos hasta horrorizan, como las ofrendas de corazones humanos y de sangre con que embadurnan los rostros de los ídolos. La frecuencia del sacrificio humano y su escala confirmada en México-Tenochtitlan horrorizan los espíritus mientras, paradójicamente, ofrecen un argumento importante a una cristianización concebida como una reorientación del fervor ritual: "es cierto que si con tanta fe y

---

[46] Cortés (1963), p. 34: "dejé toda aquella provincia de Cempoal y toda la sierra comarcana a la villa [...] muy seguros y pacíficos [...] Dijeron que me rogaban que los defendiese de aquel grande señor que los tenía por fuerza y tiranía y que les tomaba sus hijos para los matar y sacrificar a sus ídolos".

[47] *Ibid.*, pp. 386 y 379.

fervor y diligencia a Dios sirviesen, ellos harían muchos milagros". Sin embargo, habrá que proceder a la destrucción de los ídolos como se ha hecho en otros lugares, pero cuidando las formas. En cambio, otras prácticas parecían salvables. Las respuestas dadas por los ídolos parecen regular tan bien la actitud de los indios que los españoles, que saben de magia y de astrología, no vacilarán, llegado el caso, en orientar esos oráculos en el sentido que les convenga.[48]

EL DESENLACE

Cortés había imaginado un plan pacífico: Moctezuma reconocería sin violencia la soberanía del emperador Carlos y ordenaría que le entregaran el tributo; el conquistador omnipotente llegaría a hacer reconocer por doquier su autoridad, a imponer sus imágenes divinas —entiéndase el cristianismo—, y se consagraría a hacer el inventario de las riquezas del país. Es este plan el que Cortés presenta a la posteridad como versión auténtica de los hechos y que describe en su *Segunda Carta*. Moctezuma, ahora rehén de los conquistadores, debería plegarse en lo esencial a las exigencias de los invasores.

¿Cuál fue la realidad? La situación que prevaleció durante algunos meses debióse, sin duda, en mucho a las incomprensiones acumuladas de una y otra parte. Los españoles pudieron interpretar la actitud de Moctezuma en el sentido de sus expectativas, y los indios pudieron equivocarse ante las exigencias de una soberanía misteriosa de la que ignoraban todo. La situación no carecía de precedentes: evocaba la que durante un tiempo y algunos años antes de la caída de Granada, había sido la del príncipe musulmán Boabdil quien, a cambio de su libertad, aceptó pagar un tributo a Isabel *la Católica* para conservar su trono. Lo que no impidió que las presiones de los españoles y hasta su irrupción en torno de la persona del "Gran Orador" minaran el aura que le rodeaba. A los ojos de los indios, el hecho mismo de que los intrusos se hubieran apoderado de su persona, que ligaba físicamente el reino al cosmos, era un gesto que podría paralizar las resistencias y, a la vez, poner en peligro al país.

Luego, la historia se complicó y la invasión estuvo varias veces a punto de terminar en la derrota completa y en el exterminio de los invasores. El soberano mexica demostró estar perfectamente informado de las etapas de la invasión: en sus conversaciones con Cortés evocó las expediciones de 1517 y 1518, y las batallas sostenidas en Tabasco y en Tlaxcala, sobre las que sus espías le habían llevado imágenes. Los mexicas habían tenido tiempo de tomar la medida a sus visitantes y reducirlos a su dimensión humana.

La superioridad tecnológica de los europeos quedaba ampliamente compensada por la superioridad numérica de los ejércitos de la Triple Alianza, y además ya se habían inventado recursos para impedir el desplazamiento de los caballos. Así, los indígenas habían adoptado la costumbre de exca-

---

[48] Cortés (1963), pp. 24-25 y 74-75. Sobre el episodio de la destrucción de los ídolos de México-Tenochtitlan, Gruzinski (1990), pp. 5-69.

var unas fosas profundas en las que plantaban picas, sobre las cuales iban a empalarse las monturas. Más adelante, en 1521, unas canoas "acorazadas" resistirían los tiros de las armas de fuego. La táctica indígena fue evolucionando y se adaptó a las prácticas del adversario: los mexicas, contra su costumbre, lanzaron ataques de noche o en terreno cubierto. Por otro lado, si las epidemias de viruela diezmaban a las tropas de México-Tenochtitlan, tampoco perdonaban a los indios de Tlaxcala o de Texcoco, que apoyaban a los españoles.

Mientras los mexicas ideaban eventuales respuestas, Cortés había debido alejarse de México para hacer frente a una flota enviada desde Cuba, al mando de Pánfilo de Narváez, con el designio de ponerlo fuera de combate. Era la ocasión soñada por Velázquez y por Moctezuma de desembarazarse del conquistador, tomado entre dos fuegos. Cortés hábilmente logró anular la amenaza de Narváez, uniéndose, sobornando o derrotando al adversario. Ironía de la suerte: esta vez tocó a los hombres de Cortés el turno de sufrir el tradicional requerimiento de parte de la gente de Narváez mientras que, de ordinario, eran los indios los que pagaban. Pero el orden quedó más prontamente restablecido entre los españoles de México que en la metrópoli, donde, desde los primeros meses del año 1520, comenzó la insurrección de los comuneros.

Durante la ausencia de Cortés, su lugarteniente Pedro de Alvarado, que se había quedado en Tenochtitlan, fue invadido por el miedo y masacró, preventivamente, a una parte de la nobleza mexica (23 de mayo de 1520). Éste fue el fin del *statu quo*. La política de contemporización seguida por Moctezuma fue rechazada por los otros príncipes. La ciudad se levantó en armas. Cortés, que volvió al rescate, no pudo aplacar los ánimos, y Moctezuma pereció en un enfrentamiento. Pronto hubo que evacuar la ciudad en el curso de una desastrosa retirada, en el pánico de la Noche Triste (30 de junio de 1520).

Las pérdidas fueron grandes: centenares de españoles murieron. El tesoro acumulado cayó al lodo de los canales, y los mexicas liberaron a algunos de los hijos de Moctezuma, entre ellos a una hija de 11 años, Tecuichpotzin, "Princesita". Bernal Díaz, abrumado por la derrota, no podía sospechar que en Castilla, en plena rebelión, las tropas reales estaban a punto de reducir a cenizas la mitad de Medina del Campo, su ciudad natal. La derrota de los conquistadores ocurría en el momento en que la metrópoli caía en la guerra civil. Y sin embargo, los que escaparon pudieron rehacer sus fuerzas en Tlaxcala y, gracias al apoyo de sus aliados indígenas, prepararon el sitio de la ciudad de México. La decisiva colaboración de los indios salvó a Cortés del aniquilamiento y precipitó el de los odiados mexicas. La ciudad fue rodeada y sometida a un verdadero bloqueo. Después de 93 días de encarnizados combates, en que los conquistadores estuvieron cerca de la catástrofe, el 13 de agosto de 1521, día de san Hipólito, la ciudad cayó en manos de los invasores y de sus aliados.[49]

[49] Sobre un análisis reciente de las causas de la derrota mexica, Hassig (1988), pp. 236-250, y Gillespie (1989), pp. 227-230. Véase también, sobre los aspectos simbólicos, David Carrasco, *Quetzalcóatl and the Irony of Empire. Myths and Prophecies in the Aztec Tradition*, Chicago,

Cuando cesaron los combates y dejaron de escucharse los gritos de guerra de los indios, cuando, por fin, en lo alto de los templos guardó silencio la
melopea lancinante de los tambores y de las trompas, reinó un silencio de
plomo que debió resonar en las orejas de Bernal Díaz hasta el fin de sus
días. En el sol y la lluvia de esas jornadas de agosto, "el suelo y laguna y
barbacoas todo estaba lleno de cuerpos muertos y hedía tanto que no había hombre que lo pudiera sufrir". A los vencidos mexicas no les quedaría
más que desesperación para cantar a las aguas enrojecidas de sangre, el
éxodo desordenado de las barcas hacia refugios inverosímiles, los cautivos
marcados con hierro candente en la mejilla o cerca de los labios, los niños
ahogados o pisoteados.[50]

El año de 1521 fue feliz para Carlos V. A miles de kilómetros del valle de
México, en abril, sus ejércitos aplastaban a los comuneros en Villalar; en
junio deshacían a los franceses que se habían aventurado por Navarra, y
recuperaban Pamplona: allí, Ignacio de Loyola recibió su célebre herida.
Pocos meses después, el 1° de diciembre, en la frontera del norte, las tropas de Carlos arrebataban Tournai al rey de Francia, quien, en Italia, también era arrojado de Milán. Los franceses, como los mexicas y los comuneros, siguen siendo, sin disputa, los grandes perdedores de ese año de gracia
de 1521. "Tampoco se olvidarán de este año los franceses", recordará, sar-
cástico, el cronista franciscano Motolinía, desde su lejano convento mexicano. Como tampoco olvidarán que en la lista de los soberanos caídos en
manos de los españoles, después de Moctezuma y antes del Inca Atahualpa,
aparece, en lugar importante, Francisco I, rey de Francia, capturado después de la derrota de Pavía en 1525. El rey fue conducido al Alcázar de Madrid donde Oviedo —que, decididamente, está en todas partes— asegura
haberlo visto y hablado con él, como Bernal Díaz había hablado con Moctezuma.

Y sin embargo un punto negro vino a empañar el buen año de 1521:
Solimán *el Magnífico* toma Belgrado, lo que le abre la llanura húngara. La
amenaza turca apunta al corazón de una cristiandad imperial, más dichosa en América.[51]

Chicago University Press, 1982, pp. 198 y *ss;* y Tzvetan Todorov, *La conquête de l'Amérique, la
question de l'autre*, París, Seuil, 1983.

[50] Motolinía (1971), p. 24; Ángel Ma. Garibay K., *Historia de la literatura náhuatl*, t. I, México, Porrúa, 1971, p. 90; Sahagún, IV, pp. 162-163.

[51] Oviedo (1974), p. 286.

IX. NACIMIENTO DE LA NUEVA ESPAÑA

> Esta tierra de la Nueva España es semejante a España, y
> los montes, valles y llanos son casi de la misma manera,
> excepto que las sierras son más terribles y ásperas; tanto,
> que no se pueden subir sino con infinito trabajo. [...] Hay
> muchas especies de frutos semejantes en la apariencia a
> los de España, aunque al gustarlos no tienen aquella per-
> fección, ni en el sabor ni en el color. Bien es verdad que
> hay muchos excelentes, y tan buenos como pueden ser
> los de España; pero esto no es lo general.
>
> EL CONQUISTADOR ANÓNIMO

AUNQUE las mujeres escasearan, no habría parecido decente invitar al banquete de la victoria a la viuda de Juan Portillo. El capitán había muerto al
mando de su bergantín, en algún lugar del lago que rodeaba la capital mexica. En Coyoacán, al sur de la ciudad de México, se bailó al son de la viola
de Ortiz, y el músico tocó unos aires que acaso se asemejaran a las composiciones de su ilustre homónimo de Toledo, Diego Ortiz. Un navío, opor-
tunamente llegado de las islas, había desembarcado en la Vera Cruz un
cargamento de vinos y de cerdos, con los que se deleitaron los fatigados
comensales. Al cabo de meses de tensión y de privaciones, el festín acabó
en la embriaguez. De todas partes brotaron las frases más alocadas: unos
invitados, dejándose llevar por el delirio, ya se imaginaban montados en
caballos con sillas de oro, y los ballesteros gritaban que pronto dispararían
flechas del mismo metal.

No se había invitado a todos los combatientes, y las frustraciones mal contenidas de los discriminados sólo fueron una señal precursora de los
conflictos que ya no dejarían de agitar ese microcosmos colocado bajo el
signo del desorden y del desconcierto, pero también del aniquilamiento y
de la muerte: afuera, mientras las parejas danzaban al son de algunos músicos, sobre las aguas cenagosas del lago flotaban los cadáveres hinchados
de indios con ojos desorbitados.[1]

---

[1] Díaz del Castillo (1968), t. II, p. 66; Motolinía (1971), p. 25: "el agua cenosa de la laguna de
México en lugar de peces dio ranas, en la cual andaban los muertos hinchados, sobreagua-
dos, a manera de ranas tienen los ojos salidos del casco, sin cejas ni cobertura, mirando a
una parte y a otra, denotando en esto que los pecadores son disolutos sin guarda del corazón,
y éstos eran los que en esta plaga murieron, y andaban sus cuerpos ansí en el agua, como en
tierra, hediendo como pescado hediondo, de lo cual muchos enfermaban". Sobre el músico
Diego Ortiz, del que se sabe poco, y su obra para la viola, el disco de Jordi Savall, Diego Ortiz,
Recercadas del trattado de Glosas 1553, CD Astrée Auvidis E 8717; sobre el Ortiz de la Conquista "muerto a manos de los indios", Díaz del Castillo (1968), t. I, pp. 86, 92, 112, 117 y 153,
y t. II, p. 349.

EL DILEMA DE LOS VENCEDORES

Después de la rendición, ¿qué son los vencedores sino, en realidad, sobrevivientes? Un puñado de hombres devorados por el temor a una rebelión
indígena que los barrería a todos y que no dejaría de ellos sino las cajas
sangrientas de sus tórax abiertos. Por esta razón, y para llevar a su término
la conquista —la "pacificación" del país—, durante varios años los españoles continúan llevando vida de soldados. A decir verdad, aún no existe una
sociedad colonial, sino una simple fuerza de ocupación. Viven en grupo:
los pocos españoles que se arriesgan a vivir aislados en los pueblos indígenas, aventureros, vagabundos o prófugos de la justicia, suelen desaparecer
sin dejar huella, asesinados y —la obsesión de muchos— devorados por los
indios. El país, protegido por sus bosques y sus cordilleras, sigue siendo en
gran parte una tierra misteriosa: unos rumores hablan de montañas pobladas de gigantes, de una Señora de la Plata que, del otro lado de las sierras,
reina en un palacio cuyos pilares "cuadrados, ochavados, torcidos" eran de
plata maciza. El horizonte fabuloso de las novelas de caballerías —los tesoros de la Isla Firme entusiasmaban a los lectores de Amadís— limita lo
que en adelante se conocerá como la Nueva España y que, en el siglo XIX, se
llamará México. La Conquista o el Descubrimiento no se asemejan en
nada a la ocupación progresiva del espacio señalado, que los mapas o los
viajes nos han hecho ya familiar. El terreno hollado por los europeos sigue
hundido en una nebulosa de fantasmas en que lo increíble no sólo es posible sino ardientemente deseado.[2]

El porvenir de esos conquistadores es tan incierto como las lejanías que
los intrigan. El desarraigo no es una prueba nueva, pero quienes se habían
habituado al mundo insular deben acostumbrarse a otro clima —templado
en el altiplano, fresco en las montañas—, a otros alimentos un espacio que
esta vez no es tan dominable como el de las Antillas. El México que comienzan a explorar los conquistadores equivale, por su superficie, a la Europa
occidental, y es aún más extenso si se incluyen los territorios infinitos del
norte que hoy forman parte de los Estados Unidos. ¿Quedarse en esta tierra
hostil, pero rica? ¿Revender los pueblos recibidos en encomienda y volver
a Castilla, a las islas o a otras partes, después de explotarlos al máximo repi-
tiendo la experiencia antillana? Movilidad e inestabilidad son indisociables

---

[2] Oviedo (1547), f. CLXXXIV°: "en todas las processiones que los christianos hizieron en el
tiempo que es dicho —que fueron muchas para que los librasse Dios de tanta multitud de
enemigos— assí como yvan en dos vandos ordenada la procession, allí junto por la parte o
costados de fuera a cada uno le llevavan su cavallo de diestro con las dargas en los arzones y
dos o tres hombres armados a par de cada cavallo. Y siempre quedavan en la ciudad por las
otras partes que la procession no yva, seys o siete alguaziles con gente de ronda que guardavan en tanto que las oras se dezían, en las partes que se devía hazer la guarda"; Zuazo (1971),
p. 363: "afírmase por ciertas conjeturas que detrás de las dichas sierras está una dama principal que llaman los castellanos Señora de la plata: dicen cosas acerca desto que yo no las oso
escribir [...] porque son cosas increíbles: baste que diz que tiene esta señora tanta plata, que
diz que todos los pilares de su casa son hechos della, cuadrados, ochavados, torcidos y todos
macizos de plata".

de esta masa humana que, después de abandonar Cuba —la partida de Cortés y luego la de Narváez habían despoblado a la isla de sus españoles—, como una tenue película, se ha depositado sobre las sociedades mexicanas. Vencidas, políticamente desmanteladas y ya víctimas de las enfermedades, éstas aún constituyen, empero, la armadura social y económica del país, sin dejar de conservar de su lado el gran número de hombres.

La lasitud, el temor o el señuelo de la aventura incitan a unos españoles a abandonar el país. Algunos tomarán el camino del Perú, como aquel Juan de Herrada al que Cortés había enviado en misión al Santo Padre y que, al no obtener en la Nueva España los indios que codiciaba, se unió a los Almagro en las guerras del Perú. Otros miran al Asia. La búsqueda de las islas de las perlas, las tierras del oro y de la *especiería* provoca expediciones hacia la Mar del Sur, el océano Pacífico. Cortés, a comienzos de los treinta, pensará en ponerse a la cabeza de una flota nueva: "tuvo voluntad de ir a poblar [...] siempre tuvo pensamiento de descubrir por la Mar del Sur grandes poblazones". Cuando al borde del agotamiento y al cabo de innumerables dificultades alcanza la costa de California, se necesita todo el amor de su esposa doña Juana de Zúñiga para convencerlo de volver a sus tierras mexicanas, a ocuparse de ella y de sus hijos. Decididamente, la península de California no se asemejaba casi a la de las novelas, atiborrada de oro y poblada de amazonas negras sometidas a la bella Calafia. Con las manos vacías Amadís-Cortés regresará a su hogar.[3]

La enfermedad mina y mata a los hombres que ya se han instalado o que acaban de llegar. El "dolor de costado" ataca a los magistrados; la sífilis (o el pian) —las bubas— contamina a los soldados, capitanes o administradores; la modorra, forma aguda de languidez, diezma a los primeros dominicos y mata a su prior y al juez Luis Ponce, después de haber aniquilado a una parte de las tripulaciones de los navíos que habían traído la epidemia. Incapaces de curar esos males, los españoles apenas notan su aparición en tierra mexicana. Las enfermedades vienen a añadirse al agotamiento de los viajes por tierra y por mar, y desorganizan más de una vez la instalación del poder y la progresión de las conquistas. Cierto es que sus efectos sobre los invasores están lejos de compararse con los estragos fulminantes e irreversibles que causan entre los indígenas: la viruela que estalló en los parajes de la Vera Cruz en 1520 cunde por todo el país al año siguiente: los 22 o 25 millones de indios de 1519 no serán más que 16 millones 10 años después. Y sin embargo, este apocalipsis humano apenas estaba en sus inicios.[4]

LA SEGUNDA OLA

Si algunos hombres abandonan la Nueva España —se enumeran 500 partidas hacia 1530, y en 1534 no queda más que la mitad de los europeos—, otros desembarcan mal preparados, sin haber participado en los horrores

[3] "Pesquisa" (1971), p. 410; Suárez de Peralta (1949), p. 72; Díaz del Castillo (1968), t. II, pp. 287, 307 y 309.
[4] *Ibid.*, pp. 289, 247 y 263.

y las glorias de la Conquista: "que no saben qué cosa es guerra de indios ni sus astucias". Entre ellos hay artesanos, músicos, funcionarios reales, mercaderes, religiosos como el franciscano Diego Altamirano —pariente de Cortés, poco antes hombre de guerra, hábil político y negociador como los que exigen los tiempos— y *marranos* de Sevilla y de otros lugares, más o menos discretos. Desde 1528, varios de ellos acaban sus días en la hoguera, perseguidos por una Inquisición que aún funciona modestamente bajo la dirección de monjes evangelizadores y extirpadores de la idolatría. La Nueva España es una presa aún más atractiva que el antiguo reino de Granada y sus parajes más remotos: "y si algunos han procurado en esos reinos oficios entre moriscos, especial en las Alpujarras y en otra parte de montañas y sierras para poderse mejor aprovechar, o por robar, mucho y mejor aparejo es el de acá, y las personas son más aparejadas para ello y no hay remedio de se saber".[5]

Las nuevas oleadas de pobladores son vistas con ojo despectivo por los artífices de la Conquista: "es notorio que la más de la gente española que acá pasa, son de baja manera, fuertes y viciosos, de diversos vicios y pecados". Rencores, amarguras y celos ponen a los antiguos conquistadores en contra de esos oportunistas de todas calañas. A las rivalidades que habían opuesto desde el principio los partidarios de Cortés a los del gobernador de Cuba, Diego Velázquez, se añaden las que dividen a los sucesivos grupos de inmigrantes europeos. La primera sociedad colonial es una arena pulverizada en facciones y en clanes. Es una sociedad de "alta turbulencia", recorrida por redes móviles que se desgarran a fuerza de escándalos, de dagas, de libelos infamantes, de denuncias a la Inquisición; una sociedad que a cada instante corre el riesgo de hundirse en las luchas intestinas o de caer bajo la presión indígena, pero que se divierte en las justas lanzándose pullas incendiarias, como aquellos amigos de Cortés que, disfrazados de peregrinos, cantaban:

> Cumpliré mi romería
> Cumplida la perdición
> De todos cuantos
> Contra vos son.[6]

---

[5] *Ibid.*, p. 273: "verán cuánto va de los conquistadores viejos a los nuevamente venidos de Castilla, que no saben qué cosa es guerra de indios ni sus astucias"; *ibid.*, pp. 197-198: "dejemos de contar muy por extenso otros muchos trabajos que pasábamos y cómo las chirimías y sacabuches y dulzainas que Cortés traía [...] como en Castilla eran acostumbrados a regalos y no sabían de trabajos, y con la hambre habían adolecido, y no le daban música, excepto uno, y renegábamos todos los soldados de oírlo y decíamos que parecían zorros y adives que aullaban, que valiera más tener maíz que comer que música"; *ibid.*, p. 248; Greenleaf (1981), pp. 41, 27, 28, 38 y *ss.*; "Parecer de don Sebastián Ramírez de Fuenleal", en *Colección de documentos para la historia de México*, México, Porrúa, 1971, t. II, p. 182.

[6] *Ibid.*, p. 174; Cortés (1963), p. 444; "Parecer de Fray Domingo de Betanzos", en *Colección de documentos para la historia de México*, México, Porrúa, 1971, t. II, p. 192; Greenleaf (1981), pp. 16 y *ss.*; "Carta de Diego de Ocaña", en *Colección de documentos para la historia de México*, México, Porrúa, 1971, t. I, p. 536.

En ese mundillo circulan rumores sobre envenenamientos —los quesos blancos con arsénico tienen, en particular, mala fama— y corren las hablillas más desatadas: creyendo por un momento muerto a Cortés en Honduras, sus enemigos, regocijados, se precipitan a levantarle un monumento funerario y a adueñarse del poder. Entonces, las malas lenguas se ponen a decir que en los patios de los templos mexicas, las almas condenadas de Cortés y de doña Marina —la compañera-intérprete de todos los momentos— aparecen en medio de las llamas. Como si el viejo temor prehispánico a los fantasmas de los sacrificados se hubiese mezclado con los temores europeos... Los desbordamientos de todas clases, "el exceso terrible de los trajes y vestidos y asimismo... el desenfrenamiento de los juegos y juramentos" son la manifestación de una sociedad todavía sin normas y sin cimientos. En la frecuencia de la blasfemia se nota una libertad de expresión que refleja tanto las costumbres de la soldadesca como la disidencia mal contenida de los conversos o una innegable mala vida. Se aprovecha de los desfallecimientos o, más exactamente, de la ausencia de un marco eclesiástico, pese a la intervención de la Inquisición en algunos procesos resonantes.[7]

En uno de esos asuntos se ve mezclado un ayudante de Cortés, Rodrigo Rengel. Torturado por las bubas de la sífilis durante cinco años, Rengel gritaba que Dios no tenía el poder de curarlo ni de redimir a los hombres del pecado. Desde su lecho de dolor escupía las imágenes de los santos y ensuciaba los crucifijos. Cuando se sentía mejor se entregaba a los juegos de cartas y a los caballos, invocando la ayuda del demonio para ganar. No contento con llenar de blasfemias sus canciones, escupía al cielo y amenazaba a Dios mientras cantaba. Se divertía sádicamente mandando azotar a jóvenes indios, arguyendo que la idolatría no era más que un pasatiempo inofensivo. También se le acusó de hacer circular historias obscenas, y de haberse acostado con mujeres casadas y profanado unas capillas en la provincia de Pánuco. En su defensa, Rengel adujo "las penas excesivas, las tareas casi inhumanas de la conquista y de la pacificación" de la Nueva España, sin contar los sufrimientos que le infligía la sífilis. La réplica del acusado ilustra el estado de tensión y las privaciones en que vivían muchos conquistadores. Tales eran los efectos de la aventura mexicana sobre los organismos y los espíritus.[8]

Alejados de su terruño, esos hombres desarraigados no por ello dejan de llevarse sus enemistades regionales, como lo habían hecho ya en las islas. Como en otras partes, los castellanos desconfían de los vascos. Pero un grupo en particular hace la unanimidad en su contra: el que forma la facción o la banda de Medellín —la ciudad de Extremadura de donde eran

[7] Díaz del Castillo (1968), t. II, pp. 272 y 236: "dijo al factor delante de otras muchas personas que estaba malo de espanto porque yendo una noche pasada cerca de Tatelulco, que es adonde solía estar el ídolo mayor que se decía Uichilobos, do está ahora la iglesia de Señor Santiago, que vió en el patio que se ardían en vivas llamas el ánima de Cortés y doña Marina y la del capitán Sandoval y que de espanto de ello estaba muy malo"; "Parecer de los religiosos de Santo Domingo y San Francisco", en *Colección de documentos para la historia de México*, México, Porrúa, 1971, t. II, p. 551; Motolinía (1971), pp. 430, 431 y 436.

[8] Greenleaf (1981), p. 32.

originarios los padres, amigos y protegidos de Cortés, que ahí había visto la luz. Los viejos compañeros de armas del conquistador —como Bernal Díaz— no le perdonan arrojarse con su clan sobre la "Nueva España de la Mar Océano" en detrimento de quienes pagaron con su sudor y su sangre la conquista del país: "Que a todos cuantos vinieron de Medellín y otros criados de grandes señores, que le contaron cuentos de cosas que le agradaban, les dio lo mejor de la Nueva España." Lógicamente, la lealtad de estos hombres es ante todo y sobre todo para su protector: "todos esos palurdos no saben lo que es el yugo de tener un rey". En cuanto a los "cristianos nuevos" o marranos que intentan quedarse en México (pese a las órdenes de Carlos V, que los expulsó de las Indias), despiertan los celos y son víctimas de las denuncias. En la Vera Cruz o en las calles de México-Tenochtitlan, las siluetas "muy ajudiadas" con grandes túnicas, cubiertas de un sombrero negro redondo, a veces son las de grandes mercaderes o de notarios de la municipalidad. Redes de parentesco y relaciones de negocios agrupan a esas familias que la Inquisición mira con la mayor desconfianza.[9]

La repartición de los indios o, dicho de otro modo, las vicisitudes del sistema de la encomienda, constituyen un nuevo factor de inestabilidad. Los indios cambian de manos al ritmo de las facciones que se suceden en el poder; quienes los obtienen no saben cuánto tiempo los conservarán, y la Corona vacila en acordar encomiendas perpetuas, pese a las peticiones que llegan de todas partes reclamando la "perpetuidad". Esta precariedad del marco colonial, mal definido por ser embrionario —¿qué forma de jurisdicción hay que acordar a los encomenderos?—, aumenta aún más la opresión de los indígenas: "la cosa que más pena les da es mudar cada día señores nuevos".[10]

LAS PRIMERAS RAÍCES

Bandos, parcialidades y *chirinolas* que se hacen y se deshacen de acuerdo con las circunstancias y las repercusiones, evocan los mejores (o los peores) libelos de capa y espada. Sin embargo, algunos grupos parecen dispuestos a establecerse. Necesitan una base territorial. La obtienen instalándose en la Vera Cruz, en algunos barrios estratégicos y sobre todo en la gran ciudad conquistada.

Habiendo perdido a sus habitantes después de la rendición, la ciudad de México permanece vacía durante dos meses, hasta que los indios vuelven a instalarse en ella, poco a poco. A partir del año siguiente (1522), entre las ruinas y los escombros aparecen talleres en que pulula la mano de obra indígena: el centro de México-Tenochtitlan es repartido entre los vencedores, que cuentan con establecerse ahí en cuanto lo permita el avance de

[9] Díaz del Castillo (1968), t. II, p. 166: entre los beneficiarios de las larguezas de Cortés estuvieron sus deudos, Barrios, el esposo de la hermana de su difunta esposa, "para que no se le acuse del fallecimiento de su esposo", y criados de "grandes señores que le contaban cosas que le causaban placer"; *ibid.*, pp. 275 y 247; Greenleaf (1981), pp. 49 y 47.
[10] "Carta del licenciado Marcos de Aguilar" [8-x-1526], en *Colección de documentos para la historia de México*, México, Porrúa, 1971, t. II, p. 546.

los trabajos. En esta ciudad reconstruida —prudencia obliga— un canal separaba el sector español de los barrios indígenas, y cruzaban la vía de agua unos puentes de madera móviles que unían los dos sectores. En 1525, el barrio europeo cuenta con 150 hogares, o sea menos de un millar de personas. La ciudad recupera su animación de antaño, o poco menos: dos grandes mercados atraen a los parroquianos, aunque en ellos ya no se encuentran el oro, las plumas preciosas ni los jades de antaño. Plantas y legumbres de origen europeo, aclimatadas por los indios, empiezan a llenar los mercados, y Bernal Díaz conserva en la memoria la aparición de las primeras "natas y requesones", en ocasión de un suculento banquete ofrecido a un enviado del emperador en 1525. Algún tiempo antes de su muerte, el viejo Pedro Mártir imagina desde España la ciudad que lo fascina con su entusiasmo y su premonición habituales: "En la gran ciudad del lago que ha recuperado su aspecto imponente, pues ya se han reconstruido cincuenta mil casas, se han levantado treinta y siete iglesias, donde el indígena junto al español asiste piadosamente al culto cristiano, abandonando sus antiguas ceremonias y sus sacrificios de sangre humana que ahora y en adelante repugnan a esas poblaciones; y esta grata cosecha irá aumentando hasta lo infinito gracias a los ocho franciscanos que adoctrinan a los naturales con celo apostólico, a menos que los obstaculicen las disensiones de los nuestros..."[11]

Las moradas de los conquistadores, que se levantan sobre las ruinas de los palacios mexicas, se asemejan a pequeñas fortalezas con murallas almenadas, coronadas de torres, y capaces, llegado el caso, de hacer frente a una rebelión y de soportar un asedio. Cortés había hecho del palacio de Moctezuma su residencia en México, efectuando en él adaptaciones considerables "a la manera y modo de España". Este conjunto tenía algo, a la vez, de fábrica de armas y de harén oriental. Según Oviedo, el palacio de Cortés

no era menor que la casa o monasterio de Nuestra Señora de Guadalupe. Dentro de la qual avía casa de munición y artillería y cámaras de armas ofensivas y defensivas y muchas y cavalleriza para C. C. cavallos y apartamientos para hacer tiros de polvora y seis o siete herrerías que a la continua hazían armas y vallestas muy buenas. En aquella casa avía asímismo trojes y paneras para LXX o LXXX mil hanegas* de mahiz. Avía también casa de mugeres en cierta parte desta casa que digo donde estavan las hijas de los señores de aquella tierra con mas de otras cient mugeres. En las esquinas desta casa avía quatro torres con sus troneras. E todo el edificio de cal y canto con açoteas y terrados. La madera era de cedro...

En realidad, el conjunto del barrio español tiene el aire de una verdadera ciudadela. Una enorme fortaleza, el Arsenal —las atarazanas—, en el que se puede alojar una escuadra de bergantines, introduce otro toque medieval en el paisaje urbano. Para construir la fortaleza y los palacios, los santuarios demolidos son sistemáticamente transformados en canteras. Por último, la ciudad de México, diga lo que diga Pedro Mártir, es una ciu-

---

[11] Díaz del Castillo (1968), t. II, p. 80; Pedro Mártir (1965), t. II, p. 728.
* Una fanega tiena 55.5 litros

dad sin iglesia, o casi. Hasta 1528, una gran sala de un antiguo palacio hace las veces de capilla, mientras que el convento de San Francisco recibe los cuerpos de los difuntos: se había vuelto indispensable reservar en esta tierra pagana un espacio consagrado a aquellos cuyos huesos ahí quedarían para siempre.[12]

Las damas españolas escasearon en la Conquista. Apenas una decena, que abrieron el baile en el banquete de la victoria en Coyoacán en 1521: la vieja María de Estrada, Francisca de Ordaz, la Bermuda y algunas otras, frescas o menos frescas, viudas o casadas, a las que Bernal Díaz no dedica más que un párrafo, que acabó por borrar enteramente en el manuscrito original de su obra. Hubo mujeres que vinieron a unirse con sus maridos; otras, que eran célibes y a veces nobles, desembarcaron en busca de un marido audaz y con fortuna. Algunas volvieron a casarse con españoles que habían "olvidado" a sus mujeres en Castilla, y los bígamos no siempre fueron descubiertos por una Inquisición abrumada de trabajo. Mientras que el grupo de los conquistadores había sido casi íntegramente masculino, la sociedad que surgió en el decenio de 1520 empezó a mostrar un lento emparejamiento de los sexos, tan lento que en 1539, de los 500 invitados a un banquete que reunió a la élite de la Nueva España, sólo se mencionarán 200 damas. La mujer europea continuó siendo un bien raro y codiciado, la heredera más aún, y las esposas de los conquistadores que fueron a batirse a Honduras con Cortés recibieron la orden de volver a casarse, al punto, cuando se creyó que sus esposos habían desaparecido. A este respecto, las españolas casi no parecen haber tenido más libertad de movimiento que las indias.[13]

Se objetará que esas dificultades y esos desequilibrios no hacen más que reproducir unas situaciones ya vividas en las islas. Sin embargo, una diferencia importante distingue la ocupación de México de la del Caribe: la presencia abrumadora del mundo indígena, que en la ciudad de México adopta la forma de una sociedad urbana que no es cristiana ni judía ni musulmana.

El aprendizaje de la coexistencia

¿Cómo percibían su medio los nuevos amos? En buena parte, contemplaban a los seres vivos y los edificios que los rodeaban a través del prisma del Islam. Desde hacía siglos las ciudades ibéricas abrigaban barrios no cristianos en que se agrupaban los judíos y los moros, un poco a la manera en que los indios habían quedado acantonados en un sector de la ciudad de México. Los sacerdotes indígenas eran considerados como ulemas, y los santuarios paganos, como mezquitas. Se creía que los indios practicaban la circuncisión "a la manera de los moros o de los judíos". Se les veía cele-

---

[12] Oviedo (1547), f. clxxxr°. *El Conquistador Anónimo* (1970), p. 24: "*Sono in questa contrada o casteli di spagnuoli più di 400 case principali, che in niuna città di Spagna per si gran tratto l'ha migliore, ne grande, e tutte sono case forti, per esse tutte di calcina, e pietra murate.*"
[13] Díaz del Castillo (1968), t. II, p. 159; Motolinía (1971), p. 116.

brar sus matrimonios y practicar la poligamia "a la manera de los moros". Cortés todavía en 1524 se vale de la expresión "gran mezquita" para designar el santuario principal de la ciudad de México. Para unos es un reflejo, un clisé cómodo para subrayar la diferencia y expresar toda la ambivalencia que suscita una sociedad que se rechaza, pero cuya riqueza no se puede menos que admirar; para otros, los indios pura y simplemente "son de generación de moros". La "casa de las mujeres" que abrigaba, en la morada de Cortés a decenas de indias, de mujeres nobles y sus servidoras sobre las cuales debía reinar doña Marina, la compañera del conquistador, era como un harén en el que se fundían la tradición mora y la tradición india con África y América.[14]

Es probable que el considerable abismo cultural que, con la perspectiva, nos parece que separa a vencedores y a vencidos, no fuese visto de la misma manera por los conquistadores. También en este caso se imponía a sus espíritus el precedente de Granada. Muchos de los recién llegados conocen la ciudad mora, y uno de los primeros personajes de México, el oficial del tesoro Gonzalo de Salazar, se jactaba de ser el primer cristiano nacido en Granada. Ello tal vez explique la mezcla de repulsión y receptividad que definió las relaciones entre españoles e indios: repulsión a la idolatría y a la antropofagia, moderada por la certidumbre de no poder subsistir sin la colaboración de los nobles y el trabajo de las masas indígenas. No olvidemos que, al menos hasta 1525, y en la capital, los sacerdotes paganos continuaron celebrando abiertamente sus ritos, con excepción de los sacrificios humanos, y que una especie de *statu quo* religioso regía las relaciones entre las comunidades, lo que no deja de recordar el que, en los primeros tiempos, habían obtenido los musulmanes de Granada.

Como en Granada, los límites de la tolerancia estaban mal definidos y eran mal definibles. Corrían historias obscenas de indios: se decía que los de Pánuco eran tan borrachos que cuando se fatigaban de beber el vino [del país] se lo hacían introducir por abajo con ayuda de una cánula, hasta que su cuerpo ya no pudiera contenerlo. Los caciques de las tropas indígenas que acompañaron a los españoles en la "pacificación" del país perseveraban discretamente en la práctica de la antropofagia: hacían cocer en unos hornos excavados en la tierra a los indios que habían matado, para luego repartirse su carne. Del rito clandestino a la oposición clandestina no había más que un paso. La desconfianza española, siempre alerta, era mantenida por la actitud de los nobles indígenas que vacilaban entre la colaboración y la rebelión a la vista de las interminables disensiones que acompañaban la imagen del vencedor. Desconfianza que impuso medidas criminales: en

---

[14] Díaz del Castillo (1968), t. II, p. 66: "primeramente la vieja María de Estrada, que después casó con Pero Sánchez Farfán y Francisca de Ordaz, que casó con un hidalgo que se decía Juan González de León; la Bermuda, que casó con Olmos de Portillo, el de México; otra señora mujer del capitán Portillo, que murió en los bergantines, y ésta, por estar viuda, no la sacaron a la fiesta e una fulana Gómez, mujer que fué de Benito de Vegel; y otra señora que se decía la Bermuda y otra señora hermosa que casó con un Hernán Martín [...]; y otra vieja que se decía Isabel Rodríguez, mujer que en aquella sazón era de un fulano de Guadalupe y otra mujer algo anciana que se decía Hernández..."; *ibid.*, p. 236. Motolinía (1971), p. 426. La ciudad de México abriga 150 hogares en 1525, o sea entre 600 y 700 españoles, hombres, mujeres y niños.

la ciudad de México el juez Zuazo —escapado de la isla de los Escorpiones— hizo destazar y devorar por los perros a unos notables sospechosos,
mientras que en Honduras, Cortés liquidó al último soberano mexica,
Cuauhtémoc, más para prevenir toda veleidad de levantamiento que para
castigar una pretendida conspiración. Por lo demás, este crimen estuvo
lejos de obtener la aprobación unánime: Bernal Díaz y sus compañeros se
mostraron profundamente escandalizados.[15]

Y es que desde la caída de la ciudad de México, los españoles ya no son
observadores-conquistadores. Pierden gradualmente su exterioridad para
formar parte integral de ese conglomerado híbrido al que se llama la Nueva España. Aunque la otredad original no se borra jamás, tiende a atenuar-
se en una coexistencia que, de un modo a menudo imprevisible, une a los
dos mundos. Sería erróneo imaginar dos ambientes monolíticos resuelta-
mente herméticos y sobrepuestos, aunque el orgullo de los vencedores, el
odio de los vencidos y la irreductibilidad de los modos de pensamiento tra-
zaban y volvía a trazar fronteras sin cesar.

Los conquistadores mantienen, desde los comienzos de la Conquista,
relaciones con los nobles que han escogido el camino de la colaboración.
La eficiencia y la bravura de los extranjeros cuya energía divina se espera
conciliar, la voluntad de derribar a cualquier precio la odiosa dominación
de México y la presión de las circunstancias produjeron alianzas sin las
cuales los invasores difícilmente habrían podido triunfar sobre los mexicas. A su vez, la compañía en las armas, el padrinazgo y el concubinato y
también el matrimonio tejieron unos nexos personales entre los nobles y los
europeos. Los ahijados reciben el nombre de su padrino español, y el onomástico de la nobleza indígena acaba por reproducir el de los conquistadores y de los representantes de la Corona: se multiplican los Cortés, los
Alvarado; un hijo de Moctezuma —el soberano difunto— es bautizado en
1525 como Rodrigo de Paz, nombre de un deudo de Cortés, por esa fecha
funcionario (alguacil mayor) de la ciudad de México.

A partir de 1526 las bodas indígenas celebradas según el rito cristiano
ofrecen una nueva ocasión de mezclar los usos de unos y otros: los nobles
mexicanos se entregan a sus danzas rituales después del banquete, ante los
ojos de los invitados españoles que ofrecen "al uso de Castilla [...] ajuar de
casa y atavíos" a los jóvenes esposos. Los europeos se acostumbran a recibir collares de flores y ramos fragantes, como se veían antes en manos de
los nobles que de esos suaves perfumes obtenían una energía divina. Si aprecian el sabor espirituoso del cacao, que juzgan "la cosa más sana y más
sustanciosa de todos los alimentos que se toman y de todas las bebidas que
se beben en el mundo", en cambio no parece que se hayan arriesgado a
consumir los hongos alucinógenos, cuyo uso se reservaba la nobleza. En
cambio, los podemos imaginar adornados de piedras de jade, añadidas a
sus collares de oro. La muerte del señor de Texcoco, aliado indefectible,
siembra la consternación entre los conquistadores, a los que, por lo demás,
no les repugna la idea de desposar a princesas indígenas. Las relaciones

[15] Zuazo (1971), p. 364; *El Conquistador Anónimo* (1970), pp. 25, 17; Motolinía (1971),
p. 14; Oviedo (1547), f. clxxxrº.

entre la aristocracia y Cortés se hacen tan estrechas que sus enemigos llegan a temer que en caso de rebelión del conquistador, los señores de México y de Texcoco se unan a sus filas.[16]

La práctica de los matrimonios mixtos no es una innovación: ya se le puso a prueba en las Antillas, pero aquí adquiere otro cariz: las princesas indias pueden pasar por ricas herederas que casan con los invasores cuando no suscitan rivalidades entre los europeos. Los sucesivos matrimonios de Isabel Tecuichpotzin nos ilustran lo anterior. La hija de Moctezuma, que se salvó del desastre de la Noche Triste, había estado unida a los dos últimos soberanos, Cuitláhuac y Cuauhtémoc. Viuda de esos príncipes, esta hermosa doncella casó con extremeños compatriotas de Cortés. El destino quiso que sus maridos, indios y españoles, con excepción del último, perecieran mucho antes que ella. El conquistador, que se enamorisció un tiempo de la princesa, la aprovechó para favorecer lo mejor posible sus intereses, mientras evitaba que la heredera cayese, nuevamente, en manos de la aristocracia mexicana. Isabel, sobreponiéndose a sus duelos, muy pronto se convirtió en una dama cristiana, rica y ejemplar, que murió rodeada de un lujo colonial.

En los hogares mestizos y europeos, los españoles se codean diariamente con sus servidores indígenas, consumen alimentos locales, se procuran objetos y tejidos mexicanos. Algunos hasta aprenden a descifrar las figuras de las pinturas indígenas y a leer las valiosas indicaciones que les dan sobre los tributos cobrados en los límites de los señoríos y de las tierras. Pero también lo contrario es cierto: las mercancías europeas atraen a los indígenas, los vinos les encantan y los embriagan: "los indios todos se mueren por consumir nuestros vinos". Por último, no olvidemos el papel de los niños: jugando con sus camaradas indígenas, el pequeño Alonso de Molina —que unos treinta años después redactará un notable diccionario— aprende su lengua hasta el punto de atraer la atención de los religiosos, escasos de intérpretes. A la recíproca, los jóvenes indios descubren lo que es un niño del otro lado del océano, mientras que los pequeños mestizos ignoran la suerte que les aguarda. Por medio de esos contactos materiales y físicos, los españoles se familiarizan con la tierra en que se han instalado. Tales complicidades a veces llegan hasta tolerar y casi alentar secretamente la idolatría de los indios; por lo menos esto es lo que se reprocha al maestre de campo de Cortés, el sifilítico Rengel, o al secretario Fernández del Castillo. Se puede comprender que los representantes de la Iglesia y de la Corona hayan mostrado las más expresas reservas sobre la capacidad de los laicos españoles para lograr con su "ejemplo" la conversión de las poblaciones indígenas.[17]

---

[16] Díaz del Castillo (1968), t. II, pp. 167, 288, 197 y 205; Motolinía (1970), p. 34; Oviedo (1547), f. CLXXXIV°; *El Conquistador Anónimo* (1970), p. 11: "*E questa bevanda la più sana cosa e della maggior sustanza di quanti cibi si mangiano e bevanda che si beva al mondo perche colui che beve una tazza di questo liquore, potrà quantunque camini, passarsene tutto il dì senza mangiare altro et è meglio al tempo del caldo, che del freddo, por esser di sua natura fredda.*"

[17] Motolinía (1971), p. 147; Díaz del Castillo (1968), t. II, p. 277; Mendieta (1945), t. II, p. 63; Oviedo (1547), f. CLXXXIIV°; Motolinía (1971), p. 113; Greenleaf (1981), p. 52.

LAS REACCIONES DE LOS VENCIDOS

Pero, ¿cómo reacciona Isabel Tecuichpotzin, hija de Moctezuma, ante sus maridos españoles, tres extremeños criados lejos del refinamiento de las cortes de México o de Texcoco? ¿De qué manera el orgullo de casta de quien era la viuda de Cuauhtémoc pudo adaptarse a esos papeles secundarios en el proceso de la conquista de México? En rigor, la podríamos imaginar más fácilmente en brazos del "dios" Cortés, que le dio una hija, Leonora.

No es fácil captar las reacciones de los vencidos, o siquiera de los aliados indígenas de los invasores. Los indios que habían sobrevivido al sitio de la ciudad de México nos han dejado unos asombrosos textos sobre la derrota que nos dan la medida del choque sufrido por los vencidos:

> Con esta lamentosa y triste suerte nos vimos angustiados
> En los caminos yacen dardos rotos.
> los cabellos están esparcidos
> Destechadas están las casas.
> enrojecidos tienen sus muros.
> Gusanos pululan por calles y plazas,
> y en las paredes están los sesos.
>
> [Trad. MIGUEL LEÓN PORTILLLA][18]

Pero, con raras excepciones, los testimonios de que disponemos son muy posteriores a la caída de México, y aun al decenio de 1520-1530, y fueron redactados, por tanto, en un medio ya impregnado de influencias europeas en el que ya se ha adoptado el bando de la dominación española. Quedamos así reducidos a imaginar el modo en que los indios se adaptan a ese "nuevo mundo".

Los meses transcurren, y la derrota desorganiza la vida ritual tradicional, a pesar de que no le pone un término inmediato: todos los que poco antes se entregaban afanosamente a las múltiples celebraciones prescritas por el calendario litúrgico se enfrentan ahora a una situación sin precedentes, alarmante si se piensa que los dioses hambrientos necesitan, más que nunca, sangre fresca. El tiempo —cuya importancia vital para los indios de México debe recordarse— no transcurre ya como antes de la Conquista, y todavía no ha sido remplazado o duplicado por el tiempo cristiano.

El antiguo orden político ha sido perturbado más profundamente. Nadie sabe cuál será la suerte de los príncipes que Cortés mantiene a su lado para vigilarlos mejor. La muerte de Cuauhtémoc hace prever siempre lo peor y el rango, por elevado que sea, ya no garantiza nada. ¿Qué parte de poder efectivo reclamarán los españoles en el gobierno del país, de los señoríos, de la administración de los barrios y de los pueblos? Al tiempo que se esbozan formas de coexistencia, la inseguridad y el temor reinan entre las filas de la nobleza india cuando ha elegido el bando equivocado o malos protectores.

---

[18] La "relación de Tlatelolco", en *Anales de Tlatelolco. Unos anales históricos de la nación mexicana y Códice de Tlatelolco*, versión de Heinrich Berlin, México, Porrúa, 1980, pp. 70-71.

Algunos de sus miembros desaparecen asesinados, otros prefieren marcharse a refugios lejanos, y otros más se resignan a rebajarse ante los españoles y sus colaboradores indígenas. Habitualmente se ve a indios apoderarse de las tierras de los aristócratas vencidos y cederlas a los españoles a cambio de un sombrero, unos zapatos, un atuendo europeo, fascinados por esos bienes de consumo. De hecho, y por razón misma de los nexos creados entre los invasores y los antiguos dirigentes, las turbulencias que agitan a los vencedores repercuten al punto entre los círculos indígenas. Basta que una encomienda cambie de manos para que el destino de los indios, la situación del señor local y sus relaciones con el ocupante queden en entredicho.

A pesar de todo, parece que con excepción de los elementos colaboracionistas y de las localidades del valle de México, la mayor parte de las poblaciones permanecieron ajenas al mundo de quienes las invadieron. Por el momento no pueden percibir más que reflejos confusos. El obstáculo de las lenguas, las vicisitudes de la circulación de la información y el muy pequeño número de los europeos limitan los contactos efectivos. La destrucción de los objetos de culto o las matanzas no son, por cierto, innovación en la tierra mexicana. Aunque el traumatismo de la derrota ha entristecido a los habitantes de la gran ciudad y el trastorno causado es formidable, sus repercusiones a mediano plazo son inimaginables. Muchos creen que los españoles, en minoría, volverán a la mar después de haber saqueado el país, por la sencilla razón de que los indios ignoran todo lo referente al universo del cual los invasores no son más que una minúscula vanguardia, la punta de un *iceberg* inconmensurable. Por lo demás, ¿cómo una sociedad podría concebir lo impensable, a saber, que está condenada no sólo a la sujeción sino al desmantelamiento y a la muerte?

Por doquier, aun en sitios donde nunca se ha visto un caballo ni a un español, llega el azote de las epidemias que diezman a las comunidades con mayor rapidez que el acero de las espadas y el fuego de los cañones. Las costas del Golfo y del Pacífico han perdido todos sus habitantes. Ni los sacerdotes de los santuarios, ni los impotentes curanderos, ni los mercaderes *pochteca* que aún circulan y que por doquier encuentran devastaciones, comprenden nada. Los dioses parecen no responder ya a los seres humanos. Los códices pintados han enmudecido en los colegios de los nobles, esos *calmecac* que pronto quedarán desiertos.

LA TENTACIÓN FEUDAL

En principio y en apariencia, el paso de los "señoríos" indígenas al dominio español se hizo con la mayor naturalidad del mundo, según un código feudal. Por iniciativa de Cortés, Moctezuma había ordenado a los indios entregar en adelante el tributo al rey de España, y el conquistador, por su propia autoridad, lo hizo cobrar. Se presentó por doquier una transferencia de soberanía: unos tras otros, los "señores naturales" —es decir, los que había antes de la Conquista— y sus súbditos reconocieron que eran vasallos del rey de España. Esto era realizar el viejo deseo de Isabel *la*

Católica. El emperador Carlos V remplazaba a Moctezuma después de haber recibido su homenaje. Este traspaso de poder, tan bien regulado y fundado sobre una terminología y una visión medievales, es lo que las *Cartas* de Cortés pusieron ante los ojos del emperador.[19]

En realidad fue Cortés quien sucedió al monarca mexica y a sus dos sucesores caídos, como si hubiesen sido potentados musulmanes vencidos por las armas. Si hemos de creer a las malas lenguas, Cortés "es Señor de la tierra y la ha de mandar [...] morirá con corona [...] todos los caciques y principales le tenían en tanta estima como si fuera rey y en esta tierra no conocen a otro rey ni señor sino a Cortés". Cuando abandona su palacio de México, cuyos patios en hilera hacen recordar el Laberinto de Creta, y al cual los indios acuden a rendirle homenaje, el nuevo Alejandro se desplaza rodeado de una verdadera corte: la inevitable doña Marina, capitanes y hombres de armas, una cohorte de príncipes y de caciques indígenas, un par de franciscanos flamencos, un mayordomo, pajes, un responsable de su casa, un bodeguero, toda una nube de servidores, cofres llenos de vajillas de oro y de plata, músicos, un volatinero, un titiritero, cómicos, halconeros, bestias de carga y, atrás, una piara de cerdos que levanta nubes de polvo a su paso.[20]

Fiestas y recepciones, juegos y arcos de triunfo, matrimonios y bautizos solemnes van marcando el avance del conquistador. Sus títulos de gobernador y de capitán general, el prestigio de sus victorias y la inmensidad de los mares que lo separan de la corte y hasta de La Española, otorgan a Cortés, en los primeros tiempos, un amplio margen de maniobra. Cortés gobierna el país de 1521 a 1524 —"muy bien y pacíficamente", según Bernal Díaz, que de ordinario no le perdona nada—. Más interesado en dominar a los hombres que en tomar posesión de la tierra, Cortés distribuye a los suyos, en encomienda, las comunidades indígenas, confiando a los titulares —o encomenderos— la tarea de negociar con las autoridades indígenas sobre los bienes y los servicios que esperan recibir de las poblaciones. En su carta del 15 de mayo de 1522, el propio Cortés se ve obligado a reconocer lo que él menoscaba la soberanía directa del emperador: "fueme casi forzado depositar los señores y naturales de estas partes a los españoles para que los dichos señores y naturales sirvan y den a cada español a quien estuviesen depositados lo que hubieren menester para su sustentación". Mejor aún: se echa a cuestas la tarea de restablecer o de confirmar a los señores indígenas en sus funciones tradicionales, distribuyéndoles "señoríos de tierras y de gente". Así, por ejemplo, en la ciudad de México, un príncipe indígena, el antiguo *cihuacóatl*, que poco antes fuera el segundo personaje de la corte mexica, es restituido en sus funciones. Como recuerdo de la promesa hecha a Moctezuma poco antes de morir, dota a su hija mayor Isabel Tecuichpotzin con el señorío de Tacuba, una de las tres capitales de la desaparecida Triple Alianza.

[19] Liss (1975), p. 34.
[20] Díaz del Castillo (1968), t. II, pp. 181, 276, 253-254 y 190: "una gran manada de puercos que venían comiendo por el camino".

Amo del país, Cortés se comporta como señor feudal, tanto más respetuoso de la soberanía del emperador cuanto que ésta es infinitamente lejana. Designa a los miembros del cabildo de la ciudad de México y de las principales poblaciones españolas de la Nueva España. Los miembros de esos cabildos forman parte del grupo de los encomenderos que se dedican a gobernar las poblaciones locales por intermediación de los caciques indígenas. Mediante el juego simultáneo de la encomienda y de las instituciones colectivas tradicionales —los alcaldes, los regidores, los cabildos y los procuradores, que supuestamente representan a los habitantes—, Cortés se propone crear unos enclaves que manipulará a su antojo. Mientras no deja de proclamar en alta voz que los habitantes de México son vasallos de la Corona, se dedica a instaurar un marco señorial y municipal que coloca a las comunidades indígenas bajo la férula de los nuevos señores locales, es decir, de los conquistadores.[21]

La política cortesiana consiste, al parecer a contracorriente, en implantar en la Nueva España el sistema que Isabel y Fernando habían combatido en España durante su reinado. Ahora bien, en la época de la conquista de México resurgen, explosivamente, veleidades de autonomía en la península: tal es el movimiento de los comuneros. La coincidencia no es fortuita. Ante situaciones que en ciertos aspectos son comparables —la carencia del poder central por muerte (Moctezuma) o por alejamiento (Carlos)—, los mismos grupos parecen recurrir en México y en España a soluciones paralelas. El proyecto cortesiano supone asimismo la existencia de una nobleza militar dispuesta en todo momento a defender el país por medio de las armas. ¿No ha reunido el conquistador en su casa una artillería considerable en detrimento de la fortaleza, "porque no entregó más que las paredes"? Si para Cortés la encomienda es un medio de evitar el desastre de las islas, la esclavitud sin freno y la despoblación acelerada, también es el fundamento de una política que intenta reproducir el modelo familiar de la Vieja Castilla, el de los señoríos, de los terruños y de las villas teniendo, sobre ese fondo de vasallaje, sus urdimbres basadas en alianzas, amistades y dependencias, con sus banderías... Recordemos la manera en que Cortés coloca, afianza y cuida a sus protegidos de Medellín, o el nombre que escogió para México, la Nueva España, que a la manera de un espejo remite a la tierra de origen. Este modelo feudal está lejos de ser propio de Cortés: en 1526 los notables y los religiosos de la Nueva España reclamarán al emperador, al unísono, que los indios sean donados como vasallos —"como los que tienen los caballeros en Castilla"— a los españoles, "mandando tomar en cuenta la calidad de la persona de cada uno". Por lo demás, no harán sino exigir la implantación del régimen señorial y municipal que sigue prevaleciendo en Castilla, donde la mayor parte del territorio, aun después de la derrota de los comuneros, se ha sustraído a la autoridad directa del soberano.[22]

21 *Ibid.*, p. 390; Cortés (1963), pp. 201, 229, 361; "Carta de Diego de Ocaña" [31-VII-1526], en *Colección de documentos para la historia de México*, México, Porrúa, 1971, t. I, p. 532; Le Flem (1989), pp. 185-186.
22 *Ibid.*, p. 536; Díaz del Castillo (1968), t. II, p. 166; "Carta del licenciado Aguilar", en *Colección de documentos para la historia de México*, México, Porrúa, 1971, t. II, pp. 546-548.

Pero el proyecto cortesiano oculta más cosas: un designio político que desborda la simple réplica feudal y señorial, para hacer de la figura de Cortés una expresión mayor de la expansión hispánica y de él uno de los primeros artífices de la occidentalización del Nuevo Mundo. Eso es lo que lo distingue de sus lugartenientes Cristóbal de Olid o Francisco de Las Casas, que intentaron, vanamente, instaurar reinos independientes en la América Central. Ese designio reposa en la obstinada voluntad de hacer reinar el orden y de asegurar la viabilidad de la Nueva España, así fuese desobedeciendo las órdenes del emperador. Cortés, "que en todo trataba de imitar a Alejandro de Macedonia", se propone ser a la vez soldado, letrado y propagandista de genio, hábil en sus *Cartas* para "vender" México y difundir una imagen halagüeña de su persona y de su política. Reúne todo lo que es de jurisdicción del joven imperio español, el conocimiento de la burocracia, el dominio de las armas y el de la pluma, el ojo habituado a la observación de las realidades nuevas. Si su experiencia administrativa en La Española y en Cuba no lo explica todo, sí lo ayuda a formular sus ambiciones y a organizar un aparato de gobierno, al tiempo que le evita dar pasos en falso.[23]

El solo nombre de Nueva España evoca más que el espejo del terruño abandonado. Remite a una realidad unitaria, que sabemos que aún no existe en la península. Una vez a la cabeza de la Nueva España, el soldado se transforma en administrador, favoreciendo el aprovechamiento de las minas, la búsqueda del oro y de la plata pero también la del hierro, del azufre y del salitre para confeccionar la pólvora de los cañones; se preocupa por los progresos de la agricultura y de la ganadería, con objeto de arraigar mejor a los nuevos poseedores en un medio que reproduzca al de España. Reclama que le envíen plantas y que se autorice la libre importación de caballos desde La Española. En sus ordenanzas de marzo de 1524 hace obligatorio el cultivo de la vid, del trigo, de los árboles frutales y de las legumbres de Europa, dondequiera que las condiciones se presten a ello, con la idea subyacente de que México no se volverá realmente fecundo sino bajo la dirección de los españoles y a la luz de la Revelación. Lo que hace de la Nueva España no una colonia en el sentido moderno del término, sino una provincia, o un "reino" del imperio, igual a Castilla o a Granada.[24]

"LA MÁS NOBLE Y POPULOSA CIUDAD..."

¿Por qué no haber abandonado México-Tenochtitlan a la ruina y a la podredumbre de las aguas? Otro golpe de genio: Cortés decide hacer de la ciudad de México la sede del gobierno en una época en que España no posee aún capital fija, en que la corte de Carlos circula de una ciudad a otra, en que el poder itinerante se traslada sin cesar de Barcelona a Bruselas, de

Manuel Giménez Fernández, "Hernán Cortés y la revolución comunera en la Nueva España", en *Anuario de Estudios americanos*, t. V, 1948, pp. 1-144.
    [23] Cortés (1986), p. 41; Díaz del Castillo (1968), t. II, p. 121.
    [24] Cortés (1963), pp. 240 y 349.

Sevilla a Toledo, de Granada a Burgos. El gesto es simbólico, político y psicológico: manifiesta a indios y a españoles la voluntad de anclar localmente el poder español y hace de esta nueva dominación la heredera de la dinastía mexica.

No se cambia el nombre de la ciudad para darle un nombre español, sino que continúa llamándose Tenuxtitlan (Tenochtitlan) o México en la correspondencia oficial que se intercambia con España y la Corona. Esta decisión es tanto más juiciosa cuanto que se inscribe en la visión indígena que colocaba en la ciudad lacustre el centro del mundo. Se concreta mediante la destrucción del gran templo —centro del Centro—, que es inmediatamente sustituido por el proyecto de edificar un santuario cristiano tras una breve fase inicial —antes de la guerra y del sitio— de coexistencia de los simulacros indios y cristianos, de los ídolos y de los santos. Lo cual no quiere decir que Cortés haya pretendido, a sabiendas, explotar las antiguas cosmologías indígenas. Por lo contrario, es probable que haya captado, a través de sus conversaciones con Moctezuma o con sus adversarios, la influencia y el prestigio adquiridos por México-Tenochtitlan. De ahí la ambición desmesurada del proyecto cortesiano: hacer de México en cinco años "la más noble y populosa ciudad que haya en lo poblado del mundo y de mejores edificios", como si el conquistador hubiese tenido la presciencia de lo que llegaría a ser la capital de México a finales del siglo XX, la primera de las megalópolis del planeta. ¡Jamás a Granada, conquistada y condenada —pese a sus esplendores— a seguir siendo periférica, se le asignó semejante destino![25]

La Corona había obligado al conquistador a hacer un trazado urbano que fuera lo más regular posible. De hecho, la reconstrucción fue esbozada desde antes de recibirse las instrucciones reales. Obedeció a un plan confiado a Alonso García Bravo, soldado y "muy buen jumétrico", secundado por otro conquistador, Bernardino Vázquez de Tapia. La nueva plaza es construida desde 1522, y una catedral debe remplazar al templo de Huitzilopochtli. Se conserva el trazo de tablero de ajedrez o traza, que en adelante servirá de trama a todas las ciudades españolas del continente. La herencia de la villa romana y de la bastida medieval, perfeccionada en Santo Domingo sobre un terreno virgen, se funda aquí en la tradición indígena —se conservan las grandes calzadas y los canales de antes— y se pliega a las viejas limitaciones lacustres. El resultado es un tablero imperfecto, pues si las calles son rectilíneas y se cortan en ángulo recto, la conservación de los palacios de Moctezuma, deseada por Cortés, impidió establecer una correspondencia estricta entre los ejes de circulación. Este encuentro formal de dos urbanismos nos lleva lejos de las especulaciones gráficas de Durero. Mientras que la intervención cortesiana se enfrenta a una realidad en proceso de devenir, la ciudad ideal del pintor de Nuremberg se inspira en la ciudad prehispánica, en la imagen de un mundo perdido, como si ya los europeos prefirieran pensar en lo exótico y en la otredad absoluta más que en su encuentro cuerpo a cuerpo con el mundo que han trastornado.[26]

---

[25] *Ibid.*, pp. 328 y 231: "puede creer Vuestra Sacra Majestad que de hoy en cinco años será la más noble y populosa ciudad que haya en lo poblado del mundo y de mejores edificios".
[26] Porras Muñoz (1982), p. 20.

La ciudad de México representa una etapa inédita en la expansión mundial del urbanismo occidental: el surgimiento simultáneo de la razón "urbanista" —desplegada en la traza— y de la "villa híbrida". La villa híbrida brotó de la coexistencia forzosa de una sociedad quebrantada y de un enjambre de depredadores; a diferencia de las ciudades de España, que sin embargo estaban pobladas de cristianos, de judíos, de moros o de moriscos, une elementos que no tienen ningún pasado común, brutalmente condenados a enfrentarse cotidianamente. Pero la ciudad de México es asimismo, antes y después de la Conquista, una ciudad ordenada. Por tanto, vemos que une el orden y el caos, pero en una relación más complementaria que antagónica. La sobreposición deliberada de las tradiciones urbanísticas (centro sobre centro), la yuxtaposición arbitraria de los edificios nuevos y antiguos, la mezcla inevitable de los seres vivos sobre el espacio urbano, son un solo y mismo fenómeno. El crecimiento de la ciudad en los siglos venideros sabrá plegarse a las regularidades del plano de tablero de ajedrez, mientras que el torbellino de los mestizajes no dejará de confundir grupos y etnias.

Así, desde el origen, la alianza íntima del orden y de la mezcla aparece como respuesta a la descomposición que acecha a las sociedades decapitadas y a los vencedores sin ley. La gigantesca Plaza Mayor —centro hispánico sobrepuesto al centro indígena, corazón de la traza, sede del orden colonial civil y religioso— es, a este respecto, la manifestación más espectacular de esta razón urbanística, pero también es el lugar de encuentro de los contrarios, vencedores, vencidos, indios, europeos y africanos. Es ella la que ofrece su espacio a las extraordinarias fiestas que en adelante harán a la Nueva España vivir al ritmo de Europa, así sea con meses de diferencia.

Si no se puede concebir la experiencia americana sin tener en la mente la experiencia granadina, ésta sólo fue su prefiguración. A diferencia de lo híbrido mexicano, lo híbrido granadino arabo-cristiano (que no es de la misma naturaleza, pues es menos nuevo y menos desconcertante) no provoca medidas de gran envergadura: la Corona reorganiza las mezquitas y los palacios sin destruirlos, los habitantes complican el cuadro urbano mediante implantaciones sin tratar de ordenarlo o reordenarlo, entroncan una arquitectura imperial —el extraordinario palacio circular de Pedro Machuca (1526)— sobre el dédalo de la Alhambra, y los desplazamientos de poblaciones —la afluencia de moriscos de los barrios del Albaicín— obedecen a movimientos espontáneos que se les escapan a las autoridades. Las cosas ocurren como si la enormidad de la distancia cultural entre dos formas de desarrollo sumamente disímbolas engendrara unas prácticas y unas organizaciones sin precedente.

A partir de 1524 el cabildo y el gobernador se instalan en la rehabilitada ciudad de México. Es importante que en los primeros años la jurisdicción de la ciudad se haya ejercido sobre todo México y que en ciertos momentos difíciles el cabildo haya pasado por la autoridad suprema en la Nueva España. Aunque las atribuciones de este organismo fueron después considerablemente reducidas, no por ello el nacimiento de la Nueva España deja de desarrollarse bajo la égida de una ciudad-capital dotada de todos

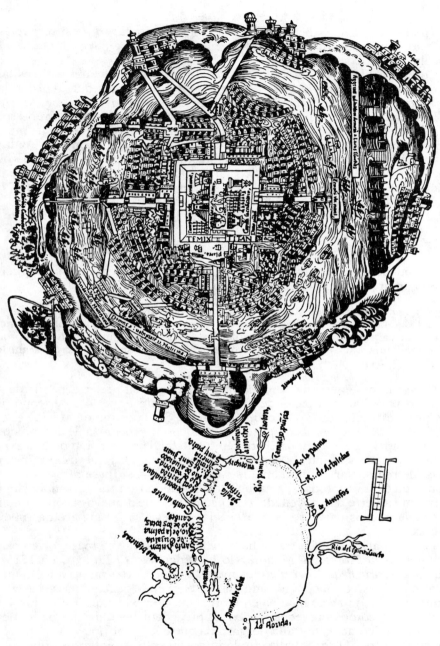

México-Tenochtitlan (arriba); el golfo de México (abajo)
Hernán Cortés, *Segunda Carta*, Nuremberg, 1524.

los poderes, con jurisdicción prácticamente ilimitada, como si se hubiese inflado monstruosamente el modelo municipal ibérico para adaptarlo a la escala de México.

Cortés no descuida, empero, los establecimientos españoles (o villas) fundados en el resto del país. Promulgando ordenanzas que abordan las cuestiones de administración, de inspección, de aprovisionamiento y de salubridad pública, vela por asegurar el control, a través de sus representantes, de los asuntos locales. Las villas de españoles también son el punto de partida de una red urbana que cuadriculará México y la América Central, sirviendo de punto de anclaje a la población europea. Instalado en la humedad de la villa de Coatzacoalcos, a centenas de kilómetros del valle de México, Bernal Díaz es uno de esos nuevos habitantes dispersados en medio de las sociedades indias y de la naturaleza tropical.[27]

EL "PRÍNCIPE" EN MÉXICO

No se puede sufrir con indiferencia la prueba de América. Cortés no quiere, a ningún precio, reproducir en México la experiencia de las islas:

> porque como ha veinte y tantos años que yo en ellas resido y tengo experiencia de los daños que se han hecho y de las causas de ellos, tengo mucha vigiliancia en guardarme de aquel camino y guiar las cosas por otro muy contrario porque se me figura que sería aun mayor culpa, conociendo aquellos yerros, seguirlos que no a los primeros que los usaron.

Cortés también estima, aunque no lo dice, que su poder depende de su aptitud para hacer el papel de mediador entre un imperio americano poderoso y estructurado y la Corona española. Si el destino de México es semejante al de las islas, el conquistador pierde toda esperanza de desempeñar allí un papel trascendental. El concepto crucial de superación de una experiencia pasada y el interés explícito de adaptarse a las nuevas circunstancias, de remodelar continuamente su proyecto —así fuese al precio de la contradicción aceptada—, revelan la modernidad de un personaje singularmente abierto a la novedad: "Hay necesidad que a nuevos acontecimientos haya nuevos pareceres y consejos [...] nuevo caso me hace dar nuevo parecer."

La originalidad de Cortés se hace evidente si, una vez más, volvemos la mirada hacia Florencia. Maquiavelo ha redactado *El Príncipe* en 1513, y publica su *Arte della Guerra* en los meses en que Cortés emprendía la marcha sobre México. El conquistador se enfrenta en México a una de las cuestiones que Maquiavelo plantea en Florencia: ¿cómo instaurar una dominación nueva, cómo aprovechar todos los precedentes y todas las ocasiones? Cierto, México no es la Italia desgarrada entre los señoríos y las potencias extranjeras, pero Cortés ha hecho lo imposible por explotar las fallas de la dominación mexica, por ensanchar las grietas, por aprovechar las divisiones

[27] Gerhard (1970), p. 181; Cortés (1963), pp. 341-346.

de las familias principescas antes de organizar su poder. Del *Príncipe*, Cortés parece ser el reflejo americano, y encarna, hasta confundirse con él, al perfecto *condottiere*, capaz por su *virtù* de instaurar un orden nuevo: "El hombre prudente que pone orden en una república [...] debe ingeniárselas para ejercer, él solo, el poder [...], conviene variar con los tiempos si se quiere tener siempre una suerte dichosa." Conquistador y organizador pragmático, el extremeño es un "Príncipe" que ha unido, por sus *Cartas de relación*, la acción a la escritura, añadiendo al genio político del modelo de Maquiavelo, el arte no menos precioso de la propaganda y del efecto mediático. Y sin embargo el único nexo que lo ligaba a Florencia era, tal vez, aquella copa de cristal dorado, con escenas de caza que había enviado a Moctezuma. De Maquiavelo a Cortés corre un hilo que no es ni el de la filiación intelectual ni el fruto de la coincidencia. Estas actitudes paralelas, ese esfuerzo por dominar la fortuna, ese recurso a la *virtù* y a la experiencia, "señora de las cosas", revelan los caminos de una reflexión europea a la cual América ofrece un campo de acción nuevo y gigantesco, distinto de la Italia del Renacimiento.[28]

El motor de esta receptividad que siempre está en guardia nos lo revela el propio Cortés: "La grandeza y la diversidad de las tierras que cada día se descubren", el espacio infinito de las extensiones americanas... De ahí el frenesí creador, el inventario de los recursos del país, la constitución de bases económicas, la creación de medios de defensa propios que permitirán no depender de las entregas de armas y de artillería que provengan de la metrópoli, la apertura de puertos seguros y cómodos, la construcción de caminos para la circulación de las mercancías. De ahí este afán insaciable de descubrir los "secretos" de esas tierras y de explorar la costa lo más lejos posible, del río Pánuco a la Florida, y luego de la Florida hasta los Bacalaos, en busca del paso hacia el Mar del Sur y el país de las especias, con objeto de abreviar el viaje en dos terceras partes. Resurgen así los Bacalaos y la Especiería que tanto habían hecho soñar a Colón y a los Caboto...

Por último, descubrimos en Cortés una política de evangelización y de aculturación. Una vez más, el autor de las *Cartas* se dedica a presentar la empresa y el programa bajo una luz excepcional: "la más santa y alta obra desde la conversión de los Apóstoles acá jamás comenzada [...] Se plantaría en esta tierra otra nueva iglesia". Cortés, que siempre cuida su imagen, pone el ejemplo destruyendo los ídolos, dondequiera que las circunstancias lo empujan a ello. La preocupación de ese laico (que no es una coartada ideológica) es menos asombrosa de lo que parece. Por una parte, porque esos años de 1520 son ricos en príncipes guardianes de la fe y de la evangelización, comenzando por el inglés Enrique VIII o los señores alemanes atraídos por la Reforma de Lutero. Por otra parte, los Reyes Católicos, sobre

---

[28] *Ibid.*, pp. 446, 241 y 233. Véase igualmente Maquiavelo (1971), pp. XLIV, XLVI (cap. XV), y p. 65: "*e necessario a uno principe, volendosi mantenere, imparare a potere essere non buono, e usarlo e non usare secondo la necessità; ibid.*, p. 73: *quello che ha saputo meglio usare la golpe, è meglio capitato. Ma è necessario questa natura saperla bene colorire et essere gran simulatore e dissimulatore: e sono tanto semplici li uomini e tanto obediscano alle necessità presenti, che colui che inganna troverrà sempre chi si lascerà ingannare".* *Ibid.*, pp. 153 y 416.

todo Isabel, han demostrado ya, sobradamente, la importancia que atribuían a la dimensión espiritual de sus empresas, para que Cortés no lo tuviera en cuenta. Lo religioso es prerrogativa del poder, y hacerse cargo de ello, en parte o en todo, es hacerse cargo de lo espiritual al mismo tiempo que de lo temporal. Por lo demás, los impulsos mesiánicos y milenaristas que recorren el Occidente confunden inextricablemente las cosas del mundo con las del cielo.

Pero Cortés, establecido en América desde 1504, no tiene la educación de un príncipe, y se podría apostar a que los misioneros que desembarcaron en México no sólo le dieron apoyo moral. En sus ordenanzas de 1524 Cortés pone como obligación a los españoles que han recibido indígenas en encomienda eliminar los ídolos, impedir los sacrificios humanos, y que

en las estancias o en otras partes donde los españoles se sirviesen de los indios, tengan una parte señalada donde tengan una imagen de Nuestra Señora e cada día por la mañana antes que salgan a fazer la hazienda, los lleve allí e les diga las cosas de Nuestra Santa Fee e les muestran la oración del Pater noster e Ave Maria, Credo e Salve Regina...

Se ordena a esos mismos españoles construir iglesias, mantener a un clérigo o a un religioso y velar porque los hijos de los señores indígenas reciban una educación cristiana. Si de momento esas medidas aún son inaplicables —y eso lo sabe Cortés—, ya prefiguran la estrategia que aplicarán los misioneros franciscanos a partir de 1525 y sobre todo de 1530. Después de haber reclamado en un principio el envío de un clero secular, de sacerdotes y de obispos, Cortés terminó prefiriendo a los frailes. Dedicados con prioridad a la conversión de los indios, éstos le parecen más capaces, por su ejemplo y su austeridad, de ganarse su adhesión. Cortés no oculta su desprecio por el lujo poco edificante, los "vicios y profanidades" de los prelados y los canónigos. ¿Nos sorprende escuchar en boca de un laico y de un hombre de guerra unas críticas que después de todo flotan en el aire de su época, en el espíritu de una Europa que, tras Erasmo, Lutero o Savonarola, no exonera a los clérigos y dignatarios de la Iglesia?[29]

Cortés escoge sus instrumentos y se agencia unos medios que se inscriben en una concepción maduramente reflexionada del "contacto" entre los grupos. Se propone limitar en extremo las relaciones entre los españoles y los indios, o más exactamente los contactos bárbaros que se establecen fuera de las instituciones que él crea. Su objetivo es proteger a los indios de las exacciones de los europeos, evitando así que se repita el desastre de las Antillas. Las prédicas alarmistas de los dominicos de La Española no han caído en oídos sordos, aunque Cortés no está dispuesto —antes al contrario— a renunciar a sus indios como lo había hecho Las Casas. De hecho, no trata de sustraer a las poblaciones de las presiones de la encomienda, pues el conquistador teme menos las consecuencias de la explotación que las del contacto: los indígenas no deben, a ningún precio, reproducir los vicios de los españoles, pues de hacerlo sufrirían una aculturación nefasta

[29] Cortés (1963), pp. 349, 444 y 355.

que desestabilizaría a vencedores y a vencidos. Así, en principio, se prohíbe a los encomenderos residir en los pueblos indios. Esta disposición revela en Cortés un juicio negativo de los europeos, mucho más severo que
los juicios que hace sobre los indios. A su parecer, la transformación de los
modos de vida indígenas debe permanecer ligada a la evangelización que,
a su vez, es garantía del orden: sería peligroso en extremo predicar a los
indígenas la adopción de unas conductas que los españoles se apresurarían
a desmentir con sus acciones. La contradicción llevaría directamente al levantamiento.[30]

Cortés no estaba solo. En extensas páginas comunicaba sus proyectos y
sus iniciativas a los consejeros del césar con una arrogancia apenas disimulada, casi con soberbia de gran señor: "No parezca que Vuestra Majestad tiene en tan poco esta tierra que se da lo que pide al primero que llegue." ¿Podría sospechar que sus consejos, sus designios tan coherentes, ese
afán de organizarlo todo, ese sentido del Estado —antes de que el concepto
existiera—, en suma, esta amplitud de visión provocarían más inquietud
que unas simples veleidades feudales, un regionalismo de aristócrata campesino o aun los escándalos de los comuneros? Es en esos años de 1523 y
1524 cuando Carlos V afirma el carácter inalienable del reino de la Nueva
España y organiza el Consejo Supremo de las Indias, a la cabeza de la administración que debía velar por el Nuevo Mundo. La recuperación del
dominio de España tras la revuelta de los comuneros y la necesidad de instalar un aparato más autónomo y mejor adaptado a las nuevas dimensiones
del imperio americano, explican esas decisiones. Rodríguez de Fonseca,
baldado y exhausto, por fin cae de su puesto. El hombre que desde 1493 se
ocupaba de las Indias había apoyado a Diego Velázquez contra Cortés con
demasiada parcialidad para ocupar un lugar en la administración nueva.
Lo sucedió un dominico, confesor del emperador, García de Loaisa. ¿Quiere
decir esto que Cortés, ya libre del gobernador de Cuba y del viejo Fonseca,
tenía el porvenir asegurado?[31]

EL TIEMPO DE LAS DIFICULTADES (1524-1530)

La Corona intervino. Un poco a la manera en que había quitado a Colón
los inmensos privilegios acordados, también apartó a Cortés de su camino.
No aceptó la idea de dejar lo esencial del poder al conquistador, ni la vía
señorial y municipal que él deseaba. El Maquiavelo mexicano se vio obligado, poco a poco, a retirarse de la partida. Pero ese cambio no entrañó la
sustitución automática de un poder por otro, de una política por otra. La
Corona casi no disponía de soluciones de cambio, ni de servidores de los
tamaños de Cortés, para improvisarlos en el lugar. Lo que era válido para
Nápoles o para las Antillas, ¿lo sería para México? Y aun así, durante largo
tiempo se había andado a tientas en las islas; en cuanto a la solución napo-

[30] Cortés (1963), p. 444.
[31] Cortés (1963), p. 327; Liss (1975), p. 33; Schäfer (1935), t. I, pp. 43-46.

litana, sólo será puesta en práctica definitivamente con la designación del virrey Pedro de Toledo en 1533. A ello se deben los cambios de los años 1524-1530, que se explican tanto por la incapacidad de dominar la situación a distancia como por las reacciones imprevistas de los enviados del rey, arrastrados y frecuentemente aplastados por el engranaje americano.

Mas, para comprender este período, guardémonos de recurrir a una visión estática de las cosas que opusiera a Cortés —encarnación de una política y del "político"— a unos intereses contrarios movidos por la corrupción o a una Corona ingrata y desconfiada, tan sólo preocupada por sus intereses financieros. En el escenario mexicano se entretejen redes móviles de intereses, de odios y de lealtades en el seno de las cuales Cortés y los suyos hacen, por turnos, la figura de polo estabilizador y después de fermento que precipita a los españoles a nuevas turbulencias. Otros actores —los misioneros— hacen el recorrido inverso: su presencia tendrá, primero, el efecto de radicalizar y de exacerbar los conflictos locales, antes de que contribuyan eficazmente a fundamentar la sociedad indígena en la Nueva España. En cuanto a la Corona, pretende imponer un control directo sobre los españoles y sobre los indios, instalar por doquier a sus representantes y velar por la cristianización de los indígenas, cumpliendo sus obligaciones. Por lo demás, resulta significativo que tres de los tesoreros reales enviados a la Nueva España con la idea de aumentar los ingresos de la Corona asegurando la percepción directa del tributo indígena, así como de limitar los poderes de Cortés, hayan tomado antes parte activa en la lucha contra los comuneros.

El enfrentamiento entre los enviados de la Corona —funcionarios, hombres de derecho, con sus resonantes títulos de licenciado, contador, factor, veedor, tesorero...— y el partido de Cortés tuvo repercusiones innumerables. A las disensiones entre los conquistadores y los demás se añadieron las intrigas de los funcionarios reales, dispuestos a plegar sus responsabilidades oficiales según sus ambiciones personales. En realidad, la autoridad real está en gran parte ausente de un lugar entregado a las triquiñuelas de los partidos y de los clanes, y que evoluciona en una imprecisión institucional sobre un terreno social extremadamente quebradizo y fluctuante. Se suceden los ascensos y las caídas. Se desciende del poder a la prisión, así como se cambia la prisión por el poder con asombrosa facilidad; por doquier hay corrupción "porque los ricos y el oro tienen tanto poder que ciegan los corazones y atapan los oidos y hacen hablar a unos y enmudecer a otros". Los abusos de autoridad son cosa corriente.[32]

El frágil nexo mantenido con la Corona se debe, a menudo, a unas correspondencias que las facciones se esfuerzan por interceptar, por confiscar, por violar para anular o paralizar las maniobras del adversario: "es cosa muy grave que aun los hombres no vivan seguros escribiendo en su casa lo que conviene a su Majestad; es uno de los catorce casos de traición descubrir lo que el rey escribe o lo que al rey escriben". La carta y la cédula reales que atraviesan el océano, los poderes puestos por escrito, que se

---

[32] "Carta de Diego de Ocaña" [31-VII-1526], en *Colección de documentos para la historia de México*, México, Porrúa, 1971, t. I, pp. 524, 528.

besan y que se ponen sobre la cabeza en señal de obediencia —o que se ocultan, según las circunstancias—, desempeñan un papel importante en América, pues manifiestan la presencia del rey, como un nexo de unión palpable y casi mágico que sobrevive, llegado el caso, al portador o al destinatario. Por lo demás, no dejarán de cumplir con esta función a lo largo de toda la época colonial, para mayor provecho del escribano, del notario que puede establecer la autenticidad del texto real, escamotearlo o sacarle copias.

El papel impulsor del dinero, la ausencia física del soberano, la falta de un arraigo local de los protagonistas y sus orígenes modestos nos impiden, pues, considerar la realidad mexicana del poder como un escenario feudal ibérico. A los invasores, cuyas mansiones-fortalezas sólo existen desde hace algunos años o algunos meses, les falta el apoyo de un terruño y la memoria de una tradición. Por último, todas esas redes de poder se despliegan ante un fondo indígena tan imprevisible como amenazador, cuya actitud sigue siendo una pieza importante: la angustia, así como la tranquilidad que pueden dar las alianzas concluidas con la nobleza india, complican, a capricho, el juego local.[33]

Durante la expedición de Cortés a Honduras (1524-1526), el gobierno de los europeos estuvo al borde de la anarquía y del golpe de Estado. De los cuatro funcionarios reales que se disputaban el poder, ¿quién debía ejercerlo? Uno de ellos, Gonzalo Salazar, hijo de Granada, y Rodrigo de Paz, mayordomo de Cortés, ¿pensaron acaso en "alzarse con la tierra y hacer la comunidad", es decir, en repetir el levantamiento de los comuneros de Castilla? Oviedo, que observa de lejos, estima que "se formó un género de nueva comunidad que en parte era peor que la que avía avido en España por la ausencia de su Magestad". ¿Cuál era la autoridad legítima en ausencia de Cortés, al que muchos creyeron muerto y cuya "tiranía" denunciaban al mismo tiempo que apelaban al "pueblo"? "¿Quién gobernaría la Nueva España?"

En varias ocasiones pareció a punto de estallar la guerra civil entre las facciones que se atrincheraban con armas, artillería y caballos en las casas fuertes, construidas originalmente para prevenirse de un ataque indígena. Ironía de la suerte, que traza macabros paralelos: Rodrigo de Paz, el todopoderoso mayordomo de Cortés, alguacil mayor y regidor de la ciudad de México, a quien quisieron obligar a que confesara el escondrijo de los tesoros de su amo, fue torturado y después ahorcado, ¡en el momento mismo en que, por su parte, el conquistador mandaba atormentar y ejecutar a Cuauhtémoc, último soberano mexica, también con objeto de arrancarle sus riquezas! La violencia de los invasores no perdonó a españoles ni a indios. De milagro para los españoles, éstos se mantuvieron apartados de los acontecimientos, menos por incapacidad de actuar que por los nexos que los unían al clan de Cortés y a la joven Iglesia mexicana. Al regreso de Cortés la situación se aclaró tan poco que "los que se mostraban servidores del rey estaban esperando ser sacrificados según la costumbre de los indios ."[34]

33 *Ibid.*, p. 531.
34 Cortés (1986), p. XXXIX; "Memoria", en *Colección de documentos para la historia de Méxi-*

En 1527 la Corona envió a dos visitadores reales, sin gran éxito. Al año siguiente, el gobierno del país quedó bajo la autoridad de un consejo de magistrados, la Audiencia, compuesta de cuatro jueces y un presidente, Nuño de Guzmán. Esta primera Audiencia se esforzó por calmar los ánimos, al tiempo que reafirmaba la autoridad real: algunos españoles recibieron encomiendas a perpetuidad, pero los jueces, o sea los representantes de la Corona, tendrían facultad para intervenir entre los indios y el rey a fin de garantizar el cobro del tributo. Estas medidas fracasaron. Acaso sea "la naturaleza relativamente experimental de esa primera Audiencia" lo que puede explicar ese fiasco estrepitoso. Pero también el compromiso esbozado tropezó con las realidades locales. La práctica generalizada de la corrupción pervirtió el funcionamiento de la Audiencia. El grupo del presidente Nuño de Guzmán, sus parientes y amigos, deudos y paniaguados, se apropió de innumerables pueblos de indios, en calidad de encomiendas. En lugar de reducir el poder de Cortés y de asegurarse un papel mediador entre la Corona y los intereses de los españoles de México, "la Audiencia del diablo y de Satanás" se lanzó a la caza de los despojos y saqueó en gran parte los bienes de Cortés. Hasta las esposas de los magistrados tenían largas las uñas. Veamos la estruendosa entrada de las europeas en la escena política mexicana, narrada por un cronista que no tiene pelos en la lengua:

> los que mandan la tierra son doña Catalina, mujer del contador, porque por ésta anda perdido el presidente [Nuño de Guzmán]. [...] la otra es Isabel de Hoheda y Delgadillo [...] y la locura della no tiene par [...] que si han de dar o quitar indios en la tierra o proveer de otros cargos ellas son las que los mandan y proveen a quien quieren.

Exacciones, banquetes y borracheras interminables e incesantes y *echar suertes* con maña para favorecer a los amigos desencadenaron un descontento general. En 1530, para el obispo de México y los franciscanos que lo rodeaban, no había injuria que no se pudiese lanzar contra los miembros de la Audiencia: "locos, comuneros, ladrones, traidores, tiranos, herejes". Habían transcurrido ya 10 años pero el recuerdo de las comunidades de Castilla continuaba obsesionándolos a todos.[35]

En 1530 se puso término a la primera Audiencia. Su presidente Nuño de Guzmán abandonó la ciudad para emprender, a buena distancia de la capital, la conquista de la Nueva Galicia, en el occidente del país. Se anularon

---

co, México, Porrúa, 1971, t. I, pp. 512, 515, 520-522; Cortés (1963), p. 323; Oviedo (1547), f. CLXXXIIIr°; "Carta de Diego de Ocaña" [31-VII-1526], en *Colección de documentos para la historia de México*, México, Porrúa, 1971, t. I, pp. 527 y 528.

[35] Liss (1975), pp. 51-52; Díaz del Castillo (1968), t. II, p. 293; Motolinía (1971), pp. 432 y 437; *Epistolario* (1939), t. II, p. 39: "los que mandan la tierra son doña Catalina, mujer del contador, porque por ésta anda perdido el presidente y a muchas horas del día y de la noche le han de hallar en su casa y si se hacen algunas justas o otras fiestas ellos dos son los jueces dellas; la otra es Isabel de Hoheda y Delgadillo, que la perdición deste oidor y la locura della no tiene par, ni se podría escrebir la disolución y desvergüenza desto; que si se han de dar o quitar indios en la tierra o proveer de otros cargos ellas son las que los mandan y proveen a quien quieren".

los favores otorgados por Nuño, provocando un caos indescriptible: llegó a pensarse en retomar a los indios repartidos por la Audiencia para redistribuirlos, mientras que los detentadores de las encomiendas protestaban, pretendiendo conservarlos. Unas asambleas reunidas en el lugar que hacía las veces de catedral terminaron en motines y en una confusión a la que los observadores dan el nombre inquietante de *behetría*, que evoca los regímenes entregados a la anarquía y a su propio capricho. Durante ese tiempo Cortés se encontraba en Castilla, donde había obtenido el título de marqués del Valle y la recuperación de una gran parte de sus bienes, por medio de una redefinición que limitaba sus poderes.[36]

SAN FRANCISCO EN MÉXICO

La Iglesia misionera se convirtió, progresivamente, en protagonista principal sobre el suelo mexicano. Como constituía la única institución coherente y pretendía consagrarse al mundo indígena, merece ser tratada aparte, sin exagerar, empero, su influencia en este primer decenio.

Volvamos algunos años atrás. Si omitimos las iniciativas espectaculares pero puntuales de Cortés, que nunca disoció la conquista de la conversión, la empresa de la cristianización comenzó dos años después de la caída de México, con la entrada en escena en 1523 de un primer contingente de franciscanos flamencos, originarios de la tierra de Carlos V y desembarcados en la Vera Cruz, en el calor húmedo del mes de agosto. Ya conocemos a esos flamencos de Gante: son Johan Dekkers, profesor de teología de la Universidad de París y confesor de Carlos; Johan van der Auwera, y un pariente del emperador, Pedro de Gante. El aire de la Europa septentrional soplaba por vez primera sobre la meseta mexicana. Los tres flamencos, que traían el dinamismo de la espiritualidad de los países del Norte, la *devotio moderna*, entraron en relación con Cortés, y dos de ellos lo siguieron en sus campañas, en el curso de las cuales perecieron. Puede suponerse que la política religiosa del conquistador tuvo ahí una de sus fuentes de inspiración. Por vez primera, Cortés se encontraba en contacto directo con el pensamiento imperial y los ideales erasmistas.

Los flamencos fueron seguidos, en 1524, por 12 franciscanos llegados de España. Cortés los recibió con grandes honores.[37] La escena no deja de recordar, por su solemnidad, la primera entrevista del conquistador con Moctezuma. Sellando la alianza entre los misioneros y el vencedor de México, inaugura otra invasión, la "conquista espiritual", que proponía al conquistador sus visiones proféticas y su impulso mesiánico. Para Cortés, que había abandonado España desde hacía cerca de 20 años, esto era volver a encontrarse con una cristiandad que había evolucionado lejos de él, castellana y nórdica, erasmista, imperial y mística. Como si, al término de itinerarios distintos, la Extremadura de los claustros y de los terruños, los Países

36 Díaz del Castillo (1968), t. II, p. 295.
37 Motolinía (1971), p. 123.

314 EL NUEVO MUNDO

Bajos de Carlos y, más sorprendentemente aún, la Florencia de Savonarola, cruzaran sus fuerzas en México. Acompañado de Cuauhtémoc, el soberano caído, y de los príncipes indígenas, Cortés salió de la ciudad de México para ir al encuentro de los misioneros y de su jefe, Martín de Valencia.
Ante su presencia, se arrodilló y besó los hábitos de los religiosos. También en Granada, los franciscanos habían sido los primeros en "plantar la
fe" en la tierra mora reconquistada. Pero los franciscanos de Granada
habían perdido muy pronto el dominio de las operaciones, en favor del arzobispo Talavera y del clero secular, y juzgaron que esta circunstancia
había tenido consecuencias desastrosas para la conversión de los vencidos,
"pues se están tan moros como el primer día". Los franciscanos de México,
ligados a los de Granada, no olvidaron la lección. Pero esta vez, aunque los
santuarios indígenas se asemejaban a las mezquitas granadinas, el alejamiento de la metrópoli y la ausencia de una jerarquía eclesiástica localmente implantada influyeron en su favor.[38]

Sin embargo, otro modelo (aún más exaltante por contar con la fuerza
del arquetipo) inflamaba a los recién llegados: el precedente apostólico, el
nacimiento mismo de la Iglesia primitiva, simbolizada elocuentemente por
el número de los miembros de la misión: 12, referencia directa a los 12
apóstoles. Al poner el acento en un retorno a la pobreza, a la disciplina y al
ascetismo, el impulso reformador dado por el cardenal Cisneros había
mantenido el fervor de la Extremadura franciscana en una Castilla rica en
profetas, en prodigios y en milagros. La noticia del descubrimiento de tierras desconocidas al oeste de las islas inflamó los espíritus y las visiones
del jefe de la misión, Martín de Valencia, y atizó el entusiasmo: para todos,
la imagen onírica de unas multitudes de infieles que se apiñaban para recibir el bautismo prefiguraba milagrosamente la epopeya mexicana.[39]

Las prédicas de Savonarola, el dominico de Florencia quemado en 1498,
tampoco eran ajenas a este estado de ánimo. Martín de Valencia y otros
religiosos recibieron la influencia, directa o no, de una figura renombrada,
la beata de Piedrahita (o del Barco de Ávila), mientras se encontraban
todavía en España en la provincia de San Gabriel de Extremadura. La beata —una mística iluminada, como la península ya había visto muchas—
había estado en contacto con el reformismo espiritual de Savonarola, cuyas "tesis más mesiánicas" parece haber difundido la religiosa. Pero, por
encima de Savonarola y a través de la beata —"a quien Dios comunicaba
muchos secretos"— y por otras fuentes, es probable que los futuros evangelizadores de México recogieran una tradición antigua: la del italiano
Joaquín de Fiore que, como recordamos, en el siglo XIII había predicho el
advenimiento del reino del Espíritu Santo. Ante la súbita irrupción en el escenario occidental de unos pueblos nuevos, las tesis de Fiore y de su discípulo Bartolomé de Pisa —ya presentes en Colón— recuperaron el favor
de los franciscanos de Extremadura, quienes se persuadieron de que la

---

[38] Díaz del Castillo (1968), t. II, p. 177; Motolinía (1971), p. 478; Garrido Aranda (1980),
pp. 211-212.
[39] Motolinía (1971), p. 115; Phelan (1972), p. 72.

conversión de los indios de México entraba en esta época última, "la tarde y fin de nuestros días y en la última edad del mundo". Tal fue una de las fuentes principales del entusiasmo profético que desde su partida animó a la misión franciscana.[40]

Por último, ¿es una coincidencia que la empresa fuese organizada por Francisco de Quiñones, a quien sólo su nombramiento como ministro general de los hermanos menores le impidió irse a las Indias? Quiñones y Pedro de Gante eran parientes del emperador, a lo que vino a añadirse la elección al trono de San Pedro del confesor de Carlos V, el fiel Adriano de Utrecht, quien por la bula *Exponi nobis fecisti* (mayo de 1522) extendió el campo de los privilegios concedidos a los evangelizadores de México. En adelante pueden medirse mejor los nexos personales —casi cuestión de familia— que unieron al césar a quienes él había encargado la evangelización de México, y la atención particular que prestó al dispositivo mismo de la cristianización. Nexos por lo demás igualmente institucionales, ya que el rey de Castilla y de Aragón, en tanto que patrono de su Iglesia, tenía sobre ella una autoridad tan extensa que haría inútil todo cisma con Roma. Desde las bulas de 1501 y 1508, el patronato real se extendía igualmente al Nuevo Mundo.

Vemos así que nada se dejó al azar, ni la influencia política ni los aspectos espirituales, aunque en 1522 todo estaba aún por construir en México. Esos valiosos patronatos, la esperanza mística, el recuerdo de los fracasos de Granada y la presencia fundadora de la espiritualidad nórdica formaron una mezcla explosiva y guiaron la formidable firmeza de los franciscanos de México.[41]

Los franciscanos en la arena

Antes de que se desplegara la actividad misionera, todavía quedaba por definir la inserción de la joven Iglesia en el embrollado juego de la Nueva España. Por lo demás, ¿quién podría librarse de las repetidas turbulencias que sacuden al ocupante español en el decenio de 1520? Habría sido necesario, aun en tiempos de paz, que los dominios y las competencias civiles y eclesiásticas estuviesen claramente delimitados, lo que no ocurría ni en la península ibérica ni en América. El año mismo en que el poder civil se instalaba en México (1524), los misioneros fundaban una parroquia secular para los españoles y una segunda parroquia, San José de los Naturales, para los indios. Desde 1525 un conflicto de jurisdicción opuso a los franciscanos al cabildo de la ciudad de México, lo que dio al guardián del convento de San Francisco, Toribio de Benavente, una primera ocasión de distinguirse. Este hombre austero y emprendedor, de unos 30 años de edad, llegaría a ser la memoria y la pluma de la evangelización franciscana. Los indios le dieron el sobrenombre de *Motolinía* —"el pobre", en náhuatl—, y el

---

[40] Bataillon (1982), pp. 68-69; Baudot (1977), pp. 84 y 245-246; Phelan (1972), p. 37; Milhou (1983) y Pérez de Tudela (1983).
[41] Baudot (1977), p. 246.

religioso lo adoptó. Desde entonces, los misioneros nunca dejaron de verse mezclados ni de mezclarse en los conflictos locales, dando su apoyo moral y material al bando de Cortés, hasta el punto de que se vio a Motolinía y a otros correligionarios saltar de alegría para dar gracias al cielo el día en que supieron que Cortés no había muerto en la lejana Honduras, como lo habían dicho y repetido un poco precipitadamente sus enemigos.[42]

La joven Iglesia de México fue consagrada a adoptar un papel tanto más activo cuanto que era la institución más cercana al emperador. Así, su intervención fue decisiva en el proceso de colonización del país. Por ejemplo, fueron religiosos quienes, en 1526, reclamaron la instalación de portugueses "por ser grandes pobladores y granjeros", pidieron la importación de plantas europeas y propusieron una serie de medidas en favor de los españoles. En 1529 los franciscanos se lanzaron, sin freno, a la arena de combate. Atacaron con virulencia a la corrompida Audiencia de Nuño de Guzmán, blandiendo la amenaza de la excomunión.[43] Sus adversarios contraatacaron atribuyéndoles el designio de estar maquinando contra los españoles una matanza preventiva, en la mejor tradición de la Conquista, que dejaría vía libre a su misión:

> para un día señalado convocarían los caciques de la tierra y les dirían la hora en que estando en la iglesia de México todos los españoles juntos en día festivo, debían [los caciques] entrar a matar gobernador, oficiales, etc. y prender a los demás y enviallos a Castilla. Que ellos [los frailes] así se quedarían más libres para la conversión; que después no consintiesen entrar a ningún español en la tierra pero se ofreciesen a reconocer a su majestad por soberano y envíale si ahora son 100 000 pesos, 200 000. Que se admitiría comercio en Castilla, pero que los que en las naos viniesen, no hiciesen sino llegar al puerto, contratar y volverse.

En el grupo de los supuestos conjurados aparecían los franciscanos más conocidos: Pedro de Gante, que "enseña a los niños", y Motolinía.[44]

La acusación trataba de explotar el temor a un levantamiento indígena, fantasma siempre latente, obsesión cotidiana de europeos que tenían mucho que reprocharse. Pero no pudo sostenerse, aunque no carecía por completo de fundamento. Muchos aún compartían la obsesión del decenio de 1520, de cada lado del Atlántico. La revuelta de las comunidades, cuya responsabilidad a veces se había atribuido a "los religiosos y los confesores". En 1520, uno de los jefes de los comuneros había sido el obispo Acuña, capitán del ejército, elevado por las multitudes al arzobispado de Toledo. Las imprecaciones lanzadas por sus hermanos mendicantes de México contra "la Audiencia del diablo y de Satanás", la denuncia de la corrupción, el entredicho lanzado contra la ciudad de México, las veleidades teocráticas y

---

[42] Motolinía (1971), p. 424; Díaz del Castillo (1968), t. II, p. 245: "Pues los frailes franciscanos y entre ellos fray Toribio Motolinía y un fray Diego de Altamirano, daban todos saltos de placer y muchas gracias a Dios por ello"; Baudot (1977), pp. 250-251.

[43] "Parecer de los religiosos de Santo Domingo y San Francisco", en *Colección de documentos para la historia de México*, México, Porrúa, 1971, t. II, pp. 551-552; Baudot (1977), pp. 257-258.

[44] Motolinía (1971), p. 434.

moralistas tuvieron el don de exasperar a los partidarios de la Audiencia. ¿Podía haber un espectáculo más real que el de una ciudad víctima de un entredicho, abandonada por su obispo y por los franciscanos mientras que la aplastante mayoría de la población local era india, en el mejor de los casos superficialmente convertida al cristianismo y, de hecho, inmersa en un paganismo apenas domado? La Iglesia de esos primeros años estaba, pues, lejos de constituir un punto de anclaje en la tormenta.[45]

En los ataques de los religiosos se transparentaba un acento savonaroliano. Tenían el tono profético del dominico de Florencia, tal vez, pero no el radicalismo político. Como estaban estrechamente unidos al emperador, los franciscanos de México nunca cayeron en la disidencia abierta, como el profeta de Florencia. Empero, su presencia política en el escenario mexicano no era por ello menos intrusa, y el convento de San Francisco en la ciudad de México sirvió —como San Marcos en Florencia, 30 años antes— de refugio y de centro de conciliábulos favorables a Cortés. Por lo demás, ¿no aparecían los franciscanos como la única fuerza, aparte de Cortés, capaz de tomar en su mano los asuntos del país conquistado, y de concebirlo como una entidad autónoma? Uno de los actores de la joven Iglesia, el cronista Motolinía, llegará a expresar más tarde, en voz alta, el deseo de ver a México confiado a un soberano que sería uno de sus hijos, porque "una tierra tan grande y tan remota no se puede bien gobernar de tan lejos". En ese sentido, los franciscanos tenían más libertad que Savonarola, pues no tenían que tomar en cuenta el peso de un pasado político y social, o de fuerzas extranjeras en competencia, capaces de aparecer en la palestra local: el terreno era nuevo, y ellos eran la Iglesia.[46]

De hecho, la calumnia lanzada contra los hermanos de San Francisco, acusados de querer soliviantar a los indígenas contra los españoles, encierra asimismo una parte de verdad. Deformaba, amplificándola desmesuradamente, la ambición de los religiosos de servir de barrera y de "cordón sanitario" entre los europeos y los indígenas. Por un lado los lobos (los españoles), el mundo del dinero y de la opulencia, y por el otro los corderos (los indios), el universo de la miseria, y entre ambos los indispensables religiosos franciscanos. Como Cortés, aunque con otras ideas, los evangelizadores deseaban sustraer a los indios del contacto directo y cotidiano con los europeos, pues "estaba en disposición la masa de los indios para ser de la mejor y más sana cristiandad y policía del universo mundo".[47]

[45] Garrido Aranda (1980), p. 219; Alba (1975), pp. 118 y 122; Baudot (1977), p. 261.
[46] Motolinía (1971), p. 222: "una tierra tan grande y tan remota no se puede bien gobernar de tan lejos, ni una cosa tan divisa de Castilla ni tan apartada no puede perseverar sin padecer gran desolación e ir cada día de caída por no tener consigo a su rey y cabeza que la gobierne y mantenga en justicia y perpetua paz".
[47] *Ibid.*, p. 443; "Carta de Mendieta a Francisco de Bustamante" [1562], en *Cartas de religiosos* (1941), p. 6.

X. UN VIRREINATO EN EL RENACIMIENTO

> México... Creo que en toda nuestra Europa hay pocas cibdades que tengan tal asiento y tal comarca, tantos pueblos alderedor de sí y tan bien situados y aun dudo si hay alguna tan buena y tan opulenta cosa como Tenuchtitlán e tan llena de gente.
>
> MOTOLINÍA, *Memoriales*

MÉXICO, 1539. Veinte años después de la irrupción de los españoles, la ciudad ya es lo que no dejaría de ser, un montón de escombros y de canteras, un conglomerado de estilos y de imágenes en que, como en un tablero de ajedrez, se yuxtaponen barrios indígenas, palacios mexicanos convertidos en residencias españolas, capillas y conventos que parecen haber brotado de la tierra.

Ante el fondo de las multitudes indias, algunos millares de españoles, esclavos negros y mulatos circulan en sus calles y por sus canales. Aquel año, la inquisición episcopal envía a la hoguera al cacique de Texcoco, acusado de idolatría. Pero otro acontecimiento atrae a las multitudes, marcando una huella indeleble en las memorias mexicanas y los códices policromos que conservan su huella y dejando estupefactos a dos espectadores importantes, Bartolomé de Las Casas y Bernal Díaz.[1]

UN ESPECTÁCULO PRODIGIOSO

Desde hace varios días la ciudad está adornada con un gigantesco decorado, y miles de artesanos indígenas se ajetrean, en el mayor silencio. Por fin, una mañana, la plaza mayor de México aparece transformada en un bosque plantado con especies diversas, tan realista —"tan al natural"— que se juraría que ahí echaron raíces. Aquí y allá yacen árboles derribados como si la edad y la putrefacción les hubiesen dado muerte, otros están cubiertos de moho, de yerbecitas que parecen crecer en el tronco mismo. En el bosque, aún por algún tiempo, se debate una fauna de animales salvajes, ciervos, conejos, liebres, zorros y chacales, así como numerosas especies de "alimañas chicas".

Dos "leones" y cuatro "tigres" —probablemente ocelotes y jaguares— se hallan encerrados en unos cercados que los indios han instalado en el bosque. En lo alto de los árboles, transformados en pajareras, cantan innumerables pájaros. Alrededor se levanta un decorado de montañas, de rocas y de campos mientras que en el palacio del virrey unos corredores abrigan

---

[1] Sobre México a finales del decenio de 1530, Liss (1975), pp. 121-127; Porras Muñoz (1982), *passim*.

los toneles, los vergeles "postizos" "y los adornamientos de escudos de flores dellos y otras mil cosas graciosas que suelen hacer de ellas".

En la plaza, disimulados en otros bosquecillos aparte del gran bosque, escuadrones de "salvajes" armados se preparan para la caza. Los "salvajes" se lanzan en persecución de su presa. Luego estalla una riña, dándoles ocasión de imitar una pelea general. Entonces entran en escena unos jinetes, y una cincuentena de negros y de negras, a caballo "con su rey o reina", recubiertos de oro, de pedrería, de aljofar y de argentería. La tropa enmascarada se enfrenta a los salvajes mientras que Bernal Díaz echa una mirada enternecida a las negras que amamantaban "a sus negritos".[2]

No ha terminado aún la tarea de los artesanos. Para el día siguiente, hay que construir en la plaza "grandes edificios como teatros postizos, altos como torres, en la plaza de México, con muchos apartamentos y distinciones, unos sobre otros y en cada uno su acto y representación con sus cantores y ministriles altos de chirimías y sacabuches y dulzainas y otros instrumentos de música, trompetas y atabales", [...] "tañedores y cantores de canto de órgano". Se han reunido más de mil indios del valle, músicos y cantantes, ya adoctrinados en el contrapunto. El ojo descubre castillos, una ciudad de madera, navíos con todas las velas desplegadas que yacen sobre la plaza como si bogaran sobre las aguas. Y en este decorado, todos se aprestan a representar "la Conquista de Rodas" para festejar la tregua de Niza, concluida entre Francisco I y Carlos V en junio de 1538. El emperador debía aprovechar esta calma momentánea para atravesar Francia y castigar a los ciudadanos de Gante, que se habían levantado en armas. Desde ahora, América vive al ritmo de la actualidad europea, a pesar de que la lentitud de las comunicaciones causa una "diferencia" de varios meses. Y el tiempo de Europa se vuelve el del Nuevo Mundo.

La ciudad india que 20 años antes había dejado estupefacto a Bernal Díaz le reservaba una nueva maravilla. Si en 1519 la realidad había superado a la ficción, ahora la ficción se volvía una realidad fascinante:

amaneció otro día en mitad de la misma plaza mayor hecha la ciudad de Rodas con sus torres y almenas y troneras y cubos y cavas y alrededor cercada, y tan al natural como es Rodas y con cien comendadores con sus ricas encomiendas todas de oro y perlas, muchos de ellos a caballo a la jineta, con sus lanzas y adar-

[2] Las Casas (1967), t. I, p. 334: "hobo grandes edificios como teatros postizos, altos como torres, en la plaza de México, con muchos apartamentos y distinciones, unos sobre otros, y en cada uno su acto y representación con sus cantores y ministriles altos de chirimías y sacabuches y dulzainas y otros instrumentos de música, trompetas y atabales, que creo yo que se juntaron para aquel día de toda la provincia más de mill indios tañedores y cantores de canto de órgano. Hobo castillos y una ciudad de madera que se combatió por indios por de fuera y defendió por los de dentro; hobo navíos grandes con sus velas que navegaron por la plaza como si fueran por agua, yendo por tierra [...] Los edificios, montañas y peñascos y campos o prados y bosques que hicieron y animales que pusieron vivos en ellos en las casas reales donde suelen vivir los visorreyes y el audiencia real, todo encima de los corredores y los cenaderos y vergeles postizos para sólo aquel día y los adornamientos de escudos de flores dellos y otras mill cosas graciosas que suelen hacer dellas, no puede nadie explicarlo y mucho menos encarecello". Para un análisis de esta representación, Horcasitas (1974), pp. 499-504.

gas, y otros a la estradiota, para romper lanzas y otros a pie con sus arquabuces, y por gran capitán general de ellos y gran maestro de Rodas era el marqués Cortés, y traían cuatro navíos con sus mástiles y trinquetes y mesanas y velas.[3]

Esos espectáculos, irremplazables instantáneas de la imaginería colonial, revelan la manera en que los invasores se representaban su mundo y lo mostraban a los indígenas y a los mestizos. Revelan, asimismo, lo que esta joven sociedad colonial ya era material y humanamente capaz de realizar con la colaboración de los indios. En confusión, la presencia de los negros, las imágenes de la caballería y de la guerra medieval, el recuerdo de los romanos, las técnicas de la equitación, la arquitectura, la navegación, la concepción del teatro y del divertimiento, la música, pero también las batallas rituales de origen indígena, contribuyeron a hacer de "la Conquista de Rodas" el espejo de un asombroso mosaico de culturas, de etnias y de conocimientos. Por último, el espectáculo cristiano renovaba, sin proponérselo, un rasgo esencial de las sociedades urbanas prehispánicas, el amor a la puesta en escena y el despliegue espectacular.

Rodas es un lugar fabuloso para esta multitud de orígenes mezclados salvo, si aún vive, para un marino griego que nació en la gran isla. Como muchos levantinos, Andreas había salido del Mediterráneo oriental rumbo a España y fue a parar en las Antillas. Era uno de aquellos griegos que tomaron parte en la conquista de América y siguieron a Juan de Grijalva (1518) y después a Cortés a México o a Pizarro a Perú, sin dejar nunca de provocar la desconfianza que suscitaba su pasada vecindad con los turcos. Cuando Andreas desembarcó en México, Rodas vivía sus últimos años de cristianismo bajo la dirección de los caballeros de San Juan. En 1523, Solimán *el Magnífico* y los turcos lograron apoderarse de la ciudad después de un sitio de 10 meses. Así caía el centro de la piratería cristiana que desde el mar Egeo amenazaba a los convoyes otomanos que circulaban entre Constantinopla, Siria y Egipto.

Mientras que ese último bastión de la cristiandad se islamizaba y las mezquitas remplazaban a las iglesias, del otro lado del mundo los templos de los ídolos se convertían en capillas. Andreas *el Griego*, por su parte, construía navíos al borde del Pacífico. El sol era aún más quemante que en Rodas. El mar de un color violeta más intenso y la vegetación tropical producían una frescura rara que las lluvias de verano transformaban en una insoportable humedad. Andreas estaba empleado en Zacatula, en un arsenal edificado en la desembocadura del río Balsas, cuando en 1528 tuvo dificultades con la Inquisición, que le reprochaba haberse burlado de la eucaristía. En 1539 habría podido guiar a los artesanos indígenas en la preparación de un espectáculo pasmoso:

> Traían cuatro navíos con sus másteles y trinquetes y mesanas y velas, y tan al natural, que se enlevaban de ello algunas personas de verlos ir a la vela por mitad de la plaza, y dar tres vueltas, y soltar tanta artillería que de los navíos tiraban; y venían allí unos indios al bordo vestidos al parecer como frailes dominicos, que es como cuando vienen de Castilla pelando unas gallinas y otros frailes venían pescando.

[3] Díaz del Castillo (1968), t. II, p. 312.

Después de ese detalle, cuya truculencia tal vez se inspirara en un cuadro del Bosco, Bernal Díaz no resiste a la tentación de relatar un episodio de la representación: dos capitanes turcos estaban a la emboscada, perfectamente vestidos, "muy al natural", de seda, de carmesí y de escarlata, tocados de ricas caperuzas, "como ellos los traen". Los capitanes estaban dispuestos a caer sobre unos pastores y apoderarse de sus rebaños, que pacían cerca de una fuente. Pero uno de los pastores logró darse a la fuga y avisar al gran maestre de Rodas de la presencia de los turcos. En el momento en que los infieles se retiraban con sus presas, aparecieron los comandantes cristianos, entablaron batalla, recuperaron los rebaños e hicieron muchos prisioneros; "y sobre esto, luego sueltan toros bravos para los despartir". Como otras diversiones ibéricas, las corridas de toros habían atravesado el Atlántico, para obtener un triunfo jamás desmentido.[4]

LA "CONQUISTA DE JERUSALÉN"

Para no quedarse atrás, los franciscanos y los indios de Tlaxcala —los indispensables aliados de Cortés en el curso de la Conquista, 20 años antes— decidieron representar la "Conquista de Jerusalén" para el día de Corpus, el 12 de junio de 1539. En una plaza, los tlaxcaltecas representaron la ciudad de Jerusalén ocupada por los turcos, con sus cinco torres y sus murallas almenadas. Enfrente "estaba aposentado el emperador"; a la derecha se había dispuesto el campamento del ejército español, mientras que a la izquierda se habían agrupado las provincias de la Nueva España. El ejército de España comenzó a desfilar, ofreciendo una muestra de las provincias y de los terruños que la componen, desde Granada hasta el país vasco; a la retaguardia se presentaron "Alemania, Roma y los italianos".

Las comparsas indígenas no se limitaron a ofrecer el espejo del imperio europeo que los había absorbido. Rutilante de plumas y de colores, pronto hizo su entrada el ejército de la Nueva España, repartido en 10 capitanías y portando todos los atuendos de guerra que se ponían los indígenas de México. "Éstos fueron muy de ver y en España y en Italia los fueran a ver y holgaran de verlos." Podían reconocerse ahí los mexicas, los tlaxcaltecas, los huastecos, los cempoaltecas, los mixtecas y hasta unos peruanos así como, casi *in memoriam*, indios de La Española y de Cuba. De la ciudad de Jerusalén en que se hallaba atrincherado el sultán salieron soldados vestidos de moros que enfrentaron a los españoles dando gritos de guerra, al son de trompetas y tambores. Los cristianos pronto los superaron. Luego, a su vez, los de la Nueva España afrontaron a los hombres del sultán, con el mismo éxito. Pero Jerusalén recibió auxilio de los musulmanes y de los judíos —esta aproximación no es inocente—, "vínole gran socorro de la gente de Galilea, de Judea, de Samaria, de Damasco y de toda la tierra de Siria". La situación pareció ponerse en favor de Jerusalén cuando fueron

[4] Gerbi (1978), p. 391; Gerhard (1972), p. 394; Greenleaf (1975), p. 51; Díaz del Castillo (1968), t. II, p. 340.

aplastados los escuadrones de las islas, que "no eran diestros en las armas ni traían armas defensivas ni sabían el apellido de llamar a Dios". Pero ayudados por Santiago —montado sobre un caballo blanco como la nieve— y por San Hipólito, patrón de la Nueva España, animados por una aparición del arcángel San Miguel, los cristianos ganaron la batalla y el "gran Soldán de Babilonia, *tlatoani* (soberano en náhuatl) de Jerusalén", se sometió al emperador Carlos. No les quedó más remedio a los turcos —en realidad eran indios preparados a recibir el bautismo— que aceptar el sacramento y abrazar la verdadera fe. La representación terminó con una procesión que llevó al Santísimo Sacramento por las calles de Tlaxcala, adornadas con arcos de triunfo cubiertos de flores y de hierbas perfumadas.[5]

Por un efecto de simetría minuciosamente dispuesto en Tlaxcala, ahora España y la Nueva España se encuentran colocadas en situaciones de igualdad bajo el cetro del emperador. La puesta en escena revela muchas intenciones, y el mensaje es tanto más eficaz cuanto que todos los actores, desde el emperador hasta el sultán, desde los vascos hasta los turcos, son indígenas. La rendición-conversión del sultán está hecha a imagen de la victoria sobre los mexicas: las tropas de la Nueva España representan en el espectáculo de 1539 el papel que los tlaxcaltecas habían desempeñado junto a los conquistadores. Pero el procedimiento es aún más sutil —o, si se quiere, más perverso—, ya que esos mismos indios ataviados de europeos, de cardenales y de Papa, son elevados al lugar de sus conquistadores y de sus misioneros. ¿Compensación simbólica, simple juego de espejos o afán de borrar la separación que había entre vencedores y vencidos? Los misioneros seguían deseando sustraer al mundo indígena del dominio de los españoles y colocarlo bajo la protección directa del emperador.

Montados sólo 20 años después de la conquista del país, esos espectáculos traducen el afán de convertir a América en una réplica de Europa. La distribución a los indios de los papeles de europeos inscribe en la costumbre, los gestos y los cuerpos la forma de una realidad lejana, exótica; más allá, intenta insuflar en los espíritus y más aún en las imaginerías de las poblaciones vencidas, los sueños y las obsesiones que caracterizan a las sociedades europeas del siglo XVI: la cruzada, la conversión, la lucha en adelante planetaria de la cristiandad contra el Islam. Y he aquí que el viejo ideal que había animado a Colón —la reconquista de los Santos Lugares—

---

[5] Horcasitas (1974), pp. 505-509; Motolinía (1971), p. 107: "luego entró por la parte contraria el ejército de la Nueva España repartido en diez capitanías, cada una vestida según el traje que ellos usan en la guerra; estos fueron muy de ver y en España y en Italia los fueran a ver y holgaran de verlos. Sacaron sobre sí lo mejor que todos tenían de plumajes ricos, divisas y rodelas, porque todos cuantos en este auto entraron, todos eran señores y principales que entre ellos se nombran *tecutlis* y *piles*. Iba en la vanguardia Tlaxcala y México: éstos iban muy lucidos y fueron muy mirados; llevaban el estandarte de las armas reales y el de su capitán general, que era don Antonio de Mendoza, visorrey de la Nueva España. En la batalla iban los huaxtecas, cempoaltecas, mixtecas, culiaques y una capitanía que se decía los del Perú e islas de Santo Domingo y Cuba. En la retaguardia iban los tarascos y los cuautimaltecas..."; *ibid.*, p. 113. La fiesta fue inspirada en parte por un torneo ofrecido en la plaza mayor de Madrid por Antonio Pimentel, conde de Benavente, a Carlos V, en enero de 1535 (descrita en Oviedo [1974], pp. 560-562).

era puesto en imágenes y en música por los propios indios en esa *Disney-landia* de la cruzada.

¿Es necesario recordar el contrapunto musulmán, remoto pero siempre presente en el horizonte cristiano? Desde 1520 el poderío de Solimán *el Magnífico*, que exige el monopolio del título imperial, amenaza con eclipsar al del césar Carlos. "Sin los turcos en el siglo XVI y en el XVII, el Habsburgo habría realizado su sueño de hegemonía." El esplendor de la antigua Constantinopla, que unos conquistadores habían comparado con México-Tenochtitlan, irradia sobre una gran parte del Mediterráneo, desde las costas africanas hasta Grecia; son invadidos los Balcanes, y los apuestos caballeros húngaros son destrozados por la artillería turca en la batalla de Mohacs (1526). Viena queda sitiada en 1529, y toda la Europa central tiembla. Las flotas turcas siembran el pánico en el Mediterráneo occidental, desorganizan las comunicaciones y el comercio entre España y sus posesiones italianas, impiden que llegue a la península ibérica el trigo de Nápoles y de Sicilia. Los cristianos que no han logrado liberar Rodas y Jerusalén fracasan lamentablemente ante Argel en 1541. Es ahí donde Cortés, de regreso de México, ufano de su victoria sobre los indios, reprochará a los capitanes del emperador haberse mostrado sordos a sus consejos. Pese a la caída de Granada, el poder musulmán sigue siendo el rival que hay que abatir. Bajo la égida de los otomanos, opone a la cristiandad una resistencia muy distinta de la de los indios de América.[6]

LOS DOS BANQUETES DE 1539

La "Conquista de Rodas" fue seguida por dos banquetes pantagruélicos: uno en la mansión de Cortés, y el otro en las Casas reales, en casa del virrey Antonio de Mendoza. Cortés recibió al virrey, a todos los conquistadores y a las damas que por entonces se distinguían en la Nueva España. El virrey organizó la segunda recepción. Las galerías del palacio se habían transformado en jardines y en vergeles llenos de frutos y poblados por todos los pájaros del país. Una reproducción de la fuente de Chapultepec maravilló a los invitados, que se detuvieron para contemplar un gran "tigre" encadenado y, no lejos de ahí, un grupo de estatuas que representaban a un mulero dormido y a unos indios que se embriagaban vaciando los odres de vino que aquél transportaba.

Más de 500 invitados se dirigieron a casa del virrey, 200 damas y 300 caballeros. La vajilla de oro y de plata producía reflejos sobre las mesas. Una multitud de pajes y de mayordomos se ajetreaban en torno de Cortés y del virrey, que presidían las mesas. Bernal Díaz recuerda servicios interminables: los manteles fueron cambiados varias veces. Se sirvieron dos o tres clases de ensaladas, cabritos, perniles de tocinos asados "a la ginovisca," pasteles de codornices y palomas, gallos de papada, gallinas rellenas;

---

6 Mousnier (1961), pp. 493 y 496; Gilles Veinstein, "L'Empire ottoman dans sa grandeur (XVIe siècle)", en *Histoire de l'Empire ottoman*, bajo la dirección de Robert Mantran, París, Fayard, 1989, pp. 171-175.

luego manjar blanco, pepitoria, torta real, pollos y perdices de la tierra y codornices en escabeche; empanadas de todo género de aves, de caza y de pescado; luego carnero cocido, vaca y puerco, nabos, coles y garbanzos, de los que no comió nadie. Para abrir el apetito se dispusieron sobre las mesas grandes cantidades de frutas, gallinas de la tierra con el pico y las patas plateadas; tras esto "anadones y ansarones enteros" con los picos dorados, y luego cabezas de puerco, de venado y de ternera. Las copas doradas desbordaban de vino tinto, de clarete, de agua y de... cacao. Se cenó con música, pero las voces de los cantantes, las flautas, las arpas, las violas, los caramillos y los octavines a menudo fueron ahogadas bajo el rumor de la charla de los invitados o las bromas de los bufones y los cómicos. Probablemente se interpretaron ensaladas, esas mezclas de aires de moda, muy del gusto de las que habían hecho célebre a Mateo Flecha *el Viejo*, el músico de la corte de Valencia. La alegría de la justa, los ritmos pegajosos de la bomba, que podemos imaginar puntuados por los *teponaztli* de los músicos indígenas, tejieron el fondo sonoro del festín. A las damas más insignes se les ofrecieron enormes pasteles, en los que asomaban conejos, codornices y bandadas de pájaros. Abajo, en los patios, se ajetreaban los sirvientes, los mayordomos, los mulatos y los indios que devoraron becerros enteros con pollos, gallinas, codornices, palomas y cerdos.

El banquete comenzó a la caída de la noche para proseguir hasta las dos de la mañana, pese a las protestas de las damas que deseaban retirarse. En todas las salas, los españoles que no habían sido invitados se daban codazos para no perderse nada del espectáculo y de los incidentes inevitables. Unos invitados, ebrios, cayeron sobre las fuentes de vino y las deshicieron; otros, que proferían sandeces, fueron arrojados a la calle. Mientras que Cortés hizo saber —no sin orgullo— que le habían robado más de 100 marcos de plata, cantidad considerable, el jefe de los mayordomos de palacio ingenió el modo de evitar los robos. Había ordenado a los caciques mexicanos poner cada pieza de la platería bajo la custodia de un indio, de modo que se pudieron recuperar sin dificultad las vajillas en las cuales se habían enviado manjares exquisitos a todas las casas de la ciudad. Podemos presentir, tras esas preocupaciones que Bernal Díaz recoge con complacencia, esas historias de saleros de plata, de cuchillos, de servilletas y de manteles robados, una sociedad mezclada y oportunista que lleva al extremo el alarde de la riqueza y sufre sus inconvenientes. Al día siguiente se desarrollaron corridas de toros y justas. El tramo entre la plaza de Tlatelolco y la plaza mayor fue transformado en pista de carreras, y el mejor caballero recibió, como recompensa, piezas de terciopelo. También compitieron algunas damas y la más hábil fue premiada con joyas.[7]

Vemos así que habían bastado 20 años para que se esbozara una sociedad nueva, cuya élite anima una corte que hace ostentación de fasto, ya preo-

---

[7] Díaz del Castillo (1968), t. II, p. 313: "Al principio fueron unas ensaladas hechas de dos o tres maneras, y luego cabritos y perniles de tocinos asados a la ginovisca; tras esto pasteles de codornices y palomas, y luego gallos de papada y gallinas rellenas; luego manjar blanco; tras esto pepitoria; luego torta real; luego pollos y perdices de la tierra y codornices en escabeche;

cupada por brillar ante la metrópoli a la cual dos cronistas patentados se apresuran a llevar el relato de las festividades. En adelante, la ciudad de México puede festejar a su príncipe como Florencia, que el mismo año celebra las bodas de Cosme de Médicis con Leonora de Toledo.[8]

LA LLEGADA DE LOS HUMANISTAS (1531-1535)

Las fiestas de 1539, que ponen fin al caos de finales de los años veinte, no son más que la conclusión de un decenio decisivo. Tras el desastroso gobierno de Nuño de Guzmán, la Corona decide enviar una segunda Audiencia —un tribunal— bajo la presidencia del obispo de Santo Domingo, Sebastián Ramírez de Fuenleal, que debía al cardenal Cisneros su nombramiento en las Antillas. Desde entonces se había pensado nombrar a un virrey como los que tenían Nápoles y Aragón, pero el emperador tomó las cosas con calma, sobre todo porque uno de los candidatos, Antonio de Mendoza, exigía un salario exorbitante, y el reembolso de los gastos de su embajada en Hungría. En 1531, el obispo Fuenleal, menos exigente, salió, pues, de La Española rumbo a la Nueva España en compañía de Las Casas. Había tenido tiempo de evaluar la amplitud de la "destrucción" de las islas y esta "experiencia" debía incitarlo a hacer todo lo posible para que México se librara de un destino semejante.

A partir de 1531, tras las turbulencias del decenio anterior, la Nueva España conoce la calma por primera vez, excepto los indios de las zonas cálidas que desaparecen exterminados por las epidemias. La Audiencia se propone restablecer o, mejor dicho, establecer el orden: arroja en prisión a los miembros de la administración anterior, y restituye las sumas robadas. Parece urgente organizar el gobierno, la justicia, el fisco, la Iglesia. De acuerdo con las prioridades de la Corona, hay que asegurar el dominio directo y la jurisdicción del rey —el "señor universal"— sobre todos los indios, dejar de conceder encomiendas, anular los donativos hechos por la primera Audiencia, reglamentar —por entonces se decía "moderar"— el tributo y familiarizar a los indios con el modo de vida español, sin dejar por ello de respetar las costumbres que aún merecieran ser observadas; todo ello

---

y luego alzan aquellos manteles dos veces y quedan otros limpios con sus pañizuelos; luego traen empanadas de todo género de aves y de caza; estas no se comieron, ni aun de muchas cosas del servicio pasado; luego sirven otras empanadas de pescado; tampoco se comió cosa de ello; luego traen carnero cocido, y vaca y puerco y nabos y coles y garbanzos; tampoco se comió cosa ninguna; y entre medio de estos manjares ponen en las mesas frutas diferenciadas para tomar gusto y luego traen gallinas de la tierra cocidas enteras con picos y pies plateados; tras esto anadones y ansarones enteros con los picos dorados, y luego cabezas de puercos y de venados, y de terneras enteras por grandeza y con ello grandes músicas de cantares a cada cabecera y la trompetería y géneros de instrumentos, arpas, vihuelas, flautas, dulzainas, chirimías, en especial cuando los maestresalas servían las tazas que traian a las señoras que allí estaban..." Una vez más, Díaz del Castillo demuestra ser un cronista notable; *ibid.*, p. 315.

[8] Véase *Firenze 1539, Musiche fatte nelle nozze dello illustrissimo duca di Firenze il signor Cosimo de Medici e della illustrissima consorte sua mad. Leonora da Tolleto*, Centro di Musica Antica di Ginevra, Studio di Musica Rinascimentale, Schola "Jacopo da Bologna", bajo la dirección de Gabriel Garrido, Tactus, TC 53012001, 1990.

explica que Fuenleal sea el promotor de los primeros trabajos etnográficos realizados en México. Los magistrados de la Audiencia se mostraron adversos a la esclavitud de los indios. Pero no estaba aún resuelta la vieja cuestión que había costado la vida a generaciones de ellos. Cierto, la acción de Bartolomé de Las Casas en favor de los indios desde España y La Española da sus primeros frutos, y el presidente del Consejo de Indias, el dominico García de Loaisa, no pone oídos sordos a sus críticas. Por lo demás, en 1531 Las Casas se ha embarcado en la flota que lleva a México a Ramírez de Fuenleal; tiene como misión dirigirse a Perú para informar a los conquistadores del decreto que establece la libertad de los indios. El refuerzo del poder real en la ciudad de México tiene que regocijar al dominico, ya que entraña la declinación irreversible de un hombre a quien él no quiere, Hernán Cortés, aunque éste conserva sus funciones militares de capitán general del virreinato. Decisión simbólica: desde 1529, el año de su presencia en España, el palacio-fortaleza de Cortés se ha convertido en sede del poder real y de la Audiencia.[9]

Informarse, concebir, organizar: tales son las instrucciones reales dadas a los miembros de la Audiencia. Deseoso de conciliar la afirmación de la omnipotencia del emperador, la protección de los indios y el refuerzo de la presencia española, Fuenleal quiere ser fiel intérprete del pensamiento real. Los magistrados, que multiplican las consultas con los notables del país y los dignatarios de la Iglesia, son juristas o clérigos, dispuestos a traducir en hechos el humanismo que los anima, con objeto de poner término a los "ensayos, experimentos, cambios e innovaciones en los cuales iba a consumarse y a rematar esta cuestión de los indios". En la ciudad de México, en La Española, en España, se debaten con gran acopio de cuestionarios y de relaciones la suerte de los europeos y de los indígenas. La irrupción de las poblaciones nuevas obliga a la administración y a los particulares a plantearse en términos concretos o generales cuestiones de demografía, de economía, de educación, de libertad de los individuos, de mantenimiento de las antiguas jerarquías sociales. Tal vez allí sea donde mejor se diseña la "modernidad americana". Entre la Audiencia de la Nueva España y la joven Iglesia reina una concertación —concordia y unión— tanto más estrecha cuanto que ambas desean reservar al clero la conversión de los indígenas: "que en los españoles poco fruto esperamos, según están con nosotros porque no habemos cometido que los hayan consumido y acabado". ¿No serían los indios el antídoto al mundo perturbado que todos se esfuerzan por dominar: "porque abundan la codicia, la ambición, la soberbia, los faustos; vanagloria, tráfago y congojas de él". [10]

[9] Zavala (1965), pp. 90-91; *Epistolario* (1939), t. I, p. 137; "Parecer de Sebastián Ramírez de Fuenleal", en *Colección de documentos para la historia de México*, México, Porrúa, 1971, t. II, p. 180; Rubio Mañé (1983), t. I, pp. 19-20.

[10] "Parecer del Padre Betanzos", en *Colección de documentos para la historia de México*, México, Porrúa, 1971, t. II, p. 196: "en pruebas y experiencias y mudanzas y novedades se ha de consumir y acabar esta materia de los indios, como la hacienda litigiosa sobre que mucho tiempo litigan, que acabado el pleito es acabada y consumida la hacienda"; Motolinía (1971), pp. 440-442; "Parecer de Sebastián Ramírez de Fuenleal", en *Colección de documentos para la historia de México*, México, Porrúa, 1971, t. II, p. 181; Zavala (1965), p. 106.

LA UTOPÍA DE MORO EN MÉXICO

En ese clima de relativa calma, uno de los magistrados de la Audiencia, Vasco de Quiroga, medita sobre la obra de Tomás Moro. Nacido en Madrigal de las Altas Torres en el decenio de 1470, el viejo Quiroga forma parte de esas cuadrillas de letrados experimentados que han sido inapreciables consejeros de los Reyes Católicos. Acaso ocupara funciones en el arzobispado de Granada después de 1492. En 1525 se encuentra en Orán, sobre la costa africana, donde desde hace 16 años los españoles intentaban establecerse. Se enfrenta allí a una sociedad minúscula, agitada e inestable, rodeada por el Islam, en que representantes de la Corona, soldados, mercaderes judíos, moriscos y musulmanes se desgarran entre sí. De paso, participa en la negociación de un tratado de paz con el rey moro de Tlemcen. La africana Orán, y antes la reconquistada Granada, fueron para Quiroga la antecámara de América y de México.[11]

Vasco de Quiroga es lector de Guillermo Budé, de Sebastián Brant, de Antonio de Guevara. Pero el que le abre los ojos es Tomás Moro. Como tantos otros lectores europeos, Quiroga se apasiona con los relatos de Hitlodeo, el portavoz de Moro, que ha vuelto de un viaje a América, efectuado en compañía de Vespucio. El viaje era ficticio: Utopía etimológicamente significa la "tierra de ninguna parte". Y sin embargo, 15 años después de su aparición, la ficción de Moro retornaba a América. Podemos imaginar las etapas franqueadas por el libro: el proyecto madurado en Londres, la América construida a partir de los informes recabados en Brujas y en Amberes, la obra impresa en Lovaina en 1516, la edición tal vez comprada a un librero de Sevilla por el vasco Zumárraga, el volumen metido entre otros en una maleta mal protegida de la humedad, sobre una carabela tambaleante hacia la Vera Cruz, depositado sobre el estante de una de las escasas bibliotecas de la ciudad de México, la mano del obispo Zumárraga tendiendo el ejemplar a Quiroga, el deslumbramiento... Quiroga confrontó la utopía con las realidades mexicanas. A ello le preparaba la visión que se formaba de las tierras nuevas: pues "no en vano sino con mucha causa y razón este de acá se llama Nuevo Mundo, no porque se halló de nuevo, sino porque es en gentes y cuasi en todo como fue aquel de la edad primera y de oro". Asombrosos vaivenes del pensamiento y de las imágenes europeas que hacen de América, por turnos, la inspiradora de una construcción del espíritu y el campo de aplicación del que ya no se ve más que la pretendida virginidad. Para Quiroga, como después para los jesuitas de Paraguay, América, "el mundo de los comienzos", deja de ser, en parte, un receptáculo de leyendas y de sueños, un mundo de tesoros ocultos —el refugio de las amazonas, la tierra de las Siete Ciudades de Cibola—, para ofrecer un terreno de experimentación social y cultural.[12]

---

[11] *Ibid.*, p. 121; Warren (1977), pp. 15-21.
[12] Zavala (1965), p. 102; Margarita Zamora, *Language, Authority and Indigenous History in the Comentarios Reales de los Incas*, Cambridge, Cambridge University Press, 1988, pp. 137 y ss.

Quiroga deseaba reorganizar la vida de los indígenas reagrupándolos en los pueblos "donde estén ordenados en toda buena orden de policía y con santas y buenas y católicas ordenanzas". Así se podría "a poner y plantar un género de cristianos a las derechas, como primitiva Iglesia". Por ello le maravillaba encontrar en el canciller inglés, este "hombre ilustre y de talento más que humano", un proyecto político perfectamente apropiado a las necesidades de las comunidades indígenas, siendo así que Moro nunca había puesto los pies en el Nuevo Mundo. Quiroga propuso una república, una ciudad cuya unidad de base sería la familia extensa. Cada unidad que reuniera de 10 a 16 parejas casadas quedaría sometida a la autoridad de un "padre y una madre de familia". La ciudad quiroguiana que reuniría a 6 000 de esas familias conjugaría "el bienestar económico, el orden político racional y la fe cristiana", "una tal orden y estado de vivir en que los naturales para sí... sean bastante suficientes y se conviertan bien como deben". Toda una pirámide de magistrados velaría por la suerte de las poblaciones, y en su cima se hallaría un alcalde mayor o un corregidor designado por la Audiencia. En cierto modo, el mejor de los mundos posibles a unas leguas de distancia de las comunidades ibéricas dominadas por clanes y facciones...

Quiroga volvió a su designio en 1535, el año mismo en que Moro fue decapitado por orden del rey Enrique VIII, acentuando en el mensaje utópico el tema de la Edad de Oro, tomado del autor latino Luciano. A decir verdad, no era la primera vez que América tenía ese viejo sueño. Ya Pedro Mártir se había dejado seducir por él. Los indios de la Nueva España tenían cualidades de simplicidad, de inocencia y de maleabilidad que les hacían apropiados, si se les guiaba bien, para vivir la Edad de Oro. El Nuevo Mundo no podría ser, pues, una simple reproducción del Viejo Mundo. Bajo la pluma de Quiroga se convierte en el espacio autónomo y privilegiado que sellará la alianza del humanismo y del cristianismo primitivo, como si América ofreciera a los pensadores europeos la consumación soñada de sus reflexiones más audaces, desde el milenarismo medieval hasta el humanismo renacentista.[13]

Si el proyecto revela "un nivel de pureza moral del que hay pocos ejemplos en la historia del pensamiento colonizador", la utopía quiroguiana también muestra la forma más extrema de la occidentalización, la responsabilización planificada, para no decir totalitaria, de la existencia del Otro hasta en sus menores manifestaciones. Puede verse la ambigüedad de esta generosidad y el peligro de todo pensamiento utópico puesto en acción: 60 años después, en 1592, el licenciado Francisco de Anuncibay se jactará de encontrar en la *Utopía* de Tomás Moro los mejores principios racionales para regir las colonias de esclavos negros importados de Guinea y establecidos en la actual Colombia.[14] Y es que quien podía dar el antídoto al desorden de la Nueva España y de las Islas, Moro, amigo de Erasmo, también era el legista autoritario y el consejero de Enrique VIII.

[13] Zavala (1965), pp. 91 y 93.
[14] *Ibid.*, pp. 104 y 130, citando a Jaime Jaramillo Uriba, "Esclavos y señores en la sociedad colombiana del siglo XVIII", *Anuario Colombiano de Historia Social y de la Cultura*, I-1, 1963, pp. 5-6.

El plan no resistió la prueba de las realidades ni las reticencias de la Corona. Pero aunque haya perdido su radicalismo utópico, siguió inyectando una apariencia de orden en el caos derivado de la conquista española. Impaciente por materializar sus proposiciones, Quiroga se echó a cuestas la tarea de crear comunidades indígenas protegidas de la influencia nefasta de los españoles. Vino así la fundación de los dos pueblos-hospitales de Santa Fe —uno de ellos en los alrededores de la ciudad de México, y el otro cerca de la capital de la provincia de Michoacán—, en los cuales los indios experimentarían con nuevas formas de vida. Habiendo ingresado en la Iglesia, y nombrado obispo de Michoacán, inmensa provincia situada al poniente del valle de México, Vasco de Quiroga se dedicó a multiplicar los hospitales y a fomentar la enseñanza de los oficios europeos entre los indígenas de su diócesis. El destino reunía así en una misma persona al letrado, al humanista y al hombre de Iglesia, esos agentes predilectos de la política imperial.[15]

Antonio de Mendoza o la encarnación del poder real (1535-1550)

Mientras Quiroga defendía sus proyectos, la Audiencia buscaba opciones a los excesos de la encomienda. Creó ciudades —Puebla, en el valle del mismo nombre— capaces de atraer a españoles de poca fortuna, nombró corregidores, preparó listas que fijaban el monto del tributo debido a la Corona y a los particulares. Introdujo en los pueblos de indios las instituciones españolas; poco a poco se organizó un virreinato que, suponíase, agruparía a dos cuerpos claramente delimitados: la "República de los Indios" y la "República de los Españoles". A partir de 1535, esta obra estabilizadora fue continuada por Antonio de Mendoza, primer virrey de México, quien terminó por aceptar, tras un acuerdo financiero, las funciones prestigiosas que se le proponían.

Antonio había nacido en el curso de las campañas de la guerra de Granada, o en los años que siguieron inmediatamente a la toma de la ciudad, en la ilustre familia de los condes de Tendilla, grandes servidores de la Corona de Castilla. El padre de Antonio había sido embajador en Roma. Para recompensar sus servicios, la Corona lo nombró alcalde perpetuo de la Alhambra y capitán general de las provincias y fortalezas de Andalucía. Antonio creció, pues, en Granada, en el marco refinado de los palacios de la Alhambra y el universo mestizo de una ciudad morisca. Ya lo hemos encontrado en Flandes, cerca del joven Carlos en 1516, y su fidelidad jamás fue desmentida. Al estallar el levantamiento de los comuneros él se puso al servicio del emperador mientras que su hermana mayor doña María Pacheco y su cuñado se encontraban a la cabeza de la rebelión. Como agradecimiento por su apoyo —y tal vez también para alejarlo de la península— Antonio fue enviado en una embajada a Hungría, por entonces atacada por los turcos. Al presenciar el espectáculo de la toma de Rodas en

---

[15] Garrido Aranda (1980), p. 208; Zavala (1965), p. 96.

la plaza mayor de México en 1539, sabía él, sin duda mejor que nadie, lo que significaba la amenaza otomana. Añadamos, para mejor mostrar el poder de su familia, que su hermano don Luis acumuló títulos y responsabilidades, llegando a ser gobernador del reino de Granada, virrey de Navarra, presidente del Consejo de Indias y luego del de Castilla. En cuanto a su hermano don Diego Hurtado de Mendoza, autor de una notable *Historia de la guerra de Granada*, al contacto con Italia adquirió la experiencia de las armas, una vasta cultura humanista y el conocimiento de las lenguas clásicas.[16]

El poder real había delegado representantes en el Nuevo Mundo mucho antes de la llegada de don Antonio, pero por vez primera la lejana Corona encarnaba en un gran señor, que sabía destacar fastuosamente el rango superior que ocupaba, como lo hemos visto en las festividades de 1539. Su educación había preparado a Antonio para actuar en un medio pluriétnico y pluricultural: en Granada su padre había adoptado las usanzas moras en su vestimenta, su alimentación y sus comodidades; vivía rodeado de servidores moriscos y sus consejeros eran conversos. Su madre, prima del rey Fernando, era el ejemplo mismo del mestizaje cultural ya que descendía de judíos, de moros y de cristianos viejos. Por último, él había recibido, como sus hermanos, una educación humanística, bajo la égida de Pedro Mártir —atraído a Castilla gracias a su padre— y de Hernán Núñez, un converso que sabía griego, latín y árabe. Su hermano Diego el políglota, el cosmógrafo de Carlos V, Alonso de Santa Cruz, y el cronista Oviedo se contaron entre sus fieles corresponsales. Se comprende así que Antonio haya traído a México su biblioteca personal que, junto con las del arzobispo Zumárraga y del colegio franciscano de Tlatelolco, fueron de las primeras de América.[17]

La experiencia granadina señaló indiscutiblemente a Antonio de Mendoza, quien se dedicó a conciliar la autoridad de la Corona con la defensa de los autóctonos. El virrey quiso ser para los indios de México lo que su padre había sido para los moriscos. Una misma familia recibió, por turnos, la misión de integrar a la Corona española el antiguo reino de Granada y después el de México, y la habría proseguido en Perú si la muerte no hubiese interrumpido la carrera de Antonio de Mendoza.

Bajo su dirección se estableció, en sus estructuras definitivas, el primer reino europeo de América. Antonio de Mendoza, que siempre ha frecuentado los palacios, mantiene una corte de una cuarentena de gentileshombres, atendida por un personal de unos 60 indios. El Nuevo Mundo descubre esta institución que, sin tomar nunca la extensión que conoció en Europa, sí permitirá a la sociedad colonial de México copiar las sociedades del Viejo Mundo. Esta corte, aunque limitada, rompe por su composición y por sus reglas con el caravanserrallo cortesiano. El virrey es el presidente de la Audiencia, y el vicepatrón de la Iglesia. Él emite las leyes que debe someter al Consejo de Indias. Adopta el papel de mediador y de

[16] Rubio Mañé (1983), t. I, pp. 215 y 219.
[17] Liss (1975), p. 57.

contemporizador entre los grupos y las facciones que constituyen la Nueva España, y la Corona tan lejana. Así, se esfuerza por retardar la aplicación de las Leyes Nuevas de 1542, que estaban destinadas a proteger a los indios, para no disgustar a los encomenderos. La decisión de Carlos V de acabar con la encomienda, la esclavitud indígena y los servicios personales habría hundido en el caos a la Nueva España. Con el mismo espíritu, en lugar de abolir la esclavitud indígena, él se contenta con limitar sus abusos en las minas; distribuye pensiones a los conquistadores arruinados o cargos de administradores locales, de corregidor y de alcalde mayor. ¿No pasan la inmensa mayoría de los conquistadores casi todo el tiempo arguyendo que están en la miseria y quejándose de la ingratitud de los representantes de la Corona? Díaz del Castillo hace dos veces el viaje a España para obtener satisfacción, es decir, para recibir una rica encomienda, indios en número respetable y un puesto en un cabildo. Nuestro conquistador terminará por obtenerlo en la ciudad de Guatemala, donde pasará el resto de su vida.[18]

Por último, Antonio de Mendoza prosigue y gana la partida que la Corona jugaba contra Cortés. Reduce considerablemente el poder del conquistador, mayor que él en 10 años, y le obliga a ir a defender su causa en Castilla, de donde no debía volver jamás. Las fiestas de 1539 expresan espectacularmente esta rivalidad demostrando, fasto contra fasto, la superioridad del virrey. La Corona y los grandes triunfan. Cortés vuelve a España al año siguiente.

La política prudente de Antonio de Mendoza no se asemeja casi en nada a la otra, mucho más brutal, que adopta el virrey de Nápoles Pedro de Toledo en los mismos años, aunque ambos son notables arquitectos de la dominación española en esas periferias del imperio. Las medidas autoritarias de don Pedro pusieron en ebullición la ciudad de Nápoles, riesgo que evidentemente el amo de México no podía correr a ningún precio, por falta de tropas que oponer a los sediciosos y por razón de las distancias oceánicas que lo separaban del emperador.[19]

Para organizar una sociedad que aún estaba en los primeros balbuceos, el virrey apoyó la creación de instituciones educativas destinadas a los indios, a los españoles y a los mestizos. Para el joven Antonio, la cuestión mestiza se había planteado desde las islas y, en realidad, desde Granada. El destino de los niños nacidos de los dos grupos antagónicos era tanto más incierto cuanto que muy pronto la sociedad colonial fue concebida como la yuxtaposición de dos conjuntos simétricos perfectamente circunscritos: la "república de los indios" y la "república de los españoles", y casi no había lugar para algo intermedio.

La realidad incontenible del mestizaje biológico se encargó de desmentir ese impecable esquema. Ante este estado de cosas, Antonio de Mendoza no sólo protegió a los jóvenes mestizos sino que creó, para educarlos, el colegio de San Juan de Letrán. Hasta aconsejó los matrimonios entre indias de la nobleza y representantes de la Corona para precipitar la fusión de la antigua clase dirigente con la nueva. Al margen de ese mestizaje inducido

---

[18] *Ibid.*, p. 59.
[19] Coniglio (1967), pp. 63-71.

aparecieron fenómenos de una amplitud totalmente distinta, que se escapaban del poder de los españoles. A finales del decenio de 1540, los mestizos que merodeaban por el país aterrorizaban a los viajeros y a las comunidades indígenas. Esta inseguridad se convirtió en una de las principales preocupaciones del virrey. Los mulatos nacidos de indias y de esclavos de África vinieron a aumentar la confusión y el desorden, lo que no impidió al virrey preconizar la introducción de esclavos negros, en particular después de las epidemias que de 1545 a 1548 diezmaron las poblaciones indígenas. Por último, y por muy asombroso o paradójico que parezca, en el decenio de 1550 México abrigaba de 3 000 a 4 000 vagabundos españoles, que vivían al día (las más de las veces, a costa de los indios), con los que no se sabía qué hacer.[20]

Más allá de las consideraciones de orden político, las poblaciones indígenas despertaron en el virrey un interés auténtico, aunque se revela imbuido de paternalismo y de prejuicios. Las relaciones establecidas con los autóctonos se inspiraron en las que mantenían los Mendoza con los moriscos de Granada. Aunque, como sus contemporáneos, haya visto en los indios a unos perpetuos menores de edad, el humanista que a su entrada en la ciudad de México fue recibido por indígenas que lo arengaban en latín, apreció los servicios de la aristocracia local que gradualmente se hispanizaba. Durante su virreinato, la familia de Moctezuma recuperó el gobierno de los indios de Tenochtitlan con el título de *tlatoani*, mientras que los príncipes de Texcoco se mantenían en su ciudad. El virrey quiso iniciarse en el arte de la caza tal como lo practicaban los indios de antaño, y se interesó en los objetos prehispánicos hasta el punto de enviar ídolos de jade a su hermano Diego Hurtado de Mendoza, por entonces embajador en Italia. Don Antonio incluso encargó al jefe de los pintores indígenas de la capital la elaboración de un suntuoso códice que en adelante llevaría su nombre —el Códice Mendoza—, y que hace un inventario enciclopédico del mundo precolombino en el que se suceden pictografías tradicionales y comentarios en caracteres alfabéticos. Más asombroso aún: a mediados del siglo unos indios dedican un libro en latín al hijo de Antonio de Mendoza, al que saludan con el nombre de Mecenas ("Puedo agradecer inmensamente a mi mecenas..."): no podemos menos que evocar la invitación hecha 74 años antes por el padre del virrey al latinista Pedro Mártir. De Roma en 1478 a México en 1552, gracias a los Mendoza, mecenas de dos mundos, el humanismo renacentista había recorrido un prodigioso itinerario a través del Mediterráneo y del Atlántico. Pero, ¿cómo habían llegado los discípulos mexicanos al relevo de los estudiantes castellanos?

En el plano militar, tropas indígenas de Tlaxcala, de México y de Texcoco tomaron parte sumamente activa al aplastar el levantamiento de los indios del Mixtón en el noroeste del país, y sus jefes, a su vez, se volvieron "conquistadores" y fueron premiados con un blasón y con el derecho de llevar espada. En cuanto a los rebeldes, fueron exterminados: "Muchos indios hechos prisioneros fueron ejecutados en presencia del virrey y por

[20] Liss (1975), pp. 61 y 109, n. 60; Aguirre Beltrán (1972), pp. 20-21.

órdenes suyas. Unos fueron puestos en fila y destrozados a cañonazos; otros fueron desgarrados por los perros; otros más fueron entregados a unos negros que los mataron a puñaladas o los colgaron..." Pero la colaboración, por muy costosa y humillante que fuera, no bastó para conservar los intereses de la antigua clase dirigente. La introducción de las instituciones municipales de tipo español en el seno de las comunidades autóctonas favoreció el ascenso de recién llegados y exacerbó los conflictos que se daban en el mundo indio, mientras que inexorablemente las epidemias —en particular a finales del decenio de 1540— arrasaban a los sobrevivientes. El testimonio del cronista franciscano Sahagún no nos dice nada sobre la naturaleza de la epidemia de *cocoliztli*, pero sí hace un balance, tan conciso como dramático: "En el año de 1545 hubo una pestilencia grandísima y universal donde, en toda esta Nueva España, murió la mayor parte de la gente que en ella había. Yo me hallé en el tiempo de esta pestilencia en la ciudad de México, en la peste de Tlatilulco, y enterré más de diez mil cuerpos, y al cabo de la pestilencia dióme a mí la enfermedad y estuve muy al cabo." Más lacónicos aún, los códices que los indios no habían dejado de pintar señalaron la catástrofe dibujando una hilera de cadáveres envueltos en sus petates...[21]

Los nuevos equilibrios que el virrey se esforzaba por definir y por instaurar fueron acompañados por una política económica que, si tendía a aumentar los ingresos de Su Majestad —se sextuplicaron—, contribuyó a asegurar y a apoyar el fundamento material de la Nueva España. Las minas, la ganadería, la agricultura, el cultivo del trigo, de la caña de azúcar y de la morera, el comercio y la moneda ocuparon su atención. Antonio de Mendoza extendió la cuadrícula urbana fundando las villas de Valladolid, Guadalajara y Querétaro, propuso la creación de una universidad y favoreció la implantación de la primera imprenta de América. Los poderosos Cromberger de Sevilla enviaron un representante a México y se instalaron en América. Gracias a ellos, probablemente en el año de 1539, fue publicado el primer libro americano, un catecismo en español y en náhuatl. Aunque no todos los proyectos del virrey se realizaron, la empresa de occidentalización del continente americano, en el sentido de una duplicación de los modos de vida ibéricos, fue sistemáticamente proseguida por Antonio de Mendoza. No debía interrumpirse jamás, si bien los ritmos y los impulsos variaron considerablemente con los tiempos y las comarcas.[22]

La sombra de Roma sigue los pasos del virrey: "Don Antonio pobló cier-

[21] Liss (1975), p. 125; Gibson (1967), pp. 170-171, 139, 206, 229 y 274; sobre el Códice Mendoza, Donald Robertson, *Mexican Manuscript Painting of the Early Colonial Period. The Metropolitan Schools*, New Haven, Yale University Press, 1959, pp. 94-107; Ignacio Osorio Romero, *La enseñanza del latín a los indios*, México, UNAM, 1990, pp. xxx-xxxiii: "*Ingentes quidem gratias agere possum Maecenati meo sed referre minime. Quam ob rem me, quantus sum, offero dedico consecroque in mancipium; neque vero ei soli, sed etiam tibi, mi domine clarissime, obtestantissimum singularis amoris signum et testimonium*" (en el Códice Badiano, redactado y traducido al latín por Martín de la Cruz y Juan Badiano; L. Hanke, en Las Casas (1986), t. I, p. XVI. Sobre la epidemia de 1545, las "pinturas del Códice Tellerianus-Remensis (Biblioteca Nacional, París).

[22] Miranda (1952) y (1965), pp. 26-27; Borah (1943); Riley (1973), pp. 84-87.

tas comarcas a la manera de las colonias romanas: en honor del emperador inscribió su nombre y el año en mármol." En el virreinato de Antonio
de Mendoza, la ciudad de México acentúa su aspecto de *castrum roma-
num*. Amplias avenidas deben facilitar la circulación de los caballeros en
caso de motines. La orientación de la ciudad es modificada para mejorar
la exposición al sol y hacer que se disipen las exhalaciones pútridas que
comienzan a salir de un lago cuyo nivel baja. Gómara, el biógrafo de Cortés, exalta la ciudad más grande y más poblada del imperio de Carlos, mientras que un humanista de la Nueva España, Cervantes de Salazar, hace su
panegírico: ¿se habría vuelto realidad en América la ciudad ideal? El mapa
que conserva la biblioteca de Uppsala y la política urbana del virrey parecen concretar el sueño de Leon Battista Alberti (1404-1472): el resurgimiento de la *civitas* romana. El tratado de arquitectura del italiano figuraba
entre los libros del virrey con esta mención latina, manuscrita por Antonio: *hunc librum, legi Mexico anno 1539 Men. Juni*, "he leído este libro en
México en junio de 1539". Anotaciones hechas al margen del texto son testimonio del interés del lector por esta obra y por los métodos que preco-
niza. Es en ese terreno en donde más espectacularmente se manifiesta la
raigambre humanista de Antonio, quien, como Vasco de Quiroga, se remite al pensamiento utópico del Renacimiento.[23]

Pero México ofrece otras tentaciones. Para empezar, la tentación de la
aventura: llevado por la fiebre de los conquistadores —según dice su hermano Diego Hurtado—, el virrey envía en la búsqueda de El Dorado del Norte,
la misteriosa Cibola, al franciscano Marcos de Niza, ayudado por un negro
que había sido el compañero de infortunios de Cabeza de Vaca en su interminable recorrido por el territorio que conforma el sur de los actuales Estados Unidos. También financia la expedición de Francisco Vázquez de Coronado que llega al Cañón del Colorado. Movido por el señuelo del lucro y del
poder, Mendoza se enriquece, favorece a su familia y sueña en hacer de su
hijo su sucesor a la cabeza del virreinato. Viudo cuando desembarcó en
México, se había hecho acompañar por una media hermana que casó con el
conquistador Martín de Ircio y que creó dinastía. Los Mendoza de América,
grandes señores, habrían querido administrar México como los de España
gobernaban Granada, pero gozando de un poder incomparablemente más
grande, gracias al océano que los separaba del emperador.

Y sin embargo, como Cortés, Antonio de Mendoza debió inclinarse ante
la Corona. Cuando llegó al término de su mandato, su hermano —por entonces presidente del Consejo de Indias— le aconsejó no quedarse en la
Nueva España, aunque se le hubiese autorizado, pues ya unas voces lo acusaban de querer fundar ahí una potencia independiente. Se recordaba que
su hermana, la indomable María Pacheco, se había levantado contra la Corona, y que unas hechiceras moriscas le habían predicho que sería reina.
¿Había tenido Antonio esta tentación, a la altura de las ambiciones de su

[23] Guillermo Tovar, "La utopía del virrey Mendoza", en *Vuelta*, noviembre de 1985, pp. 18-
24. Sobre el mapa de Uppsala, Miguel León-Portilla y Carmen Aguilera, *Mapa de México-
Tenochtitlan y sus contornos hacia 1550*, México, Celanese Mexicana, 1986.

familia? Después de un gobierno de 15 años, Antonio de Mendoza aceptó el virreinato de Perú, donde murió, agotado, en julio de 1552. También su hijo fue apartado de México. Las veleidades de independencia de Mendoza no por ello dejaron de producir una práctica americana del poder que sus sucesores supieron aprovechar. Según la fórmula *se obedece pero no se cumple*, en una actitud inaugurada por Ovando, el gobernador de La Española, los administradores de las Indias cultivaron el arte de retardar lo más posible la aplicación de las órdenes que juzgaran inaplicables, inadmisibles o contrarias a la costumbre local. Tal fue el correctivo americano sistemáticamente impuesto a las medidas concebidas en la metrópoli europea. Fue una manera de paliar las diferencias y los desfases amplificados por la distancia, y de darse un margen de autonomía y de flexibilidad.[24]

Los progresos de la conquista espiritual

La grandiosa representación de "la Conquista de Jerusalén" escenificada en Tlaxcala en 1539, había presentado con fasto el compromiso de la Nueva España indígena en la cruzada emprendida bajo la dirección de su virrey, Antonio de Mendoza. El Nuevo Mundo recibía un rango comparable al de España y podía mostrar tropas exclusivamente compuestas de indios de las islas y del continente. La conquista de Jerusalén hacía, de ese modo, eco a la conquista de Rodas. Pero esta vez, aunque aparecía en el espectáculo, el virrey no era el inspirador del acontecimiento. Eran los franciscanos.

En Tlaxcala, ciudad indígena que tanto había contribuido al triunfo de Cortés, y de la que los españoles se mantenían apartados, los franciscanos dominaban sin rivales. Allí, el espectáculo era plena expresión de su visión política y espiritual. Cierto es que si el teatro religioso permitió a la concepción franciscana encarnar un momento en los gestos de centenares de comparsas indígenas, esto no fue más que la puesta en escena de una ficción. Como para Las Casas, que hizo un experimento de evangelización en la América Central, el ideal tanto tiempo buscado, la cristianización sin españoles, siguió siendo una utopía. No obstante, en la práctica los religiosos adquirieron un dominio considerable sobre los indios. Lograban —más fácilmente y con menores gastos que los representantes del rey— la sumisión de los indígenas: negociaban con ellos el tributo e imponían el orden estableciendo una red de parroquias cada vez más amplia. A partir del decenio de 1530, los franciscanos, y después los dominicos y los agustinos, cuadricularon el país. Los españoles de México no se equivocaron en ello, pues el destino y el control de la población indígena ocupaban el primer plano de las preocupaciones de las órdenes mendicantes. Al final de su vida, a Pedro de Gante le gustaba recordar que "los indios no fueron descubiertos sino para buscalles su salvación".

En torno de la cuestión india, sin duda, se mezclaban inextricablemente la dominación del México "profundo" y los objetivos de la evangelización. De ahí el antagonismo y las incesantes fricciones entre el clero y la pobla-

---

[24] Rubio Mañé (1983), t. I, p. 219; Oviedo (1547), f. xxxiv^{vo}; Iglesia (1980), p. 157.

ción española: "En los españoles poco fruto esperamos [...] porque favore-
cemos estos indios o por decir lo cierto porque no habemos consentido
que los hayan consumido y acabado." Para los franciscanos de México, se
trataba de reivindicar el mérito de haber impedido una catástrofe como la
que se dio en las Antillas. Esta estrategia era tanto más perturbadora cuanto que, en la tormenta política, institucional y social que a intervalos recu-
rrentes recorría la Nueva España, los misioneros fueron los primeros en
idear y en organizar estructuras adaptadas a las realidades y a las poblaciones indígenas. Al mismo tiempo que contribuían a exacerbar la crisis
política local, seguían adelante con el proyecto que haría viable el México
hispano-indígena. Aún queda por explicar de qué modo la dinámica perturbadora que ellos habían introducido se convirtió a comienzos del decenio de 1530 en una fuerza de orden.[25]

Esta inversión se debió, al principio, a la composición de la Iglesia y a su
potencial espiritual. La Iglesia misionera era singularmente homogénea:
desde el origen, los misioneros franciscanos y después dominicos —llegados en 1526— pretendieron ser, ellos solos, la Iglesia. Por lo demás, habían
recibido amplios poderes de los papas Alejandro VI y León X. En 1526
propusieron al emperador el proyecto de una Iglesia compuesta exclusivamente de religiosos en el seno de la cual y por la cual serían escogidos los
obispos. Éstos, a su vez, y de común acuerdo con los religiosos, elegirían
al obispo de México. Las preocupaciones de los evangelizadores prolonga-
ban unas corrientes que ya por entonces recorrían el catolicismo ibérico y
europeo, ya se trate de la reforma de las órdenes regulares o de los viejos
sueños milenaristas de Joaquín de Fiore que compartían tanto el jefe de
los 12 franciscanos, fray Martín de Valencia, como el primer obispo de México, también franciscano, fray Juan de Zumárraga. Y sin embargo, los misioneros no sólo eran unos iluminados portadores de la tradición joaquinis-
ta. La Nueva España resultaría un crisol en que, fundiendo lo antiguo y lo
nuevo, se conjugarían los legados de una Edad Media mística y profética,
inflamada de pureza espiritual, una modernidad humanista de filiación
erasmiana y la piedad práctica de los países nórdicos.

El franciscano vasco Juan de Zumárraga, ex cazador de brujas en Vizcaya, lector de Erasmo y de Tomás Moro, estaba, a imagen de ese grupo, lleno
de iniciativas. Fue el primer obispo y luego el primer arzobispo de México y,
con ese título, mostró por los indios un interés tan apasionado como ilustrado. También fue el responsable de la ejecución de. don Carlos, cacique de
Texcoco (1539), hecho resonante y censurado por el emperador, pero que
revelaba la exasperación del prelado ante lo que parecía ser un doble fracaso
para la joven Iglesia. ¿No se sospechaba que aquel señor indígena, discípulo
de los franciscanos, había permanecido fiel a los antiguos cultos y, peor aún,
que conspiraba contra la dominación española? En este asunto estallaron
tanto la rabia del perseguidor de brujas cuanto el impulso del sacerdote
savonaroliano. Las llamas de la hoguera de don Carlos, ¿habían consumido

[25] "Parecer de Sebastián Ramírez de Fuenleal", en *Colección de documentos para la historia de México*, México, Porrúa, 1971, t. II, p. 181; De la Torre Villar (1974), p. 43; Motolinía (1971), p. 442; Gómez Canedo (1977), p. 218.

el humanismo del prelado, o bien mostraban los límites de todo humanismo cuando no acepta al otro más que para absorberlo mejor? Unos 15 años antes, en las selvas de Guatemala, los religiosos que confesaron al último soberano mexica, Cuauhtémoc, antes de que fuera sumariamente ahorcado, mostraron una actitud análoga. Y sin embargo, eran figuras tan excepcionales como Dekkers y Auwera, dos de los franciscanos de Gante. La razón de Estado y el temor a un levantamiento indígena habían triunfado sobre Erasmo, la *devotio moderna* y toda la ciencia de la Sorbona.[26]

Vemos así que los hitos múltiples que hemos notado en el viejo continente y las rutas que lo recorren van a desembocar a la Nueva España. Como los hombres y las cosas, también el pensamiento europeo en su diversidad y sus juegos contrastados, en sus registros evangélico, mesiánico, humanista o utópico, en su busca intolerante del absoluto —recordemos a Lutero y a Savonarola—, franqueaba el océano y se abría un campo inesperado en aquel Nuevo Mundo en que todas las corrientes se cruzaban, se mezclaban o bifurcaban, a veces en formas imprevistas. El conjunto convergía en el ideal de una "Iglesia primitiva apostólica" cuya formulación —"esta primitiva, nueva y renaciente Iglesia de este Nuevo Mundo"— condensado en el pensamiento de Vasco de Quiroga. Por tanto, era la Iglesia regular, la de los misioneros y de los franciscanos, la que difundía el proyecto de "civilización" destinado a las poblaciones indígenas. Era ella la que perfeccionaba dondequiera que podía las modalidades, las estrategias y las tácticas de una empresa tentacular destinada a plegar a los indios a los valores occidentales llevados por el cristianismo. Por ese medio contribuiría a cimentar la dominación española sobre la tierra mexicana, tomando la medida del choque que sufrían las poblaciones vencidas y explotando lo que subsistiera de la urdimbre humana y social de las sociedades indígenas.

Pero todo el pensamiento europeo y la experiencia de la Iglesia, ¿serían capaces de recoger el desafío lanzado por el Nuevo Mundo? ¿Cómo hacer frente a millones de hombres cuando la Iglesia se limita a algunas decenas de sacerdotes y no tiene como en Granada el refuerzo disuasivo de unas fuerzas armadas cristianas que han acudido de las regiones vecinas? ¿Qué emprender, y qué imaginar?[27]

DE LA DESTRUCCIÓN DE LOS ÍDOLOS A LOS BAUTIZOS EN MASA

A partir de 1525 los misioneros franciscanos, llevando a la cabeza a Pedro de Gante el flamenco, Motolinía el cronista bisoño y Martín de Valencia el visionario, realizan incursiones por el valle de México. Los jóvenes indios formados por los religiosos son la punta de lanza de unas cabalgatas devastadoras que por doquier siembran la sorpresa y el espanto. Cada domingo salen de la ciudad de México y de los monasterios de los alrededores para

---

[26] "Parecer de los religiosos de Santo Domingo y San Francisco", en *Colección de documentos para la historia de México*, México, Porrúa, 1971, t. II, pp. 551-552; Phelan (1972), p. 71; Baudot (1977), p. 245; Díaz del Castillo (1968), t. II, p. 205.
[27] Phelan (1972), p. 73.

derribar los templos del demonio y llevar la buena nueva a las poblaciones ribereñas de los lagos. Los santuarios paganos de Texcoco y de México, pero también los de más allá de los volcanes, los de Tlaxcala y de Huejotzingo, son los primeros blancos. Los ídolos y los templos son demolidos, y los antiguos sacerdotes, perseguidos. El nuevo mensaje es sencillo: los jóvenes neófitos y los religiosos explican a las poblaciones "cómo el Dios de los cielos era el verdadero señor, creador del cielo y de la tierra; que lo que ellos honraban y adoraban era el demonio, y de qué modo los había engañado". Es el mundo al revés para esas sociedades en que la infancia se mantiene bajo estrecha vigilancia y el respeto a los ancestros constituye la clave del orden del mundo.

El ejemplo de esos niños arrebatados a sus padres, educados en monasterios y luego vueltos contra sus propias familias como espías y fuerzas de choque, provocará unas relaciones funestas. En cuanto a los religiosos, ellos idealizan a su manera la pureza de la infancia y están pensando, sin duda, en los jóvenes fanatizados por Savonarola que por doquier sueñan con instaurar una república, así fuera contra la autoridad de sus padres. El fin justificaba los medios y la formación de brigadas resultó eficaz en un universo en que los misioneros no eran más que un puñado ante millones de hombres hostiles o indiferentes. La ofensiva también hizo sonar la última hora de los antiguos colegios *calmecac* y rompió con prácticas y aprendizajes que antes habían estado reservados exclusivamente a la nobleza. En adelante, nada de extasiarse ante los códigos de los dioses, de conocer las embriagueces rituales, el sabor de los hongos o la carne de los sacrificados. Al menos, no abiertamente.

Más adelante unos indios, de grado o por fuerza, se ponen a construir sobre las ruinas paganas sus nuevos lugares de culto: tal fue el caso de la capilla real de Cholula o de la ermita de la Virgen de Guadalupe edificada sobre la colina del Tepeyac, donde poco antes se elevara el santuario de la diosa madre Tonantzin. En el crepúsculo de su vida, Pedro de Gante hará para su pariente el emperador el balance de sus obras: "Ha construido más de cien casas consagradas al Señor entre iglesias y capillas, algunas de las cuales son templos tan magníficos como propios para el culto divino, no menores de trescientos pies y otras de doscientos." Y es que no era posible, como se había hecho en Granada a partir de 1501 y como lo había intentado Cortés en las ciudades mexicanas que sometió, limitarse a consagrar los edificios paganos y transformarlos en iglesias. La pirámide coronada por un santuario al que no tenían acceso más que los oficiantes no ofrecía un espacio que fuera convertible. Sólo los palacios de los príncipes indígenas fueron temporalmente capaces de recibir los primeros monasterios. Por tanto, había que destruir y emplear de nuevo los materiales, lo que no impedía reconstruir en el lugar, sino al contrario.

Puede adivinarse que las sustituciones granadinas y mexicanas, las mezquitas cristianizadas así como las capillas levantadas en el emplazamiento de las pirámides, causaron en el espacio, en los espíritus y en las creencias toda clase de transiciones, de enfrentamientos y de confusiones que desviaron el curso de la cristianización. Sea como fuere, en unos seis años fueron demolidos 500 templos, y más de 20 000 "figuras de demonio" fueron destrozadas y quemadas. Entre lo destruido se encontraron igualmente manuscritos pictográficos que conservaban los calendarios de las fiestas y de los ritos: como en Granada, donde el cardenal Cisneros había organizado un auto de fe de libros árabes, los evangelizadores trataron de borrar las huellas demoniacas del pasado pagano.[28]

Siguiendo el ejemplo de Cortés, los religiosos franciscanos y dominicos impusieron como obligación a los señores cristianos (es decir, a los castellanos) demoler los templos de los demonios y abolir "otros muchos ritos y costumbres malas y cerimonias". A propósito de la destrucción de imágenes, no es posible dejar de evocar otro paralelo europeo, el de los ataques que en esos mismos años lanzaron las muchedumbres iconoclastas reformadas contra los "ídolos" papistas, que destruían con júbilo. El culto de las imágenes, su uso como sus peligros constituyeron una preocupación común de las sociedades americanas y europeas del siglo XVI, y las campañas de destrucción de ídolos mexicanos fueron una de sus manifestaciones más espectaculares. Claro que en Europa las figuras que estaban siendo destruidas eran las de los católicos, pero para los iconoclastas protestantes esas efigies eran tan diabólicas como lo eran los ídolos indios a ojos de los invasores españoles. De cada lado del océano, tanto entre los discípulos del reformador Farel como entre los de Pedro de Gante, las imágenes desencadenaban oleadas de violencia organizada, junto con ritos de purificación, cuyo impacto estaba asegurado.[29]

Inmersos en el seno de comunidades paganas, entre las ruinas y los relieves destrozados de los antiguos santuarios, los religiosos empezaron a atraer a los vencidos al cristianismo, tarea infinitamente más ardua que la de lanzar ataques contra los cultos antiguos. Paso a paso, empero, se esbozaron nuevas formas de vida en torno de los monasterios establecidos en los palacios, o que habían comenzado a construirse. De hecho, lo esencial estaba por hacerse. Comienzan entonces los tiempos de las conversiones y de los bautismos en masa, la época de las contabilidades millonarias, de las alegres estimaciones dignas de la Iglesia de los apóstoles: un millón de bautizados en 1531, nueve millones después de 15 años de apostolado, con promedios de 100 000 indígenas por religioso, con puntos culminantes de 300 000 almas. Quedan pulverizadas así las cifras anteriores de la historia de la Iglesia, las de la conversión de los búlgaros, por ejemplo, en el siglo VIII.

Los primeros pasos fueron lentos, y el franciscano Motolinía, el "Pobre", se quejó amargamente: "Anduvieron los mexicanos cinco años muy fríos." La resistencia de los indios, el desorden de la sociedad colonial, los grandes trabajos que se realizan en la ciudad, explican las dificultades iniciales. Habrá que aguardar al comienzo del decenio de 1530 para que la evangelización de México adquiera rapidez gracias a la unión de la nobleza. Des-

[28] Motolinía (1971), pp. 118-119; De la Torre Villar (1974), p. 73; Garrido Aranda (1980), p. 230; Richard C. Trexler, "From the Mouth of babes: Christianization by Children in 16th century New Spain", en *Religious Organization and Religious Experience*, ed. por J. Davis, Nueva York y Londres, Academic Press, 1987, pp. 115-134.

[29] "Parecer de los religiosos de Santo Domingo y San Francisco", en *Colección de documentos para la historia de México*, México, Porrúa, 1971, t. II, p. 550.

de entonces las adhesiones se multiplican, y los religiosos atraen multitudes que les parecen entusiastas y que llegan desde lejos para reclamar el bautismo; las muchedumbres se precipitan: válidos e inválidos, ciegos y mudos, hombres, mujeres, niños y ancianos. Si hemos de creer a Motolinía y a los cronistas, se establecen incontables *records:* 14 200 bautizados en dos días en un monasterio franciscano; un promedio de 300 a 500 niños por semana en Tlaxcala en el decenio de 1530. Queda por saber si los indios, indiscutiblemente seducidos por la forma de ese rito nuevo, captaban su contenido.[30]

Los misioneros debieron afrontar situaciones para ellos sin precedente: ¿cómo bautizar a varios millares de personas por día respetando lo mejor posible el ritual y las ceremonias de la Iglesia, cuando no se dispone de un edificio religioso ni de la infraestructura eclesiástica apropiada y ni siquiera de vino en cantidad suficiente para decir la misa? Los religiosos no sólo se vieron obligados a encontrar los medios prácticos de la conversión sino también a determinar las formas más eficaces de difusión de un modo de vida fundado en el cristianismo. También había que perfeccionar una estrategia viable de occidentalización. Y para ello resultó indispensable conocer las culturas indígenas —"gran ciencia es saber la lengua de los indios y conocer esas gentes"—, explotar lo que nosotros llamaríamos la psicología de los neófitos —"estos indios y todas las animalías de esta tierra naturalmente son mansos"—; en suma, adquirir el mejor dominio posible del terreno tomando en cuenta los experimentos hechos localmente.[31]

El aprendizaje de la lengua y la educación de los niños

¿Cómo hacerse comprender de los indios? Sus lenguas eran múltiples, y aleatoria la formación de intérpretes. ¿Qué podían captar éstos de las sutilezas del cristianismo y cómo, con qué tendencia las traducían a la lengua autóctona? Si al comienzo se piensa en emplear la imagen para paliar las carencias lingüísticas, el conocimiento de las lenguas indígenas apareció como un preámbulo indispensable e indisociable del "conocimiento de las gentes". Había que dominarlos "para hablar, predicar, enseñar y administrar los sacramentos". Los evangelizadores de México multiplicaron las investigaciones lingüísticas y los recursos que pudiesen apoyar la comunicación verbal y escrita. Del *Arte para ligeramente saber la lengua arábiga* de Pedro de Alcalá y de los esfuerzos hechos en Granada se hicieron eco en la Nueva España las gramáticas y los vocabularios de Alonso de Molina, Francisco Ximénez, Motolinía, Pedro de Gante y muchos otros.[32]

Antonio Elio de Nebrija, que había hecho de la lengua un instrumento de expansión imperialista, no en vano había allanado los caminos de la lingüística y de la filología. Gracias a que había ofrecido su gramática castella-

---

[30] "Carta de Juan de Zumárraga al cabildo [12-vi-1531], en García Icazbalceta (1947), t. II, p. 93; Motolinía (1971), pp. 122, 116, 127 y 121; Phelan (1972), pp. 74-75, n. 11.

[31] Motolinía (1971), pp. 124 y 125.

[32] *Ibid.*; Garrido Aranda (1980), p. 227.

na, primera en el género, a la reina Isabel en el año mismo del descubrimiento, la conquista lingüística se levantaba sobre bases sólidas. "Muy pronto vuestra Majestad habrá impuesto su yugo a muchos bárbaros que hablaban lenguas extrañas." La profecía del obispo de Ávila no acababa de realizarse... Para los religiosos de México, el dominio de la lengua era el preámbulo de la cristianización, ya se tratara de penetrar en la del vencido o de difundir la de la Iglesia. Uno de los compañeros de Pedro de Gante, el flamenco Johan Dekkers, que durante 14 años había enseñado teología en la Sorbona, explicó a los 12 apóstoles de México, a su llegada: "Aprendemos la teología que de todo punto ignoró S. Agustín, llamando teología a la lengua de los indios y dándoles a entender el provecho grande que de saber la lengua de los naturales se había de sacar."

Esta audacia es significativa. Poner el idioma en el mismo rango de la teología, que en ese tiempo era la ciencia y la disciplina suprema, era casi frisar en la herejía; en todo caso, esa confesión expresaba maravillosamente la prioridad que se le daba y la manera en que la experiencia mexicana y sus urgencias metamorfoseaban súbitamente la exigencia humanística de retornar a las lenguas antiguas. Ya no se trataba del griego o del hebreo, sino de una lengua exótica de la que siete años antes ningún europeo había oído hablar.

El aprendizaje de las lenguas resultó tanto más arduo para los españoles cuanto que se encontraban ante "gentes sin escriptura, sin letras, y sin caracteres". A diferencia de los judíos o de los musulmanes de Granada, los indios no eran gente de Libro. ¿Se iría a la multitud, como en Granada, a predicar una política de castellanización, o habría que atenerse a las lenguas indígenas? Si la Corona a veces se inclinó hacia la primera solución, es la segunda, el uso del náhuatl, del tarasco, del mixteca o del maya, la que constituirá la regla durante la mayor parte de la época colonial.[33] Para aprender las lenguas indígenas, los religiosos no vacilaron en mezclarse con los niños, en compartir sus juegos:

> se ponían a jugar con ellos con pajuelas y pedrezuelas, el rato que les daban de huelga y quitarles el empacho con la comunicación. Y tenían siempre papel y tinta en las manos y en oyendo el vocablo al indio, escribíanlo y al propósito que lo dijo. Ya a la tarde juntábanse los religiosos y comunicában los unos a los otros sus escriptos y lo mejor que podían conformaban a aquellos vocablos al romance que les parecía más convenir.

Desde los primeros años, los niños y los jóvenes, rigurosamente aislados de sus padres y en particular de sus madres, fueron, pues, objeto de la atención de los misioneros. Esta experiencia no era nueva ni siquiera en América. Los franciscanos recordaban haber pasado por ello en su infancia; Motolinía probablemente había aprendido los rudimentos un cuarto de siglo antes en las bancas del monasterio de Benavente, en la región de Zamora.[34] Después, en 1516, sobre la costa de Venezuela, en Cumaná, unos

[33] Mendieta (1945), t. IV, pp. 51-52; *Códice franciscano* (1941), p. 204.
[34] *Ibid.*, Mendieta (1945), t. II, p. 62; Baudot (1977), p. 244.

franciscanos habían empezado a educar a los hijos de los notables indígenas. Desde 1523, Pedro de Gante dio enseñanza a los niños de Texcoco
antes de consagrarse a los de la capital. Tres años después, los franciscanos de México juzgaban que "los niños y señoritos que son en los monasterios [...] son gran parte para la conversión de todos los otros". Pronto pudo
contarse con más de mil hijos de *principales* en la escuela del convento de
San Francisco; los escolares estaban sometidos a un internado estricto que
presentaba la ventaja de sustraerlos de la influencia paganizante de los
padres y, más aún, de los ancianos. El objetivo era claro, y el método radical: "por quitar de raíz tan mala memoria, les tomamos todos los niños,
hijos de caciques y principales por la mayor parte, cuanto pudimos para
los criar e industriar en nuestros monasterios".

Los niños son "ceras blandas" que se prestan fácilmente al adoctrinamiento. Harían el "fruto más seguro y el más duradero"; ya daban el ejemplo
a sus padres y a sus ancianos enseñándoles la "verdad", partiendo a la cace-
ría de ídolos y luchando contra los "vicios abominables", es decir, el sacrificio humano, la sodomía y el canibalismo, así fuese con peligro de su vida.
¿Qué se les enseñaba? A leer, escribir, a cantar "canto llano y de órgano,
decir las horas cantadas y oficiar las misas e imponerlos en todas buenas
costumbres cristianas y religiosas". Por otra parte, no se olvidaba a las niñas. La casa de Texcoco, cerca de México, abrigó hasta 300 jóvenes de la
nobleza bajo la dirección de una "matrona virtuosa" gracias a la generosidad de Cortés que, a su manera, había inaugurado esta práctica convirtien-
do su palacio de México en un vasto gineceo.[35]

El catecismo era como el que se enseñaba en Granada a los jóvenes moriscos. Pedro de Gante recordaba que en Denventer, en Holanda o en Alemania los Hermanos de la Vida Común siempre se habían ocupado atenta-
mente de los escolares. Él mismo, sus compañeros flamencos y Erasmo
habían asistido a sus aulas. Mucho antes que los franciscanos de México,
los Hermanos de la Vida Común se habían dedicado a investigar las voca-
ciones, sin imaginar que la labor de copista en la que sobresalían sería imi-
tada magistralmente en los claustros mexicanos por jóvenes indios. Su humildad, su espiritualidad moderada por el sentido práctico y su amor a la
eficacia contribuyeron tanto al éxito de la enseñanza de los misioneros
como el humanismo de un Erasmo o de un Moro.

No olvidemos, empero, que la educación franciscana se impartía en un
universo en que la educación de los niños había sido de una excepcional
rigidez. Las estrecheces monásticas, los estudios interrumpidos por misas
y plegarias que los jóvenes indios descubrían, evocaban los ritmos austeros del *calmecac*. Pero se hacían esfuerzos por arrancarlos de su tradición,
borrando de sus espíritus "esta memoria perniciosa" que podía confundirse con la idolatría. Se les inculcaban nuevos valores. El injerto era tanto
más arriesgado y tanto más decisivo cuanto que se daba en años de crisis:

---

[35] "Parecer de los religiosos de Santo Domingo y San Francisco", en *Colección de documentos para la historia de México*, México, Porrúa, 1971, t. II, p. 551; Garrido Aranda (1980),
pp. 235-236; De la Torre Villar (1974), pp. 52, 53 y 23; Motolinía (1971), pp. 435 y 439.

"en aquel tiempo estaban como atónitos y espantados de la guerra pasada, de tantas muertes de los suyos, de su pueblo arruinado y finalmente de tan repentina mudanza y tan diferente en todas sus cosas". Traumatismo tanto más desgarrador cuanto que esas sociedades no tenían ningún medio de eludirlo: siempre habían cultivado la memoria de las cosas funestas y vivido con el recuerdo permanente de un futuro que no podía ser más que una realización dolorosa.[36]

Coronamiento y remate del proyecto educativo, el Colegio de Santa Cruz de Tlatelolco fue fundado por los franciscanos en 1536. Patrocinado por el obispo Juan de Zumárraga y el virrey Antonio de Mendoza, que consideró conveniente recordar un nebuloso precedente granadino, el establecimiento tenía por objeto impartir una enseñanza superior a los hijos de la nobleza indígena. En realidad nada semejante había ocurrido en Granada después de la caída de la ciudad. El programa del colegio era ambicioso: se proponía formar a los dirigentes indígenas en los conocimientos del Occidente —latín, filosofía, teología—, con el fin de dar a la Nueva España un clero autóctono.

La reproducción de Europa en su versión renacentista parecía estar, pues, en el decenio de 1530, al alcance de las élites indias. La oleada humanista que había pretendido latinizar a los bárbaros de España; a finales del siglo XV llegaba medio siglo después a la Nueva España, sin embargo, con una diferencia importante: que la Castilla de Isabel y de los Mendoza imponía un Renacimiento que las élites indígenas se veían obligadas a aceptar. Se había invitado a Pedro Mártir. ¡Los franciscanos llegaban en los navíos de los invasores! Gracias a un profesorado que contaba con franceses de Aquitania como Arnaldo de Basauche (Basaccio) y Mathurin Gilbert, los indios se volvieron tan buenos latinistas que, según sus contemporáneos, rivalizaban con Cicerón. Pero el colegio fue, asimismo, un centro de investigación sobre las culturas, las lenguas y las religiones prehispánicas: el lingüista Molina y los cronistas etnógrafos Olmos y Sahagún efectuaron ahí sus trabajos mientras impartían sus enseñanzas.[37]

LA CONQUISTA DE LAS IMÁGENES Y DE LAS TÉCNICAS

La conquista de las almas se efectuó por medio de la palabra, por la escuela, pero también por el gesto, el sonido y la imagen. Pedro de Gante había inaugurado unos talleres cerca de la capilla de San José. Ahí se formaron pintores, escultores y copistas, quienes reproducían las telas y los grabados que llegaban de Europa. Frescos pintados por los indios pronto cubrieron las paredes de los conventos y de las capillas que se edificaban en todas partes. El cronista Motolinía informa con entusiasmo sobre el trabajo

---

[36] Francis Rapp, *L'Église et la vie religieuse en Occident à la fin du Moyen Âge*, Nouvelle Clio núm. 25, París, PUF, 1971, p. 245; Mendieta (1945), t. III, p. 59.

[37] Garrido Aranda (1980), p. 245; Baudot (1977), p. 111. Volveremos a los trabajos de los misioneros etnógrafos en el segundo volumen.

de los pintores que adornaron la capilla abierta de Tlaxcala para la fiesta de Pascua en 1539:

> por parte de fuera la pintaron luego a el fresco en cuatro días, porque así las aguas nunca la despintaran; en un ochavo de ella pintaron las obras de la creación del mundo de los primeros tres días, y en otro ochavo las obras de los otros tres días; en otros dos ochavos: en el uno la verga de Jesé con la generación de la madre de Dios, la cual está en lo alto puesta muy hermosa; en otro está nuestro padre san Francisco; en otra parte está la Iglesia; santo papa, cardenales, obispos, etcétera; y a la otra banda el emperador, reyes y caballeros. Los españoles que han visto la capilla dicen que es de las graciosas piezas que de su manera hay en España.[38]

Los mismos artistas trabajaron poniendo en escena los dramas litúrgicos e históricos que los religiosos montaban. La "Conquista de Rodas" y la de Jerusalén no son más que dos ejemplos de un vasto repertorio representado ante los ojos y con la participación de los recién convertidos en los grandes centros de evangelización. El "Drama de Adán y Eva" fue representado en Tlaxcala en abril de 1539 en un paraíso minuciosamente reconstruido, pletórico de árboles y de flores naturales o artificiales, con pájaros que ahí se habían reunido, "sobre todo tenía muchos papagayos y era tanto el parlar y gritar que tenían que a veces estorbaban la representación". Poco después de la Caída de Adán y Eva, los ángeles —es decir, los indios que los encarnaban— cantaron en contrapunto un villancico que decía:

> Para qué comía
> La primer casada
> Para qué comía
> La fruta vedada
> La primer casada
> Ella y su marido
> A Dios han traído
> En pobre posada
> Por haber comido
> La fruta vedada.[39]

Músicos y cantantes, formados en algunos años según las reglas del canto llano, del contrapunto y del uso de los instrumentos mediterráneos, venían a subrayar los efectos edificantes de la imagen.

Ya en esta fecha los tlaxcaltecas tenían "dos capillas, cada una de más de veinte cantores y otras e dos de flautas con las cuales también tañían tabel jabebas y muy buenos maestros de atabales concordados con campanas pequeñas que sonaban sabrosamente". La música, que aclimataba tan fácilmente en América los instrumentos europeos y los moriscos —tal es el caso de la *jabeba* o *jabehca*, flauta que imita el sonido del órgano—, resultó un

[38] Motolinía (1971), p. 103.
[39] *Ibid.*, p. 106.

auxiliar eficaz y rápido de la evangelización de los indios, que fueron seducidos por las técnicas nuevas que les enseñaban los religiosos. La iniciativa se le ocurrió una vez más a Pedro de Gante, que había tenido la idea de explotar los cantos y las danzas que poco antes acompañaran las ceremonias indígenas: "como yo vi esto y que todos sus cantores eran dedicados a sus dioses compuse metros muy solemnes sobre la ley de Dios y de la fe..."

¿A qué se asemejaba esta música? Hay que imaginar una asombrosa mezcla entre la polifonía culta de los motetes de Josquin des Prés y el sabor popular de los villancicos ibéricos, esos cantos tan ligados a la fiesta de Navidad. Ya se trate de la música nórdica de Pedro o de la de sus compañeros españoles, las costumbres de mezclar lo profano, lo popular y lo litúrgico y de adaptar el divertimiento al gusto religioso estaban tan arraigadas por doquier que parecía natural poner las formas de expresión indígenas al servicio de la fe cristiana. La música aportó el terreno en el que más libremente se desarrollaron los sincretismos más precoces: no sólo la tradición nórdica se cruzaba con la tradición ibérica, sino que el conjunto era retomado por intérpretes y por instrumentistas totalmente ajenos a la música occidental. Es de lamentar que prácticamente no haya quedado nada de esto.[40]

La obra del franciscano flamenco desborda el registro estrictamente religioso. De sus talleres en que enseña las artes y las técnicas europeas —los "oficios mecánicos"— salen sastres, zapateros y carpinteros indígenas tan hábiles que los españoles llegan a tener celos de esos rivales inesperados, "porque a los que venían de nuevo de España y pensaban que como no había otros de su oficio habían de vender y ganar como quisiesen, luego los indios se lo hurtaban por la viveza grande de su ingenio y modos que para ello buscaban exquisitos". En la secuela de la evangelización surge, como vemos, un Occidente material y técnico: conocimientos concretos sobre el trabajo de los metales, la talabartería, la confección y la construcción alternan de pronto con otras formas de producción; se difunde un nuevo afán de lucro: otros tantos aprendizajes vinculados a la cristianización. Por lo demás, a ojos de los evangelizadores, esas enseñanzas convergen armoniosamente en la formación de un hombre nuevo.[41]

¿Es necesario subrayar que los artesanos españoles se opusieron vanamente a esas iniciativas? A los franciscanos no les disgustaba complicar, en su provecho, el juego de la explotación colonial y llevar la contra a la sociedad civil. La complicidad irónica de los religiosos —en especial la de Pedro de Gante— casi no deja duda sobre este tema. A finales del decenio de 1520, los talleres de la ciudad de México situados junto a la inmensa capilla de San José, que podía reunir a 10 000 fieles, rivalizaban con los míseros talleres de la Hoogpoort de Gante. Al término del siglo, el injerto se había logrado, y ganado la apuesta:

40 *Códice franciscano* (1941), p. 206. Véase discografía: Josquin des Prés y Bartomeu Cárceres. El grupo Tempore interpreta una obra en náhuatl de Hernando Franco en *Por divertir mis tristezas...*, CBS MC 1256.
41 Mendieta (1945), t. III, p. 59.

cuasi todas las buenas y curiosas obras que en todo género de oficios y artes se hacen en esta tierra de Indias (a lo menos en la Nueva España) los indios son los que ejercitan y labran porque los españoles maestros de los tales oficios por maravilla hacen más que dar obra a los indios y decirlos cómo quieren que la hagan. Y ellos la hacen tan perfecta que no se puede mejorar.[42]

LA CONQUISTA DE LOS CUERPOS

¿Bastaría emplear palabras, mostrar imágenes y técnicas para hacer arraigar el cristianismo o habría que tratar, además, de arraigarlo en los cuerpos de los vencidos e "inyectarlos" en la trama social? Los misioneros se decidieron a cambiar las reglas del juego introduciendo la familia cristiana que estaba fundada sobre una unión libremente consentida, monogámica e indisoluble de los cónyuges. Tal fue una verdadera revolución, pues antes de la Conquista los jóvenes indígenas eran polígamos, las uniones podían romperse y la gente del pueblo, para casarse, debía recurrir a los ancianos y las autoridades locales. El rígido modelo que difundían los misioneros estaba lejos de corresponder, por lo demás, a la realidad ibérica y a la práctica de los conquistadores que fácilmente olvidaban a sus esposas de España por los placeres efímeros de la violación y las comodidades del concubinato.

Los primeros matrimonios cristianos se celebraron en Texcoco en 1526. El príncipe de Texcoco, Hernando Pimentel, contrajo nupcias "pública y solemnemente", así como siete miembros de su séquito, en presencia de dos capitanes de Cortés. El gesto era eminentemente político: de esa manera se honraba al fiel aliado cuya colaboración, aunada a la de Tlaxcala, había decidido el destino de la Conquista. Los recién casados recibieron presentes suntuosos. A pesar de este hecho resonante, hasta finales del decenio de 1520 fueron escasos los matrimonios indígenas. La difícil atmósfera de los tiempos influyó mucho en ello; por lo demás, "había en aquella sazón muy poquillos españoles casados". Luego, el rito cundió como reguero de pólvora: "días hay de desposar cien pares y días de doscientos y trescientos y de quinientos y más".

El matrimonio cristiano alteró los tradicionales papeles familiares, y la brutal transición de la poligamia a la monogamia desencadenó innumerables naufragios humanos: las esposas secundarias se convirtieron en las concubinas despreciadas y arrojadas a la calle; sus hijos quedaron reducidos al estado de bastardos, desheredados y sin porvenir, y todos fueron a engrosar las filas de las víctimas de la Conquista. Así, la Iglesia, saliendo del dominio de los ritos y de las creencias, deshacía y rehacía la urdimbre social que los invasores y los estragos repetidos de las epidemias ya habían dañado considerablemente.[43]

[42] De la Torre Villar (1974), p. 38; Mendieta (1945), t. II, p. 62.

[43] Motolinía (1971), pp. 146-149. A ese respecto, Carmen Bernand y Serge Gruzinski, "Les enfants de l'Apocalypse: la famille en Méso-Amérique et dans les Andes", en *Historia de la familia*, t. II, París, Armand Colin, 1986, pp. 169-179; Daisy Rípodas Ardanaz, *El matrimonio en Indias, realidad social y regulación jurídica*, Buenos Aires, Fundación para la Educación, la Ciencia y la Cultura, 1977.

Para penetrar en las familias antiguas y, en caso necesario, desintegrarlas cada vez que se oponían demasiado abiertamente al cristianismo, los religiosos se apoyaron una vez más en los niños. No vacilaron en suscitar y en explotar conflictos de generaciones, soliviantando a los jóvenes contra los viejos, "que todavía están con sus ídolos y los esconden cuanto pueden". Este apoyo en la juventud para "extirpar las raíces de la memoria maldita" es, sin duda, otra manifestación perturbadora de la modernidad americana. "Del pasado hacíamos tabla rasa..." Sin duda, se le encontrarán precedentes —los jóvenes discípulos de Savonarola, por ejemplo—, pero esto da una amplitud y un impacto inauditos a lo que en la vieja Europa no era más que una tentativa marginal y sin futuro.[44]

La confesión ofreció una tercera arma, más delicada de manejar. Los religiosos comenzaron a confesar a los indios en 1526. Tal vez por medio de la administración de ese sacramento pueda medirse mejor la ambición del proyecto misionero. ¿Cómo se desarrollaba la confesión? Al principio, los frailes se contentaron con mostrar a los indios unas imágenes que representaban los pecados, o con leerles listas de infracciones. Los penitentes reaccionaban indicando el número de las faltas cometidas. Algunos "traen sus pecados y vidas escritas, los que saben escribir y los que no por figuras demostrativas." Los indígenas presentaban al religioso unos cuadros llenos de signos pictográficos que sólo tenían que comentar en el curso de la confesión. ¿Se podría imaginar una desviación más asombrosa de un modo de expresión tradicional al servicio de la evangelización? Cuando los misioneros llegaron a dominar las lenguas indígenas, dispusieron de manuales de confesión que les permitían efectuar un interrogatorio en profundidad. En principio, sólo les faltaba explorar los detalles menores de la vida del indio o de la india arrodillados a sus pies. El cuestionario provocado por el sexto mandamiento, "no fornicarás", desencadenaba toda una serie de deseos, de tentaciones, satisfechas o no, que obligaba al penitente a buscar en su memoria unos gestos, unos contactos, unos impulsos, unas respuestas de su cuerpo, y arrojar sobre ellos la red de una misma culpabilidad. Así, por instigación del confesor y en las perturbaciones del indio surgió este espacio de la carne y del placer que en adelante los frailes pretendían administrar. Nuestro siglo xix lo convertirá en la sexualidad.

El ejercicio de la confesión destilaba otro fermento desestabilizador: el del individualismo que transmitían las nociones de responsabilidad personal. El indio era obligado a examinar su vida a través del prisma de los valores cristianos, de la autonomía de sí mismo, de la confrontación permanente de sus propios actos con los de los demás. El ideal del libre albedrío y los valores del humanismo de Erasmo o de Moro eran propuestos en esta tierra en que el peso del grupo y la influencia del *tonalli* habían modelado hasta entonces el destino de las personas.[45]

---

[44] Motolinía (1971), p. 439.
[45] *Ibid.*, pp. 128, 137 y 138; Serge Gruzinski, "Confesión, alianza y sexualidad entre los indios de Nueva España", en *El placer de pecar y el afán de normar*, México, Joaquín Mortiz/INAH, 1987, pp. 169-215.

Así, por etapas sucesivas, se perfila una gigantesca máquina colonizado-ra que, tras la irrupción brutal de los invasores y las exacciones cotidianas, no sólo intenta racionalizar la explotación de los indígenas sino que pre-tende integrarlos a una cristiandad nueva. El conjunto forma un todo, como lo recuerda el conquistador Bernal Díaz en el otoño de su vida: "Se han bautizado desde que los conquistamos todas cuantas personas habían, así hombres como mujeres y niños que después han nacido, que de antes iban perdidas sus ánimas a los infiernos."[46] Un todo, porque conquistar para España y la Corona es, al mismo tiempo, someter a los hombres y convertir las almas, y porque la cristianización no sólo es cosa de ritos y de creencias, sino que entraña una modificación de las formas de vida, de los modos de ser y de las maneras de hacer. Por tanto, tiene que asombrar-nos la amplitud y la coherencia del proyecto imperial que desarrolla tanto los registros políticos (Antonio de Mendoza) y espirituales (Pedro de Gante) como las dimensiones familiares e individuales. La célula colectiva (Vasco de Quiroga) pero también la atención a la persona —salvar las almas— (Motolinía), la inserción en la población pero también la lengua, la educa-ción y el acceso a las técnicas europeas, preocuparon a los responsables de la Nueva España en aquel decenio de 1530.

Vano sería extasiarse ante esta voluntad de hacerse cargo de los hom-bres, siempre dominante, por muy humanista que nos parezca, pero no debe olvidarse esta fase inicial de la occidentalización que se propone hacer del vencido, en lo esencial, un occidental o, en el vocabulario de la época, un cristiano, un "hombre nuevo". Una occidentalización que, por medio del cristianismo, pretende ser portadora de valores y de modelos fundamen-talmente universales al mismo tiempo que pone en juego todos los recur-sos humanos, comerciales y materiales de la Europa de la época: detrás de Gante y de sus misioneros se encuentran, indisolublemente, Amberes, su bolsa, sus banqueros y sus comerciantes. Así, se reunieron las condiciones para que pudiese ponerse en marcha la uniformación de los seres hu-manos en la escala planetaria. Será ésta una de las manifestaciones de la modernidad. El Tiempo prehispánico, del que los indios estaban convenci-dos de que un día desaparecería como toda cosa creada, es sustituido por el Tiempo universal de la Iglesia, de la Creación, de la Encarnación... y de los mercaderes. ¿Se comprende mejor por qué la desviación por la Sala-manca de Nebrija, la Granada de los Mendoza, los Países Bajos de Pedro de Gante y de Erasmo, la Inglaterra de Moro, la Italia de Lorenzo Valla y de Savonarola se imponía si se quería precisar la originalidad, la dinámica y la envergadura propiamente europeas de la experiencia mexicana?

EL DIÁLOGO TORTUOSO DE LAS CREENCIAS Y DE LAS CULTURAS

Motolinía se maravillaba de la piedad de los indios: "El ejercicio e ocupa-ción de muchos de estos naturales más parece de religiosos que de gentiles

---

[46] Díaz del Castillo (1968), t. II, p. 360.

recién convertidos porque tienen mucho cuidado de Dios." Y de su aptitud para hacer el bien: "están tan dispuestos e aparejados como cera blanda para imprimir en ellos toda virtud". Los valores y las "virtudes" del cristianismo eran considerados como universales, y por ello debían imponerse por sí solos al converso. ¿Quiere decir esto que la experiencia misionera, que se desborda ampliamente del cuadro que de ordinario se le asigna a la cristianización, se desarrolló sin el menor tropiezo?

Nada es menos seguro. Primero, porque el obispo Zumárraga no dejó de perseguir en nombre de la Inquisición a los indios que recaían en el paganismo. Los franciscanos persiguieron la idolatría en la Nueva España como poco tiempo antes habían perseguido a las brujas en los campos del País Vasco o de Navarra. En Yucatán, la represión emprendida por Diego de Landa fue particularmente sangrienta. Pero tal vez la dificultad se encuentre en otra parte. La formidable ambición subyacente en la evangelización y la inventiva que muestran las soluciones desplegadas nos incitan a plantearnos una pregunta importante: ¿hasta qué punto los pensamientos y las culturas que se afrontaban podían comunicarse, si no apreciarse o aceptarse? De manera más general, ¿en qué medida y en qué dominios es posible traducir una cultura a otra cultura cuando no han mantenido la menor relación? ¿Qué buscaban obstinadamente esas muchedumbres indias ávidas de bautizos o esos apasionados de la confesión que, según dice Motolinía, "andan de un confesor en otro, y de un monasterio en otro, que parecen canes hambrientos que andan buscando y rastreando la comida"?[47]

Para los evangelizadores, el objetivo que debían derribar era tan gigantesco como flexible. Si los ídolos y los templos representaban conjuntos visualmente precisables, los "numerosos ritos, malas costumbres y ceremonias" eran más difíciles de circunscribir. ¿Dónde situar el umbral de tolerancia de las prácticas? ¿Bastaría decretar "que los cantos sean de día y solamente los domingos y fiestas de los cristianos" para que los himnos antiguos perdieran de un solo golpe su resonancia pagana y se convirtieran en folclóricos divertimientos?[48]

Los puntos de contacto aparentes, las semejanzas advertidas entre el cristianismo y las creencias indígenas, ¿constituían verdaderas pasarelas, o no fueron sino quimeras tanto más eficaces cuanto que daban a los protagonistas de ambos bandos, indígenas y europeos, la ilusión de una comunicación sin obstáculos? Ilusión reforzada, para los misioneros, por la convicción absoluta de estar sembrando los valores que para ellos eran universales —pero sólo para ellos— del humanismo y del cristianismo. Se podrían multiplicar los ejemplos. Los antiguos nahuas practicaban ritos de penitencia que los misioneros observaron con asombro y una cierta admiración. ¿No se entregaban, asimismo, los cristianos a ejercicios de penitencia, si bien su intensidad no parecía poder rivalizar con el encarnizamiento, para no decir el carácter sadomasoquista, de los ritos indígenas? Los ritos

[47] Motolinía (1971), pp. 136-137 y 129; Baudot (1977), p. 123.
[48] "Parecer de los religiosos de Santo Domingo y San Francisco", en *Colección de documentos para la historia de México*, México, Porrúa, 1971, t. II, p. 550.

mexicanos de purificación y las formas prehispánicas de confesión de las faltas también parecieron emparentarse con ciertas conductas cristianas. El franciscano Motolinía creyó identificar en el bautismo prehispánico una prefiguración de la ceremonia cristiana: se bañaba al niño y se le ponía entre las manos un "pequeñísimo escudo" y una flecha —una escoba, si se trataba de una niña—, como si los recién nacidos debieran afrontar a los enemigos del alma y barrer su conciencia. Pero, ¿no se trataba entre los antiguos nahuas de anclar una norma de vida masculina o femenina sin prestar a esos objetos una significación metafísica cualquiera, o al menos, nada que remitiera a una metafísica de la falta? ¿Se podía sin ambages sobreponer a la concepción india de la mancha la noción cristiana del pecado? En realidad, como se sabe hoy, la similitud de los gestos recubría unas motivaciones y unos conceptos extremadamente distintos.[49]

Esos acercamientos, esos paralelismos facilitaron la trabazón de los dos mundos, mientras los fundían sobre constantes equívocos, tanto más persistentes cuanto que, de ordinario, escapaban a la comprensión de los interesados. El esfuerzo franciscano abría las culturas indígenas al cristianismo, pero ¿a qué precio? Las formas sincréticas que muy pronto aparecieron y proliferaron vinieron a concretar esa trabazón necesaria para la supervivencia de las comunidades indígenas en un universo que se había vuelto hostil. Nos queda por explorar su surgimiento y su desarrollo en un segundo volumen consagrado a las reacciones de los indios y de las nuevas poblaciones de América. Cuestión crucial, pues ilumina la manera en que hoy se mezclan las culturas del mundo engendrando, a menudo al filo de los equívocos y de los errores, mil formas nuevas, portadoras de invención, de cambio o de muerte.

49 Motolinía (1971), p. 121.

XI. LOS ESPEJISMOS DE LA TIERRA FIRME

> Sus sueños terminaban frente a ese mar color ceniza,
> espumoso y sucio, que no merecía los riesgos y sacrifi-
> cios de su aventura.
>
> GABRIEL GARCÍA MÁRQUEZ, *Cien años de soledad*

POR seguir la ocupación de Cuba, la invasión de México y la creación de la
Nueva España, hemos dejado al margen otras empresas que, a partir de
Panamá, desembocaron en el descubrimiento de los Andes. De hecho, esta
historia comienza mucho antes que la aventura mexicana. Se remonta a
Cristóbal Colón, a sus especulaciones y a sus dos últimos viajes. No era la
premonición del desastre la que había incitado al Almirante de la Mar
Océano, tan inclinado a las profecías y al simbolismo, a llamar a la extremidad meridional de Cuba el cabo de Alfa y de Omega. La explicación es
menos misteriosa. Colón creía que esta punta era la extremidad oriental del
continente asiático que, por consiguiente, marcaba el principio y el fin, el
punto de encuentro del Occidente y del Oriente.[1]

Cuando se hizo evidente la insularidad de Cuba, Colón llevó su sueño
asiático a la costa continental —Veragua y el Darién de Panamá y del oeste
de Colombia— que había alcanzado en 1502. El objetivo de la Corona y de
los navegantes fue, pues, encontrar un paso o un estrecho que permitiera
llegar al océano Índico a partir de los territorios de la Tierra Firme, que se
creía eran una avanzada de Cipango (Japón). Con ese propósito, inspirado
en las descripciones de Marco Polo, se lanzó una serie de expediciones llamadas "menores" por el mar Caribe.

LAS TRAMPAS DE LA TIERRA FIRME

En los primeros años del siglo XVI, pese a los fracasos antillanos, las perspectivas de enriquecimiento abiertas por el descubrimiento de las Indias
occidentales justificaron una política más firme hacia todos aquellos que
deseaban emprender exploraciones nuevas. Navegantes, descubridores y
conquistadores eran indispensables a los soberanos españoles si querían
extender su dominación sobre esos vastos territorios.

Pero los Reyes Católicos desconfiaban de los aventureros y multiplicaron los obstáculos para impedir que particulares se dirigieran por su
propio arbitrio a aquellas comarcas. Por esta razón, entre otras, fundaron
en 1503 la Casa de Contratación. En adelante, a todo candidato a la exploración se le tenía en cuenta, en España para recibir un contrato —o *capitula-*

---

[1] Gil (1989), t. I, p. 90.

ción— que estipulaba de manera precisa las condiciones materiales de la expedición y las obligaciones que el beneficiario se comprometía a cumplir. El que tuviera una capitulación debería, bajo pena de prisión, abstenerse de penetrar en los territorios que se extendían al este de la línea de demarcación fijada por el tratado de Tordesillas. El "resto", que se limitaba en aquella época al contorno meridional del Caribe, podía ser explorado y conquistado, a condición de no lesionar los intereses de la Corona y entregarle el quinto de las riquezas obtenidas. Todavía hacía falta obtener el precioso documento.

Los nexos de favoritismo y de protección que unían a algunos conquistadores con las autoridades españolas facilitaban las cosas. Ya ha adivinado el lector que Rodríguez de Fonseca, el ex arcediano de Sevilla que supervisaba los asuntos de Indias, fue, durante más de dos decenios, la persona mejor colocada para otorgar —o para negar— las capitulaciones.

Los primeros descubridores provistos de un contrato real en toda forma saquearon la Tierra Firme para apoderarse de los metales, de los minerales y de las perlas. Pero también de los esclavos que, sobre todo, constituían su botín. El litoral comprendido entre la Isla Margarita (Venezuela) y el golfo de Urabá (en la extremidad occidental de Colombia) quedó abierto a los cazadores de hombres. Los españoles podían, con toda legalidad, capturar a unos indios célebres por su ferocidad y por sus prácticas de antropófagos. Los escasos testimonios de esta época describen a temibles salvajes en las regiones de Santa Marta. En esta imagen estereotipada por las necesidades de la guerra, nos cuesta trabajo reconocer la de un pueblo constructor de ciudades. No pudiendo pasar de la ribera, mantenidos en jaque por las flechas que llovían sobre ellos, los primeros conquistadores ignoraron la existencia de las ciudades construidas por los tairona sobre las pendientes boscosas de la impresionante Sierra Nevada, a las cuales se ascendía por centenares de escalones.

A las flechas envenenadas y al escorbuto provocado por la mala nutrición en el curso de la travesía atlántica se añadía, para esos primeros exploradores, la dificultad de procurarse víveres. En Zamba, al este del Urabá, unos españoles mataron a un indio, asaron los trozos buenos —nunca sabremos cuáles— y se los comieron. Luego, con objeto de asegurarse provisiones, hicieron cocer el resto, pero el capitán de la expedición, Juan de la Cosa, los sorprendió y, asqueado, vació en el mar la repugnante marmita, reprendiéndolos duramente. Al menos tal fue la versión que corrió por España.[2] En los caseríos del Urabá, abandonados a toda prisa por los indígenas, los españoles también descubrieron objetos de oro y máscaras notables. Eran las piezas de orfebrería más bellas encontradas hasta entonces en las Indias, y la calidad de su factura bastó para hacer olvidar los mosquitos, las fiebres, los cólicos y el hambre.

---

[2] Oviedo (1959), t. III, libro XXVII, cap. II, p. 134: "algunos destos cristianos, viéndose en extraña hambre, mataron a un indio que tomaron e asaron el asadura e la comieron; e pusieron a cocer mucha parte del indio en una grande olla para llevar qué comer en el batel [...] Y como Juan de la Cosa lo supo, derramóles la olla que estaba en el fuego [...] e riñó con los que entendían en este guisado, afeándoselo". Sobre las capitulaciones, véase Diego Fernández (1987).

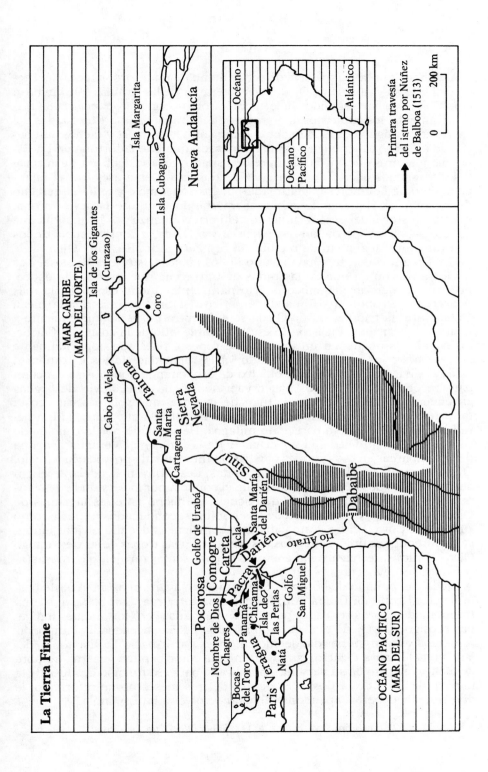

La Tierra Firme

MAR CARIBE
(MAR DEL NORTE)

Isla Margarita

Isla Cubagua

Nueva Andalucía

Isla de los Gigantes

(Curazao)

Coro

Cabo de Vela

Tairona

Santa Marta

Sierra Nevada

Cartagena

Golfo de Urabá

Sinú

Pocorosa

Comogre

Careta

Acla

Santa María del Darién

Darién

río Atrato

Dabaibe

Nombre de Dios

Panamá

Chagres

Pacra

Chicama

Isla de las Perlas

Golfo

San Miguel

Bocas del Toro

Paris Veragua

Natá

OCÉANO PACÍFICO
(MAR DEL SUR)

OCÉANO ATLÁNTICO

Océano Pacífico

Primera travesía
del istmo por Núñez
de Balboa (1513)

0   200 km

Alentados por la perspectiva de echar mano de un tesoro inagotable, Diego de Nicuesa y Alonso de Ojeda, dos veteranos de las Antillas que vinieron con Colón en su segundo viaje, solicitaron y obtuvieron en 1508, respectivamente, los gobiernos de Veragua y del Urabá, de uno y otro lados del río Atrato. Ninguna de esas regiones estaba aún explorada, y menos aún pacificada. El mercader Nicuesa había amasado una buena fortuna en La Española mientras que Ojeda, siempre necesitado, gozaba del favor de la corte y de los buenos oficios de Rodríguez de Fonseca. Debía asegurar el financiamiento de la empresa, legitimada por los soberanos, y tenía el derecho de explotar las riquezas descubiertas apartando el quinto para la Corona.

La prehistoria del descubrimiento del Perú comienza por la querella que dividió —para su perdición— a Nicuesa y a Ojeda, a consecuencia de los contratos que acababan de recibir del rey Fernando. En 1509 Ojeda sale de La Española con tres navíos, uno de los cuales sustrajo a Nicuesa. Los navíos anclaron en una de las radas de Cartagena que, en aquella época, no era más que un magnífico puerto natural: la ciudad española, la más poderosa metrópoli marítima de América del Sur, sería fundada hasta 1533. Entre la tripulación de Ojeda se encuentra un personaje eficiente y taciturno, Francisco Pizarro. En ese admirable sitio de la costa del Caribe, los españoles no tienen un instante de reposo, pues son continuamente atacados por los indios. Conociendo ya la rapacidad de los extranjeros, éstos se divierten arrojándoles objetos de oro: cuando aquéllos se agachan para recogerlos, los nativos hacen caer sobre ellos una lluvia de flechas envenenadas que los diezman. Juan de la Cosa, que volvió a esta costa mortífera con Ojeda, cae muerto. Durante la retirada que sigue, la inesperada llegada de Nicuesa parece un milagro. Despechado por la traición de su antiguo amigo Ojeda, el gobernador de la fantasmal Veragua acababa de desembarcar en esos parajes con la sola intención de provocarlo a duelo. Oviedo, sensible a las situaciones insólitas, describirá más adelante el encuentro de los dos conquistadores, que él conocía por la versión de testigos oculares. La cólera justificada de Nicuesa se disipó ante las lágrimas de Ojeda, que lloró por el destino de sus hombres, condenados a morir como Juan de la Cosa. En un gesto caballeresco, Nicuesa decidió olvidar entonces la afrenta y se unió, con todos sus hombres, a las tropas de su viejo amigo Ojeda. Unidos, rechazaron al enemigo y, para sentar un ejemplo, masacraron a los sobrevivientes.

Ojeda y el puñado de hombres que le quedan avanzan hacia el oeste hasta llegar al golfo de Urabá. Allí, fundan una fortaleza, San Sebastián, una treintena de chozas rodeadas por una empalizada. Pero los ataques indígenas prosiguen, y Ojeda es alcanzado por una flecha envenenada. Para pedir refuerzos y curar su herida, decide entonces partir hacia La Española, dejando en el lugar a Pizarro, "su lugarteniente como capitán general, hombre de bien y valeroso de su persona", nombrado para esa función después de la muerte de Juan de la Cosa. "Si dentro de tres meses no he retornado, le dijo Hojeda, deberéis abandonar el lugar y volver a La Española."[3]

3 Oviedo (1959), t. III, libro XXVII, cap. IV, p. 142; Sauer (1984), pp. 243-261.

Ya tenemos, pues, a Francisco Pizarro promovido al cargo de gobernador de San Sebastián del Urabá, título resonante pero irrisorio. Las semanas transcurren en puras escaramuzas. Al correr de los días, el brillo del
oro se apaga y el hambre se impone. Las garrapatas de los matorrales, las
sanguijuelas de las marismas y las niguas pronto acaban con los conquistadores. Agotados por esta espera interminable entre los vapores del golfo
—Ojeda no volverá a su provincia, pues muere en La Española a consecuencias de su herida, vestido con el paño de los franciscanos—, Pizarro y
sus hombres deciden partir, poniendo fin a sus quimeras de conquista.
Pero su navío encalla entre los manglares. Es ahí donde los descubre el
bergantín mandado por un hombre de ley, el bachiller en derecho Enciso,
segundo de Ojeda, que les lleva refuerzos. A la vista de esos españoles des-
encajados, casi desnudos y, en su mayoría, víctimas de la icteria, Enciso
siente miedo, tanto que Pizarro, en nombre de sus 35 compañeros, le ofrece 2 000 onzas de oro por dejarlos partir hacia La Española. ¿Por qué esta
insistencia? ¿Serán reos prófugos? ¿Han perpetrado algún crimen abominable que les mueva a abandonar esos parajes? Desconfiado, Enciso los
obliga a dar media vuelta y a seguirlo hasta Urabá. La tarea es menos fácil
de lo que él creía. El navío del bachiller choca con una peña y hace agua.
Jumentos, cerdos y sacos de grano caen a las aguas lodosas del golfo y, con
ellos, la esperanza de instalarse y de volver a abastecerse. Los hombres
logran salvar la vida,[4] pero la cascada de infortunios no se interrumpe ahí.
La fortaleza de San Sebastián ha sido saqueada por los indios después de
la partida de Pizarro y de sus hombres; algunos restos son todo lo que queda
de la segunda ciudad de la Tierra Firme, después de la de Veragua fundada
por Colón. Enciso nota el desaliento de sus compatriotas, pero es demasiado tarde para volver atrás.

Entre los que acompañaban al bachiller Enciso figuraba un hidalgo me-
nesteroso de Extremadura, originario de Jerez de Badajoz, Vasco Núñez
de Balboa, que se había ocultado en el barco huyendo de sus acreedores.[5]
Al descubrir a ese pasajero clandestino, Enciso montó en cólera. Era un
hombre de principios y además temía tener que pagar la deuda del insol-
vente Balboa. La tensión entre ambos envenenó la travesía. Sin embargo,
ya no era hora de disputas. Para empezar, había que sobrevivir, y los conquistadores, alérgicos a los trabajos agrícolas, se vieron obligados a subsistir
de la caza y de la recolección, persiguiendo cerdos salvajes entre los arbustos
—Pizarro y sus compañeros de Extremadura tuvieron ocasión de demostrar
sus talentos— y descubriendo las virtudes de los corazones de palma, cuyo
sabor les pareció muy amargo. Después de no pocas penalidades, a finales
del año de 1510, los españoles lograron instalarse en la orilla occidental del
golfo, en un caserío abandonado por los indios, al que bautizaron con el

---

[4] López de Gómara (1965), 1a. parte, p. 98.
[5] Oviedo (1959), t. III, libro XXVII, cap. IV, p. 141: "porque sus acreedores a quién debía
dineros en esta isla, no le hiciesen detener. El cual [...] se escondió envuelto en la vela de la
nao [...] Enciso tuvo mucho enojo, porque temió que sería posible hacerle pagar a él [...] dijo
que estaba por le dejar en una isla despoblada, porque a Vasco Núñez fuese castigo y a otros
ejemplo".

EL NUEVO MUNDO

nombre de la Virgen de Sevilla, Santa María la Antigua de Darién. Los conquistadores estaban convencidos de que se encontraban en alguna parte del Extremo Oriente. Ignoraban que del otro lado de las montañas cubiertas de una vegetación impenetrable se extendía, inmenso, el océano Pacífico.

La deriva de Nicuesa

Los antiguos creían que las zonas tórridas eran inhabitables. El Darién lo era menos por razón de la temperatura que de las continuas lluvias. Tormentas, lloviznas, ríos, toda la comarca estaba impregnada de agua y sus marismas estaban infestadas de mosquitos cuyas picaduras provocaban comezones que hacían perder la razón. El año tenía dos estaciones, una húmeda, la otra diluvial, durante la cual el sol desaparecía tras las nubes, "y parece que aquel tiempo de las aguas encoge la gente y les pone frío sin que le haya".[6]

Conforme al decreto del rey, y por la partida de Ojeda, Enciso se convertía en el capitán y alcalde mayor de esta tierra, cuya configuración se ignoraba. Pero la tropa no estaba dispuesta a dejarse mandar por un hombre de ley. Se formaron entonces dos facciones, una favorable a Enciso y a la ley, y la otra partidaria de Balboa, el cabecilla cuya personalidad se había impuesto desde los primeros días, eclipsando la más discreta de Pizarro. Todavía no estaba conquistado el Darién cuando ya los habitantes de Santa María —cerca de 200 hombres— decidieron elegir autoridades municipales,[7] siguiendo así la tradición de las comunidades castellanas, y nombraron a sus primeros alcaldes: el vizcaíno Martín Zamudio y el extremeño Vasco Núñez de Balboa, originarios uno y otro de dos comarcas ibéricas que habían cultivado en grado extremo el faccionalismo. Poco después de su elección, Balboa decidió librarse del fastidioso Enciso, demasiado legalista y mal dispuesto hacia él. Lo puso en un bergantín y lo mandó a España.

Durante ese tiempo, después de haber dado auxilio a Ojeda, Nicuesa partió hacia Veragua —hoy istmo de Panamá—. El fracaso de su aventura merece ser narrado a grandes rasgos. Como en Cuba, la conquista de los territorios continentales se ve tachonada de fracasos, y no pocas veces los conquistadores se ven condenados al vagabundeo, a la enfermedad y a la muerte. La deriva de Nicuesa, por su intensidad dramática y por sus repercusiones, nos ofrece un ejemplo elocuente. Nicuesa bordea la costa de Panamá, hace escala en un pequeño puerto natural al que llama Misas —por alusión a las misas celebradas en esos parajes—, deja ahí a unos hombres de confianza, uno de ellos pariente suyo, y luego continúa hacia Veragua, con la idea de tomar posesión de su gobierno. Al cabo de dos meses, no recibiendo ya ninguna noticia, el pariente del conquistador que se quedó en Misas entre los indios cuna, un tal Cueto, parte en busca suya en direc-

[6] Oviedo (1986), cap. x, p. 78; Sauer (1984), pp. 264-267.
[7] López de Gómara (1965), 1a. parte, pp. 99-100: "Así se dividieron aquellos pocos españoles de la Antigua del Darién en dos parcialidades: Balboa bandeaba la una y Enciso la otra."

ción del occidente y llega a una pequeña isla en el archipiélago de San Blas. Ahí, en la arena, descubre un sobre vegetal puesto en lugar llamativo sobre una rama, que contiene un lacónico mensaje de Nicuesa: "Que decía que había estado allí e iba bueno él y su compañía." Cueto, tranquilizado, aprovecha su estancia para derribar un árbol de níspero y probar sus frutos. Son tan abundantes que el sitio es llamado Isla de los Nísperos.[8]

En realidad, Nicuesa se ha perdido. Veragua es una zona muy superficialmente explorada y sólo quienes acompañaron a Colón en su cuarto viaje pueden reconocer con exactitud los lugares. Nicuesa vaga a lo largo de la costa septentrional del istmo. Es entonces cuando su piloto Olano, un vizcaíno, lo abandona y pone proa en dirección contraria, hasta Belem, en Veragua. Allí, Olano se instala y proclama la muerte de Nicuesa. Por su parte, el infortunado conquistador naufraga con su compañía en alguna parte de la bahía de Boca del Tigre; logran apenas salvar del desastre una barca, gracias a la cual llegan al islote del "Escudo". ¿Han vuelto a traicionarlo sus hombres, o bien esa partida fue prevista con la intención de buscar socorro? El hecho es que uno de sus compañeros se va de la isla en la única embarcación disponible. Desnudos y desprovistos, no les queda a Nicuesa y a los suyos más que un recurso: apelar a los indios. Uno de ellos, célebre por su habilidad, fabrica una piragua con un tronco de árbol y boga hacia la costa con el fin de buscar ayuda entre los habitantes.[9] El cacique los socorre, y los náufragos pueden sobrevivir hasta la llegada de un navío de Belem, que por fin los lleva a Veragua.

Por muy débil que se encuentre, Nicuesa no olvida que sigue ejerciendo la función de gobernador, y que debe castigar toda tentativa de traición. El traidor vizcaíno es castigado y obligado a moler maíz a la manera de las mujeres indias, encadenado como un moro cautivo. De Darién llega entonces una embajada de Balboa, invitando a Nicuesa a acudir a la sede de su gobierno. Las consecuencias son bastante complicadas, pues los cronistas ocultaron, a sabiendas, las responsabilidades de los unos y las traiciones de los otros.[10] Probablemente Balboa manipuló a los vascos para deshacerse de aquel a quien oficialmente le correspondía el gobierno de toda la región. Apenas desembarcado en Darién, en la primavera de 1511, Nicuesa es enviado de regreso en un viejo navío mal calafateado con muy pocos ali-

[8] "E yendo en un bergantín tomó puerto en una isleta en la cual halló un árbol cortado en el monte e hincado en la playa, y en la punta dél, en lo mas alto, un envoltorio ligado en una hoja de bihao, en la cual estaba una carta de Diego Nicuesa que decía que había estado allí e iba bueno él y su compañía... Y en aquel puerto hizo derribar Diego de Nicuesa un árbol níspero muy grande; del cual este capitán Cueto, tornándose desde allí atrás para la gente, llevó mucha fruta de aquellos nísperos, e puso por nombre a la isla Isla de los nísperos", Oviedo (1959), t. III, libro XXVIII, cap. I, p. 175.

[9] Oviedo (1959), t. III, libro XXVIII, cap. II, p. 178.

[10] Parece que el faccionalismo vizcaíno desempeñó un papel decisivo y que Olano, por medio de su compatriota Zamudio, conspiró contra Nicuesa, según Oviedo (1959), t. III, libro XXVIII, cap. II., p. 181: "Pues como aquel Lope de Olano era vizcaíno, supo que en el Darién uno de los alcaldes era Martín de Zamudio en compañía de Vasco Núñez; y este alcalde Zamudio era pariente de Lope de Olano e había asemesmo otros vizcaínos, sus deudos, e otros vascongados de su lengua, a los cuales escribió que el gobernador lo tenía preso y como era tractado e inclinólos mucho contra Diego Nicuesa."

mentos y una exigua tripulación de seis compañeros y siete marinos. Como quien dice, lo envían a la muerte. En ocasión de un fondeo que realizan en la rada de Cartagena, desaparece Nicuesa, muerto por los indios a los que había vencido un año antes con Ojeda. En adelante, el oro del Darién está en las manos de Balboa. La suerte le sonríe. El rey Fernando no atiende, contra él, las acusaciones de los partidarios de Nicuesa. Lo nombra gobernador del Darién de la Tierra Firme en 1511.

Los fracasos de Juan de la Cosa, Ojeda y Nicuesa revelan la naturaleza y los límites de las empresas patrocinadas por la Corona y el obispo Rodríguez de Fonseca. Sus socios están demasiado obnubilados por los beneficios que pueden recibir a corto plazo de las tierras nuevas para poner en acción un plan de colonización adaptado a una naturaleza hostil y, además, poblada de indios que defienden cara su vida. La improvisación y la precipitación acaban en el fracaso. Puede captarse mejor, *a posteriori*, la originalidad del sistema de Cortés y, más inmediatamente, la envergadura de Balboa.

BALBOA, UN "CAUDILLO" TROPICAL

Vemos así que Balboa ha triunfado de los antiguos compañeros de Colón, por razón de sus cualidades personales, que él explota maravillosamente para ganarse la confianza de sus hombres. Encarna al caudillo que obtiene su prestigio y su legitimidad de su valor físico, de los nexos personales que establece con sus subordinados y de su capacidad para superar las dificultades de un medio natural adverso. Mientras que Cortés es un organizador de imperios, Balboa corresponde, antes bien, a la imagen de esos *condottieri* populares y demagogos, que creen menos en las leyes y en las instituciones que en las virtudes de un contacto directo con aquellos a los que supuestamente dirigen. Ese tipo de hombre, surgido con las guerras de reconquista contra los moros, se rodeaba de compañeros —*compaña*— reclutados según el principio de adhesión voluntaria y recompensados con el reparto del botín. Sin embargo, el grupo debía recibir la autorización de la Corona. Oviedo, que nunca disimula la admiración que siente hacia Balboa, hará más tarde su elogio en términos entusiastas, subrayando los nexos de fraternidad que lo unían a sus hombres: "Tenía [Balboa] otra cosa, especialmente en el campo, que si un hombre se le cansaba y adolecía en cualquier jornada que él se hallase, no lo desamparaba; antes, si era necesario, iba con una ballesta a le buscar un pájaro o ave, y se la mataba y se la traía; y le curaba como a hijo o hermano suyo, y lo esforzaba y animaba."[11]

Balboa es un hombre de acción, que no disimula el desprecio que le inspiran los bachilleres y otros abogadillos que pululan por La Española. En una carta que dirige al rey el 20 de enero de 1513, pocos meses antes del descubrimiento del Pacífico, aconseja vivamente al monarca —pues Balboa no tiene pelos en la lengua— que no le envíe bachilleres, pues los considera hombres diabólicos e inútiles.[12] Pedro Mártir, que no lo quiere, le

---

[11] Oviedo (1959), t. III, libro XXIX, cap. II, p. 209.
[12] "Muy poderoso señor, una merced quiero suplicar a V.A. me haga porque cumple mucho

reprocha el contar más con las armas que con la reflexión. Estamos lejos del ideal caballeresco hispánico, fundado sobre la unión de las "armas y de las letras", que Cortés encarna de manera magistral. A la inversa de Cortés, Balboa no se siente fascinado por los grandes señores de Extremadura, si bien sobresale en el manejo de la espada y en los torneos —*justas*— que celebra en ocasión de las fiestas religiosas en la plaza de aquella aldea improvisada, Santa María de Darién. Aunque pertenece a un linaje de pequeños hidalgos de provincia, no se enorgullece de sus orígenes, sino de sus acciones: "Porque no me quedo yo en la cama", escribe al rey, prefiriendo el habla directa al lenguaje alambicado de los cortesanos: "no crea V. R. A. que es tan liviano que nos andamos folgando, porque muchas veces nos acaesce ir una legua y dos y tres por ciénagas y agua, desnudos y la ropa cogida puesta en la tablachina encima de la cabeza y salidos de unas ciénagas entramos en otras y andar desta manera dos y tres y diez días".[13]

Balboa tiene interés en subrayar que él interviene personalmente tanto en las expediciones —siempre va a la cabeza— como en las tareas cotidianas de supervivencia, y aun en la siembra y la cosecha.[14] El caudillo toma en cuenta a los hombres que están bajo sus órdenes y evita establecer toda distancia jerárquica incompatible con las estrecheces del medio.[15] La equitativa distribución del botín de guerra es algo elemental para él, ya se trate

a su servicio, y es que V. A. mande que ningun bachiller en leyes ni otro ninguno, si no fuere de medicina, pase a estas partes de la tierra firme [...] porque ningun bachiller acá pasa que no sea diablo y tienen vida de diablos e no solamente ellos son malos, mas aún fasen y tienen forma por donde haya mil pleitos y maldades", Balboa, en Navarrete (1955), p. 224. Es significativo que Rodríguez Montalbán, en su novela-verdad *Galíndez*, 1990, Seix Barral, atribuya a Rafael Leónidas Trujillo, dictador de la República Dominicana (La Española de Colón) de 1930 a 1961, ideas similares: "¿Para qué haber hecho venir aquí —a la isla— refugiados españoles abogados, cuando teníamos necesidad de agricultores que, además, nos habrían ayudado a blanquear la raza?"

[13] "Porque no me quedo yo en la cama entre tanto que la gente va a entrar y a correr la tierra, porque hago saber a Vuestra muy R.A. que no he andado por toda esta tierra a una parte ni a otra, que no haya ido adelante por guía y aún abriendo los caminos por mi mano para los que van conmigo", Navarrete (1955), "Carta de Balboa de 1513", p. 221 y más adelante: "Yo he procurado de nunca fasta hoy haber dejado andar la gente fuera de aquí sin yo ir adelante, ora fuese de noche o de día, andando por ríos y ciénagas y montes y sierras y las ciénagas desta no crea V.R.A. que es tan liviano que nos andamos folgando, porque muchas veces nos acaesce ir una legua y dos y tres por ciénagas y agua, desnudos y la ropa cogida puesta en la tablachina encima de la cabeza y salidos de unas ciénagas entramos en otras y andar desta manera dos y tres y diez días; y si la persona que tiene cargo de gobernar esta tierra se descuida con algunas personas y se queda en casa, ninguno lo puede hacer tan bien de los que en su lugar envían con la gente, que no haga muchos yerros", p. 217.

[14] "Y esto puédolo decir como persona que ha visto bien en qué cae, porque ciertas veces aunque no han seido de tres arriba, que yo no he ido a entrar con la gente, a cabsa de haber tenido algun impedimento con el pueblo por hacer las simenteras, he visto que las personas que yo inviaba en mi lugar no lo han hecho como era razón y se ha visto la gente que con ellos ha ido en mucho aprieto", Navarrete (1955), p. 217.

[15] Navarrete (1955), p. 216: "que ellos fueron cabsa de su perdición por no saberse valer, y porque después que a estas partes pasan, toman tanta presunción y fantasía en sus pensamientos que les parescen ser señores de la tierra".

de oro o de perlas, de donde se toma el quinto para el rey (¿lo hará realmente?), o de víveres, aún más importantes dada la situación de extrema penuria en que se encuentran.[16] El caudillo no debe empero arriesgar la vida de sus compañeros en empresas imposibles, pues, como escribe al rey Fernando, "llega el hombre fasta donde puede y no fasta donde quiere".[17] La *compaña* de Balboa comprende cerca de 250 hombres, con los cuales organiza sus "entradas" siguiendo la tradición de la Reconquista, destinadas a buscar oro y víveres. Sin embargo, y en esto reside su originalidad, sabe que en el Darién está aislado y que más le vale establecer relaciones personales con los jefes indígenas que combatirlos. Sin contar con que necesita de los indios para sobrevivir en esos bosques y aprender a navegar sobre unos ríos tan diferentes de los de la península.

En realidad Balboa ha captado el funcionamiento de las instituciones indígenas locales. Las tribus del istmo están organizadas en jefaturas fundadas sobre el rango. En lo más alto de la escala se hallan los caciques —el término autóctono es *quevi*—, a quienes están subordinados los jefes de segundo rango, encargados de reunir los bienes destinados a los intercambios, y los guerreros. La gente del común forma la capa inferior. Aún más abajo se encuentran los cautivos que los españoles llaman "esclavos" o *naborías*, como en las Antillas, y que llevan en el rostro una marca que permite identificar al señor al que sirven. Los caciques heredan su condición, pero tienen que consolidar la posición que ocupan desafiando a los otros jefes de los alrededores. En suma, todo poder se expresa por medio de la competencia: se supone que el cacique hace para con sus súbditos prueba de una generosidad superior a la de sus rivales; a él le toca, para procurarse los bienes no utilitarios que realzan su prestigio, controlar el comercio a larga distancia y las redes de mercaderes, y adquirir conocimientos esotéricos. Las jefaturas del istmo fundan las formas del poder sobre el prestigio y los mecanismos de redistribución que son capaces de aumentarlo.

Sobre este complicado tablero, Balboa se convierte en pieza importante. Al ofrecer a los jefes objetos de hierro a cambio de oro, el caudillo altera el sistema de intercambios en provecho propio. Esos objetos son bienes raros —así como los que circulan por las redes indígenas— pero utilitarios, y su adquisición le da prestigio al cacique, mientras al mismo tiempo acentúa su dependencia de los españoles. No olvidemos que los indígenas no conocían el hierro y que tenían que recurrir a instrumentos de piedra para tallar la madera y abrirse paso en el bosque. Además, los caciques se sirven de Balboa para consolidar sus posiciones ante sus vecinos. Los mexicanos harán lo mismo con Cortés. El caudillo recibe naborías por su servicio, así como mujeres: llega a ser yerno del cacique de Careta, que le da una de sus hijas y lo hace —según las concepciones autóctonas— un subordinado.[18]

---

[16] Navarrete (1955), p. 217: "que fasta aquí habemos tenido en mas las cosas de comer que el oro, porque teníamos mas oro que salud, que muchas veces fué en muchas partes que holgaba mas hallar una cesta de maíz que otra de oro".

[17] *Ibid*., p. 220: "no he allegado e ellas porque no he podido a causa de la falta de la gente, porque llega el hombre fasta donde puede y no fasta donde quiere".

[18] Helms (1979), p. 42. Este autor desarrolla el paralelismo entre las jefaturas cuna y las de la Polinesia.

Al contacto con los aborígenes, los conquistadores se indianizan; al propio Balboa no le repugna consumir las cervezas fermentadas que le ofrecen los jefes como prueba de amistad, en el curso de rituales muy alejados de los de la península ibérica.[19]

Balboa se encuentra, pues, preso entre dos lógicas: la de la Conquista y de sus intereses personales, y la de las jefaturas. Al emplear perros de caza para seguir las pistas de los indios cimarrones (que se han dado a la fuga), Balboa afirma sus derechos a las naborías e intimida, de paso, a todos los que sintieran la tentación de desobedecerle. Uno de los dogos del caudillo, llamado Leoncico, había hecho ganar a su amo más de mil pesos en oro, pues él tomaba su parte, como los otros conquistadores. El animal olisqueaba al indio desde varias leguas; podía encontrar su pista en el bosque y llevarlo de vuelta aferrándolo con los dientes, pero sin morderlo.[20]

Si los gestos, aquí como en otras partes, constituyen las primeras formas de contacto, los intercambios de palabras se facilitan por obra de los intérpretes, sean indios o españoles, como esos tres hombres de Nicuesa perdidos en el bosque y recogidos por los indígenas. Esos intérpretes, ¿no son una variante de los *arkar*, personajes que entre los indios cuna tenían la misión de descifrar las canciones alegóricas de los jefes y ponerlas en lenguaje ordinario y comprensible para todos? Sea como fuere, las relaciones de Balboa y de los jefes están llenas de cosas que quedan sin decirse, de *quid pro quo* y de manipulaciones recíprocas, en que el más hábil no siempre es el más fuerte.

¿Será para alejar al español o para ganarse su confianza por lo que el cacique de Comogre, el más poderoso de la costa atlántica del istmo, indica a Balboa la existencia de un lugar situado a seis soles de camino, donde el oro corre por los ríos? Tras esas frases aparentemente triviales, notamos los hilos de otro discurso; pues el Occidente es para los cuna el país de los muertos, y el río de oro tal vez sea el curso de agua que separa el espacio de los espíritus *nias* del de los seres humanos. Para llegar allá, explica el cacique, hay que franquear la cordillera que se levanta entre las jefaturas atlánticas y "el Otro Mar". Al oír Balboa esas palabras, loco de contento, estrecha entre sus brazos al cacique, que le promete conducirlo allá a través del bosque.[21]

DABAIBE, O LAS PRIMERAS LUCES DE EL DORADO

Para convencer al rey Fernando de que le envíe un millar de hombres a fin de emprender el descubrimiento del Otro Mar, Balboa tiene cuidado de exagerar las riquezas auríferas de la región. El Darién, atravesado por una

[19] Navarrete (1955), p. 103: "hecho de grano y fruta, blanco, tinto, dulce y agrete, de dátiles y de arrope: cosa que satisfizo a nuestros españoles".
[20] Oviedo (1959), t. III, libro XXIX, cap. III, p. 211; el cronista señala que el perro fue envenenado por alguien que tenía envidia de su amo.
[21] Severi (1982), pp. 34-35; Helms (1979), pp. 133-136, subraya la importancia del viaje, real o simbólico, para la adquisición de un saber esotérico, exclusivo de las élites.

red de ríos que llevan pepitas de oro, limita al este con una región prácticamente inexplorada, pero de la que los conquistadores han tenido un atisbo por medio de piezas de oro trabajadas en formas asombrosamente distintas. ¿De dónde vienen esos objetos? Sin duda del Sinú, país continental
próximo a Cartagena, dominado por poderosos jefes que han levantado
sus aldeas sobre plataformas y colinas, en mitad de los ríos y las marismas. Las tropas de Ojeda y de Balboa no han llegado hasta allí. Con grandes trabajos, los españoles han remontado el curso de los ríos por las dificultades de la navegación y el continuo acoso de los indios. Los ríos
parecen poblados de antropófagos y, a juzgar por su modo de vida, no son
aptos para el trabajo forzado. Esos pueblos no reconocen una autoridad
fija; los grupos se funden, luego se disgregan, y esta inestabilidad, facilitada por la movilidad extrema a lo largo de las vías de agua, les hace ingober-
nables, al menos según las normas castellanas. Para definir esas sociedades que cambian de señor a su capricho, los conquistadores recurren al
viejo término medieval de *behetrías*. Balboa propone al rey Fernando la
exterminación pura y simple de los indígenas por medio del fuego, ya que
no puede emplearlos como esclavos.[22]

Al azar de las "entradas", el caudillo interroga a los indios que captura
sobre la procedencia del oro, cuya calidad y cantidad superan, con mucho,
todo lo que los primeros navegantes han visto en las islas. Los indios del
Urabá le hablan entonces de una comarca lejana situada en el interior de
las tierras, el país del cacique Dabaibe. Rumores recogidos con paciencia,
gracias al atractivo de las mercancías europeas, a las manifestaciones de
amistad, a la seducción que los aventureros europeos ejercen entre las mujeres, pero también gracias a los informes arrancados por medio de la tortura, cuando fallan los otros recursos.[23] Los súbditos del cacique Dabaibe,
se le dice, no son antropófagos, lo cual es coherente, pues en el espíritu de
los conquistadores —con excepción de México— el canibalismo es una
práctica propia de las *behetrías*. Pero el oro se encuentra aún más lejos,
fuera de su territorio. Dabaibe lo obtiene por medio del trueque con los "señores de las minas", *behetrías* antropófagos, y que viven en estado de guerra permanente.[24] Esas minas se sitúan en una región de montañas que se

[22] El término *behetría* era una corrupción de benefactoría. Valdeavellano (1986), t. II. p. 71,
ve el origen de esta institución en la cesión, por una familia, de una parte de sus tierras a
cambio de la protección de un señor. Este sistema supone que los beneficiarios pueden elegir
libremente a su señor. Esta inestabilidad del poder, que en cualquier momento podía ser
revocado, fue considerada como forma nefasta de gobierno a comienzos de la época moderna. El término *behetría* fue aplicado a las comunidades rebeldes y en el Nuevo Mundo a todas
las sociedades que no reconocían gobierno hereditario. Navarrete (1955), p. 222: "asimismo
estos indios de la Caribana tienen bien merescido mil veces la muerte, porque es muy mala
gente [...] y no digo darlos por esclavos segun es mala casta, mas aún mandarlos quemar a
todos, chicos y grandes, porque no quedase memoria de tan mala gente".
[23] *Ibid*., p. 218: "es fama que tienen muchas piezas de oro de extraña manera y muy
grandes"; p. 219: "he procurado saberlo de muchos caciques e indios [...] en muchas maneras
y formas, dando a unos tormento y a otros por amor y dando a otros cosas de Castilla".
[24] *Ibid*., p. 218: "es gente que está sin señor y no tiene a quién obedescer; es gente de guerra;
cada uno vive sobre sí, son señores de las minas; son estas minas según yo tengo la nueva, las
más ricas del mundo".

extiende al sur del Urabá. Los españoles aún no saben que "la sierra más alta del mundo que se haya visto hasta ahora" es la Cordillera de los Andes.[25]

La descripción que Balboa envía al rey Fernando incluye una supuesta "casa llena de oro", imagen que no deja de evocar el palacio dorado del Cipango de Marco Polo. Ahí, el metal precioso estaría depositado en enormes cestas que un solo hombre no podía levantar. ¿Se trata de un eco deformado de las riquezas del Sinú o de otras poderosas jefaturas de los Andes colombianos? ¿O debemos reconocer ahí el espejismo de las minas de Salomón y de la legendaria Ofir bíblica? En el crepúsculo de su vida, Colón había afirmado que la fabulosa Tarsis debía encontrarse en el continente, en Veragua. Las quimeras que alimentaron la imaginación de los primeros navegantes cobran un nuevo aliento en la Tierra Firme. El mito de la casa llena de oro persistirá durante todo el siglo XVI, sin que el descubrimiento de Perú haya logrado eclipsarlo por completo. La lejana comarca de Dabaibe fue la primera vislumbre de El Dorado en la América del Sur.[26]

EL MAR DEL SUR

El este del Darién, con el fabuloso país de Dabaibe, tenía motivos para interesar a la Corona. La zona del oeste —la del istmo— poseía aún más encantos. El cacique de Comogre había confiado a Balboa el "secreto" de la existencia, del otro lado de las sierras de Panamá, de un mar inmenso, poblado por una multitud de pueblos —"dicen que es muy buena gente, de buena conversación la de la otra costa"— que intercambiaban con los de la costa atlántica perlas y oro por piezas de algodón y cautivos.[27] Conocedor de esas noticias, que se guardó muy bien de comunicar a quienes le rodeaban por temor a verse desposeído de su "descubrimiento" y a perder sus relaciones de amistad con los caciques de la franja atlántica del istmo, Balboa sale de la ciudad de Darién el 1° de septiembre de 1513. Con 800 hombres se embarca entonces hacia Acla, sede de su suegro, el cacique de Careta, so pretexto de buscar minas de oro. Ahí deja a la mayor parte de quienes lo acompañan y penetra en el interior de las tierras, rodeado por un puñado de incondicionales.[28]

Los conquistadores llegan a Ponca, a medio camino entre las dos costas, donde intercambian sus mercancías por informes. Esta jefatura, situada lejos en el interior de las tierras, no tenía acceso directo al mar. La llegada de Balboa es para el cacique de Ponca una ocasión única de obtener ventajas sobre los otros grupos del litoral. Por ello se apresura a dar a los conquistadores indicaciones precisas sobre la ruta que deben seguir. Tras 12 jornadas de marcha a través de la cadena de Darién, donde la vegetación cede el lugar a bellos calveros, Balboa se adelanta a sus compañeros, as-

[25] *Ibid.*, p. 218.
[26] Gil (1989), t. III, pp. 53-55. Sobre Dabaibe y sus eventuales conexiones con Sinú y Quimbaya, véase igualmente a Helms (1979), pp. 154-157.
[27] Navarrete (1955), p. 220.
[28] Oviedo (1959), t. III, libro XXIX, cap. III, p. 211.

ciende con prisa las pendientes de una colina y descubre a sus pies la inmensidad azul grisácea del Pacífico. Lleno de júbilo, el caudillo se vuelve hacia sus compañeros, loando al Señor por haberle llevado hasta allí. Luego, cae de rodillas para dar gracias a Dios, a la Virgen y a los Reyes Católicos. Todos lo imitan y se arrodillan, con las miradas fijas en el Mar del Sur que se despliega en ese lugar formando un golfo, bautizado al punto como San Miguel. Entre los compañeros de Balboa figuran el abate Andrés de Vera y Francisco Pizarro quien, después de haber seguido a Ojeda en la Tierra Firme, se ha convertido en el hombre de confianza del caudillo. También llevaban un esclavo negro.

A la carrera, los conquistadores descienden las pendientes hasta llegar a las chozas de Chape, donde casi todos se detienen. Sólo 26 españoles (entre ellos Francisco Pizarro) descienden hasta las riberas, donde llegan al anochecer, a la hora vesperal, con la bajamar. Ante ellos se extiende un limo poco agradable. Sentados en la arena, bajo la luna tropical, los hombres escuchan el rumor del agua que sube "con mucha fuerza" hasta recubrir ese légamo. Entonces, sosteniendo en una mano el estandarte del reino de Castilla adornado con el retrato de Nuestra Señora y el Niño Jesús, y en la otra su espada desenvainada y su rodela, Balboa se mete en el agua hasta las rodillas y toma posesión, en nombre de sus Majestades Fernando y Juana, su hija, de todas las costas, riberas e islas que se encontraran sobre esas aguas.[29] Sus compañeros, que en su mayor parte provenían, empero, de las regiones continentales, se lanzan al océano y prueban el agua que, efectivamente, encuentran salada. El ritual de la toma de posesión prosigue en tierra. Antes que nadie, el caudillo traza con su daga tres cruces sobre tres árboles distintos; los otros lo imitan, marcando las cortezas y rompiendo ramas, actitudes que hoy parecen anunciar la destrucción de la naturaleza que acompaña a la Conquista. También ahí aparece en primera fila Francisco Pizarro, después de Balboa y del sacerdote Andrés de Vera.

La ceremonia de la toma de posesión no termina en la playa. El cacique de Chape pone a disposición de los conquistadores su flotilla de piraguas con remos incrustados de perlas, y españoles e indios recorren el mar hasta llegar a una isla del golfo que llaman Las Perlas. En el manglar, donde se confunden la tierra firme y el mar, los españoles, exaltados por la abundancia de oro y de perlas, se entregan a un trueque desenfrenado con los indígenas. En el camino de regreso hacia el Atlántico, los conquistadores capturan al cacique Tubanamá y exigen a sus súbditos un rescate en oro. Francisco Pizarro aprendió probablemente aquí esta maniobra, pues muchos años después, en Perú, reservará la misma suerte al Inca Atahualpa. Durante una semana los indios aportan pepitas del metal precioso. Al llegar la Navidad, satisfecho del botín, Balboa libera al cacique y le ofrece algunas baratijas: "cascabeles e cuentas de vidrio, e cuchillos e cosas, que todo ello valía poco en la feria de Medina del Campo".[30]

[29] *Ibid.*, pp. 212-215.
[30] *Ibid.*, cap. v, p. 219.

La expedición colmó con creces las esperanzas de Balboa. Con el descubrimiento del Mar del Sur, se volvía real la posibilidad de seguir una ruta occidental hacia Cipango (el Japón) y las especias sin infringir la demarcación del tratado de Tordesillas. El caudillo podía imaginar que gracias a esta hazaña, le estaban aseguradas la gloria y la fortuna. Pero la estación de lluvias acababa de comenzar, y estallaron terribles huracanes, sembrando el espanto entre aquellos hombres intrépidos. El rayo incendió unas chozas, matando indios; tronaba con tal fuerza que podía creerse que el cielo iba a desplomarse. En ese clima opresor, en Quareca, Balboa hizo quemar a "hombres vestidos de mujeres", y mandó echar los perros a cerca de 50 sodomitas. Los propios caciques le entregaron a esos desdichados —naborías—, pues Balboa les había explicado que esos vicios habían causado la cólera de Dios. Había que aplacar, pues, al Todopoderoso para calmar los huracanes y que volviera un tiempo propicio a la agricultura. La historia ha conservado de este episodio la crueldad de Balboa. En realidad, más que el sadismo, la ejecución de los sodomitas expresa el temor de los invasores a los elementos y procede de un ritual expiatorio, casi del sacrificio humano.[31]

PEDRARIAS, "EL JUSTADOR"

Mientras Balboa atraviesa el istmo de Panamá y descubre, por cuenta de la Corona, el vasto Mar del Sur, el bachiller Enciso, de regreso en España, atrae la atención de Fernando sobre la conducta del caudillo, al que culpa de la muerte de Nicuesa. Enciso plantea claramente el problema de la eficacia del dominio ejercido por la Corona sobre las actividades de los conquistadores y pone en guardia a Fernando contra todas las tentativas de escisión debidas a esas banderías, que constituyen una amenaza para la autoridad real.

Desde antes de enterarse del descubrimiento del Mar del Sur, Fernando decide enviar a Pedrarias Dávila a Darién con el título de "capitán general y gobernador de la Castilla del Oro". El rey encarga a esta figura ilustre y sexagenaria, miembro de un poderoso linaje de conversos, hacer reinar el orden en la Tierra Firme, rebautizada para la ocasión con un nombre tan mirífico como engañoso: Castilla del Oro. Gran amigo de Pedro Mártir, Pedrarias era creación de Rodríguez de Fonseca y del secretario Lope de Conchillos. Provisto del título de gobernador, también debía llevar a cabo una serie de tareas destinadas a consolidar el dominio español sobre esas tierras. Las disposiciones tomadas por la Corona respecto del Darién prefiguran las medidas aplicadas algunos años después en México y en Perú,

---

[31] *Ibid.*, p. 221: "y en aqueste viaje hizo Vasco Núñez quemar e aperrear casi 50 déstos, y los mismos caciques se los traian sin se los pedir, desque vieron que los manadaba matar, lo cual hacía porque les daba a entender que Dios en el cielo estaba muy enojado con ellos, porque hacían tal cosa, y por eso caían tantos rayos e tan espantosos truenos; e por eso no les quería dar Dios el maíz y la yuca. Y a la verdad era cosa terrible y espantable los rayos y truenos que había en aquella tierra [...] porque quemaban bohíos y mataban hombres; y a mi y a otros acaesció estar durmiendo en la cama, y del terrible sonido del rayo y del trueno, caer de la cama abajo en tierra".

en regiones densamente pobladas. Toman en cuenta el fracaso de la experiencia de las Antillas para proponer nuevas formas de colonización.[32]

Puesto que los indios del Darién, dispersos sobre un territorio mucho más vasto que el de La Española o de Cuba, pueden huir fácilmente sin que los españoles tengan medios de obligarlos a trabajar, éstos exigen entonces medidas apropiadas. La Corona idea tres maneras de utilizar la fuerza de trabajo indígena: la encomienda, puesta ya en acción en las Antillas, el contrato —concierto— y el servicio obligatorio por rotación, aplicado por intermediación de un cacique. Otras disposiciones conciernen a los españoles, sometidos a la atmósfera deletérea de las sociedades antillanas. Pedrarias debe prohibir los juegos de azar y velar para que los colonos no tomen por fuerza mujeres indígenas y guarden, en su atuendo, la discreción que conviene a su rango y a su estado.

Las instrucciones del rey Fernando a Pedrarias abordan otra cuestión crucial: el abandono de las formas de pillaje y de explotación practicadas hasta entonces y culpables de la extinción de las poblaciones indígenas, en favor de una política de población a largo plazo. Parece necesario atraer labradores al Darién, importar granos de trigo y de sorgo, y evitar el flujo de gente de ley y de juristas, considerados tan nocivos en las islas.[33] Todas estas disposiciones tienden a frenar las ambiciones personales de los caudillos y a instaurar un control de las poblaciones y de los funcionarios. Mientras confía plenos poderes a Pedrarias, Fernando nombra a un veedor, que velará por la aplicación y el cobro obligatorio del quinto real sobre todas las operaciones de trueque. Este representante de la Corona no es otro que Oviedo.

El ex paje del príncipe don Juan, al que hemos seguido en Italia y en España, tiene ya 35 años al comienzo de la expedición de Pedrarias. Ambos se conocen, pues uno y otro frecuentan los círculos de los conversos. Oviedo ha casado con una criada, es decir, una mujer del séquito del gobernador, que le ha dado un hijo. Encontrando sin duda el porvenir más mediocre en la península después del deslumbramiento que le produjo la Italia de los Borgia, sostenido por el secretario Lope de Conchillos, Oviedo acepta seguir a Pedrarias. La suerte le sonríe y, gracias a su habilidad y a sus protectores, llega a acumular el cargo de notario de los tribunales y la prebenda del control del título de los metales en toda la Tierra Firme. El futuro cronista es, en adelante, figura de importancia que guarda el punzón de la fundición y supervisa los asuntos mineros.[34] Por último, al igual que los otros miembros de la expedición, no ignora que el rey, deseoso de proteger la libertad de expresión de sus súbditos y sobre todo de mantenerse informado, ha prohibido al gobernador interceptar las cartas y los mensajes que pudiesen mandarle los colonos.[35]

Provisto de poderes extraordinarios, Pedrarias puede fundar ciudades, distribuir tierras y reglamentar la explotación de las minas. Recluta a 1 200

[32] Navarrete (1955), pp. 213-215.
[33] Serrano y Sanz (1918), pp. 268-269.
[34] Otte (1958), p. 15.
[35] Oviedo (1959), t. III, libro XXIX, cap. IX, p. 240; Serrano y Sanz (1918), p. 286.

personas entre hidalgos empobrecidos y sin porvenir, pero también gente de estratos más modestos. Su armada llega al Darién el 30 de junio de 1514. Entre los miembros de esta expedición, la más poderosa que hasta entonces haya atravesado el Atlántico, se encuentran junto a Oviedo hombres que se contarán entre los más ilustres conquistadores de la época: el joven Bernal Díaz del Castillo, el sacerdote Hernando de Luque y su protegido Diego de Almagro, Sebastián de Benalcázar, Francisco Vázquez de Coronado, Giovanni Vespucio, sobrino de Américo, Francisco de Jerez, notario, Pascual de Andagoya, criado de Pedrarias, y Hernando de Soto, quien por entonces tiene 14 años y es paje del gobernador. Les acompañan algunas mujeres: la esposa de Pedrarias, y dos de sus hijas, Isabel y Elvira. Es probable que en el curso de esta larga travesía Hernando de Soto y la joven Isabel, todavía una niña, hayan iniciado una amistad que muchos años después terminará en matrimonio. De momento, Soto está bajo las órdenes de Pedrarias y no puede pretender un compromiso con la hija de un hombre tan rico como el gobernador, antes de haber hecho sus pruebas.[36]

LA PESADILLA DE LA CASTILLA DEL ORO

El proyecto de Fernando es sensato. Las difíciles condiciones del Darién y sobre todo las ambiciones personales y las rivalidades pronto hacen caducas las medidas reales, al menos en su espíritu inicial.

¡Cuál no será la decepción de los miembros de la expedición de Pedrarias, cubiertos de brocados y de sedas, cuando echen ancla ante el Darién y se instalen en Santa María de la Antigua! La descripción de este pueblo rodeado de marismas que nos hace Pascual de Andagoya evoca el mítico Macondo de García Márquez. No falta nada: aislamiento, irrealidad, amenazas vagas, estancamiento y enfermedades. Un mes después de su llegada, 700 hombres mueren de *modorra* y de hambre, pues los víveres transportados en los navíos se han podrido en las bodegas y el país apenas puede alimentar a la gente de Balboa. Los cinco años que han transcurrido desde la fundación de la ciudad de Darién han dado al tiempo un espesor "geológico". La primera generación ve con malos ojos la llegada de los nuevos, que les parecen intrusos.[37] Todo los separa de la frialdad de Pedrarias y del presuntuoso legalismo de Enciso. Aunque la región esté muy lejos de ser un país de Cucaña, los hombres de Balboa quieren permanecer juntos y repartirse los despojos del Mar del Sur. Así, cuando Gaspar de Espinosa, el nuevo alcalde de Darién (o Santa María de la Antigua) arroja a Balboa en prisión por orden de Pedrarias —el espectro de Nicuesa justifica la medida—, los "antiguos" se levantan en armas y el gobernador se ve obligado a soltarlo. Los recién llegados no soportan ni la enfermedad ni el descontento ni el hambre, y algunos —entre ellos Bernal Díaz del Castillo y Giovanni Vespucio— se van de la comarca, rumbo a Cuba. Los que sobreviven a la malaria no tienen otro recurso que el trueque con los indios, que

---

[36] Sobre los amores de Soto e Isabel, véase Albornoz (1971).
[37] Andagoya (1986), p. 87.

a menudo se convierte en pillaje, en rescate. Tal es la primera violación a las instrucciones de Fernando y el comienzo de la "destrucción" del país, so pretexto de pacificación y de conquista.[38] Pocos son los que piensan en trabajar para asegurarse la subsistencia. Uno de ellos es Diego de Almagro, quien invierte una gran parte del botín, obtenido en expediciones de conquista, en la adquisición del primer ganado llegado al continente desde La Española. Con la ayuda de sus esclavos naborías, intercambia el modesto empleo de vaquero por el envidiable estado de criador de reses.[39]

Pedrarias se había propuesto dejar su huella en el istmo, adelantándose a Balboa y a sus partidarios. El hombre no era joven, pero hacía alarde de su robustez y de su longevidad. Le gustaba contar que había sido paje del rey Juan II, lo que le daba, por lo menos, 70 años de edad. La malaria había quebrantado su viejo organismo, pero él había salido del paso, prueba de que la muerte lo había olvidado. Como para convencerse de ello, desde la campaña de Bugía, en las costas de África, donde había estado a punto de perder la vida, Pedrarias dormía en un ataúd para conjurar al destino.[40] ¿Por qué haber cambiado la ciudad de Segovia donde poseía una mansión señorial, por los tufos del Darién? Esa decisión, tomando en cuenta su edad, parecía una locura. Pero no es imposible que tratara de huir de la Inquisición. En todo caso, el gobernador no pensaba quedarse con los brazos cruzados.

Para evitar la deserción de quienes habían llegado en su flota, Pedrarias organizó campañas en todas direcciones sin consultar a Balboa, cuyos métodos censuraba. En esas expediciones, que recorrieron el istmo hasta Nicaragua, tomaron parte "antiguos" como Pizarro y recién llegados como Almagro, Andagoya, Soto y otros que, sin duda, habían combatido en Italia y en África. Fue la época de las *cabalgadas*, que devastaron las ciudades indígenas, llevándose un considerable botín de oro y de esclavos. Los conquistadores aprovecharon el debilitamiento de las jefaturas indígenas, agotadas por las rivalidades que las dividían. Andagoya describe esas incursiones sin complacencia y la severidad de su juicio tiene tanto más peso cuanto que no intenta siquiera disculparse: "En todas estas jornadas nunca procuraron de hacer ajustes de paz ni de poblar: solamente en traer indios y oro al Darién y acabarse allí."[41]

La brutalidad de las cabalgadas impidió que aflorara la curiosidad etnográfica. Andagoya hace una descripción detallada de las tribus de Panamá, donde afloran sus propias preocupaciones. Como buen hijo de Durango, foco de la brujería vasca, se explaya sobre los hechiceros cuna que, según él y a la manera de sus homólogos vascos, se frotaban el cuerpo con ungüento; se les aparecía el diablo en la figura de un hermoso niño con pies de grifo, para que no se espantaran a su vista.[42] Observador sutil y cultivado,

---

[38] Según las propias palabras de Oviedo (1959), t. III, libro XXIX, cap. VIII, p. 234: "e por ocupar la gente en algo, e comenzase la destrucción de la tierra (a que ellos llamaban pacificación e conquista)".

[39] Mellafé (1954), p. 29.

[40] Albornoz (1971), p. 126.

[41] Andagoya (1986), p. 87.

[42] *Ibid.*, pp. 90-91.

Oviedo dedica a los indios de Panamá largos capítulos en que examina los caracteres de esta sociedad, en particular las jerarquías y el régimen de sucesión.

Las particularidades geográficas y etnográficas del istmo imponen formas de conquista diferentes de las que habían predominado en España cuando se dieron las guerras contra los moros. Para empezar, los caballos eran pocos y estaban mal adaptados al terreno. Las crueldades cometidas por los capitanes de Pedrarias, entre ellos el temible Ayoras, provocaron la ruptura de las alianzas con los indios. Los españoles debieron ejercitarse en tácticas nuevas, más próximas la guerrilla que a la guerra abierta. Se apoyaban en la información o la desinformación de sus avanzadas, en espías, y en intérpretes reclutados de preferencia entre las mujeres, así como en el debilitamiento de la autoridad de los caciques, cuyos cautivos y naborías liberaban para ponerlos contra sus amos. Los conquistadores se acostumbraron a cruzar los ríos sin hacer ruido, a irrumpir en las aldeas y a tomar a los indios por sorpresa.[43] Como los guerrilleros, esos conquistadores también se entregaban al pillaje para comer y para aprovisionarse de tejidos de algodón. Más numerosos desde la llegada de Pedrarias, los españoles cuadriculaban el istmo, perturbaban las redes intertribales de alianzas y de intercambios, interrumpían los circuitos y socavaban el prestigio de los caciques, a quienes sistemáticamente tomaban como rehenes, a cambio de oro y perlas. Aterrorizaban a los indios con sus castigos ejemplares o los amenazaban con reducirlos a la esclavitud, con la cuerda al cuello.[44]

El rango, el honor, la cortesía: esos valores honrados en la península ibérica naufragaban, devorados en las hondonadas del Darién, donde todo se permitía. Pedrarias escogió la violencia por encima del contacto con los indígenas. El cronista Oviedo —que retorna a España de 1515 a 1520— nos da sobre este periodo un testimonio implacable, y se pregunta "cómo en tan poco tiempo se extinguieron tantos en la Castilla del Oro", y ofrece la cifra inicial de dos millones.[45] Nos informa así que el conquistador Escudero echó los perros a varios caciques y que el sacerdote que acompañaba la expedición de Gonzalo de Badajoz violó a la mujer de un jefe indígena. La sed de oro embriagaba a los hombres llevándolos hasta la sinrazón.[46]

[43] En un texto redactado en España en 1529, Pizarro describe la manera en que los españoles se procuraban la ayuda de sus servidores: "algunos pobladores de la dicha tierra firme tyenen i han tenydo en su poder algunos indios naborías que han abido o les han seydo dados por los caciques de aquellas partes andando pacificando la tierra, los quales ha bisto este testigo que después que están en poder de los dichos pobladores mansos y domésticos amansan y pacifican los otros yndios que vienen de nuebo y estos mismos son los que descubren los secretos de la tierra e de quien confían mejor que de otro..." Lohman Villena (1986), p. 5.

[44] Véase por ejemplo la relación de las expediciones a París y a Natá organizadas por Gaspar de Espinosa en 1519 en las cuales intervienen Pizarro, Andagoya y Soto, *Colección de documentos inéditos... relativos al descubrimiento... de América y Oceanía* (CDIHAO, 1873), t. XX, pp. 5-119.

[45] Oviedo (1959), t. III, libro XXIX, cap. X, p. 241.

[46] "Sacavanse tantas habas de oro por un cabo o por otro, e avia tanto regocijo y gresca, que pasó mas de media ora que no nos entendíamos los unos a los otros", *Colección de documentos inéditos...* (1873), t. XX, p. 23.

EL CREPÚSCULO DE BALBOA

Pedrarias está animado, en realidad, ante todo por la rivalidad que lo opone a Balboa. Mientras que éste sólo sueña con retornar a su Mar del Sur —Fernando le ha conferido el título de *adelantado* que lo autoriza a proseguir con sus descubrimientos a lo largo de las costas—, el gobernador lo envía a Dabaibe, con la esperanza de que los indios den cuenta de él. La exploración del río Atrato resulta un fracaso pues por toda la región los conquistadores tienen dificultades para conseguir vituallas. Los indios, que temen las incursiones de los cristianos, han abandonado pueblos y cultivos para retirarse al interior de las tierras, y Balboa llega en mal estado a Darién.[47] Desde ahí escribe una carta al rey en la que denuncia la tiranía del gobernador y los efectos nefastos de las incursiones de los nuevos conquistadores.[48] Sin que Pedrarias se entere, envía un amigo a Cuba con el fin de buscar refuerzos. En ese momento el obispo de Darién, para aplacar los ánimos, aconseja a Pedrarias ceder como esposa a Balboa a una de sus hijas que se ha quedado en España, con el ánimo de establecer con él una alianza. Pedrarias actúa como lo habría hecho un cacique, pues sella alianzas con sus hombres distribuyéndoles mujeres. Balboa, Soto, Andagoya y Oviedo, que casaron con sus hijas o sus criadas, gravitaron así en la órbita del gobernador.

Una vez yerno de Pedrarias, Balboa obtiene por fin la autorización para organizar una expedición marítima sobre el mar recién descubierto. El caudillo se dirige, pues, a la costa del Pacífico y construye los navíos indispensables, transportando con sus propias manos maderos hasta el astillero. Duro consigo mismo, lo es más aún con los indios: 500 de ellos perecen en la tarea, obligados a "transportar cables, anclas, aparejos y otros materiales de maniobra a través de montañas y de selvas por senderos muy difíciles interrumpidos por ríos incontables".[49] Además, la madera es atacada por la polilla, y los obreros deben recomenzar varias veces la construcción. Ante esas señales, el astrólogo veneciano Micer Codró, al que una insaciable curiosidad había llevado a aquel infierno, había predicho a Balboa su próximo fin.[50]

En Darién, una red de intrigas se cierra en torno de Balboa. Obligado a comparecer ante el gobernador, el caudillo es interceptado por un hombre de Pedrarias, que lo lleva preso a Acla. Ese hombre[51] no es otro que el ca-

[47] Navarrete (1955), p. 227: "porque los indios están muy recelosos de los cristianos y labran poco, porque no están de asiento con el miedo que tienen".
[48] "Porque de verdad certifico a V.M. que ha acaecido en partes venir los caciques con oro de presentes, y traer una vez o dos o tres oro a los capitanes y traerles de comer y mandar por otra parte adonde tenían las mujeres y naborías, y su oro y robárselo todo, y sin ninguna conciencia herrarlos por esclavos", Navarrete (1955), "Carta de 1515", p. 225.
[49] Oviedo (1959), t. III, libro XXIX, cap. XII, p. 254.
[50] Albornoz (1971), p. 105.
[51] Lockhart (1972), p. 142, afirma que en cierta manera el descubrimiento y la conquista de Perú recayeron en Pizarro por la muerte de Balboa. A menudo el que capturaba a un criminal era recompensado con la encomienda, la propiedad o el mando del que había caído preso.

pitán Pizarro, su compañero de poco antes. En el mes de enero de 1519, Balboa, acusado de insubordinación, es condenado a muerte y decapitado con cuatro de sus fieles compañeros; su cabeza es levantada en el extremo de una pica y queda expuesta, como escarmiento, durante varios días. Desde el interior de una casa situada a algunos pasos del sitio de la ejecución, Pedrarias observó a través de las rendijas de la pared cómo cortaban el cuello a esos hombres, uno tras otro, como ovejas en un matadero.[52] Feroz detractor de Pedrarias, Oviedo no puede dejar de reconocer en esta ejecución el castigo de Dios para los asesinos de Nicuesa.

LA RUTA DE LAS ESPECIAS

Una nueva etapa en la conquista del Nuevo Mundo se inaugura en 1519. Un mes después de la ejecución de Balboa, la flota de Cortés se hace a la vela rumbo a Yucatán, con el destino que conocemos. Pedrarias funda sobre la costa del Pacífico la ciudad de Panamá, que debe servir de base a los viajes de exploración del Mar del Sur según el proyecto de Balboa. Gaspar de Espinosa —a la cabeza de una expedición en la que participan Pizarro, Andagoya y Soto— llega a Costa Rica, en las márgenes meridionales de Mesoamérica. Por fin, el 20 de septiembre, Hernando de Magallanes, con una flota de cinco navíos, zarpa de Sanlúcar de Barrameda en Andalucía, con el propósito de encontrar el paso marítimo entre los dos océanos.

Todos recordamos la importancia del comercio de las especias para la economía occidental en el siglo XV. Desde los viajes de Vasco da Gama, los portugueses recorrían el Océano Índico. En 1511, año en que Balboa se hacía el amo del Darién, aquéllos establecieron una factoría en Malaca. Al oriente de tal punto se extendía una región desconocida llena de archipiélagos, de donde provenían todas las especias transportadas por los marinos y las caravanas: el clavo, la pimienta y la nuez moscada. Tal es la célebre y mítica *Especiería* o país de las especias, que engloba las Célebes, el archipiélago de la Sonda, Sumatra, así como el "Maluco", es decir, las Molucas: las islas de Ternate, Tidore, Motir, Makian, Bacán y Halmahera. Borneo junto con China, Japón y el archipiélago de las Filipinas constituían otro conjunto, el de los "países del Este".[53]

Al cabo de poco tiempo, el portugués Antonio de Abreu llega a las Molucas (archipiélago de la actual Indonesia), al precio de un conflicto jurídico entre España y Portugal. En efecto, si se prolongaba teóricamente la línea de Tordesillas de polo a polo, dividiendo así el globo terrestre en dos hemisferios, las Molucas debían corresponder a España según las estimaciones de Ptolomeo —por lo demás, falsas—. En medio de esas polémicas llegó a Europa la noticia del descubrimiento de Balboa. Informada al punto de la existencia del Mar del Sur, la Corona de Castilla reaccionó organizando

---

[52] Oviedo (1959), t. III, libro XXIX, cap. XII, p. 256: "E desde una casa, que estaba diez o doce pasos donde los degollaban (como carneros, uno a par de otro) estaba Pedrarias mirándolos por entre las cañas de la pared de la casa o buhío."
[53] Parry (1974), p. 278.

una expedición al mando del portugués Juan Díaz de Solís para localizar, a lo largo de las costas atlánticas, el pasaje que permitiría alcanzar las Molucas sin violar el espacio marítimo de Portugal.

Solís, como Colón y Vespucio, era uno de tantos extranjeros al servicio de Castilla, un *"condottiere* del mar" con mala fortuna.[54] Después de haber navegado a lo largo de la costa sur de Brasil, penetró en el Río de la Plata creyendo haber alcanzado el paso que buscaba. Grande fue la decepción cuando los marinos probaron las aguas y notaron que no eran saladas. Pero el peso de las ilusiones triunfó sobre el realismo, y el estuario recibió el nombre de Mar Dulce o Mar de Solís, según ciertas fuentes. Para colmo de infortunios, Solís y 60 de sus compañeros encontraron la muerte en una playa cercana a la actual ciudad de Montevideo, que hoy lleva el nombre del navegante, bajo las flechas de los indios guaraníes, y posteriormente fueron devorados por estos antropófagos. Uno de los navíos se hundió frente a Santa Catarina y tres de los náufragos vivieron durante años entre los indios, a los cuales oyeron hablar de un país remoto, situado al occidente, donde abundaba el oro.

Los otros miembros de la tripulación de Solís volvieron a España y dieron algunos informes sobre las comarcas australes. El bachiller Enciso, que había vuelto por esa época a Europa y mantenía comunicación cotidiana con Pedro Mártir, incluyó esos informes en el tratado de geografía que redactaba y que debía servir de guía a las expediciones españolas hacia el país de las especias. La *Suma de Geografía* fue publicada en Sevilla en 1519, pocos meses antes de la llegada a Andalucía del portugués Hernando de Magallanes que, siguiendo el procedimiento corriente en el siglo xv de *desnaturamiento*, se puso al servicio del rey Carlos.[55]

LA EXPEDICIÓN DE MAGALLANES

Familiarizado con la geografía antigua, Magallanes sabía, por haber leído a Eratóstenes y a Estrabón, que los continentes no eran sino islas gigantescas. Bartolomeu Dias había demostrado la exactitud de esas concepciones al dar la vuelta al África. Por tanto, a Magallanes le pareció lógico navegar a lo largo de las Indias nuevas hacia el sur hasta que apareciera el paso al Otro Mar.[56]

[54] La expresión es de Parry (1974), p. 281.

[55] Si es verdad que Enciso utilizó informaciones aportadas por los viajeros portugueses sobre Malasia, su obra siguió siendo tributaria de mapas más antiguos que trataban de reconciliar la geografía ptolemaica con las descripciones de Marco Polo. Sin contar con que en la medida de las distancias se aprecia el deseo de ensanchar la esfera de influencia española en detrimento de la de Portugal. La famosa Taprobana es identificada aquí con Sumatra, siguiendo el mapa de Contarini de 1506. Antonio Pigafetta, que toma parte en la expedición de Magallanes, confirma esta identificación. El tratado del bachiller Enciso fue traducido casi literalmente por Roger Barlow, mercader de Bristol establecido en Sevilla que acompañó a Sebastián Caboto a su expedición de 1526 al Río de la Plata y al Paraguay. Véase Barlow, (1932); Introducción de E. G. Taylor, I-LVI; Caro Baroja (1968), p. 94, cita a propósito de Magallanes un comentario de la época: *"Nao se contentando, se desnaturou do Reino, tomando disso instrumentos públicos e se foi a Castela servir el rei don Carlos."*

[56] Gil (1989), t. II, p. 16.

Había adquirido una sólida experiencia de los mares asiáticos pues había ido a Malaca con sus compatriotas. Parecía ser la persona idónea para mandar esta expedición, cuyo promotor era Cristóbal de Haro, un mercader de origen converso establecido en Amberes y agente de los Fúcar. La visión comercial del converso impresionó favorablemente al obispo Rodríguez de Fonseca, quien acordó el apoyo oficial.[57]

La flota de Magallanes contó con cinco naves. La tripulación, cosmopolita, estaba constituida por 237 hombres —no había ninguna mujer a bordo—, europeos de varias naciones, algunos negros y dos malayos, esclavos del comandante, que debían servir de intérpretes en el país de las especias. Entre los europeos eran los españoles, desde luego, los más numerosos. Contaban con un fuerte contingente de vascos, entre ellos Sebastián Elcano, navegante experimentado que había sido un tanto corsario antes de lanzarse a esta aventura, así como marinos andaluces de Moguer. También se habían reclutado genoveses, sicilianos, portugueses, flamencos, alemanes, griegos y hasta franceses, entre ellos un lorenés llamado Maître Jacques, otro originario de Malinas, un normando de oficio carpintero, un bretón de Croisic, un marino de La Rochelle y un gascón.[58] Añadamos un lombardo, Antonio Pigafetta, que trataba de satisfacer su curiosidad intelectual, ya que "navegando sobre el océano se observan cosas admirables". Resolvió comprobar con sus propios ojos los rumores que corrían sobre las Molucas.[59] Solicitó, pues, la autorización del rey Carlos, y se embarcó con aquellos marinos experimentados, con un destino más que incierto. De hecho, Pigafetta se libró de todos los males que diezmaron a la tripulación y fue uno de los pocos que completaron la vuelta al mundo con Elcano. A su regreso a Europa, en 1522, redactó una admirable crónica, *Primo viaggio intorno al Mondo*, que dedicó a Philippe de Villiers de l'Isle-Adam, gran maestre de Rodas.

El viaje fue perturbado, desde el principio, por un clima de desconfianza que indispuso a los españoles contra su comandante portugués. En efecto, el rey Carlos había nombrado a Juan de Cartagena *conjunta persona* de Magallanes, según un principio burocrático bastante habitual, que consistía en colocar a dos personas en un mismo cargo a fin de que se vigilasen una a otra. Pero Magallanes no era hombre que aceptara lecciones de aquel a quien consideraba como su subordinado. Después de muchas dificultades, le dio la orden de obedecerle sin pedir explicaciones, "como estaban obligados de día por la bandera y de noche por el farol y no pidiesen más cuenta".[60] Al negarse Cartagena, fue puesto en el cepo. La flota soportó algunas tempestades en el Atlántico. En varias ocasiones, los marinos notaron en la extremidad de los mástiles unas luces que iluminaron durante horas la noche equinoccial, reconfortando a los navegantes. La gente de mar creía que esas chispas, debidas a la electricidad atmosférica, eran las

57 Parry (1974), pp. 281-285.
58 Navarrete (1955), p. 421.
59 Pigafetta (1888), pp. 417-418.
60 Navarrete (1955), p. 430.

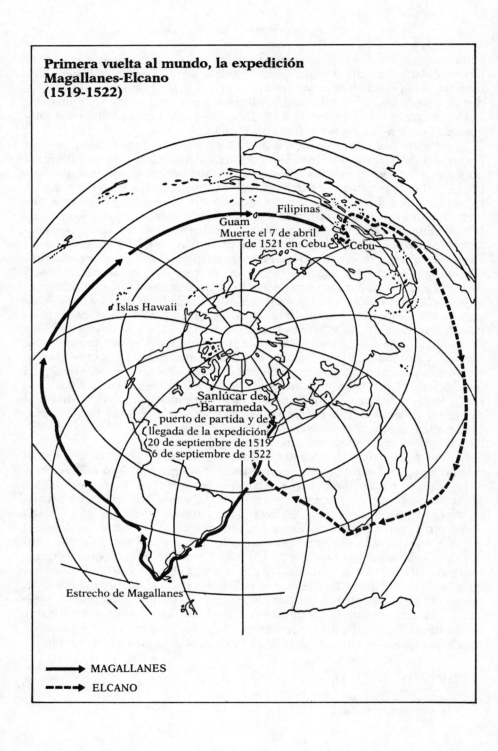

Primera vuelta al mundo, la expedición Magallanes-Elcano (1519-1522)

Filipinas

Guam
Muerte el 7 de abril
de 1521 en Cebu · Cebu

Islas Hawaii

Sanlúcar de
Barrameda
puerto de partida y de
llegada de la expedición
20 de septiembre de 1519
6 de septiembre de 1522

Estrecho de Magallanes

→ MAGALLANES

- - -→ ELCANO

manifestaciones luminosas del cuerpo de San Telmo, protector de los marinos.[61] Del otro lado del Atlántico, los navíos descubrieron la soberbia bahía de Río de Janeiro, en que habitaban unos indígenas crédulos y hospitalarios: "el instinto natural, su única ley".[62] Su permanencia en ese lugar parece haber sido apacible. Al cabo de algunas semanas, los navíos volvieron a zarpar, llevándose a bordo a varios brasileños. Llegados al cabo Santa María, que marca el comienzo del estuario del Río de la Plata, un indígena en su piragua alcanzó con toda confianza la nave capitana. El hombre estaba vestido con una piel de animal; Magallanes le ofreció una camisa de tela. El portugués le mostró entonces una taza de plata, y el salvaje se la colocó sobre una de las tetillas.[63] El extraño visitante partió, y luego la expedición continuó su ruta. Frente a la actual Punta del Este, los navíos descubrieron una isla habitada por focas, *Isla de los Lobos*, que maravilló al lombardo Pigafetta. De nuevo estalló una tempestad, y los fuegos de San Telmo, de San Nicolás y de Santa Clara cintilaron sobre la punta de los mástiles.

Magallanes no quiso detenerse ante las costas del mar de Solís, para evitar los ataques de los caníbales. Sabía que aquella vía de agua no tenía salida y que habría que buscar el estrecho más al sur, así tuviera que navegar hasta el paralelo 75, "donde jamás hay noche en verano", en realidad, la latitud de la Antártida. Más allá del inmenso estuario, la flota se aventuró sobre un mar desconocido, navegando a lo largo de una costa desolada donde no había ningún alma. El descenso hacia el sur también fue un avance hacia los orígenes del mundo, al fondo de una época remota en el espacio y en el tiempo en que el paisaje y las sociedades estaban aún en estado embrionario: esto es lo que puede leerse en el relato de Pigafetta. En el calor de los trópicos, la temperatura se había vuelto cada vez más ruda: avanzaban hacia el invierno austral; el viento, temible en esas comarcas, no los abandonaba. Tocaban playas solitarias, alimentándose ahí de conchas, buscando una caza prácticamente inexistente, procurándose con grandes trabajos algo para encender fuego, y avanzaron así, durante dos meses, a lo largo de aquella costa monótona e inhóspita.

"Un día en que menos lo esperábamos se nos presentó un hombre de estatura gigantesca. Estaba en la playa casi desnudo, cantando y danzando al mismo tiempo y echándose arena en la cabeza." El salvaje era más alto, por varias cabezas, que los enclenques europeos. Por única vestimenta llevaba una capa de piel de guanaco, cuadrúpedo que los miembros de la expedición observaron por primera vez en esos llanos, varios años antes del descubrimiento de las llamas de los Andes. Los marinos, habituados hasta entonces a tratar con colectividades, se sintieron desconcertados ante aquel individuo surgido de la nada. Magallanes, según la costumbre, le ofreció

---

[61] Pigafetta (1888), t. II, p. 422: "En una noche muy oscura, se nos apareció como una bella antorcha en la punta del palo mayor, donde se detuvo dos horas, lo que nos servía de gran consuelo en medio de la tempestad. En el momento en que desapareció despidió tan grande claridad que quedamos deslumbrados [...] Nos creímos perdidos, pero el viento cesó en ese mismo momento."

[62] Pigafetta (1887), pp. 423-425.

[63] Navarrete (1955), p. 432.

de comer y de beber, luego le tendió un espejo de acero cuyo reflejo lo espantó, haciéndole dar un salto atrás. A ello siguieron otros regalos. Tras esos preliminares, un pequeño grupo de salvajes apareció en las playas y se puso a ejecutar cantos y danzas, levantando el índice al cielo; las mujeres, cargadas de cosas, como bestias, transportaban los envoltorios y los abrigos pues aquellos seres, tan desprovistos, no tenían casa. Se atiborraban de carne cruda y de raíces. Su voracidad era insaciable. Para estupefacción de los europeos, devoraron los ratones del barco sin quitarles siquiera la piel.

En vista de su corpulencia y de las huellas que sus pies envueltos en pieles dejaban sobre la nieve, Magallanes dio a esos cazadores aoni-ken el nombre de *patagones*.[64] Tal era el primer pueblo nómada y primitivo que los europeos descubrían en el Nuevo Mundo; en otras partes, por doquier, marinos y conquistadores se habían encontrado ante tribus enteras. Considerándose investido de una misión evangélica, Magallanes bautizó a uno de esos gigantes de voz cavernosa, que así se convirtió en Juan Gigante. Pero había que llevar a España una muestra de aquella extraña "raza"; recurriendo a un truco habitual en el mar de Guinea, invitó a subir a bordo a algunos patagones, les mostró unos hierros —metal muy apreciado por todos los indígenas— y "les propuso ponérselos en las piernas a fin de que les fuera más fácil llevárselos [...] Tan pronto como notaron la superchería, se pusieron furiosos, soplando, aullando e invocando a Setebos, que es su demonio principal que viniese a socorrerles".[65]

La expedición había establecido contacto con los patagones en San Julián, uno de los escasos puertos naturales de la costa. Ahí, los europeos se quedaron durante cinco meses hibernando, antes de reanudar su navegación hacia el Sur. Partieron en septiembre, después de que Magallanes hubo sofocado un motín, cuyos cabecillas fueron decapitados. Cartagena fue abandonado en San Julián, en compañía de un sacerdote, su cómplice, con un saco de bizcochos y un poco de vino. Cerca de San Julián, la nave *Santiago* descubrió el río de Santa Cruz, pero se estrelló contra las rocas. La tripulación tuvo que permanecer dos meses en esos lugares para recoger los restos de las mercancías y los pecios que las olas arrojaban a la playa. Hubo que avituallarlos por tierra, a través de una landa llena de zarzas y de arbustos, rompiendo bloques de hielo para obtener agua. Por la noche, el brillo de la constelación de la Cruz del Sur, que Pigafetta no había visto nunca, calmaba los nervios, puestos de punta por el continuo ulular del viento.[66]

El 21 de octubre de 1520 los cuatro navíos restantes llegaron a la vista del estrecho que se abría más allá de un promontorio, bautizado como cabo de las Once Mil Vírgenes. En el interior de ese canal natural, la difícil ruta se dividió en un laberinto de canales secundarios y de islotes, domina-

[64] De "pata". Pigafetta (1888), p. 432. "Careciendo de morada fija pero yendo, como los bohemios, a establecerse ya en un sitio ya en otro. Se alimentan de carne cruda y de una raíz dulce [...] Son grandes comedores [...] Devoraban los ratones crudos y aun con piel. Nuestro capitán dió a este pueblo el nombre de patagones."
[65] *Ibid.*, p. 430.
[66] *Ibid.*, p. 433.

dos por los picos nevados de los últimos contrafuertes andinos. Una vez más, Magallanes fue abandonado por una parte de su tripulación. Esta vez, el navío que regresó fue el *San Antonio*, que volvió a España después de haber recogido en San Julián a los dos proscritos, así como a un patagón que murió de calor a la altura del ecuador. Mientras soplaba una terrible borrasca que duró 36 horas, los marinos descubrieron unas columnas de humo en la costa sur y por un momento creyeron que eran las señales de sus compañeros, extraviados en la noche.[67] En realidad esos fuegos revelaban —pero los europeos no lo sabían— la presencia de un campamento de Hausch, o bien, ¿quién sabe?, la de un grupo de iniciados, *kloketen*, pueblo llegado de los orígenes del mundo, que la inclemencia del clima protegería durante algún tiempo contra la invasión. Esas luces vistas por la noche valieron a la comarca el nombre de Tierra del Fuego. El extremo del mundo, en que este libro comenzó, acababa de recibir su nombre.

LA TRAVESÍA DEL PACÍFICO

El 28 de noviembre de 1520, después de haber rodeado el cabo Deseado, los tres navíos salieron por fin del estrecho. Ante ellos se extendía un océano de aguas tranquilas, al que llamaron Pacífico.[68] Aún les faltaba rodear las Molucas, cuya latitud era conocida. Los marinos contaban con encontrar unos islotes para asegurarse el avituallamiento. En realidad el Pacífico sur no era más que un desierto de agua, salpicado a veces por tierras rocosas y volcánicas que no les sirvieron de nada. Sin embargo, no podía pensarse siquiera en dar marcha atrás. ¿No había declarado Magallanes que no se detendrían sino cuando hubiesen alcanzado lo que habían prometido al emperador, así tuviesen que comerse el cuero que recubría las entenas?[69] Después del frío y el viento de la Patagonia, los españoles se enfrentaron al hambre y el escorbuto. Las galletas habían quedado reducidas a un polvo en que pululaban los gorgojos, con olor de orina de ratas. De las aguas podridas subía un hedor insoportable. En aquel universo en que sólo contaba la lucha por la vida, todo se trocaba y se negociaba. Ya no podía haber generosidad, y hasta se recogía el aserrín o las ratas, que los más diestros cazaban en la nave para alimentarse —como habían visto hacerlo a los patagones— y venderlas a los más desprovistos.[70] Muchos padecían de escorbuto, del que murieron 19 hombres, entre ellos un guaraní de Brasil y un gigantesco patagón.

[67] "Al divisar humo en tierra conjeturamos que los que habían tenido la fortuna de salvarse habían encendido fuegos para anunciarnos que aún vivían después del naufragio", *ibid.*, p. 435.

[68] "Se halló en una mar oscura y gruesa que era indicio de gran golfo; pero después lo nombraron mar Pacífico, porque en todo el tiempo que navegaron por él no tuvieron tempestad alguna", Navarrete (1955), pp. 440-441.

[69] *Ibid.*, (1955), p. 437: "que aunque supiese comer los cueros de las vacas con que las entenas iban forradas, había de pasar adelante y descubrir lo que había prometido al Emperador".

[70] Pigafetta (1888), p. 438: "A menudo aún estábamos reducidos a alimentarnos de aserrín y hasta las ratas, tan repelentes para el hombre, habían llegado a ser un alimento tan delicado que se pagaba medio ducado por cada una."

En el curso de la travesía del estrecho había nacido una amistad entre ese salvaje y Pigafetta, que se dedicó a confeccionar un vocabulario de esta lengua austral, transcribiendo cada sonido que su compañero le dictaba. Éste también hizo una demostración de las técnicas empleadas en su tierra para hacer fuego por frotamiento; en el estado de precariedad en que se encontraban, esta ingeniosa práctica, llegada del principio de los tiempos, podría resultar muy útil. Un día, el patagón sorprendió al lombardo besando la cruz, y le hizo comprender que Setebos entraría en su cuerpo y lo haría estallar.[71] Habituado a alimentarse de las proteínas que le ofrecía la caza de su país, el hombre murió con las encías hinchadas por las carencias alimentarias, en medio de aquellos extranjeros y olvidado por sus espíritus protectores. Toda la tripulación habría sufrido la misma suerte si los vientos del Pacífico no hubiesen sido favorables y empujado esas tres naves con sus esqueléticos marinos —como el navío espectral descrito por Edgar Allan Poe, recorriendo los mares del Sur con su tripulación de fantasmas— hacia las islas Marianas. La soledad de esos espacios era tan impresionante que a su retorno Pigafetta pudo escribir con toda justicia: "si al salir del estrecho hubiéramos querido seguir hacia el oeste, sobre el mismo paralelo, habríamos dado la vuelta al mundo, y sin encontrar tierra alguna, habríamos regresado por el Cabo Deseado al de las Once Mil Vírgenes".[72] Extraordinaria experiencia en que la lógica del hombre del Renacimiento llevada hasta el absurdo suscita el sentimiento vertiginoso de recorrer el vacío de los confines del mundo.

Habían navegado tres meses por el Pacífico cuando alcanzaron las Islas Marianas, habitadas por un pueblo de marinos cuyas barcas parecieron a Pigafetta "canoas semejantes a las góndolas de Fusino, cerca de Venecia, pero son más angostas y pintadas de negro, blanco o rojo". Cuando los europeos acostaron con la intención de recuperar de los indígenas un esquife que les habían robado, los enfermos les pidieron llevarles los intestinos de los que mataran, pues esperaban recuperar la salud devorándolos.[73]

Después de las Marianas, Magallanes llegó al archipiélago de San Lázaro (las futuras Filipinas); en la isla de Mindanao fueron recibidos por el *rajá*, con el cual se comunicaron fácilmente por medio del esclavo malayo del comandante. Los contactos fueron satisfactorios, pues las armas de los europeos asombraron e impresionaron a los insulares. Gracias al intérprete, el *rajá* supo por boca de Magallanes de la existencia de un continente situado entre dos mares, unidos por un estrecho que el portugués acababa de descubrir. Extraña conversación en que, en pocas palabras, las

[71] "A lo que estaba tan acostumbrado que apenas me veía tomar el papel y la pluma cuando venía a decirme el nombre de los objetos que tenía delante de mí y el de las maniobras que veía hacer. Entre otras nos enseñó la manera con que se encendía fuego en su país, esto es frotando un pedazo de palo puntiagudo contra otro [...] Un día que le mostraba la cruz y yo la besaba, me dió a entender por señas que Setebos me entraría al cuerpo y me haría reventar", *ibid.*, p. 438.

[72] *Ibid.*, p. 439.

[73] *Ibid.*, pp. 441-442: "Al tiempo de bajar a tierra para castigar a los isleños nuestros enfermos nos pidieron que si alguno de los habitantes era muerto, les llevásemos los intestinos porque estaban persuadidos que comiéndoselos habían de sanar en poco tiempo."

ideas espaciales de este sultán musulmán quedaron hechas pedazos. El *rajá*, "el hombre más bello que he visto en estos pueblos", escribe Pigafetta,[74] organizó banquetes que permitieron a los marinos volver a ponerse en pie; hasta aceptó dejarse bautizar. Magallanes insistió en que destruyesen sus "ídolos", olvidando que no estaba en situación de imponer su voluntad. En Mactan, un sultán rival se resistió a las solicitudes de los extranjeros y, en el curso de un ataque, Magallanes cayó víctima de una flecha envenenada el 27 de abril de 1521. Su cadáver fue guardado como trofeo por los nativos, y sus compañeros lograron recuperarlo solamente trocándolo por mercancías.[75]

La situación se deterioró más cuando el *rajá* que se había hecho cristiano, por instigación del intérprete malayo que se sintió libre después de la muerte de su amo, les tendió una emboscada y, so pretexto de un banquete, mató a 24 hombres entre los cuales había un astrólogo sevillano. Pigafetta, que se había quedado a bordo curando sus heridas recibidas en Mactan, se libró por ello de la matanza.[76]

De Cebú, los sobrevivientes de la expedición partieron hacia las Molucas, cumpliendo así con el tratado concluido con el emperador. La flota ya sólo se componía de dos naves; la tercera, la *Concepción*, demasiado averiada para soportar la travesía, fue quemada para que los isleños no pudiesen servirse de ella. Cuando los españoles llegaron a este archipiélago de Indonesia, comprobaron que la presencia de los portugueses no se limitaba a algunos contactos esporádicos; el país de las especias, en que la imaginería europea veía la quintaesencia del exotismo, ya era un área de mestizaje. En Tidori repararon uno de los navíos, la *Trinidad*, que ya no era más que un cascarón, para hacerle seguir por el Pacífico la ruta del Darién de Pedrarias. Pero pronto fue revisado por los portugueses. Temiendo afrontar de nuevo los rigores del mar y los horrores del escorbuto, algunos de los sobrevivientes decidieron instalarse en las Molucas. Sólo la *Victoria*, al mando de Sebastián Elcano, volvió a España después de haberse llevado un cargamento de especias, para cubrir los gastos del viaje. Habiendo llegado a Cabo Verde, casi al término de su periplo, los marinos descubrieron con asombro —como lo hará varios siglos después Phileas Fogg— que llevaban un día de avance sobre sus cálculos.[77] La nave penetró en el puerto de Sanlúcar en septiembre de 1522 con 18 sobrevivientes.

Elcano es, pues, el primer europeo que efectúa la circunnavegación del

[74] *Ibid.*, p. 450.

[75] *Ibid.*, p. 474: "respondieron que nada podría obligarlos a deshacerse de un hombre tal como nuestro jefe, que querían conservar como un monumento de la victoria alcanzada sobre nosotros".

[76] *Ibid.*, p. 475. Pigafetta narra la historia de Juan Serrano, uno de los 24 hombres que habían sido víctimas de la emboscada, y quien fue atado a un poste sobre la playa e imploraba a sus compañeros que se habían quedado en el navío para que no tiraran más y lo rescataran. Su propio compadre, Juan Carvallo, que se hizo cargo del puesto de comandante a la muerte de Magallanes, permaneció insensible a sus súplicas y dio la orden de levar anclas.

[77] *Ibid.*, p. 523: "hicimos preguntar en tierra que qué día de la semana era. Se nos respondió que era jueves, lo que nos sorprendió, porque según nuestros diarios sólo estábamos en miércoles [...] Después supimos que no existía error en nuestro cálculo, porque navegando siempre hacia el oeste, siguiendo el curso del sol y habiendo regresado al mismo punto, debíamos ganar veinticuatro horas sobre los que permanecían en el mismo sitio".

globo, al precio de enormes sacrificios.[78] La imagen del mundo se había transformado así y esta imagen, como la de América, era occidental. Vuelta al mundo, descubrimiento y conquista de México, los años 1519-1522 son tiempos de una prodigiosa aceleración que decuplica los conocimientos. De momento, la hazaña de Magallanes y de Elcano abre los espacios pacíficos a la codicia española. Y por último, hace posible el sueño de Colón, de llegar al Asia. Pero el Nuevo Mundo ya era demasiado viejo para no ser más que una etapa en la ruta de las especias.

[78] Da la vuelta al mundo por segunda vez en 1525, a la cabeza de una flota de siete navíos; descubre el Cabo de Hornos, vuelve a pasar por el estrecho y muere en algún lugar del Pacífico, víctima del escorbuto.

XII. LA RUTA DE LOS MANGLARES

¿Crees, Dios, que porque esté lloviendo no voy a llegar a
Perú y destruir el mundo?

Frase atribuida por Toribio de Ortiguera al conquistador
Lope de Aguirre

A COMIENZOS del decenio de 1520 la región de Panamá parece languidecer.
Los indios, antaño tan numerosos en esta comarca, se han reducido de manera dramática.[1] La costa atlántica no está en mejores condiciones. En
Nombre de Dios ha sido diezmado por las enfermedades un pueblo llegado
de Honduras y que habla una lengua "diferente"; los malos tratos hacen el
resto. A fuerza de repetirse, la reducción del número de hombres se vuelve
tan habitual que se la menciona de paso, como un acontecimiento cualquiera que, en el curso de esos años, pierde importancia ante el escándalo
de las comunidades de Castilla, los cañones de los turcos contra Rodas, la
caída de la ciudad de México o la vuelta al mundo de Magallanes.[2]

En Santa María, las actividades declinan desde la fundación de Panamá
en 1519. "A causa de las comunidades e alteraciones que habían en España en aquel tiempo, muchos meses pasaron que no iban navíos al Darién."[3]

Por doquier reina la desolación, y el cronista que ha vuelto a la Tierra
Firme con su familia en 1520 capta el triste espectáculo de este pueblo
tropical, tanto más cuanto que su hijo de ocho años murió víctima de una
enfermedad poco después de su llegada y, algún tiempo después, su mujer
sucumbió a las fiebres. La campaña que ha emprendido en la corte contra
Pedrarias le ha valido recibir una cuchillada de un agresor misterioso. Empero, esas desdichas personales no le impiden consagrarse durante un tiempo al comercio de perlas antes de irse definitivamente de la ciudad, en 1524,
rumbo a las Antillas.

LOS RUMORES DEL BIRÚ

Al borde del Mar del Sur, gozando de un clima agradable, la recién fundada ciudad de Panamá atrae a los colonos. Diego de Almagro, al que hemos
visto desembarcar en la Tierra Firme en el séquito de Pedrarias, se ha instalado ahí con sus cerdos y sus vacas llevados del Darién. Acaba de tener

---

[1] Andagoya (1986), p. 96: "en breve tiempo no quedó señor ni indio en toda la tierra".

[2] *Ibid.*, p. 97: "En este Nombre de Dios había cierta gente que se decían los chuchurs, gente
de lengua extraña [...] vinieron a poblar allí en canoas, por la mar, de hacia Honduras, y como
la tierra era montuosa y enferma, se disminuyeron [...] y destos pocos no quedó ninguno con
el tratamiento que se les hizo después de poblado el Nombre de Dios."

[3] Oviedo (1959), t. III, libro XXIX, cap. XV, p. 271.

un hijo de una india del norte del istmo, y escogió como padrinos a Pizarro y a Sebastián de Benalcázar.[4] El niño, muy ligado para siempre a su padre, pasará a la posteridad con el nombre de "Almagro el Mozo, mestizo y el primer hombre nascido en la tierra que alzó bandera contra su rey y señor natural".[5] Pizarro, el viejo compañero de Balboa, se ha establecido en Panamá con todos los derechos de un residente, es decir, de un *vecino*, condición que Pedrarias ha dado a los primeros habitantes. Como Almagro, a quien le une una estrecha amistad nacida de sus experiencias comunes en el curso de la expedición de Natá, al oeste del golfo de San Miguel, el extremeño es medianamente rico; goza de una condición honorable, y es miembro del concejo municipal de la villa e inspector de encomiendas.[6]

Las crónicas de la época no han retenido más que esos rasgos formales, estereotipados, de conquistador ejemplar. Y sin embargo Pizarro se aparta del modelo peninsular pues es un hombre de las Indias: él y sus portavoces gustan de invocar su amor al Nuevo Mundo. Probablemente ya ha roto sus lazos con una España donde no hay lugar para él y a la que sólo retornará una vez, con objeto de solicitar una capitulación del emperador. Aunque de carácter fuerte, diferente del de Balboa —al menos a juzgar por los escasos indicios de que disponemos—, sin duda también él se ha indianizado, adoptando hábitos indígenas como el consumo del tabaco y el de las bebidas fermentadas. Él y Almagro poseen la casi totalidad de los indígenas de la isla de Taboga, en el Pacífico.

En Panamá se instala igualmente el padre Hernando de Luque quien, al parecer, fue el protector de Almagro en España. Este sacerdote, a quien las fuentes informativas describen como hombre afable y benévolo, es maestro de escuela y miembro del consejo del gobernador en calidad de procurador de los caciques y de los indios. Su cordialidad le vale la estima de los españoles, reforzada por el bienestar que le asegura una encomienda de 70 indios.[7] En torno de esas figuras y de esas instituciones, la vida transcurre en las rutinas cotidianas. Al lado de la prodigiosa aventura de Cortés y de los esplendores amplificados de México, los conquistadores y las jefaturas del istmo palidecen. ¿Tienen los hombres de Pedrarias la sensación de que el porvenir quedó ya detrás de ellos y que tendrán que contentarse con un destino mediocre? ¿O se dejarán arrastrar por el nomadismo de los descubridores y de los conquistadores?

Y he aquí que un conquistador convertido en inspector de indios, Pascual de Andagoya, sale de Panamá en 1522 para navegar a lo largo del golfo de San Miguel hacia el oriente, hasta Chochama, pequeña jefatura del Pacífico. Al desembarcar ahí, los indígenas le informan de sus inquietudes. En las noches de luna llena, las piraguas de la gente del Birú llegan hasta sus playas para atacarlos. Su temor es tan grande que ya no se atreven a aventurarse sobre la mar para ir de pesca. Andagoya, atento como todos los conquistadores a los rumores que corren sobre comarcas inexploradas,

[4] Lockhart (1972), p. 122; Mena García (1984).
[5] Gutiérrez de Santa Clara (1963), t. II, libro II, p. 336.
[6] Lockhart (1972), p. 142.
[7] Mellafé (1954), pp. 33-37.

interroga a unos mercaderes indígenas que suelen recorrer el litoral del Pacífico, quienes le informan de la existencia de una multitud de pueblos que viven más al sur. El señor de Chochama acepta llevarlo hasta allí —para él es una manera de adquirir prestigio, pues para los indígenas el saber se obtiene por medio de viajes, reales o simbólicos—, y todos parten en piragua en pos de ese Birú de contornos imprecisos, situado más allá del golfo de San Miguel. Tras esa toponimia se perfila en el espíritu del conquistador la imagen de una comarca en que el oro corre a raudales. Tal es la razón de que se dé ese nombre al inmenso imperio de los incas, llamado impropiamente Perú, o *Pirú*, según la grafía de la época.

El viaje de Andagoya estuvo a punto de frustrarse, pues en la orilla meridional del golfo de San Miguel, el conquistador cayó al agua y estuvo a punto de ahogarse. Debió su salvación al cacique: anécdota reveladora de las relaciones de amistad y de confianza recíprocas que algunos conquistadores habían podido establecer con las autoridades indígenas. Andagoya volvió enfermo a Panamá y nunca se recuperó por completo; sus piernas se negaban a transportarlo y ya no podía sostenerse a caballo. Pedrarias le rogó entonces dejar a Pizarro —que se había asociado con Almagro y Luque— la tarea de seguir con la expedición. Andagoya, como gran señor, aceptó, e incluso se negó a que los tres compañeros le reembolsaran lo que había gastado.[8] Por lo demás resulta verosímil que Pizarro y Almagro hayan participado en esta primera expedición del Birú, pues recibieron en encomienda el pueblo de Chicama. Andagoya, instigador del descubrimiento del Perú, no tomó, pues, parte efectiva en esta empresa. Volveremos a encontrarlo en el escenario de la conquista mucho más tarde, en 1540, cuando toma posesión del gobierno de San Juan, en la actual Colombia.

Fue pues un azar, el primero de una larga serie, el que reunió a Pizarro y a Almagro en la aventura del Birú. Pero formar un ejército es una operación de las más difíciles pues la mayoría de los hombres, entre ellos el joven Hernando de Soto, habían partido hacia el norte, hasta Nicaragua. En esta comarca habían encontrado a unos indios que se asemejaban a los que Cortés acababa de vencer, aunque eran mucho menos ricos. Nadie parece tener prisa por embarcarse con destino desconocido a lo largo de manglares que se extienden hasta perderse de vista. Los asociados adquieren uno de los viejos barcos construidos por Balboa, tan dañado que hay que reconstruirlo casi por entero. De los astilleros sale un segundo navío, más pequeño. Todavía falta encontrar un piloto. Pedrarias interviene, con su autoridad de hierro, para conseguir a Bartolomé Ruiz, el más diestro de todos. El 14 de noviembre de 1524, Pizarro sale de Panamá en el navío de Balboa, adelantándose a Almagro y a Bartolomé Ruiz, que aún deberán aguardar tres meses a que esté lista su embarcación.[9]

Es habitual considerar la conquista de Perú como una gesta militar de gran envergadura, que se habría desarrollado siguiendo un plan fríamente calculado. En realidad, el reconocimiento del litoral próximo al golfo de San Miguel fue muy desalentador. Más allá se extendía una costa interminable

[8] Andagoya (1986), pp. 111-112.
[9] Mellafé (1954), pp. 39-40.

que, desde que la noticia de la vuelta al mundo llegó al territorio de Pedrarias, se pensó que se prolongaría hasta el estrecho descubierto por Magallanes. ¿Cuántos pueblos se sucedían desde el Birú hasta el cabo Deseado? ¿Cuántas jornadas interminables separaban a Panamá de la Patagonia? ¿Se lanzaban Pizarro y Almagro en esta expedición a ciegas, o bien disponían de indicaciones más precisas que les hubiese confiado Andagoya? Y, en caso afirmativo, ¿podían tener confianza en los rumores que les llevaban los mercaderes indígenas? La empresa parecía una locura, tanto más cuanto que al norte del istmo, Nicaragua suscitaba esperanzas mejor fundadas. Pero Almagro y Pizarro no tenían opción si querían conquistar la fama, ese renombre universal que salva de la mediocridad. Para estos dos conquistadores, que envejecían ya —se aproximaban a la cincuentena—, la expedición era su última oportunidad. Nicaragua, ese sucedáneo de México donde resonaba el nombre de Hernán Cortés, no ofrecía para ellos el mismo atractivo, y su conquista apenas sería buena para un novicio como Hernando de Soto. Mucho más tendrían que hacer ellos para rivalizar con el vencedor de Moctezuma: una empresa loca a los confines del mundo habitado.

LA ANDANZA

La conquista de Perú es conocida sobre todo en su fase final: la destrucción del Imperio inca y la muerte de su soberano, Atahualpa. Antes de esos acontecimientos, Pizarro y sus hombres pasaron cuatro años de vagabundeo, en el límite de las fuerzas humanas. El hambre, la miseria, la enfermedad y la muerte estuvieron cotidianamente en contacto con ellos, comprometiendo a cada instante la empresa del Mar del Sur. En esta larga deriva, el papel más fácil de organizar los auxilios y de negociar con las autoridades de Panamá recayó en Almagro; a Pizarro, menos hábil para las relaciones públicas, le tocó la suerte de aguardar sobre playas malsanas la llegada incierta de los refuerzos y aplacar el descontento de sus tropas. En esas difíciles condiciones germinaron la desconfianza y la enemistad en el corazón de esos dos hombres hasta entonces tan unidos.

La expedición de Pizarro comprendía 112 hombres, entre ellos algunos indios del istmo. Siguiendo la táctica inaugurada por Espinosa, Pizarro daba la prioridad a un núcleo de combatientes que debían actuar en tierra y no en el mar. El navío transportaba asimismo algunos perros, cuatro caballos y dos piraguas para remontar los ríos: bagaje miserable en conjunto, pero nadie sospechaba las dimensiones del Imperio inca.[10]

¿Quiénes eran esos hombres que partían a la aventura? Los textos de la época no hablan nunca de "soldados", sino de "cristianos", de "españoles", de "gentes a pie o a caballo": casi nunca se emplean los términos infantería o caballería, demasiado técnicos. No se trata, pues, de mercenarios, de hombres a "sueldo" de un señor o de un conquistador, sino de individuos formados en las luchas de guerrillas contra los indios, capaces de hacer frente a

---

[10] *Ibid.* (1954), p. 46.

sus ataques por sorpresa, esa *guazavara* acompañada de gritos estridentes que aterrorizaban a los recién desembarcados de España. Como en otras partes, un abismo separaba a los ya habituados a las Indias, al clima y a las incursiones de saqueo, y a los recién llegados de la península, llamados despectivamente *chapetones* (novatos), que soportaban mal las estrecheces del medio.[11] Para consignar todos los hechos de armas, Pizarro —que era analfabeto— llevó consigo a un escribano público que ya había hecho sus pruebas en Panamá, Francisco de Jerez, llegado con Almagro en la armada de Pedrarias.[12]

Pizarro y sus hombres remontan el río Birú. Tras un avance difícil a través de la selva y de las marismas, penetran en un pueblo en el que descubren maíz apenas suficiente para alimentarse. Luego reanudan la navegación hacia el sur, a lo largo de costas solitarias bañadas por lluvias continuas y muy pobres en animales de caza. Sobre la ribera se alinean algunas aldeas, en las que cuesta trabajo reconocer las descripciones seductoras de Birú que los indios hicieron a Andagoya. Echan anclas en una rada a la que llaman Puerto del Hambre, y por una buena razón: no hay ahí nada que comer. Temiendo lo peor, Pizarro envía a su piloto a Panamá, en busca de refuerzos. Tal es el primero de una serie de viajes de reabastecimiento. La espera dura un mes, durante el cual, relegados a esta "tierra infernal",[13] se alimentan únicamente de hierbas y de ostras. Los que han retornado al navío casi están igual, pues los víveres llegan a escasear y los conquistadores deben contentarse con roer un cuero de vaca ablandado por ebullición.[14]

La obsesión del alimento desplaza a la del oro. Una playa cubierta de cocoteros, unas tierras abandonadas donde aún quedan algunas espigas de maíz, atraen las incursiones de los conquistadores que, desafiando mosquitos y marismas, penetran un poco en el bosque o recorren en barca el manglar. Las tribus ribereñas abandonan sus pesquerías y se retiran al interior de las tierras donde los intrusos, poco numerosos y debilitados, no pueden seguirlas. El desembarque de los refuerzos y de los víveres de Panamá, tanto tiempo esperado, es acogido con una explosión de alegría. Pizarro recibe una galleta y cuatro naranjas que distribuye entre sus compañeros. Modestas vituallas que son saboreadas "como si hovieran comido cada uno un capón".[15] De Puerto del Hambre, vuelven a pasar delante de las aldeas

[11] Cantú (1979), pp. 68-69; Lockhart (1972), pp. 17-42.

[12] Es el texto de Jerez el que nos servirá esencialmente de guía y que completaremos especialmente con los relatos de Pedro Cieza de León, en Cantú (1979), llegado a Perú después de la conquista de Pizarro, y de Pascual de Andagoya. De hecho, esos dos cronistas han recibido informaciones directas de los participantes en la expedición.

[13] La expresión es de Cieza de León: "Y la tierra que tenían delante hera ynfernal porque aun las aves y las vestias huyen de no avitar en ella", en Cantú (1979), p. 130.

[14] Mellafé (1954), p. 48; Jerez (1947), p. 320; Cieza de León, en Cantú (1979), p. 131, nos da la lista completa de esa mísera colación y añade que el cuero hervido iba acompañado de corazones de palma.

[15] *Ibid.*, p. 134: "Piçarro repartió las roscas y quatro naranjas por todos sin comer dellas él mas que cualquiera dellos y tanto esfuerço tomaron como si ovieran comido cada uno un capón".

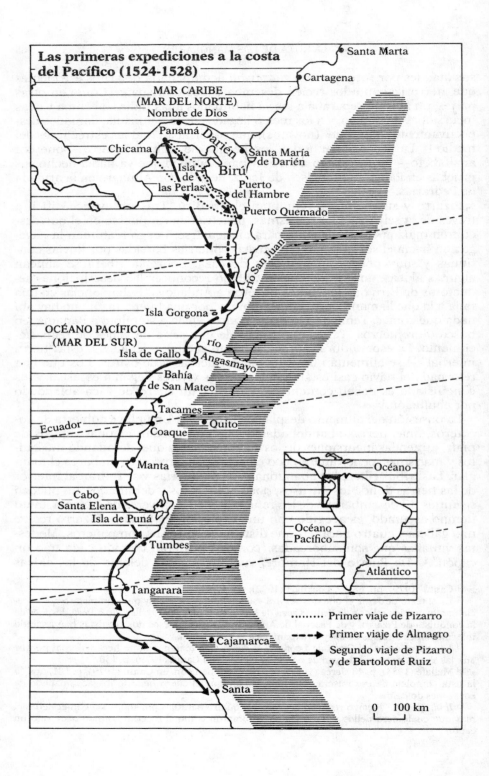

Las primeras expediciones a la costa del Pacífico (1524-1528)

Santa Marta

Cartagena

MAR CARIBE
(MAR DEL NORTE)

Nombre de Dios

Panamá   Darién

Chicama

Isla
de
las Perlas

Santa María
de Darién

Birú

Puerto
del Hambre

Puerto Quemado

río San Juan

Isla Gorgona

OCÉANO PACÍFICO
(MAR DEL SUR)

Isla de Gallo

río
Angasmayo

Bahía
de San Mateo

Tacames

Ecuador

Coaque   Quito

Manta

Cabo
Santa Elena

Isla de Puná

Tumbes

Tangarara

Cajamarca

Santa

Océano

Océano
Pacífico

Atlántico

.... Primer viaje de Pizarro

◄--- Primer viaje de Almagro

◄— Segundo viaje de Pizarro
y de Bartolomé Ruiz

0   100 km

indígenas de la costa, que ahora parecen desiertas.[16] Mientras que los españoles, desde su navío, no ven más que una costa miserable y malsana, los indios, ocultos entre los arbustos, espían sus movimientos y se transmiten las informaciones.[17] Algunas semanas después los conquistadores hacen alto en una rada en la que aún arde el fuego de la roza; le dan el nombre de Puerto Quemado. Tras la cortina vegetal del manglar descubren un claro y una gran aldea sobre una colina, donde al parecer no hay ni un alma. Los conquistadores se precipitan ahí con la esperanza de encontrar víveres y agua. De pronto, los indios salen del bosque y se lanzan sobre ellos, con los rostros pintados de *bixa* roja, cruzada con rayas amarillas: "parecían demonios y daban grandes alaridos a su uso".[18] Los españoles responden el ataque, encomendándose a Santiago. Pizarro apenas logra librarse de la muerte, pero las pérdidas que sufren son considerables.

Extenuados y heridos en su mayoría, los conquistadores vuelven a partir rumbo al istmo. Pizarro y sus compañeros más cercanos desembarcan en Chicama, donde el extremeño tenía un repartimiento. ¿Cómo hacer frente a la cólera de Pedrarias? La expedición, tan costosa, ha sido un fracaso; la mitad de sus hombres han muerto y Pizarro sabe que el gobernador necesita soldados para conquistar Nicaragua, donde espera encontrar enormes riquezas. Furioso por el resultado lamentable de ese viaje, Pedrarias prohíbe a Pizarro volver a la ciudad de Panamá antes de haber pacificado a una tribu ribereña y recogido la cosecha de maíz, pues escasean los víveres. El gobernador también le notifica que le retira los títulos de capitán general y de teniente del gobernador para las expediciones del Mar del Sur.[19]

Entre tanto, a finales del mes de marzo de 1525, Almagro ha salido de Panamá para unirse a Pizarro con unos 60 hombres, entre ellos un esclavo negro y algunos indios. Mismo camino, misma desolación, mismo señuelo: en Puerto Quemado, los hombres, atraídos por el aspecto grato del sitio, desembarcan. Pero los indios, ahora en guardia, los reciben con una lluvia de flechas. Esta escaramuza produce varias decenas de muertos y cuesta un ojo a Almagro. Sin embargo, su determinación no flaquea. Después de atender su herida —"ya no veía como antes"— da la orden de seguir hacia el sur, hasta la embocadura de un gran río, el San Juan, al norte de Buenaventura. Durante esta monótona navegación los españoles obtienen un poco de oro de los indígenas, lo que les permite salvar su empresa de la bancarrota.

Los dos asociados se encuentran en Chicama.[20] Pizarro, agotado por las pruebas sufridas y lleno de deudas, ¿tendrá la intención de renunciar al proyecto? Al menos eso es lo que piensan los partidarios de Almagro, que atribuyen a la tenacidad de este último el éxito de la conquista del Perú. En ese momento, los dos conquistadores y el padre Luque celebran un con-

[16] "Todos los pueblos que habían dejado en la costa halláronlos quemados y los indios alzados e idos la tierra dentro. Parece que en aquellos pueblos sólo se sirven los indios de pesquerías y hacer sal para proveer los otros de la tierra dentro", Sámano-Jerez (1842), p. 201.
[17] Cieza de León, en Cantú (1979), p. 135.
[18] *Ibid.* (1979), p. 138.
[19] Mellafé (1954), p. 50.
[20] *Ibid.*, pp. 53-54.

EL NUEVO MUNDO

trato de "compañía" tras el cual se perfilan los capitales de Gaspar de Espinosa.[21] El documento que nos ha llegado es una falsificación pero, sin duda, se convino un acuerdo entre esos tres hombres. Era. lógico que el título de capitán, con mando militar, recayera exclusivamente en Pizarro. El hombre de Trujillo poseía mucho mayor experiencia de las Indias que su compañero. Además, pese a su condición de bastardo, llevaba el nombre de un viejo linaje de Extremadura, mientras que los orígenes de Almagro eran oscuros. Pero este último tenía talento para los negocios y sabía hablar a la gente: dos cualidades que lo hacían indispensable. Almagro compensaba la grosería de sus modales con un temperamento cálido y generoso; Pizarro, en cambio, era de carácter taciturno, tan seco y reservado como el otro era elocuente y extrovertido.[22] La base financiera provenía de los tres contratantes y, probablemente, también de Pedrarias.

LA BALSA

Nueva partida, en 1526, de Almagro y de Pizarro. Su itinerario ya nos es familiar: anclaje en Puerto Quemado, luego cabotaje hasta San Juan, donde desembarca la mayoría de los hombres. Una vez más, el mismo escenario de desolación, en el manglar infinito y triste; de nuevo, viaje a Panamá para procurarse abastos. Una vez más, es Pizarro quien se queda en tierra, pero las relaciones entre los dos asociados se han hecho difíciles. Dejando a Pizarro y a sus hombres en la embocadura del San Juan, Bartolomé Ruiz prosigue su búsqueda hacia el sur. A medida que avanza, nota que los asentamientos indígenas tienen cada vez mayor importancia. En una bahía profunda a la que llama San Mateo (en la embocadura del río Esmeraldas, en Ecuador) descubre tres grandes pueblos construidos al borde del mar. Algunos indios, llevándoles joyas de oro, llegan en barca hasta el navío, con regalos; el piloto les confía a uno de sus hombres, conocido con el nombre de Bocanegra, que se queda en la orilla. Las relaciones son amistosas, y la curiosidad recíproca triunfa sobre la desconfianza. Bocanegra vuelve dos días después acompañado de varios indios, y la navegación se reanuda hacia el sur, más allá de la línea ecuatorial.

A la altura de Manta, en el Ecuador actual, los marinos distinguen de lejos la silueta de una vela triangular. ¿Será una carabela? Ruiz pone proa hacia la embarcación, que resulta ser una gran balsa de madera ligera, formada de troncos unidos con cuerdas de agave, y con un puente rematado por dos mástiles. Los españoles se le aproximan; a bordo hay una veintena de hombres, 11 de los cuales se echan al agua. Los otros son capturados, pero el piloto sólo conserva a tres, dejando al resto en tierra. "Aquellos tres indios [...] se tomaron con el navío que se llevaron a los capitanes, to-

[21] Sobre el contrato y su falsificación, véase Mellafé (1954), pp. 57-59; Lohmann-Villena (1986), pp. 21-25; Lockhart (1972), pp. 71-72.

[22] Los retratos de estos dos conquistadores no siempre son muy objetivos, pero todos oponen la reserva de Pizarro al carácter extrovertido de Almagro. Sobre los dos conquistadores y sus relaciones en el momento de celebrarse el contrato, véase Lockhart (1972), pp. 144-145, que considera a Almagro como una especie de segundo de Pizarro.

maron nuestra lengua muy bien".[23] Sobre una plataforma de la balsa los españoles descubren objetos asombrosos: adornos de oro y de plata, coronas, pectorales que Jerez llama "armaduras", cascabeles, collares, vasos y copas, pesas y una especie de balanza. El cronista queda impresionado, sobre todo por las telas, confeccionadas con una lana muy fina, con colores y motivos de una belleza arrobadora. Para describirlos, Jerez, que es andaluz, utiliza el vocabulario morisco: *aljulas, alcaderes, alaremes:* palabras que nos remiten a las sedas y los brocados de los artesanos musulmanes, tan apreciados por los cristianos. Por lo demás, no vacila en afirmar que el lenguaje de esos marinos se asemeja al árabe.[24] Al recurrir a esas comparaciones, nos confirma una vez más que los moros de España, sometidos como infieles y despojados de sus bienes, continúan encarnando el refinamiento y la belleza.

¿A quién van destinadas esas riquezas? La explicación que dan los hombres de la balsa deja perplejos a los conquistadores: esos tejidos admirables y esas joyas serían intercambiados por *mullu*, conchas blancas y coral con los cuales llenan el barco. Los españoles aún ignoran la significación particular que los espóndilos revisten en el ceremonial andino. En el intercambio que acompaña a este encuentro brotan palabras, entre ellas el término Tumbes, para designar un lugar situado más al sur y tal vez, a menos que se haya añadido posteriormente, el de Huayna Capac.[25] La comunicación entre unos y otros es facilitada por intérpretes, probablemente indios de la región de San Juan que conocían la existencia de esas redes mercantiles. ¿De qué comarca son originarios los mercaderes? Jerez menciona el nombre de Calangana, que se ha identificado con Salango, en la actual provincia de Manta, en Ecuador.[26]

El navío de Ruiz toma la dirección de la costa. En Tacames (Ecuador del norte), los indios le muestran una aldea de más de mil casas. Sólo podemos imaginar la estupefacción de los habitantes —a menos que hubiesen sido prevenidos por mensajeros— a la vista de la carabela. No es menor la sorpresa de Bartolomé Ruiz, y retorna a San Juan para comunicar su descubrimiento a Pizarro. Esas noticias llegan muy a propósito para levantar la moral de los conquistadores, roídos por los parásitos y por la inacción. Los indios de Tacames, comenta Jerez, parecen más civilizados que los del istmo: "Es gente de mucha disciplina según lo que parece."[27] Sus aldeas

---

[23] Sámano-Jerez (1842), pp. 196-198.

[24] *Ibid.*, p. 199: "tienen un habla como de arábico".

[25] Oviedo (1959), libro XLIII, cap. III, p. 12; Cieza de León, en Cantú (1979), p. 150.

[26] Eso es lo que piensan Oberem y Hartmann (1982), pp. 128-130. La crónica no precisa hasta dónde se dirigían en dirección del norte. Andagoya habla de mercaderes que recorrían las costas del norte de Colombia y de Panamá. El punto más septentrional indicado por este cronista es la embocadura del río Balsas, en Zacatula. ¿Estarían en relación esos comerciantes con los que se dirigían a la costa pacífica de México? Oberem y Hartmann, citando los trabajos del arqueólogo ecuatoriano Jorge Marcos, indican que los espóndilos —que no son originarios de las costas andinas— ya estaban presentes en tumbas de la fase Valdivia hacia 3000 a.C., lo que indicaría unos contactos muy antiguos entre Ecuador y el norte de Colombia, y casi con Mesoamérica.

[27] Sámano-Jerez (1842), p. 200.

son ordenadas, el trazo de las calles es limpio, los productos agrícolas son variados y abundantes, sus vestimentas son de una gran finura, y "las mujeres son muy blancas". El entusiasmo del andaluz es tal que asegura haber visto en un santuario recubierto de ricos tapices la imagen de una mujer llevando un niño en brazos, objeto de veneración para los enfermos que le ofrecen llamas como sacrificio. Se trata, dice él, de "María Meseia". Por encima de la anécdota, las audaces interpretaciones de Jerez traducen el sentimiento de un parentesco entre esos pueblos del Pacífico y los de España. Todos pertenecen al mundo civilizado.

LOS TRECE DE LA ISLA DEL GALLO

Mientras que Pizarro se consume en San Juan, Almagro lucha en Panamá contra otros obstáculos. Pedrarias ha sido cesado en sus funciones y remplazado por Pedro de los Ríos, cuya confianza aún tiene que ganarse. Es fácil imaginar a Almagro deambulando por las calles polvorientas de la ciudad en busca de armas, de víveres y de caballos, regateando las bestias como un tratante, discutiendo con los comerciantes y la gente del rey en esa habla del istmo cuya música y acento se apartan ya de los de Castilla. Para reunir suficientes hombres, el conquistador se ve obligado a buscar entre los parias de Nicaragua, que vacilan en seguirle, violando a menudo una promesa dada con demasiada precipitación en torno de una botella de vino de España. Con esos inconstantes Almagro da prueba de rudeza, recordándoles a bofetones el compromiso que han contraído.[28] Toca a todas las puertas, va a Cuba y a La Española, donde establece lazos de amistad con Oviedo. Confiado en el éxito de la empresa, logra desembarazarse de Pedrarias, que había adelantado sus capitales, dándole mil pesos como indemnización. A continuación, el viejo gobernador lamentará amargamente haber aceptado ese trato para incautos. Tanto más cuanto que otros ponen confianza en el entusiasmo de Almagro y ya sueñan con negocios sustanciales, como ese mercader vasco establecido en Nombre de Dios que habla ya a sus patronos, unos vizcaínos de Sevilla, del éxito inminente de la expedición.

Y es que las tentativas de Pizarro y de Almagro en el Mar del Sur, pese a los fracasos y las decepciones sufridos, ponen en marcha intereses comerciales cuyo alcance no podemos subestimar. Los conquistadores necesitan clavos, armas, provisiones. El mercader de Nombre de Dios ha recibido de España odres de vino, jarras de aceite de oliva, harina, miel y vinagre, con los cuales asegurar el sustento de los descubridores. Señalemos la participación importante de los vascos en esas redes: algunos son comanditarios que han invertido una parte de su dinero en el comercio; otros son agentes —factores— remunerados por un salario o una comisión. Esos mercaderes, generalmente hombres jóvenes, dependen de sus mayores que se han

[28] Mellafé (1954), p. 63, cita el caso de un tal Alonso Gallegos que denuncia más tarde ese procedimiento: "me trajo acá por fuerza: porque dije que no quería venir con él, me dió de bofetones".

quedado en Sevilla; casi no pueden tomar decisiones y deben vender muy rápidamente sus mercancías para enviar sus ganancias a la metrópoli.[29]

Nueva partida de Almagro en 1527, y nueva expedición, fructífera esta vez, a la región de Tacames. Los campos de maíz muestran la prosperidad de esos parajes. Catorce embarcaciones de grandes dimensiones transportando hombres armados, adornados de oro y de plata, giran en torno del navío español. Jerez cree reconocer en una de esas naves una figura de oro, que alguien blande como estandarte.[30] Probablemente se trata de una *huaca*, objeto de culto que encarna una fuerza fecundante extrahumana que los ejércitos de los Andes llevaban al partir en campaña. Los españoles tratan, a toda costa, de reunir más gente y más equipo. Pizarro debe abrigarse, una vez más, en lugar seguro, aguardando la conclusión de los trámites de Almagro. Tras una enconada discusión, pues Pizarro está harto de tanta inmovilidad, escogen por cuartel la Isla del Gallo, minúsculo islote cercano a Tumaco, en la frontera de los actuales Ecuador y Colombia. El descontento cunde. Aprovechando la partida de Almagro, los hombres escriben cartas o garabatean mensajes a sus parientes y, sobre todo, a las autoridades de Panamá.

La mayor parte de esas cartas fueron destruidas por Almagro, que no podía arriesgar el éxito de la empresa a causa de esas quejas. Pero algunas llegaron a manos del gobernador. Sus autores acusaban a Pizarro de tratarlos como esclavos, "dando a entender que nos ha comprado por dinero e que somos sus esclavos, tomándonos lo nuestro por fuerza o contra nuestra voluntad". Los había amenazado con no retornar a Panamá: "no hay gente en el mundo tan cuitada como es la que acá estamos, que nos cagamos de miedo de él, y estamos tan flacos, amarillos, que ninguno de nosotros será para hombre, muriéndose de pura hambre cada semana tres, cuatro". Sólo el griego Pedro de Candia, al parecer, gozaba de un trato de preferencia.[31] También reprochaban a Pizarro especular con los víveres, que hacía pagar a precios excesivos. Vender productos alimenticios a los hombres de la compañía era una costumbre que nadie refutaba. En cambio, toda especulación era considerada como delito. Esos hábitos se observaban en aquella época: al revender las subsistencias, pero también vestimentas y útiles, los conquistadores recuperaban las sumas invertidas en la preparación de la expedición. Los esclavos, indios o negros, y los animales hacían las veces de capital vivo que luego podían revender, haciendo bajar los precios cuando las circunstancias se prestaran para ello.[32]

Los españoles llevaban con ellos toda una masa de servidores negros e indios, que los superaban en número: éstos transportaban los bagajes, buscaban provisiones, agua y madera, y ayudaban en las tareas de la vida

[29] Lockhart y Otte (1976), p. 18.
[30] Sámano-Jerez (1842), p. 198.
[31] Mellafé (1954), pp. 73-74. Las cartas citadas por Mellafé fueron publicadas en "Información levantada ante el Gobernador y oficiales reales para averiguar el estado en que se hallaba la gente que Francisco Pizarro tenía en la isla del Gallo", en *Colección de Documentos inéditos para la Historia de Chile* (1888-1902), t. VI.
[32] Mellafé (1954), pp. 74-76.

cotidiana. Las mujeres servían de cocineras, de amantes y de compañeras. Un cirujano-barbero, maestre Baltasar, condenado a quedarse en la Isla del Gallo, suplicó a su hermano que lograra su regreso a Panamá, so pretexto de que lo habían reclutado por la fuerza. Si eso fuera imposible, le pedía al menos que le enviara remedios para aliviar sus miserias cotidianas. También le explicaba con qué esfuerzos alcanzaban las empalizadas de la ribera para buscar maíz en las marismas. Para colmo de infortunios, se veían obligados a transportarlo todo por sí mismos, pues en su mayor parte no tenían a nadie que les ayudara.[33]

Pizarro, por su parte, envió una carta al gobernador de Panamá en tono más optimista para anunciarle el descubrimiento de una comarca rica y apacible, propicia para la colonización. Elogiaba la naturaleza de los autóctonos, "gentes de razón que viven de intercambios y de comercio, tanto en la mar como en la tierra". Reclamaba, por último, una centena de hombres y una docena de caballos, unos y otros "del país", pues los de España no valían gran cosa en los trópicos. En cuanto al descontento general, lo atribuía a los retardos sufridos en el reaprovisionamiento.[34]

El escándalo desatado por las cartas incitó al gobernador Pedro de los Ríos a fletar dos navíos para repatriar a los ocupantes de la Isla del Gallo y poner término a esta operación insensata. Ahí habría podido terminar la carrera de Pizarro. De regreso en Panamá, hubiera debido dar cuentas a la justicia y pagar las deudas contraídas. Pobre y casi deshonrado, habría terminado sus días en el istmo contemplando los triunfos de los demás.

Desenvainando su espada, trazó sobre el suelo arenoso una línea de este a oeste. Luego, volviéndose hacia el sur, gritó: "Camaradas y amigos, esta parte es la de la muerte, de los trabajos, de las hambres, de la desnudez, de los aguaceros y desamparos; la otra, la del gusto. Por aquí se va a Panamá a ser pobres; por allá al Perú a ser ricos. Escoja el que fuere buen castellano lo que más bien le estuviere." Él mismo franqueó la línea, Rubicón austral de esta isla desolada. El griego Pedro de Candia dio el paso, como él. Otros siguieron, 13 en total, inmortalizados por las crónicas.[35] De la Isla del Gallo pasaron a la de la Gorgona, donde había agua; ahí se quedarían siete meses en compañía de algunos indígenas.

Cieza de León, que llega a esta isla varios años después, describe esos lugares azotados por lluvias torrenciales como una especie de infierno. Las nubes de mosquitos son tan densas que bastarían para derrotar a los turcos.[36] El minúsculo grupo construye albergues y se organiza. La plegaria, poco presente al parecer en el curso de las expediciones anteriores, revive en las jornadas, que se suceden, iguales unas a otras. A palos matan a las

[33] Lockhart y Otte (1976), pp. 39-41.
[34] Lohmann-Villena (1986), "Carta de Francisco Pizarro al Gobernador de Panamá", p. 35.
[35] Es Montesinos (1882) el que la reporta en 1644; los "Trece de la isla del Gallo" se llamaban Pedro Halcón, Alonso Briceño, Pedro de Candia, Antón de Carrión, Francisco de Cuéllar, García de Jerez, Alonso de Molina, Martín de Paz, Cristóbal de Peralta, Nicolás de Rivera "el Viejo", Domingo de Soraluce y Francisco de Villafuerte.
[36] "Tiene el sonido de no ser tierra ni isla sino apariençia del infierno", Cieza, en Cantú (1979), p. 165; "Mosquitos ay lo que bastaran a dar guerra a toda la gente del Turco", p. 166.

pecacinas, esos peces de larga trompa armada de dientes, que acuden a la arena en el momento del desove. Todos se regocijan con esos regalos del mar. Parten unos frutos similares a castañas que purgan del cuerpo los malos humores; se hace una lista de los cólicos y de las miserias personales. Persiguen a los roedores, similares a liebres, y la vida se desarrolla en la calma que precede a la tormenta.

LAS LOCAS JORNADAS DE TUMBES

Por fin, vuelve Bartolomé Ruiz. Dejando en la isla a los servidores indios guardados por tres españoles, entre los más flacos del grupo,[37] los conquistadores se ponen en marcha con los indígenas de la balsa, que ya habían aprendido la lengua castellana. El navío llega a una isla situada en la proximidad de Tumbes; una gran balsa con una veintena de indios, seguida de otras cuatro, escolta la nave hasta la orilla, lisa y despejada, "sin bosque ni mosquitos". Los intérpretes tranquilizan a la población mientras que los indígenas envían una docena de embarcaciones cargadas de cubos de agua y de cerveza, de pescado y de asado de llama.

Sobre esta flotilla se encuentra un hombre al que sus orejas con lóbulos deformes por las incrustaciones le valen el nombre poco respetuoso de "Orejón". Se trata de un representante de la élite inca, a la cual rinde homenaje la jefatura de Tumbes. Durante toda una jornada, el *orejón* y Pizarro conversan a bordo del navío español. Impresionado por la "naturaleza razonable" de su interlocutor, Pizarro lo invita a su mesa. Tras una larga vacilación, el señor inca prueba el vino que el extranjero le ofrece y lo encuentra, al parecer, mejor que la cerveza de maíz. Al ponerse el sol, el emisario baja del navío llevándose algunos regalos de Pizarro, entre ellos un hacha de hierro "con que estrañamente se holgó teniéndola en más que si le dieran cien vezes más oro que ella pesaba". Probablemente se le encarga llevar al cacique principal de Tumbes un cerdo y una marrana —animales que no existían en América, sumamente apreciados en Extremadura—, así como cuatro gallinas y un gallo.[38] Esos animales y esos objetos son la primera presencia europea en Perú, mucho antes de la invasión de los ejércitos. El señor inca, al parecer encantado por esas atenciones, pide a Pizarro que le confíe a dos de los suyos para mostrarlos en Tumbes. El capitán acepta y designa a Alonso de Molina, uno de los 13 de la Isla del Gallo y a... un negro.

En tierra, se reúne una multitud en torno de los extranjeros. Los animales, la barba de Alonso de Molina y su tez clara atraen a los curiosos. Pero es el negro el que provoca el entusiasmo, sobre todo cuando ríe a carcajadas. Los indígenas lo obligan a meterse en el agua, y ven que su cuerpo

---

37 *Ibid.*, p. 170: "de los mas flacos".

38 *Ibid.*, p. 174: "Mandó el capitán que le diesen de comer y de beber de nuestro bino; y miró mucho aquel brebaje, paresçiéndole mejor y mas sabroso que el suyo: y quando se fué le dió el capitán una hacha de hierro con que estrañamente se holgó teniéndola en mas que si le dieran cien vezes mas oro que ella pesaba; y dióle más unas quentas de margaritas y tres calcidonias e para el caçique prençipal le dió una puerca y un berraco e quatro gallinas e un gallo."

sigue tan oscuro como antes. Ambos son arrebatados por un torbellino de palabras y de gestos: les llueven preguntas, sin que ellos puedan comprenderlas. Luego los pasean por doquier, les muestran unas fortalezas de piedra, habitaciones, canales de riego tan bien hechos como los de Valencia, campos de maíz y de algodón, rebaños de llamas tan sorprendentes para los españoles como lo son los cerdos y las gallinas para los indios. Acuden unas mujeres agradablemente vestidas y halagan a los extranjeros. La cerveza corre a raudales y los banquetes se suceden. Bien alimentados y deslumbrados, los dos hombres retornan al barco tras una jornada inolvidable. A Alonso de Molina se le corta el aliento y le faltan palabras para describir lo que ha visto. Apremiado por los suyos, acaba por explicar que las casas son de piedra, que tres puertas vigiladas conducen a la morada del señor, y que se sirve la bebida en vasos de oro y de plata.[39]

Es evidente que Pizarro no tiene suficientes hombres para conquistar ese vasto país, sometido a la autoridad de Huayna Capac, hijo del gran Tupac Yupanqui y más poderoso que Carlos V, el Inca de los españoles: el orejón lo dice en toda forma, pues "lo que gastó por los manglares, avía gastado Guaynacapa en hazer cosas grandes en Quito".[40] Pizarro es incapaz de situar geográficamente esta región, pero presiente que la comarca se extiende más allá de los campos verdeantes de Tumbes y que es mucho más vasta que el territorio de la más formidable jefatura del istmo. No resulta impensable que el conquistador haya soñado entonces con los relatos de Dabaibe recogidos en el Darién.

Las frases de Alonso de Molina —las crónicas evidentemente no mencionan las del negro— parecen, empero, exageradas. Escéptico, Pizarro envía al fiel Pedro de Candia a Tumbes, para confirmar la veracidad de esos informes. Este hombre, griego originario de Candia, había servido en las filas españolas contra los turcos y había casado con una mujer de Zamora, donde estableció su domicilio. Aunque formaba parte de los recién llegados a Panamá, se había ganado la estimación y la amistad de Pizarro, quien apreciaba su experiencia militar pues, como muchos de sus compatriotas, era un excelente artillero. En Tumbes, el exuberante griego obtuvo un verdadero triunfo. Conducido a la presencia del señor, tiró al aire un disparo de arcabuz y varios indios, aterrados, cayeron de espaldas; para someterlo a prueba, soltaron entonces un puma y un jaguar, que él dominó sin dificultad. El cacique comprendió la superioridad del extranjero y, pidiéndole su arcabuz, echó en el cañón varias medidas de cerveza diciendo: "Toma, bebe, pues con tuyo tan grande ruido se haze que eres semejante al trueno del cielo."[41] Puede adivinarse el estremecimiento del griego a la vista de esa ofrenda que inutilizaba su arma. Pero al parecer los indios se contentaron con las primeras salvas y tomaron al griego por representante humano de Illapa, el Rayo Trueno venerado en toda la región andina.

[39] *Ibid.*, p. 135: "Y como llegó al navío iba tan espantado de lo que avía visto, que no contaba nada. Dixo que las casas eran de piedra y que antes que hablase con el señor pasó por tres puertas donde avían porteros que las guardavan y que se servía con vasos de plata y de oro."
[40] *Ibid.*, p. 177.
[41] *Ibid.*, pp. 176-177.

La locura de amor de Pedro Halcón

Satisfechos, los españoles partieron con dos jóvenes indios que debían guiarlos hasta Chincha y aprender el castellano para ser sus intérpretes: Martinillo, llamado después don Martín, hijo de un noble linaje de lengua quechua, y Felipillo, plebeyo de la etnia Tallan sometida al Inca, destinados uno y otro a desempeñar un papel importante en la conquista del Perú.

El lento cabotaje fue interrumpido por banquetes e intercambios de regalos. Las poblaciones recibieron a los hombres barbados con todos los honores y pidieron ver al negro y el arcabuz del griego, dos maravillas que se lucieron a lo largo del litoral. La confianza mutua parecía total: Alonso de Molina, enviado a tierra para recoger leña, no pudo volver al navío a causa de una tempestad y se quedó varios días con los indios. El marino Bocanegra decidió abandonar a sus compañeros de aventura e instalarse entre los indígenas que, halagados por su decisión, se lo llevaron en hombros.[42] En Tangarara, los españoles recibieron la visita de la Dama del lugar, quien llegó en balsa hasta la nave para conversar con Pizarro. Iba vestida con una larga túnica, y una incrustación de oro le adornaba el labio inferior. La gallardía de *La Capullana* —sobrenombre que se le dio a causa de su túnica, semejante al *capuz* de los españoles— encantó a esos hombres habituados a no ver mujeres indígenas sino como esclavas o domésticas. Se dice que Pizarro cortejó a la señora, sombrero en mano, pero declinó su invitación a descender a tierra, recordando tal vez la trampa puesta por los naturales en Cebú, donde perecieron Magallanes y sus hombres. *La Capullana* dejó a bordo gente de su cortejo, en prenda de amistad, y cuatro españoles, escogidos entre los 13 de la Isla del Gallo, acompañaron a la princesa: Nicolás de Rivera, Francisco de Cuéllar, Pedro Halcón y Alonso de Molina.[43]

Lo que sigue parece tomado de una comedia. Halcón se había tocado con un bonete plano y una redecilla de malla dorada; vestía un jubón de terciopelo, con calzas negras, y llevaba su espada y su puñal a la cintura, "de manera que tenía más manera de soldado de Italia que de descubridor de manglares".[44] Este atuendo causó sensación. Sea como fuere, la belleza de la "capullana" produjo un efecto fulminante sobre el conquistador, que no le quitaba la vista. "Halcón, mientre más la miraba, más perdido estava de sus amores."[45] No contenta con haber fascinado al elegante extranjero,

---

[42] *Ibid.*, p. 180: "enbió dezir al capitán lo tuviesen por escusado y no le aguardasen, porque él se quería quedar entre tan buena jente [...] lo tomaro en sus hombros y sentado en andas lo llevaron tierra adentro".

[43] Sobre el papel de las mujeres caciques entre los indios tallan, véase Rostworowski (1961); Pedro Pizarro (1965) describe así la vestimenta de las capullanas: "Las mujeres traen unos capuces vestidos que les llegan hasta la garganta del pie; tienen ellas horadados los labios junto a la barba y metidos en los agujeros unas puntas de oro y plata redondas que les tapan el agujero", pp. 175-176.

[44] Cieza, en Cantú (1979), pp. 182-183: "llevaba puesto un escofión de oro con gorra y medalla y vestido un jubón de terciopelo y calças negras".

[45] *Ibid.*, p. 183.

la "capullana" retornó con los españoles al navío y reprendió a Pizarro, invitándolo a unirse a ella, poniendo en juego su honor. Pues si ella, que era mujer, no había temido subir al navío, ¿por qué él, siendo hombre, temía bajar? El extremeño no tuvo salida. Para celebrar la visita del capitán, la señora renovó las libaciones; por medio de intérpretes, Pizarro pidió a esos amables indios y a su Dama que abandonaran sus vanas creencias y reconocieran la soberanía del rey Carlos. ¿Fueron efecto estas palabras de un reflejo inveterado o antes bien expresaron las palabras pesadas de un hombre embriagado? El hecho es que el tono general fue de broma, pero Pizarro sintió tal malestar en la barca que los llevaba de regreso al navío, que todos estuvieron a punto de ahogarse.[46] A los efectos de la bebida se agregaron las vociferaciones de Halcón, que quería quedarse con su "capullana". Ya en el puente, se lanzó sobre Pizarro blandiendo su espada rota, y Bartolomé Ruiz se vio obligado a ponerlo fuera de combate con un golpe de remo. Luego, hubo que encerrarlo en la cala, encadenado.

Los pueblos que los conquistadores habían descubierto sobrepasaban sus esperanzas. Ahora debían volver a Panamá para organizar la conquista del Perú. Pusieron proa rumbo al istmo, y poco después desembarcaron en Tumbes a Alonso de Molina y a un tal Ginés, que no deseaban ir más lejos. Sus compañeros no volverían a verlos: lo más probable es que ambos, así como el marinero Bocanegra, hayan perecido en la guerra en que se enfrentaron Tumbes y la isla de Puná. Según otras versiones, fueron enviados a Quito y ejecutados, después de la muerte del Inca Huayna Capac. También es posible, como lo sugiere Cieza de León, que los indios, una vez pasado el entusiasmo del primer encuentro, no hayan gustado de la conducta de esos españoles demasiado galantes con las mujeres, y que los hayan masacrado. Cualquiera que sea la verdad, la historia de esos hombres es testimonio de la fascinación que ejercía el mundo indígena sobre los conquistadores.

Hasta el fin de ese periplo, los pueblos de la costa dieron buena acogida a los españoles. El preludio de la conquista del Perú terminó con una nota grotesca, probablemente la última antes del desenlace de una tragedia en que participarían tanto los conquistadores como los incas. Mientras que el navío había echado anclas en Santa Elena (Ecuador), una treintena de caciques se dirigió a bordo y cada uno de ellos colgó al cuello de Pizarro un collar y le puso sobre la espalda una pieza de tela. Y he aquí que, en medio de las palabras y las fórmulas de cortesía, Halcón salió corriendo de la cala en que estaba encerrado, con cadenas a los pies, y gritó a Pizarro: "¿Quién vido asno enchaquirado ni alvardado como ese?"[47] Pizarro, abrumado por la vociferación de su compañero, tuvo que explicar a los caciques que el desdichado se había vuelto loco.

[46] *Ibid.*, p. 185: "se trastornó de tal manera que casi se ahogaran".
[47] *Ibid.*, p. 188.

FRANCISCO PIZARRO, GOBERNADOR DEL PERÚ

Todavía faltaba obtener una capitulación de la Corona para emprender la conquista del Perú. Esta vez le tocó partir a Pizarro. Se embarcó rumbo a España a finales de 1528, en Nombre de Dios, acompañado de Pedro de Candia, de algunos indios, entre ellos Martinillo y Felipillo, ya bautizados, y de unas llamas para mostrar a Carlos V los especímenes del país que se disponía a someter a la Corona. Almagro, minado por la sífilis y tuerto, ya no tenía presencia suficiente para comparecer ante el emperador; la enfermedad le había afectado sus miembros inferiores y sólo podía desplazarse sobre una silla llevada por sus esclavos.[48] Tuvo que resignarse, pues, a quedarse en el istmo y, secundado por Bartolomé Ruiz, emprender los trámites necesarios para reunir suficientes caballos, víveres y armas para el asalto final. Él fue quien convenció a Hernando de Soto para unirse a la expedición. Mientras tanto, Pizarro desembarcó en España en 1529, donde lo aguardaba el bachiller Enciso, el infatigable defensor de la ley, que le hizo arrojar en prisión por deudas.

En Toledo, Pizarro se cruza con Cortés, que se encuentra en la corte para recibir la confirmación de su título de capitán general. Carlos V lo nombra marqués del valle de Oaxaca. A los 43 años, y aunque la realidad es distinta, Cortés da la impresión de encontrarse en el clímax de su gloria, ya que ha conquistado la Nueva España; Pizarro, de más de 50 años, sólo puede ofrecer promesas, pues la conquista del Perú, con todo lo que tiene de aleatoria, aún le aguarda. Por lo demás el emperador, que lo ha escuchado con atención —y hasta con emoción— detallar las estrecheces sufridas sobre el litoral del Pacífico, parte rumbo a Flandes, confiando los asuntos del conquistador al Consejo de Indias.[49] Es la reina, su esposa, la que firma la capitulación. La Corona concede a Francisco Pizarro el derecho de conquistar el Perú desde la isla de Puná hasta Chincha. Se le nombra capitán general de toda la provincia con un salario de 725 000 maravedíes anuales hasta el fin de sus días, que deberán tomarse de las rentas y los derechos que rindieran las tierras conquistadas. A cambio, Pizarro debe asegurar los sueldos de un alcalde mayor, de 10 escuderos, 30 soldados de infantería, más los de un médico y un boticario, notables que ya constituyen el embrión de una sociedad organizada. Recibe el título de adelantado. A Hernando de Luque se le nombra obispo de Tumbes y protector universal de todos los indios de la provincia. A Diego de Almagro le toca la fortaleza de Tumbes con un salario de 100 000 maravedíes anuales, así como el título de hidalgo.[50] Bartolomé Ruiz es ahora piloto mayor del Mar del Sur, y los

---

[48] *Ibid.*, p. 192.

[49] Pedro de Candia presenta un mapa que había dibujado, pero su discurso fue tan truculento que el monarca se mostró escéptico y Pizarro tuvo que hacerle callar. Lockhart (1972), p. 130.

[50] "E le haremos home hijodalgo para que goce de las honras e preeminencias que los homes hijosdalgos pueden y deben gozar en todas las Indias", en "Capitulación entre la reina y Francisco Pizarro fecha en Toledo, 26 de julio de 1529", en Prescott (1967), pp. 573-578.

13 de la Isla del Gallo son ennoblecidos. Ese mismo año, mediante el trata-do de Zaragoza, Carlos V cede sus derechos sobre las Molucas. En ade-lante, todas las esperanzas del emperador se centran en México y en el fabu-loso país de Pizarro.[51]

Desde luego, Pizarro ha reservado para sí los títulos y los empleos lucra-tivos, apartando a Almagro del reconocimiento oficial. El extremeño se defenderá de la acusación de haber querido eliminar a su compañero argu-yendo la negativa de la Corona a nombrar dos gobernadores. La natu-raleza de la capitulación tendrá dos consecuencias: consagra la ruptura entre ambos conquistadores, origen de las guerras civiles del Perú, y con-serva la integridad del Imperio inca, que será destruido sin ser desmem-brado. Una vez en posesión de ese documento Pizarro se encarga de reclu-tar hombres, y forma una compañía en que los oriundos de Trujillo son mayoritarios. Como necesita incondicionales, busca entre su familia y se lleva con él a sus cuatro hermanos. Hernando, de 30 años, de cuna legíti-ma; Juan y Gonzalo, dos hijos bastardos de su padre, mucho más jóvenes; y por último, a aquel al que mostrará mayor apego, Francisco Martín de Alcántara (hijo de su madre y de un campesino de Extremadura), que le sigue con su mujer, Inés Muñoz. En enero de 1531 la armada de Pizarro, compuesta de 180 hombres de armas y de 30 caballos, zarpa hacia el istmo de Panamá.

---

[51] *Ibid*: "que sean hidalgos notorios de solar conocido en aquellas partes".

XIII. LA CONQUISTA DEL PERÚ

Dizen algunos de los indios que Atavalipa dixo antes que
le matasen que le aguardasen en Quito, que allá le bolbe-
rían a ver hecho culebra. Dichos dellos deben ser.

CIEZA DE LEÓN, *Descubrimiento y conquista del Perú*

LOS ESPAÑOLES desembarcaron en Tumbes en el mes de mayo de 1532,
después de una larga permanencia de más de un año en la costa de San Mateo (Esmeraldas), Coaque y Puná. Era ahí donde las tropas de Benalcázar
y De Soto, descendiendo de ese "paraíso de Mahoma" que era Nicaragua,
se habían unido a la compañía de Pizarro. La aventura peruana comenzaba, una vez más, en los manglares sofocantes. Los conquistadores se
quedaron ahí varios meses, frenados en su impulso por la resistencia indígena y los estragos de la *verruga*.[1]

Al pasar por Tumbes encontraron un sitio devastado por la guerra y las
epidemias. ¡Qué contraste con la próspera ciudad que había dado tan buena acogida a los hombres de mar! Los suntuosos banquetes y las risas habían quedado atrás. A los combates que habían estallado entre el pueblo
de Tumbes y los guerreros de Puná después de la partida de los españoles
se había añadido el asalto invisible de los microbios europeos, secuelas de
los primeros contactos. Éstos se habían adelantado, incluso, a los hombres,
matando a su paso al soberano Huayna Capac, "el viejo Cuzco" —el término "Inca" no es mencionado por los primeros cronistas—, muerto poco tiempo después de las incursiones de los extranjeros a lo largo de las costas
ecuatorianas. Como no había gran cosa que tomar en Tumbes, los españoles no se demoraron ahí y avanzaron hacia el sur hasta la región de Piura,
donde los caciques, en general, los recibieron amistosamente.

En cuanto llegó, Pizarro decidió "poblar" el vasto Perú. En Tangarará, en
el valle del Chira, fundó la ciudad de San Miguel, cuando la conquista realmente no había siquiera comenzado; repartió el territorio entre todos los
hombres casados deseosos de establecerse ahí, entre ellos su hermano Francisco Martín de Alcántara y Pedro Pizarro, demasiado joven aún para seguir la conquista.[2] El que se hacía dar el título de gobernador —de momento

---

[1] Pedro Pizarro (1965), p. 173: "habían dejado el paraíso de Mahoma que era Nicaragua y
hallaron la isla alzada y falta de comidas".

[2] Jerez (1947), p. 325: "repartió entre las personas que se avecindaron en este pueblo las
tierras y solares, porque los vecinos sin ayuda y servicio de los naturales no se podían sostener ni poblarse el pueblo, y sirviendo sin estar repartidos los caciques en personas que los
administrasen, los naturales recibirían mucho daño [...] Fueron elegidos alcaldes y regidores
y otros oficiales públicos, a los cuales fueron dadas ordenanzas por donde se rigiesen". Lockhart (1972), p. 220, prueba que Pedro Pizarro se encontraba en San Miguel y no en Cajamarca cuando la captura del Inca Atahualpa, contra la idea que hasta entonces había prevalecido.

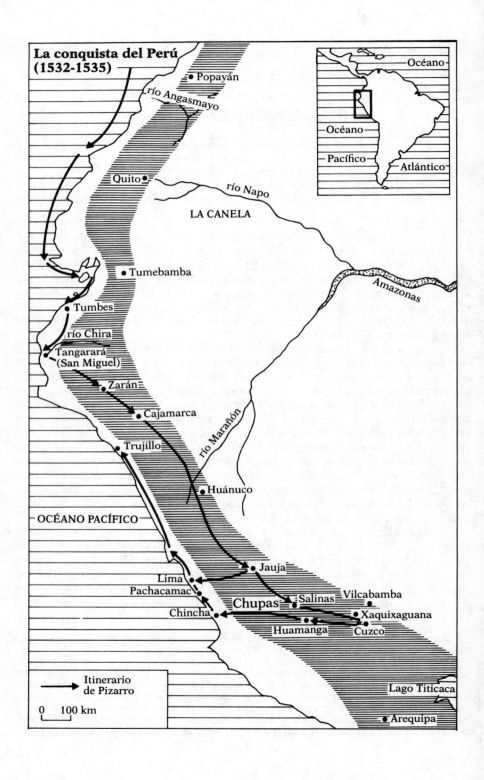

La conquista del Perú (1532-1535)

Océano

Océano
Pacífico

Atlántico

● Popayán

río Angasmayo

Quito ●

río Napo

LA CANELA

Amazonas

● Tumebamba

Tumbes

río Chira

Tangarará
(San Miguel)

Zarán

río Marañón

Cajamarca

Trujillo

● Huánuco

OCÉANO PACÍFICO

Jauja

Lima

Vilcabamba

Pachacamac

Chupas ● Salinas

Chincha

Huamanga ● Xaquixaguana
Cuzco

Lago Titicaca

→ Itinerario
de Pizarro

0   100 km

● Arequipa

no gobernaba nada— recibió a los caciques que llegaron a rendirle homenaje, como lo había hecho Cortés en Cempoala. Por ellos supo que el Inca Atahualpa, hijo del difunto Huayna Capac, se encontraba en la sierra, en Cajamarca, con sus ejércitos. Pizarro y 168 hombres, entre ellos 64 a caballo, tomaron el camino de la cordillera para ir al encuentro del Inca, dejando los primeros colonos en San Miguel.

Los indígenas casi no opusieron resistencia a las tropas de Pizarro. Sin embargo, hubo algunas contrariedades durante la marcha. En Lachira, el cacique trató de atacar por sorpresa a los españoles, pero la conspiración fracasó y el hombre fue quemado vivo en compañía de sus cómplices. El castigo hizo cundir el terror por toda la comarca.[3] Ese comportamiento brutal revela los temores y la flaqueza del gobernador, hundido en un mundo tan vasto como desconocido cuyos contornos y singularidades exploraba día tras día. Y es que Pizarro y sus compañeros ignoraban prácticamente todo de los incas y no imaginaban las verdaderas dimensiones de los territorios que dominaban, ese Tawantinsuyu, el "Imperio de los Cuatro Suyus", cuyas márgenes septentrionales confinan con el país fabuloso de Dabaibe y la frontera meridional con las tribus mapuches, vecinas de los patagones. Pizarro ignoraba, asimismo, que en la vertiente atlántica del continente, los que habían sobrevivido de la expedición de Solís, conducidos por el portugués Alejo García y, un poco después, por Sebastián Caboto, habían llegado a Paraguay, donde los indios guaraníes les habían hablado de sus vecinos montañeses, los amos del oro y de la plata... pues las sierras de Piura y de Cajamarca no eran sino un minúsculo fragmento de un imperio inmenso.

AL DESCUBRIMIENTO DEL TAWANTINSUYU

Desde su primera estadía en Tumbes, los conquistadores comprendieron que se enfrentaban a una civilización de una naturaleza totalmente distinta de la de los indios del istmo. Admiraron la riqueza de los adornos de la *Capullana*, la autoridad del *orejón*, emisario del Inca, la perfección de la arquitectura y de los canales de riego, la opulencia de los cultivos. Los jóvenes intérpretes Martinillo y Felipillo, así como otros, ciertamente les dieron informaciones inapreciables. Pero esos adolescentes no tenían más que una visión parcial de lo que representaba el Tawantinsuyu. Si Pizarro hubiese conocido mejor el poderío del Imperio inca, sin duda no se habría lanzado a la aventura peruana con tan reducido número de hombres. Aunque, por otro lado, una ignorancia semejante había contribuido al triunfo de la ofensiva de Cortés.

Pizarro se entera de lo esencial en el terreno, para empezar en la isla de Puná, y luego, de boca de un cacique llamado Pabor. El cacique le informa que "el viejo Cuzco" Huayna Capac ha destruido 20 de sus aldeas y dado muerte a todos los habitantes.[4] El gobernador comprende muy pronto —tal

[3] Jerez (1947), p. 324: "Este castigo puso mucho temor en la comarca."
[4] *Ibid.*, p. 325. Fue en aquel momento, según ese cronista, y no en Caxas, como lo afirma

vez a causa de lo que sabe de la táctica de Cortés— que, para sobrevivir y triunfar, necesita explotar esas disensiones internas. Así, el gran Atahualpa no es el señor legítimo del Perú sino un vulgar "tirano" que, "por fuerza o por maña, sin razón y sin derecho, se apoderasse del dominio y del imperio de los reynos y repúblicas".[5] Con esto se puede justificar la conquista. Además, todo el país está agitado por la guerra que el Inca ha lanzado contra su medio hermano Huáscar, el Inca de Cuzco, capital del imperio. He aquí otra carta de triunfo que Pizarro sabrá jugar. Se impone el paralelo con el Imperio romano debilitado por la oposición de los dos emperadores, tanto más cuanto que otros rasgos de la civilización inca evocan la grandeza de Roma, como esas calzadas empedradas que recorren territorios inmensos, y ese rigor administrativo que los conquistadores van descubriendo a medida que avanzan. Las tierras que recorren han sido cuadriculadas por toda una red de depósitos, de graneros, de albergues, de peajes y de puentes que delimitan y controlan la circulación. La maquinaria inca es mucho más impresionante y espectacular que aquella de que disponían los mexicas, quienes se limitaban a mantener entre sus tributarios a cobradores de impuestos y algunas guarniciones.

Huayna Capac, prosiguiendo las campañas militares de su padre Tupac Inca, muerto un año después de la llegada de Colón a las Antillas, había hecho retroceder las márgenes del imperio hasta Pasto, sierra húmeda y verdeante situada al norte de Quito. En su marcha hacia el sur, las guarniciones del Inca habían llegado al río Maule, en Chile, donde los mapuches las habían contenido. Unas ciudadelas levantadas al borde de la gran selva amazónica defendían el Tawantinsuyu contra las incursiones de los anti, nombre genérico que designaba la nebulosa étnica del piamonte andino y, por extensión, las tribus de los chiriguanos, sus enemigos más temidos. Huayna Capac había sometido a los señoríos locales, que debían entregarle un tributo fijado en función de los recursos humanos y materiales de la comarca.

Para mejor encuadrar las provincias alejadas de Cuzco, había desplazado, como lo hiciera su padre antes que él, a comunidades enteras. Esos grupos deportados de sus tierras de origen y dispersados por toda la cordillera y los contrafuertes andinos eran conocidos con el nombre de *mitimaes*. Por tanto, la población no era necesariamente homogénea; al lado de las familias leales a la autoridad cuzquiana y originarias de otras regiones vivían grupos autóctonos que no habían sido completamente ganados a la obediencia al Inca. Un denso estrato de supervisores, de capitanes, de grupos destinados a la contabilidad del tributo, de regidores de obras públicas y de guarniciones controlaba este conjunto de etnias que, por lo demás, conservaban sus propias autoridades.

A la muerte de Huayna Capac, dos de sus hijos se disputaron la sucesión. Pero, tras lo que a los españoles les pareció un conflicto dinástico comparable al que en el siglo XV opuso *la Beltraneja* al infante don Alfonso y

Porras Barrenechea (1948), p. 99, cuando Pizarro supo de Atahualpa y de la configuración general del imperio inca.
[5] Según la definición de "tirano" que da Covarrubias (1943), p. 963.

luego a Isabel, se perfilaban otras discrepancias y otros intereses. Huáscar había sido proclamado "Inca" por la élite de Cuzco; Atahualpa, cuya madre era una noble de Quito —probablemente de la etnia carangui— era sostenido por los grupos instalados en las provincias del Norte (Ecuador). Aunque ese corte geográfico entre el Norte y el Sur tuviera sus excepciones: el señor de Chincha, en la costa meridional peruana, era partidario de Atahualpa, mientras que la etnia de los cañari (en el Ecuador del Sur) y los señoríos del norte del Perú se habían unido al soberano de Cuzco.[6]

El cacique Pabor era uno de esos señores de las llanuras sometidos a la autoridad de Cuzco. Pizarro y los asombrosos caballos que lo acompañaban llegaban en el momento oportuno para alterar el curso de la guerra que se desarrollaba entre los dos Incas y hacer triunfar a Huáscar. Así, le confió que una guarnición de Atahualpa se hallaba acantonada en Caxas, a dos jornadas de marcha, donde aguardaba la llegada de los cristianos.[7] Pizarro envió como explorador a Hernando de Soto con algunos hombres, entre ellos Diego de Trujillo, futuro cronista de esas jornadas.

Al cabo de una semana volvieron con informes más precisos. El regimiento del Inca se había retirado, dejando una ciudad semiderruida. En los barrios de Caxas habían descubierto el espectáculo macabro de los ahorcados, ejecutados por las tropas de Atahualpa para intimidar a los señores o *kuraqa* recalcitrantes; un hombre que había violado a una de las mujeres del Inca y los guardianes que le habían facilitado el acceso al palacio habían sufrido la misma suerte.[8] Esta severidad demostraba, a ojos de los españoles, unos principios morales parecidos a los suyos —por ejemplo, el castigo del adulterio y de la violación—, pero implicaba una crueldad cuya represión justificaría la guerra que estaban dispuestos a declararle. No olvidemos que pese a la distancia que los separaba de la península ibérica, los españoles supuestamente darían cuenta de sus actos; para que la lucha contra el Inca fuese considerada "justa" según las normas siempre en vigor de *Las Siete Partidas* de Alfonso *el Sabio*, había que invocar la legítima defensa. La tiranía del Inca tenía que servir a los intereses de Pizarro, así como años antes la de Moctezuma había justificado la conquista de Cortés.[9]

---

[6] Aquí sólo podemos esbozar los grandes lineamientos de este complejo universo, algunos de cuyos rasgos serán desarrollados en el relato. La literatura concerniente a los incas y a las sociedades andinas es muy numerosa. Baste citar aquí las obras de referencia de Métraux (1961), Murra (1975 y 1978), Salomon (1986), Wachtel (1971 y 1990), Zuidema (1964). Para las cuestiones dinásticas, se puede consultar Gibson (1969), pp. 24-31.

[7] Porras Barrenechea (1948), p. 98, sitúa a Caxas a una jornada de Huancabamba; Espinoza Soriano (1975) y Hocquenghem (1989 y 1990) han identificado el grupo étnico de Caxas como el de los wayakuntu (guayacondo), de filiación jíbara, conquistados por Huayna Capac y en parte desplazados hacia otros territorios. Un enclave de esta etnia se encontraba cerca de Quito, en el valle de Chillos, Salomon (1986), pp. 161-163.

[8] Mena (1938), p. 309: "Por los cerros había muchos indios colgados porque no se le habían querido dar: porque todos esos pueblos estaban primero por el Cuzco y le tenían por señor y le pagaban tributo." El término Cuzco designa aquí al Inca Huáscar, instalado en la ciudad de Cuzco; Jerez (1947), p. 326: "había ciertos indios ahorcados de los pies; y supo deste principal que Ataliba los mandó matar porque uno dellos entró en la casa de mujeres a dormir con una, al cual y a todos los porteros que consintieron, ahorcó".

[9] Martínez Martínez (1984), pp. 25-26.

En Caxas, Soto y los suyos habían visto unos graneros llenos de sandalias, de maíz y de tejidos, así como un palacio de piedra que abrigaba a
500 mujeres ocupadas en el tejido y en la fabricación de cerveza para los
guerreros. El cacique del lugar se apresuró a recibirlos, pues veía un aliado
en Hernando de Soto; lo trató como gran señor y le dio cinco mujeres para
su servicio. Mientras tanto había aparecido un capitán del Inca, y el cacique, atemorizado por el personaje, se levantó, mostrando gran respeto.
Hernando de Soto, que ahora era el amo de la situación, le ordenó sentarse a su lado y recibió de aquel embajador una serie de presentes enviados por el Inca a Pizarro: un extraño recipiente para la bebida y unos
patos desplumados que, una vez desecados y convertidos en polvo, debían
ser utilizados para las fumigaciones de purificación. ¿Era esto un homenaje del Inca a quien se atrevía a desafiarlo, o se trataba más bien de una
burla? Soto, como quiera que sea, aceptó el juego y le entregó a su vez, para
Atahualpa, una camisa de Castilla y dos copas de cristal de Venecia.[10] Poco
tiempo después, los españoles se enteraron, por sus espías, de que esa preciosa vestimenta se había convertido en estandarte de un capitán de Atahualpa. Lo que parecía una afrenta era, antes bien, un acto simbólico, ten-
diente a apropiarse las virtudes del enemigo, pues los pueblos de los Andes
tenían la costumbre de despojar al adversario de sus vestimentas y ponér-
selas a un fantoche para precipitar su muerte.[11]

Los informes de Pabor y las noticias que llevaba Soto venían a añadirse
a los rumores llevados por los emisarios de uno y otro bando. Pizarro había enviado a Cajamarca a un indígena que le era leal; invitado a comparecer ante el Inca, se le ordenó describir a los extranjeros. El embajador
elogió su valor y sus caballos, "que corrían más rápido que el viento", evocó las lanzas y las espadas, así como la calidad de sus escudos y sus atuendos de algodón acolchado. Se explayó sobre los efectos de las espadas,
capaces de cortar todo lo que les saliera al paso, sobre la fuerza de propul-
sión de las ballestas y, muy especialmente, sobre las bolas de fuego que brotaban con un ruido de trueno y causaban la muerte. Los capitanes del Inca
mencionaron la inferioridad numérica de los cristianos; además sus caballos, por muy temibles que fuesen, no estaban armados. A ello respondió el

---

[10] Jerez (1947), p. 326: "eran dos fortalezas a manera de fuente, figuradas en piedra, con que
beba, y dos cargas de patos secos desollados para que, hechos polvos, se sahume con ellos
porque así usan los señores desta tierra"; Mena (1938), pp. 309-310. Trujillo (1948), p. 55, da
otra interpretación de ese regalo: "eran unos patos desollados y llenos de lana (sic) que
parecían añagazas para matar a sisones; y preguntándole que era aquello respondió y dixo,
dice Ataliba que de esta manera os ha de poner los cueros a todos vosotros, si no le volvéis
cuanto habéis tomado en la tierra". Kubler (1945), p. 417, apoyándose en Polo de Ondegardo,
recuerda que los peruanos sacrificaban cierta ave cuando partían a la guerra, para debilitar
las fuerzas del enemigo. Probablemente se trata de patos almizclados *Cairina moschata*, una
de las raras especies domésticas americanas utilizadas en los Andes del Norte en contexto
ceremonial. Véase Danielle Lavallée, "La domestication animale en Amérique du Sud. Le
point des connaissances", en *Bulletin de l'Institut Français d'Études Andines*, 1990, t. xix, núm. 1,
p. 28. Trujillo (1948), p. 55: "inviole una copa de Venecia y borceguis y camisas de holanda, y
cuentas, margaritas". "Tenían por bandera la camisa que el Gobernador había enviado al
cacique Ataliba", Mena (1938), p. 310.

[11] Murra (1978), p. 124.

emisario que el cuero de esos animales era tan grueso que eran invulnerables. Pero Atahualpa no se dejó impresionar por esos detalles, pues los arcabuces de los cristianos sólo podían disparar dos tiros.[12]

LA LLEGADA A CAJAMARCA

Los conquistadores llegaron por fin a Cajamarca, ciudad de cerca de 2 000 habitantes situada en los flancos de la sierra, temiendo a cada momento un ataque por sorpresa, que no llegó a producirse. Acostumbrados a la humedad de los trópicos, habían tenido que adaptarse al frescor andino y a un relieve impresionante, distinto al del Darién. Sobre estas latitudes, la cordillera tenía un aspecto verdeante que contrastaba con las landas de las alturas donde pacían las "ovejas del país", esas llamas que ellos habían descubierto sobre la balsa de los mercaderes de Manta. Sus guías indígenas los habían conducido a lo largo de la línea de las crestas, recorrida por una calzada tan amplia que los caballos podían circular fácilmente por ella. Unos puentes suspendidos por cuerdas franqueaban profundas cañadas; temiendo que el peso de los caballos fuera excesivo, los españoles se agotaron tratando de descender hasta el lecho de los torrentes para vadearlos y pasar al otro lado. Los indígenas que los guiaban añadían un guijarro a los montones de piedras (apachetas) levantados en lo alto de las cañadas: con ese gesto simbólico, aliviaban su fatiga. ¿Los imitarían los españoles? Las hojas de coca que masticaban durante horas probablemente bastaban para insuflarles fuerzas sobrehumanas.

A la entrada de la ciudad, un edificio rodeado de árboles y dedicado al culto del Sol les recordó las mezquitas peninsulares.[13] Se precipitaron por una estrecha callejuela hasta desembocar en una plazoleta bordeada por imponentes moradas donde se alojaban decenas de mujeres consagradas al servicio de Atahualpa. Ninguna de ellas apareció, y los invasores tuvieron la impresión de encontrarse en una ciudad abandonada; un poco más lejos llegaron a otra plaza de dimensiones majestuosas, como no existían en Castilla, al menos no en sus recuerdos. En uno de sus extremos se levantaba una ciudadela construida con enormes bloques de piedra perfectamente ajustados sin argamasa.

En aquel atardecer frío y nublado de noviembre de 1532, Pizarro atravesó la gran plaza vacía de Cajamarca y subió la escalera de caracol de la ciudadela. Desde lo alto de las fortificaciones, cuya asombrosa arquitectura supo apreciar, descubrió en la llanura que se extendía abajo al ejército de Atahualpa con sus millares de guerreros.[14] Pizarro envió entonces a Hernando de Soto con una veintena de hombres a caballo y un intérprete al campamento del Inca, a fin de rendirle homenaje y darle parte de la misión que Dios y el emperador le habían confiado. Inquieto al ver el desplie-

12 Jerez (1947) informa de ese diálogo, pp. 329-330.
13 Ibid., p. 330, hasta llega a afirmar que los fieles se descalzaban a la puerta: "y cuando entran en ellas se quitan los zapatos a la puerta".
14 Pedro Pizarro habla de 40 000 hombres (ibid., p. 176).

gue de las tropas enemigas, decidió reforzar la primera columna con otros
20 caballeros, a las órdenes de su hermano Hernando. Empezó a caer una
lluvia fina y helada, con granizo, que obligó a los españoles a abrigarse en el
interior de una casa imponente, aguardando el resultado de la entrevista.

La entrevista con el Inca Atahualpa

El relato de este primer encuentro con Atahualpa ha llegado hasta nosotros por obra de varios testigos oculares: Hernando Pizarro, Cristóbal de
Mena, Francisco de Jerez, Diego Trujillo y Miguel Estete. A través de su
testimonio la escena nos parece hoy como un duelo entre dos visiones in-
compatibles del mundo: por una parte, la de un soberano a quien la naturaleza misma del poder que encarna le impide tener una comunicación
directa con sus súbditos y el recurrir a mediadores; por la otra, la de los
dos hidalgos españoles, Soto y Hernando Pizarro, para quienes los reyes
son interlocutores directos, a pesar de su majestad. Al romper sistemáticamente las barreras rituales que los separan del Inca, al pisotear los códigos
de cortesía y de jerarquía, los conquistadores se anotarán una primera victoria sobre un hombre recluido en su dignidad solar, pues más que las
armas son los gestos y las palabras los que atentarán contra la solemnidad
del Hijo del Sol, anunciando el fin de un imperio cuya clave es el Inca. Por
lo demás, la situación no deja de recordar la perturbación causada entre
los mexicas cuando Cortés tomó como rehén a Moctezuma.

Sin embargo, nada está decidido, pues Soto y sus 20 caballeros llegan a
un campamento militar ordenado e impresionante, de cerca de 40 000 personas. No son los irrisorios refuerzos que lleva Hernando Pizarro los que
modifican la relación de fuerzas. Los conquistadores están a merced de los
peruanos, y su margen de maniobra es ínfimo. ¿Saben que los ejércitos del
Inca no gustan de entablar combate al caer la noche?[15] El desequilibrio es
tal, en todo caso, que los escuadrones de Atahualpa fácilmente podrían caer
sobre esos extranjeros que se atreven a circular por las calzadas sin haber
sido autorizados y que, por si eso fuera poco, saquean los bienes del Inca.

De hecho, a pesar de todo lo que opone a españoles e incas, cada bando
respeta unos códigos: el del honor para los españoles que desafían el temor que les inspira una situación desfavorable, para comparecer ante un
soberano, y el de la etiqueta inseparable de la soberanía del Inca quien, a
pesar de todo, arde en deseos de conocer a los misteriosos extranjeros. En
el campamento del Inca, la inmovilidad domina los comportamientos más
nerviosos. Del lado de los españoles, los relatos dejan sentir la tensión
extrema que se disimula tras una falsa desenvoltura.[16]

[15] Salomon (1984), p. 85.
[16] Estete (1938), p. 218, sobre la necesidad de no mostrar el temor que sentían: "porque si
alguna flaqueza en nosotros sintieran, los mismos indios que lleváramos nos mataran". Sobre
el estado de espíritu de los españoles, véase Pedro Pizarro (1965), p. 177: "... no estar experimentados los españoles cómo estos indios peleaban, ni qué ánimo tenían, porque hasta aquí
no habían peleado con indios de guerra".

Soto y sus compañeros, los primeros en llegar, se orientan entre la muchedumbre de guerreros hasta llegar al modesto edificio —galponcillo— en que se encuentra el Inca con su corte y sus esposas.[17] Tal es la primera impresión: el amo de los tesoros del Perú, el que hace temblar a centenas de naciones y se proclama Hijo del Sol, los recibe en una casa rústica, sentado no en un trono, sino en un banco de madera. Tiene los ojos bajos y no los mira. Ninguno de los cronistas se fijó en los ornamentos que debía llevar la túnica del Inca, ni en los enormes discos de oro insertados en los lóbulos de sus orejas; en otros momentos, esos adornos suntuosos no habrían pasado inadvertidos. En cambio, sus ojos se fijan en un detalle del peinado de Atahualpa, que le cae sobre la frente y disimula su expresión.[18] Se puede adivinar la ansiedad de los conquistadores, que les lleva a aguzar sus sentidos para captar la menor señal de peligro que se refleje en el rostro impasible del Inca. ¿Cómo leer esos rasgos ya que, además, un velo de gasa sostenido por dos mujeres lo oculta a los extranjeros?[19]

Soto se atreve a violar el complejo ritual que rige los intercambios entre el Inca y el mundo exterior. Exige que se baje la cortina y le pide hablar directamente, sin intermediarios. El efecto de sorpresa resulta, indiscutiblemente, en favor del conquistador. Atahualpa, a su vez, exige la devolución de todo lo que los españoles le han robado. A esas reclamaciones legítimas opone Soto un gesto ritual: se quita del dedo un anillo y lo ofrece al soberano, que lo toma "con poca estima". La llegada de Hernando Pizarro, con su intérprete a grupas, intensifica el carácter insólito de este encuentro. Como hermano del conquistador, constituye para Atahualpa un interlocutor aceptable con el cual puede dialogar. Pero Hernando, como Soto, no es hombre que vaya a someterse al ceremonial impuesto por el Inca. Sordo a las acerbas recriminaciones y a las amenazas de éste, Hernando responde con soberbia que los peruanos son incapaces de matar a los cristianos y a sus caballos ya que son "gallinas". Sutil juego de palabras que el Inca, cuyo nombre estaba formado con el vocablo huallpa (gallina), acaso no compren-

[17] Ibid., p. 176: "tenían un galponcillo para el señor con otros aposentos para cuando allí se iba a holgar y a bañar, un estanque grande que tenían hecho, muy labrado de cantería y al estanque venían dos caños de agua, uno caliente y otro frío, y allí se templaba la una con la otra para cuando el señor se quería bañar o sus mujeres, que otra persona no osaría entrar en él so pena de la vida".

[18] El emblema del poder del Inca era el llauto, trenza de lana de diferentes colores que retenía sobre la frente una franja, la maskaipacha. Encima se levantaba una vara rematada por una borla y tres plumas de ave rara; Jerez (1947), p. 331: "los ojos puestos en tierra, sin alzar a mirar a ninguna parte".

[19] Pedro Pizarro (1965), p. 176, es el único que informa de ese detalle: "El Atabaliba estaba en este galponcillo [...] sentado en un dúo, y una manta muy delgada rala que por ella veía, la cual tenían dos mujeres, una de un cabo y otra de otro delante de él, que le tapaban para que nadie le viese, porque lo tenían por costumbre algunos de estos señores no ser vistos de sus vasallos sino raras veces"; para Estete (1938), p. 220, Atahualpa es descrito una vez más a través del velo musulmán: "el cual dicho Hernando Pizarro fué y yo con él, y llegamos a una acequia que se pasaba por una puente, a una casa de placer que estaba en aquel valle, donde el dicho Atabaliba tenía unos baños [...] (véase Atahualpa) sentado en una silletica muy baja del suelo, como los turcos y los moros acostumbrandos sentarse; el cual estaba con tanta majestad y aparato, cual nunca se ha visto jamás porque estaba cercado de mas de seiscientos señores de su tierra".

diera.[20] ¿Sería Soto el que pidió de beber, tomando la iniciativa de un ritual que era exclusivo del Inca? O bien ¿fue Atahualpa el que insistió para que los desconfiados españoles aceptasen una bebida? El hecho es que Soto no tuvo derecho al vaso de oro de Hernando y hubo de contentarse con otro, más común, de plata. Pizarro protestó ante ese favoritismo y aumentó la perplejidad del Inca explicándole que no había diferencias de rango entre sus compañeros y él, que ambos eran capitanes del rey y que habían dejado sus tierras para venir a servirlo en esta comarca y enseñar las verdades de su fe.[21]

Atahualpa no tocó la bebida pues "ayunaba". ¿Se preparaba con esta abstinencia a afrontar a los desconocidos? O bien, ¿concebía la invasión de su imperio como una "mancha", como la consecuencia de una "falta" que él habría cometido —capac hucha— y de la que tendría que purificarse? Durante el periodo que correspondía al mes de noviembre, y que precedía al solsticio y al comienzo de la estación de lluvias, se celebraban los ritos de iniciación de los guerreros. En esta ocasión también se honraba a los difuntos, a los que se sacaba de sus nichos para alimentarlos.[22] Y he aquí que, en ese marco, aparecía un puñado de hombres barbados y agresivos. ¿Según cuáles parámetros podía Atahualpa interpretar su presencia? La idea de aprovechar la presencia de los invasores pasó por la mente de Atahualpa, quien pidió a Hernando Pizarro que lo acompañara a combatir a los indios levantiscos. El conquistador respondió con su fanfarronería habitual que el gobernador Pizarro, su hermano, enviaría a 10 caballeros que, por sí solos, domarían la ferocidad de los indígenas. Esta jactancia hizo gracia al Inca, quien esbozó una sonrisa.[23]

[20] Jerez (1947), p. 331: "¿cómo podía él matar cristianos y caballos, siendo ellos unas gallinas?"

[21] Mena (1938), p. 313: "Allegóse al cacique con poco temor de él y de toda su gente y díjole que alzase la cabeza, que la tenía muy baja, y que le hablase. El cacique le dijo con la cabeza baja que él iría a verle. Dijo el capitán que venían cansados del camino, que les mandase dar a beber. El cacique envió dos indias y trajeron dos copones grandes de oro para beber, y ellos por contentarle hicieron que bebían pero no bebieron y despidiéronse de él"; Trujillo (1948), p. 56: "y entonces salió Atabaliba con dos vasos de oro pequeños, llenos de chicha y dióle uno a Hernando Pizarro, y el otro bebió él, y luego tomó dos vasos de plata y el uno dió al capitán Soto y otro bebió él y entonces le dijo Hernando Pizarro a la lengua: Dile a Atabaliba, que de mí al capitán Soto no hay diferencia, que ambos somos Capitanes del Rey y por hacer lo que el Rey nos manda, dejamos nuestras tierras, y venimos a hacerles entender las cosas de la fé".

[22] Zuidema (1989): los dos meses anteriores al solsticio de diciembre y la estación de lluvias eran los más importantes. Era el periodo en que eran iniciados los jóvenès y el príncipe. La fiesta llamada Itu se celebraba a comienzos de noviembre, después del paso del sol por el cenit posterior al solsticio de junio. Por tanto, había dos fiestas en cada solsticio, precedida cada una de dos ceremonias de menor importancia. Según el calendario de Cuzco, el periodo entre los dos pasos por el cenit, va del 30 de octubre al 21 de noviembre; Guaman Poma de Ayala (1936), f. 257: "En este mes de noviembre mandó el ynga visitar y contar la gente de la visita general deste rreyno y ensayar los capitanes y los soldados a la guerra y repartir mujeres y vasallos...".

[23] Hernando Pizarro (1938), p. 255: "el capitán había ido a hablar con Atabaliba. Yo dejé allí la gente que llevaba, y con dos caballos pasé al aposento; y el capitán le dijo como iba y quién era [...] Díjome que un cacique del pueblo de San Miguel le había enviado a decir que éramos mala gente y no buena para la guerra, y que aquel cacique nos había muerto caballos y gente. Yo le dije que aquella gente de San Miguel eran como mujeres y que un caballo bastaba para toda aquella tierra y que cuando nos viese pelear vería quién éramos: que el gobernador le

Viendo declinar el sol, los conquistadores se despidieron. Antes de partir, Soto hizo caracolear su caballo delante del Inca y sus numerosas mujeres; entre ellas se encontraba probablemente Tocto Chimpu, con la cual ese fogoso conquistador tendría una hija algún tiempo después. El aliento del animal pasó tan cerca del rostro del soberano que se estremecieron los flecos de su emblema real, la *maskaipacha*.[24] El Inca permaneció impasible, pero varias personas, aterradas, dieron un salto atrás. Los españoles supieron al día siguiente que Atahualpa las había hecho ejecutar en castigo de su cobardía.

Los españoles volvieron al galope a Cajamarca. Anunciaron a Pizarro el resultado de su embajada: Atahualpa había aceptado ir a la ciudad en misión de amistad y de paz, y comer con el gobernador. Entonces se retiraron a la Casa de la Serpiente, donde velaron toda la noche, reflexionando largamente sobre lo que convenía hacer al otro día. Cada uno juró sobrepasar al héroe Rolando; sin embargo, el temor los atenaceaba y, en la oscuridad, los miles de fogatas encendidas en el campamento de Atahualpa habían transformado las faldas de la montaña en un cielo estrellado.[25]

LOS EJÉRCITOS FRENTE A FRENTE

Las fuerzas españolas se encontraban concentradas en la ciudad. Habían invadido la plaza con objeto de encerrar a los peruanos en esa trampa. Los efectivos de Pizarro eran 168 hombres. La posteridad los designó simplemente como "los de Cajamarca", para elogiar su valor o condenar sus acciones. Con algunas excepciones, entre ellas la de Hernando Pizarro, que había combatido en Navarra con su padre en 1521, y la de Pedro de Candia, capitán de artillería, cuyo dispositivo no pasaba de ocho arcabuceros, no había entre ellos soldados de oficio.[26] Con los conquistadores se encontraba un cierto número de indios pertenecientes, en su mayoría, a la etnia de los cañari. Esos indígenas, célebres por su valor, constituían las tropas de élite del Inca de Cuzco, Huáscar; cuando el rumor de la presencia de los bergantines extranjeros en la costa llegó a las cañadas verdeantes de Gualaceo y de Taday (Ecuador), algunos caciques cañari acudieron a Tumbes

quería mucho y que si tenía algún enemigo, que se lo dijese [...] Díjome que cuatro jornadas allí estaban unos indios muy recios, que no podia con ellos [...] Díjele que el gobernador enviaría diez de caballo, que bastaba para toda la tierra, que sus indios no eran menester sino para buscar los que se escondiesen. Sonrióse como hombre que no nos tenía en tanto".

[24] Mena (1938), p. 313: "Hernando de Soto arremetió el caballo muchas veces por junto a un escuadrón de piqueros y ellos se retrajeron un paso atrás; le aventaba el caballo con las narices."

[25] Estete (1938), p. 221: "Y así, aquella noche, mostrando los españoles mucho ánimo y regocijo, durmiendo pocos hicimos la guardia en la plaza, de donde se vían los fuegos del ejército de los indios, lo cual era cosa espantable, que como estaban en una ladera, la mayor parte, y tan juntos unos de otros, no parecía sino un cielo muy estrellado"; Mena (1938), p. 312: "Cada uno de los cristianos decía que haría más que Roldán: porque no esperábamos otro socorro sino el de Dios"; P. Pizarro (1965), p. 177: "Con harto miedo toda la noche se pasó en vela."

[26] Lockhart (1972), p. 131.

para ponerse al servicio de Pizarro y ayudarlo a combatir a Atahualpa, su adversario común.[27]

Francisco Pizarro, comandante en jefe de las tropas y capitán de la infantería, era hombre de unos 54 años. Forjado en las pruebas del istmo y de los manglares del Pacífico, se había adaptado a la altitud de la sierra y a un terreno que exigía nuevas estrategias. Provisto de una capitulación real después de tantos años pasados a la sombra de otros conquistadores, no sólo era un caudillo: era la encarnación de la autoridad. Penetrado de su título de gobernador, Pizarro adoptaba la gravedad conveniente. "Era hombre muy cristiano y muy celoso del servicio de Su Majestad, era hombre alto, seco, de buen rostro, la barba rala, valiente [...] hombre de gran verdad, tenía por costumbre de cuando algo le pedían decir siempre de no [...] por no faltar a su palabra..."[28]

La caballería estaba repartida en tres escuadrones, mandados respectivamente por Hernando Pizarro, Benalcázar y Soto, que habían reclutado a sus hombres en función de las solidaridades de parentesco, locales o regionales, según la costumbre de las Antillas y del Darién. Hernando —al que en adelante llamaremos por su nombre, para no confundirlo con su hermano Francisco, "el señor gobernador"— era hijo legítimo del capitán extremeño que había combatido en las filas del Gran Capitán en Italia. De unos 30 años, poseía ya una experiencia militar indiscutible y gozaba, al lado de su hermano mayor, del prestigio que le conferían su nacimiento y el mayorazgo que le correspondía. Hernando, que no había soportado las privaciones de los primeros conquistadores, era un hombre excesivamente pesado para montar a la jineta, pero dotado de gran valor físico. A todos les parecía arrogante y desdeñoso para con los débiles; los testigos lo describen como un individuo altanero, desprovisto de las cualidades carismáticas propias de los *caudillos*.[29] Y es que Hernando era para esos hombres de las Indias un peninsular afectado y tajante, con el cual no habían compartido nada. Para Pizarro, que sentía un afecto profundo hacia sus hermanos, Hernando encarnaba la hidalguía del linaje paterno, del que le había excluido su nacimiento ilegítimo.

Rodeado de sus cuatro hermanos, Pizarro podía sentirse al abrigo de las envidias de sus compañeros, especialmente de Diego de Almagro que aún no había llegado al Perú. El apoyo incondicional de sus parientes hacía menos necesaria la presencia de gente como Benalcázar y Soto, cuyo brillo y valor le hacían sombra. Después de Cajamarca, los irá apartando discretamente de su camino. Juan y Gonzalo Pizarro, bastardos como él, tenían respectivamente 22 y 20 años, y su juventud los colocaba un poco al margen de las mayores responsabilidades. En cuanto a Francisco Martín de Alcántara, el único casado, se había quedado en San Miguel, donde se dedicaba a la explotación de la tierra con ayuda de los indios.

Sebastián de Benalcázar, al igual que Hernando de Soto, se había for-

---

[27] Oberem (1974-1976), pp. 265-267.

[28] P. Pizarro (1965), p. 210. Véase igualmente Lockhart (1972), pp. 135-157 y Lohmann Villena (1986).

[29] Lockhart (1972), pp. 157-168, da una biografía de ese conquistador.

mado en las cabalgatas y las guerrillas de Panamá y de Nicaragua. Ambos se conocían desde la expedición de Pedrarias al Darién, pero las diferencias de condición —Benalcázar era de origen muy modesto— y las rivalidades inherentes a la conquista los habían separado. Los dos conquistadores no ejercían el mismo ascendiente sobre el gobernador. Soto, "hombre pequeño, diestro en la guerra de los indios y valiente, afable con los soldados",[30] era su lugarteniente principal. Siempre en la vanguardia, a él le confiaba Pizarro las misiones más delicadas. Como Pizarro y Almagro, ambos habían pasado más de la mitad de su vida en las Indias, y sus modales directos y bruscos no se veían coartados por fórmulas de cortesía ni por aquella afectación que caracterizaba a los peninsulares como Hernando. La mayoría de esos conquistadores eran analfabetos, con excepción de Soto. Habituados a vivir entre los indios, preferían la emoción de las relaciones pasajeras a la rutina de un hogar legítimo y convencional con una esposa española: Soto aún no estaba casado con la hija de Pedrarias en el momento de la conquista del Perú. No habían ido a las Indias para establecerse ni para insertarse en las redes de limitaciones y de convenciones que regían las relaciones sociales y familiares en España. Arrancados a la familia, a la "patria", a su medio original, como los héroes de las novelas de caballerías que los inspiraban, sólo existían en y para la aventura.[31]

La Iglesia estaba casi ausente de la conquista —como lo había estado en la expedición de Cortés— y se reducía al hermano Vicente Valverde, converso por su madre. Este dominico de gran cultura humanista había estudiado teología en Salamanca con Vitoria y su instrucción le confería, después de la de Pizarro, una influencia considerable en las deliberaciones. Aunque las capitulaciones de 1529 establecían que seis dominicos irían al Perú, Valverde fue el único en llegar a la cordillera central; ahí lo esperaba una función notable.[32]

Entre "los de Cajamarca", con excepción de una veintena de hidalgos, entre ellos el cronista Cristóbal de Mena, los plebeyos constituían la mayoría. Estaban representados todos los estados: notarios y escribanos públicos como Francisco de Jerez, Pedro Sancho y Miguel de Estete, 13 mercaderes, cuatro sastres, dos herreros, un carpintero, un escultor, un barbero, un tonelero, marineros convertidos en soldados de infantería, hombres de cepa campesina, sin olvidar al pregonero, del que la costumbre establecía

---

[30] P. Pizarro (1965), p. 211. Para una biografía de este conquistador, véase Albornoz (1971) y Lockhart (1972), pp. 190-201.

[31] Lockhart (1972), pp. 24-25, hace el retrato típico del conquistador. El análisis hecho por Roberto Castel de la desafiliación como "separación por relación a las regulaciones a través de las cuales la vida social se reproduce y se dirige" parece pertinente para comprender esta primera generación de conquistadores, que ilustraron Balboa, Pizarro, Almagro, Benalcázar y, en cierto modo, Soto. Véase Robert Castel: "Le roman de la désaffiliation. À propos de Tristan et Iseut", *Le Débat*, núm. 61, septiembre-octubre 1990, pp. 152-164.

[32] Lockhart (1972), p. 202: dos de estos sacerdotes murieron y los otros abandonaron la empresa. Pedraza, al frente del grupo, también partió rumbo a Panamá, donde murió. Se descubrió entonces que poseía una fortuna en esmeraldas, que llevaba cosidas al interior de su ropa. El dominico Las Casas, enviado por esta época al Perú, abandonará esta misión por razones que se desconocen. Véase Las Casas (1967) t. I, p. LXXXVI.

que fuese elegido entre los hombres de color. Ese mulato era un hombre libre originario de la región de Trujillo, que también tocaba la cornamusa, mezclando el toque de su instrumento con el de las dos trompetas cuyos sonidos estridentes provocaban pánico entre los indios.[33]

¿De cuántos hombres disponía Atahualpa? Jerez da la cifra de cerca de 40 000. Los españoles siempre insistieron en el desequilibrio de las fuerzas opuestas. Era indiscutible el poderío de los ejércitos de Atahualpa, que acababan de obtener una victoria sobre Huáscar en el sur de Ecuador y que habían reprimido con el mayor rigor la rebelión de los cañari. El Imperio inca había subyugado a los *kuraqa* andinos y los había integrado a una red tributaria; ello no se había producido sin choques, especialmente en las fronteras del Tawantinsuyu, donde habían fracasado las tentativas regionales por sacudirse el yugo inca: en Otavalo la resistencia local fue ahogada en sangre y, según la tradición, las aguas del lago al que fueron arrojados los cadáveres de los insurrectos se tiñeron de rojo, lo que valió al lago el nombre de Yahuarcocha, "el lago de Sangre", que lleva hasta hoy. En el momento de la entrevista de Cajamarca, Chalcuchima y Quizquiz, dos capitanes de Atahualpa, se encontraban en la región del lago Titicaca donde sofocaban la rebelión kolla, mientras que el Inca Huáscar había sido hecho prisionero, probablemente desde el mes de enero de aquel año. Por tanto, los efectivos de Atahualpa estaban dispersos y el Inca, además, tenía dificultades para incluir a Pizarro y a los "hombres de la mar" en su propia estrategia.[34]

La vanguardia del ejército inca estaba formada por guerreros provistos de hondas, que hacían caer sobre el campo enemigo una verdadera lluvia de piedras; iban seguidos por batallones armados de mazas y de hachas con hoja de sílex, de cobre o de plata. Luego venían hombres provistos de *ayllu*, arma arrojadiza formada por tres piedras unidas por cordones que se enrollaban alrededor de las piernas del enemigo. En último lugar venían los lanceros y los arqueros, armados de rodelas de madera y de bambú, que llevaban camisas acolchadas de algodón. Unos músicos escoltaban las fuerzas del Inca: tamborines, flautas tubulares y caracoles marinos de sonido poderoso que resonaban en los valles provocando un eco aterrador. La eficacia de los ejércitos incaicos reposaba en el encuadramiento disciplinado de los escuadrones y en el número de guerreros. Durante los combates, este orden imponente se rompía y, para desconcertar al enemigo, los batallones se dislocaban, entre gritos y confusión.[35] Como en toda guerra, los encuentros eran precedidos por gestos rituales. Se decía que los incas pronunciaban un discurso convenido sobre las ventajas de la *pax incaica* que proponían; esos preliminares funcionaban, en cierto modo, como un requerimiento cuyo alcance simbólico no debemos subestimar.

---

[33] Lockhart (1972), pp. 370 y 380.

[34] Sobre las estrategias militares de Atahualpa se puede consultar a Kubler (1945).

[35] Jerez (1947), p. 334: "Todos vienen repartidos en sus escuadras con sus banderas y capitanes que los mandan, con tanto concierto como los turcos." Según Cobo (1956), t. II, p. 256: "el modo de pelear era embestir de tropel con gran vocería y algazara en sus contrarios para

Para los peruanos, la victoria de un ejército dependía en última instancia de las fuerzas no humanas encarnadas en los *huaca*, entidades epónimas de configuraciones diversas. En Cajamarca, como en otras partes, cada grupo étnico y cada linaje tenía sus propios *huaca*, que tomaban la forma, casi todo el tiempo, de una montaña, de un accidente del relieve o de un objeto singular. Esas potencias telúricas encarnaban igualmente en las momias ancestrales que eran concebidas como especies de plantas, según metáforas agrícolas frecuentes en esta región. Los "hombres de Cajamarca" ignoraban prácticamente todo de esta metafísica andina. Y sin embargo, sin que ellos lo supieran, confería un sentido nuevo a sus actitudes. La insistencia de los conquistadores en imponer su dios a sus adversarios podía ser interpretada a la peruana, a la manera de un desafío lanzado por los *huaca* cristianos —es decir, la cruz, el estandarte de la Virgen u otro emblema religioso— a los *huaca* ancestrales.

LA CAPTURA DEL INCA ATAHUALPA

El 16 de noviembre de 1532 en Cajamarca, a la puesta del sol, el Imperio inca, que había hecho temblar a los pueblos de la cordillera de los Andes, iba a recibir un golpe mortal. Los centinelas españoles colocados sobre el promontorio de la ciudadela —de la "mezquita"— observaban los preparativos del ejército adversario, cuya lentitud ponía a prueba los nervios más sólidos. Resplandores de oro ascendían del valle, pues los guerreros indios se habían puesto sus diademas, y sus adornos cintilaban al sol. Los europeos estaban preocupados: el brillo del metal que les había hecho soñar durante las sofocantes noches del Pacífico, consolándoles de los horrores del hambre y de las picaduras de los mosquitos, se había convertido en un signo nefasto.[36] Pizarro ordenó a los tres capitanes de caballería ocultar sus escuadrones respectivos en los edificios de la gran plaza y estar dispuestos a atacar a la primera señal. Después de la agitación de la víspera, un silencio de plomo cayó sobre la ciudad; no se oían ya tintinear los cascabeles de los arneses, y los caballos, como sus amos, se inmovilizaron. El gobernador dispuso a unos ocho hombres en torno de los cruces que partían de la explanada; luego, a su vez, se ocultó con los 24 soldados de infantería restantes.[37]

Pizarro quería hacer creer a Atahualpa que el temor los paralizaba; por tanto, le dejaría tomar posesión de la plaza; luego haría irrupción con su compañía y, aprovechando la sorpresa creada, capturaría al Inca al grito de "¡Santiago!"; la artillería de Pedro de Candia entraría en acción, y la caballería se lanzaría sobre los indios. Previamente, el hermano Valverde debía pronunciar el indispensable requerimiento. La Iglesia tenía, esta vez, el papel más arriesgado, pues el dominico debería avanzar solo hasta el centro

---

amedrentarlos, sin guardar concierto y orden de escuadrones formados con la traza y distinción que la milicia enseña".

[36] Trujillo (1948), p. 222: "tan gran resplandor que ponía espanto y temor de verlos".

[37] *Ibid.*, (1948), p. 57; Estete (1938), p. 222.

de una multitud cuyas reacciones se ignoraban. Antes de desencadenar las operaciones —los peruanos parecían no tener prisa en abandonar su campamento—, Pizarro y Soto inspeccionaron las casas y exhortaron a los hombres, "diciéndoles a todos que hiciesen de sus corazones fortalezas, pues no tenían otras, ni otro socorro que el de Dios".[38] Por cada cristiano podían contarse 500 indios. Así, la situación parecía desesperada, y muchos se orinaban, de tan intenso que era su temor.[39]

La espera duró toda una jornada. Pronto iba a caer la noche, y Atahualpa seguía sin mostrarse. Pizarro le envió a un mensajero, Aldana, que mascullaba algunas palabras de quechua, aprendidas en el terreno. El hombre regresó con noticias inquietantes: había visto a los peruanos ocultar armas bajo sus túnicas, lo que revelaba mucho sobre sus intenciones y el valor de sus promesas. En ocasión de esta embajada, Atahualpa había querido arrancar su espada a Aldana, sin lograrlo; poco había faltado para que diesen muerte al mensajero. Por último, el Inca lo había dejado ir anunciándole que estaba dispuesto a encontrarse con Pizarro. Aldana había vuelto precipitadamente a Cajamarca y sólo había debido su salvación a la rapidez de su caballo.[40]

A la hora del crepúsculo, las fuerzas del Inca se pusieron en marcha, y penetraron unas tras otras en la gran plaza. Pudo verse llegar primero a un grupo de 300 hombres llevando camisas a cuadros rojos y blancos, como las casillas de un tablero de damas. Dieron vuelta en torno de un gran edificio, recogiendo con sus manos hasta el menor guijarro, la menor brizna de hierba. Luego entró un segundo contingente de un millar de hombres, armados con picas de madera, seguido de un tercero. Tocó entonces el turno al Gran Señor de las llanuras, el cacique de Chincha y de los *kuraqa* de Cajamarca, llevado solemnemente en litera. Por último, sobre una silla tapizada de plumas de loro y de placas de oro y de plata, sostenido por 80 hombres vestidos de azul, hizo su entrada Atahualpa. Se había puesto una rica túnica y sus emblemas solares. Un soberbio collar de esmeraldas adornaba su cuello. Pronto, una multitud de cerca de 7 000 hombres tomó posesión de los lugares.[41]

Como no se veía ningún español, Atahualpa creyó que habían emprendido la fuga. Pero pronto el hermano Valverde, acompañado de uno de los intérpretes y llevando en una mano la Biblia y en la otra una cruz, avanzó para pronunciar el requerimiento: "He aquí las palabras de Dios", dijo el sacerdote al Inca. Atahualpa tomó el libro y recorrió rápidamente su contenido. Luego lo lanzó por tierra, "no maravillándose de las letras ni del papel".[42] Situación insólita en que el Inca vio cómo su adversario le presentaba un sucedáneo del tejido —el término quechua que servirá para

[38] Jerez (1947), p. 332.

[39] Pedro Pizarro (1965), p. 177: " porque yo oí a muchos españoles que sin sentillo se orinaban de puro temor".

[40] Aldana "entendía un poco de la lengua de los indios porque lo avía procurado", dice Cieza de León, que da algunos detalles sobre su entrevista con Atahualpa y sobre el retorno del conquistador, más muerto que vivo: "Aldana que no las tenía todas consigo hizo su acatamiento y a paso largo bolbió donde estava Piçarro", en Cantú (1979), p. 248.

[41] Estete (1938), pp. 222-224, nos da la descripción más detallada de la escena.

[42] Jerez (1947), p. 332.

designar la escritura alfabética, *quellca*, que se aplicaba al dibujo de las telas—, mientras que era él quien, según una tradición inmemorial, inauguraba las negociaciones con sus enemigos ofreciéndoles piezas tejidas... Atahualpa entabló un vivo diálogo con el sacerdote: "Yo sé cómo habéis tratado a mis caciques y robado telas en mis casas." A Valverde le costaba trabajo justificar el saqueo de los graneros; en ese punto, el Inca se mostraba intratable. "No partiré de aquí antes que se me haya devuelto todo", respondió furioso. La tensión llegaba a su clímax y el dominico, recogiendo el vuelo de su sotana, volvió a toda prisa al edificio en que se escondían Pizarro y sus hombres. "¿No véis lo que pasa?", gritó, fuera de sí. "¿Para qué estáis en comedimientos y requerimientos con este perro lleno de soberbia, que vienen los campos llenos de indios? ¡Salid a él, que yo os absuelvo!"[43] Pizarro tomó entonces su rodela y su espada; escoltado por sus 80 compañeros, se abrió camino entre la multitud hasta llegar a la litera de Atahualpa y, sin vacilar, tomó al Inca por el brazo izquierdo gritando: "*¡Santiago!*"[44]

Sonaron las trompetas. A esta señal, los conquistadores se precipitaron sobre la plaza mientras que la artillería de Pedro de Candia abría el fuego, sembrando el pánico. Viendo al Inca por tierra —pese a los esfuerzos de los cargadores que le defendieron hasta la muerte, relevándose para sostener la silla— la multitud se precipitó fuera de la plaza. Pero los dos accesos eran muy estrechos y muchos perecieron aplastados en la aglomeración. Un pedazo de pared se desplomó bajo la presión de la masa, provocando centenares de muertos; las espadas hicieron el resto.[45] Dos mil indios, entre ellos el señor de Cajamarca, perecieron en menos de una hora; los españoles sólo tuvieron que deplorar una pérdida, la de un negro que cayó en combate (el heraldo) y algunos heridos; entre ellos, Francisco de Jerez, que se fracturó una pierna.[46]

Pizarro no soltaba a Atahualpa, cuyo atuendo fue desgarrado por quienes trataban de librarlo de la silla. El conquistador impidió a sus hombres matarlo y él mismo, en el tumulto, recibió una herida. Cuando terminó la confusión, el suelo de la plaza estaba cubierto de cadáveres. Pizarro se replegó a la casa más grande de la plaza, con su ilustre cautivo. Puede imaginarse que dedicó al Inca un discurso edificante para explicarle que Dios había querido su victoria para castigarlo por haber arrojado el libro sagra-

---

[43] Estete (1938), p. 224. De todas las versiones que poseemos de este episodio, la de Estete es la que mejor representa la intensidad dramática del momento; Cieza de León, en Cantú (1979), p. 251, describe con realismo la escena: "cobrado el brevario, alçadas las faldas del manto, con mucha prieça bolbió a Piçarro diziéndo que el tirano Atabaliba venia como daño de perro, que diesen en él".

[44] Jerez (1947), p. 332; el primero que puso la mano sobre Atahualpa fue un tal Miguel Estete de Santo Domingo, "hombre de a pie", homónimo y pariente del otro Estete, el cronista; en la confusión, hirió accidentalmente a Pizarro. Cieza de León, en Cantú (1979), cita su nombre, p. 252. Para una breve biografía de ese personaje, véase a Lockhart (1972), pp. 320-322.

[45] Trujillo (1948), p. 59: "y en las calles que defendían la salida apechugaron con un lienzo de unas parés y lo hallanaron por el suelo, y allí en la plaza cayó tanta gente una sobre otra que se ahogaron muchos, que de ocho mil yndios que allí murieron más de las dos partes fueron muertos de esta manera".

[46] Jerez (1947), p. 333: "En todo esto no alzó indio armas contra español."

do,[47] haciendo mención a los héroes de novela que Cervantes parodiaría mucho más adelante. Después de tantas emociones llegó la hora de comer, y el gobernador hizo los honores de su mesa a Atahualpa. Permitió al Inca disponer de algunas mujeres para su servicio e hizo que le instalaran un lecho en su cámara.[48] El botín de la batalla superó las esperanzas de los vencedores. Además de los objetos de oro y de plata, las piedras preciosas, los vasos y las telas, los españoles capturaron gran número de mujeres de la corte del Inca, algunas de las cuales eran "muy hermosas y atractivas, de largos cabellos y vestidas según su modo, que es el de los nobles."[49] Las crónicas sugieren púdicamente lo que debió ser el reposo de los guerreros de Cajamarca.

La facilidad con que los españoles obtuvieron esta victoria puede parecer incomprensible. Lo cierto es que los peruanos no entablaron el combate, cuando los conquistadores estuvieron a su alcance. En lugar de tomar a los españoles por la retaguardia, el capitán Rumiñahui, "Ojo de Piedra", huyó con sus tropas hacia el norte. Indiscutiblemente la ayuda prestada por ciertos caciques a los conquistadores, las divisiones entre los dos Incas y el recuerdo de las invasiones cuzqueñas decidieron a cierto número de etnias, si no a unirse a los españoles, al menos a no obstaculizar su avance. Éstos disponían de armas más eficaces, especialmente las espadas y los cuchillos de acero de Toledo, los más resistentes de Europa. En cuanto a los arcabuces, eran de uso menos común, por ser pesados de llevar y de maniobra complicada. En cambio la caballería, lanzada contra hombres a pie y extremadamente móvil —los conquistadores habían adoptado la equitación a la jineta de los árabes, lo que les dejaba una mano libre para luchar y permitía a sus monturas cargar o dar vuelta con gran agilidad—, desempeñó un papel determinante, intensificado por el efecto de la sorpresa y del pánico.[50] Los caballos aterrorizaban a los indios, que los tomaban por monstruos, aunque Atahualpa se había esforzado por tranquilizar a sus súbditos afirmando lo contrario.[51] Por último Pizarro, que al menos desde la víspera conocía el ritual que rodeaba a Atahualpa, había acabado con su aura, tomándolo directamente del brazo. Con ese gesto sacrílego el conquistador acababa de poner al desnudo al soberano —por lo demás, lo estaba literal-

---

[47] *Ibid.*, p. 333.

[48] *Ibid.*, p. 333: "Se fueron a cenar y el Gobernador hizo asentar a su mesa a Atabaliba [...] mandó dar de sus mujeres que fueron presas las que él quiso para su servicio, mandóle dar una cama en la cámara que el mismo Gobernador dormía."

[49] Cieza de León, en Cantú (1979), p. 253.

[50] A propósito de las armas de los españoles, véase Hemming (1984), pp. 105-107; sobre los caballos de los conquistadores, Cunningham Graham (1930). La confusión de Cajamarca tiene su equivalente contemporáneo en Bucarest, donde un petardo, lanzado en la plaza el 21 de diciembre de 1989 en el momento de la alocución de Nicolás Ceausescu, sembró el pánico entre la multitud con los resultados que todos sabemos. Véase el documento filmado y presentado en *Antenne 2* el 21 de diciembre de 1990.

[51] Cieza de León, en Cantú (1979), p. 244, atribuye a Atahualpa las frases siguientes: "Qué pensáis que no son aquellos sino animales que en la tierra de los que los traen naçen como en la vuestra ovejas y carneros para que huyáis dellos?" Según Kubler (1945), pp. 420-421, los españoles eran considerados como simples seres humanos por Atahualpa.

mente, ya que le habían arrancado la túnica—, reduciéndolo a la condición de simple mortal.[52]

¿Tomaron los peruanos a los españoles "por dioses"? Los conquistadores tenían interés en darse esta reputación.[53] Se ha conservado en la memoria el éxito logrado por Pedro de Candia con su arcabuz, que los indios confundieron con el rayo. En cuanto a Pizarro, su rango y su potencia le valieron el título de *apo*, concedido a la vez a los grandes señores, a los antepasados y a los poderosos *huaca* de la montaña. Sin embargo, es poco probable que la identificación de los españoles con Viracocha, figura mítica de los Andes, de atributos múltiples, asociado al sol y al rayo, naciera ese día. El hecho es que "los hombres de la mar" habían llegado del sitio en que Tici Viracocha había desaparecido después de haber creado a la humanidad.[54]

Los españoles no eran tomados como dioses por la sencilla razón de que éstos no existían en la visión del mundo incaica, al menos, no en el sentido que nosotros le atribuimos a esa palabra. Tampoco eran *huaca*, pues esos entes estaban ligados al sol, a la tierra y a las raíces profundas que las familias mantenían con la tierra y con sus ancestros momificados. Colocados necesariamente bajo el signo de la errancia, eran, incluso, todo lo contrario, y esto era precisamente lo que los hacía tan temibles: "los hombres de la mar" estaban, a ojos de los peruanos, desprovistos de todo anclaje telúrico. Llegados de la nada, desarraigados, fuera de su comunidad, los conquistadores representaban para ese pueblo agrario una verdadera aberración: eran gente sin tierra, desterrados.[55]

---

[52] Pedro Pizarro (1965), p. 178: "porque a no prendelle, no se ganara la tierra como se ganó"; ese mismo cronista explica (p. 187) que todo lo que había sido tocado por el Inca era recogido y quemado para que nadie lo tocara.

[53] Eso es lo que afirma Franklin Pease (1989).

[54] Pedro Pizarro (1965), p. 183; "Testimonio de don Cayo Inca", 1572, en Guillén Guillén (1978), p. 41: "Este testigo oyó decir y se dijo públicamente que habían venido unos hijos de la mar y que venian por todos los pueblos de la orilla del mar conquistando y peleando con los indios naturales de estas partes y que los vencían a todos [...] se rindieron porque decían que el hombre y el caballo era todo uno y que sacando el caballo la cola mataban los indios, que pensaban que el arcabuz era la cola del propio caballo y lo mismo la espada", Cieza de León, en Cantú (1979), p. 256. El acercamiento de Viracocha y los invasores es más tardío; entonces, Viracocha es considerado como una especie de apóstol, y sus rasgos son los de un misionero, como aparece claramente en el texto de Betanzos (1987), pp. 14-15: "y dejando orden como después que él pasase produciese los orejones se partió adelante haciendo su obra y como llegase a la provincia de Puerto Viejo se juntó allí con los suyos [...] se metió por el mar juntamente con ellos por do dicen que andaba él y los suyos por el agua así como si anduviera por la tierra".

[55] Eso es lo que sugiere la versión de Zárate (1947), que data de 1555, p. 463: "Por toda la costa salían a ellos indios de guerra dándoles gritas y llamándolos desterrados, y que tenían cabellos en las caras y que eran criados del espuma de la mar, sin tener otro linaje pues por ella habían venido, y que para qué andaban vagando el mundo; que debían ser grandes holgazanes pues en ninguna parte paraban a labrar ni a sembrar tierra."

TODO EL ORO DEL PERÚ

Atahualpa

> era hombre de treinta años, bien apersonado y dispuesto, algo grueso; el rostro grande, hermoso y feroz, los ojos encarnizados en sangre; hablaba con mucha gravedad como gran señor; hacía muy vivos razonamientos y entendidos por los españoles conoscían ser hombre sabio; era hombre alegre aunque crudo; hablando con los suyos era muy robusto y no mostraba alegría.[56]

Al comienzo, había creído que Pizarro le daría muerte "y le dijeron que no, porque los christianos con aquel impetu matavan, mas que después, no, y le hicieron entender que él se iría a Quito a la tierra que su padre le dejó".[57] De hecho, el Inca había prometido a Pizarro llenar una casa con todo el oro del Perú para pagar su rescate. Le señaló la existencia del santuario de Pachacamac, situado en la costa, al sur de Tumbes, donde podría encontrar todas las riquezas que quisiera. ¿Cálculo pérfido? La *huaca* de Pachacamac no había sabido predecir la derrota del Inca. Excitando a los españoles a saquear ese santuario, Atahualpa se vengaba del silencio del oráculo.

Hernando Pizarro, acompañado de los artilleros y de 20 jinetes con caballos herrados con oro —el hierro faltaba en aquellas provincias—, atravesó la región de Jauja.[58] Luego los conquistadores llegaron, no lejos de Chincha, a la gran *huaca* de Pachacamac, que dominaba el inmenso mar gris. Jamás sabremos si el maleficio de ese paisaje actuó sobre un hombre tan poco inclinado a las emociones como Hernando, ni si su mirada se posó sobre los pelícanos de la playa y las embarcaciones de los pescadores, que las olas habían hecho regresar a la orilla. En todo caso, el santuario los decepcionó. Habían imaginado, sin duda, un palacio de oro lleno de piedras preciosas. En su lugar encontraron una sala oscura y hedionda —sin duda, a causa del olor de la sangre y de los restos de las ofrendas animales—, en que se levantaba una figura de madera que los indígenas veneraban.[59] Al pie de este ídolo rústico alguien había dejado algunas joyas de oro, que no compensaban los peligros corridos en el camino. Imitando al ilustre Cortés, Hernando destrozó el ídolo, y los *kuraqa* de los alrededores se inclinaron ante el nuevo señor. Luego interrogó a un viejo guardián del santuario, que se negó a entregarle sus tesoros. Pero más de 20 000 indios, enterados de la llegada de los extranjeros, acudieron de todos los valles cercanos, llevando los presentes más diversos: oro y plata, para pagar el rescate del Inca, así como pájaros, patos, sapos, culebras, tejidos, jarras de cerveza, joyas, llamas y mujeres.[60] Hernando ordenó hacer unos bultos y expidió el botín a Cajamarca. En el camino de regreso, volvió a pasar por Jauja, donde

---

[56] Jerez (1947), p. 236.
[57] Trujillo (1948), p. 59.
[58] Mena (1938), p. 321.
[59] Estete (1947), p. 339. Hernando Pizarro (1938), pp. 260-262.
[60] "Testimonio de Diego Cayo Inga", en Guillén Guillén (1978), p. 46.

tomó como rehén al *kuraqa* Chalcuchima. Éste compareció en presencia del Inca: llevando sobre las espaldas una carga en señal de humildad y levantando los brazos al cielo, dio gracias al sol por haberle permitido volver a ver a su amo.

Pizarro envió igualmente a tres españoles a Cuzco, acompañados de un *orejón* y de un cortejo de indios. Martín Bueno, Pedro Martín de Moguer y un negro anónimo atravesaron la cordillera central en litera, a la manera de los *kuraqa*, y fueron tratados como tales. Al llegar a Cuzco, uno de los capitanes de Atahualpa, Quizquiz, manifestó curiosidad hacia aquellos extranjeros por los que, por lo demás, no concibió ninguna estima.[61] Fueron recibidos por los partidarios de Huáscar, el rival de Atahualpa, quien contaba con aquellos desconocidos para que lo libraran del Inca de Quito. Los españoles descubrieron las fabulosas riquezas de Coricancha, el templo del Sol: se apoderaron de los animales y de las plantas esculpidas, de perlas, de placas y de discos que los habían maravillado, y los mandaron a Cajamarca, a lomo de hombre. Al lado de esos tesoros dignos de Salomón observaron costumbres extrañas. Cuando quisieron penetrar en un recinto del templo, a la entrada, una mujer con máscara de oro, que se abanicaba y ahuyentaba las moscas, los obligó a descalzarse; ellos obedecieron, y en el interior encontraron formas humanas disecadas y suntuosamente vestidas. Eran las momias de los Incas. ¿Quién sabe qué impresión provocaron aquellos cadáveres sobre los españoles? Respetando la promesa hecha a Atahualpa, no tocaron los objetos consagrados al culto de sus antepasados.[62]

En Cajamarca la vida había tomado un ritmo nuevo. Pizarro se había apresurado a consagrar ahí una iglesia y a distribuir las tierras de la comuna. El cautiverio no impedía a Atahualpa recibir cada día la visita de los señores y de los miembros de su casa; rendían homenaje a Pizarro y se inclinaban ante él, respetando el ritual de sumisión al Hijo del Sol.[63] Gran número de mujeres —tenía cerca de 5 000 concubinas— lo acompañaban. Tejían para él, como en el pasado, telas espléndidas, cuya finura y motivos fascinaban a los españoles; gracias a ellas, nunca faltaba la cerveza de maíz y, con su presencia y sus actividades, mantenían la ilusión de una continuidad, rota por las innovaciones de Pizarro. Entre esas mujeres se encontraba la joven y graciosa Quispe Sisa, hija de Huayna Capac, de 17 años. Atahualpa la ofreció a Pizarro para sellar una alianza con su nuevo

---

[61] Jerez (1947), p. 335; Pizarro (1965), p. 183; Mena (1938), p. 320: "llevaron mucha gente que los llevaron en hamacas y eran muy bien servidos". Quizquiz "estimó muy poco a los cristianos aunque se maravilló mucho de ellos"; Cieza de León, en Cantú (1979), p. 264: "servíanlos los indios por dondequiera que pasavan: no faltava sino adorallos por dioses, según los estimavan. Crían que avía en ellos encerrada alguna deidad".

[62] Mena (1938), pp. 320-321: "en aquella casa estaban muchas mujeres y estaban dos indios en manera de embalsamados y junto con ellos estaba una mujer viva con una máscara de oro en la cara aventando con un aventador el polvo y las moscas [...] La mujer no los consintió dentro si no se descalzasen y descalzándose fueron a ver aquellos bultos secos y les sacaron muchas piezas ricas; y no se las acabaron de sacar todas porque el cacique Atabaliba les había rogado que no se las sacasen diciendo que aquel era su padre el Cuzco".

[63] Jerez (1947), p. 336: "como ante él llegaban, le hacían gran acatamiento, besándole los pies y las manos; él los recibía sin mirallos".

amo. *La Pizpita*, como la llamó el conquistador, por el nombre de un pájaro de Extremadura, bonito y vivaracho como ella, se volvió su compañera después de ser bautizada con el nombre de doña Inés Yupanqui. Poco tiempo después, dio a Pizarro dos hijos, Francisca y Gonzalo.[64]

Las jornadas transcurrían en visitas, promesas e intrigas de todas clases. Atahualpa había aprendido a jugar al ajedrez con Hernando. De todas las regiones del reino convergían cargamentos de oro y de plata para reunir el rescate. Por muy excepcional que parezca, la situación evoca en ciertos aspectos el encuentro entre Cortés y Moctezuma 12 años antes. Mientras que los españoles seguían con sus viejos atuendos castellanos, a los que la luz del sol y el polvo de la sierra habían dado un color indefinible, Atahualpa se ponía cada día atuendos reales con los que nunca se ataviaba dos veces; muchos debieron envidiarle el manto de pelo de murciélago que sus súbditos de Manta habían confeccionado para él.

Sin embargo, dos noticias vinieron a empañar el triunfo de Pizarro: el anuncio de la muerte del medio hermano de Atahualpa, Huáscar, ejecutado sin que lo supiera Pizarro, y la llegada de Diego de Almagro. El Inca de Cuzco había caído en manos de las tropas leales a Atahualpa, y fue amarrado con unas cuerdas que le atravesaban los hombros, de parte a parte. Temiendo que fuese liberado por los españoles, los partidarios de Atahualpa lo remataron, arrojando su cadáver a un río y privando así al último soberano de Cuzco de sepultura y de eternidad.[65] Atahualpa se defendió de la acusación de haber ordenado secretamente la ejecución de su hermano, pero la muerte de Huáscar servía a sus intereses y no es muy creíble que sus partidarios hayan realizado tal atrocidad sin su consentimiento.

Mientras tanto, Diego de Almagro por fin había desembarcado en Puerto Viejo con un centenar de hombres y se había dirigido a San Miguel, donde recibió la noticia de la hazaña de Pizarro. Respetando los acuerdos de compañía que lo ligaban al gobernador, subió hasta Cajamarca y fue bien recibido por su amigo, a quien llevaba los refuerzos necesarios para la prosecución de la Conquista. Pero Atahualpa, que no había perdido la esperanza de recuperar el dominio de la situación, vio con malos ojos la llegada de esas tropas suplementarias. Comprendió entonces que el mar no era la barrera infranqueable que él y sus antepasados habían imaginado; al mismo tiempo, el Tawantinsuyu, cuyos contornos se confundían con el universo, dejaba de ser el corazón de éste. Almagro, por su parte, desconfiaba del Inca, de quien sospechaba que, desde lejos, dirigía a sus capitanes. Le parecía que la liberalidad de Pizarro para con Atahualpa amenazaba la prosecución de las operaciones, pues el Inca recibía cotidianamente emisarios y sin duda tramaba una conspiración. Almagro pidió, pues, la eliminación del soberano.

---

[64] Rostworowski (1989), p. 17; esta unión sólo duró dos años. En 1538, Inés Yupanqui ya era la esposa legítima de Francisco de Ampuero, paje de Hernando Pizarro. Francisca Pizarro casó después con su tío Hernando y vivió en España.

[65] Pedro Pizarro (1965), p. 179: "porque le habían tratado muy mal al Guascar en la prisión y le traían horadadas las astillas de los hombros y por ellas metidas unas sogas". Cieza de León, en Cantú (1979), p. 263: "caso lamentable por aquellas gentes que tienen a los ahoga-

LA MUERTE DE ATAHUALPA

Con el retorno de las dos expediciones, la de Hernando Pizarro a Pachacamac y la de los tres emisarios a Cuzco, el botín recogido alcanzó proporciones fabulosas. El rescate de Atahualpa estaba largamente cubierto, pero Pizarro temía liberar al Inca y difería el cumplimiento de sus promesas. Desde Cuzco, los españoles volvieron con maravillas de orfebrería después de haber saqueado el templo del Sol. Todas las piezas fueron fundidas para proceder al reparto del botín entre todos "los de Cajamarca", sin olvidar a Almagro y a sus hombres ni a los colonos que se habían quedado en San Miguel.[66] El hecho, cien veces ya repetido en México y en la Castilla del Oro, borraba para siempre la perfección de las formas y la belleza del trabajo de los orfebres. Después de ser tan codiciado, el oro dejó de ser una rareza; en cambio, el precio de los caballos y hasta del vino alcanzó sumas exorbitantes. Los patrones habituales ya no tenían curso. Como en México, la invasión española inauguraba una fase de gran turbulencia en la que, para todos, conquistadores e indios, las señales se confundían.

Hernando fue encargado por su hermano de escoltar el quinto del botín que correspondía a la Corona; esta fortuna serviría para financiar la guerra del césar Carlos contra los turcos. Aquellos a quienes la campaña había decepcionado y que sentían la nostalgia del terruño partieron rumbo a España junto con él. Un enorme rebaño de llamas salió de Cajamarca con dirección a la costa del Pacífico, con el precioso cargamento. Luego, unos navíos lo llevaron hacia el norte y cuando los conquistadores tocaron Panamá, antes de llegar a las orillas atlánticas, la noticia de las riquezas prodigiosas del Perú cundió como reguero de pólvora, haciendo acudir a los Andes a centenares de aventureros.

La partida de Hernando no facilitó las cosas para Atahualpa. Parece que entre los dos hombres había nacido una cierta amistad. Viendo alejarse al hermano de Pizarro, el Inca, con razón, temió por su vida. Por Cajamarca circulaban los rumores más inquietantes. Decíase que el capitán Rumiñahui estaba reuniendo un ejército de 200 000 hombres de guerra y de 30 000 guerreros antropófagos originarios de la selva para exterminar a los españoles. El intérprete Felipillo contribuyó a alimentar esos rumores, que por lo demás no eran tan infundados como lo aseguraba Atahualpa. Felipillo pertenecía a una etnia de la región de Piura, y detestaba al Inca. Seducido por una de las mujeres del soberano a la cual no podía pretender, intrigó ante Pizarro, traduciendo erróneamente las frases de Atahualpa y de Chalcuchima, para hacerle creer que en Caxas se preparaba una operación de represalia. El gobernador envió ahí sin demora a Hernando de Soto, el hombre de las misiones difíciles. El ambiente se puso tenso y, cediendo a las presiones de Almagro y de una gran parte de las tropas, Piza-

dos e quemados con fuego que van condenados y estiman que les hagan sepolturas mañíficas donde sus gueços descansen...".

[66] Conocemos las cantidades exactas por el testimonio de Pedro Sancho de la Hoz, quien hizo el informe a Carlos V. Sancho de la Hoz (1938), pp. 185-194; Lockhart (1972) trata esta cuestión con detalle aclarando los puntos que hasta entonces estaban oscuros.

rro, a su pesar según dicen todas las fuentes, condenó a Atahualpa a la pena capital para asegurar la salvación de los conquistadores.[67]

Acusado de usurpador, fratricida, idólatra, polígamo y rebelde, Atahualpa fue condenado a perecer en la hoguera. Temiendo esta forma de muerte, tanto más atroz cuanto que destruiría para siempre su cuerpo y, según las concepciones andinas, le bloquearía el camino de la ancestralidad, Atahualpa aceptó convertirse al cristianismo para librarse de ella. Antes de morir, el soberano confió el destino de sus hijos a Pizarro, a quien, no olvidemos, le había dado a su propia hermana.[68] El hermano Valverde lo bautizó, y el Inca fue muerto a garrote en la plaza como un vulgar malhechor, el 29 de agosto de 1533. Al espectáculo de la muerte del Hijo del Sol, se elevaron clamores por toda la ciudad: sus súbditos se dejaban caer por tierra, postrados como si estuviesen ebrios.[69] Muchos, entre sus mujeres y sus servidores, quisieron ser enterrados vivos con su Inca. Los conquistadores tuvieron dificultades para contener los accesos de desesperación que se apoderaron de los indígenas. Acababan de cometer un regicidio, y todo el oro del Perú no bastaría para limpiar la sangre derramada.

Atahualpa no tuvo el destino de Boabdil. Sin embargo, por un momento se pensó en exiliarlo a España, y querríamos imaginar lo que habría sido la vida del Inca, retirado en algún monasterio en la sierra de Gredos, a la sombra de aquellas montañas ibéricas que habrían despertado en él la nostalgia de sus *huaca* ancestrales.

Antes de su ejecución, Atahualpa hizo saber a sus más próximos que si no lo quemaban retornaría, pues su padre el Sol le haría revivir. Lo enterraron en la catedral, que aún no era más que una modesta iglesia. Algún tiempo después, su cuerpo fue exhumado y llevado en secreto a Quito, su ciudad natal. Se desconoce el lugar de su sepultura, pero su muerte ignominiosa hizo de Atahualpa el símbolo de todos los pueblos de los Andes, borrando así las disensiones que habían precipitado su pérdida. Hasta el día de hoy, aguardan su retorno.[70]

La noticia de la ejecución contrarió a Carlos V, quien lo hizo saber a Pizarro. Así como no habían faltado conquistadores que condenaran la muerte de Cuauhtémoc, último soberano mexica, españoles como Oviedo o como Cieza de León denunciaron la atrocidad: "la más mala hazaña" cometida en las Indias.[71]

[67] Pedro Pizarro (1965), p. 185; Jerez (1947), p. 344: "por la seguridad de los cristianos y por el bien de toda la tierra", Pedró Pizarro (1965), p. 185: "Yo vide llorar al marqués de pesar por no podelle dar la vida, porque cierto temió los requerimientos y el riesgo que habia en la tierra si se soltaba".

[68] Sancho de la Hoz (1938), p. 121.

[69] Pedro Pizarro (1965), p. 186: "Cuando le sacaron a matar, toda la gente que había en la plaza de los naturales, que había harto, se postraron por tierra, dejándose caer en el suelo como borrachos."

[70] *Ibid.*, p. 186; Cieza de León, en Cantú (1979), p. 286: "dizen algunos de los indios que Atavaliba dixo antes que le matasen que le aguardasen en Quito, que allá que le bolverían a ver hecho culebra. Dicho dellos han de ser". Sobre los mesianismos que nacieron después de la ejecución de Atahualpa existe una bibliografía importante. Mencionemos aquí dos de las obras más recientes: Flores Galindo (1987) y Manuel Burga (1988).

[71] Cieza de León, en Cantú (1979), p. 282: "la mas mala hazaña que los españoles an hecho

LA INVASIÓN DE LOS ANDES

A la muerte de Cuauhtémoc, la Nueva España se encontraba desde hacía varios años bajo administración española. Nada de eso había en el Perú. Tras la ejecución de Atahualpa, había que mantener a cualquier precio la ficción de la continuidad del Imperio inca. Según el "derecho natural" que por esta época regía, supuestamente, todas las sociedades humanas, el Perú poseía un soberano y era impensable, al menos en los primeros tiempos de la conquista, que su "trono" fuese usurpado por un conquistador. Sin contar con que un rehén Inca constituía una considerable carta de triunfo para la pacificación del país. Pizarro escogió a un gris personaje llamado Tupac Hualpa, hermano de Huáscar, quien, con el consentimiento de los señores, fue elevado al rango supremo después de la celebración de los ritos antiguos.[72]

Durante los meses que siguieron a la ejecución de Atahualpa, Pizarro se dedicó a fundar ciudades y a gobernar un país inmenso, siempre dispuesto a rebelarse contra los nuevos amos. Tuvo que hacer frente a muchos otros conquistadores que amenazaban con robarle una parte de ese territorio que él consideraba como su patrimonio personal desde antes de haberlo ocupado. Naturalmente, desconfiaba de Almagro, pero sobre todo de los recién llegados como Pedro de Alvarado, que había desembarcado en Puerto Viejo con veteranos de Guatemala y que se aprestaba a marchar sobre Quito. Al lado de Alvarado se encontraba un hombre de linaje prestigioso, el capitán Sebastián Garcilaso de la Vega, cuyos antepasados habían dado lustre a la historia de la Reconquista. Sebastián narrará después a su hijo —el futuro Inca Garcilaso— las peripecias de esta expedición que fue una verdadera pesadilla. La selva, las gargantas nevadas, el frío y las enfermedades diezmaron la columna. Conservemos una sola imagen para evocar esta frustada aventura: la de aquel español arrastrando a su esposa en compañía de dos niñas, al cabo de sus fuerzas. Al no poder socorrerlas o llevárselas, se detuvo con ellas en alguna parte de la cordillera, donde los cuatro perecieron de frío.[73]

Pizarro envió a Benalcázar a Quito para tomar posesión de esas tierras en su nombre y en el de Su Majestad, para adelantarse así a Pedro de Alvarado. En las márgenes del imperio, en la región de Quito, la ejecución de Atahualpa había trastornado el orden antiguo. El actual Ecuador había estado en gran parte poblado por *mitimaes*. Cuando esas poblaciones desarraigadas, provenientes de regiones remotas y leales a la autoridad in-

en todo este imperio de Indias y por tal es vituperada y tenida por gran pecado". Véase también la opinión de Oviedo ("no fue pequeño delicto"), en Gerbi (1978), p. 430.

[72] Según Cieza de León, en Cantú (1979), p. 288, el nuevo Inca era un hijo de Atahualpa: Toparpa. "Piçarro fué contento y juntó a los señores naturales: al modo de sus antepasados le saludaron por nuevo rey matando por sacrificio un cordero de una color sin mancha, poniéndose algunas diademas de pluma por lo honrar." Sancho de la Hoz (1938), pp. 122-124, da, asimismo, detalles del ritual.

[73] Zárate (1947), p. 482.

caica, se enteraron de que ya no había Inca, llegaron a la conclusión de que ya no tenían que dar cuenta de sus actos y de sus obligaciones. Creyendo con precipitación que los españoles desconocerían los nexos tributarios que los unían a la autoridad de Cuzco, nexos contabilizados con toda precisión en sistemas de cuerdecillas —los *quipus*—, los *mitimaes* tomaron las armas contra los invasores y se unieron a Rumiñahui, el capitán de Atahualpa, nuevo amo de la región. Rumiñahui, que no pensaba ni por un momento en restaurar el régimen anterior, prendió fuego a Quito, mató a un hermano de Atahualpa y con su piel se hizo un tambor; por último, se apoderó de los hijos del soberano para impedir que los españoles los utilizaran.[74] En 1534, sobre los escombros de la vieja capital de Atahualpa, Benalcázar fundó la ciudad española de Quito. La resistencia de los rebeldes fue sofocada gracias a la colaboración de los señores locales y de los cañari. Por último, Rumiñahui fue capturado en Sigchos, cerca de Latacunga, y ejecutado a flechazos después de haber sufrido tortura.

Por su parte, Pizarro se preparaba para marchar hacia la capital del imperio después de pasar siete meses en Cajamarca. Partió con el capitán Chalcuchima y el nuevo Inca en una litera. A pesar de llevar esos rehenes —o al menos, esas prendas de paz— las tropas chocaron con un levantamiento indígena cuyo propósito era vengar a Atahualpa. Tupac Hualpa, que había garantizado el avance de los españoles, fue envenenado por Chalcuchima en Jauja. Otro hijo de Huayna Capac, enviado como avanzada por Pizarro con un cacique, pereció a manos de los rebeldes que lo consideraban como un traidor al servicio de los invasores.[75] Acosados constantemente por los indígenas, los conquistadores llegaron a dividir, en provecho propio, a los huancas y a instalarse en el soberbio valle de Jauja, sin dominar, empero, la situación. Ya era urgente tomar Cuzco para sofocar las revueltas locales.

Un primer destacamento a las órdenes de Soto partió de Jauja; Pizarro debía alcanzarlo con Almagro. En camino, los relinchos de los caballos provocaban un miedo pánico desde que se dejaban oír. La evocación de esos animales exóticos bastaba para hacer perder la razón a los indios.[76] Sin embargo, los equinos soportaban mal las grandes alturas y eran víctimas del *soroche* (mal de montaña); muchos murieron antes de que las caballerías lograran adaptarse a la cordillera. Soto atravesó el actual departamento de Ayacucho, franqueó unas cañadas que parecían más cercanas a las nubes que a la tierra, y recorrió unas pendientes talladas en forma de gradas, que los campesinos mantenían con sumo cuidado; por último, volvió a ascender por la calzada de Chinchasuyu, uno de los Cuatro Orientes del imperio, y

---

[74] Cieza de León, en Cantú (1979), p. 297: "Los que eran mitimaes e tenían mando en estas comarcas hizieron lo que los otros que fué ocupar cada uno lo que podían. Sabían que no avía Inga que les pidiese quenta e que los españoles entendían poco de quipos que heran a quien ya temían y aviendo hecho liga por todos para les dar guerra [...] eligieron por capitán general a Rumiñahui." Sobre la conquista de Quito, Borchart de Moreno (1981), pp. 179-185. El destino de los hijos de Atahualpa fue investigado por Oberem (1976); en el segundo tomo, consagrado a los mestizajes; volveremos a ello.

[75] Cieza, en Cantú (1979), p. 291.

[76] "El pensar en los cavallos los desatinava", Cieza, en Cantú (1979), p. 313.

avanzó en dirección de Cuzco. Deseaba llegar primero que nadie, costare lo que costare, a la capital del Tawantinsuyu.

Pero Pizarro no era hombre que se dejara robar una conquista que había pagado cara en los manglares del Pacífico; acompañado de Almagro, alcanzó a Soto en Vilcaconga, a tiempo para conjurar la traición de Chalcuchima que, en connivencia con el capitán Quizquiz, se preparaba a caer sobre la columna de Soto. Chalcuchima fue desenmascarado y condenado a la hoguera; rechazó el bautismo y murió invocando a Pachacamac.[77] A cuatro leguas de Cuzco, un hijo de Huayna Capac se presentó a los españoles como sucesor legítimo de su hermano Huáscar: era Manco Inca.

LOS TESOROS DE CUZCO

Ningún conquistador ha hablado de la pérdida del aliento y del corazón que se les salía del pecho: no tenían medios de saber que Cuzco estaba edificada a más de 3 500 metros de altitud. Ninguno mencionó su atmósfera cristalina ni la majestad del sitio, pero comparando el "Ombligo del Mundo" con Burgos, Miguel Estete acaso quisiera evocar esta pureza del aire, que la meseta castellana comparte modestamente con los altos valles andinos.[78] Los españoles entraron en triunfo en la ciudad abandonada por las tropas de Quizquiz, que se habían batido en retirada después de algunos enfrentamientos. De todas partes, la gente acudió a ver a los nuevos amos y a observar los célebres caballos, que ya no tenían aspecto muy fiero tras el recorrido agotador de la sierra. Los Pizarro y sus compañeros de Trujillo se instalaron en un barrio, mientras que Hernando de Soto y los suyos ocupaban otro. Almagro no se integró a la partida pues de Vilcaconga había tomado el camino de Quito, a solicitud de Pizarro, para secundar a Benalcázar.

La estación de lluvias iba a comenzar y desde la ciudad se escuchaba el sonido de los tamborines que celebraban a los vivos y los muertos. Danzas y cantos se mezclaban con embriaguez. Había transcurrido un año, casi al día, desde que Soto y Hernando Pizarro habían encontrado a Atahualpa en Cajamarca.[79] ¿En qué condiciones podrían desarrollarse en aquel año de 1533 las fiestas de Capac Inti Raymi, que debían conjurar el mal tiempo y asegurar la buena marcha del mundo? Por esta época, en tiempos que ya parecían idos, el Inca se lavaba de toda mancha para evitar la conjunción funesta con los astros y las fuerzas telúricas. Pero ya no había Inca; se había consumado la ruptura y la administración, poco antes tan eficaz, del Tawantinsuyu, se hundía por doquier. La llegada de Manco Inca con los conquis-

---

[77] Sancho de la Hoz (1938), p. 154. Chalcuchima había creído poder manipular a Pizarro para llegar a ser, a su vez, Inca; Pizarro también había pensado en utilizar la influencia de Chalcuchima para facilitar la conquista. De hecho, a la muerte de Atahualpa, sus capitanes se erigen en nuevos señores, arrastrando en sus facciones a los españoles. Sobre ese punto, véase Kubler (1945), pp. 426-427.

[78] Estete (1938), p. 239.

[79] Hemos conservado aquí la fecha que da Sancho de la Hoz (1938), p. 157; la fundación de la ciudad data del mes de marzo de 1534.

tadores no modificaba nada. Pizarro lo había entronizado desde el día siguiente de su llegada para aprovechar la presencia de los señores en la ciudad. El gobernador tenía interés en dividir a la población y en aislar a los rebeldes de Quizquiz y de Rumiñahui, hostiles a toda colaboración con los españoles.

Los conquistadores descubrieron con asombro una ciudad monumental formada de sólidos edificios de piedra separados por callejuelas. Cuzco no podía compararse con México-Tenochtitlan, ni por su extensión —abrigaba unas cuatro mil almas, aunque estaba situada en un valle muy poblado— ni por su trazo. En esta ciudad andina no había ni canales venecianos ni terrazas floridas y, ciertamente, tampoco aquel hormiguero humano que dejó estupefactos a los compañeros de Cortés. Sin embargo, tras esas paredes relativamente austeras, pese a la perfección de la talla de las piedras y la pureza de las líneas, se acumulaban riquezas incalculables. A pesar del considerable tributo que la ciudad había entregado para el rescate del Inca y de la *razzia* de Quizquiz, las casas de Cuzco aún abrigaban maravillas de orfebrería.

Los españoles se enteraron de que Cuzco había sido fundada en tiempos remotos por el primero de los Incas, llamado Manco, como aquel al que acababan de investir, sin que, al parecer, les llamara la atención la coincidencia. Manco había salido de una caverna con sus hermanos y hermanas. En época más reciente, Pachacuti había secado un pantano y trazado la gran plaza de Huacapata. Tupac Inca había continuado esos trabajos y bajo su supervisión la ciudad se había engrandecido considerablemente. Los linajes de la nobleza habitaban en torno de Coricancha, el templo del Sol. Los otros habitantes estaban repartidos, según su rango, en círculos concéntricos, mientras que sobre los flancos de la colina se elevaban casas más modestas, de adobe, con techo de paja. Dominaba la ciudad una ciudadela considerada inexpugnable, construida con enormes bloques de piedra al precio de esfuerzos ciclópeos, Saqsahuaman, el "Águila terrible". Para Pedro Sancho, la triple línea de fortificaciones escalonadas de Saqsahuaman valía tanto como el acueducto de Segovia y las columnas de Hércules.[80]

Aunque Pizarro había prohibido a sus tropas el pillaje, los conquistadores se precipitaron a las casas y saquearon los bienes que en ellas encontraron. Se enriquecieron los que aún no eran ricos. Los que se habían beneficiado del botín de Cajamarca, como los Pizarro, los Soto y los Pedro de Candia, gozaron de una fortuna tan efímera como colosal. Otros, como el morisco Cristóbal de Burgos, vieron cambiar su destino. Este soldado de infantería que formaba parte del cortejo de Pizarro lo había acompañado en la mayor parte de sus campañas. Se había unido a los conquistadores siendo esclavo en casa de una dama de Burgos. Una vez enriquecido en el Perú, envió a España una parte del botín que había amasado para comprar su libertad. Obtuvo así su emancipación legal, y Pizarro lo nombró regidor perpetuo de Lima, cargo honorífico que ningún morisco español podía pre-

---

[80] Sancho de la Hoz (1938), p. 177: "y muchos españoles que la han visto y han andado en Lombardía y en otros reinos extraños, dicen que no han visto otro edificio como esta fortaleza, ni castillo más fuerte"; Pizarro (1965), p. 178; Trujillo (1948), p. 63.

tender siquiera.[81] A todos esos tesoros robados se añadió el recuerdo de los que habían sido sustraídos por los indígenas y ocultados en los lugares más diversos. La leyenda entró al relevo de la historia y por doquier se señaló la presencia de este oro del Inca, enterrado como Atahualpa en lugar desconocido, y dispuesto a salir un día a la superficie.

Alimentado por los enviados de los conquistadores, el rumor del oro del Perú cundió menos de un año después de la ejecución de Atahualpa, hasta lo más apartado de los campos de Castilla. En 1534, en la provincia de Toledo, los campesinos soñaban con las riquezas del país recién conquistado y daban crédito a los rumores más inverosímiles, inspirados en mesianismos que hasta la revuelta de los comuneros no habían dejado de hacer latir el corazón de las poblaciones ibéricas: "Nuestro señor había pasado por aquella comarca ¡el Perú! y bajo sus pasos todo, tanto la tierra como, las hierbas, se había transformado en oro y en plata", dice Cieza de León.[82]

Apenas llegados a Cuzco, los conquistadores ya piensan en partir, siempre en busca de otras riquezas; su vagabundeo es el de los caballeros, y su destino es no asentarse en ninguna parte. La misma fuerza que unos 10 años antes había impulsado a los vencedores de México a abandonar la ciudad conquistada en busca de horizontes miríficos, anima ahora a los invasores del Perú.

En Cuzco, los españoles se enteran de la existencia de kollas, propietarios de innumerables rebaños, y del lago Titicaca, de donde según ciertas tradiciones eran originarios los incas. Pero Pizarro prefiere la dirección de la costa: vuelve a pasar por Jauja y luego llega a Pachacamac. Desde ahí, se dirige al valle del Rimac. El lugar, que le parece grato, se sitúa sobre un magnífico puerto natural. Estamos en el mes de febrero y el sol brilla: ¿cómo imaginar que durante los largos meses de invierno una neblina persistente empaparía las vestimentas y recubriría las paredes? El lugar parece más favorable que Jauja, perdida en la sierra y de acceso difícil. Ahí, en 1535, Pizarro funda la capital del Perú, "la ciudad de los Reyes", también llamada Lima, según una forma corrompida del quechua *Rimac*, "el que habla". Las riquezas del país harían de esta capital, todavía en estado de esbozo, "otra Italia y una segunda Venecia".[83] A la inversa de Cortés, que había contado con la continuidad histórica instalando en el sitio de México-Tenochtitlan la capital de la Nueva España, Pizarro prefiere Lima a Cuzco, a riesgo

[81] Gutiérrez de Santa Clara (1963), t, II, libro II, p. 372, narra la historia de Cristóbal de Burgos: "enfin su ama quedó contenta con el rescate que le dió y truxo su carta de libertad fecha ante un escribano del rey. [El rey] le perpetuó los indios que le habían dado en encomienda y le hizo regidor perpetuo de la ciudad de Lima, sin saber si era judío o moro, porque tenía buen parescer y ser de hombre y se trataba como caballero y hablaba ladinamente como aquel que se había criado desde muchacho en Castilla".

[82] Pedro Pizarro (1965), p. 196; Cieza de León, en Cantú (1979), p. 297, afirma que en Quito, Rumiñahui y otros caciques que lo habían seguido se llevaron más de 600 cargas de oro que habían reunido en los templos del Sol y arrojaron todo ese tesoro a un lago; según otras versiones, hundieron el tesoro bajo la nieve, en las cimas de las más altas montañas.

[83] Cieza, en Cantú (1979), p. 372: "dizen que dezía este Juan Tello [...] que avia de ser aquesta tierra otra Italia y en el trato segunda Venecia: porque tanta multitud de oro y plata avia hera inposible que no fuese así".

de debilitar el dominio que pretende ejercer sobre las montañas andinas. Por tanto, en este burgo incipiente recibe a Alvarado y a Almagro, de regreso de Quito. Pedro de Alvarado acepta retornar a Guatemala y dejar en el lugar a sus 500 hombres para ayudar a la pacificación del territorio. Fiestas, torneos y juegos de cañas, según las tradiciones del siglo xv, subrayan el pacto de amistad y la fundación de la ciudad nueva. Sobre la costa norte, al lado de la antigua ciudad indígena de Chan-Chan, se edifica Trujillo, réplica de la cuna ancestral.

Hernando Pizarro, que ha obtenido de Carlos V el título de marqués para su hermano, y el hábito de Santiago para él, se encuentra de regreso en 1535 con centenares de personas deseosas de establecerse en Perú. En Panamá, el oro del rescate de Atahualpa ha provocado una verdadera conmoción, y hombres como Espinosa ya desde 1533 elaboraban proyectos grandiosos: se trataba de canalizar el río Chagres y de comunicar los dos océanos a fin de facilitar el transporte de las riquezas. Era obvio que se confiaría la construcción de ese canal a los peruanos: "los indios de las provincias del Perú es gente muy diestra en hacer y abrir caminos".[84] En medio de esas felices noticias, Hernando aporta otra, más inquietante: el emperador ha conferido a Almagro los títulos de adelantado y de gobernador de la Nueva Toledo, la región que se extiende al sur de los territorios de Pizarro, en la comarca de los kollas y más allá.

"Los de Chile"

En 1535 aún no estaba consolidada la conquista del Perú, y ya parecía urgente proseguir las exploraciones hacia el sur hasta el estrecho descubierto por Magallanes. Pedro de Mendoza había sido nombrado adelantado del Río de la Plata. Era probable que intentara avanzar hacia el oeste y hacia los Andes. Para llegar antes que él, Almagro, provisto de su capitulación real, organizó la expedición de Chile. Soto, que pensaba en el sur, territorio desconocido y al que los indios atribuían riquezas inagotables, tuvo que adaptarse y salió del Perú, donde su único porvenir sería servir a los Pizarro.[85] Como todos los territorios que él ambicionaba ya habían sido distribuidos, aceptó el de la Florida, que Carlos V le acordó por capitulación de 1535.

Así, Almagro salió de Cuzco con los hombres de Pedro de Alvarado y los indios que le eran fieles, a la cabeza de los cuales se encontraban dos hijos de Huayna Capac: Paullu, un adolescente, y su hermano Villac Umu, el gran "Anunciador" del templo del Sol. Las columnas atravesaron los territorios de los canas y de los canchis. Al llegar al altiplano de los kollas, desembocaron sobre el lago Titicaca sin que la extrañeza de aquel paisaje incomparable despertara en hombres como el sacerdote Cristóbal de Molina ninguna

---

[84] Bataillon (1966), p. 14, habla del primer proyecto de construcción del canal de Panamá y cita una carta de Espinosa.

[85] Almagro había pedido a Pizarro que enviara a sus hermanos a España: "Respondióle Piçarro que no creyese tal cosa de sus hermanos porque todos le amavan y tenían amor de padre", Cieza, en Cantú (1979), p. 394.

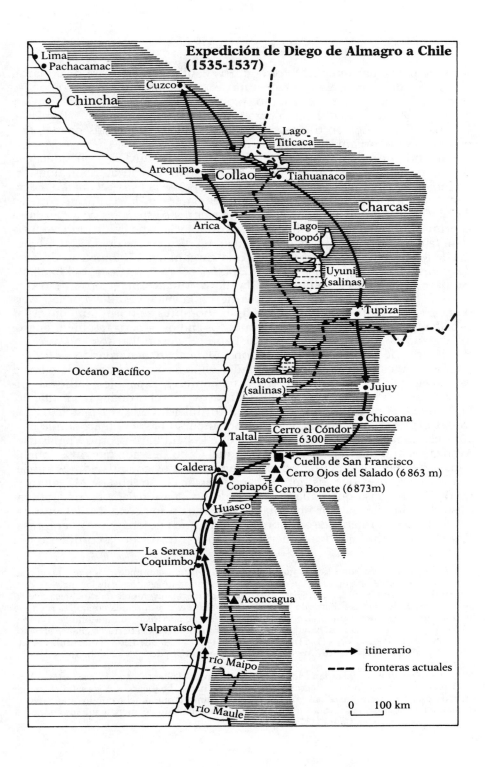

Expedición de Diego de Almagro a Chile (1535-1537)

Lima
Pachacamac
Chincha
Cuzco
Lago Titicaca
Arequipa
Collao
Tiahuanaco
Charcas
Arica
Lago Poopó
Uyuni (salinas)
Tupiza
Océano Pacífico
Atacama (salinas)
Jujuy
Chicoana
Cerro el Cóndor 6 300
Taltal
Caldera
Cuello de San Francisco
Cerro Ojos del Salado (6 863 m)
Copiapó
Cerro Bonete (6 873m)
Huasco
La Serena
Coquimbo
Aconcagua
Valparaíso
río Maipo
río Maule

→ itinerario
--- fronteras actuales

0   100 km

señal de particular interés.[86] Por doquier, Paullu y Villac Umu reclamaron en nombre de Manco, el nuevo soberano, el tributo instaurado por Tupac Inca desde hacía decenios. Los indios eran obligados a seguir la columna, y la menor escapada era pretexto para tomar represalias. Paullu, Villac Umu y Almagro, llevados en literas, atravesaban aldeas saqueadas por las tropas. Pero ya se organizaba la resistencia.[87]

Habiendo llegado al norte de la actual Argentina, tuvieron que atacar la cordillera nevada, los "Alpes" del Nuevo Mundo, que levantaban una formidable barrera, algunas de cuyas cumbres, como la *Ojos del Salado*, llegaban casi a los 7 000 metros: bien podía hablarse de "la región intermedia del aire".[88] Paullu intentó, en vano, convencer a los españoles de aguardar a la primavera y al deshielo. Almagro se obstinó, y la expedición empezó a escalar la cordillera en la fiesta de San Juan, en pleno invierno austral. Al precio de dificultades extremas llegaron a la garganta, a 4 700 metros, de donde emprendieron el descenso hacia Copiapó, sobre la vertiente del Pacífico. Hombres y caballos se hundían en la nieve. Muchos perecieron de frío; a otros se les congelaron los pies, o perdieron la vista, cegados por la reverberación. El viento helado no cesaba; los hombres se oprimían contra los caballos para recibir su cálido aliento; los indios —pero también, acaso, los españoles—, atenaceados por el hambre, devoraban los cadáveres.[89] Por encima de sus cabezas, los cóndores planeaban, aguardando su fin.

Gracias a los refuerzos desembarcados en la desierta costa del Pacífico a varias leguas de Copiapó, Almagro y sus hombres, españoles, indios de diversas etnias, incas venidos a menos y negros, marcharon hacia el valle del Aconcagua, el pico más alto de toda la cordillera. Cada vez más lejos, las tropas exploraron el Maipo, y siguieron su curso hasta el mar, donde descubrieron un puerto natural, tan bello que lo bautizaron como Valparaíso. Avanzaron aún más lejos en busca de aquel Cabo Deseado que obsesionaba a los españoles, hasta el país de los mapuches. Los conquistadores sufrieron varios reveses que les impidieron alcanzar el estrecho de Magallanes. La región inmensa que habían atravesado no se asemejaba en nada al paraíso dorado que habían imaginado. Llegados a los confines del mundo, los españoles se interrogaron sobre el interés que pudiera tener su empresa. Tanto más cuanto que los refuerzos llegados a través de la cordillera —la

---

[86] No hay que confundir a este cronista, llamado *el Chileno* o también *el Almagrista*, con su homónimo, autor de una descripción detallada de los ritos y de las fiestas de los incas.

[87] Pedro Pizarro (1965), p. 201: "Estos fueron los primeros inventores de ranchear, que en nuestro común hablar es robar; que los que pasamos con el marqués a la conquista no hubo hombre que osase tomar una mazorca de maíz sin licencia." Cristóbal de Molina *el Chileno* (1968), p. 84: "y desta manera iban destruyendo y arruinando toda la tierra, la cual se alzaba".

[88] Inca Garcilaso de la Vega (1963) t. II, cap. XX, p. 113; es Cieza de León el que utiliza el término "Alpes"; en esa época, los "Andes" se refería a los anti, es decir, a los habitantes del piamonte amazónico.

[89] "El aire no afloxaba y era tan frío que les hazía perder el aliento. Muriéronse treinta cavallos y muchos indios e indias y negros arrimados a las bocas, boqueando se les salía el ánima; sin toda esta desventura avía tan grande e rabiosa hambre que muchos de los indios vivos comían a los muertos: los cavallos que de elados avían quedado de buena gana los comieron los españoles", Cieza, en Cantú (1979), p. 435.

habían atravesado en noviembre, y se habían alimentado de la carne de los caballos muertos de la expedición anterior, perfectamente conservados en la nieve—[90] anunciaron a Almagro el decreto real que le acordaba el gobierno de todos los territorios situados a 100 leguas al sur de la jurisdicción del marqués Pizarro. También le informaban que, en el Perú, Manco Inca se había puesto a la cabeza de una insurrección contra los españoles.

El viejo conquistador decidió volver a Cuzco para reclamar sus derechos: la línea de separación con el gobierno de Pizarro pasaba, aproximadamente, a la altura de esta ciudad. Para evitar los horrores de la cordillera se lanzó por el desierto de Atacama, cerrado al este por una continua cadena de montañas peladas, que pasan del color ocre al rosa según las horas del día. Ya no había nieve en esta llanura desolada, pero el agua escaseaba y el avance era penoso mientras que un rumor de rebelión soplaba entre los indios, alentados por el levantamiento de Manco. Jornadas atroces, llenas de ejecuciones y de violencias, en el curso de las cuales pereció Felipillo, el intérprete de las primeras horas felices en Tumbes, que fue acusado de traicionar a los españoles y condenado a muerte.[91] Después de haber vacilado, Paullu escogió finalmente el camino de la colaboración con Almagro.[92] La expedición no había reportado nada y costado mucho; en un arranque de generosidad subrayado por todos los cronistas de la época, el adelantado condonó la deuda de sus compañeros, rompiendo todas las escrituras.[93] Aún tenía que restablecer su situación, apoderarse de la ciudad de Cuzco con el concurso de su aliado Paullu, y tratar directamente con el insurrecto Manco sin despertar las sospechas de Pizarro.

LA REBELIÓN DE MANCO INCA

Mientras se desarrollaba la desastrosa campaña de Chile, el Perú parecía a punto de inclinarse hacia el lado de los indígenas, guiados por Manco, su nuevo Inca. En los primeros tiempos, el soberano había fingido someterse a Pizarro, quien necesitaba de ese "señor natural" para dominar el país. Pero la voracidad de los españoles y su desenvoltura para con las mujeres, a las que hacían sus concubinas sin casarse con ellas, hacían intolerable su presencia. El propio Pizarro había dado el ejemplo: doña Inés había sido remplazada por otra princesa cuzqueña, doña Angelina, de la que tuvo otros

[90] Inca Garcilaso de la Vega (1963), t. II, cap. XXI, p. 115: "Socorriéronse con la carne de los caballos que hallaron muertos de los que se helaron cuando pasó don Diego de Almagro. Estaban tan frescos con haber pasado cinco meses que parecían muertos de aquel día."
[91] Alonso Borregán (1948), pp. 39-40: "que como llegase la nueva a Chile de la rebelión de Manguinga en el Perú y mostrasen los yndios una cabeça de un hombre muerto con canas parescía al governador Piçarro, un Filipillo lengua yndio propuso de se levantar con la tierra y matar a Almagro y a toda su gente; como se entendiese la bellaquería hizieron justicia dél".
[92] Tal es la posición de Kubler (1947) aunque la actitud de Paullu haya sido ambigua, si hemos de creer a Valverde (1879), pp. 6-7. Según él, Villac Umu y Paullu habían sido maltratados por Almagro, quien quiso encadenarlos, pero entonces se comprende mal la lealtad de que Paullu dio pruebas hacia Almagro hasta la batalla de Chupas.
[93] Alonso Borregán (1948), p. 40.

dos hijos. La unión legítima con las mujeres indígenas, así fuesen nobles, no dejaba, por lo demás, de plantear algunos problemas a esos españoles: daban demasiada importancia a su condición de "cristianos viejos" para casar con indias recién bautizadas y asimilables a conversas.[94]

A ello se añadían los efectos nocivos de la conquista, pues desde que los españoles habían invadido el Perú, en Cuzco y en todas partes se había trastornado el orden social. A favor de los disturbios, gente de extracción modesta, como los *mitimaes* —poblaciones desplazadas de su comunidad de origen— y los *yanaconas* —término que en la época inca designaba a los servidores— se habían unido de grado o por fuerza a los conquistadores, creyendo liberarse así de las restricciones antiguas. Si bien es cierto que en su mayor parte debieron encontrarse en lo más bajo de la escala social, algunos llegaron a adquirir una condición más envidiable y se vistieron como los *orejones*, cuya autoridad ya no reconocían. Por último, esos oportunistas ya no mostraban ningún respeto al Inca.[95] Aprovechando la división de los españoles —Almagro había partido hacia el sur—, Manco arengó a los señores y se puso a la cabeza del levantamiento. Traicionado por *yanaconas*, logró evadirse de Cuzco una vez, pero fue alcanzado por Gonzalo Pizarro; mientras tanto, *yanaconas* y españoles saquearon su casa. El Inca reincidió, y Juan Pizarro lo arrojó a la prisión. No se necesitó más para desencadenar las hostilidades.

Los partidarios de Manco, protegidos por el relieve, habían entablado una guerrilla que los conquistadores difícilmente podían contener. Los españoles ya no podían transitar por la sierra para inspeccionar a los indios que poseían en encomienda. Ante su prisionero, Hernando Pizarro empleó diferentes métodos, alternando los modales corteses y amistosos con las humillaciones y hasta la violencia.[96] De los dos, el Inca se mostró más astuto. Bajo pretexto de ir a buscar oro, Manco partió hacia Yucay, y no regresó. Hombres y mujeres lo siguieron a las montañas en que se había refugiado, y la ciudad de Cuzco se despobló.

En 1536, el asedio de Cuzco por las tropas de Manco dio la señal de ese levantamiento que a los españoles les pareció una Reconquista a la inversa. La capital del Tawantinsuyu se convirtió en una segunda Granada, pero esta vez los sitiados eran los cristianos. El Inca había reunido 200 000 hombres, mientras que los españoles eran escasamente 200, secundados por una

[94] Eso es lo que sugiere José Durand en el debate que sigue Bataillon (1966), p. 23.

[95] Cieza de León, en Cantú (1979), p. 412: "an allegado a si los anaconas y muchos mitimaes. Estos traidores antes no vestían ropa fina ni se ponían llauto rico; como se juntaron con éstos, trátanse como Ingas: ni falta más de quitarme la borla. No me onran cuando me ven, hablan sueltamente porque aprenden de los ladrones con quien andan". Sobre la proliferación de los *yanacona*, Gibson (1969), p. 90; Wachtel (1971), pp. 255-263.

[96] "Testimonio de don Francisco Guamán Rimachi", en Guillén Guillén (1984), p. 43: "estando en la cárcel los dichos españoles le quitauan las mugeres que le llevaban de comer para servirse dellas y porque le defendían que no les quitase las mugeres daban de bofetones al dicho Manco Ynga." p. 28: "el dicho Mango Ynga [...] al tiempo que se fué a Vilcabamba dexó todo [...] e llorando de sus ojos en presencia de todos: ya no puedo volver ni podemos estar en el estado como solíamos pues véis los agravios e molestias que nos hacen los españoles determino echar fuego en las casas de mi padre e las mías e dexar lo que tengo e yrme a esa montaña, e así fué llorando".

cincuentena de cañari y de indios de otras etnias que seguían fieles a los conquistadores.[97] Hernando Pizarro dio orden de tomar Saqsahuaman, de donde procedían los ataques más feroces. Ahí, ante la inmensa explanada, su hermano Juan fue herido de una pedrada en la cabeza de la que murió 15 días después. Los indios atrincherados en la ciudadela llegaron a carecer de agua y en su mayoría abandonaron la defensa. Pero un *orejón*, armado de una espada, una rodela y un casco de acero que había tomado de un español muerto en camino, luchó solo contra todos en el segundo recinto de la ciudadela. Al verse perdido, en lugar de rendirse ante Hernando, que le había prometido perdonarle la vida, lanzó su maza en dirección de los cristianos y, mordiendo la tierra y llenándose de polvo el rostro, se precipitó de lo alto del muro, con la cara oculta por un paño.[98] Aún transcurrirían dos meses de encuentros en la ciudad. Cada mes, en luna llena, los indios levantaban el sitio para celebrar los sacrificios de llamas y de pájaros.[99] Los españoles aprovechaban esas treguas para saquear el maíz de los campos circundantes.

En otras partes, la cordillera central se encendía, abrazando la causa de Manco. Los indios, ya no paralizados por el temor a los caballos, trataban por lo contrario de servirse de ellos.[100] Conociendo el terreno mejor que los europeos, siempre conservaban la iniciativa y, en lugar de atacar de frente, preferían entablar operaciones puntuales y aplicar una táctica de perpetuo acoso. Tomaban al enemigo las armas más eficaces, como los arcabuces, que aún no sabían emplear correctamente, lo que les causó varios fracasos.[101] Los indios trataron de aterrorizar a los españoles lanzando contra ellos a los guerreros de Charcas (Bolivia), secundados por jaguares y pumas amaestrados.[102] Pero los conquistadores, que en las novelas de caballerías habían aprendido todo acerca de los monstruos, acabaron pronto con ese batallón de élite. Enardecidos, los rebeldes conducidos por Illa Tupac pusieron sitio a Lima y estuvieron a punto de tomar la ciudad. Luego, el capitán y sus guerrilleros se retiraron a la región de Huánuco, donde unos indígenas los apoyaron contra Francisco Martín de Alcántara, enviado por su hermano Pizarro para someterlos.

---

[97] Prescott (1967), pp. 352-353.

[98] Pedro Pizarro (1965), p. 205: "Este orejón traía una adarga en el brazo y una espada en la mano y una porra en la mano de la adarga y un morrión en la cabeza. Estas armas habían habido éste de los españoles que habían muerto en los caminos y otras muchas que los indios tenían en su poder"; Valverde (1879), p. 32.

[99] Valverde (1879), p. 36.

[100] Borregán (1948), p. 37: "y los yndios le ayllaron —de ayllu— el caballo y le ataron las manos y los pies y le tomaron de la silla y se lo llevaron".

[101] Pedro Pizarro (1965), p. 224, dit: "A la entrada desta angostura que tengo dicho había hecho una albarrada de piedra con unas troneras, por donde nos tiraban con cuatro o cinco arcabuces que tenía, que había tomado a los españoles; y como no sabían atacar los arcabuces no podían hacer daño, porque la pelota la dejaban junto a la boca del arcabuz y ansí se caía en saliendo." Gérard Chaliand, *Terrorismes et guérillas*, París, Flammarion, 1985, pp. 59 y ss., da una definición de las guerrillas del Tercer Mundo que corresponde bastante bien a las luchas de Manco Inca.

[102] Valverde (1879), p. 44: "los cuales traían consigo tigres y leones mansos y otros muchos animales fieros para poner espanto y temor en los cristianos".

En Cuzco, Hernando Pizarro intentó aislar a los rebeldes, matando a las mujeres que les llevaban abastos. Pero Manco no se plegó, ni siquiera cuando Pizarro hizo flechar por los cañari a una de sus esposas, cuya muerte heroica después celebrarían los cronistas. Los españoles tenían la sensación de que la fortuna los abandonaba y de que el Perú se les escapaba. En ese ambiente de derrota, Almagro y sus "chilenos" llegaron al valle de Cuzco. El viejo conquistador trató de manipular a Manco, en provecho propio; el Inca sentía cierta estima por él, y entró en negociaciones, pero pronto las rompió al comprender que los españoles nunca abandonarían su país, pese a todo el oro que les ofrecía. Intervino Paullu, intrigando contra su hermano para quedar como único interlocutor de los españoles.[103]

Almagro avanzó entonces sobre Cuzco para desalojar a los Pizarro, pues él reivindicaba sus derechos sobre la ciudad. Penetró a media noche, al son de pífanos y tambores. Sus hombres rodearon la casa de Hernando y luego le prendieron fuego para obligarle a salir. Tras algunas vacilaciones —algunos le aconsejaban matarlos—, Almagro liberó a Hernando y a Gonzalo. Se instaló entonces en uno de los dos barrios que dividían la ciudad, aguardando la decisión que tomaría el gobernador Pizarro a propósito de sus derechos.[104] Los indios habían levantado el sitio para ir a ocuparse en las cosechas, y Manco se retiró a Vilcabamba, a una ciudadela inexpugnable, rodeada por el río Urubamba y por una vegetación exuberante. En las cumbres del Machu y del Huayna Picchu, la fortaleza, levantada en la frontera del territorio anti, fue el último reducto de los incas. En Cuzco, Almagro había entronizado a Paullu, respetando el ritual antiguo. Con ello, lo convertía en rival del Inca rebelde y en único amo de la nación indígena.

EL FIN DE DIEGO DE ALMAGRO

Pizarro no era hombre que pudiera perdonar la afrenta que su antiguo compañero había infligido a los suyos. Consideraba traidor a Almagro, quien no había vacilado en amotinar a los indios contra su hermano Hernando y en jugar, alternativamente, la carta de Manco y luego la de Paullu, para dominar a la población indígena. El desengaño que le causó la defección de su viejo amigo vino a aumentar su resentimiento; engañado por completo, decidió atacar con fuerza, por medio de Hernando,[105] pues Almagro había rechazado toda negociación.

Desde entonces, todos los españoles fueron arrastrados a las banderías que oponían a pizarristas y almagristas; los Pizarro, herederos de una tradición secular en Extremadura, supieron reclutar partidarios con más efi-

---

[103] Gibson (1969), p. 74.

[104] Pedro Pizarro (1965), p. 213.

[105] En una carta escrita al obispo Tomás de Berlanga, de Tierra Firme, en agosto de 1537, denuncia la traición de su compañero, que ha preferido aliarse con los indios contra él: "Todo lo cual me duele e me llora el corazón que no sé qué sufrimiento me basta de no rebentar con ver tales cosas, e no puedo creer sino que el enemigo ha reinado en este hombre, pues tales cosas permite y consiente", Francisco Pizarro (1865), p. 62.

cacia que su rival. Sin entrar en los detalles de esas luchas, baste señalar aquí que las tropas de Hernando Pizarro se enfrentaron a las de Almagro en Las Salinas, a menos de una legua de Cuzco, en una jornada de abril de 1538. Llevado en vilo a causa de la sífilis que lo roía desde las épocas del istmo, Almagro seguía el desarrollo de los combates en los que Pedro de Candia, solicitado al principio, se negó a participar. La batalla resultó en detrimento del conquistador de Chile, que fue capturado por Hernando y encerrado en Cuzco. En el terreno cubierto de cadáveres, los indios recogieron armas y objetos que recuperaron para sus guerrilleros.

Hernando trató de tentar a Almagro con la clemencia de su hermano. De hecho, organizó un proceso contra él, reprochándole haber emprendido una guerra, pese a las decisiones de la Corona que había destinado Cuzco a Pizarro, y haberse entendido con Manco. Almagro le recordó, en vano, lo que había hecho por su familia durante los difíciles años del Pacífico. Fue decapitado antes de la llegada del gobernador, en julio de 1538. Tenía 70 años.[106] Pocos días después Pizarro, con un mantón de piel de marta que le había obsequiado Cortés, entró en la ciudad al son de trompetas y de chirimías. Ese lujo no engañó a nadie: en lugar de duelo, reflejaba el triunfo del gobernador.[107] Luego, después de un rodeo por Charcas (Bolivia), Hernando volvió a España para informar de los acontecimientos a Carlos V. Pero la Corona no toleraba que los conquistadores se hiciesen justicia por su propia mano; el destino trágico de Nicuesa y las intrigas de Balboa no se habían olvidado. Así, Hernando quedó preso en el castillo de La Mota, en Medina del Campo, donde pasó varios años de su vida. El cautiverio no le impidió atender sus asuntos ni administrar la fortuna que había amasado en el Perú.

EL ASESINATO DE PIZARRO

Pizarro no se mostró magnánimo con los "chilenos". Tras la muerte de su caudillo fueron excluidos de todos los cargos, y se hundieron en la miseria. En pocos meses, los que se habían mostrado tan arrogantes eran ahora vagabundos dignos de novelas picarescas, como aquellos 12 gentileshombres que habitaban una misma casa y que tenían que prestarse, por turnos, la única capa que les quedaba para poder mostrarse en la calle.[108] A Diego el Mozo, hijo mestizo de Almagro y su propio ahijado, que reclamaba la sucesión de su padre al gobierno de la Nueva Toledo, provincia situada al sur de Cuzco, le respondió Pizarro, con soberbia: "Que su gobernación no tenía término y que llegaba hasta Flandes."[109] Deshonrados y humillados, los "chilenos" sentían que cada día aumentaba su rencor.

[106] Prescott (1967), p. 381: "que perdonase sus canas y no privase de la poca vida que le quedaba a un hombre de quien nada tenía ya que temer".
[107] "En este medio tiempo vino a la dicha cibdad del Cuzco el gobernador Francisco Pizarro, el cual entró con trompetas y chirimías vestido con ropa de martas, que fué el luto con que entró", carta citada por Prescott (1967), p. 387.
[108] Documento publicado por Prescott (1967), p. 408.
[109] *Ibid.*, p. 387.

Los indios también se habían contagiado de faccionalismo. En la región de Huánuco, Illa Tupac se había convertido en un Inca a escala regional, estableciendo lazos de reciprocidad con los *kuraqa* Xagua, y acordándoles mujeres y privilegios como antes lo hiciera Huayna Capac.[110] Pero esa apariencia de continuidad no podía borrar los estragos de las guerras, pues los antiguos caminos estaban destrozados, saqueadas las reservas y abandonados los campos por los indios, que muy a menudo se habían vuelto vagabundos después de haber seguido a los ejércitos de unos y otros. La ciudad de Cuzco, poco antes tan grata, había sufrido mucho por el sitio y las banderías de los conquistadores; aún eran visibles los restos del incendio provocado por Almagro; muchos edificios habían sido demolidos; Saqsahuaman caía en ruinas y, en los barrios, raras eran las casas que habían conservado sus techos. ¿Qué había sido de sus riquezas comparables a las del Templo de Salomón? En la ciudad destrozada se hacían y se deshacían fortunas en el juego, y el oro del Perú se escapaba de las manos de esos hombres pródigos.[111]

Los españoles contaban con el soberano pelele, Paullu Inca, para acabar con los focos de rebelión. Él debía asegurar la transición entre el antiguo imperio y el nuevo orden español. Después de él, los invasores ya no necesitarían a un Inca y el gobernador tendría dominada la situación.[112] En Porco, en las Charcas, la explotación minera entraba al relevo del pillaje gracias al empleo de una mano de obra indígena prácticamente reducida, si no *de jure*, al menos *de facto*, a la esclavitud. El dominico Valverde se rebeló contra los malos tratos infligidos a los indios y denunció la condición servil de los nuevos *yanacona*.[113] Esas protestas no impidieron organizar el cobro del diezmo, para mantener al clero.

Pese a la anarquía, Pizarro proseguía su labor de gobernador. Sintiéndose investido por su función de una misión administrativa, emitió una vasta legislación cercana a la de su lejano primo de México. Pizarro quiso establecer los privilegios de los conquistadores, organizar la conversión de los hijos de los *kuraqa*, reglamentar las relaciones entre españoles e indios, precisar las obligaciones de unos y otros y reprimir los abusos. Se esforzó por contrarrestar la inclinación de los conquistadores a la vagancia obligando a todos los que se habían beneficiado de la tierra, a hacerla valer, pues "poblar" era, como en México, conceder repartimientos a citadinos para disfrutar del trabajo de los labradores.[114] Gracias a la iniciativa de

[110] Ortiz de Zúñiga (1967), t. I, p. 54, Juan Xulca de Auquimarca: "Estaba el dicho Xaguá cacique de ellos con Ylla Topa un ynga que allí estaba alzado." p. 312.

[111] Valverde (1865), pp. 95 y 133.

[112] *Ibid.*, p. 115: "y como este Paulo sea amigo nuestro y pretende ser él el Inca nuestro, el otro que anda alzado pensamos y tenemos por muy cierto que lo traerá de paz o lo matará [...] Y después de pasado este Paulo, paresce cosa conveniente para el sosiego de la tierra que no haya otro Señor ni otro Inca, ni conozcan otro sino al Gobernador en nombre de V. M".

[113] *Ibid.*, pp. 111-112: "que los indios no se hagan esclavos, ni se les quite su libertad por otra vía ni se echen a las minas ni se carguen ni se saquen de sus tierras y asientos...". Muchos indígenas, bajo pretexto de rebelión, habían sido reducidos a la esclavitud. Algunos hasta fueron marcados con hierro candente.

[114] Lohmann Villena (1986) ha insistido, en una obra que reúne el conjunto de las leyes

algunos colonos, entre ellos Inés Muñoz, mujer de su hermano Alcántara, los primeros árboles frutales y los primeros trigos brotaron en suelo peruano. Pero más que la agricultura era la ganadería lo que satisfacía la predilección de los conquistadores por los grandes espacios, y empezaron a establecerse *vaqueros* en las sierras del Perú, donde eran amos de los indios asignados a su servicio.

Una multitud de parientes, de compañeros, de criados y de indios componía el séquito de Pizarro en Lima. Los hijos que había tenido con doña Inés, la hermana de Atahualpa, fueron confiados a la mujer de Alcántara, pues la que llamaban *la Pizpita* había casado con un español de nombre Ampuero. Pizarro había manifestado en este asunto una generosidad de *kuraqa*, y había dado sin limitaciones a este hombre. Un abismo separaba el palacio que habitaba, su séquito y su poder, de la casa solariega de su padre el capitán en Trujillo. Pese a su fortuna, al marqués no le gustaba el lujo. Este hombre sobrio y austero, de aire un poco anticuado, permanecía fiel al sayo negro; le llegaba hasta los tobillos, contrastando con su sombrero blanco y sus zapatos de piel clara. Su espada y su puñal recordaban aquellos de los tiempos de los Reyes Católicos. Pese a su título de nobleza, sus gustos seguían siendo plebeyos: solía jugar a los bolos con gente del pueblo, carpinteros o marinos que vagabundeaban por Lima, o con el morisco Cristóbal de Burgos. El mundo de la tierra en que había crecido le atraía casi tanto como la guerra; cuando tenía tiempo se entregaba a trabajos manuales, y llegó a construir con sus manos dos molinos en las orillas del Rimac.[115]

Los rumores de una conspiración contra Pizarro dirigida por el hijo de Almagro crecían de día en día. En Cuzco, un encomendero se dirigió a los indios que le habían asignado y se enteró por su cacique de que una *huaca* había predicho el asesinato del "viejo Apo" a manos de los "chilenos". Como el español se negara a darle crédito, el *kuraqa* lo condujo al lugar de la *huaca* y, para su estupefacción, una voz surgida de las sombras le confirmó la noticia.[116] Pero en Lima, Pizarro no daba crédito a esos rumores. Sin embargo, ese domingo de junio de 1541 no fue a misa como de costumbre, sabiendo tal vez que los partidarios de Almagro lo aguardaban ante la iglesia. Al mediodía, encontrándose en compañía de su hermano Alcántara y de unas 40 personas, sonaron gritos a la entrada de la casa. Un paje dio la alerta. En la confusión siguiente, uno de sus amigos lo traicionó, dejando entornada una puerta por la que se precipitaron los conspiradores. Los invitados del marqués se arrojaron por un balcón que daba al Rimac, y saltaron a tierra. Pizarro, su hermano y el paje se pusieron a toda prisa sus corazas; lograron matar a dos de los atacantes, pero éstos, muy superiores en número, los atravesaron con sus armas. Pizarro no tuvo tiempo de pedir ayuda; expiró poco después de su hermano, pidiendo una con-

promulgadas por Pizarro, en sus cualidades de hombre de Estado; sobre la agricultura, véase p. 154; Valverde (1885), p. 123, escribe a Carlos V, a propósito de los indios: "son como labradores desas partes".

115 Zárate (1947), pp. 498-499.
116 Pedro Pizarro (1965), p. 227.

fesión que nadie le dio, mientras su palacio era invadido y saqueado por los partidarios del joven Almagro.[117] En este abandono pereció Pizarro el 24 de junio de 1541, en una ciudad en la que todos eran sus parientes, sus allegados y sus criados. Su casa fue saqueada. No quedó siquiera con qué comprar unos cirios para su entierro.[118]

Los cadáveres de Pizarro y de Alcántara yacían abandonados en la sala del palacio, sin que nadie pensara en darles sepultura. Al caer la noche, temiendo profanaciones, Inés Muñoz, acompañada de otras tres personas, sacó los cuerpos de su marido y del marqués para llevarlos a la iglesia, donde fueron lavados y enterrados cristianamente.[119] Para evitar las represalias de Almagro, ella se refugió en un convento con los hijos de Pizarro. A la primera ocasión se embarcó hacia Tumbes y, para sobrevivir, vendió sus joyas. De ahí fue hasta Quito, donde se unió con Vaca de Castro, enviado por la Corona al Perú con objeto de poner término a las guerras civiles.

Aquel año, el imperio y Carlos V tenían la mirada puesta en los turcos. En octubre, Cortés se encontraba al lado del emperador ante Argel, bajo borrascas de lluvia y de agua salada. La Nueva España del virrey Mendoza aguardaba noticias de Coronado, que había partido hacia las tierras aún misteriosas del Norte. Se inquietaba por la revuelta de los indios del Mixtón en la cual el conquistador Pedro de Alvarado, de regreso del Perú, encontró la muerte, aplastado por un caballo.

[117] *Ibid.*, pp. 227-228.
[118] Zárate (1947), p. 498.
[119] Rostworowski (1989), p. 32.

XIV. EL FIN DE LOS CONQUISTADORES

Que vuestra Alteza ruegue a Dios que seamos vencedores porque de ser ellos, seríamos nosotros los traidores.

(El duque de Alba a la reina Isabel, durante las luchas dinásticas)

INCA GARCILASO DE LA VEGA, *Historia General del Perú*

1540. CERCA de medio siglo había transcurrido desde que las costas de Guanahaní (Bahamas) aparecieran ante Colón envueltas en las brumas matinales. México se había convertido en esa Nueva España que llevaba bien su nombre. El Imperio inca había sido sometido, pese a los focos de rebelión mantenidos por Manco en Vilcabamba. Los contornos de los continentes se habían precisado. En adelante, los europeos estarían presentes por doquier, desde las costas australes del estrecho hasta la bahía descubierta por el florentino Verrazano y, más al norte aún, el país de los Bacalaos visitado por los vascos y los franceses.

Las últimas riberas desconocidas empezaban a ser exploradas. Pedro de Mendoza, hijo de un ilustre linaje, pero de otra rama que la del conde de Tendilla, había partido directamente de Sevilla —y no del mar Caribe— a la América del Sur. Tal era un principio. Había fundado el puerto de Buenos Aires en la orilla derecha del Río de la Plata. A decir verdad, era una simple fortificación al borde de las aguas lodosas del gran río, la cual no resistió largo tiempo los ataques de los indios guaraníes, pero estaba situada en la desembocadura del Paraguay, que podía ocultar inmensas riquezas. Tras la muerte de Mendoza, la Corona confirió el título de adelantado del Río de la Plata a Álvar Núñez Cabeza de Vaca, que se había hecho célebre recorriendo más de 7 000 kilómetros de la Florida al noroeste de México. Con la aureola de tal hazaña, ese descendiente del conquistador de la Gran Canaria zarpó en noviembre de 1540 rumbo a Buenos Aires, donde de nuevo le aguardaba un destino extraordinario.

Más al oeste, Chile, hollado por vez primera por las tropas de Diego de Almagro, con el catastrófico resultado que ya conocemos, aún ofrecía perspectivas seductoras. La esperanza de riquezas eventuales añadida a un innegable interés geopolítico —ya que el país se extendía hasta el estrecho—, incitaron a Pedro de Valdivia a salir de Cuzco en enero de 1540, con 11 compañeros y un millar de indios.

Al norte del Perú y de Quito, la costa de Venezuela, antes visitada por los primeros marinos, así como el litoral de Santa Marta, donde se había desarrollado la tragedia de Nicuesa, en adelante fueron frecuentados por los españoles. La fundación de la ciudad de Santa Marta fue seguida por la de Cartagena que, desde 1533, se convirtió en el principal puerto de la América del Sur, y el mercado atlántico del Perú. El propio Andagoya, descubridor fracasado del Perú, al que hemos dejado inválido en Panamá, había hecho su reaparición: lo nombraron gobernador de San Juan, en el manglar de Buenaventura. Mucho más al norte, Hernando de Soto, el conquistador de Nicaragua y del Perú, recibía una capitulación para emprender la conquista de la Florida (1539), donde Álvar Núñez había fracasado.

LA TRANSFORMACIÓN DEL NUEVO MUNDO

En pocos años se había modificado el paisaje del continente. Al comienzo de la Conquista, los caballos, esos inapreciables auxiliares de los conquistadores, eran escasos y sumamente caros. Este inconveniente pronto fue paliado por el establecimiento de verdaderos criaderos en las Antillas Mayores, en Nicaragua y en Santa Marta.[1] Pero se habían pensado y aplicado también otras soluciones. Los navíos llegaban al litoral brasileño y la costa pacífica, aún virgen de europeos, dejando sus cargamentos de animales antes de partir. Así, las bestias se reproducían con toda libertad, ocupando el terreno antes que los hombres. La invasión de los rebaños fue acompañada por otra conquista que los españoles no habían proyectado: la de las ratas, transportadas por los navíos, que arrasaron los campos de cereales y propagaron las epidemias.[2]

Los caballos, los cerdos y el ganado bovino se adaptaban con rapidez a su nuevo medio, destruyendo las milpas, pisoteando los cultivos, erosionando terrenos poco antes recubiertos por una vegetación húmeda. Pedro de Mendoza introdujo en los bordes del Río de la Plata los primeros caballos —62— que sobrevivieron a la travesía del Atlántico, mucho más penosa aún para las monturas que para los hombres. En pocos decenios, esos animales invadirán las pampas, modificando la vida de los patagones y de los mapuches, que aprenderán a domarlos y a montarlos con una destreza que los españoles les envidiarán. En el norte de Venezuela, las grandes llanuras fueron conquistadas por la ganadería gracias a la política del alemán Federmann, agente de los Welser convertido en gobernador de Su Majestad. Así, pocos decenios después de la llegada de Colón y de los primeros animales europeos, la civilización ecuestre propia de los llanos venezolanos y de las pampas argentinas daba ya sus primeros pasos.

Las poblaciones del Nuevo Mundo también habían cambiado: en la mayor parte de las Antillas, los indios prácticamente habían desaparecido, y las costas caribeñas se poblaban de negros. Desde que la compañía de los Welser recibió la licencia de importar esclavos africanos en masa, Panamá

[1] Deffontaines (1957), p. 7.

[2] Aquí no hacemos más que evocar un tema importante de la Conquista, el de la transformación del paisaje. Sobre las modificaciones ecológicas causadas por los animales domésticos, cf. Crosby (1986), pp. 171-194; a propósito de las ratas y de los daños que causaron, cf. Inca Garcilaso de la Vega (1960a), pp. 437-438. Según este autor, que consagra varios capítulos a las plantas y a los animales europeos (pp. 430-451), las ratas llegaron al Perú con el virrey Blasco Núñez de Vela.

y el litoral de Santa Marta y de Venezuela se asemejaron más a Guinea. La viruela había cundido como reguero de pólvora, diezmando a su paso las poblaciones indígenas, como en las islas y en la Nueva España; el Perú tampoco se había librado de ese azote. Por primera vez, las poblaciones americanas se encontraban frente a una verdadera pandemia, que casi no afectaba a los invasores. Ese nexo entre peste y conquista, entre derrota militar y castigo, hizo nacer nuevas representaciones del mal, de la enfermedad y del infortunio.[3]

Mientras que los campos eran agitados por esos trastornos, las capitales del Nuevo Mundo (México, Lima) y los puertos (Veracruz, Panamá, Cartagena) —que aún eran pueblos, con excepción de México— recibían una población creciente de mercaderes: tiendas animadas por los representantes de las grandes compañías comerciales, los factores, aseguraban un embrión de asentamiento, por lo demás casi siempre temporal, pues los más afortunados en negocios retornaban a Europa con la fortuna que habían amasado. Los conquistadores casi no podían reconocerse en esos negociantes de todas clases, cuyas concepciones y modales no compartían. La importancia de los genoveses declinaba, los castellanos abundaban más en las islas, los andaluces invadían el continente mientras que, al otro lado del Atlántico, el puerto de Sevilla dominaba el comercio con el Nuevo Mundo. Durante ese tiempo, por doquier engrosaban las filas de los que llegaban demasiado tarde para repartirse los despojos: condenados a subsistir sin encomienda y, por tanto, sin acceso fácil a la mano de obra indígena, los nuevos inmigrantes estaban dispuestos a seguir a parientes lejanos ya instalados, o a unirse en exploraciones peligrosas.

EL PAÍS DEL ORO Y DE LA CANELA

Benalcázar, el hombre de confianza de Pedrarias que se ilustrara en Cajamarca, deseó instalarse en la región de Quito, que había conquistado (1533-1534). Fundó un cabildo en su capital y repartió encomiendas entre quienes le rodeaban. Pero Pizarro, quien desconfiaba del carisma de ese caudillo, temía que un día lo despojara del territorio colocado bajo su gobierno. Benalcázar no tenía madera de subordinado. Para liberarse de la tutela de Pizarro, en 1538 partió a instalarse más al norte, en Popayán, del otro lado del desierto de Patia que separaba la Nueva Granada de Pasto.   .

La ciudad de Quito no carecía de encanto. En la estación de lluvias, claros entre las nubes permiten ver, a ratos, la blanca cordillera de los volcanes. De la cadena se eleva el majestuoso Cotopaxi, deslumbrante de luz; esta montaña cónica, según los indígenas, concentraba las fuerzas telúricas que daban vida a toda la región. Poco antes capital de Atahualpa, Quito empezaba a asemejarse a las ciudades del sur de España con sus paredes blanqueadas con cal que hacían resaltar el azul intenso de puertas y ven-

---

[3] Desarrollaremos este tema en el tomo II. Sobre el nexo entre peste y conquista, véase Crosby (1967).

tanas. Los rastros del incendio provocado por Rumiñahui iban desapareciendo, y las piedras de los edificios incaicos servían para las nuevas construcciones. Apartada de las turbulencias peruanas, la ciudad se desarrollaba favorecida por su clima templado y su ambiente fértil. Los españoles se habían habituado a la altitud y a los fuertes desniveles que separaban los barrios; sin duda, ya no notaban las formidables diferencias de temperatura entre las calles asoleadas y las que permanecían en la sombra; la proximidad del ecuador reducía la frescura de la sierra, haciendo de esta ciudad una de las más agradables de la cordillera de los Andes.

El menor de los hermanos Pizarro, Gonzalo, no tenía aún 30 años cuando llegó a Quito en 1539. Su hermano, el gobernador, acababa de confiarle la misión de llegar por el oriente al país de la canela, que comprendía el territorio en que, suponíase, se hallaba El Dorado. La ubicación del país del oro era de las más fantásticas. Ya en el Darién los españoles habían oído hablar del misterioso Dabaibe, el cacique, señor del oro. En otras partes, relatos análogos habían despertado la avidez de Federmann, de Jiménez de Quesada y de Alonso Alvarado, quien emprendió en el Perú la campaña de Chachapoyas hasta llegar al alto Marañón. Al deseo que mostraban los indios de alejar a los conquistadores indicándoles la existencia de comarcas fabulosas y remotas se añadían rumores persistentes, por todo el Perú, según los cuales los Incas habían penetrado en el bosque con todas las riquezas que habían podido salvar del saqueo. Manco Inca se encontraba siempre en Vilcabamba, cerca de Cuzco, pero otros grupos, decíase, vivían apartados en ciudadelas ocultas en la selva.[4] En Quito, esos relatos eran adornados con otras quimeras concernientes al país de la canela; corría el rumor de que Tupac Inca había entrado con sus tropas en el bosque para obtener la preciosa especia. A decir verdad, no se trataba de la especie *cinnamomum*, originaria de Ceilán, sino de una planta perfumada, conocida con el nombre de *ishpingo* que entraba en la composición de las ofrendas y que también servía para fines terapéuticos.[5] La "canela" se extendía, decíase, por los bosques orientales, más allá de la cordillera de los volcanes y bajo el ecuador, latitud propicia al cultivo de las especias.[6]

Las especias, motivo del primer viaje atlántico, habían conservado su atractivo, tanto más cuanto que la explotación de las Molucas alcanzadas por Magallanes y por Elcano había sido dejada a los portugueses. Pizarro y

---

[4] Sobre las diferentes localizaciones del mito de El Dorado, véase Juan Gil (1989), t. III; Oviedo (1959), t. III, libro II, cap. II, p. 236, fue el primero en consignar por escrito la leyenda del hombre dorado, *El Dorado*, cuyo reino se extendía en la gran selva oriental: "los indios dicen que este príncipe o rey es un señor muy rico y grande. Cada mañana se embadurna con una resina que pega muy bien. El oro en polvo se adhiere a esta goma [...] hasta que todo su cuerpo está cubierto desde las plantas de sus pies hasta la cabeza. Aparece tan resplandeciente como un objeto de oro trabajado por las manos de un gran artista". Más adelante, la leyenda de este personaje fabuloso se basará en la tradición muisca, en Bogotá.

[5] Cobo (1964), t. I, p. 272: "Los indios gentiles de las provincias de los Andes, en el Perú, suelen sacar a los pueblos de su frontera unas vainillas como algarrobas, de color leonado oscuro, cuya sustancia cuajada es como sangre de drago, aunque reluciente y tirante a negra, y de suave y profundo olor."

[6] Zárate (1947), p. 495, establece esa relación geográfica, coherente en la época.

sus contemporáneos consideraban la canela como un artículo de valor casi tan inapreciable como el oro. Antes de pensar en su hermano Gonzalo, había despachado a las tierras bajas a Gonzalo Díaz de Pineda. Éste había tropezado con la resistencia enconada de los indios, y tenido que dar marcha atrás. Ya no eran los tiempos en que la sola vista de los caballos bastaba para poner en fuga a nubes de indígenas. Además, en una vegetación exuberante, las monturas apenas podían avanzar.

Gonzalo Pizarro era uno de los hombres más ricos del Perú, gracias a la parte del botín que le había cedido su hermano. Pudo reclutar a 280 españoles, montados casi todos, entre ellos los extremeños don Antonio de Ribera y Francisco de Orellana. Éste pertenecía a un linaje de Trujillo emparentado con el de Pizarro; había fundado el puerto de Guayaquil y veía pasar los días tranquilamente a orillas del Guayas, después de las aventuras que le habían costado un ojo. Los españoles incorporaron a varios miles de indios que, en su mayoría, venían de la sierra del norte de Quito.[7] Éstos debían llevar las armas y las provisiones, mientras cuidaban a los miles de cerdos que iban con la expedición. También llevaban perros adiestrados en la caza de animales y de hombres, "feroces como tigres", que sabían orientarse entre los manglares.

La columna de Gonzalo se puso en marcha a finales del mes de febrero de 1541. Franqueó la cadena oriental, al norte del Antisana, luego descendió por los senderos en cornisa, al valle del Papallacta, habitado por los quijos, que los recibieron con una lluvia de flechas antes de retirarse a la maleza. Los españoles se instalaron durante algún tiempo en la aldea abandonada, para reponerse de las fatigas del camino. La fresca temperatura de la cordillera había dado lugar a un calor húmedo; al alba, la tierra mojada exhalaba un vapor que iba dispersándose al cabo de horas, y un olor vegetal, casi embriagador, flotaba en torno de las chozas. Los cerdos se atiborraban de mandioca y de maíz, y ahí donde poco tiempo antes reinaba aún el ritmo tranquilizador de los trabajos y de los días, no quedaban más que desorden y degradación. Entonces, los elementos se desencadenaron: un temblor de tierra sacudió esta región tranquila, seguido de un diluvio torrencial que transformó los ríos en torrentes y que devoró 500 casas entre el fango. Para ponerse al abrigo, los miembros de la expedición volvieron a subir a las sierras de Oriente, pero muchos de los cargadores, agotados por la inundación y el sismo, murieron de frío en el ascenso. Por último, los sobrevivientes llegaron a Zumaco, bajo trombas de agua, con la ropa pegada al cuerpo.[8]

A 10 leguas del valle de Zumaco, Antonio de Ribera observó un pueblo de indios vestidos con túnicas de algodón adornadas con pectorales de oro. Probablemente se trataba de los omagua, un grupo tupi que habitaba cerca de los contrafuertes de la cordillera, al término de una emigración secular que había tenido por objeto llegar a una comarca de abundancia y de inmortalidad, la "Tierra sin Mal". Un mes después, Francisco de Orella-

[7] Ortiguera (1968), p. 243; Oberem (1971), p. 56.
[8] Zárate (1947), libro IV, p. 493: "sin que les diese el agua lugar de enjugar la ropa que traían vestida".

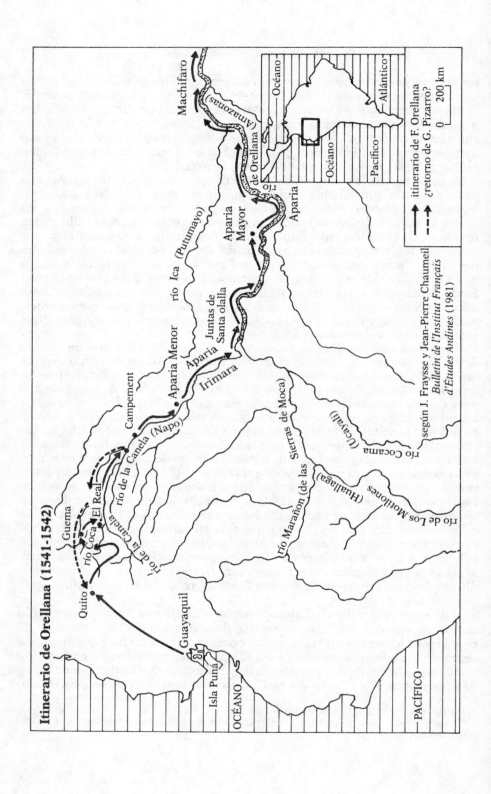

Itinerario de Orellana (1541-1542)

Océano Atlántico

0   200 km

itinerario de F. Orellana
¿retorno de G. Pizarro?

según J. Fraysse y Jean-Pierre Chaumeil
*Bulletin de l'Institut Français
d'Études Andines* (1981)

Machifaro

río Ica (Putumayo)

Campement

Aparia Menor

Aparia Mayor

Juntas de Santa olalla

Aparia

Irimara

río de la Canela (Napo)

Sierras de Moca

río Cocama (Ucayali)

río Marañón (de las

(Huallaga)

río de Los Motilones

Guema

El Real

río Coca

río de la Canela

Quito

Guayaquil

Isla Puná

OCÉANO

PACÍFICO

río de Orellana (Amazonas)

Aparia

na y 23 de sus compañeros, que habían partido de Quito después de ellos, los alcanzaron. Se pusieron a buscar los célebres árboles de canela. Las indicaciones dadas por los indios desconcertaban a los conquistadores, que daban vueltas por el bosque sofocándose en el calor y abrumados por los mosquitos. Al cabo de dos meses, llegaron al curso superior del Payamino. Ahí vieron con amargura que los árboles de canela estaban dispersos por las marismas del bosque y que su explotación presentaba obstáculos insuperables. Gonzalo sometió a unos indios a tortura para arrancarles informes. Todo fue vano: el país de las especias seguía siendo inencontrable.

La mayoría de los cargadores habían sucumbido al agotamiento y a las fiebres. Los españoles no estaban mucho mejor. La disentería y el paludismo atacaban sus cuerpos debilitados por el hambre y las privaciones. Habiendo llegado a las riberas del Coca, la columna estableció un campamento. Gonzalo deseaba construir un bergantín para descender por el río transportando a los enfermos. Pero había que procurarse materiales y hacer, como se pudiera, unas forjas para recuperar las herraduras de los caballos muertos en camino. Gonzalo, siguiendo la tradición de los caudillos, participó en los trabajos.[9] Como no había alquitrán, se empleó una "sustancia pegajosa" que los indios arrancaban a los árboles, tallando la corteza. Tal fue, sin duda, una de las primeras veces en que los europeos usaron el caucho. Los ponchos, inútiles en tal clima, así como las camisas podridas de indios y españoles, remplazaban la estopa.

Al día siguiente de Navidad se hizo al agua el bergantín, al mando de Francisco de Orellana. Los hombres que se encontraban en mejores condiciones físicas seguían a pie, a lo largo de la ribera, y volvían a la embarcación al caer la noche. Pero tenían dificultades para encontrar subsistencias en el bosque. Al cabo de sus fuerzas, Gonzalo envió a Orellana río abajo a buscar víveres, en dirección de un gran río que los indios habían mencionado; cuando llegara ahí, debería dejar dos canoas.[10]

LAS AMAZONAS

Una corriente poderosa se lleva el bergantín de Francisco de Orellana. Al cabo de tres días, llega a la confluencia de dos ríos, el Coca y el Napo, donde no encuentra más vituallas que en otros lugares. Considerando que necesitaría semanas para llegar a donde lo aguarda Gonzalo Pizarro, Orellana se deja ir a la deriva, "donde la ventura lo guiase". Parte, pues, llevándose las dos canoas que ha prometido a Gonzalo, abandonándolo a su suerte, como antes había dejado a Nicuesa. Tal comportamiento equivale a un verdadero motín.[11] El dominico Gaspar de Carvajal, que participa en esta expe-

---

[9] *Ibid.*, p. 494: "él por su persona era el primero que echaba mano de la hacha y del martillo".

[10] Según la mayoría de los autores, Pizarro y Orellana se separaron en la confluencia de los ríos Coca y Napo. Según otras fuentes, ello se produjo aguas abajo del Aguarico. Chaumeil (1981), pp. 64-65.

[11] Zárate (1947), p. 494, dijo: "casi amotinado y alzado".

dición, intenta, según parece, interceder en favor de Pizarro, sin lograr nada. El bergantín continúa su descenso, efectuando aquí y allá algunas "entradas" en el país de los indios omagua. Varias veces está a punto de naufragar entre los torbellinos del río que se llevan ramas y troncos de árboles. Sabiéndose a merced de las tribus fluviales, los españoles se esfuerzan por ganarse la confianza de los indios, y éstos les ofrecen tortugas, loros y mandioca.

Un día de enero de 1542 los hombres creen oír tambores, pero no ven a nadie en la orilla. Otra vez, Orellana interpela a los indígenas en una lengua —probablemente el quechua— que éstos comprenden.[12] Le hablan ahí de una tierra donde sólo viven mujeres, grandes damas, *señoras coñiapuyara*. Orellana habla un lenguaje andino al cacique Parian: "respondió [...] que éramos hijos del Sol y que íbamos por aquel río abajo". Al oír esas palabras los indios quedan asombrados y toman a los españoles por "santos o personas celestiales, porque ellos adoran al sol que llaman *chise*".[13] Llegados a Aparia, sobre el Napo, fabrican un segundo bergantín, más sólido.

Las fiestas religiosas llevan el ritmo de las jornadas de los españoles. El dominico Carvajal, deseoso de mantener la observancia de los ritos, impide a esos improvisados argonautas caer en el universo infinito de la selva. En sus esfuerzos por conservar la memoria de Dios, no se olvida de los indios. Un esbozo de cristianización entre las poblaciones más acogedoras de Aparia produce resultados inesperados: interpretando al pie de la letra la cuaresma, ¡los indios hacen ayunar a los españoles del miércoles al viernes de Pascua! Por fortuna, el sábado les llevan considerables cantidades de alimento.

Orellana y sus compañeros llegan por fin, en territorio omagua, a la confluencia de un inmenso río, de una anchura y una potencia no comparables a la de ninguno de los cursos de agua que hasta entonces han encontrado. Se lanzan por esta vía, que bautizan "río de Orellana", y que no es otro que el Amazonas. En esta estación, su caudal va al máximo y las riberas van apartándose. Obligados a acostar para aprovisionarse, los españoles sufren los ataques de los indios. El quechua de Orellana, que le había permitido sobrevivir en el Napo, no sirve de nada entre los omagua y los paguana.[14] En este universo fluvial sólo pueden comunicarse por gestos. Y sin embargo, esos indios les indican una comarca rica en oro y plata que, según dicen, se encuentra en el interior de las tierras, y en la que incluso habría llamas... A la altura de la embocadura del Río Negro —cerca de la actual ciudad de Manaos, en Brasil—, se enteran de que se encuentran entre súbditos de las temidas amazonas. El día de la fiesta de San Juan ven, sobre una orilla, una densa población. El dominico Carvajal cree que han alcanzado el reino de esas guerreras legendarias.[15] Incluso, en un arran-

---

[12] Carvajal (1955), p. 50: "el capitán [Orellana] púsose en la barranca del río y en su lengua, que en alguna manera los entendía, comenzó a hablar con ellos"

[13] Carvajal (1955), p. 60. Para la localización de las tribus y de los lugares mencionados, véase Chaumeil (1981).

[14] *Ibid.*, p. 59, dice muy bien que la lengua le permitió no perecer en la orilla: "el entender él —Orellana— la lengua fué parte, después de Dios, para no nos quedar en el río, que a no la entender ni los indios salieran de paz ni nosotros acertáramos".

[15] *Ibid.*, p. 95: "dimos de golpe en la buena tierra y señorío de las amazonas".

que de imaginación, sostienen haberlas visto con sus propios ojos: "Estas mujeres son muy altas y blancas y tienen el cabello muy largo y entrenzado y revuelto a la cabeza: son muy membrudas, andaban desnudas en cueros y atapadas sus vergüenzas, con sus arcos y flechas en las manos, haciendo tanta guerra como los indios."[16] La mitología antigua deformaba la mirada de los conquistadores pero es probable, asimismo, que el dominico haya traducido a su manera unos relatos indígenas difundidos por toda la cuenca amazónica. Según esos relatos, Jurupari, héroe de las poblaciones selváticas, en su infancia había arrancado el poder de manos de las mujeres para devolverlo a los hombres; también había dado muerte a su madre, porque ella había echado una mirada a las flautas sagradas.

Durante el trayecto, Orellana confecciona un léxico[17] gracias al cual puede comunicarse con los ribereños. Éstos le confirman la existencia de las amazonas: esas temibles guerreras, según dicen, no tienen marido. Viven agrupadas en 70 aldeas y los techos de sus casas están cubiertos de plumas de loro. Poseen oro en grandes cantidades y periódicamente se dejan embarazar por un pueblo vecino de hombres muy blancos, para asegurar su descendencia; luego, al nacer, matan a todos los niños varones. En mitad de este decorado quimérico los españoles creen percibir en la selva camellos y otros animales con trompa (¿tapires?).[18] A los espejismos de la imaginación se añaden fenómenos alucinatorios, provocados probablemente por hierbas venenosas. Un día les parece que un pájaro les advierte de un peligro gritándoles: "¡Huid!" Atienden a su consejo y escapan de la matanza. En esta atmósfera irreal, elaboran grandiosos proyectos como aquel de talar toda la región para dedicarla a la cría de ganado.[19]

Pasan así varios meses sobre el Amazonas. Un día del mes de agosto, los efectos de la marea atlántica empiezan a perturbar el curso de las aguas cenagosas. Cuando se lanzan por el delta laberíntico, sienten la brisa del mar. Por último, el bergantín desemboca en un océano agitado, invadido por el lodo del Gran Río que las olas no logran contener. No han encontrado oro ni plata, pero son los primeros en haber atravesado el continente de parte a parte.

No les quedaba más que seguir la costa de la Guayana hasta la isla de Cubagua, frente a Venezuela, adonde llegan el 11 de septiembre de 1542. De ahí, Orellana zarpa rumbo a España y se dirige a la corte de Carlos V para informarle de su exploración. Como no lleva nada que pueda mostrar, elogia hipócritamente las bellezas del país y recurre al mito, siempre útil, de las amazonas.[20] ¿Se deja engañar el emperador? Las vastas dimensiones del "Gran Río", ¿le parecen creíbles, o bien las toma como exageraciones nacidas de la fantasía de Orellana? Pedro Mártir ya no está a su

[16] *Ibid.*, p. 97.
[17] *Ibid.*, p. 103.
[18] *Ibid.*, p. 106.
[19] *Ibid.*, p. 100: "Es tierra templada [San Juan] y dónde se cogerá mucho trigo y se criarán todas frutas y demás desto es aparejada para criar todos ganados."
[20] Zárate (1947), p. 495: "echando fama que se había hecho a su costa e industria, y que había en él una tierra muy rica donde vivían aquellas mujeres que comúnmente llamaron en todos estos reinos la conquista de las Amazonas".

lado para oponer a las frases del navegante su escepticismo a toda prueba. El hecho es que Carlos V concede a Orellana autorización de volver, pero el conquistador, mermada sin duda su salud por la aventura amazónica, muere al cabo de la travesía atlántica, en el estuario del río que había descubierto.

EL RETORNO DE GONZALO PIZARRO

Gonzalo Pizarro y sus hombres contaban con el auxilio del bergantín de Orellana. Como lo habían convenido, se dirigieron a la confluencia del Napo y del Coca, seguros de encontrar ahí las canoas prometidas por su compañero. Amarga fue su decepción cuando no vieron la menor huella de las embarcaciones. En ese punto, el río era muy ancho, y tuvieron que construir dos balsas para atravesarlo. En la otra orilla les aguardaba un español, que Orellana había hecho desembarcar en esos parajes solitarios "porque le contradecía el viaje".[21] Pizarro se enteró de la traición de su compañero; a aquella hora, Orellana ya se encontraba lejos, aguas abajo, sin ninguna intención de retornar para acudir en su ayuda.

El abandono de Orellana fue el fin de la expedición. El hambre atenaceaba a los españoles. Los efectivos se habían deshecho, y no les quedaban más que algunas baratijas, que intercambiaban por alimentos. El "Dueño de los animales", la fuerza misteriosa que desde tiempos inmemoriales protegía a los indios de esas comarcas, se negaba a alimentar a los extranjeros, que morían de hambre. Éstos no encontraban ninguna ayuda entre los indígenas, que se apartaban a su paso por temor a las brutalidades que los españoles les habían hecho soportar durante la búsqueda de la canela. Los cargadores que les habían acompañado estaban muertos o se habían dado a la fuga. Era una locura obstinarse en errar por la selva en busca de una especie que seguía siendo inaccesible.

Pero más de 400 leguas los separaban de Quito. En el camino de regreso, una cuarentena de conquistadores perecieron de hambre; algunos se desplomaban, agotados, otros no podían levantarse de su estera y se negaban a caminar. Para subsistir, los más aguerridos mataron caballos y perros, mordisquearon raíces, cazaron pequeños animales. Como en el Darién y en los manglares, la lucha por la vida excluía toda generosidad, y los que tenían mejor fortuna en la caza podían vender a sus camaradas más torpes un gato salvaje o una gallina de agua por 50 pesos.[22] Con el cuero de los cervatillos fabricaron sandalias para protegerse de los arbustos que les laceraban los pies. Durante la jornada, el sendero se convertía en un horno insoportable. A veces, cuando podía verse un poco más adelante, un arco iris en el cielo, como una gigantesca anaconda, anunciaba el fin de la lluvia. Cuando el sol declinaba, de la selva ascendía una melopea obsesiva. En esta polifonía natural, los gritos de los monos se destacaban sobre el zumbido incesante de los insectos y el ulular de las aves nocturnas, junto

21 *Ibid.*
22 *Ibid.*

con silbidos agudos, mezclándose al coro de los grillos y entonando un canto llegado de la aurora del mundo.

Mecido por esos ecos que ya le eran familiares y tal vez, asimismo, por el consumo de plantas alucinógenas, Gonzalo dormía entre sus hombres. Una noche se despertó sobresaltado, agitado por una extraña pesadilla. Relató su sueño a Juan de Villegas "el astrólogo", experto en el arte de la adivinación, quien vio en ello un presagio funesto.[23] El viaje prosiguió, bajo la sombra de ese mal augurio. Sin embargo, la suerte les sonrió y pronto pudieron ver, dominando la selva baja, el pico nevado y tranquilizador del Antisana. Corría el mes de junio de 1542.

Los habitantes de Quito salieron a su encuentro, llevando cerdos y vestimenta. Los conquistadores, como espectros arrojados por el bosque, estaban irreconocibles. Los 80 sobrevivientes avanzaban desnudos como salvajes, con "las vergüenzas" protegidas por pequeños trozos de cuero. Las zarzas, las espinas y las ramas les habían dejado el cuerpo lleno de cicatrices. Sus espadas, carcomidas por el orín, no tenían ya funda; y entre sus cabellos pululaban los piojos. A la vista de sus compatriotas, se arrojaron a tierra y la besaron. Hubo que alimentarlos con pequeños bocados para acostumbrarles de nuevo el estómago a la digestión. Lentamente, recuperaron las fuerzas.[24] Pero habían vagado cerca de dos años por la selva, y el mundo había cambiado en su ausencia: Francisco Pizarro había sido asesinado en Lima, y Vaca de Castro, el nuevo gobernador nombrado por Carlos V, había llegado al Perú para sofocar la insurrección de los partidarios de Almagro el Mozo. Se confirmaban así los sombríos pronósticos de Villegas el astrólogo.

UN MESTIZO CONTRA CARLOS V

Después del asesinato de Pizarro por sus partidarios en 1541, Diego de Almagro el Mozo, de 22 años, se había proclamado gobernador del Perú. Todos los conquistadores estaban convencidos de que ese territorio debía ser para ellos, considerándose los únicos capaces de administrar el país que habían sometido.

Almagro no estaba dispuesto a aceptar la férula de un soberano remoto, como tampoco la intrusión de un representante de la Corona en los asuntos peruanos. Desde la llegada de Vaca de Castro, reclutó un ejército más poderoso que todos los que su padre y Pizarro habían reunido en el pasado, y se dispuso a hacer frente al enviado del rey. Tal era la primera rebelión del Nuevo Mundo, encabezada por un mestizo contra la soberanía imperial. Sin embargo, Almagro el Mozo no tenía en sus venas sangre peruana, ya que era de ascendencia panameña. Su destino ilustra el desarraigo de los mestizos, así como el surgimiento de nuevas identidades que aparecieron en la América de la Conquista.

[23] Lockhart (1968), p. 28.
[24] Zárate (1947), p. 495: "fue necesario ponerles tasa hasta que poco a poco fuesen habituando los estómagos a tener que digerir".

El alejamiento extremo del Perú favorecía esta insurrección contra Vaca de Castro y Carlos V. Para llegar allí se tenía que desembarcar en Nombre de Dios, en Panamá, luego atravesar el istmo y emprender una nueva navegación por el océano Pacífico, mucho más difícil en dirección norte-sur que en sentido contrario, por razón de las corrientes y de los vientos.[25] Almagro tal vez contara con aprovechar sus relaciones en esta región de la que era originario, para hacer fracasar la misión de Vaca de Castro. Había prometido a todos que al que matara a un miembro de la facción enemiga él le daría como recompensa sus indios, sus bienes y su mujer.[26] Esperaba así ganarse a aquella multitud de conquistadores que no habían podido obtener una encomienda y que vegetaban en las ciudades de la sierra, aguardando a que se les asignara una eventual "entrada." Todos esos relegados, entre ellos muchos mestizos y también indios partidarios de su padre desde los tiempos de su enemistad con Pizarro, incluyendo al versátil Paullu, se habían unido a las tropas del joven.

Por su parte, los pizarristas se apresuraron a acoger a Vaca de Castro, menos por lealtad a la Corona que por espíritu de venganza. El nuevo gobernador llegaba en el momento oportuno para ser el instrumento de esa venganza. Tan claramente lo vio él que ordenó a Gonzalo quedarse en Quito, donde debía aguardar los acontecimientos. Aquí se impone un paralelo con México: *letrado* competente, sostenido por el cardenal Loaisa y el secretario Francisco de los Cobos, Vaca de Castro, como Ramírez de Fuenleal en la Nueva España, contaba con imponer el orden tras un periodo de disturbios. Se disponía a sanear la situación política para instaurar condiciones propicias al establecimiento de un virreinato. Pero el Perú de los años de 1540, ¿repetiría al México de los años de 1530? ¿Se reproduciría así la historia colonial de los dos territorios, con 10 años de distancia? Además de sus propias tropas y de los pizarristas, Vaca de Castro podía contar con el apoyo del capitán Francisco Carvajal, soldado profesional que había luchado en Italia a las órdenes de Gonzalo Fernández de Córdoba. Por último, Ampuero, el marido de *la Pizpita*, se había incorporado sin dificultad al ejército de Vaca de Castro, así como el capitán Garcilaso de la Vega, el cronista Diego de Trujillo y otros de sus primeros partidarios.

El enfrentamiento entre monarquistas e insurrectos se desarrolló en las landas de Chupas, cerca de Huamanga (Ayacucho), región predestinada a las luchas fratricidas, ya que hoy es el centro de las acciones de Sendero Luminoso. Los partidarios de Almagro el Mozo se batieron con toda clase de armas contra fuerzas mejor equipadas: algunos sólo tenían hachas de leñadores. Paullu Inca se lanzó sobre las tropas de Vaca de Castro con indios provistos de hondas y de mazas, a la manera antigua.[27] La artillería dependía de Pedro de Candia y sus griegos. Pero, en el último momento, el viejo compañero de Pizarro vaciló antes de luchar contra el representante del emperador, y desvió el tiro de sus cañones. Esa estratagema no le sir-

---

[25] Bataillon (1986), pp. 14-15. Con razón este autor llama a Panamá "el istmo de Perú".
[26] Zárate (1947), p. 503: "prometiendo que cualquiera que matase vecino, le daría sus indios y hacienda y mujer".
[27] *Ibid*. (1947), p. 505.

vió de nada, pues Almagro, furioso por su traición, lo mandó matar. Pereció así uno de los hombres más ricos del Perú, uno de los últimos sobrevivientes de la Isla del Gallo.

Al caer la noche de aquel 16 de septiembre de 1542, los monarquistas habían obtenido la victoria al precio de una verdadera carnicería. Entre los muchos cadáveres tendidos en tierra pudo descubrirse el de Nicolás de Montalvo, originario de Medina del Campo y pariente del célebre autor del *Amadís de Gaula*.[28] Protegidos por la oscuridad, muchos indios se precipitaron sobre la *puna* de Chupas y despojaron de sus ropas a los cadáveres. Al apropiarse los hábitos de los españoles, los indios esperaban captar sus fuerzas, con la esperanza acaso de que después les servirían para arrojar de su tierra a los extranjeros. Muchos españoles sucumbieron a la temperatura glacial. Garcilaso de la Vega, ligeramente herido, pudo recuperarse en los días siguientes, pero su primo Tordoya no sobrevivió a sus heridas ni al frío de los Andes.[29]

Almagro el Mozo emprendió la fuga, tratando de llegar a Vilcabamba, perseguido por Garcilaso, quien estuvo a punto de alcanzarlo. El mestizo fue entregado por el alcalde de Cuzco —uno de sus antiguos partidarios— y condenado a muerte; lo decapitaron en la plaza donde su padre había sido ejecutado por la mano del mismo verdugo. Tres compañeros de Almagro, encerrados en Cuzco, lograron escapar y se refugiaron en Vilcabamba, al lado de Manco, que había seguido los acontecimientos gracias a sus espías y sus informantes. El Inca quedó apesadumbrado al enterarse de la muerte del hijo del adelantado, por quien siempre había sentido un cierto afecto. Con la muerte del mestizo acababa, sin duda, su última oportunidad de restaurar el imperio.[30]

LOS ENCOMENDEROS, AMOS DEL PERÚ

Después de la batalla llegó la hora de las recompensas. Si Vaca de Castro quería ser reconocido como gobernador legítimo, tenía que adaptarse a las costumbres del país y satisfacer a quienes esperaban compensaciones por los servicios prestados. La mejor manera de lograrlo era distribuir encomiendas, según una tradición que se remontaba ya a los tiempos de la Reconquista. Los conquistadores recibían de la Corona el derecho de beneficiarse del tributo de los indios en una región determinada. A cambio de ese repartimiento o encomienda estaban obligados, en principio, a proteger a los indígenas y a velar por su cristianización.

La encomienda fue una de las principales instituciones de la nueva sociedad que ya se esbozaba en la Nueva España y luego en los Andes, y los encomenderos llegaron a constituir grupos de gran influencia. Las riquezas y la explotación de las regiones centrales explican este auge, aun cuando entre México y Perú se aprecien diferencias sensibles. En los Andes, el

---

[28] *Ibid.*
[29] Inca Garcilaso de la Vega (1960b), p. 207; Varner (1968), p. 48.
[30] Zárate (1947), p. 506: "El Inga los recibió alegremente mostrando mucho sentimiento de la muerte de don Diego, porque le era muy aficionado."

EL NUEVO MUNDO

derecho de distribuir encomiendas correspondía al gobernador y no a la Corona; esto muestra la importancia de la función que Pizarro había desempeñado hasta su muerte. Por ello, la concesión directa de encomiendas escapaba del control real y favorecía una interpretación bastante libre de la institución. De hecho, en los primeros años que siguieron a la conquista, los poderes de los encomenderos designados por Pizarro siguiendo sus normas personales (sus primeros compañeros, parientes, conciudadanos de Trujillo y, por extensión, de Extremadura) sobrepasaron las estipulaciones legales. Los encomenderos del Perú pudieron disponer, a su capricho, de la mano de obra indígena para la explotación agrícola y minera, lo que favoreció la dominación de vastos territorios. En las minas de Porco y luego en las de Potosí, centenares de indios de repartimiento consumían sus fuerzas y su vida.

Tanto menos podía Vaca de Castro modificar estas prácticas cuanto que, en cierto modo, se había convertido en rehén de los pizarristas. Como las guerras civiles habían sido tan sangrientas, cierto número de encomiendas habían quedado vacantes, lo que permitió al gobernador atribuirlas a los españoles que aguardaban impacientemente un gesto generoso. Éstos eran muchos, pues no todos los conquistadores se volvían encomenderos. Los de Cajamarca habían sido los primeros beneficiarios del sistema. Pizarro recompensó después a las tropas de Almagro, y luego a las de Diego de Alvarado. Estas atribuciones habían sido generosas, pero desde 1536 el número de los repartimientos había quedado prácticamente estable, mientras que la población española se había incrementado considerablemente. En el momento del asesinato de Pizarro no había más que unos 500 encomenderos en toda la región andina, por más de 5 000 españoles. Ese desequilibrio acentuaba las tensiones y el descontento de quienes se consideraban perjudicados, y que envidiaban los privilegios exorbitantes de la minoría. Mientras que en el corazón del antiguo Tawantinsuyu los repartimientos eran pocos pero muy ricos, en las márgenes, una plétora de pequeños encomenderos vegetaba de un tributo poco rentable.[31]

Dar de comer: tal era la obligación de Vaca de Castro para con todos los que le habían ayudado a sofocar la rebelión.[32] No pudiendo satisfacer todas las demandas, Vaca de Castro organizó nuevas conquistas en Chile y en la vertiente amazónica de los Andes. Los mitos iban siguiendo el retroceso de las tierras desconocidas. Si el país de la canela había resultado un engaño, ahora imaginaron que en alguna parte entre el Marañón y el Río de la Plata existía una comarca rica en minas de oro, custodiada por las amazonas de Orellana. Vaca de Castro, que tal vez ignorara la propensión de los hombres del Nuevo Mundo a construir quimeras, envió entonces unas expediciones en dirección del oriente.[33] Mientras se encontraba el inagotable El Dorado, las minas de oro de Carabaya, que acababan de ser descubiertas cerca del lago Titicaca, ofrecían un buen anticipo, pues eran

31 Lockhart (1968), pp. 11-18.
32 Zárate (1947), p. 506: "a los mas dellos Vaca de Castro dió de comer al tiempo que repartió la tierra, porque decía que aquellos lo habían merescido señaladamente".
33 *Ibid.*, p. 507; Gil (1989), t. II, pp. 258-260.

las más ricas del Perú. Las de Potosí, que habrían de trastornar el destino del país, fueron descubiertas poco tiempo después, casi por azar, si creemos a la leyenda, por un indio al servicio de un encomendero de Porco.

Los encomenderos representaban la nueva aristocracia del país. Se les consideraba como "señores de vasallos", sobre todo si a sus prebendas recién adquiridas añadían el honor de pertenecer a una casa noble, como Sebastián Garcilaso de la Vega, llegado al Perú tras los pasos de Pedro de Alvarado. Los hijos heredaban las encomiendas de sus padres, y también las viudas, a condición de que volvieran a casarse. En ese caso, las prerrogativas de que había disfrutado el difunto eran transferidas al nuevo cónyuge. En pocos años se estableció la costumbre de que la viuda tomara por segundo marido a un pariente, un amigo o un compatriota del difunto. Los nexos que los unían a su terruño de origen triunfaban sobre cualquier otra consideración. Inés Muñoz, viuda de Martín de Alcántara, se había refugiado en Quito huyendo de la venganza del joven Almagro. Ignoramos si fue en esta ciudad o en Lima donde casó en segundas nupcias con don Antonio de Ribera, uno de los extremeños que habían acompañado a Gonzalo Pizarro en la desastrosa expedición de la canela. Así, la pareja pudo recuperar la encomienda de Huánuco, atribuida antes a Martín de Alcántara: 4 000 indios tributarios en una de las zonas más prósperas del país. El *kuraqa* Paucar Guaman, del linaje de los Xagua, fue puesto a la cabeza de este conjunto, con la misión de asegurar la colecta. La encomienda influyó sobre las instituciones indígenas, promoviendo a los *kuraqa* más dóciles que de esa manera se convertían en el relevo indispensable entre los nuevos amos y las masas campesinas.[34]

El encomendero poseía una gran casa, y una esposa española, de ser posible; tenía mesa permanentemente puesta para acoger a sus criados, parientes y amigos que gravitaban en torno de él y, llegado el caso, podían darle apoyo. Disponía de esclavos negros y se rodeaba de numerosos sirvientes indígenas. Cuadras, palafreneros, caballos y los aperos necesarios para su uso completaban, obligatoriamente, su modo de vida. El encomendero cuidaba las apariencias. Si bien es cierto que Pizarro y Almagro habían sido, en general, sobrios en su atuendo, las generaciones siguientes prefirieron las vestimentas finas que realzaban su condición.

En los primeros años de la conquista fue abandonada la evangelización de los indígenas, que los encomenderos, supuestamente, aseguraban. Antonio de Ribera y su esposa casi no se ocuparon de vigilar las costumbres de los chupachos de Huánuco, que continuaron practicando la poligamia y llevando nombres indígenas durante varios decenios.[35] En cambio, la obli-

---

[34] Íñigo Ortiz (1967), pp. 20-93.

[35] Eso es lo que puede colegirse de la *Visita de Huánuco* efectuada por Íñigo Ortiz (1967) en 1562. Sólo en 1548, tras la pacificación de las guerras civiles, Paucar Guaman aceptó el bautismo, tomando el nombre de "don Gómez" como homenaje a su nuevo encomendero, Gómez Arias Dávila, pariente de Pedrarias. Este personaje encarna los nexos de parentesco y las solidaridades que unían a los hombres. Inca Garcilaso de la Vega (1986), libro II (2), cap. V, p. 216, lo describe así: "natural de Segovia, deudo de la mujer de Soto —la hija de Pedrarias— [...] grandísimo nadador —cosa útil y necesaria para las conquistas— [...] había sido esclavo en Berbería, donde aprendió la lengua morisca". Tras su estadía en África, acompañó a Her-

gación contraída por los encomenderos de proteger a los indios no era una cláusula formal. En 1542, las *Leyes Nuevas*, promulgadas en favor de los indios gracias a los esfuerzos de Las Casas que desde hacía 20 años no cesaba de denunciar su servidumbre y sus sufrimientos, abolieron la esclavitud de esas poblaciones. Sin embargo, en el Perú quedaban indios esclavos llegados de otras regiones, especialmente de Nicaragua y del istmo; vivían en las ciudades andinas y ejercían pequeños oficios artesanales o bien servían como domésticos, a la manera de los esclavos moriscos en la península ibérica. Si bien en adelante gozaron de una protección legal, los indios de los campos no estaban protegidos de los traficantes que no vacilaban en capturarlos para venderlos en otra parte. Los que estaban sometidos a un poderoso encomendero escapaban, al menos, de esta amenaza.[36]

Los encomenderos residían generalmente en las ciudades, y delegaban sus funciones a unos intermediarios, los *mayordomos*, que habitaban en los campos. Aislados en la sierra, sin otro contacto que un hipotético cura, poco a poco los mayordomos adquirían las costumbres de los indígenas, hablando su lengua y compartiendo, por la fuerza de las cosas, sus concepciones del mundo y de la naturaleza. Esta indianización de los españoles era más acentuada aún entre los *estancieros*, dedicados a cuidar los rebaños en las *punas* desoladas; esos hombres rudos sufrían el desdén de los citadinos, sobre todo de los europeos que habían llegado después de la primera oleada de conquistadores.[37]

El horizonte de los indios no se limitaba a los mayordomos. Cada año, un grupo de tributarios, presidido por un *kuraqa*, iba a la ciudad en que residía su encomendero, para cumplir con sus obligaciones. Se instalaban en los barrios, en terrenos de su encomendero, donde construían cabañas provisionales, que ocupaban durante unos tres meses. Ese servicio, la *mita*, consistía en llevar productos y en realizar tareas en la casa del encomendero o en sus tierras. El gravamen de las poblaciones indígenas era arbitrario. Teóricamente, las comunidades daban a los españoles el mismo tributo que en los tiempos de Huayna Capac, pero en la práctica no se respetaba esta equivalencia. A los abusos múltiples se añadía la desproporción entre el número de tributarios —que se había reducido notablemente desde la conquista y las guerras civiles— y una tasa global, calculada en función de unos datos ya caducos. De momento, nadie se preocupaba por hacer un censo verdadero de los indígenas, los cuales, menos numerosos que antes, debían soportar cargas y trabajos obligatorios cada vez más pesados. Al transcurrir el tiempo de su servicio, en su mayoría volvían a su comunidad de origen, pero otros se quedaban en la ciudad, realizando tareas diver-

nando de Soto a la Florida como capitán y se libró del desastre final. Ulteriormente se dirigió al Perú, donde recuperó la encomienda de Antonio de Ribera, quien conservó sólo la que poseía en Lima. Por último, fue un cuzqueño, el Inca Garcilaso de la Vega, quien relató las aventuras de Hernando de Soto y de sus compañeros en la Florida.

[36] Lockhart (1968), pp. 17-22 y 202.

[37] *Ibid.*, pp. 24-25. Gutiérrez de Santa Clara (1963), t. IV, p. 11, describiendo la batalla de Huarina, atribuye a los realistas el comentario siguiente, a propósito de las tropas de Gonzalo Pizarro: "que estancieros y marineros son y gente baja y vil de zaragüelle y alparagates *(sic)*".

sas.[38] Tal era ya el embrión de las migraciones rurales y de la urbanización que han caracterizado a la actual América Latina.

EL CUZCO DE LOS ENCOMENDEROS

El capitán Sebastián Garcilaso de la Vega se había vuelto uno de los más ricos encomenderos de Cuzco. Eligió su residencia en una casa señorial del barrio de Cusipata, construida sobre la base de un edificio inca, cuya maciza albañilería se basaba en los volúmenes austeros de las moradas señoriales de Extremadura. Esa mezcla de estilos, tan característica de la ciudad de Cuzco, no sorprendía a los castellanos, acostumbrados a las creaciones mudéjares. Sin embargo, el asedio de Cuzco había dañado los edificios antiguos, y la formidable ciudadela de Saqsahuaman estaba en ruinas. Bajo su techo, el capitán albergaba a una multitud de amigos, de parientes y de los inevitables criados.

Garcilaso aún no estaba casado, pues las mujeres españolas escaseaban, sobre todo las de su rango. Al igual que otros conquistadores, vivía en concubinato. Isabel Chimpu Ocllo, del linaje de Tupac Inca, le había dado un hijo. El niño recibió el nombre de Gómez Suárez de Figueroa, como homenaje a la rama de los condes de Feria de su familia paterna. Pero pasará a la posteridad con el nombre de Inca Garcilaso de la Vega, que adoptara 20 años después. De momento, el mestizo era un niño que despertaba a la vida escuchando unos relatos mucho más asombrosos que las novelas de caballería que, por cierto, nunca tuvo en gran estima.[39] Su padre era fuente inagotable de anécdotas y los nobles incas del linaje materno recitaban a menudo los hechos y las gestas del pasado, por temor a que se borraran de su memoria. El niño sentía confusamente que sus tíos incas nunca habían aceptado la victoria de su padre; sorprendía conversaciones en que se hablaba de Manco y de la corte de Vilcabamba, de los esplendores del pasado y de la destrucción de un modo de vida que los parientes de su madre evocaban con nostalgia; pues en la casa señorial del capitán la flor de la aristocracia incaica gustaba de reunirse para comentar historias pasadas, y la gesta heroica de Manco Capac, fundador del linaje de los Incas, hacía eco a la de Garci Pérez de Vargas, antepasado del capitán, que había luchado contra los moros durante el reinado de Fernando III. Oyendo a su madre y a su padre, el joven Gómez Suárez aprendía las dos lenguas. Se expresaba en quechua con su progenitora, pero su visión del mundo ya no era la de un indio. Cuando sus tíos maternos se esforzaban por hacerle descifrar las estrellas del cielo, por mucho que él examinara la Vía Láctea no veía más que unas manchas, donde sus tíos afirmaban reconocer la silueta de las llamas.[40]

---

[38] Lockhart (1968), pp. 206-207.
[39] Inca Garcilaso de la Vega (1986), libro II (1), cap. XXVII, p. 192: "porque toda mi vida (sacada la buena poesía) fuí enemigo de ficciones como son libros de caballería y otros semejantes".
[40] Inca Garcilaso de la Vega (1960a), libro II, cap. XXIII, p. 90: "A mí me la querían mostrar —la vía láctea— diciendo: 'ves allí la cabeza de la oveja, ves acullá la del cordero mamando, ves el cuerpo, brazos y piernas del uno y del otro', mas yo no veía las figuras sino las manchas, y debía de ser por no saberlas imaginar."

Desde la galería de la fachada se podían contemplar los picos de la sierra. A la sombra protectora de los *huaca*, Isabel Chimpu Ocllo y su hijo dejaban transcurrir días tranquilos tras las turbulencias de las guerras civiles. El capitán había desempeñado un papel importante en la captura de Diego de Almagro el Mozo, y lo habían recompensado. Su fortuna, sus relaciones con la élite inca y su ascendiente le aseguraban un auténtico prestigio. ¿Quién mejor que él podía ser escogido como padrino de bautizo de Paullu Inca y de su hermano Titu Auqui?[41] La conversión de Paullu, que había adoptado el nombre de don Cristóbal, era una medida política para persuadir a los indios a que adoptasen la religión cristiana. Pero el Inca quiso respetar los ritos antiguos y casó con su hermana, refugiada en las orillas del lago Titicaca; Carlos V, deseoso de contemporizar, obtuvo una dispensa para él.[42] Después de Valverde, el vicario general de Cuzco, Luis de Morales se inquietaba por la persistencia de la idolatría entre los nobles de Cuzco. Paullu le entregó la momia de su padre Huayna Capac, así como las de otros príncipes de su linaje. Los cadáveres fueron enterrados subrepticiamente para no escandalizar a la población, pero la familia del Inca y sin duda también Isabel Chimpu Ocllo quedaron profundamente apesadumbrados.[43]

Las élites cuzqueñas, guardianas de las tradiciones, habían sido masacradas por los capitanes de Atahualpa. Aunque algunos de los supervivientes se hayan unido a la causa de Manco, la mayoría estaba de parte de Paullu Inca, cuyo palacio se hallaba en el barrio alto de la ciudad, debajo de la ciudadela. Los *orejones*, deseosos de conservar sus privilegios y de adquirir otros, habían comprendido las reglas de sucesión de los españoles y se adaptaban a ellas, olvidando el antiguo sistema que admitía la división de la autoridad entre dos personas y no tomaba en cuenta la progenitura. La adaptación era tanto más fácil cuanto que habían sido diezmados los poseedores de la sabiduría antigua, los *quipucamayos*, que interpretaban las cuerdecillas y los nudos de los *quipu*. La confusión de los tiempos favorecía las falsificaciones genealógicas, y se borraba la memoria de los linajes. Desde el bautizo del Inca declinaba el respeto a los ritos. Su sabia arquitectura, que daba significados secretos a cada gesto, era socavada por la indiferencia y el descuido de quienes los practicaban, más por hábito que por convicción profunda. De otra manera, ¿cómo explicar el triste simulacro de la *citua*, aquella fiesta que se celebraba cada año desde tiempos inmemoriales para alejar de la ciudad los infortunios y la suciedad? Isabel Chimpu Ocllo había conocido la época en que unos escuadrones, provistos de antorchas de paja, las hacían girar como hondas para expulsar todo lo que contaminara la ciudad. Llegado cada uno a los cuatro confines de la ciudad, los grupos arrojaban sus antorchas a los ríos, creyendo

[41] *Ibid.*, cap. II; Varner, 1968, pp. 52-53.
[42] Calancha (1972), p. 128; "Carta del Licenciado Vaca de Castro", en *Cartas de Indias*, II, 1877, p. 491: "A Paulo, yndio prençipal hijo de Guainacaua, tornaré presto christiano y a sus hijos y parientes, que ahora están aprendiendo los nutrimientos de fee nescesarios para esto: será tan buena parte y prinçipio, ques parte para se convertir lo más desta tierra."
[43] Duviols (1971), pp. 82-83.

que las corrientes se llevarían los objetos con su suciedad hasta el mar. El ritual no había sido abandonado, pero ahora los indios ya no se preocupaban por salir de la ciudad, y los receptáculos del mal yacían junto a las atarjeas de Cuzco, como vulgares basuras.[44]

En esta extraña atmósfera, los indios continuaban venerando las momias ancestrales, pese a la repugnancia que sentían los españoles hacia aquellos macabros fardos; las *huaca* eran toleradas, pero ya no faltaban aventureros en busca de tesoros —los *huaqueros*— que las destriparan y las saquearan, privándolas así de sus fuerzas. Los españoles igualmente olvidaban las costumbres de su tierra natal. Poco antes tan puntillosos en materia de alimentación, olisqueando con desprecio la de los moros y de los judíos, ahora saboreaban la carne de los *cuys* —cerdos de la India— que abundaban en las cocinas peruanas. Habían aprendido a gustar del maíz en todas sus formas; las sopas sazonadas con pimienta decuplicaban su energía, y habían descubierto una variedad infinita de *papas*, esos tubérculos cultivados en las alturas que los europeos llamaron *patatas*. Por último, para protegerse de los rigores del cierzo de la sierra, no vacilaban en ponerse ponchos y en masticar coca, sin la cual nadie habría podido franquear la cordillera.

LA GUERRA DE LOS ENCOMENDEROS

Mientras la calma parecía volver a un Perú devastado, en España Las Casas se extenuaba tratando de obtener garantías legales para los indios. El dominico denunciaba el régimen de la encomienda como fuente de todos los males que habían caído sobre las poblaciones indígenas. En forma apenas velada, el sistema favorecía la esclavitud de los indios. Pero otras consideraciones materiales también reclamaban su abolición. Agobiados por los diversos trabajos obligatorios, los indios descuidaban los cultivos y se empobrecían; las terrazas y los campos quedaban sin cultivo y el país, antes floreciente, apenas podía ahora alimentar a sus habitantes. Se adoptó entonces el principio de un gravamen moderado.

El emperador se dejó convencer y promulgó una serie de ordenanzas destinadas a poner término a los privilegios de los conquistadores. Las *Leyes Nuevas* de 1542 abolieron la perpetuidad de las encomiendas. A la muerte de los beneficiarios, aquéllas quedarían bajo la jurisdicción de la Corona, que se encargaría de administrar directamente el tributo de los indios. Éstos ya no estarían sometidos al trabajo obligatorio sino que percibirían un salario. Los representantes de la Corona, los eclesiásticos y los hospitales ya no podrían disponer de encomiendas. En el Perú, la nueva legislación exigía suprimir todos los repartimientos de quienes habían tomado parte en las banderías de los Pizarro y de los Almagro.

---

[44] Inca Garcilaso de la Vega (1960a), libro VII, cap. VIII, p. 309: "Acuérdome que otro día vi un pancuncu en el arroyo que corre por medio de la plaza [...] Aquel hacho echaron dentro de la ciudad [...] porque ya no se hacía la fiesta con la solemnidad [...] que en tiempo de sus Reyes; no se hacía por desterrar los males, que ya se iban desengañando, sino en recordación de los tiempos pasados."

Esas disposiciones debían ser puestas en práctica en el marco de una reorganización administrativa causada por la muerte de Francisco Pizarro. Perú ya no dependería de Panamá y constituiría una Audiencia —o tribunal de justicia— completa, gobernada por cuatro oidores y un presidente con el rango de virrey. La elección del emperador recayó sobre un hombre enérgico pero limitado y de trato difícil, el capitán Blasco Núñez de Vela. El nuevo virrey no tenía el temple de un Antonio de Mendoza o de un Pedro de Toledo. Nacido en Ávila, Núñez de Vela zarpó hacia el Nuevo Mundo resuelto a aplicar al punto sus ordenanzas. A su lado, dos de los más grandes cronistas del Perú, Polo de Ondegardo, su sobrino, y Agustín de Zárate, su tesorero, llegaron a las Indias.[45] Apenas arribó a Nombre de Dios, en la costa atlántica del istmo, Núñez de Vela puso en ejecución sus proyectos y liberó a todos los indios peruanos que ahí se encontraban como esclavos. Fueron enviados a sus pueblos, pero los desdichados no soportaron la penosa travesía y en su mayoría sucumbieron durante el viaje.

El desembarco del virrey en Tumbes, en 1544, fue como aplicar fuego a la pólvora. Las ordenanzas perjudicaban a todos, pues nadie había permanecido al margen de las luchas entre facciones que habían ensombrecido los últimos años, hasta la batalla de Chupas.[46] Los encomenderos habían reaccionado violentamente contra Las Casas, acusándolo de falsear los hechos. Sostenían, asimismo, que había llevado en las islas una existencia de conquistador, enriqueciendo a los flamencos y los borgoñones que gravitaban en torno del emperador —argumento que siempre era creído—, en detrimento de los españoles. Se murmuraba que el dominico había querido vengarse de los testigos de sus fechorías que ahora residían en el Perú.[47] Los encomenderos buscaron en la historia de España argumentos en apoyo de sus reivindicaciones: en la época de las banderías entre la Beltraneja e Isabel, los vencedores habían obtenido recompensas. ¿Cómo se les podía desposeer, después de que habían prestado inestimables servicios a la Corona?

Durante largo tiempo, el cabildo de Lima vaciló ante la actitud que debía adoptar con el virrey. Por fin, triunfaron los espíritus más moderados, y Blasco Núñez de Vela fue autorizado a llegar a Lima. A las puertas de la capital, el enviado de Carlos V descubrió una inscripción que se destacaba ostensiblemente sobre una pared blanca: "A quien viniese a echarme de mi casa y hacienda procurare yo echarle del mundo."[48] El supuesto autor de ese delito fue enviado a prisión, mas por doquier aumentaba el odio contra el representante del emperador.

---

[45] Varner (1968), p. 56.

[46] Zárate (1947), p. 508: "aun hasta los mesmos indios de la tierra, que muchas veces acontescía haber entre ellos grandes batallas y diferencias y otras contiendas particulares a título destas opiniones, que ellos llamaban a los de don Diego los de Chili y a los del Marqués, los de Pachacamac".

[47] Inca Garcilaso de la Vega (1960b), libro IV, cap. III, p. 225: "y a sus criados los extranjeros [...] de acrecentar las rentas reales y enviar mucho oro y perlas a España a los flamencos y borgoñones que en la corte residían". Garcilaso, que informa de esos rumores, los tilda de falsos. Sobre la acción de Las Casas, véase especialmente Mahn-Lot (1982), pp. 106-126.

[48] Inca Garcilaso de la Vega (1960b), libro IV, cap. IV, p. 229.

En la ciudad de Cuzco, la agitación llegaba al máximo, y todas las esperanzas se centraron en Gonzalo Pizarro. Éste se encontraba en Charcas (Bolivia), donde había empezado a buscar las minas de Potosí. Llamado por sus amigos, volvió a Cuzco y los encomenderos, de común acuerdo, lo nombraron procurador general con la misión de ir a Lima a defender su causa ante la Audiencia. Gonzalo se pondría a la cabeza de una delegación de la que formaba parte, entre otros, Garcilaso de la Vega. Pero Pizarro sabía que el virrey era intratable, y prefirió la intimidación a la diplomacia. Reunió un ejército de 400 hombres, pretextando que tendría que atravesar tierras poco seguras. Paullu, quien también poseía encomiendas, estaba dispuesto a movilizar a sus indios contra las ordenanzas; para evitar que se revelaran las intenciones de Gonzalo, hizo bloquear los caminos y envió mensajes a la región de Charcas, dando la alerta a los caciques.[49]

Estos preparativos inquietaron a los españoles que vacilaban en declararse en rebelión abierta contra la Corona. Uno de ellos era Garcilaso de la Vega: abandonando el campamento de Pizarro, intentó por su parte una embajada ante Núñez de Vela. Su defección provocó la cólera de Gonzalo, que contaba con la fama y el prestigio del encomendero para doblegar al virrey; Francisco de Carvajal, su maestre de campo, ejerció represalias contra la familia de Garcilaso, cuya casa estuvo a punto de ser incendiada. El joven Gómez Suárez, su hermana, su madre y un puñado de domésticos indígenas, aterrados, presenciaron el saqueo de la casa. Gracias al apoyo que les prestaron sus parientes incas, pudieron subsistir en esta ciudad que de pronto se había vuelto hostil con ellos. Encerrados y desamparados, vivieron durante semanas en la incertidumbre.[50]

En Huarochirí, cerca de Lima, Vaca de Castro renunció a su título de gobernador. Pero el virrey sospechaba que él había protegido a los insurrectos de Cuzco, y le hizo prender. Durante ese tiempo, Gonzalo, aconsejado por Carvajal, tomó el camino de Arequipa; habiendo llegado al puerto de Mollendo, fletó dos barcos mercantes para tratar de controlar la navegación costera, sin lograrlo.[51] En la capital la situación se había complicado, pues Núñez de Vela cometía una torpeza tras otra; los miembros de la Audiencia, los oidores, le retiraron su apoyo. Viendo conspiraciones por doquier, el virrey cometió el error de asesinar a un hombre eminente de la ciudad, el factor Carvajal. Esta decisión precipitó su pérdida. Detenido por la Audiencia después de haber tratado de huir llevándose a los hijos de Francisco Pizarro, fue encarcelado y mandado de vuelta a España.

[49] Zárate (1947), p. 510: "y por vía de indios, Paulo, hermano del Inga, proveyó que no pudiese pasar nadie a dar el aviso y el cabildo del Cuzco escribió al de la villa de La Plata, diciéndole los grandes inconvenientes y daños que se seguirían si las ordenanzas se ejecutasen".

[50] Inca Garcilaso de la Vega (1960 b), libro IV, cap. X, p. 242: "Por esto las dejaron de quemar, pero no dejaron en ellas cosa que valiese un maravedí ni indio ni india de servicio, que a todos les pusieron pena de muerte si entraran en la casa. Quedaron ocho personas en ella desamparados: mi madre fué la una y una hermana mía y una criada que quiso mas el riesgo de que la matasen que negarnos y yo y Juan de Alcobaza mi ayo y su hijo Diego de Alcobaza y un hermano suyo y una india de servicio que tampoco quiso negar a su señor."

[51] Zárate (1947), p. 512: "porque entendía (y así es cierto) que el que es señor de la mar en toda aquella costa tiene la tierra por suya y puede hacer en ella todo el daño que quisiese".

Manco había creído poder aprovechar los disturbios para jugar la carta del virrey contra Pizarro. El Inca había mandado ante Núñez de Vela, como embajador, al español Gómez Pérez. Este hombre se había evadido de Cuzco en el momento de la captura del joven Almagro y se había refugiado en Vilcabamba. Pero a su regreso de Lima, Gómez Pérez mató a Manco Inca en el curso de una disputa y, a su vez, fue muerto por los indígenas. En ocasión de una malhadada partida de bolos y por razones oscuras —agresividad mal contenida o resentimiento— el español golpeó al Inca, hendiéndole el cráneo. En su lecho de muerte, Manco designó como sucesor a uno de sus hijos, Sayri Tupac, quien aún era un niño; quedaba ya asegurada durante algún tiempo la continuidad de la dinastía incaica.[52]

El fracaso del virrey

En el mes de octubre de 1544, Gonzalo Pizarro, nuevo gobernador del Perú, entró en Lima, aclamado por una multitud delirante. Garcilaso de la Vega, quien se encontraba en la capital, se encerró en su casa por temor a las represalias. No sin razón, pues el maestre de campo de Gonzalo, Francisco de Carvajal, varias veces intentó aprehenderlo. Gracias a la intercesión de los encomenderos, Garcilaso acabó por obtener el perdón de Gonzalo, quien de todos modos lo conservó como rehén. Hasta el desenlace final, el capitán compartirá la mesa y la morada del gobernador.[53]

Francisco de Carvajal era casi octogenario en el momento en que estalló el levantamiento contra las *Leyes Nuevas*. Por sus orígenes era pechero o plebeyo, pero se había dedicado a la carrera de las armas y servido, no sin gloria, en las filas de Gonzalo Fernández de Córdoba en Italia. Más adelante se había encontrado en Pavía y presenciado la captura de Francisco I, rey de Francia, por las tropas de Carlos V. Tras haber contraído nupcias con una dama de noble linaje, llegó a México, donde residió por algunos años. Cuando estalló el levantamiento de Manco, Cortés envió refuerzos a Pizarro, y así llegó Carvajal al Perú. Era un hombre

> de mediana estatura, muy grueso y colorado, diestro en las cosas de la guerra, por el grande uso que de ella tenía... Fué muy amigo del vino, tanto que cuando no hallaba de lo de Castilla, bebía de aquel brebaje de los indios mas que ningún otro español que se haya visto. Fué muy cruel de condición... y a los que mataba,

[52] Inca Garcilaso de la Vega, libro IV, cap. VII, p. 234; Gibson (1969), pp. 77-78. Tras la muerte de Manco, Illa Topa desapareció en el bosque, y se perdió la huella del capitán. Un siglo después, los franciscanos encontraron en la orilla izquierda del Huallaga una población que continuaba practicando el ceremonial incaico, aunque muy adulterado (Renard-Casevitz, Saignes & Taylor-Descola, 1986, p. 140).

[53] El relato del Inca Garcilaso de la Vega (1960b), libro IV, cap. XX, p. 263, es ilustrativo de la importancia de las relaciones de parentesco entre los grupos de conquistadores, y de las relaciones jerárquicas entre los linajes. El capitán había sido avisado de la llegada de Carvajal por un tal Hernando Pérez Tablero, "hermano de leche de don Alonso de Vargas, mi tío, hermano de mi padre. El cual [...] así por la patria, que eran todos extremeños, como porque él y sus padres y abuelos habían sido criados de los míos, estaba en compañía y servicio de Garcilaso de la Vega, mi señor".

era sin tener dellos ninguna piedad, antes diciéndoles donaires y cosas de burla... Fué muy mal cristiano.

Sádico e ingenioso, ocurrente e implacable, renegado e incrédulo, Francisco de Carvajal era llamado el "Demonio de los Andes"; su clarividencia y su olfato eran tan agudos que se le creía protegido por un espíritu maléfico.[54] Estratego y táctico de primer orden, organizó un verdadero ejército compuesto de muchos extranjeros de todas las clases sociales, en su mayor parte caballeros, y lo equipó a la europea, reforzando la artillería. Pero el oficio y la técnica no excluían las tretas: al casco de los soldados de infantería hizo añadir listones de tafetán que flotaban al viento, lo que, de lejos, hacía que parecieran más. Sobre las rodelas de los soldados de infantería pintaron las armas de Gonzalo con la siguiente divisa. "En la tierra que vivimos, al señor que la ganó servimos." En suma, sus soldados "aunque cierto parescieran mucho mejor en frontera de moros, o contra luteranos, que en servicio de los tiranos".[55]

Gonzalo, quien ya se creía liberado de Núñez de Vela, pasó festejando las primeras semanas. Después de los juegos de cañas y las corridas de toros, en que se incluyeron fantoches, organizó en la gran plaza de Lima un soberbio espectáculo de "moros y cristianos" en el que participaron todos sus amigos. Pedro Puelles desempeñó el papel de un rey moro, vestido de seda y cubierto de oro y esmeraldas; Baltasar de Castilla, hijo del conde de La Gomera, representaba al rey de los cristianos. Los dos grupos desembocaron en la plaza en que, para la ocasión, se había levantado una fortaleza. Bajo el sol estival de Lima, moros y cristianos se enfrentaron audazmente: blandiendo los unos el estandarte de la media luna, los otros el de Santiago, que, después de la Reconquista, era llamado Santiago *matamoros*. Puelles fue capturado y exhibido con la soga al cuello, provocando las risas de la concurrencia cuando se arrancó los pelos de la barba postiza, blasfemando contra Mahoma. La muchedumbre entonces llevó a rastras al "rey" y a sus moros hasta la casa de don Antonio de Ribera y de Inés Muñoz; los "prisioneros" fueron entregados a doña Francisca Pizarro, la niña que el marqués había tenido con *la Pizpita*. Desde lo alto del balcón, la niña lanzó al "rey moro" una cadena de oro que los indios de Chile habían fabricado para el caso.[56]

La noticia del retorno del virrey Núñez de Vela vino a ensombrecer estas diversiones. Se supo que el navío en que lo habían embarcado dio vuelta y llegó a Tumbes. Desde ahí, el irascible virrey amotinaba a los españoles contra Gonzalo Pizarro, a quien llamaba "el tirano". La situación se había deteriorado más con la fuga de Vaca de Castro, que logró llegar a Panamá y

[54] Zárate (1947), p. 522. Pedro Pizarro (1965), p. 237: "Este Carvajal era hombre tan sabio que decían que tenía familiar."

[55] Gutiérrez de Santa Clara (1963), t. IV, p. 139. Lockhart (1968), p. 140, califica a Francisco de Carvajal de maestro de logística, movimientos de tropas y tretas de todas clases. Era un verdadero profesional, que se esforzó por formar a sus tropas y llegó a redactar un tratado sobre la guerra.

[56] Gutiérrez de Santa Clara (1963), t. II, pp. 301-302.

luego a España donde, al principio, fue arrojado en prisión acusado de prevaricación y de malversación del quinto real. Temiendo que Vaca de Castro lo acusara ante el emperador, Gonzalo Pizarro envió a la corte a un hombre de su confianza en un navío capitaneado por Hernando Bachicao. Pero éste se comportó como un verdadero pirata, saqueando Panamá, pillando las casas y aterrorizando a los habitantes.

De Tumbes, Núñez de Vela marchó a Quito y solicitó el apoyo de Benalcázar, instalado en Popayán. Luego se replegó a San Miguel de Piura. Gonzalo había declarado la guerra abierta al virrey y partió en su persecución, mientras que al sur del Perú, en la región de Arequipa, Carvajal sofocaba una rebelión monárquica encabezada por Diego Centeno. Gonzalo jugó con Núñez de Vela como el gato con el ratón, retirándose para hacerle caer en sus trampas, provocándolo, desconcertándolo con noticias falsas y llevándolo al límite de su paciencia. La batalla final se entabló en Añaquito, cerca de la ciudad de Quito, el 18 de enero de 1546. Benalcázar, que combatía en las filas monárquicas, fue herido y abandonado a su suerte. Núñez de Vela trató de huir disfrazado de indio, pero fue reconocido y muerto de un hachazo. Gonzalo encargó a un negro que decapitara su cadáver. La cabeza del virrey fue clavada en la picota de Quito, donde quedó expuesta durante varios días; luego, sus restos fueron enterrados en la iglesia principal. Gonzalo asistió a la ceremonia, vestido de luto, como su hermano 10 años antes, en ocasión de las exequias de Atahualpa. Un tal Juan de la Torre cortó la barba blanca del virrey y la exhibió como trofeo en Lima.[57]

GONZALO PIZARRO, "REY" DEL PERÚ

En julio de 1546 Gonzalo abandona la vida fácil de Quito para dirigirse a Lima, desde donde podría dominar todo el Perú, dejando al fiel Pedro Puelles en la ciudad para que contuviera los asaltos de Benalcázar y de las tropas monárquicas que no se habían rendido. Gonzalo había dejado de ser el hermano menor de Pizarro para convertirse en el libertador de todos los encomenderos del Perú y de otras partes.[58] En camino, envió dos columnas, una de ellas a la región de Bracamoros, y la otra al sur del actual Ecuador: allí, la conquista aún no estaba terminada y, de vez en cuando, brotes rebeldes indígenas dificultaban la pacificación definitiva de los territorios.

Según algunos, era necesario que Gonzalo entrara en Lima con gran pompa, bajo palio, pues debía coronarse dentro de poco; según otros, más moderados, debía tomar posesión de la capital, inaugurando un camino nuevo, a la manera de los antiguos emperadores romanos.[59] Gonzalo escogió

[57] Fernández (1963), p. 86.

[58] *Ibid.*, p. 129: "y ansí en la Nueva España, Guatemala, Nicaragua y las otras partes de las Indias llamaban los vecinos a Gonzalo Pizarro padre suyo y de sus hijos y mujeres porque decían que les defendía sus haciendas".

[59] Inca Garcilaso de la Vega (1960b), libro IV, cap. XXXXI, p. 308; Zárate (1947), p. 545: "porque sus capitanes decían que le habían de salir a rescebir con palio, como a rey, y otros [...] que se derrocasen ciertos solares y se hiciese calle nueva para la entrada, porque quedase memoria de su victoria, de la manera que se hacía a los que triunfaban en Roma".

la solemnidad, sin precipitar no obstante la ruptura con el emperador. Su cortejo triunfal reunía a la flor del clero de las Indias meridionales: el arzobispo de Lima y los obispos de Cuzco, Quito y Bogotá. Este último había hecho el viaje desde Cartagena para ser consagrado en el Perú. En cada cruce de caminos, salvas de artillería saludaban la llegada del caudillo.

Gonzalo tenía la presencia de un rey. Montando un hermoso corcel iba armado como caballero, tocado con un sombrero de seda con una larga pluma de guacamaya (probable recuerdo de su estadía en Quito) fijada con un broche de oro. Se había puesto una cota de malla, un corselete de terciopelo carmesí —el color de los nobles— y, cubriéndolo todo, una túnica corta con mangas acuchilladas, de brocado con hilos de oro. Tras él iba un paje tocado con una borgoñota rematada con plumas multicolores, con la visera levantada y la lanza en ristre. Ambos iban tan gallardos que arrancaron gritos de admiración. Por último, un tal Altamirano, del linaje del conquistador de Extremadura, llevaba el estandarte en que figuraban la ciudad de Cuzco y el Señor Santiago en su caballo blanco blandiendo su espada redentora. Todos los miembros del cabildo y los residentes acompañaban a su libertador a lo largo de las calles adornadas con guirnaldas de flores. Un repique de campanas seguido de música de trompetas y timbales y del canto de los ministriles los acompañó hasta la catedral. Después de la misa, Gonzalo volvió a la casa de su hermano, donde se instaló como un verdadero monarca.[60]

La población de la ciudad de Lima se había decuplicado: más de un millar de españoles, casi todos los soldados del virrey, pero también más de 6 000 indios de guerra, armados de sus arcos, mazas y macanas, llevando a la espalda sus hondas y sus lanzas, sin contar un número equivalente de porteadores.[61] Al igual que Almagro el Mozo, Pizarro y sus consejeros, en el centro de un remoto Perú, alejado de la península y del istmo, pensaban en romper con España. "La situación geográfica misma les daba esa sensación de invulnerabilidad."[62]

[60] Zárate (1947), pp. 545-546; Gutiérrez de Santa Clara (1963), t. II, p. 286: "la cual [artillería] iban disparando por las encrucijadas de las calles. [...] Gonzalo, armado de todas armas, excepto que en la cabeza traía un sombrero de seda muy rico con una pluma larga de diversos colores, al pie de la cual llevaba fijada una muy rica medalla de oro. Llevaba puesta una cota fuerte y encima unas coracinas de terciopelo carmesí y sobre ellas un sayete de brocado acuchillado con prendas de oro fino [...] Venía el caballero en un grande y poderoso caballo español [...] Tras él venía un paje con una lanza en ristre y una cela borgoñona, alzada la visera, con muchas plumas de diversos colores, y a la redonda con clavos de oro fino y una esfera en ella, de oro, con muchas esmeraldas finas que en ella estaban fixadas y entretalladas [...] Altamirano con un estandarte: en la una parte estaba figurada la gran ciudad del Cuzco y en la otra, el Señor Santiago, caballero en un caballo blanco y una espada en la mano, desenvainada y bien alta".

[61] Gutiérrez de Santa Clara, t. II, p. 289: "con arcos y flechas, macanas y porras en las cintas y puestas a las espaldas y con otras armas arrojadizas, como eran hondas y varas tostadas".

[62] Bataillon (1966), p. 17.

La Gasca y la pacificación del país

Cuando llegaron a Flandes las noticias del levantamiento de Gonzalo Pizarro, el emperador se inquietó pues nunca, ni siquiera en tiempo de las comunidades, había osado nadie desafiar su autoridad ni dudar de su legitimidad. El pánico se apoderó de la corte de Valladolid, pues los disturbios
del Perú venían a añadirse a otras dificultades: en 1546 estallaba la guerra
contra los protestantes alemanes, y en 1547 Nápoles se sublevaba contra el
establecimiento de la Inquisición y sitiaba a su virrey. El ejemplo del Perú
podía ser contagioso, pero los desastres de Núñez de Vela habían demostrado que no había que atacar por la fuerza a los rebeldes; más valía la astucia si se quería llegar a vencerlos. Por ello, Carlos V pensó en enviar, no un
ejército, lo que habría causado problemas logísticos, sino un hombre de
Iglesia, cuya habilidad era elogiada por todos: Pedro de la Gasca.

La Gasca había nacido a finales del siglo xv en Castilla, en Barco de Ávila,
ciudad natal de la beata cuyas profecías y milagros habían conmovido a la
corte de Fernando *el Católico*. Seminarista en Alcalá de Henares y después
en Salamanca, había combatido por la causa de Carlos V contra las comunidades de Castilla. Al recibir la misiva del emperador se encontraba en
Valencia, donde desempeñaba las funciones de inquisidor. Ese hombrecillo seco y frágil había sabido organizar la resistencia de la ciudad contra
Khayreddin Barbarroja, que amenazaba las islas Baleares. Pero La Gasca
era modesto, y después de su triunfo se había entregado a la delicada tarea
de descubrir, entre los moriscos, huellas de su antigua fe. Los aristócratas
valencianos, cuyos dominios eran explotados y mantenidos por moriscos,
frenaban a la Inquisición, a la que acusaban de inmiscuirse en sus asuntos.
Poco les importaba la conversión de los campesinos, y así retardaban su
asimilación. Ante las protestas del tribunal, habían adoptado la indiferencia; sus súbditos eran libres de vivir como lo quisieran: "que vivan como
moros"; habían encontrado, por otra parte, aliados contra la burguesía urbana entre las *germandats*, o *germanías*, y no estaban dispuestos a ceder a
las exigencias del clero.[63] Ahora bien, precisamente porque la insumisión
de la nobleza valenciana y de sus moriscos tenía rasgos comunes con la
revuelta de los encomenderos amos de las Indias, Carlos V eligió a La Gasca
para lograr la rendición de Pizarro. En ambos casos era urgente hacer respetar la autoridad real.

Nombrado presidente de la Audiencia y provisto de plenos poderes, La
Gasca se embarcó rumbo al istmo, pese a su salud precaria y al temor que le
inspiraba la travesía atlántica. Cuando por fin desembarcó en Nombre de
Dios, pronto comprendió la complejidad de la tarea que le aguardaba. La
noticia de la ejecución del virrey había llegado hasta el istmo, saqueado por
las incursiones de los hombres de Pizarro. Éste gozaba de una popularidad
inmensa, aunque todos los días los defeccionistas iban a engrosar las filas
del presidente La Gasca. Gonzalo era apoyado por todos los encomenderos,

[63] Vidal (1986), pp. 20-22.

que temían la supresión de sus privilegios, pero también por quienes soñaban con recibir un repartimiento. Asimismo, los mercaderes eran sus partidarios, pues dependían de los jefes de los indios para vender sus mercancías. Si los indígenas llegaban a quedar directamente dentro de la jurisdicción de la Corona —lo cual era el deseo del emperador— no habría más encomenderos residentes, todas las actividades lucrativas quedarían abandonadas y ellos, arruinados, no tendrían más remedio que volver a España.[64] Dando pruebas de una paciencia infinita, La Gasca se esforzó por conquistar progresivamente la estima de los habitantes del istmo, que se habían burlado de su falta de gallardía y de la fealdad de su rostro. Escuchó las quejas de unos y de otros, se mostró comprensivo, explotó con habilidad la humildad de su condición clerical, y tranquilizó a los más inquietos.[65]

La ofensiva diplomática de La Gasca duró varios meses. El presidente de la Audiencia se mostraba dispuesto a otorgar el perdón a Gonzalo, haciendo valer argumentos sencillos para aplacarlo: elogió el honor del linaje de los Pizarro, que había dado tantos servidores fieles a la Corona. ¿Tenía Gonzalo el derecho de manchar esta honra ancestral? ¿Cómo se atrevía a desafiar al césar, mientras que el propio Gran Turco, impresionado por la majestad imperial, se había retirado de los muros de Viena sin entablar combate? El presidente justificaba la terquedad de Gonzalo porque éste desconocía el esplendor de la corte imperial: manera apenas disimulada de considerarlo como un patán al que la ambición cegaba.[66] Con habilidad, La Gasca disculpaba a quienes le habían ayudado contra el virrey, pues habían actuado, según decía, para defender sus propios intereses. Pero Gonzalo vacilaba, pues temía a las represalias por haber asesinado al virrey. ¿Habría que envenenar al presidente y rechazar la gracia imperial, que no era más que una trampa?

Después de muchas idas y venidas de embajadores entre Panamá y Lima, por fin La Gasca resolvió levar anclas con una poderosa armada, que zarpó rumbo al Perú. Sin duda el momento no era propicio, pues Santa Marta estaba siendo amenazada por corsarios franceses, pero el presidente no deseaba retroceder ni aguardar más, así pereciera durante la travesía. De hecho, la navegación fue singularmente terrible. Una violenta tempestad cayó sobre la flota. En el puente, La Gasca, a gritos, impedía a los marinos cargar las velas. En medio de esta confusión apareció una multitud de luces en los extremos de las gavias y de las entenas. Viendo los fuegos de San Telmo, los miembros de la tripulación cayeron de rodillas para recitar las plegarias que los marinos decían en similares circunstancias. Siguió un gran silencio y por fin se impuso la voz de La Gasca, ordenando continuar las maniobras. Insensible al oleaje y al viento, tomó argumentos de Aristó-

---

[64] Fernández (1963), p. 129.

[65] *Ibid.*, p. 131; Inca Garcilaso de la Vega (1969b), libro v, cap. II, p. 314: "todos le mostraron poco respeto y ningún amor, especialmente que muchos soldados se desvergonzaban a decir palabras feas y desacaradas, motejándole la pequeñez de su persona y la fealdad de su rostro".

[66] Zárate (1947), pp. 547-548: "ya que por no haber andado en su corte ni en sus ejércitos no haya visto su poder y determinación que suele mostrar contra los que le enojan".

teles y de Plinio para explicar las luces misteriosas y exponer a los más instruidos los orígenes de las leyendas de Santa Elena y de San Telmo: esas alegorías servían para explicar un fenómeno natural que sin duda anunciaba el próximo fin de la tormenta.[67] Tras esa anécdota se perfila la actitud habitual de la Inquisición española, siempre dispuesta a preferir a las explicaciones fantásticas el recurso de la razón.

LA CAÍDA DE GONZALO PIZARRO

Gonzalo no temía a La Gasca. Lo aguardaba a pie firme. Transcurrían los días en intrigas y traiciones de todas clases, mientras se sucedían las fiestas en que se cantaban romances e himnos en su honor, elogiando sus hechos de armas y sus proezas. Tal era una tradición fundada en la Reconquista y confirmada por la costumbre indígena de cantar los *taqui* en memoria de las acciones gloriosas de los Incas. Los encomenderos hacían correr el rumor de que La Gasca, so capa de sus buenas palabras, había arrasado el reino de Valencia y que se aprestaba a hacer lo mismo en el Perú.[68]

Pero la rueda de la fortuna seguía girando. En Quito, mientras que se relajaba con una circasiana, el fiel Puelles fue asesinado.[69] Al sur del Perú, en la región de Arequipa, Diego Centeno, que había permanecido fiel al rey, y varios grupos de indígenas se armaban contra Carvajal. Gonzalo había dado un paso más por el camino sin retorno, al rechazar la gracia acordada por el emperador. Abolió el cobro del quinto destinado a la Corona, y acuñó moneda.[70] Persuadido por sus amigos de que había llegado el momento de hacerse coronar rey del Perú, planeó una ceremonia inspirada en la que se había desarrollado en las landas de Ávila, en épocas ya remotas, para entronizar a don Alonso, el hermano y rival de Enrique IV.[71] Ignoramos si las *huacas* de los incas o sus monolitos ancestrales debían remplazar a los toros de Guisando... Manos femeninas y anónimas bordaron en los estandartes sus iniciales, rematadas por la corona real.

Mientras Gonzalo se ilusionaba con esos sueños, imaginándose ya a la cabeza de un imperio que se extendería hasta el estrecho de Magallanes, muchos de sus partidarios desertaban, pues no se atrevían a desafiar al enviado del emperador. ¿Notaría entonces Gonzalo lo precario de su situación? Parece que pensó en exiliarse en Chile, confiado en la neutralidad de Pedro de Valdivia, conquistador de esta comarca meridional. Rogó entonces a Diego Centeno, su viejo enemigo, que le permitiera franquear la cordillera de Arequipa. Todo fue en vano: Centeno, ganado a la causa monárquica, le impidió el paso, sin dejar, empero, de prometerle interceder ante La Gasca para solicitar su perdón. Acosado, no le quedó a Gonzalo más recurso que

[67] Fernández (1963), pp. 202-204.
[68] *Ibid.*, p. 152.
[69] *Relación...* (1965), p. 325.
[70] Fernández (1963), pp. 2, 62.
[71] *Ibid.*, p. 175: "Y así acordó hacerlo y que se hiciese un acto semejante al que en Castilla, en tiempo de don Enrique, se hizo en Ávila con su hermano don Alonso"; Zárate (1947), p. 554.

el de las armas. En Huarina, cerca del lago Titicaca, la suerte estuvo a punto de serle adversa. Él mismo estuvo a punto de morir, y perdió su caballo. Garcilaso de la Vega le cedió entonces su montura: gesto caballeroso que más tarde le costó que se le negara un empleo de corregidor. Gracias al sentido táctico de Carvajal, los pizarristas volvieron a triunfar. Centeno y sus tropas se batieron en retirada. Entre los fugitivos se encontraba Pedro Pizarro, que se había unido a la causa del emperador, "todo por servir a su rey y señor, negando a su nombre y sangre". Tal fue la batalla más sangrienta del Perú. Algunos de los sobrevivientes rindieron el último aliento al borde del lago Titicaca, donde sucumbieron de frío.[72]

Gonzalo no pensaba ya en salir del Perú, confiado en su buena fortuna. Se replegó a Cuzco con su ejército y se instaló en la antigua capital inca, donde siguió siendo tratado con deferencia. Su aura de gran señor no pasó inadvertida al joven Gómez Suárez, hijo del capitán Garcilaso de la Vega, que por entonces tenía unos 10 años de edad.

Comía siempre en público; poníanle una mesa larga, que por lo menos hacía cien ombres... y a una mano y otra, en espacio de dos no se asentaba nadie; de allí adelante se sentaban a comer con él todos los soldados que querían, que los capitanes y vecinos nunca comían con él, sino en sus casas.

Gómez Suárez, don Fernando, el hijo de Gonzalo, y don Francisco, el del difunto Pizarro, se mantenían de pie al lado de Gonzalo, que les daba de comer de su plato.[73] Aguardando su coronación —Carvajal le aconsejaba casar con una princesa inca—, Gonzalo y sus partidarios ya no disimulaban su odio al emperador, que se manifestaba con cualquier pretexto. Gonzalo había gritado en público, hablando de un *kuraqa* llamado don Carlos: "Servíos del cacique [...] aunque por el nombre que tiene le tengo que dar de bofetones."[74]

XAQUIXAGUANA

Pero los días de Gonzalo estaban contados. Valdivia y Benalcázar se habían unido al grupo de La Gasca, cortándole toda posible retirada. Al borde de la selva, Sayri Tupac, hijo de Manco, no estaba dispuesto a acogerlo. El presidente, a cuyo lado se encontraba el joven Pedro Cieza de León —que años después se volvería "el príncipe de los cronistas"—, se disponía a marchar sobre Cuzco con 2 000 hombres: el doble de las fuerzas fieles a Pizarro. Los dos ejércitos se enfrentaron en Xaquixaguana, en el mismo valle donde, 15 años antes, su hermano Francisco había encontrado a Manco Inca, la víspera de su entrada en Cuzco. En realidad no hubo combate, sino una deserción general en favor de La Gasca. Garcilaso de la Vega vol-

---

[72] Varner (1968), pp. 148-151; Pedro Pizarro (1965), p. 237.
[73] Inca Garcilaso de la Vega (1969b), libro IV, cap. XXXXII, p. 309; en la crónica anónima atribuida a Rodrigo Lozano: *Relación* (1965), p. 300: "Se empezó a estimar tanto que delante dél ninguno se sentaba."
[74] Calvete de Estrella (1965), pp. 24-25.

vió a traicionar a Gonzalo y se pasó a las filas monárquicas, para no ser considerado felón contra su soberano. Los indios que seguían al estandarte de Pizarro rompieron filas y se mantuvieron apartados, como si aquel encuentro les fuese ajeno. Abandonado por todos los que lo habían adulado, Gonzalo se quedó solo, con un puñado de fieles, entre ellos Carvajal y un tal Acosta: "Señor, arremetamos y muramos como los antiguos romanos. Gonzalo Pizarro dixo: mejor es morir como cristianos."[75] Y luego se rindieron.

Gonzalo compareció ante La Gasca para defender su causa. El diálogo que siguió expresa crudamente el enfrentamiento de las fuerzas que se disputaban el dominio de las Indias y la derrota de quienes habían sido los conquistadores. Los argumentos de los dos bandos resumen casi medio siglo de historia, desde Extremadura hasta el Nuevo Mundo. El tono del presidente había cambiado: acusó a Gonzalo de ingratitud para con el soberano que había concedido favores a su familia mientras eran pobres, sacándoles del rango que les correspondía. Hasta puso en duda su contribución a la conquista. Gonzalo replicó, con soberbia, que el emperador no había dado a su hermano más que una capitulación y que el resto lo había logrado por sí solo, por sus esfuerzos y con ayuda de sus cuatro hermanos y de todos sus parientes y amigos. El emperador no los había elevado en rango pues los Pizarro, desde la época de los godos, eran hidalgos de casa conocida; si habían sido pobres tal era la razón de su partida de España para conquistar aquel imperio. La Gasca, furioso ante tanta soberbia, le despidió.[76]

Carvajal fue aprehendido cuando trataba de huir y entregado a La Gasca por quienes pretendían hacerse perdonar su insumisión de la víspera. Gonzalo y Carvajal no depusieron su actitud arrogante en su breve cautiverio, pese a las injurias que soportaban de quienes, pocos días antes, los habían cubierto de alabanzas. A Diego Centeno, que trataba de apartar a los importunos y los mirones, le preguntó el viejo maestre de campo de Pizarro: "A lo cuál Centeno respondió: ¿Que no conoce vuesa merced a Diego Centeno?' Dijo entonces Carvajal: 'Por Dios Señor, que como siempre vi a vuesa merced de espaldas, que agora teniéndole de cara no le conocía." Aludiendo así a su retirada de Huarina. Condenados a muerte por alta traición, fueron decapitados junto con 15 de sus compañeros.

No faltó quien exigiera que el cadáver de Pizarro fuese despedazado, y exhibidos los trozos a la entrada de los caminos, pero La Gasca no le infligió tal oprobio, en memoria de su hermano Francisco. Centeno, que era hombre de honor, pagó al verdugo para que no despojara a Gonzalo de su hermoso hábito de terciopelo amarillo, adornado con placas de oro. Con él lo enterraron. Carvajal rechazó la confesión y murió más "como pagano que como cristiano", sin abandonar su elocuencia, ni aun ante el verdugo.[77] Le cortaron la cabeza y su cuerpo fue despedazado el día mismo de la ejecución de Gonzalo, 10 de abril de 1548.

[75] Zárate (1947), p. 468; Inca Garcilaso de la Vega (1960b), libro v, cap. xxxvi, p. 385.
[76] *Ibid.*
[77] *Ibid.*, cap. xxxix, p. 393; Zárate (1947), p. 569.

El domingo que siguió a la ejecución, una docena de chiquillos mestizos, entre ellos el hijo del capitán Garcilaso, tomaron el camino del sur, el de Kollasuyu, para ir a ver los restos de Carvajal. Encontraron un pedazo de muslo, ya en estado de descomposición. Los niños apostaron a ver quién lo tocaría y uno de ellos, sobreponiéndose a su repugnancia, aceptó el reto. Pero el dedo se le hundió en la carroña, y por mucho que lo lavara y lo frotara, la corrupción del cadáver lo invadió como un veneno. Al día siguiente su dedo y luego toda la mano y el brazo se hincharon; cerca estuvo de morir. Carvajal, después de su ejecución, aún era capaz de hacer mal.[78] El castigo real quiso ser ejemplar: todas las propiedades de los Pizarro fueron demolidas y la tierra fue cubierta de sal, para exterminar toda forma de vida.

HACIA LA NORMALIZACIÓN

La Gasca había logrado sofocar el levantamiento de los encomenderos[79] y restablecer el orden en toda la provincia. Asimismo, había revocado una parte de las medidas que provocaran la revuelta, pero en adelante disponía de un arma que no dejarían de utilizar sus sucesores los virreyes: la redistribución de las encomiendas confiscadas por rebelión o que hubiesen quedado vacantes por muerte de su titular. La Corona sabía que contaba con el apoyo de una creciente mayoría de españoles privados de encomienda, y los virulentos ataques de Las Casas contra la institución le aseguraban otros medios de presión, tan ruidosos como eficaces.

Antes de volver a España, La Gasca quiso reorganizar el tributo de las comunidades indígenas cuyo pago había sido afectado por las guerras civiles. Emprendió así una serie de inspecciones o visitas a las encomiendas más ricas, para levantar el censo de los tributarios y de los pueblos. Por ejemplo, en Huánuco la inspección española llegó hasta los confines de la cordillera y de la selva donde Paucar Guaman había establecido su residencia. Los inspectores al servicio de La Gasca anotaron con todo detalle cada canasto de coca producido en las tierras bajas, consignaron cada desplazamiento y cada actividad. Se organizó así la primera tarifa de tributos; pareció —erróneamente— que había acabado la época de la improvisación y de las relaciones personales entre encomenderos y caciques.

En Vilcabamba, el sucesor de Manco, Sayri Tupac, seguía siendo Inca, pero la feroz resistencia de Manco había cambiado por una actitud más realista y más conciliadora para con las autoridades españolas sin que, empero, se pudiese hablar de lealtad. El año de 1549 también fue el de la muerte de Paullu-don Cristóbal. El Inca de Cuzco había entablado negociaciones con su sobrino rebelde de Vilcabamba. Paullu había adoptado la

---

[78] Inca Garcilaso de la Vega (1960b), libro v, cap. xxxii, p. 399.

[79] De hecho, prosiguieron las luchas contra la Corona. En 1553, Hernández Girón se levantó contra el virrey en el sur del Perú, y finalmente fue capturado y ejecutado en 1554. El foco independiente de Vilcabamba se apagó en 1571 con la ejecución, en Cuzco, del último Inca rebelde, Tupac Amaru I.

vestimenta española; en sus escudos, el águila imperial se unía al emblema inca, la *maskaipacha*, y a las dos serpientes *amaru* de sus antepasados. Sólo se expresaba en quechua, pero murió cristianamente y fue enterrado en la iglesia de Cuzco. Los indios fabricaron una estatuilla en la que introdujeron trozos de uñas y de cabellos que le arrancaron clandestinamente. Al no poder adorar su momia, conservaron ese relicario con los restos de su soberano. En las orillas del lago Titicaca se celebraron otras ceremonias antiguas para honrar a quien, a pesar de sus componendas, había sabido seguir siendo su Inca.[80]

Un año después, en 1550, Antonio de Mendoza era nombrado virrey del Perú. Llegaría a Lima en el crepúsculo de su vida. Para el hijo de Granada y antiguo amo de la Nueva España, el Perú era un segundo y último Nuevo Mundo.

---

[80] Cobo (1964), t. II, libro XI, cap. XX, p. 103: "Confirmó esta elección el rey y concedió al nuevo Inca escudo de armas con el águila imperial y en un cuartel del escudo la borla que usaban los reyes Incas por insignia y corona real, y en otro un árbol con dos dragones o serpientes coronadas, que eran las armas y divisas de sus mayores [...] Aunque Paullu-Inca murió cristiano y como tal fue enterrado en la iglesia, con todo eso los indios le hicieron una estatua pequeña y le pusieron algunas uñas y cabellos que secretamente le quitaron; la cual estatua se halló tan venerada de ellos como cualquiera de los otros cuerpos de los reyes Incas"; Calancha (1972), p. 143: "Una particular ceremonia usaban los de Copacavana cuando se moría su rey. [...] Iban delante del difunto dos mancebos bien dispuestos, vestidos de colorado y pintados los rostros. Éstos llevaban en las manos dos grandes ovillos de lana colorada y las bocas llenas de coca [...] Iban soplando de aquella yerba y echando a rodar los ovillos, los cuales con gran priesa tornaban a recoger para volverlos a hacer rodar [...] Esta ceremonia duró hasta ahora pocos años [...] habiendo muerto Paullo Tupac Inga."

CONCLUSIÓN
"¿EL CAMINO DE LA VERDAD?"

> No se puede dudar de que esas gentes tan incultas, tan
> bárbaras, contaminadas por tantas impiedades y torpezas,
> hayan sido justamente conquistadas por un rey tan exce-
> lente, piadoso y justo como Fernando *el Católico* y hoy
> por el césar Carlos y por una nación tan humana y tan no-
> table por toda suerte de virtudes [...]
> Pocas naciones pueden compararse a España.
>
> Sepúlveda, *Democrates Alter*

1544. ¿Le toca el turno a Japón? Pero Diez, español de Galicia, va allí por vez primera. Aquel país le parece muy frío. Los insulares son paganos de piel blanca que leen y escriben como los chinos. Hablan como los alemanes. Poseen muchos caballos que montan en sillas sin arzón, hacia atrás, y con estribos de cobre. Los campesinos van vestidos de lana mientras que los notables usan trajes de seda, de damasco y de tafetán. Las mujeres son blancas y bonitas, y se visten como las castellanas. Las casas de piedra, los rebaños, los frutos y los recursos de la pesca despiertan el interés de nuestro gallego.

Pueden presentirse las especulaciones de esa mirada interesada. Bernal Díaz el castellano, Cortés y Pizarro los conquistadores de Extremadura, no veían de otra manera a los indígenas del Nuevo Mundo. ¿Iba España a lanzarse al asalto de Japón como lo había hecho en México en 1519 y en los Andes 10 años después? En un texto que sin duda es el primero escrito por un europeo sobre ese país, Pero Diez afirma haber visto ahí poco oro, pero añade que, según unos portugueses llegados de las islas Ryukyu, abundan el metal amarillo y la plata. ¿Pueden imaginar que el archipiélago nipón se convertirá, en pocos años, en un mercado fabuloso para las armas de fuego de Occidente?[1]

ASIA Y SIEMPRE ASIA

Japón se libró de la dominación española y de la codicia occidental, lo que no significa que Asia permaneciera indemne a la presencia europea. Ello sería olvidar que la causa de la expansión portuguesa y el origen del accidental descubrimiento de América fueron la búsqueda obstinada de las especias. Desde el viaje de Vasco da Gama, los portugueses recorrían regularmente el océano Índico, dirigiéndose a China y a Malaca. Entre los españoles, el descubrimiento del Nuevo Mundo nunca fue un fin en sí mismo, sino, siempre, preludio a la conquista de la tierra de las especias. Co-

[1] Citado en Knauth (1972), pp. 38-40.

471

lón buscaba febrilmente una vía corta rumbo al Asia, Catay y Cipango, navegando hacia el sol poniente. Vespucio preparó en 1506 una expedición hacia las tierras misteriosas del Poniente. Balboa descubrió en 1513, entre el deslumbramiento y los tormentos, la Mar del Sur que conduciría directamente a las especias. Solís y Pinzón exploraron el Río de La Plata en busca del paso hacia el Pacífico, y finalmente fue Magallanes, portugués al servicio de Carlos V, el que logró trazar, a través del gran océano, la ruta que conducía a las comarcas de Asia: las Molucas eran alcanzadas en el momento mismo en que Cortés invadía México. En 1525, Oviedo, siempre perentorio, repetía en su *Sumario* que el primer mérito del Nuevo Mundo era encontrar "la brevedad del camino y aparejo que hay desde la Mar del Sur para la contratación de Especiería y de las innumerables riquezas de los reynos y señoríos que con ella confinan". Respuesta apenas velada a las dudas de Pedro Mártir que casi no se hacía ilusiones sobre la comodidad del trayecto y la existencia de un paso que uniera el Atlántico y el Pacífico a través del Nuevo Mundo.

Pero el viejo humanista, siempre sobrado de prudencia y de escepticismo, murió en 1526, y aquella fascinación conservó toda su fuerza. Infatigable, Cortés propuso conquistar el país de las perlas y de las especias en lugar de contentarse con fundar establecimientos y comprar productos como lo hacían los portugueses. Al no poder encontrar un paso marítimo que uniera al mar de las Antillas con el Pacífico —"lo que más deseo encontrar en el mundo"— se lanzó a hacer preparativos marítimos con la misma energía que había desplegado para someter a México. El conquistador disipó una parte de su fortuna financiando una flota que atravesaría el Pacífico, como si los navegantes y los conquistadores se hubiesen relevado en esta carrera con dirección al Asia, como si una fuerza irresistible los empujara cada vez más al oeste. "Las tierras de América eran más un puente que una mina." Al comienzo del decenio de 1540, una expedición que había partido de la Nueva España tocaba el sur del archipiélago de las Filipinas (que aún no llevaba ese nombre) y penetraba en la tierra de las especias bajo influencia portuguesa (Ternate, Tidore) sin lograr, empero, mantenerse allí. Por último, antes de salir de la Nueva España, el virrey Mendoza recomendó efusivamente a su sucesor que enviara una expedición hacia las Filipinas.[2]

La Corona se mostró infinitamente más reservada que sus navegantes, sus conquistadores o sus representantes. Varias veces, Fernando *el Católico* había abandonado el grandioso proyecto, limitándose a explotar el oro de las islas y de la Tierra Firme. Las flotillas enviadas por el emperador hacia las Molucas fracasaron, y el retorno de Asia a América parecía impracticable. En 1529, antes de ir a que lo coronaran en Bolonia, y siempre escaso de fondos, Carlos V concluyó el tratado de Zaragoza por el cual daba en prenda las Molucas al rey de Portugal a cambio de un préstamo de 350 000 ducados. La planetarización del dominio occidental se hacía absolutamente manifiesta ya que, 35 años después del tratado de Torde-

[2] Gerbi (1978), p. 437; Prieto (1975); Knauth (1972), p. 34.

sillas, los europeos se permitían poner en subasta el resto del mundo, negociando un archipiélago de Asia como si fuese cualquier colección de joyas.

Tras la conquista de México y del Perú, las riquezas del Nuevo Mundo llamaron tanto la atención que Asia pasó al segundo plano de las preocupaciones españolas, salvo entre los misioneros que soñaban con evangelizar a los paganos de la China. En la época en que el gallego Pero Diez visitaba el Japón, Oviedo y muchos otros con él no dejaban de hablar de los tesoros de América: "Se han sacado innumerables millares de pesos de oro, e nunca se agotará ni se acabará hasta el fin del mundo". Pero el mineral de plata pronto destronaría al oro, con los descubrimientos de las minas de Potosí, en Perú (1545) y de Zacatecas, en México (1546). Por múltiples razones, la historia del Nuevo Mundo sería, pues, distinta de la del Pacífico y del Asia. Alejado del mundo musulmán que se había implantado en las tierras de las especias, aquel continente iría derivando material, cultural y políticamente hacia Europa. Había nacido América como espacio cerrado y coto de la expansión europea, primero española y portuguesa, y después inglesa y francesa.[3]

VALLADOLID 1550, O LA HORA DEL BALANCE

Tal vez haya llegado la hora de hacer un resumen sobre las figuras que hemos encontrado en Europa y en América. Hacia 1550, una parte de ellas han entrado en el reino de las sombras, lo que los intérpretes mexicanos de los misioneros habrían llamado el *Mictlan* de los cristianos. La reina Isabel en 1504, Cristóbal Colón en 1506, el florentino Vespucio en 1513, Rodríguez de Fonseca en 1524 y Pedro Mártir en 1526, han abandonado sucesivamente el escenario ibérico. Constituían, puede decirse, las generaciones del Descubrimiento. Erasmo, Moro y Hernando Colón abandonan el planeta del humanismo en el decenio de 1530. Entre los conquistadores y los evangelizadores, Francisco Pizarro ha perecido en 1541, tres años después de haber mandado asesinar a Almagro. Cortés y el arzobispo de México, Juan de Zumárraga, mueren algunos años después, el primero en 1547 y el segundo en 1548. El vasco Zumárraga había muerto de agotamiento en la Nueva España sin haber podido salir de su diócesis para irse a evangelizar la China. Y Cortés, frustrado en su proyecto de conquistas asiáticas, había acabado sus días en un retiro español muy amargo, rodeado de un círculo de admiradores —entre ellos su cronista oficial López de Gómara— ocupados en trenzar los laureles del nuevo Alejandro. El decenio de 1540 liquidaba física o políticamente a los conquistadores de Extremadura, aquella inmensa familia que, casi por sí sola, había conquistado el Nuevo Mundo convirtiéndolo en una réplica gigantescamente agrandada de su "patria" ibérica. En Cuzco, en 1549, el Inca Paullu había

[3] Gerbi (1978), pp. 434-439; Iglesia (1980), p. 199. Sólo las Filipinas, unidas a la Nueva España, mantendrán el nexo entre la América española y Asia (véase nuestro segundo volumen).

sido cristianamente enterrado. En la ciudad de México, en 1550, la hija de
Moctezuma, la bella Isabel Tecuichpotzin, moría mientras el prestigio del
flamenco Pedro de Gante estaba en su apogeo y el virrey Antonio de Mendoza, retirado por un momento de los asuntos a consecuencia de una crisis apoplética, vivía su último año en México. Un fantasma, la reina Juana
la Loca, madre de Carlos, aguardaba la muerte encerrada en el castillo de
Tordesillas, donde antes se había dividido el mundo.[4]

A mitad del siglo, y por la fuerza de las cosas, el círculo de los sobrevivientes es un mundo viejo, por no decir ya desgastado. Pertenecen todos sus
miembros a las generaciones de la conquista, y son aquellos cuya infancia
se confunde con la del Nuevo Mundo. En 1550, Bernal Díaz del Castillo
—que ahora lucha para asegurarse una vejez honorable y cómoda— tiene
al menos 55 años, y lo mejor de su vida está ya lejos; es más afortunado
pero mucho menos rico que Hernando Pizarro, encerrado en el castillo de
La Mota en Medina del Campo; el virrey Mendoza se acerca a los 60 años
en un México al que se aferra desesperadamente antes de ir a morir al Perú.
Las Casas tiene 70 años; el admirador de Tomás Moro, el obispo Vasco de
Quiroga, el franciscano Pedro de Gante y Oviedo franquean valientemente
el cabo de la vejez. Más joven que ellos, el césar Carlos sólo tiene 50 años,
pero ya conoce la amargura de los últimos años de su reinado. En 1556, el
que pudo soñar con un poder universal abdicará en Bruselas para retirarse
al monasterio de Yuste antes de extinguirse dos años después. El cisma
luterano lo había quebrantado más que la cuestión india, si bien las *Leyes
Nuevas* (1542) que debían proteger a los indígenas, aliviar la conciencia
del emperador y hundir al Perú en la guerra, dan testimonio de sus preocupaciones.

¿Qué interés podía reunir, hacia 1550, a la hora de los balances, a Carlos V,
Las Casas, Oviedo, Díaz del Castillo, Vasco de Quiroga, Pedro de Gante,
Motolinía...? Todo ese viejo mundo estaba ocupado, por una razón o por
otra, en un gran debate sobre la legitimidad de la conquista y la esclavitud
de los indios. Desde hacía medio siglo, el tema no había dejado de hacer
correr la tinta y la sangre. Al menos, la polémica estaba a la altura del
carácter excepcional de la situación. Por vez primera, una potencia europea se enfrentaba a la tarea titánica de gobernar un continente y de explotar poblaciones desconocidas e innumerables. Por vez primera, debía inte-
rrogarse a sí misma sobre las condiciones de vida y de porvenir que le
estaban reservadas. ¿Eran legítimas las guerras de conquista? ¿Era justifi-
cable el empleo de la fuerza y de la violencia? ¿Qué condición y qué estatuto había que acordar a los indios? ¿Eran éstos hombres, o subhombres?
¿Eran libres o esclavos? Si eran libres, ¿qué se les podía exigir? ¿Cómo proteger a los indios sin provocar el descontento y la rebelión de los "pies
negros" de América, es decir, de los conquistadores, de sus descendientes y
de los colonos que lo habían dejado todo para ir al Nuevo Mundo? Ni esas
preguntas ni las respuestas que se les dieron pudieron decidir la suerte del
Nuevo Mundo, pero sí revelan que al margen de la explotación brutal y

[4] García Icazbalceta (1947), t. I, p. 200; Elliott (1989), p. 41.

desordenada de los indígenas, y paralelamente a los proyectos de cristianización organizados por la Iglesia y los letrados humanistas, el poder —es decir, el emperador y sus consejeros— trataba de organizar el proceso de colonización.[5]

En 1548 se encargó a unos teólogos examinar un tratado de Juan Ginés de Sepúlveda, cronista y capellán de Su Majestad, al que hemos encontrado en Italia en 1536 y que ya se había distinguido por un vibrante llamado a la cruzada contra los turcos, dirigido a Carlos V. No sin chovinismo, ese brillante polemista disertaba en la obra examinada, que llevaba por título *Democrates Alter*, sobre los fundamentos del imperialismo español, analizando los derechos y las responsabilidades de la Corona en la materia. Aunque perfectibles, juzgaba a los indios como radicalmente inferiores a los españoles, "como los simios lo son a los hombres". Coleccionando todos los estereotipos esparcidos por los conquistadores, dejándose llevar por su retórica, Sepúlveda hacía de los indios unos seres de segundo orden, unos *homunculi*, esclavos por naturaleza, criaturas "contaminadas por tantas impiedades y tantas ignominias". Ello equivalía prácticamente a poner a los indígenas fuera de la humanidad. Sin embargo, las posiciones de Sepúlveda no se limitaban a esas condenaciones sumarias sino que se enriquecían con consideraciones generales sobre las condiciones de la dominación española hasta el punto de formar una teoría coherente del imperialismo occidental: afirmación de la inferioridad de las sociedades indígenas, condenación de sus prácticas contra natura —el sacrificio humano, el canibalismo—, superioridad de la cultura occidental —en este caso, la de los españoles—, pero también necesidad de velar por el bien de los vencidos enseñándoles unos "modos de vida justos y humanos" y, por último, denuncia de las exacciones y de las injusticias que podría cometer el vencedor, como las que se perpetraron en las islas... La denuncia del sacrificio humano o del canibalismo como crímenes contra natura se adelanta a la actual teoría de los crímenes contra la humanidad: ambas categorías justificaban una vigorosa intervención armada por todo el planeta. En otras palabras, Sepúlveda explicaba con talento que había todas las razones para occidentalizar a los pueblos del Nuevo Mundo poniéndolos en "el camino de la verdad", y que éstos saldrían ganando, a condición de establecer un "imperio justo, clemente y humano". La civilización debía triunfar sobre la barbarie: ¡debate viejo pero debate crucial, de resonancias actuales![6]

Esas consideraciones, triviales para la época, reflejaban la opinión de un buen número de los contemporáneos de Sepúlveda y, sin embargo, paradójicamente provocaron un clamor. Pasemos por alto la dimensión corporativista de la polémica, ya que los teólogos de la universidad juzgaron intolerable que un humanista y un *outsider* como Sepúlveda se permitiera abordar una materia que consideraban de su exclusiva competencia. La circulación del tratado, evidentemente, desencadenó una reacción feroz en

[5] Elliott (1989), p. 14.

[6] Pagden (1982), pp. 118-119; Sepúlveda (1979), pp. 101, 173, 113, 153, 175 y 177; Ángel Losada, "La polémica entre Sepúlveda y Las Casas...", en *Autour de Las Casas. Actes du Colloque du Vᵉ centenaire*, París, Tallandier (1987), p. 185.

Las Casas, quien movilizó, con éxito, a todos los amigos y protectores con que contaba en la corte y logró que las universidades de Salamanca y de Alcalá prohibieran la publicación del *Democrates*. A finales del verano de 1550, en Valladolid, la vieja ciudad castellana a la que Colón había ido a morir casi medio siglo antes, Sepúlveda y Las Casas debatieron, rodeados por los mejores intelectuales de la península, Melchor Cano y Domingo de Soto. Vasco de Quiroga y Bernal Díaz estaban allí, y ambos fueron consultados. El 16 de abril de 1550, el emperador llegó hasta suspender toda conquista hasta que la asamblea hubiese adoptado una posición. Las Casas, evidentemente, rechazó la tesis de la desigualdad de las culturas, que justificaba la agresión y la conquista, y defendió a los indios, "que no son ni moros ni turcos"

> Si tantas leyes sucesivas no han podido impedir la destrucción de las poblaciones indígenas, … qué será del día en que los malvados, que según el viejo proverbio sólo esperan el momento, lean que un sabio, doctor en teología y cronista real, apruebe en libros publicados esas guerras perversas y esas expediciones infernales?

Pensando en voz alta lo que la inmensa mayoría de los españoles practicaban cotidianamente, y teorizando sobre la inferioridad de los bárbaros, Sepúlveda servía de advertencia a todos aquellos que en el Nuevo Mundo no tomaban muy en cuenta las precauciones humanitarias del polemista. Para acabar con ello y por la buena causa, Las Casas caricaturizó las posiciones de su adversario y afirmó, sin convencer a nadie, que él había salido vencedor de la disputa de Valladolid.[7]

Aprovechémoslo, y antes de dejar esto, veamos tras Sepúlveda o a sus lados, unas siluetas que ya nos son familiares. Para empezar, Oviedo, que acaba de regresar de Santo Domingo en 1549 y que sólo volverá a España para morir en Valladolid ocho años después. Sepúlveda toma de él no sólo su orgullo de español sino, sobre todo, su visión del Nuevo Mundo y de los indios, si bien el empirismo y la sensibilidad del cronista moderan lo que el doctor Sepúlveda convierte en retórica y en dogmatismo. Sin duda, ambos pasaron por Italia, pero la del joven Oviedo, en el apogeo del Renacimiento, no es la misma península que 30 años después conoció Sepúlveda, ya dispuesto a mostrarse rígido en la ortodoxia de la Contrarreforma, lo que no impide que Sepúlveda busque argumentos en la *Historia general de las Indias*, de Oviedo, obra que Las Casas denuncia furiosamente como "falsísima, y el autor un tirano y enemigo de los indios". La polémica entre Oviedo y Las Casas se remontaba a los primeros años del reinado de Carlos, a la época de los flamencos. Ya vieja de más de 20 años, se había enconado con la edad y con las rivalidades de pluma: ambos escribían una historia de las Indias, y se espiaban recíprocamente. En cuanto a Cortés, había muerto demasiado temprano para intervenir, pero su admirador Se-

---

[7] Pagden (1982), p. 113: *"Sepúlveda, like Erasmus before him, was an academic outsider, an interloper, a rhetorician"*; Díaz del Castillo (1968), t. II, pp. 370-374; Iglesia (1980), p. 210; Marcel Bataillon y André Saint-Lu, *Las Casas et la défense des Indiens*, París, Julliard, 1971, p. 32.

púlveda lo había frecuentado lo bastante para recoger de sus labios su experiencia mexicana y sus juicios sobre el mundo indígena. Bernal Díaz del Castillo, por entonces de paso en España, se unió al bando de Sepúlveda. Habiendo llegado a la corte a defender sus intereses, el conquistador dio argumentos contra Las Casas a los que reclamaban la perpetuidad de la encomienda, exaltando sus beneficios estabilizadores. El virrey Antonio de Mendoza, por entonces en la Nueva España, también había adoptado el bando antilascasiano. Había tenido ocasión de oponerse violentamente al dominico cuando su estadía en México, cuatro años antes, y de hacer quemar su manual de confesión. Por último, pocos años después (1555), el franciscano Motolinía, el apóstol y cronista, se encarnizaba contra Las Casas, consciente de que la puesta en entredicho de la dominación española sobre el Nuevo Mundo conduciría a aniquilar y a desautorizar decenios de evangelización y de esperanzas mesiánicas.[8]

Pedro de Gante era, por lo contrario, de aquellos que como Las Casas juzgaban que "los indios fueron descubiertos para ser salvados". Puede imaginarse que Vasco de Quiroga tomaba también este camino y que difícilmente habría apoyado la apología de la guerra y la desigualdad contenida en el *Democrates Alter*, como tampoco lo hubiera hecho Erasmo, quien poco antes de su muerte había sido blanco de las críticas de Sepúlveda. El todopoderoso Carlos V, por entonces en Augsburgo, se inclinaba tal vez hacia Las Casas, pero los asuntos de los protestantes de Alemania tenían que parecerle de mayor urgencia.

Aquí, todo nos desconcierta, tanto el eco que tuvieron esos debates como el favor y la influencia de que gozaba Las Casas en la corte. Cierto es que el defensor de los indios podía aplacar los escrúpulos de conciencia del emperador, mientras servía de contrapeso o de advertencia ante las pretensiones de los españoles del Nuevo Mundo. El hecho es que Las Casas logró hacer detener la impresión de las obras de Sepúlveda, bloquear el tiro del final de la *Historia* de Oviedo y tal vez prohibir la historia de López de Gómara.[9] A lo largo de todo nuestro recorrido, desde Pedro Mártir y Américo Vespucio hasta Las Casas u Oviedo, el control de la información había desempeñado, pues, un papel esencial en el descubrimiento del Nuevo Mundo y por ello, entre otras cosas, nos parece portador de la modernidad.[10]

[8] Gerbi (1978), p. 423; Las Casas (1967), t. I, p. LXXXIX. Romano (1972) indica que en 1556 quedó oficialmente prohibido utilizar las palabras "conquista" y "conquistadores", que debían ser remplazadas por "descubrimiento" y "pobladores": se trata de un texto que "parece indicar y casi ordenar el fin de la conquista. En adelante ya no hay nada que adquirir, tan sólo tierras descubiertas por colonizar. Triunfa la *pax hispanica* (pp. 69-70).

[9] Iglesia (1980), p. 205. ¿Habría cambiado de opinión Sepúlveda si hubiese sabido que pocos años después de la dedicatoria de su *Democrates Alter* a Luis de Mendoza, a su vez unos indios dedicarían, también en latín, una obra no menos docta al hermano de Luis, el virrey Antonio de Mendoza? Curiosa simetría, muy apta para desmentir los juicios radicales de Sepúlveda.

[10] De la confrontación Las Casas-Sepúlveda saldrá la gigantesca *Apologética Historia* de Las Casas. Esta obra está construida sobre una interminable comparación entre las civilizaciones indígenas de América y las del mundo antiguo, a menudo con ventaja para las primeras. El círculo que llevaba de la Roma de Pedro Mártir, del culto de la Antigüedad celebrado por todos los humanistas del Renacimiento, a las sociedades de los Andes y de México, se cerraba bajo la pluma del dominico. Véase Bernand y Gruzinski (1988).

Así, en Valladolid, o en torno de Valladolid, algunos de los itinerarios que hemos intentado seguir se cruzan por última vez. Acaso hagan más perceptible la profundidad del tiempo que pasa, el ritmo de las generaciones que se suceden, el eco de los rencores que perduran o el silencio de las voces que se olvidan. La polémica, cualquiera que sea el bando que intervenga, consagra en todo caso la vocación a la universalidad de los valores cristianos y occidentales. Por encima de sus diferencias, Las Casas y Sepúlveda pretenden pensar en el mundo y en la condición de las otras culturas. Y es sin duda ahí, en ese prodigioso ensanchamiento de los horizontes, donde encontramos una de las consecuencias intelectuales decisivas de los descubrimientos. Surgió del encuentro de un pensamiento medieval universalista y de la realidad concreta del globo y de sus pueblos que en adelante dejan de pertenecer al mundo de la fábula, de los romances y de las quimeras, así fuese para venir a poblar osarios y cementerios. Pero los debates provocados a finales del siglo XV por la expulsión de los judíos y luego por la conversión de los moriscos, ¿no giraban ya, en parte, en torno de las mismas cuestiones? ¿Se podía, en nombre de la dominación de un pueblo y de una religión, reducir al otro a lo mismo? ¿En qué condiciones y hasta qué punto era legítima esta empresa de normalización?

Nos encontramos, pues, en cierto modo, de vuelta en el punto de partida de esta obra, el año de 1492, aunque en 1550 ya no sólo se trata del rompecabezas ibérico y de sus particularismos. En adelante, el Occidente se inclina a considerar que todo el globo, cuerpos y almas, le pertenece desde que ha podido darle la vuelta. Tal es una de las contribuciones del descubrimiento de América a la formación de la modernidad y de la identidad europeas, aunque esas transformaciones siguen siendo indisociables de fenómenos más ambiguos que mezclan inextricablemente lo nuevo con lo antiguo. De ahí nacerá una historia que no puede reducirse a los esquemas del Viejo Mundo, ya que todo lo que en Europa depende de la tradición, de las herencias populares y aristocráticas, del espíritu mercantil y del humanismo modernizante y elitista cae o se metamorfosea en el suelo de las Indias nuevas.

LA AMÉRICA MESTIZA: CONTINUARÁ...

Podemos preguntarnos si los letrados de Salamanca, de Valladolid y de Madrid, en el encuentro de la mala conciencia y de la autojustificación no estaban ya con retraso ante las realidades americanas. De la Nueva España al Perú, la legitimidad de la conquista, lo fundado de la conversión y las condiciones de integración de los indios a la dominación española empezaban a ser desplazados por los inconmensurables problemas planteados por los desastres de las epidemias y los primeros mestizajes.

Las estimaciones de Las Casas parecen haber reflejado la realidad, si bien no todos los muertos habían sido víctimas de los malos tratos y del sadismo de los conquistadores. Las enfermedades llegadas de Europa cayeron de lleno sobre poblaciones cuyos modos de vida, hábitos y puntos de referencia habían sido radicalmente trastornados y para quienes el porvenir se volvía imprevisible. Los 25 millones de indios del México de Mocte-zuma ya no eran más que 2.65 millones en la Nueva España de 1568; el Perú de Atahualpa estaba poblado por nueve millones de seres humanos en 1532, pero de ellos no subsistían más que 1.3 millones en 1570. Y ese desplome humano proseguiría durante varias generaciones.

A mediados del siglo XVI las culturas indígenas se alejaban ya de las culturas prehispánicas. Mientras que epidemias, destrucciones y extirpaciones diezmaban las memorias indias, haciendo desaparecer trozos enteros del patrimonio antiguo, entre los supervivientes se esbozaban acomodos de todas clases, impuestos o caóticos. Así en México, desde el decenio de 1550, la lengua náhuatl tomaba cada vez más términos del español; conceptos, objetos occidentales y creencias se infiltraban en el mundo indígena. Los pensamientos, las cosas y los hombres se mezclaban. Cada día aparecían seres nuevos que propiamente no tenían lugar ni en el Nuevo Mundo ni en el Viejo: Diego, el hijo de Bernal Díaz del Castillo, también era hijo de una india; de Sebastián y de la princesa Isabel Chimpu Ocllo en 1539 había nacido Garcilaso de la Vega, el que después se llamaría El Inca, para distinguirse del poeta... Esos descendientes de los regidores de Castilla o de héroes de las guerras civiles sólo eran europeos a medias. Por último, la trata de esclavos hacía desembarcar cada vez más negros, de los que no se preocupaban apenas los polemistas, mientras que llegaban a ser uno de los elementos humanos de la América colonial. Comenzaba así la occidentalización del mundo. Pero la reproducción del Occidente daba a luz un híbrido que, en la historia, se adelanta a la que, en algunos aspectos, será la nuestra.

Después de haberlos destruido, la Corona se interesaba por los objetos y los testimonios de las culturas del Nuevo Mundo. Tal vez fue en esta época cuando un viajero llevó a España una piedra bezoar de grandes dimensiones, montada en plata, que se conserva en el Museo de Historia Natural de Madrid...[11]

---

[11] Sobre la "destrucción de las Indias", véanse las obras fundamentales de Borah y Cook (1971-1979); en Cobo (1964), t. I, p. 128, la nota de Francisco Mateos sobre la piedra bezoar. Littré distingue: "Bezoar oriental, el que se encuentra en el cuarto estómago de la gacela de las Indias. Bezoar occidental, el que se encuentra en el cuarto estómago de la cabra salvaje de Perú..."

ANEXOS

LÉXICO DEL DESCUBRIMIENTO Y DE LA CONQUISTA*

ACULTURACIÓN

Proceso por el cual la cultura de una sociedad se modifica al contacto con otra cultura: una aculturación puede ser dirigida, pero también puede desarrollarse de manera espontánea y sin que lo sepan sus actores.

ADELANTADO

En España, título dado al gobernador de un territorio fronterizo (Murcia, País vasco). En el siglo XIII, los territorios del reino de Castilla que colindaban con los reinos musulmanes estaban bajo la autoridad de un "adelantado de frontera". En las Indias, título dado al descubridor o al futuro descubridor de un territorio particular, cuya conquista se le encomendaba.

ADRIANO VI

Adrián Floriszoon, o Florenz, nacido en Utrecht en 1459. Deán del colegio de canónigos de San Pedro de Lovaina, preceptor y ministro de Carlos V,* precede a éste en España, donde sirve al lado del cardenal Jiménez de Cisneros* antes de obtener el obispado de Tortosa (1516). Carlos le encarga el gobierno general del reino de Castilla cuando vuelve a los Países Bajos en mayo de 1520. Elegido papa en 1522, muere al año siguiente. Durante su permanencia en España apoya los esfuerzos de Las Casas* en su defensa de la libertad de los indios. Da a los franciscanos extensos privilegios en materia de su misión (bula *Omnimoda).*

ALAMINOS (ANTÓN DE)

Nacido en 1486, originario de Palos, acompañó a Colón* en el tercero y el cuarto viajes. Piloto notable, formó parte de las tres expediciones enviadas por Diego Velázquez al descubrimiento de México. Cortés* lo mandó a España con presentes destinados a Carlos V.* Tomó la ruta de las Bahamas y descubrió el camino de regreso a la península a través del Golfo de México. Murió en 1520.

ALCALÁ DE HENARES

Su universidad —fundada en 1497 y cuyas primeras constituciones datan de 1510— es una de las piezas fundamentales de la obra reformadora del cardenal Jiménez de Cisneros.* De orientación teológica y filosófica, esta institución contribuye a introducir las nuevas corrientes en España: la doctrina de Duns Escoto, el nominalismo, que ya gozaba de gran favor en los países del norte. Antonio Elio de Nebrija* impartió ahí la cátedra de retórica. La universidad se dedicó al estudio de los textos bíblicos en sus lenguas originales. En las prensas de Alcalá se publicó la famosa Biblia políglota, fruto de las nuevas ciencias filológicas y llevada a cabo, entre otros, por un grupo de eruditos conversos, especialistas en hebreo.

* Los asteriscos remiten a entradas del léxico.

ALCÁNTARA (FRANCISCO MARTÍN DE)

Hermano de madre de Francisco Pizarro,* originario de Trujillo y de condición modesta. Habiendo partido hacia el Perú en 1529, fue uno de los primeros colonos de la región de Piura. Encomendero* de Huánuco, hombre de confianza de Pizarro, que le había encargado la educación de sus hijos, fue asesinado con el conquistador, en Lima, en 1541.

ALEJANDRO VI: Véase BORGIA o BORJA (RODRIGO DE)

ALMAGRO (DIEGO, LLAMADO EL ADELANTADO)

Nacido hacia 1480 en Malagón (Ciudad Real), de familia modesta, fue hijo ilegítimo. En 1514 acompañó a Pedrarias* al Darién. Probablemente estaba bajo la protección de Hernando de Luque. Encomendero en Panamá, celebró un acuerdo con Pizarro* para organizar una expedición al Birú de Andagoya.* Llegó a los Andes varios meses después de la entrevista de Cajamarca. Dirigió una expedición a Chile. A su regreso, exigió la ciudad de Cuzco* y chocó con los Pizarro, que se deshicieron de él y lo mataron en 1538.

ALMAGRO (DIEGO, LLAMADO EL MOZO)

Nacido en 1520 en Panamá, hijo del adelantado* y de una india. Llegó al Perú poco tiempo antes del levantamiento de Manco Inca. Después que Pizarro* mandó ejecutar a su padre, Diego organizó su asesinato sin tomar parte directa en él. Sus partidarios lo proclamaron gobernador del Perú. El licenciado Vaca de Castro,* enviado por la Corona para poner término a las facciones, se enfrentó con él en Chupas en 1542. Al término de la batalla, Diego de Almagro fue hecho prisionero. Fue el primer mestizo que tomó las armas contra el rey de España. Murió decapitado, a los 22 años de edad.

ALVARADO (PEDRO DE)

Nacido en Badajoz en 1485, partió rumbo a las islas en 1510 en compañía de todos sus hermanos, legítimos o no: Jorge, Gonzalo, Gómez y Juan. Todos ellos vivieron en La Española* hasta 1518. Pedro participó en la expedición de Juan de Grijalva.* Al lado de Cortés,* fue uno de los artífices de la conquista de México (1519-1521). En ausencia del conquistador, masacró a una parte de la nobleza mexicana, desencadenando una respuesta indígena que condujo al desastre de la Noche Triste (1520). Partió a someter Guatemala en 1524. En 1530 decidió construir una flota de 12 naves para ir a descubrir el país de las especias. Cuatro años después se hizo a la mar con la intención de explorar el estrecho de Magallanes, pero las tempestades obligaron a los navíos a anclar en Puerto Viejo. Entonces, cambió de rumbo y se dirigió con sus tropas hacia Quito, que dependía de Pizarro.* Almagro* y Benalcázar,* enviados por Pizarro,* lo interceptaron. Alvarado resolvió entonces dejar refuerzos a Pizarro —entre ellos se encontraba el capitán Garcilaso de la Vega*— y volver a Guatemala. Llegó a ser comandante de Santiago y gobernador de Guatemala. En 1540 se unió a una expedición militar rumbo al noroeste de México. Pereció accidentalmente en junio de 1541 en Jalisco. El destino dispersó la fratría por toda la extensión del imperio: Jorge murió en Madrid, Gonzalo en Oaxaca, Gómez en Perú y el bastardo Juan en Cuba.

ALVARES CABRAL (PEDRO)

Descubridor de Brasil, nació en 1460 cerca de Santarem. El 8 de marzo de 1500 zarpó rumbo a la costa de Malabar para organizar ventas de especias. El 22 de abril, la flota de 13 navíos alcanzó el continente americano, y luego remontó un litoral bautizado como Terra da Santa Cruz, que después se llamará Brasil. Cabral, que había enviado un navío de regreso para informar de su descubrimiento al rey Manuel, volvió a atravesar el Atlántico para tocar la India en agosto de ese mismo año. Volvió a Portugal en junio de 1501 y murió en 1526. El descubrimiento de Brasil, ¿sería efecto del azar y de las corrientes, o aprovechó datos recabados en exploraciones anteriores? Esto explicaría que el rey Juan II haya logrado que la línea de demarcación entre las posesiones portuguesas y las castellanas retrocediera hacia el oeste (Tratado de Tordesillas). También es posible que en 1498 Duarte Pacheco* haya alcanzado, antes de Cabral, el subcontinente brasileño.

"AMADÍS DE GAULA"

Una de las novelas de caballerías más leídas en el siglo XVI en su edición de 1508, versión de cuatro libros retocados por Garci Rodríguez de Montalvo (ca. 1454-ca. 1505), un regidor de la ciudad de Medina del Campo. Las aventuras del caballero Amadís, con las que se mezclan las de Galaor y las de Balais, fascinan la imaginación ibérica, desde Cortés* hasta Don Quijote. Pero esta nueva versión de la gesta arturiana está marcada a la vez por una hispanización y por una cristianización de los valores de la caballería nórdica y medieval. Muchas otras novelas de caballerías gozan en esta época del favor del público: *Tirant lo Blanc* y la continuación de *Amadís*, debida enteramente, esta vez, a la pluma de Montalvo, *Las Sergas de Esplandián* (Sevilla, 1510).

AMBERES

Las ferias, la industria pañera y la importación de los tejidos de Inglaterra hacen la prosperidad del puerto del Escalda. Su auge a finales del siglo XV y durante el XVI se debe, entre otras cosas, a la presencia del factor del rey de Portugal: la venta de especias llevadas de las Indias orientales atrae a compradores alemanes e italianos. Los grandes mercaderes de la Alemania del Sur (Welser,* Fúcar*) se han instalado ahí en medio de numerosas colonias extranjeras. Amberes, que se enorgullece de tener una nueva Bolsa (1531), es una de las capitales económicas de Europa y uno de los centros del imperio de Carlos V,* que ahí mantiene a numerosos factores (Tucher, Ducci) encargados de conseguir préstamos y de aprobar contratos.

ANDAGOYA (PASCUAL DE)

Nacido hacia 1490 en Cuartango, en la provincia vasca de Álava. Hijo de un hidalgo vizcaíno, Joan Ibáñez de Arca. Forma parte de la expedición de Pedrarias* en 1514, y luego de la que, en 1515, llega hasta Acla, en busca del capitán Becerra. Se le encuentra al lado de Balboa,* de 1517 a 1518. Tras la muerte de éste, Andagoya se instala en Panamá,* en donde llega a ser regidor. Casa con una doncella de la mujer de Pedrarias. En 1522 parte a la provincia del Birú, en la vertiente del Pacífico. Es entonces cuando oye hablar a unos mercaderes indígenas de una comarca rica en oro situada sobre las costas meridionales. Pero un accidente le impide proseguir con la exploración. Acompaña a Pedrarias a Nicaragua, después de su destitución como gobernador de Panamá. En 1529, el gobernador de Los Ríos confisca todos sus bienes, y el conquistador parte hacia La Española.* Habiendo amasado una fortuna no desdeñable, es detenido y enviado a España por el juez Pedro Vázquez. En 1537, a la muerte del licenciado Gaspar de Espinosa que había recibido el gobierno de la región de San Juan (Colombia), Andagoya solicita y obtiene el título de gobernador y de adelantado* de esta región. Pero tropieza con las ambiciones de Sebastián de Benalcázar,* gobernador de Popayán. Éste toma preso a Andagoya en 1541. Tras una estadía en España, Andagoya vuelve a Panamá y al Perú en el cortejo de Pedro la Gasca, presidente de la Audiencia de Lima. Toma parte en la batalla de Xaquixaguana en marzo de 1548, en el curso de la cual es vencido Gonzalo Pizarro.* Muere en Cuzco* en ese mismo año, a consecuencia de sus heridas. Andagoya es autor de una crónica intitulada: *Relación que da el adelantado Andagoya de las tierras y provincias que abajo se hará mención* (1540).

ANGLERÍA: Véase MÁRTIR DE ANGLERÍA (PEDRO)

ARGEL

En manos de Khayreddin Barbarroja,* que en 1518 rindió homenaje al sultán Selim I. En octubre de 1541 Carlos V* fracasó lamentablemente en su intento por tomar la ciudad. Ferrante Gonzaga, virrey de Sicilia, mandaba las tropas de tierra y Andrea Doria la flota, que fue diezmada por una tempestad. Hernán Cortés, de regreso de México, tomó parte en la expedición, y allí conoció a su cronista y capellán Francisco López de Gómara.*

ATAHUALPA: Véase INCAS

AUDIENCIA

Institución de origen castellano transpuesta al Nuevo Mundo, la Audiencia es el tribunal que ejerce la mayor autoridad en las Indias después del virrey, y representa un contrapeso para el poder de éste. Sus magistrados llevan el título de oidores. Es una pieza importante de la burocracia española en América, así como un elemento de estabilidad. La Audiencia gobierna en caso de ausencia del virrey o en espera de su nombramiento o de su llegada. La primera Audiencia fue la de La Española* (1511). Fue establecida a iniciativa de Rodríguez de Fonseca* para contrarrestar la influencia de Diego Colón,* que mostraba las mismas pretensiones de su padre Cristóbal.* Luego se fundaron las audiencias de México (1527), Panamá (1538), Guatemala y Lima (1543), Guadalajara y Bogotá (1548), La Plata de los Charcas (1559) y Quito (1563).

BACALAOS

Se conoce con este nombre a la tierra —tal vez Terranova— descubierta por Sebastián Caboto,* "así designada porque en sus aguas encontró tales cantidades de grandes peces, similares a atunes, a los cuales los indígenas dan ese nombre y que a veces retardaban mucho la marcha de los navíos. Los hombres de las comarcas en cuestión vivían cubiertos de pieles pero estaban desprovistos de inteligencia" (Pedro Mártir*).

BALBOA: Véase Núñez de Balboa (Vasco)

Barbarroja (hermanos)

Dos hermanos, renegados de origen griego, hacen una guerra encarnizada a los españoles en las aguas del Mediterráneo occidental. Se instalan en la región de Argel* hacia 1516. Uno de ellos, Arudj, amo de Argel en 1515, es muerto por los españoles pero el otro, Khayreddin, se somete al sultán Selim I y llega a ser *beylerbey* de Argel y gran almirante de la flota turca. Se le considera el fundador de la potencia naval en el Mediterráneo. Se apodera durante poco tiempo de Túnez, de donde lo desaloja Carlos V.* Túnez queda como protectorado español. En 1538, en Preveza, Khayreddin vence a una flota cristiana que navegaba bajo las órdenes de Andrea Doria.

Barcelona

Gran puerto mediterráneo del reino de Aragón, en relación estrecha con Italia (Génova,* Nápoles,* Sicilia, los puertos de África del Norte). Gracias al apoyo de Fernando *el Católico,* su situación mejora a finales del siglo XV. La ruta marítima Barcelona-Livorno se prolonga por la ruta militar terrestre —la calzada del tercio— de Milán a Flandes por vía de los Alpes, el Franco-Condado y Lorena. Pero el puerto permanece apartado del comercio con las Indias, monopolizado por Sevilla,* si bien colonias de aragoneses y de catalanes comercian a las orillas del Guadalquivir.

Beata de Piedrahita

Sor María de Santo Domingo, llamada la Beata de Piedrahita, o la Beata del Barco de Ávila. Esta dominica originaria de Ávila reúne a su alrededor desde 1507 a un grupo de fieles. Consigue la protección del cardenal Cisneros,* del duque de Alba y del rey Fernando *el Católico.* Éxtasis, revelaciones y "danzas místicas" se suceden. La Beata tiene el don de la profecía y anunciará a Cisneros la victoria de Orán (1509). A través de Lucía de Narni, santa Catalina de Siena y Savonarola,* la Beata aparece unida a la tradición mística italiana. Ejerció una influencia profunda sobre los franciscanos de la provincia de Extremadura que se dedicaron a la evangelización de México.

"Beltraneja" (Juana de Castilla, llamada "la")

La infanta Juana, nacida en 1462 como hija de Enrique IV* o de su favorito Beltrán de la Cueva —de ahí su nombre—, fue la causa de las luchas que desgarraron Castilla y la opusieron a Portugal en la segunda mitad del siglo XV, pues la media hermana de Enrique, Isabel,* basándose en el testamento de Juan II, se consideró como heredera legítima de la Corona y recibió el apoyo de una parte de la nobleza que deseaba debilitar la autoridad real. Otras familias se pusieron del lado de la princesa Juana y muchos fueron los que cambiaron de bando, según las circunstancias. Después de años de conflicto, triunfó Isabel. Juana *la Beltraneja* decidió, a los 17 años de edad, retirarse al convento de las clarisas de Coimbra (1479). Hasta su muerte, ocurrida en 1530, se consideró reina, pero se había anulado ya la amenaza política que representaba. La victoria de Isabel *la Católica* se fundaba en una usurpación, preludio involuntario de la reclusión de Juana *la Loca* y de muchas otras usurpaciones que se dieron del otro lado del Atlántico.

BENALCÁZAR (SEBASTIÁN DE)

Nacido a finales del siglo xv en Benalcázar, en la provincia de Córdoba. Los años de su infancia son parte de la leyenda. Su verdadero nombre era Moyano, y era hijo de campesinos. ¿Era mellizo o trillizo, como pretenden algunos cronistas? ¿Será cierto que abandonó el hogar de sus padres para librarse de su cólera pues había matado una mula por accidente? Parece que formó parte de la expedición de Pedrarias.* Benalcázar hizo sus primeras armas como conquistador en Panamá* y en Nicaragua. Hombre de confianza de Pedrarias, rechazó el nombramiento de Hernando de Soto* como alcalde de León. Benalcázar desembarcó en la costa ecuatoriana en 1531. Fue uno de los tres capitanes de caballería de Francisco Pizarro* en ocasión de la entrevista de Cajamarca. De 1533 a 1534 emprendió, por iniciativa propia, la conquista de Quito. Tuvo que enfrentarse a Diego de Almagro,* enviado de Pizarro, y a Pedro de Alvarado,* recién desembarcado en Puerto Viejo. Después, en 1538, se instaló en Popayán, donde Pizarro quiso hacerle detener porque violaba su jurisdicción. Entonces, Benalcázar se dirigió al norte y se unió a las tropas de Jiménez de Quesada* en Bogotá. Su situación fue resuelta en la corte, que lo nombró adelantado* y gobernador de Popayán. En 1541, el gobernador del Perú nombrado por la Corona, Vaca de Castro,* lo obligó a seguirle para luchar contra Diego de Almagro el Mozo.* En 1546, Benalcázar adoptó el bando del virrey Blasco Núñez de Vela* contra Gonzalo Pizarro,* y luego el de La Gasca.* Condenado a muerte en 1546 por haber ejecutado a un subordinado que invadía su territorio, fue perdonado y exiliado a España. Murió en Cartagena en 1551, en la miseria.

BERNÁLDEZ (ANDRÉS)

La vida de este cronista es conocida, sobre todo, a través de las referencias que se encuentran en su obra, *Memorias de los Reyes Católicos*. Nacido en tiempos de Enrique IV, ejerció su ministerio de cura en la ciudad de Los Palacios, en la pantanosa llanura sevillana. Admirador de Hernando del Pulgar,* gran cronista de fines del siglo xv, Bernáldez escribió con base en testimonios directos, vistos o escuchados en el curso de su vida. Se interesa en particular por la cuestión de los judíos y dedica varios capítulos a los dos primeros viajes de Cristóbal Colón,* a quien encontró en 1496. La principal fuente de sus informaciones está constituida por los documentos del Almirante así como por los escritos del doctor Chanca, que formó parte de la segunda expedición.

BERRUGUETE (PEDRO Y ALONSO)

Pintor nacido en Paredes de Nava, en Castilla, e influido por la escuela flamenca, Pedro Berruguete decoró el castillo de los duques de Urbino entre 1474 y 1478. Su hijo Alonso (1490-1561) también vivió en Italia, donde recibió la influencia de Miguel Ángel. Se le deben la sillería del coro de la catedral de Toledo y el retablo de la iglesia de San Benito, en Valladolid.

BETANZOS (FRAY DOMINGO DE)

Nacido en la ciudad de León entre 1470 y 1480, hace sus estudios en Salamanca antes de recorrer Francia e Italia y de retirarse a la isla de Ponza, cerca de Nápoles.* Una vez dominico, se dirige a La Española* en 1513. Desembarca en México en 1526 con la primera misión de su orden. Ahí ejerce las funciones de inquisidor.

Provincial de los dominicos, ejerce una gran influencia en la Nueva España de Zumárraga* y de Antonio de Mendoza.* Pero las reservas que muestra sobre las capacidades intelectuales de los indios le acarrean la hostilidad de la segunda Audiencia* y de los franciscanos de México.

BORGIA O BORJA (RODRIGO DE)

Rodrigo de Borja nació en España en 1431. Papa en 1492 con el nombre de Alejandro VI y padre de varios hijos, entre ellos César y Lucrecia. Repartió las tierras descubiertas y por descubrir entre España y Portugal, confió a los reyes de Castilla la tarea de evangelizar las comarcas nuevas (bulas *Inter Caetera* de mayo de 1493), excomulgó a Savonarola,* que denunciaba sus abusos, y murió en 1503 después de las grandes fiestas del jubileo. Su hijo César nació en Roma* en 1477. Sirvió de modelo para la redacción de la obra *El Príncipe* de Maquiavelo.* Llegó a ser cardenal en 1493, y duque de Romaña en 1499. La muerte de su padre y la elección de Julio II le obligaron a irse de Italia a España, donde murió en 1507.

BRASIL

Oficialmente descubierto por Pedro Alvares Cabral* en 1500. Durante 30 años, Brasil interesó muy poco a la Corona portuguesa, ocupada como estaba en sus asuntos de Asia. Mercaderes y traficantes instalan ahí factorías, y ex presidiarios y marinos se establecen en el sur (São Paulo) mientras que los franceses (Paulmier de Gonneville, Jean Cousin) desembarcan en los parajes de Río de Janeiro. Los pájaros exóticos y el *palo de brasil* que produce una tintura roja muy cotizada atraen a los europeos, que los cambian por objetos de hierro, muy apreciados por los indígenas. Con los autóctonos se establecen contactos, en lo cual sobresalen los franceses, y hacen su aparición los primeros mestizos, o *mamelucos*. Portugal reacciona a la penetración francesa y a las expediciones españolas adoptando una política de ocupación y de fomento propio: siguiendo la línea de la experiencia de Madera y de las Azores, la Corona organiza con grandes propietarios el cultivo de la caña de azúcar y, de 1534 a 1539, divide al país en 12 capitanías, y confía cada una de ellas a un señor dotado de inmensas propiedades. La explotación de la caña de azúcar se basa en la mano de obra servil indígena, que pronto es víctima de las epidemias de viruela y de sífilis y remplazada, a partir de 1530, por la de negros de África. Al igual que la colonización, también la cristianización de Brasil es una empresa relativamente tardía, y resulta lenta y difícil: los primeros jesuitas son enviados ahí en 1549. El país es convertido en diócesis en 1551, pero su impulso se remonta, de hecho, al gobierno de Mem de Sa, a partir de 1557.

BRISTOL

Puerto inglés de donde partieron desde 1480 las expediciones de descubrimiento en busca de la isla de Brasil. Ahí, los Caboto* encuentran apoyo financiero e información.

BRUJAS

Una de las metrópolis económicas y artísticas de Flandes, sede en el siglo XV de una notable escuela de pintura. Brujas sufre una irremisible decadencia a finales de ese siglo, en provecho de Amberes. El enarenamiento del Zwin, que le sirve de acceso al mar, y la competencia de los paños ingleses, perjudican a la ciudad, que conserva el mercado de las lanas españolas y de las colonias extranjeras. Sigue siendo una plaza bancaria y sitio de encuentros internacionales.

BRUSELAS

Capital del Brabante y de los Países Bajos y ciudad de corte en la tradición borgoñona. Ahí, Felipe el Hermoso pasa una temporada con su esposa Juana *la Loca* antes de que su hijo, Carlos V,* la convierta, durante largos periodos, en centro de su imperio. Ahí abdicará en 1555.

CABEZA DE VACA: Véase NÚÑEZ CABEZA DE VACA (ÁLVAR)

CABOTTO, CABOTO O CABOT

Familia de origen genovés. Juan (Giovanni, John, 1450-1498) y su hijo Sebastián (1476-1556) sirven, por turnos, a Enrique VII y Enrique VIII de Inglaterra y a Carlos V.* Genovés naturalizado veneciano, Juan visita El Cairo y La Meca. Llega después a la península ibérica, donde se inicia en el estudio de la cartografía. Tras una temporada en Valencia, se instala definitivamente en Bristol* en 1493. Juan organiza las expediciones que envían cada año los mercaderes de Bristol en busca de la isla de Brasil y de las Siete Ciudades. En 1496, Enrique VII lo autoriza oficialmente a partir para descubrir tierras nuevas. Se dice que alcanzó en 1497 las Siete Ciudades o Brasil, en realidad el litoral canadiense, tal vez la Nueva Escocia. En una última expedición (1498), en la que desaparece el navegante, exploró, según se dijo, las costas americanas (¿hasta el cabo Hatteras?) en busca de un pasaje hacia Cipango* (Japón) y las tierras de las especias. La muerte se llevó al que se intitulaba almirante, "estimándose al menos como un príncipe", y que ambicionaba rivalizar con Colón.* Sebastián prosiguió la obra de su padre y organizó en 1508 una expedición que lo llevó hasta unos gigantescos *icebergs* y luego hacia los bancos de bacalao de Terranova (la "tierra de los bacalaos"), tal vez la embocadura del San Lorenzo y la bahía del Hudson. A la muerte de Enrique VII, viendo el desinterés de los ingleses y de la Corona, se va a España y llega a ser piloto mayor de Carlos V. Caboto busca en vano, en el Río de La Plata, un pasaje análogo al que cree reconocer en las aguas frías del noroeste. En 1527 remonta el Paraná y construye el fuerte de *Sancti Spiritus* (Santa Fe, en Argentina). Caboto vuelve en 1548 a Inglaterra, donde hace mapas y mapamundis. El paso del noroeste sólo será explorado en 1614.

CABRAL: Véase ALVARES CABRAL (PEDRO)

CACAMA

Príncipe de Texcoco,* hijo bastardo de Nezahualpilli y de una hermana mayor de Moctezuma,* que lo impuso en el trono de su padre. Recibió a Cortés* a su llegada a las cercanías de México-Tenochtitlan.* Como Moctezuma, fue rehén del conquistador. Los españoles lo asesinaron en el curso de su derrota de la Noche Triste* (1520).

CANADÁ

El actual Canadá fue alcanzado por los vikingos (el Vinland*), los ingleses (véase los Caboto*) y los franceses, normandos y bretones, que en los primeros años del siglo XVI pescaban en las aguas de Terranova y en la embocadura del San Lorenzo. La pesca del bacalao y luego el atractivo de las pieles juegan en esos mares fríos el papel que en otros lugares desempeñó la búsqueda de las especias. Se establecen contactos con las poblaciones indígenas wanabakis, beothuks y montañeses. Jacques Cartier* hace varios viajes, que esbozan una tímida colonización.

CANDIA (PEDRO DE)

Nace hacia 1496, en Creta. Sirvió a Castilla hacia 1510, enfrentándose a los turcos en Italia. Casó con una española de Zamora y se estableció en la península ibérica. Llegó a Panamá con el gobernador Pedro de los Ríos, sucesor de Pedrarias.* Fue uno de los 13 partidarios de Pizarro* de la Isla del Gallo. Capitán de artillería, desempeñó un papel importante en Cajamarca y recibió una parte del botín casi tan grande como las de los Pizarro. Convertido en uno de los hombres más ricos del Perú, en 1538 emprendió una expedición hacia el piamonte andino, al este de Cuzco.* Hernando Pizarro* le quitó el mando, so pretexto de que estaba planeando una sedición. En 1541 se unió a Almagro el Mozo,* pero lo traicionó en Chupas y fue muerto por él. Tuvo un hijo mestizo que se quedó en Cuzco y se hizo amigo del Inca Garcilaso de la Vega.

CAPITULACIONES

Título jurídico que legitima las expediciones españolas efectuadas en el Nuevo Mundo. Contrato celebrado entre la Corona y uno o varios particulares, que define los derechos y las obligaciones de cada contratante. Las capitulaciones que organizan la conquista de las Canarias son una prefiguración de las llamadas de Santa Fe (17 de abril de 1492), que fueron acordadas a Cristóbal Colón:* lo nombraban almirante, virrey y gobernador, y lo dotaban de poderes y privilegios extensos sobre todas las tierras que pudiese descubrir.

CARABELA

Los progresos de la construcción naval ejercieron decisiva influencia sobre los grandes descubrimientos portugueses y españoles. La carabela, fabricada en Portugal a partir del decenio de 1420, era un navío ligero y capaz de bordear, dotado de dos o tres palos y equipado con velas latinas. Fue el instrumento de los descubrimientos al lado de navíos más pesados dotados de velas cuadradas, como las naves, que eran empujadas por los vientos.

CARIBES

Indios de las Antillas menores, distintos de los arawacos y de los chibchas de Panamá* y de Colombia, acusados de canibalismo y temidos por los españoles, que los reducen a la esclavitud o los diezman en ataques devastadores. El término *caribe* acabó por aplicarse a los autóctonos, en cuanto eran antropófagos u oponían la menor resistencia a los conquistadores. Habiendo sido una denominación étnica, se convierte automáticamente en legitimación del exterminio y de la reducción a la esclavitud de las poblaciones de las islas y de las costas de la América del Sur. Pedro Mártir* informa de lo que es, al mismo tiempo, fantasma, estereotipo y fascinación: "Los caribes parten a cazar hombres, como otros recorren bosques y selvas para matar ciervos y jabalíes. *Carib* —de donde viene la palabra *caribe*— quiere decir en todas las lenguas de esa región 'hombre más fuerte que los demás' [...] Esta raza feroz ha logrado a veces destruir completamente a tropas españolas."

CARLOS V

Nieto de los Reyes Católicos y del emperador Maximiliano I,* nació en Gante en 1500. A la muerte de su padre, Felipe *el Hermoso* (1506), recibió los Países Bajos y el Franco Condado. Heredó el trono de Castilla en 1516 y fue elegido rey de lo Romanos en 1519. Tuvo que oponerse a los comuneros de Castilla* (1520-1522), a la rebelión de Gante (1539), al cisma luterano y a los príncipes alemanes, así como a los turcos del imperio otomano. Durante su reinado, Magallanes* y Elcano* dan la vuelta al mundo y la Corona española recibe México y los Andes (creación de los virreinatos de México y de Lima). Abdica a los países borgoñones en Bruselas en 1555, y al año siguiente renuncia a España y al imperio. Retirado en el convento de Yuste (Extremadura*), murió en 1558.

CARLOS VIII

Hijo de Luis XI, rey de Francia de 1483 a 1498. Reivindicando los derechos de la Corona de Francia sobre Nápoles,* penetra en Italia (Milán, Florencia,* Roma,* Nápoles*) en 1494, pero se repliega al año siguiente después de la batalla de Fornoue. Inaugura la larga serie de las guerras de Italia. Recibió a Bartolomé, hermano de Cristóbal Colón,* sin prestar un apoyo considerable a la empresa del descubrimiento.

CARLOS OMETOCHTZIN: Véase OMETOCHTZIN CHICHIMECATECUTLI (CARLOS)

CARTIER (JACQUES)

Cartier nació un año antes del descubrimiento (1491) en una familia de notables de Saint-Malo, donde murió en 1551, después de emprender tres expediciones a América (1534, 1535-1536 y 1541-1543). Tal vez participó en uno de los viajes de Verrazano* y acompañó a los pescadores de bacalao de Terranova. Como los Caboto,*·Jacques Cartier buscaba por el noroeste un pasaje que llevara a la China. Al igual que a los otros navegantes, le impulsaba el deseo de "descubrir ciertas islas y países en que se dice que debe encontrarse gran cantidad de oro y de otras ricas cosas". Fracasó en su proyecto pero descubrió el río San Lorenzo, que remontó, y estableció la insularidad de Terranova. Intentó una empresa de colonización, que abortó. Los indígenas lo condujeron al "Canadá", llegó al sitio de Quebec y estableció relaciones con los hurones. Pero las tan decantadas riquezas del Saguenay estuvieron siempre fuera de su alcance, y las materias que trajo a Francia no eran más que pirita y mica. La Francia de Francisco I, que lo apoyaba, no tenía los medios de la Castilla de Carlos V,* y por ello abandonó unas tierras que no podían servir de escala en el camino a la China. Rabelais obtuvo en las expediciones del Malouin informes que fueron a alimentar su *Cuarto Libro*.

CARVAJAL (FRANCISCO DE)

Nacido en Arévalo hacia 1470, combatió en Italia durante unos 40 años, al principio al lado del Gran Capitán (Gonzalo Fernández de Córdoba*), y luego bajo las órdenes de Pedro Navarro y de Marco Antonio y Fabricio Colonna. Tras el saqueo de Roma,* Carvajal partió hacia la Nueva España donde vivió hasta 1535, año en el cual pasó al Perú con los refuerzos enviados por Cortés* a Pizarro* para sofocar la insurrección de Manco Inca.* Participó en la batalla de Chupas al lado de Vaca de Castro.* Gonzalo Pizarro,* que se puso a la cabeza de la rebelión contra las *Leyes Nuevas*,* lo nombró su maestre de campo. Le fue fiel hasta Xaquixaguana y fue ejecutado por La Gasca* el 10 de abril de 1548. Célebre por su crueldad y su ingenio, supo sacar el máximo partido a los arcabuces. Carvajal era un personaje legendario; según cronistas como Zárate, había sido religioso antes de emprender una carrera militar. Al morir, rechazó los sacramentos.

CARVAJAL (GASPAR DE)

Nacido en Trujillo (Extremadura*) hacia 1504, y uno de los ocho misioneros dominicos que el padre Valverde* hizo llegar de España para emprender la conversión del Perú. Encontró a Gonzalo Pizarro* en Lima,* en 1538, y lo siguió, primero a Quito,* y luego a la expedición de la canela. Carvajal permaneció al lado de Orellana* y descendió por el Amazonas hasta la embocadura. Nos dejó una crónica de este episodio. Habiendo llegado a Cubagua, partió al Perú donde prosiguió, hasta su muerte en Lima, en 1584, su tarea de misionero.

CASA DE CONTRATACIÓN

Fundada en Sevilla* en 1503, siguiendo un modelo genovés. Dotada de un personal especialmente compuesto de un contador, un factor y un tesorero, se convirtió en la institución encargada de controlar las relaciones marítimas y comerciales con el Nuevo Mundo: punto de registro, preparación de las flotas, cobro de las tarifas aduaneras, tribunal de comercio. La Casa reclutaba los colonos para el Nuevo Mundo y recibía todas las partidas con este destino. Mantenía a un piloto mayor que estaba encargado de examinar a los pilotos de la "carrera de las Indias", de mejorar los mapas náuticos y de conservarlos en un lugar secreto. El primer titular fue Vespucio,* al que sucedieron Juan Díaz de Solís,* el descubridor del Río de la Plata, y Sebastián Caboto.*

CASAS (BARTOLOMÉ DE LAS)

Nacido en Sevilla en 1484 (según otros, en 1474), hijo de un mercader converso. Hace estudios en la universidad de Salamanca o, más probablemente, en Sevilla.* Llega a las Indias en 1502 en la flota de Ovando,* siguiendo las huellas de su padre Pedro y de su tío. Se ordena sacerdote. En 1514, en Cuba,* su existencia se transforma. Horrorizado por el trato al que son sometidos los indios, intenta defenderlos por todos los medios y, tras el fracaso de su experiencia pacífica en Cumaná (Venezuela), ingresa en la orden de los dominicos (1523). En 1547 se embarca en Veracruz para no volver nunca más al Nuevo Mundo. Muere en Madrid en 1566, a la edad de 82 años. Promotor de varios proyectos de evangelización y de colonización en Venezuela (Paria), en Guatemala (Vera Paz) y en Chiapas, donde fue obispo, combate con la pluma a los enemigos de los indios. Su alegato en favor de la justicia se escuchaba en la corte de Carlos V,* aunque las medidas adoptadas por la Corona —las *Leyes Nuevas* de 1542*— están lejos de abolir la explotación y las exacciones. Entre sus numerosos escritos, se le debe una *Historia de las Indias* y una *Apologética historia sumaria*.

CASTILLA DEL ORO

Este término designa la Tierra Firme en la capitulación* (julio de 1513) que nombraba a Pedrarias Dávila* capitán general y gobernador de esta comarca: comprendía, sin límites precisos, la costa atlántica de Colombia y de Panamá,* salvo la provincia de Veragua, que supuestamente pertenecía a los Colón.*

CATHAY O CATAY

La China de Marco Polo (estuvo ahí de 1275 a 1291) fue una de las metas buscadas por Cristóbal Colón.* La comarca fue visitada por el veneciano Nicolás Conti en el siglo XV. A comienzos de ese siglo, las flotas chinas llegan al golfo Pérsico y a la costa africana (Somalia) pero renuncian a una política de expansión. China, rica en oro y en seda, busca la plata de Japón y luego de América, y codicia las especias de Malasia. A partir del decenio de 1510, los portugueses, llegados a Malaca en 1511, establecen contactos con China. Tras unas relaciones tumultuosas en las que predominan las operaciones de contrabando, los portugueses fundan su establecimiento de Macao en 1557.

CEMPOALA

Centro totonaca, no lejos de las costas del golfo de México, que cayó bajo la dominación mexica después de las campañas de Moctezuma I (1440-1468) y que, en la época de la Conquista, estableció una alianza con Cortés.* No lejos de ahí se desarrolló el enfrentamiento entre el conquistador y las tropas de Pánfilo de Narváez.*

CIPANGO

Es el nombre que Marco Polo había dado a una isla situada al este de China. También es una de las tierras que Colón* buscó vanamente, navegando hacia el oeste (incluso, al desembarcar en Cuba,* creyó haber llegado a Cipango). A partir de 1542, después de ser descubierto por mercaderes portugueses, Japón fue identificado con Cipango. En 1544, unos juncos portugueses llegan a la bahía de Kagoshima. De finales del siglo XV a finales del siglo XVI, Japón atraviesa por la época Sengoku —"la época del país en guerra"—, en el curso de la cual el poder se concentra en el seno de las familias de *daïmios*. San Francisco Javier desembarca en Japón en 1549 y empieza a hacer conversiones, en una atmósfera de confusión. Parte hacia China en 1551. Las rutas de los misioneros, de la cristianización y del comercio portugués se sobreponen, por instigación de la Compañía de Jesús y de los señores *daïmios*, pero los progresos dependen de la posición política de los conversos. Habrá que aguardar a 1571 para que Nagasaki sea concedida a los jesuitas y a los comerciantes portugueses.

CISNEROS: Véase JIMÉNEZ DE CISNEROS (FRANCISCO)

COLÓN (CRISTÓBAL)

Nacido en 1451, hijo de Doménico, tejedor de Génova,* y luego de Savona. Formado en la escuela de Génova, de Inglaterra y de Portugal, de Madera y de Guinea, organiza cuatro expediciones hacia el Nuevo Mundo y muere en 1506 en Valladolid, después de perder el favor de la Corona de Castilla. Colón reúne en su persona el genio de la navegación, el misticismo, el ideal de cruzada y el sentido de los negocios. Tuvo mayores dificultades para responder a las tareas imprevistas de conquista y de colonización que le imponía un Nuevo Mundo que, por lo demás, no creyó haber tocado.

COLÓN (DIEGO)

Hijo primogénito de Cristóbal,* paje del infante don Juan en compañía de su hermano Hernando.* Sucede a Ovando* en el gobierno de La Española,* gracias a sus nexos con la familia De Alba. Su esposa María es la sobrina de don Fadrique de Toledo e hija de Fernando de Toledo, comendador mayor de León. Diego muere en 1526, dejando un hijo, Luis.

COLÓN (HERNANDO)

Hijo bastardo de Cristóbal Colón* y de Beatriz Enríquez de Arana, nació en 1488 en Córdoba y perteneció a la generación de Hernán Cortés.* Acompañó a su padre en 1502-1504 en su cuarto viaje y vivió en La Española* en 1509. Bibliófilo, ferviente admirador de los humanistas —conoció a Erasmo* y a Sepúlveda*—, es el autor de una *Vida del almirante don Cristóbal Colón*, fuente esencial sobre la existencia del descubridor, que fue publicada en italiano en Venecia* en 1571. Recorrió Italia, Francia, Alemania y los Países Bajos, reuniendo una biblioteca considerable en Sevilla* (12 000 a 13 000 volúmenes). Defendió con ardor los intereses de la familia en el interminable proceso que lo opuso a la Corona española. Hernando murió soltero en 1539.

CONCHILLOS (LOPE DE)

De origen aragonés, fue secretario de Fernando II.* Al comienzo de su carrera es enviado por el rey a Bruselas* para servir como secretario a la reina Juana *la Loca*, y ganársela a los intereses de su padre. Comprendiendo la situación, su esposo Felipe *el Hermoso* se venga en la persona del secretario, que conservará de esto huellas durante toda su vida. Al lado de Rodríguez de Fonseca,* Lope de Conchillos interviene en los asuntos de las Indias y su influencia es considerable. En 1514 recibe el sello de las Indias. Con el tesorero Pasamonte, el provisor de un obispo de La Española,* Carlos de Aragón, y otros oficiales, encabeza un clan aragonés estrechamente ligado a Fernando. Apartado en 1518, muere en 1522.

CONSEJO DE INDIAS

Uno de los consejos encargados de administrar las posesiones de los reyes de Castilla. Hasta la regencia del cardenal Cisneros* (1516), el obispo de Burgos Rodríguez de Fonseca* y el secretario Lope de Conchillos,* ayudados por algunos miembros del Consejo de Castilla, trataron exclusivamente los asuntos de las Indias. Por esta fecha no existía, propiamente hablando, un consejo o junta de Indias, sino una pareja solitaria y omnipotente. En 1518, una reorganización colegiada vino a reducir la autoridad de Rodríguez de Fonseca. Al año siguiente apareció por primera vez el término "Consejo de Indias", que seguía siendo un sector relativamente informal del Consejo real. A partir de 1524, esta instancia fue reformada por Carlos V.* El Consejo Real y Supremo de Indias había sido oficialmente fundado. Esta jurisdicción autónoma tenía atribuciones legislativas; nombraba a los titulares de los cargos y mantenía correspondencia con los representantes de la Corona y los particulares. El Consejo contaba con un presidente, un canciller, ocho consejeros, un procurador y dos secretarios.

CONSTANTINOPLA

Conquistada por los turcos en 1453. Con 250 000 habitantes a comienzos del siglo XVI y 400 000 en 1535, es la ciudad más poblada de Europa. Obsesiona el imaginario de los europeos que sueñan con reconquistarla, y aparece en las novelas de caballerías.

CORONADO: Véase VÁZQUEZ DE CORONADO (FRANCISCO)

CORTÉS (HERNÁN)

Nacido en Medellín (Extremadura*) en 1484 o 1485, hijo de Martín Cortés de Monroy y de una hija de Diego Altamirano de Pizarro. A los 14 años es enviado a la Universidad de Salamanca o, según ciertas fuentes, a trabajar con un notario de Valladolid. En 1504, año de la muerte de Isabel la Católica,* llega a La Española,* donde ejerce las funciones de escribano en el pueblo de Azúa, cerca de Santo Domingo.* En 1511 marcha con Diego Velázquez* a la conquista de Cuba,* y en 1519 aquél lo pone a la cabeza de la tercera expedición enviada a México. Moctezuma* lo recibe en la ciudad de México* en noviembre de 1519. Es expulsado en el curso de la Noche Triste (30 de junio de 1520) pero rehace sus fuerzas y pone sitio a la ciudad, que cae en agosto de 1521. Se le nombra gobernador general de la Nueva España. Vuelve a España, por primera vez, en 1528. Recibe el título de marqués del valle de Oaxaca y una encomienda* que reúne a 23 000 indios tributarios. Vuelve a Castilla definitivamente en 1541. En su retiro, vive en Madrid rodeado de un círculo de humanistas y de admiradores (López de Gómara,* Cervantes de Salazar, Sepúlveda*). "Fue de buena estatura y cuerpo, y bien proporcionado y membrudo, y la color de la cara tiraba algo a cenicienta [...] y era en los ojos en el mirar algo amorosos, y por otra parte graves" (Díaz del Castillo*). Muere cerca de Sevilla,* en Castillejo de la Cuesta, en 1547.

CORTÉS DE MONROY (MARTÍN)

Padre del anterior, combatió al lado de don Alonso Monroy, maestre de Alcántara, probablemente su primo. Desde Medellín (Extremadura) se ocupará activamente de atender los intereses de su hijo, embrollados por la conquista de México.

COSA (JUAN DE LA)

Originario de Vizcaya. Piloto de Colón* en los dos primeros viajes trasatlánticos, y luego de Alonso de Ojeda* y de Rodrigo de Bastidas,* en 1500. A él se le debe el primer mapamundi, que trazó durante el viaje efectuado en compañía de Américo Vespucio* en 1499, en el curso de la primera expedición de Ojeda. Era el mejor piloto trasatlántico. Obtuvo una capitulación en 1504. Itinerario: las islas de Guadalupe, San Juan y Margarita, la costa de Venezuela hasta Cartagena, Isla Fuerte y golfo de Sinú hasta Urabá. En el curso de esta expedición, en Zamba, los españoles devoran a un indio. "Excelente hombre de mar", según Oviedo,* quien reconoce que "su objetivo era menos servir a Dios y al rey que robar". Pereció a manos de los indios en 1510.

COZUMEL

Isla mexicana del mar Caribe, situada frente a la península de Yucatán en el actual estado de Quintana Roo. Tiene un litoral bajo y arenoso, cortado por algunos promontorios rocosos y colinas poco elevadas. Fue descubierta por Grijalva* en 1518 y visitada por Hernán Cortés.

CUAUHTÉMOC

El "Águila que cae". Fue sucesor de Cuitláhuac —hermano de Moctezuma*—, muerto de viruela en 1520, y último soberano de México-Tenochtitlan. Es entonces "mancebo e muy gentil hombre para ser indio, y de buena disposición, y rostro alegre, y aun la color algo más que tiraba a blanco que a matiz de indios, que era obra de veinte y cinco o veinte y seis años" (Díaz del Castillo*). Según se afirmó, hizo ejecutar al hijo de su tío Moctezuma y casó con una de sus hijas para reforzar su poder. Después de la caída de México fue capturado por Cortés,* que lo llevó a su campaña de Guatemala, donde pereció ahorcado, por órdenes del conquistador, en 1525. Sin embargo, no fue el último miembro de la familia que ejerció funciones de gobierno. A finales del decenio de 1530, un hermano de Moctezuma, Diego Huanitzin, fue gobernador de Tenochtitlan.

CUBA

Isla de las Antillas descubierta por Colón* que la identifica con Cipango,* el Japón de Marco Polo. La conquista de Cuba,* bautizada como isla Fernandina, comienza bajo las órdenes de Diego Velázquez* en 1511, con la participación de Hernán Cortés.* En ella Las Casas* recibe indios, a los cuales renunciará algunos años después. Una "Es casi toda la tierra llana y llena toda de montes o florestas" (Las Casas).

CUZCO

Asociada en la mitología con el origen de los linajes incaicos, esta ciudad se volvió capital del imperio en una época difícil de precisar. Su fundador fue Manco Inca,* personaje legendario que había escogido el sitio siguiendo la voluntad de su padre el Sol. Durante el reinado de Pachacutec se hicieron adaptaciones; los trabajos prosiguieron por órdenes de Tupac Inca Yupanqui. De la plaza central partían cuatro caminos que unían al "Ombligo del Mundo" con las cuatro grandes provincias del imperio. Cuzco estaba dividida en dos mitades, Hanan y Hurin, a las cuales estaban asociados diferentes linajes nobles. La ciudad era el microcosmos del imperio. Entre esos edificios se encontraba el templo del Sol o Coricancha, donde se conservaban los cuerpos momificados de los soberanos. Los españoles entraron por primera vez en Cuzco en 1533: para empezar, tres emisarios de Pizarro,* y luego las tropas de los conquistadores. La ciudad colonial fue fundada el 23 de marzo de 1534.

DARIÉN

El Darién se extiende sobre la costa atlántica de Colombia y la ribera occidental del golfo de Urabá. El pueblo de Darién fue descubierto y devastado cuando se llevó a cabo la expedición de Juan de la Cosa (1504-1506). Los españoles se establecieron en su lugar en 1510 y la llamaron Santa María de la Antigua.

DIAS (BARTOLOMEU)

Nacido hacia 1450, escudero de la casa del rey de Portugal, pertenece a la pequeña nobleza. Sale de Lisboa en agosto de 1487 a la cabeza de una flota de tres carabelas y descubre el cabo de Buena Esperanza; entra en el océano Índico y remonta la costa africana hasta el Great Fish River (noreste de Puerto Isabel). Está de regreso en diciembre de 1488. Habiendo partido con la expedición de Cabral,* muere en 1500, después de haber acompañado también a los navíos de Vasco da Gama* en la primera parte de su viaje.

DÍAZ DEL CASTILLO (BERNAL)

Conquistador y cronista originario de Medina del Campo. Nació hacia 1495-1496. Se embarcó rumbo a las Indias en 1514 en el séquito de Pedrarias.* Instalado en Cuba,* donde estuvo vagamente relacionado con el gobernador Diego Velázquez,* formó parte de las tres expediciones enviadas hacia México (1517-1519) y acompañó a Cortés* en la conquista del país. Desempeñó funciones de regidor en Coatzacoalcos, sobre la costa del Golfo de México. Regresó a Castilla en 1539. Se instaló en Guatemala en 1541, donde comenzó la redacción de su *Historia verdadera de la conquista de la Nueva España*. Fue regidor perpetuo de la ciudad de Guatemala, donde murió en 1582.

DÍAZ DE SOLÍS (JUAN)

Portugués u originario de Lebrija (Andalucía). Con Vicente Yáñez Pinzón* partió en reconocimiento del mar Caribe en 1506 (golfo de Honduras y una parte de la costa de Yucatán). Efectuó un segundo viaje en 1508, con Pinzón, a cuyo término llegaron al grado 40 de latitud sur pero sin ver la embocadura del Río de la Plata. Surgieron divergencias entre Pinzón y Solís, y este último fue encarcelado en Castilla, en 1509. Se hizo a la mar una vez más en 1515 con objeto de buscar el paso entre los dos océanos. En el curso de esta expedición descubrió el Río de la Plata —el Mar Dulce—; fue muerto por los indios guaraníes en la costa de Uruguay y, probablemente, devorado (1516).

DURERO (ALBERTO)

Nacido en Nuremberg en 1471, pintor, grabador, ingeniero, teórico y humanista. Viaja por la Italia del Renacimiento (Mantegna, Pollaiuolo) y se interesa por los objetos que Cortés* envía del Nuevo Mundo. Muere en 1528.

ELCANO, O EL CANO (SEBASTIÁN)

Vizcaíno de Lequeitio, maestre de la tripulación de la nave *Concepción*, uno de los cinco navíos que formaban la flota de Magallanes, Sebastián Elcano participa en el motín de San Julián, franquea el estrecho y, después de la travesía del Pacífico —en el curso de la cual perecieron Magallanes y la mayoría de sus marinos—, logró volver a España con la nave *Victoria* y 18 sobrevivientes, más tres indígenas asiáticos. Así, fue el primer europeo que dio la vuelta al mundo. Elcano organizó una segunda expedición a las islas Molucas en 1525, pero sucumbió, de escorbuto, durante la travesía.

EL DORADO O ELDORADO

Según Oviedo,* el nombre de Eldorado aparece por vez primera en 1539. Decíase que fue dado por Benalcázar* a una región de la Nueva Granada: el cacique de esta comarca se sumergía todas las mañanas en una piscina y, al salir del agua, estaba cubierto de aceite y salpicado con un polvo de oro. De ahí el nombre de *El Dorado*, "el Hombre dorado". Esta piscina se volvió, en la mitología de los conquistadores, un lago, localizado en varios lugares (en Guatavita, cerca de Bogotá, en Colombia, en Amazonia). Es probable que el origen de la leyenda de Eldorado sea antiguo: el Quersoneso de la India ptolemaica. Luego, inspirado por el oro del Sudán, el fabuloso "río de oro" fue situado en África. Cuando los conquistadores se instalaron en Darién,* oyeron hablar del cacique de Dabaibe —que bajo la pluma de Pedro Mártir* se convirtió en una mujer, la Dabaiba—, señor del oro. Tal fue el comienzo de una quimera que fascinó a las tropas de Federmann,* Jiménez de Quesada,* Benalcázar y Gonzalo Pizarro.* Cuando se supo de la inmensa riqueza obtenida en el rescate de Atahualpa,* Eldorado adoptó una configuración "peruana" y fue concebido como un lugar en que se levantaban casas del Sol llenas de oro. Conforme avanzaban los conquistadores, retrocedía Eldorado, siempre inaccesible. Hasta se creyó haberlo visto en Paraguay. La búsqueda del reino del "Hombre dorado" fue uno de los móviles de la exploración de las profundidades del continente americano.

EMIGRANTES

Se reclutaron principalmente en Andalucía, en Extremadura (véase cap. IV, nota 36) y en Castilla. Hasta 1550, partieron a un ritmo anual de 300 a 400. Hacia el año 1600, 200 000 europeos habían tomado el camino de las Indias. Recordemos que para el periodo de 1493-1519 se da un total de 5 481 emigrantes, con aproximadamente una mujer por cada 17 hombres. La emigración femenina es poco consecuente antes de 1500. De 1509 a 1519, la mayoría de las 308 mujeres provienen de las ciudades ibéricas (más de la mitad, de Sevilla*) y se establecen en La Española.* Viajan en grupo, con parientes e hijos. Jóvenes solteras, sevillanas casi todas, hacen la travesía bajo la designación vaga de *criadas*. Evidentemente, estos datos omiten la emigración clandestina o no registrada. Para el periodo siguiente (1520-1539) se cuentan 845 mujeres entre un total de 13 262 emigrantes, o sea 6.3%, porcentaje un poco superior al de los años 1493-1519 (5.6%).

ENCISO: Véase FERNÁNDEZ DE ENCISO (MARTÍN)

ENCOMIENDA

Institución ibérica transpuesta a las Antillas por Ovando* (1503), a México por Cortés* y a Perú por Pizarro.* En España, la encomienda tenía sus raíces en la Reconquista. Las órdenes militares recibieron tierras tomadas a los musulmanes, que fueron dedicadas a la ganadería; también se les otorgaron poblados moros. En las Antillas y en México, la encomienda dejó de corresponder a una dotación de tierras: el encomendero —titular de la encomienda— se volvió beneficiario del trabajo forzado de los indios. Recibía los indígenas que se le habían asignado, un tributo así como un servicio personal a cambio de la ayuda material y religiosa que, en principio, estaba obligado a darles. La institución representa un término medio entre la esclavitud pura y simple y el principio del trabajo libre defendido por la Corona. En Perú, la lejanía de la metrópoli y la confusión creada por las guerras civiles favorecieron una interpretación más libre de la institución. Los encomenderos pudieron ahí disponer, a su capricho, de la mano de obra indígena para la explotación minera y agrícola, gracias a lo cual se formaron inmensas propiedades, lo que explica su violenta reacción ante la decisión de Carlos V de limitar considerablemente la institución y de suprimirle la perpetuidad. Gonzalo Pizarro* se puso a la cabeza de la rebelión de los encomenderos contra las *Leyes Nuevas.** Después de su derrota y ejecución, Carlos V decidió suprimir la encomienda en todas sus formas, y el servicio personal fue abolido en 1549. La reducción considerable de la población indígena contribuyó a que declinara la institución. Repartimiento* y encomienda son sinónimos. El primer término hace hincapié en el proceso de distribución, mientras que el segundo se remite a las responsabilidades del titular.

ENRIQUE IV

Rey de Castilla (1454-1474), hijo de Juan II. Criticado por los cronistas, debió afrontar a los grandes y las pretensiones al trono de su media hermana, la futura Isabel *la Católica.** Tras años de calma, su reino fue presa de las facciones nobiliarias (los Mendoza,* los Pacheco), algunas de las cuales no vacilaron en apoyarse en el extranjero. Veleidoso, de atractiva personalidad, casó con Blanca de Navarra, hija de uno de los infantes de Aragón. De ella tuvo una hija, Juana, llamada *la Beltraneja.**

ENRIQUE "EL NAVEGANTE"

Nacido en 1394, él concibió y organizó, de 1415 a 1460, la expansión portuguesa. Animado por la curiosidad, las ambiciones comerciales y el espíritu de cruzada, este tercer hijo de Juan I (1385-1433) montó las grandes expediciones de descubrimiento que exploraron, cada vez más lejos hacia el sur, el litoral africano del océano Atlántico. Se había rodeado de grupos de expertos, de consejeros y de cartógrafos que hicieron posibles esas empresas, que él apoyaba con todo su poder de príncipe. Fue responsable de la organización "estatal" —antes de que existiera el término— que caracterizó a la navegación portuguesa. "Los progresos técnicos realizados a favor de esas expediciones y la experiencia que permitieron adquirir de la navegación allanaron el camino a los grandes descubrimientos del fin del siglo."

EPIDEMIAS

Las poblaciones puestas en contacto por el descubrimiento y la conquista de América no poseían los mismos sistemas de defensa inmunitaria. Además, la introducción de animales domésticos, vectores potenciales de virus, la disgregación de las economías indígenas bajo el impacto de la guerra y de la explotación, la desorientación y la anomia causadas por la colonización hicieron cada vez más frágiles a las poblaciones indígenas expuestas a la viruela, a la rubeola y al tifo. Después de las Antillas, que perdieron la mayor parte de sus poblaciones, México fue la región más castigada: se calcula que en 1630 el país no contaba ya más que con 3% de la población que abrigaba en vísperas de la conquista española.

ERASMO (DESIDERIO)

El humanista de Rotterdam, donde nació hacia 1469, fue discípulo de la escuela de los Hermanos de la Vida Común en Deventer. En 1493 es secretario del obispo de Cambray. Vive en París, en Inglaterra (Londres, Cambridge), en Italia (Venecia,* Roma*), en los Países Bajos y en Suiza. La primera edición de sus *Adagios* data de 1500, el *Elogio de la locura* aparece en 1511, y los *Coloquios* en 1518. Erasmo no se sintió atraído por España y casi no estudió el destino de las tierras nuevas, pero la influencia de sus escritos cundió por la península ibérica (Cisneros*) y llegó al Nuevo Mundo a través de los laicos y de los misioneros (Zumárraga*). Aunque nunca fue un paladín de la "idea imperial", su pensamiento inspiró a los consejeros de Carlos V* (Gattinara) y el proyecto de un príncipe que, a la cabeza de una monarquía mundial, reformaría la Iglesia. Falleció en Basilea en 1536.

ESCLAVITUD DE LOS INDIOS

La práctica de la esclavitud en la península ibérica y la trata de negros organizada por los portugueses desde Guinea explican que Colón* haya pensado en hacer rentables las tierras nuevas organizando en ellas un tráfico de esclavos amerindios, dirigido desde la península. Su proyecto tropezó con Isabel, quien, bajo la influencia de su confesor Cisneros,* consideró que los indios eran "súbditos libres y exentos de servidumbre" (1500). Las Leyes de Burgos* (1512) confirmaron ese principio, y Carlos V* proclamó la libertad completa de los indios (La Coruña, 1520). Pero los grupos nativos que resistían al avance español en América podían ser reducidos a la esclavitud, so pretexto de que habían sido capturados en el marco de una "guerra justa". Al mismo tiempo, la pérdida de la población de las islas incitó a los colonos a multiplicar las redadas para capturar esclavos sobre las costas que abordaban (Bahamas, Lucayas, Nicaragua, América. Central, América del Sur, Antillas menores). Recordemos que en el continente las sociedades mexicana y andina no desconocían la esclavitud, aunque ésta revestía otras modalidades (los *yanacona* de los Andes). Los conquistadores pusieron ese pretexto para justificar la esclavitud que imponían brutalmente. Las tentativas de regulación y de abolición, iniciadas en parte bajo la influencia de Las Casas,* encontraron siempre la oposición de los colonos que fácilmente eludían las leyes. Las *Leyes Nuevas* de 1542* pusieron oficialmente término a esa práctica. Nueva prohibición en 1548: los esclavos indios se convertían en *naborías,* es decir, en trabajadores asalariados. La encomienda* fue considerada como el medio de atenuar la servidumbre o de moderar la explotación de los indios, al regularizarla. La cuestión volvió a surgir con la publicación de la obra de Sepúlveda,* la cual postulaba que los indios eran esclavos por naturaleza.

ESCLAVITUD DE LOS NEGROS

Realidad antigua en la península ibérica y uno de los objetivos de la expansión portuguesa por las costas de África. Esta forma de esclavitud fue fomentada para contener la esclavitud indígena y poner remedio a la desaparición de las poblaciones autóctonas. Así, en las costas de Venezuela y en la región del Chocó (Colombia), los negros acabaron por sustituir a la población india. En la Nueva España, hacia 1570, ya son 25 000. Se les emplea en las minas, los molinos de caña y la ganadería. En las ciudades desempeñan las tareas de domésticos y de artesanos. Particularmente costosos y, por ello, frecuentemente protegidos, los negros son empleados en las actividades más rentables. Mientras que la cuestión de la esclavitud de los indios provoca debates y polémicas, medidas y contramedidas, la trata de los negros de África es una práctica aceptada por todos, hasta por los más enérgicos defensores de los indios. Sin embargo, debe notarse el tardío cambio de Las Casas.* Pero la trata de negros no es una práctica exclusivamente hispano-portuguesa. Los franceses, que habían puesto pie en Brasil,* se las ingeniaron para organizar un tráfico de esclavos africanos destinado a resolver las necesidades alimentarias de los indios antropófagos, cuya alianza se habían ganado. En el momento de la conquista, los negros causaron curiosidad y espanto a los indios: por ello, los mexicanos les dieron el nombre de "divinidades sucias".

ESPAÑOLA, LA

Actualmente es la isla de las Antillas Mayores ocupada por Haití y la República Dominicana. Descubierta por Cristóbal Colón* (1492), es la primera tierra americana sometida a la colonización europea en todas sus formas, con desastrosas consecuencias humanas, culturales y ecológicas. En ella se fundó Santo Domingo, la primera ciudad de América.

ESPECIAS

Indispensables para la preparación y la conservación de los alimentos, las especias (pimienta, canela, clavo, nuez moscada) constituyen un artículo raro y costoso, originario del Extremo Oriente, que los mercaderes obtienen a precio de oro. La ruta de las especias pasa por Trípoli o el mar Rojo, Alejandría y el Mediterráneo oriental, para desembocar en Venecia;* los portugueses añaden la vuelta a África, que une la India y luego Malasia, a Lisboa: la pimienta portuguesa llega al mercado de Amberes* en 1501. El acceso directo a los países productores de especias —la "Especiería", es decir, las Célebes, las Molucas, el archipiélago de la Sonda, Sumatra— constituye, junto con el oro, el otro motor del descubrimiento. La búsqueda de un paso marítimo a través del continente americano provoca numerosas tentativas (españolas, inglesas, francesas), infructuosas todas ellas. Lo único que se logra es la vuelta al Cabo de Hornos, realizada por Magallanes.

EXTREMADURA

Provincia de Castilla de la que fueron originarios muchos conquistadores y emigrantes al Nuevo Mundo: Cortés,* Pizarro,* Almagro,* Ovando.* Fue reconquistada a mediados del siglo XIII. Ahí, las órdenes militares recibieron vastas posesiones, sobre todo en el sur. La política real y la proximidad de la frontera incitaban a los habitantes a reagruparse en centros urbanos. En torno de un núcleo habitado, más allá del círculo de los cultivos, "se extendía un enorme terreno de paso, formado de tierras baldías y de bosques, de uso evidentemente pastoral, que se llamaban *extremos*. Extremadura es la tierra de los extremos" (Gerbet). La región tuvo un crecimiento demográfico en la segunda mitad del siglo xv, que fue contrarrestado por la peste en 1506-1507. En el curso del siglo xvi la ganadería extensiva se convirtió en actividad esencial, y se multiplicaron los latifundios.

FEDERMANN (NICOLÁS)

Nacido en Ulm en 1505. Agente de los Welser,* pasa a las Indias en 1529. Hombre de "presencia hermosa y agraciada, el rostro blanco y el pelo rojo... aún estaba en fama de luterano" (Oviedo*). Establecido en Coro (Venezuela), donde es gobernador, deja su puesto para explorar el sur del país. En 1537 Federmann penetra en los llanos de Carora, atraviesa el Apure y desciende hacia el valle de Fosca, donde encuentra a las tropas de Jiménez de Quesada* y de Espira. De regreso a Europa para discutir sobre la prioridad de esas conquistas, llega a Flandes para ver a Carlos V,* pero es arrojado en prisión en Gante, por insubordinación. Muere en Valladolid en 1542.

FERNÁNDEZ DE CÓRDOBA, GONZALO (llamado "EL GRAN CAPITÁN")

Hizo su aprendizaje militar y diplomático en las guerras de Granada.* Llevó auxilio al rey de Nápoles* en 1495. Aseguró la dominación aragonesa sobre el sur de Italia y obtuvo sobre los franceses las victorias de Ceriñola y de Garigliano (1503), en los confines del Lacio y de la Campania. Incomparable hombre de guerra, el "Gran Capitán" transformó el arte militar haciendo prácticamente invencible a la infantería española. Sus nexos con el séquito flamenco de Felipe *el Hermoso* provocaron la desconfianza de Fernando *el Católico.* Tuvo que salir de Nápoles en 1507 y se retiró a sus tierras de Granada, donde murió en 1515.

FERNÁNDEZ DE ENCISO (MARTÍN)

Nacido hacia 1470, originario de Sevilla.* Conquistador, bachiller y letrado, compañero de Ojeda,* se opuso a Balboa.* Enciso redactó una *Suma de geografía* (1519) que trata "en particular de las Indias". Tal fue la primera obra consagrada al Nuevo Mundo. También es una geografía manifiestamente destinada a alimentar las ambiciones universales de Carlos V.*

FERNÁNDEZ DE OVIEDO (GONZALO)

Cronista de las Indias, nacido en Madrid en 1478. Vive en la corte, en Italia, y luego parte hacia el Darién* en la flota de Pedrarias* (1514); atraviesa varias veces el Atlántico para defender los intereses de los colonos que representa, ocupa las funciones de veedor de las fundiciones de oro de la Tierra Firme* y de alcalde de la fortaleza de Santo Domingo,* y muere en Madrid en 1557. Deja una obra abundante, en la que se destacan su *Sumario de la natural historia de las Indias* (1525), así como su *Historia general y natural de las Indias* (1535).

FERNANDO II DE ARAGÓN

Nacido en 1452, casa con Isabel de Castilla* en 1469 y realiza la unión de los dos reinos. Participa en la conquista de Granada* (1492). En 1494 Isabel y Fernando reciben de Alejandro VI* el título de Reyes Católicos. Fernando establece su dominio sobre Nápoles, el Milanesado y los presidios de África del Norte (Orán, Bugía, Trípoli). Se sobrepone al periodo de crisis provocado por la muerte de Isabel y suscita la admiración de Maquiavelo.* Muere en 1516.

FICINO (MARSILIO)

Nacido cerca de Florencia en 1433, muere en 1499. Anima la vida intelectual de Florencia, en tiempos de Lorenzo *el Magnífico*, y es uno de los autores del retorno al platonismo.

FIORE (JOAQUÍN DE)

Abate calabrés, muerto en 1202 después de haber compuesto el *Evangelio eterno*, que anunciaba el advenimiento del reino del Espíritu. El joaquinismo alimentó las corrientes milenaristas en el seno de la orden franciscana; siglos después inspiró las prédicas del dominico Savonarola* y las esperanzas de los misioneros del Nuevo Mundo.

FLORENCIA

Capital intelectual y artística del Renacimiento y plaza financiera europea. Los florentinos, mercaderes y banqueros, observan de cerca los descubrimientos, y en la ciudad del Arno se retocan los relatos de Vespucio* y se forja una de las primeras imágenes de América. La ciudad se conmueve con la caída de los Médicis, las guerras de Italia y el movimiento desencadenado por el dominico Savonarola.* También es la patria de Miguel Ángel y de Maquiavelo.*

FLORIDA

La península, de la que se suponía que en ella estaba la legendaria Fuente de la Juventud, es descubierta por Juan Ponce de León el Domingo de Ramos de 1512 (Pascua "florida", y de ahí su nombre) o en 1513, según otros informes. Ponce de León no llega a conquistar la comarca, que en lo material es decepcionante. Ahí fracasaron Francisco de Garay en 1518, y luego Pánfilo de Narváez* en 1528, en el curso de una expedición en la que participó Álvar Núñez Cabeza de Vaca.* La Florida es "muy renombrada por el gran número de españoles que ahí perecieron" (López de Gómara*).

FÚCAR

Mercaderes banqueros de Augsburgo cuya fortuna se basó en la explotación del cobre y de la plata en la Europa central. Acreedores de Maximiliano I* y luego de Carlos V,* quien les debió su elección al trono imperial.

GAMA (VASCO DA)

Nacido en Alentejo hacia 1469. Jefe de la flota que sale de Lisboa* rumbo a las Indias en julio de 1497. Llega a Calicut, en la costa de Malabar, en mayo de 1498, con la idea de concluir una alianza con el rajá y de atraer hacia Portugal el comercio de las especias,* cuyo monopolio se reservaban los mercaderes árabes. Vuelve al puerto del Tajo en agosto de 1499 y recibe el título de Almirante de las Indias. Manda una segunda expedición en 1502 y muere en Cochin en 1524.

GANTE (PEDRO DE)

Peter de Moor, Van der Moere o de Mer, nació hacia 1480 en Ayghem-Saint-Pierre (Gante), y murió en 1572 en la ciudad de México.* Este flamenco, pariente cercano del emperador Carlos V,* ingresó en la orden franciscana después de hacer estudios en Lovaina. Llegó a México en 1523, donde desempeñó hasta su muerte un papel esencial en la evangelización de los indios, la difusión de la cultura europea y la fundación de la Iglesia mexicana. Es el autor de un catecismo en náhuatl (*Doctrina cristiana en lengua mexicana*).

GARCILASO DE LA VEGA (SEBASTIÁN)

Nacido en Badajoz hacia 1500, pertenecía a una rama menor del ilustre linaje de los condes de Feria. Zarpa hacia las Indias en 1531 en compañía de Pedro de Alvarado,* gobernador de Guatemala. Con él, participa en la "entrada" de Quito en 1534. Permaneció en Perú, donde Pizarro* le encargó la conquista de Buenaventura. De ahí se dirigió a Cuzco* durante el asedio, para ayudar en la defensa de la ciudad. Se le encuentra al lado de Gonzalo Pizarro* en la conquista de Charcas. Luego se unió a las filas de Vaca de Castro* y combatió en Chupas, donde fue herido. Partidario de Gonzalo Pizarro, sin embargo no le siguió a Lima en su marcha contra el virrey Núñez de Vela.* Perdonado por Gonzalo, tomó parte en la batalla de Huarina y salvó la vida de Pizarro, cediéndole su caballo. Pero en Xaquixaguana, aquel a quien se llamaba "el leal por tres horas" volvió a abandonar a Pizarro. Fue nombrado corregidor de Cuzco, de 1554 a 1556, y tuvo un hijo ilegítimo de Isabel Chimpu Ocllo, Gómez Suárez de Figueroa, conocido con el nombre de Inca Garcilaso de la Vega, cronista de los Incas y escritor del Siglo de Oro. Sebastián Garcilaso murió en 1559.

GASCA (PEDRO DE LA)

Nacido· en 1494 cerca de Barco de Ávila. Hizo estudios de gramática, derecho, teología y escolástica en Salamanca y después en Alcalá de Henares, donde frecuentó a Jiménez de Cisneros,* quien apreciaba su ingenio. Prisionero de los partidarios de las comunidades de Castilla, La Gasca siempre permaneció fiel al emperador. En 1541 prestó sus servicios a la Inquisición* de Valencia, y tuvo que tratar asuntos de herejía. Participó en la defensa de la ciudad contra las incursiones del pirata Barbarroja.* En 1545 el emperador lo envió al Perú para poner término a las intrigas de Gonzalo Pizarro.* Después de una estadía de varios meses en Panamá,* donde intentó encontrar una solución pacífica al conflicto, llegó al Perú en abril de 1547. El 9 de abril de 1548 Gonzalo Pizarro fue abandonado por sus partidarios en Xaquixaguana y, al día siguiente, La Gasca le hizo ejecutar con su maestre de campo Francisco de Carvajal.* La Gasca volvió a Europa en 1550 y alcanzó al emperador en Innsbruck, donde ambos hablaron de los asuntos de las Indias y del Concilio de Trento. Elegido obispo de Sigüenza, La Gasca murió poco después, en 1565.

GÉNOVA

Centro comercial e industrial que brilla sobre el Mediterráneo occidental y hace la competencia a Venecia.* Domina la producción y la distribución del alumbre. Establecidos en Lisboa,* en Madera, en las Canarias y en Sevilla,* sus financieros, sus navegantes y sus mercaderes se encuentran en las primeras filas de la expansión portuguesa por África y del descubrimiento del Nuevo Mundo. Génova queda bajo el dominio español en 1528.

GILBERT (MATURIN), O GILBERTI (MATURINO)

Nacido en Tolosa en 1498, tal vez de origen italiano. Entra en la orden franciscana (provincia de Aquitania) y llega a la Nueva España en 1531. Se interesa por las lenguas indígenas de México y se vuelve especialista de la lengua tarasca de los indios de Michoacán. Murió en 1585.

GINÉS DE SEPÚLVEDA (JUAN)

Humanista castellano que vivió en Italia (1515-1536), donde estudió bajo la dirección de Pietro Pomponazzi (Bolonia). Ahí trabó amistad con Paolo Giovio y Aldo Manucio. Su tratado *Democrates secundus sive de justis causis belli apud indos* (1544) provocó una célebre polémica con Las Casas* (Valladolid, 1550). Basándose en Aristóteles, Sepúlveda defiende en su obra la tesis de que la guerra de conquista emprendida en América es justa, y que los indios son esclavos por naturaleza.

GONZÁLEZ DE ÁVILA (GIL)

Salió de La Española* en 1524 hacia las costas atlánticas de Nicaragua. Penetró en el interior de las tierras, y en Toreba encontró una tropa mandada por un capitán de Pedrarias,* Francisco Hernández de Córdoba, que había sido enviado para explorar la costa pacífica de Nicaragua y que fundó tres ciudades (Bruselas, Granada y León). Ávila lo destrozó, pero tuvo que enfrentarse a Cristóbal de Olid, que había venido de México. Este último logró capturar a Ávila, quien fue enviado a México. Cortés quería apartar así a todo el que amenazara su autoridad sobre Honduras. Por su parte, Hernández de Córdoba, instalado en Nicaragua, soñó con hacerse independiente de Pedrarias, volviéndose hacia la Audiencia de Santo Domingo y luego hacia Cortés. Pero las cosas le salieron mal, pues Pedrarias lo mando matar.

GRANADA

La capital de los nasridas cayó en 1492 en manos de los Reyes Católicos.* Morada de la corte y de Carlos V,* posee una población de origen musulmán que durante largo tiempo conserva sus costumbres y sus creencias.

GRIJALVA (JUAN DE)

Originario de Cuéllar, donde nació hacia 1489, entra en relación con Diego Velázquez,* gobernador de Cuba,* quien lo pone a la cabeza de la segunda expedición a México (1518). Reconoce las costas de Yucatán y de Tabasco. Al año siguiente se une a la armada de Cortés.* En 1523 tomó parte en la conquista del Pánuco, con Garay, y fue exiliado por Cortés. Fue muerto por los indios en Honduras (¿1524?).

GUATEMALA: Véase SANTIAGO DE GUATEMALA

GUZMÁN (NUÑO BELTRÁN DE)

Originario de Guadalajara (Castilla) y muerto en Valladolid hacia 1550. Este castellano instalado en La Española* es, por turnos, gobernador de Pánuco (1526-1528), presidente de la primera Audiencia de la Nueva España (1528-1529) y conquistador de la Nueva Galicia, donde funda San Miguel de Culiacán, Compostela y Guadalajara (1532). Destituido a consecuencia de sus excesos de poder y de sus brutalidades, es enviado a España en 1538.

HERNÁNDEZ DE CÓRDOBA (FRANCISCO)

A las órdenes del gobernador de Cuba* desde 1511, dirigió la primera expedición hacia México en 1517, que tocó en tres puntos Cabo Catoche, Campeche y Potonchán). Murió en 1518 como consecuencia de las heridas recibidas en la "costa de la mala batalla".

HURTADO DE MENDOZA (DIEGO)

Nacido en 1504. Hermano de Antonio de Mendoza,* humanista, poeta y autor de la *Historia de la guerra de Granada*, que describe la insurrección de los moriscos contra Felipe II. Diego vive en Italia; es embajador en Inglaterra, en Venecia y en Roma, y durante algún tiempo gobernador de Siena. Muere en 1575.

IGNACIO DE LOYOLA (SAN)

Nacido en 1491 en el país vasco, es herido en 1521 durante el sitio de Pamplona. Renuncia a la vida militar y decide consagrarse al apostolado. Después de acabar sus estudios en París, pone su fe al servicio del papa Paulo III que da una constitución al grupo que él ha formado. Sacerdote en 1537, será el primer superior de la Compañía de Jesús. Expira en Roma en 1556. Sus *Ejercicios espirituales* ejercieron una influencia considerable sobre el catolicismo del siglo XVI.

INCAS

Según los mitos, los linajes de los Incas procedían de tres cavernas. De la del centro surgieron cuatro hermanos y cuatro hermanas. De las aperturas laterales salieron 10 linajes. Se dirigieron hacia el valle de Cuzco,* y durante ese viaje, un solo hermano, Manco Capac, quedó a la cabeza del grupo. Manco Capac construyó el esbozo de lo que llegaría a ser el templo del Sol. Fue considerado como el ances-

tro de ese pueblo; sus descendientes subyugaron las poblaciones vecinas y sometie-
ron a su autoridad un territorio que, hacia el sur, llegaba hasta el río Maule (Chile)
y hacia el norte a la región de Pasto (Colombia). No es posible fechar históricamente las dinastías incas que nos han descrito los cronistas. El principio de sucesión no era comparable al de los soberanos europeos y, más que una monarquía, el
sistema de gobierno era doble. El primer Inca históricamente conocido, Tupac
Inca, murió en 1493. Su sucesor, Huayna Capac, consolidó el imperio y logró la conquista del actual Ecuador. A su muerte, en 1529 —al parecer fue víctima de una
epidemia de viruela—, la sucesión fue disputada al menos por dos de sus hijos,
Huáscar el cuzqueño y Atahualpa, el Inca de Quito. Las luchas que opusieron a
esos dos Incas favorecieron la conquista del Perú por Pizarro.* El término Inca,
que designaba a la élite dirigente de Cuzco, se aplicó por extensión e impropiamente
a las civilizaciones indígenas de los Andes en la época de la llegada de los españoles.

Inquisición

Fue creada con objeto de perseguir a los judíos convertidos al cristianismo que
perseveraban en el judaísmo. Isabel* y Fernando* recibieron del papa Sixto IV, con
ese objeto, la bula *Exigit Sincerae Devotionis*. Los primeros inquisidores se instalaron en Sevilla* en 1480, lo que provocó la fuga de 4 000 familias de conversos. El
primer auto de fe fue organizado en 1481. Entre los siete inquisidores dominicos
nombrados en 1482 figuraba el célebre Tomás de Torquemada. Otros tribunales hicieron su aparición en Castilla (Ávila, Córdoba, Medina del Campo, Segovia, Sigüenza, Toledo, Valladolid) y en Aragón, donde la institución ya existente fue reactiva-
da. Bajo la dirección de Torquemada y la vigilancia estrecha de los soberanos, la
Inquisición fue una institución común a Castilla y Aragón. Sólo durante la segunda
mitad del siglo XVI fue establecida en esta forma en los virreinatos del Nuevo Mundo. La acción de la Inquisición y los abusos de los "familiares" causaron incontables protestas en España, pero nunca se habló de abolirla.

Isabel "la Católica"

Nacida en 1451, casa con Fernando* en 1469, asciende al trono de Castilla en 1474
y emprende con él la guerra de Granada.* Introduce la Inquisición en su reino, acaba por dar su apoyo a Cristóbal Colón* y decide la expulsión de los judíos. Muere
en Medina del Campo* en 1504. Su desaparición inauguró para Castilla un periodo
de crisis. Dejaba una hija, Juana *la Loca*, casada con Felipe *el Hermoso*, y un nieto,
Carlos, el futuro Carlos V,* nacido en Gante en 1500. Su encanto sedujo a Colón y
fascinó al viajero Oviedo: "La más bella de cuantas haya visto... Era divino verla
hablar."

Jerez (Francisco de)

Nacido en Sevilla hacia 1497. Sale de España a la edad de 17 años rumbo al Darién* con la flota de Pedrarias.* Se le encuentra con Balboa entre los primeros habitantes de Acla (Panamá), donde ejerce la función de escribano público del cabildo.
Pizarro* le escogió para acompañarlo en su expedición a lo largo de las costas del
Pacífico sur en 1524. Un primer relato de esas jornadas, probablemente escrito en
1527, se conoce con el nombre de *Relación de Joan Sámano*, por el nombre del secretario de Carlos V* cuya firma se encuentra en la última página. Jerez participa

más adelante en el encuentro de Cajamarca y redacta la crónica *Verdadera Relación de la conquista del Perú y provincia del Cuzco llamada la Nueva Castilla*, que se publica en Sevilla* en 1534. Se trata del primer relato que poseemos sobre el encuentro de Pizarro* y Atahualpa. Al año siguiente de su publicación en España, la crónica fue traducida al italiano y apareció en Venecia.*

JERÓNIMOS

Orden fundada en 1373, que en 1516 ya contaba con 49 casas, notable por su riqueza espiritual y su opulencia material. Su centro se encontraba situado en el monasterio de Guadalupe (Extremadura*). Por orden del regente Cisneros* tres religiosos jerónimos, Luis de Figueroa (La Mejorada), Alonso de Santo Domingo (San Juan de Ortega) y Bernaldino de Manzanedo, fueron enviados a La Española* en 1516 con la comisión de acabar con los abusos y de establecer al menos una apariencia de orden. Las tibias medidas que adoptaron (mantenimiento de las encomiendas, confiscación de las que pertenecían a no residentes, fundación de pueblos indígenas) resultaron tardías, inadecuadas e insuficientes, pero tuvieron el mérito de manifestar a los ojos de los colonos la voluntad y el interés de la Corona.

JIMÉNEZ DE CISNEROS (FRANCISCO)

Nacido en 1436, confesor de Isabel* (1492), arzobispo de Toledo (1495), cardenal e inquisidor general (1507), ocupa la regencia de Castilla (1516) y muere al año siguiente. Colaborador inapreciable de los Reyes Católicos,* el prelado apoya la expulsión de los judíos, inaugura una política de rigor contra los moriscos de Granada* (1500), interviene contra la esclavitud de los indios, vuelve a apoyar la Reconquista en el África del Norte (toma Orán* en 1509) e introduce la pre-Reforma en España, restableciendo la disciplina en el seno de las órdenes religiosas. También es un humanista que aprecia las ideas de Savonarola* y de Erasmo* y funda la universidad de Alcalá.* El prelado dirige la publicación de la Biblia políglota de Alcalá, que reúne los textos hebreo, arameo, griego y latín de las Sagradas Escrituras. Cisneros envía a tres hermanos jerónimos* a La Española* para poner orden en las islas, y designa a Las Casas* como protector de los indios.

JIMÉNEZ DE QUESADA (GONZALO)

Nacido en 1500, hijo de un gobernador de Granada,* Jiménez de Quesada era un licenciado que había hecho estudios de derecho en Salamanca; vivió en Italia (1527-1530), y luego·se estableció en Santa Marta (Colombia) para ejercer su profesión. En 1536, parte de Santa Marta con una columna de cerca de 800 hombres con objeto de descubrir las fuentes del Magdalena y de recoger todo el oro que pudiera. Llegado al puerto fluvial de La Tora, descubre entre los indios sal gema, de la que sabe por experiencia que es explotada por las culturas de técnicas más elaboradas. Desde ahí, penetra en el interior de las tierras y llega a la llanura de Bogotá, descubriendo los señoríos muisca al mismo tiempo que sus riquezas de oro y de esmeraldas. De regreso en España para debatir cuestiones de jurisdicción con Federmann* y Espira, fue acusado de no haber distribuido equitativamente el tesoro muisca y de haber recurrido a la tortura para hacer que los indios confesaran los lugares en que ocultaban el oro. Tras un largo proceso, en 1547 fue nombrado alcalde de Santa Fe de Bogotá. Desde ahí organizó en 1561 la defensa del territorio amenazado por la rebelión de Lope de Aguirre. En 1568, atraído por los rumores de Eldorado,* solicita el mando de una expedición hacia las llanuras (las Guayanas y el valle del Amazonas). La expedición terminó en un fracaso. Murió a la edad de 80 años de una forma de lepra contraída en los llanos.

Judíos

Isabel* y Fernando* los expulsaron de sus reinos en 1492. Los que se convirtieron —los "conversos"— pudieron quedarse, pero fueron víctimas de las sospechas de los cristianos viejos y de las persecuciones de la Inquisición,* aunque ocuparan puestos importantes en la administración y las finanzas. Muchos conversos, sinceros o no, tomaron el camino del Nuevo Mundo, donde no siempre se libraron de la vigilancia inquisitorial. Otros se fueron a las colonias de marranos de los Países Bajos, de Italia o del imperio otomano.

Labrador

Sucesivamente tocado por los escandinavos en el siglo x, por un veneciano, Antonio Zeno, en el siglo XIV y tal vez por Juan Caboto,* luego por Corte Real, toma su nombre de un portugués de las Azores, João Fernandes Labrador, "el labrador". En realidad el término fue aplicado primero a Groenlandia a partir de 1500 y durante la mayor parte del siglo XVI.

Landa (Diego de)

1524-1579. Franciscano, obispo de Yucatán. Llegó a Yucatán en 1549, donde ejerció una represión brutal contra las idolatrías y los idólatras mayas. Sin embargo, se le debe la principal fuente colonial de nuestro conocimiento del mundo maya, la *Relación de las cosas de Yucatán*.

Letrados

Este término designa a los legistas, versados en el estudio y el conocimiento de las leyes, cuya importancia crece en la España de finales del siglo xv. Formando un grupo distinto del de los clérigos y el de los humanistas, aportan la élite de los administradores de Castilla, llenan los concejos, las cancillerías, los corregimientos y el servicio exterior: "Pusieron los Reyes Católicos el gobierno de la justicia y cosas públicas en manos de letrados, gente media entre los grandes y pequeños, sin ofensa de los unos ni de los otros, cuya profesión eran las letras legales" (Diego Hurtado de Mendoza*). Son ellos, principalmente, los que tratan los asuntos del Nuevo Mundo, organizan la colonización y llenan las filas del Consejo de Indias* y sus dependencias. Fueron los instrumentos indispensables que aseguraron la transición del gobierno medieval de los Reyes Católicos a la burocracia de los Habsburgo (Kamen). Vasco de Quiroga* es un ejemplo de esos fieles servidores de la Corona.

Leyes de Burgos

Conocidas también como "Ordenanzas para el trato de los indios", fueron adoptadas el 27 de diciembre de 1512 para regularizar la práctica de la encomienda, por

Rodríguez de Fonseca,* Palacio Rubios, Santiago y Soca. Previamente se había reunido una junta en Burgos, compuesta por los miembros del Consejo de Castilla y por clérigos, después de las protestas que la explotación desenfrenada de los indios había provocado entre los dominicos de las islas.

LEYES NUEVAS DE 1542

Fue convocada una junta en Valladolid en 1540: el cardenal García de Loaisa, presidente del Consejo de Indias,* le envió un memorial de 16 puntos que exigía la supresión pura y simple de la encomienda.* Las Leyes Nuevas fueron promulgadas en Barcelona* en noviembre de 1542. Estipulaban la supresión de las encomiendas que pertenecían a las autoridades, la disminución de las grandes encomiendas y la prohibición de distribuir otras nuevas. Provocaron un verdadero pánico en el Nuevo Mundo, pues parecían poner en peligro el porvenir de las posesiones españolas. Su aplicación fue diferida en la Nueva España y provocó en Perú el levantamiento de Gonzalo Pizarro.* Carlos V* tuvo que dar marcha atrás, revocando esas medidas.

LIMA

Una primera tentativa de fundación en la costa fue hecha por Nicolás de Ribera —uno de los 13 de la Isla del Gallo— en Sangallán, en el valle de Pisco, pero el emplazamiento resultó desfavorable y la Ciudad de los Reyes fue fundada el 18 de enero de 1535 por Francisco Pizarro* en el valle del Rimac, territorio del cacique del mismo nombre. Esta ciudad, situada en la provincia de Pachacamac, fue residencia del gobernador antes de serlo de la Audiencia* y del virreinato, desplazando así a Jauja, que había sido escogida antes. Pizarro concibió un ambicioso plan urbano que superaba, con mucho, al número de habitantes, el cual parece haber sido originalmente inferior a 100. Hacia 1570 Lima contaba con 2 000 habitantes, y a fines del siglo XVI, con 14 000. Hay que imaginar a esta ciudad atravesada por canales de riego, llena de vergeles y de jardines y unida a la otra orilla del Rimac por un puente de cuerdas "a la incaica". En su territorio se plantaron viñas y árboles frutales, y los terrenos cercanos a Pachacamac fueron aprovechados como tierras de pastoreo. Por razón de su emplazamiento geográfico —Lima se encontraba a dos leguas del puerto del Callao—, la capital muy pronto atrajo mercaderes y negociantes. La elección de Lima obedecía a consideraciones geopolíticas: era vital para el Perú controlar la navegación pacífica, tanto hacia Panamá como hacia el sur. A partir de la segunda mitad del siglo XVI, Lima se convertirá en destino prestigioso para los representantes de la Corona, por razón de las riquezas fabulosas del Perú pero también por imperativos estratégicos. Sin duda, hay que interpretar el nombramiento de Antonio de Mendoza* al cargo de virrey del Perú como un ascenso.

LISBOA

Centro cosmopolita de la expansión portuguesa, final de la ruta de Guinea (oro, esclavos), de la de las especias de las Indias orientales por el cabo de Buena Esperanza, de la de la caña de azúcar de las islas del Atlántico, y del palo de tintura de Brasil. La riqueza comercial puede verse en el florecimiento del arte manuelino, alianza de gótico, de influencias italianas y de elementos exóticos. Es la sede de la *Casa da India e da Guiné*, equivalente portuguesa de la Casa de Contratación.*

López de Gómara (Francisco)

Nacido en 1511 en Gómara, en Castilla la Vieja, en donde murió en 1566. Vive en Roma* en 1531, en Bolonia y en Venecia* en 1540. En 1541 toma parte en la desastrosa expedición de Argel,* en el curso de la cual conoce a Cortés,* del que se vuelve capellán. Ejerce este cargo hasta la muerte del conquistador, en 1547. Bajo su dictado, o bajo sus indicaciones, escribe la *Conquista de México*, segunda parte de la *Historia general de las Indias* (1552). También se le deben unos Anales y una crónica de los hermanos Barbarroja.* La lectura de López de Gómara incitó a Bernal Díaz del Castillo* a escribir su *Historia verdadera de la conquista de la Nueva España*.

López de Mendoza (Íñigo)

Segundo conde de Tendilla, hijo de don Íñigo López de Mendoza (1418-1490), su homónimo; al igual que su padre, fue embajador en Roma. Presta su apoyo a la conquista de Granada* y recibe el marquesado de Mondéjar en 1512. Tiene los títulos de primer alcalde perpetuo de la Alhambra y capitán general de las provincias y fortalezas de Andalucía. Es el padre de Antonio,* de Diego Hurtado* y de María Pacheco.*

Magallanes (Fernão de Magalhães)

Portugués nacido hacia 1480, vive temporadas en Asia (Goa, Cochín, Malaca). Navega por cuenta del rey de Castilla y zarpa en Andalucía en septiembre de 1519 con una flota de cinco navíos. Debe llegar al Asia y las Molucas por el oeste. Sus tripulaciones comprenden marinos españoles, portugueses, italianos, griegos y franceses. La flota navega a lo largo de la costa brasileña, llega al Río de la Plata y desciende hasta el sur de la actual Argentina. Tras muchas dificultades —mares embravecidos, motines de sus marinos— logra franquear el estrecho. Se esboza ya la larga y penosa travesía del océano Pacífico. La isla de Cebú, en las Filipinas, acepta someterse a Carlos V* (abril de 1521). Pero Magallanes perece al enfrentarse al príncipe de una isla vecina. Los sobrevivientes llegan a las Molucas (noviembre de 1521). Juan Sebastián Elcano,* a bordo de la nave *Victoria,* toma la ruta de los portugueses (por el cabo de Buena Esperanza, que dobla el 6 de mayo de 1522) para volver a España. Llega el 8 de septiembre a Sevilla.* Otro navío, el *Trinidad,* intenta en vano volver por el este dirigiéndose hacia la América Central.

Malinche

Malintzin o doña Marina nació en Painala, en la región de Coatzacoalcos, no lejos del Golfo de México. Hija de un cacique dependiente de México-Tenochtitlan,* fue vendida como esclava. Los caciques de Tabasco la ofrecieron como presente a Cortés,* junto con otras jóvenes indígenas (marzo de 1519). Marina sabía el maya y el náhuatl, y Jerónimo de Aguilar el maya y el castellano; ellos fueron los intérpretes que permitieron a Cortés comunicarse con los indios del centro de México. El conquistador la hizo su compañera, además de su intérprete, y la madre de su hijo bastardo Martín. Malinche casó después con Juan Jaramillo, de quien tuvo una hija.

MANTEGNA (ANDREA)

Nacido cerca de Vicenza en 1431, trabajó en Mantua, Ferrara y Roma,* y pintó frescos que entremezclan la observación cotidiana con las imágenes inspiradas en la antigüedad *(Cámara de los esposos, Vida de Santiago)*. El encuentro con la Antigüedad clásica fue una experiencia decisiva para Mantegna, que supo así evocar la corte refinada de Mantua, donde murió en 1506.

MAPUCHES (ARAUCANOS)

Tribus que habitan la extremidad meridional del continente americano (Chile-Argentina). Las que se encontraban al norte del río Bío habían recibido la influencia de los incas; en cambio, los grupos meridionales vivían de la caza y de la recolección y practicaban una agricultura rudimentaria. Eran sociedades seminómadas. Hacia 1560 adoptaron el uso del caballo y adaptaron su táctica a las armas de los europeos.

MAQUIAVELO

Niccolo Machiavelli (1469-1527) nació y murió en Florencia.* A partir de la observación de la Europa de su época y de la lectura de los historiadores de la Antigüedad clásica, el autor de *El Príncipe* (redactado en 1513 y publicado en 1516) definió los principios del ejercicio del poder, las condiciones de aparición y de conservación de los Estados. Se interroga sobre la *virtù* que un príncipe debe poseer y sobre la manera de dominar a la Fortuna.

MARINEO SÍCULO (LUCIO)

Nació en 1445 en Sicilia. Profesor en Salamanca de 1484 a 1496, al igual que Pedro Mártir* fue llamado a la corte de Castilla para difundir la cultura latina. Es el autor de un *De rebus Hispaniae memorabilibus* (Alcalá, 1530), que critica a Oviedo,* reprochándole "haber venido a las Indias en sueños". Murió en 1533.

MÁRTIR DE ANGLERÍA (PEDRO)

Nacido hacia 1457 en Anglería o Arona, este milanés fue atraído a la corte de Castilla y ahí se quedó hasta su muerte en 1526. Observador extraordinario, siguió y describió el descubrimiento del Nuevo Mundo en sus *Décadas*.

MAXIMILIANO I

Nacido en 1459, fue elegido rey de los Romanos en 1486 y emperador en 1493. Llevó adelante una política de alianzas matrimoniales que unió las bases territoriales del poder de los Habsburgo. Casó con María de Borgoña, la hija de Carlos *el Temerario;* ella le dio un hijo, Felipe *el Hermoso,* que contrajo nupcias con Juana, hija de los Reyes Católicos.* Maximiliano fue el abuelo de Carlos V.* Su otro nieto, Fernando, casó con la heredera de Bohemia y de Hungría.

MÉDICIS

Familia de banqueros de alcance europeo. Domina Florencia en el siglo XV con Cosme el Viejo (1389-1464) y sobre todo con Lorenzo *el Magnífico* (1449-1492), quien convierte a la ciudad del Arno en la capital del humanismo. La familia es expulsada en 1494 pero vuelve a Florencia con nuevas fuerzas en el siglo XVI, y sus miembros suben al trono de San Pedro: León X, Clemente VII.

MEDINA DEL CAMPO

Ciudad de Castilla la Vieja, uno de los tres centros, junto con Burgos y Bilbao, del gran mercado de la lana. Las ferias de Medina del Campo se remontan a los primeros decenios del siglo XV. Gracias a esta institución floreciente en la primera mitad del siglo XVI, la ciudad se mantiene en relaciones estrechas con las ferias y las plazas financieras de los Países Bajos, Alemania, Italia y Francia. La llegada de las flotas americanas influye sobre la actividad de las ferias y el mercado de cambios.

MENA (CRISTÓBAL DE)

Nacido en Ciudad Real hacia 1502, de una familia de hidalgos. Su presencia en América se remonta al menos a 1526. En esta época ya es capitán, encomendero y miembro del concejo municipal de Granada, en Nicaragua. Se une a la expedición del Perú, en la que invierte caballos y hombres, destinados a ser vendidos en el curso de la campaña. Al principio de la conquista, Mena secunda a Hernando Pizarro.* Pero su amistad con Almagro* —ambos son originarios de la misma región— le hace caer en desgracia ante Francisco Pizarro.* Participa en los acontecimientos de Cajamarca y vuelve a España en 1533. Sobre esos episodios redacta una crónica publicada anónimamente en Sevilla* en 1534: *La conquista del Perú*. Es probable que Mena se haya retirado a Ciudad Real, hasta su muerte.

MENDOZA (ANTONIO DE)

Nacido hacia 1492 en Granada,* es el sexto hijo de don Íñigo López de Mendoza.* Primer virrey de México (1535-1550), muere en 1552 en el Perú, donde también había sido nombrado virrey. Este lector de Alberti fue, entre otros, el comanditario del Códice Mendoza.*

MENDOZA (CÓDICE)

Manuscrito pictográfico realizado por los pintores indígenas de México a instigación del virrey Antonio de Mendoza.* Es un documento de primera importancia sobre la vida familiar, social, política y económica del México antiguo, la expansión militar de México-Tenochtitlan* y los tributos entregados por las comarcas sometidas. Se le conserva en la Bodleian Library de Oxford.

MENDOZA (PEDRO DE)

Probablemente nacido hacia 1500 en Guádix (Granada*), bisnieto de don Diego Hurtado de Mendoza, primer duque del Infantado, hijo de Pedro de Mendoza. Fue paje de Carlos V* al que acompañó a Inglaterra en 1522. Luchó en Italia y participó en el saqueo de Roma.* El 21 de mayo de 1534 firmó una capitulación* por la cual adquiría el título de adelantado, gobernador y capitán general del Río de la Plata. Partió en 1535 con la intención de fundar ahí tres ciudadelas y de encontrar las riquezas que Sebastián Caboto* había buscado.vanamente Fundó Buenos Aires y murió de sífilis en 1537 durante su regreso a España.

MERCATOR

Gerhard Kremer, o Mercator, nació en 1512. A este cartógrafo flamenco establecido en Duisburgo se le deben dos globos, terrestre y celeste, ordenados por Carlos V* (1541), así como el primer mapa del mundo (1569) sobre la base de la proyección a la cual ha dado su nombre y que utiliza mapas cilíndricos. Muere en 1594.

MEXICAS

Más conocidos con el inexacto nombre de aztecas, que sólo se refiere a sus lejanos antepasados originarios de Aztlán. Tras una larga peregrinación por las estepas del norte, cuyo relato mezcla inextricablemente la leyenda y la historia, esos nómadas se instalan, no sin dificultad, en el valle de México, donde fundan México-Tenochtitlan* en 1325, se aculturan al contacto con las poblaciones locales y se vuelven súbditos de los tepanecas de Azcapotzalco antes de emanciparse y de concluir la Triple Alianza con dos de sus vecinos, Texcoco* y Tlacopan (o Tacuba), en 1428. A partir de este año, bajo la dirección de sus *tlatoanis* (soberanos) sucesivos, extienden el imperio mexica sobre una gran parte de México. Ahuízotl llega a las costas del Pacífico hacia 1492. Lo sucede Moctezuma Xocoyotzin,* que se opuso, sin éxito, a la invasión española. El último soberano, Cuauhtémoc,* es derrotado por Cortés* en agosto de 1521. Desde entonces los mexicas quedan bajo la dominación española y elaboran, como sus vecinos, una nueva cultura colonial y sincrética, uniendo lo que pueden salvar de la época prehispánica a lo que toman y a lo que se les impone del cristianismo y de la cultura de los vencedores.

MÉXICO-TENOCHTITLAN

Fundada según la tradición sobre un islote de uno de los lagos del valle de México en 1325, México-Tenochtitlan se vuelve, en el curso del siglo XV, capital de la Triple Alianza. Es el centro urbano más imponente de América en vísperas de la conquista española. Está unida a Tlatelolco —el mayor mercado del valle—, formando una especie de aglomeración con dos cabezas. México tiene en 1519 entre 150 000 y 200 000 habitantes, tal vez 300 000. La ciudad cae en manos de los españoles en 1521. Cortés* hace de ella la capital de la Nueva España. El centro de la ciudad, geométricamente dividido por la traza y organizado en torno de una inmensa plaza, queda reservado a los conquistadores. Los barrios indígenas deben desplegarse sobre la periferia de la traza. El dibujo regular de la ciudad y la ausencia de murallas, hecho excepcional en las ciudades europeas del siglo XVI, la convierten en la primera ciudad moderna del mundo occidental.

MOCTEZUMA XOCOYOTZIN

Soberano mexica que reinó de 1502-1503 a 1520. Hijo de Axayácatl, sucede a Ahuízotl quien, al final de sus conquistas, parece haber tropezado con insuperables barreras logísticas. Moctezuma consolidó la obra de su predecesor e intentó mantener el dominio de la Triple Alianza sobre los territorios que había conquistado (Oaxaca, istmo de Tehuantepec y ruta del Soconusco). Al encontrar en el exterior resistencias tenaces, se esforzó, en el interior, por reforzar la posición de la aristocracia limitando la movilidad social, que parece haber predominado hasta Ahuízotl. Moctezuma parece haber tratado, asimismo, de reforzar su poder personal y de reducir el papel de sus compañeros de la Triple Alianza, Tlacopan (o Tacuba) y Texcoco.* Así, en 1515 impuso a los texcocanos su propio candidato. Es posible que esta doble política de estabilización y de centralización del poder haya respondido a las dificultades y a las flaquezas de una Triple Alianza, vieja ya de casi un siglo. Tomado como rehén por Cortés,* es muerto por los suyos o, según otras fuentes, por los propios españoles.

MOLINA (ALONSO DE)

Nacido en España (¿Extremadura?*) hacia 1514, aprendió el náhuatl siendo niño cuando sus padres se establecieron en la Nueva España. Luego entró en la orden franciscana (1528), donde aprovechó sus conocimientos lingüísticos. En 1555 era guardián del convento de Texcoco.* Se le debe el primer diccionario castellano-náhuatl/náhuatl-castellano (1555 y 1571). Muere en 1579.

MONETARIUS, O MÜNZER (JERÓNIMO)

Originario de Nuremberg. Doctor en medicina (Pavía) y viajero que deja una descripción de una parte de la Europa occidental y de la península ibérica a finales del siglo XV *(Itinerarium hispanicum,* 1494-1495). Muere en 1508.

MONSTRUOS Y HOMBRES SALVAJES

Conforme a la visión medieval de los confines del mundo (herencia de Plinio, Isidoro de Sevilla, Jacques de Vitry, Tomás de Cantimpré, etc.), Colón* esperaba encontrar seres deformes en las tierras de los mares océanos. Los primeros encuentros en las islas refutan esta visión, pero no le hacen perder la esperanza de encontrar amazonas o sirenas en otras comarcas más remotas. El mapa de Juan de la Cosa (1500) presenta, en la extremidad nordeste del Asia, a Gog y Magog bajo los rasgos de dos seres monstruosos. Sin embargo, es otra tradición iconográfica medieval —la del hombre salvaje— la que da su apoyo a la representación de los habitantes del Nuevo Mundo. Mientras que el monstruo significaba un alejamiento geográfico, el hombre salvaje establece una distancia social, ocupando el escalón inferior de una pirámide: por ello mismo su presencia justifica las empresas de evangelización y de aculturación. Hagamos notar que esta división de la humanidad en varias capas —los reyes, los papas, los nobles, los pobres— no reposa aún sobre el concepto de raza.

MORO (TOMÁS)

Nacido en 1478, este jurista y humanista inglés llega a ser canciller de Enrique VIII (1519), quien le hace ejecutar por supuesta alta traición en 1535. Amigo de Erasmo,* curioso de las navegaciones hacia el Nuevo Mundo (Vespucio*), escribe la *Utopía* (1516), que inspira las fundaciones mexicanas de Vasco de Quiroga.*

MOTOLINÍA (TORIBIO DE BENAVENTE, Llamado)

Nacido entre 1482 y 1491 en Benavente, provincia de Zamora, es uno de los 12 franciscanos que llegan a México en 1524. Elegido guardián del convento de México,* se opuso vehementemente al cabildo de la ciudad de México y a la primera Audiencia* (1529). Fue uno de los fundadores de la ciudad de Puebla y de los artífices de la evangelización de la Nueva España. En 1536 el capítulo franciscano le confió el cuidado de efectuar una vasta encuesta etnográfica sobre las culturas indígenas. Se le deben escritos de interés capital sobre la cristianización y el México antiguo, que fueron reunidos por Edmundo O'Gorman bajo el título de *Memoriales o libro de las cosas de la Nueva España* (1970). Muere en 1569.

NABORÍAS

Término de origen antillano que designa a los indios que desde antes de la Conquista dependían directamente de los jefes autóctonos, y luego denominó a los servidores indígenas empleados como domésticos en casa de los españoles, por contraste con los esclavos indios de encomienda,* sin que la diferencia de posición entre esos dos grupos haya sido siempre apreciable. Los naborías son, en general, personas desarraigadas que perdieron sus nexos con la comunidad de origen. En la Nueva España, la palabra se aplica a los indios libres que pueden vender su fuerza de trabajo, análogos a los *yanacona* de los Andes.

NÁPOLES

En el siglo XV, el reino se encontraba en la órbita de los aragoneses. Francia y España se lo disputaron a partir de 1494, antes de repartírselo en 1501. El hijo de Federico de Nápoles (depuesto en 1501), el duque de Calabria, tuvo que terminar sus días en España, donde se rodeó de una corte brillante. En la primera mitad del siglo XVI, los virreyes impusieron la dominación española. Esta ciudad es la más poblada de la Italia del Renacimiento (150 000 habitantes); no alcanza el brillo artístico de sus rivales de la península, pero posee una academia fundada por Pontano a finales del siglo XV.

NARVÁEZ (PÁNFILO DE)

Nacido en Cuéllar o en Valladolid hacia 1470, formaba parte de los protegidos de Diego Velázquez,* quien lo nombró capitán e hizo de él su intermediario en España, despachándolo al lado de Rodríguez de Fonseca.* Luego lo envió a combatir a Cortés,* quien lo derrotó sin dificultad. "Muy desordenado", sometió a los indios de Cuba* dejando que los masacraran "sin una palabra, sin un gesto, como si fuera de mármol" (Las Casas*). Murió en la Florida* en 1528.

NEBRIJA (ANTONIO ELIO DE)

Humanista y filólogo que introdujo en Castilla la aportación de Lorenzo Valla.* Precursor del erasmismo, Nebrija es una figura clave de la cultura letrada de las Españas del Descubrimiento. Vive en Italia (Bolonia) a partir del decenio de 1460. Difunde la cultura latina en la península ibérica y se interesa por sus antigüedades romanas. Su producción de lingüista es considerable —se le debe un diccionario latino-castellano, y unas gramáticas latina y castellana (1492)—, y le coloca en la primera fila de los más grandes propagandistas del humanismo cristiano, del inglés Colet o del holandés Erasmo.* De Nebrija, muy consciente del papel que podía desempeñar un imperialismo de la lengua, los misioneros del Nuevo Mundo tomaron la idea de que era tan importante enseñar una lengua única (el latín) a los indios como controlar las lenguas autóctonas, escribiendo su gramática.

Nicuesa (Diego de)

Riquísimo mercader de La Española,* recibió en 1508 el gobierno de Veragua. Incompetente, fracasó en toda la línea. Sus pretensiones sobre el Darién* son rechazadas, y muere en el mar en 1511.

Nueva España

Nombre dado por Cortés a México.

Núñez de Balboa (Vasco)

Nacido en Jerez de Badajoz (Extremadura*) en 1475. En 1513 sale del Darién,* atraviesa el istmo de Panamá* y descubre el océano Pacífico. Pedrarias* le hace decapitar en enero de 1519. Era "alto y bien físicamente" (Las Casas*).

Núñez Cabeza de Vaca (Álvar)

Nieto del conquistador de la Gran Canaria, nacido hacia 1500 en Jerez de la Frontera, fue el tesorero y gran alguacil de una expedición enviada a la Florida, a la que llega, cerca de la bahía de Tampa, en abril de 1528. Tal es el comienzo de una odisea que lleva por tierra y por mar a un grupo cada vez más limitado de descubridores: caminan a lo largo de la costa del Golfo de México, a través de lo que llegará a ser Texas y por las Montañas Rocosas, hasta la costa del Pacífico. En julio de 1536, ocho años después, vuelven a tomar contacto con españoles cazadores de esclavos en el noroeste de México. Cabeza de Vaca es uno de los cuatro sobrevivientes. Escribió una relación detallada de ese viaje, excepcional documento etnográfico y humano sobre la manera en que un puñado de europeos desnudos fueron obligados a integrarse a las culturas autóctonas para conservar la vida y proseguir su interminable vagabundeo. En 1540, Cabeza de Vaca es nombrado gobernador del país de la Plata, en América del Sur. Después de haber organizado Asunción y unas expediciones en el Chaco, provoca la hostilidad de los españoles, que lo obligan a regresar a la península (1544). Se le coloca en residencia vigilada en Orán* y muere hacia 1560.

Núñez de Vela (Blasco)

Originario de Ávila, de familia ilustre, creció en el séquito de Carlos V,* de quien fue uno de los criados, y ejerció funciones de corregidor en Ávila antes de ser nombrado virrey y presidente de la Audiencia* de Lima en 1542. Encargado de hacer cumplir las ordenanzas reales contra los abusos de los encomenderos, mostró firmeza y poco tacto, lo que desencadenó las hostilidades con los conquistadores. Ante el avance de las tropas de Gonzalo Pizarro* huyó a Quito, donde recibió el apoyo de Sebastián de Benalcázar.* La batalla final entre las tropas del virrey y las de los encomenderos, cuyo jefe era Gonzalo Pizarro, se dio en Añaquito, el 18 de enero de 1546. Al término de esta batalla Núñez de Vela fue decapitado, y su cabeza fue expuesta en Quito.

OJEDA (ALONSO DE)

Nacido en Cuenca hacia 1466-1470, este criado del duque de Medinaceli, emparentado con Colón,* fue protegido por Rodríguez de Fonseca,* quien lo empleó contra el almirante. Descubrió el golfo y la provincia de Coquibacoa (Venezuela) y obtuvo el gobierno de la provincia del golfo de Urabá. Se opuso a Diego de Nicuesa.* Murió en Santo Domingo a finales de 1515.

OLMOS (ANDRÉS DE)

Franciscano. Participa con Juan de Zumárraga* en la investigación sobre las brujas de Vizcaya en 1527, y luego lo acompaña a México en 1528. De 1530 a 1533 vive en Tepepulco, donde entra en contacto con las culturas mexicanas del altiplano. En 1533, el presidente de la segunda Audiencia,* Ramírez de Fuenleal, y Martín de Valencia le ordenan hacer una investigación sobre los indios de México, "primera gran aproximación en profundidad de la civilización prehispánica" (Baudot). El investigador también fue evangelizador y extirpador de idolatrías en el país totonaca antes de consagrarse a la Huasteca (noreste de México). Muere en 1568.

OMETOCHTZIN CHICHIMECATECUTLI (CARLOS)

Miembro de la familia principesca de Texcoco,* una de las capitales, con México-Tenochtitlan,* de la Triple Alianza. Don Carlos fue educado por los franciscanos pero siguió practicando clandestinamente los ritos antiguos, mientras profería ataques contra la dominación española y el clero cristiano. Denunciado por los suyos y condenado por el obispo Zumárraga,* fue entregado a la justicia secular y ejecutado en presencia del virrey Antonio de Mendoza* en 1539. Su proceso ilumina el comportamiento de la aristocracia mexicana, dividida entre las imposiciones de la colaboración y la salvaguardia del patrimonio antiguo.

ORÁN

Conquistado por los españoles en 1509, este puerto llegó a ser uno de los "presidios", junto con Bugía, que cayó en 1510. Vasco de Quiroga* fue enviado allí hacia 1525 y Cabeza de Vaca* pasó en Orán varios años de residencia forzosa a su retorno de América.

ORELLANA (FRANCISCO DE)

Nacido en Trujillo hacia 1511. Se ignora la fecha exacta de su llegada a las Indias, mas parece que se encontró ahí, muy joven, en las expediciones de Nicaragua. Se dirigió al Perú probablemente con las tropas de Pedro de Alvarado.* Fundó la ciudad de Santiago de Guayaquil (Ecuador), donde gozó de una encomienda.* Gonzalo

Pizarro* lo llevó a la expedición de la canela. Ambos conquistadores se separaron en las orillas del río Coca. Orellana, que debía retornar al campamento de Pizarro con víveres, fue arrastrado por las corrientes en el bergantín que había construido, hasta la embocadura del Amazonas. Se justificó ante el Consejo de Indias* por su conducta con Pizarro. Orellana retornó con cuatro navíos, pero murió al término de su travesía, en 1545, sin haber podido encontrar el brazo principal del Amazonas.

ORO

Es, junto con las especias, el principal objetivo de los descubrimientos y la obsesión de Colón* y de los conquistadores. Después de apoderarse de los objetos poseídos por los caciques indígenas y exigido tributos y rescates en este metal, los españoles obligaron a las poblaciones a buscar pepitas de oro en las islas (sobre todo en La Española*) y el continente (Castilla del Oro,* Cartagena). Más adelante se explotaron minas en el valle del Cauca y la región de Pasto. Se creía que el oro era engendrado por el calor (Colón) mientras que el frío producía la plata. Para los nahuas, el oro es el "excremento divino". El oro aparecía en las imágenes de los cronistas, frecuentemente relacionado con el tema de la muerte. Pedro Mártir* denuncia el "hambre mortal de oro" que sienten los españoles y que diezma a los indios de las islas. Oviedo* evoca a los buscadores de oro que mueren de ictericia, de un color parecido al del metal. López de Gómara* describe a los españoles derrotados huyendo de la ciudad de México* cargados de oro: "el oro los mató y murieron ricos". Pero el oro también es una realidad concreta, el "oro de las minas", cuya evaluación y fundición establecen el ritmo de la vida de los conquistadores y de los mercaderes, hábiles para juzgar la calidad del metal precioso a fin de proceder a las conversiones en moneda de oro puro. Los mercaderes adelantan fondos, aportan el equipo necesario a las expediciones y recuperan sus inversiones en función de lo que llega de la mina, del saqueo y de los mercados monetarios de la Península, de donde regularmente reciben noticias.

OVANDO (NICOLÁS DE)

Extremeño, de estatura mediana y barba roja. Nombrado gobernador de La Española* en 1501, cuando acababa de reformar la orden militar de Alcántara. Inspirándose en la experiencia de la Reconquista y la ocupación de las Canarias, volvió a fundar Santo Domingo,* primera ciudad española de América. Desarrolló el sistema de encomienda* e instauró las bases económicas e institucionales de la colonización española en las Antillas. Al crear villas trató de fijar en sus barrios a la población española siguiendo un modelo ibérico. "Bajo Ovando, La Española conoció una fase de transición, pasando de ser depósito a ser colonia" (Elliott). Pero en 1509 Ovando tropezó con los protegidos de Rodríguez de Fonseca* y perdió el gobierno de la isla; lo sucedió Diego Colón,* quien era "digno de mandar a mucha gente pero, ciertamente, no a los indios" (Las Casas*).

OVIEDO: Véase FERNÁNDEZ DE OVIEDO (GONZALO)

PACHECO (MARÍA)

Hija de Íñigo López de Mendoza,* primer marqués de Mondéjar, y esposa de Juan de Padilla, jefe de los comuneros. Prosiguió la lucha después de la muerte de su marido, y posteriormente se refugió en Portugal, donde falleció.

PACHECO PEREIRA (DUARTE)

Es tal vez el descubridor de Brasil,* al que acaso llegara en 1498, dos años antes que Cabral.* Cosmógrafo, caballero de la casa del rey, participa en las negociaciones que llevan a la firma del tratado de Tordesillas (1494).* Combate contra el rajá de Calicut (1503-1505), y es nombrado gobernador del castillo de San Jorge de la Mina (1519-1522). Hombre de espada y de pluma, como algunos conquistadores castellanos, redacta una obra titulada *Esmeraldo de situ orbis*, que trata sobre los descubrimientos y las exploraciones portugueses desde los tiempos de Enrique *el Navegante*.*

PALENCIA (ALONSO)

Nacido en Osma en 1423, vivió largo tiempo en Sevilla* y en Italia, donde estuvo al servicio del cardenal Bessarion. En Roma recibió la noticia de la toma de Constantinopla.* Cronista y secretario de Enrique IV, fue un enemigo declarado de la oligarquía nobiliaria. En 1476 fue enviado a Sevilla por Fernando* para liberar a los azanegas, capturados en África por los marinos de Palos. También se encargó de reunir fondos para organizar una expedición contra los portugueses. Redactó 14 tratados, varios de los cuales se han perdido. Las *Décadas* fueron escritas en latín hacia 1477; se les conoce por la traducción española de A. Paz y Meliá con el título de *Crónicas de Enrique IV*. Palencia probablemente murió en Málaga en 1492. El interés de su obra reside en la calidad de las observaciones, la finura de los retratos y la presencia constante del autor.

PANAMÁ

La ciudad fue fundada en agosto de 1519 por Pedrarias* a orillas del Pacífico. Pese al clima muy húmedo, carecía de agua potable y el puerto era mediocre. El medio es accidentado y está cubierto por una espesa vegetación, excepto la sabana de Pacora, fértil y apropiada para la ganadería.

PEDRARIAS DÁVILA

Nieto de Diego Arias, tesorero de Enrique IV y converso. Según sus propias afirmaciones, fue paje del rey Juan II y nació en Segovia hacia 1440 (?). Participó en las luchas de la Reconquista y lo encontramos en Bugía en 1509 con el grado de capitán. En 1514 fue enviado por el rey Fernando* como capitán general de la Tierra Firme,* con el título de gobernador de Castilla del Oro. Reprimió duramente la resistencia de los indios y se atrajo la enemistad de los colonos, sobre todo después de la ejecución de Balboa* en 1519. Pedrarias fundó la ciudad de Panamá* sobre la costa del Pacífico. Organizó las expediciones a Nicaragua (que gobernó de 1527 a 1531) y también financió la de Pizarro* y Almagro.* Murió en 1531, a los 91 años de edad.

PEDRO DE GANTE: Véase GANTE (PEDRO DE)

PEDRO MÁRTIR: Véase MÁRTIR DE ANGLERÍA (PEDRO)

PIGAFETTA (FRANCESCANTONIO)

Originario de Vicenza, llegado a Castilla en el séquito del nuncio Chiricati, acompañó a Magallanes* en su vuelta al mundo. Sobrevivió la travesía y ofreció a Carlos V* su diario, del que sacó una relación publicada en francés (1525) y en italiano (1536).

PIMENTEL (HERNANDO)

Príncipe de Texcoco,* hermano del soberano Cacama e hijo de Nezahualpilli. Fue el primero de los colaboracionistas de los españoles que recibió el sacramento del matrimonio (1526).

PINZÓN

Familia de armadores de Palos, en la Niebla andaluza, sin la cual el primer viaje de Colón* habría sido materialmente imposible. Vicente Yáñez, excelente marino y sagaz hombre de negocios, "un hombre de verdadera capacidad y muy ingenioso" (Colón), es el comandante de la *Niña;* muere en 1493 al regreso de la primera expedición de Colón, que le había prometido compartir las tierras descubiertas "como con un hermano". Juan Martín toma parte en los interminables "procesos colombinos", declarando contra los derechos del almirante y de sus descendientes.

PIZARRO (FRANCISCO)

Hijo bastardo del capitán Gonzalo Pizarro *el Largo** y de una molinera, nació en Trujillo hacia 1478. Sirvió en Italia en las filas de su padre cuando era muy joven. Probablemente en 1502 salió de España rumbo a La Española,* donde residía uno de sus tíos. Con Alonso de Ojeda* llegó a la Tierra Firme* y estuvo a la cabeza del fortín de San Sebastián de Urabá, hasta la llegada del bachiller Enciso.* Subordinado de Balboa,* le acompañó en el descubrimiento del Pacífico, donde su nombre figura después del nombre del caudillo. Pizarro se unió después a la causa de Pedrarias* y fue él quien detuvo a Balboa hacia el año de 1518. Convertido en encomendero en Panamá,* participó en la expedición de Natá, al norte del golfo de San Miguel. En 1524 suscribió un acuerdo con Hernando de Luque —y, a través de él, con Gaspar de Espinosa— y Diego de Almagro* para ir a descubrir las tierras meridionales designadas con el término vago de Birú (de donde saldrá Perú). Pizarro pasó varios años en el manglar del Pacífico (Buenaventura, San Juan y las islas del Gallo y de la Gorgona) antes de desembarcar en Tumbes. Habiendo obtenido en 1529 una capitulación* real, volvió a partir rumbo al Perú y emprendió la invasión terrestre en 1532. En Cajamarca, Pizarro capturó al Inca* Atahualpa y exigió el pago de un cuantioso rescate; sin embargo, le mandó ejecutar un año después. Gobernador del Perú y fundador de varias ciudades, entre ellas Lima, la capital, recibió el título de marqués. Celoso de sus prerrogativas, impidió a Almagro tomar posesión de Cuzco.* Pizarro no se encontraba presente en Las Salinas ni en Cuzco cuando se llevó a cabo la ejecución de Almagro, decidida por su hermano Hernando,* pero aprobó la sentencia. En 1541, mientras se encontraba en su residencia de Lima, fue asesinado por los partidarios de Almagro el Mozo.* Tuvo cuatro hijos con dos princesas incaicas descendientes de Huayna Capac, doña Inés Huaillas y doña Angelina. Todos sus hijos murieron jóvenes con excepción de doña Francisca, que casó en primeras nupcias con su tío Hernando.*

PIZARRO (GONZALO, llamado "EL LARGO")

Hidalgo de la ciudad de Trujillo (Extremadura), perteneciente a un linaje antiguo pero de poca fortuna. Fue capitán en los ejércitos de Gonzalo Fernández de Córdoba* y conquistó una reputación de valentía, como dan testimonio las crónicas. Casado con Isabel de Vargas, tuvo con ella dos hijos, el mayor de los cuales fue Hernando Pizarro.* En su juventud había tenido, con una mujer de condición humilde, un hijo: Francisco Pizarro.* Con María Alonso tuvo otros dos hijos bastardos, Juan* y Gonzalo*. Murió en Pamplona, en las guerras de Navarra, en 1522.

PIZARRO (GONZALO)

Nacido hacia 1512 en Trujillo (Extremadura), hijo del capitán Gonzalo Pizarro *el Largo* y de María Alonso, su concubina. Fue educado en la casa de su padre, quien lo reconoció. Llegó al Perú en 1531 bajo el estandarte de su hermano mayor, Francisco.* En Cajamarca, fue uno de los caballeros que acompañaron a Hernando de Soto* a su entrevista con Atahualpa; asimismo, fue con su hermano Hernando* a Pachacamac. La expedición a la Amazonia, de 1540 a 1542, constituyó un giro en su vida. De regreso al Perú, abrazó el bando de los encomenderos* contra las ordenanzas. Gobernador del Perú en octubre de 1544, entabló con el virrey Blasco Núñez de Vela,* en Añaquito (Ecuador), una batalla al término de la cual éste fue muerto. En 1548, después de haber obtenido varios triunfos contra los partidarios de la Corona, se enfrentó al representante de Carlos V,* Pedro La Gasca,* en Xaquixaguana. Pero, abandonado por todos, tuvo que rendirse y pereció decapitado en 1548. Después de su muerte, los descendientes de la familia Pizarro fueron definitivamente expulsados del Perú.

PIZARRO (HERNANDO)

Hijo legítimo de Gonzalo Pizarro *el Largo* y de Isabel de Vargas, nació en Trujillo en 1502. Acompañó a su padre en 1521 en las guerras de Navarra y fue nombrado capitán de infantería. Fue reclutado en 1529 por su hermano Francisco. Participó en el encuentro de Cajamarca; fue el primero en entrar en Pachacamac, donde destrozó el ídolo del santuario. Él fue quien organizó la batalla de Salinas, al término de la cual Diego de Almagro* fue capturado y ejecutado. Hernando comenzó la explotación de las minas de plata de Porco, las más ricas del país después de las de Potosí. De espíritu emprendedor, fue el único de su familia que conservó riquezas después de la desgracia de sus hermanos Francisco* y Gonzalo.* A su retorno a España, en 1539, fue acusado de la ejecución de Almagro* y encerrado en el castillo de La Mota en Medina del Campo,* lo que no le impidió atender sus asuntos. En 1550 casó con su sobrina, doña Francisca, hija de Francisco y de la princesa doña Inés, llamada *la Pizpita*. Tuvieron tres hijos. Hernando murió en 1578. Su viuda volvió a casarse, ahora con el hijo del conde de Puñonrostro, de la familia Pedrarias (1584).

PIZARRO (JUAN)

Nacido hacia 1510 en Trujillo, Extremadura. Hijo ilegítimo de Gonzalo Pizarro *el Largo* y de María Alonso. Fue reclutado por su hermano Francisco* cuando éste volvió a España en 1529. Murió en 1536 de una pedrada recibida en Saqsahuaman durante el asedio de Cuzco.* Su corta vida le valió, acaso, la reputación de generosidad y de bondad que le atribuyen los cronistas.

PIZARRO (PEDRO)

Nacido en Toledo en 1514, era hijo de un hermano menor del capitán Gonzalo Pizarro, *el Largo*,* padre del conquistador. A la edad de 15 años zarpó rumbo al Perú como paje de Francisco Pizarro,* pero su nombre no aparece en la lista de los beneficiarios del botín de Atahualpa. Tomó parte en el sitio de Cuzco* y en las batallas de las Salinas y de Chupas, en las filas de Vaca de Castro.* Leal al virrey Núñez de Vela,* fue tomado prisionero en Lima por su primo Gonzalo Pizarro,* quien lo exilió a Charcas. Pedro Pizarro se unió a las tropas de La Gasca* en Huarina y en Xaquixaguana. Fue recompensado y obtuvo tierras y encomiendas. Acabó su crónica de la conquista del Perú (*Relación del Descubrimiento y de la Conquista del Perú*) en Arequipa, en 1571.

PONCE DE LEÓN (JUAN)

Nacido hacia 1466, fue gobernador de Puerto Rico. En 1512 (o en 1513) parte con tres navíos en dirección del norte, donde ha oído hablar de la existencia de una Fuente de la Juventud. Hace escala en las Bahamas y luego descubre una costa que cree ser de una isla, aunque forma parte del continente. Bautiza esas tierras con el nombre de Florida,* porque llega a ellas en la fecha de "Pascuas floridas" (Ramos). Desembarca para tomar posesión en nombre del rey de Castilla. Retorna en 1521 con dos navíos, 200 hombres y 50 caballos. Derrotado cerca de Tampa, vuelve a Cuba, donde muere a consecuencia de sus heridas.

PUELLES (PEDRO)

Hidalgo originario de Sevilla.* Llegó al Perú en 1534 con las tropas de Pedro de Alvarado.* Gobernador de Puerto Viejo, luego de Quito y finalmente de León de Huánuco. Se unió a la facción de Gonzalo Pizarro* contra el virrey Núñez de Vela* y combatió a éste en Añaquito. Fue asesinado en su cama en Quito, en 1547.

PULGAR (HERNANDO DEL)

Al parecer, nació en Toledo hacia 1430. Muy poco se sabe sobre su vida personal, pero se le atribuye un origen converso, que explicaría el interés que presta a ese tema en sus obras. Creció en la corte de Juan II y fue secretario de Enrique IV* antes de ganarse la confianza de Fernando* y de Isabel,* los futuros Reyes Católicos.* Enviado a Roma* como embajador, a fin de solicitar una dispensa para el matrimonio de *la Beltraneja*,* y luego a Francia ante la corte de Luis XI, Pulgar ejerció funciones importantes antes de ser el cronista oficial del reino (1482). Asistió al sitio de Málaga y también, probablemente, al de Granada.* La fecha de su muerte se sitúa entre 1495 y 1500. Pulgar redactó una crónica de la nobleza de España, *Claros varones de Castilla*, y la *Crónica de los Reyes Católicos*, que es un modelo en su género.

QUETZALCÓATL

Dios creador de los indios nahuas, relacionado con la lluvia, el viento y el planeta Venus; con el nombre de Topiltzin-Quetzalcóatl reinó sobre Tula, capital de los toltecas.

QUIROGA (VASCO DE)

Nacido en Madrigal de las Altas Torres, en Castilla la Vieja, hacia 1470-1478, murió en 1565 en Pátzcuaro (México). Licenciado en derecho canónico, tal vez haya servido al arzobispado de Granada* desde 1492 y formado parte del cuerpo de letrados al servicio de los Reyes Católicos. En 1525 ocupa un puesto en Orán.* En 1531 llega a la ciudad de México con los otros miembros de la segunda Audiencia, de la que forma parte. Obispo de Michoacán en 1537. Humanista, admirador de Tomás Moro* y preocupado por la suerte de los indígenas, aplica las máximas de la *Utopía* en tierra india.

QUITO

Según la tradición, Quito fue fundada por Tupac Inca, en el lugar de un centro indígena en que convergían las redes de mercaderes llegados de las tierras bajas orientales y occidentales. La región sólo fue pacificada por los Incas después de 1492; dejaron ahí colonias de *mitimaes* de diferentes regiones. En esta comarca nació la madre de Atahualpa y, según algunos testimonios, el propio Inca. Quito no era una ciudad propiamente dicha, sino el centro de un conjunto de fortificaciones. Rumiñahui, capitán de Atahualpa, incendió los establecimientos de Quito antes de la llegada de los españoles mandados por Benalcázar,* el 6 de diciembre de 1534. El conquistador fundó, inmediatamente, la ciudad colonial de San Francisco de Quito con 204 vecinos, y sofocó la resistencia indígena; su acción condujo poco después a la captura y ejecución de Rumiñahui.

RAMÍREZ DE FUENLEAL (SEBASTIÁN)

Nacido en Villaescusa (Cuenca). Obispo de Santo Domingo (1529) y presidente de la segunda Audiencia* de México, donde aplicó una política de orden y de pacificación (1530-1535). A la llegada de Antonio de Mendoza,* volvió a su obispado. Después sería obispo de Cuenca y presidente de la cancillería de Valladolid. Muere en 1547.

RECONQUISTA

Fue la guerra —que también es cruzada— lanzada por los cristianos en la península ibérica para expulsar a los musulmanes. Este impulso secular acompañó la formación de Estados cristianos en España: Valencia cae en 1238, Sevilla* es recuperada en 1248, Cádiz en 1265. La Reconquista termina con la toma de Granada* en 1492. Pocos años después, el Nuevo Mundo ofrece un relevo y una vía de reconversión a los conquistadores y a los pobladores cristianos.

REPARTIMIENTO

Sinónimo de *encomienda** en América. Corresponde asimismo a un sistema de trabajo por rotación. El término acabará por designar una proporción de las mercancías que hay que distribuir, y cuyo comercio es monopolizado por el corregidor
de indios.

REQUERIMIENTO

Alocución que era leída a los indios, a través de la cual se les exhortaba a someterse
al rey de Castilla y a la Iglesia, so pena de exterminio o de reducción a la esclavitud. Es el texto, incomprensible tanto en la forma como en el fondo, que permitía
legitimar la guerra y la conquista: "el cual era hecho en lengua española, de la que
el cacique e indios ninguna cosa sabían, ni entendían, é ademas era hecho a tanta
distancia que puesto que supieran la lengua no lo pudieran oir" (Zuazo*). Por lo
demás, esta formalidad pocas veces era aplicada (Oviedo*).

RESIDENCIA

Investigación judicial abierta que se practicaba cuando un funcionario de la Corona llegaba al término de su mandato. Trataba de probar la veracidad de las acusaciones que podían hacerse sobre su gestión.

RODRÍGUEZ DE FONSECA (JUAN)

Personaje clave de los descubrimientos y de la conquista del Nuevo Mundo, que
une en sí la España de las redes, la de los clanes y la autoridad de los letrados.*
Nacido en Toro (Zamora) en 1451, fue protegido de la reina Isabel,* quien admiraba su integridad. Pasó algún tiempo en Granada* al lado del arzobispo Talavera
(1492). Arcediano de Sevilla,* se le encarga en 1493 organizar el segundo viaje de
Cristóbal Colón.* Obispo de Badajoz, de Palencia y luego de Burgos, durante cerca
de 30 años supervisa y dirige desde España los asuntos de las Indias en colaboración con Lope de Conchillos.* La fundación de la Casa de Contratación* (1503) lo
libera de la organización y del control técnico de las expediciones; cinco años después monopoliza todos los poderes. Es él quien escoge los candidatos y concede las
capitulaciones,* abriendo las puertas del Nuevo Mundo. La pareja omnipotente,
solitaria y voraz que forma con Lope de Conchillos rompe con el carácter colegia-
do de la administración real. Ansioso de proteger a su clan (Ojeda,* los Pinzón,*
Niño) y de defender la autoridad de la burocracia, por lo demás excelente conocedor del mundo de las Indias, Fonseca se opone a Colón, se levanta contra Las
Casas,* que lo odia, y contra Cortés,* quien lo derrota. Tropieza con Cisneros,* que
envía jerónimos* a La Española.* Su apoyo a Velázquez,* en el marco de una reorganización del poder imperial, lo conduce a la ruina. Nunca formará parte del Consejo real y supremo de Indias.* Habiendo perdido la confianza de Carlos V,* muere
en 1524. Fonseca sigue siendo un personaje fascinante y mal conocido.

ROMA

A finales del siglo xv, cuando en ella reina la familia valenciana de los Borgia,*
cuenta con 30 000 habitantes. Es visitada por Pedro Mártir,* que ahí conserva algu-

nos amigos, así como por Oviedo,* Las Casas* y Sepúlveda.* La ciudad es saqueada por las tropas de Carlos V* en 1527. La arqueología, con el surgimiento de los primeros museos, y luego el arte barroco en el siglo XVI, se desarrollan en la que llega a ser la capital del Estado Pontificio y de la Contrarreforma. El redescubrimiento de la Roma antigua es contemporáneo del descubrimiento de las grandes civilizaciones del Nuevo Mundo, en México y en los Andes.

Ruiz (Bartolomé)

Nacido en Moguer en 1485, se encontró con Colón* en 1498 y con Balboa* en Acla. Cuando se asoció con Pizarro* y Almagro* era considerado uno de los mejores pilotos de las Indias. Todos los cronistas convienen en ese punto y algunos, como Agustín de Zárate, hasta le atribuyen un papel de primera importancia en el descubrimiento del Perú.

Sandoval (Gonzalo de)

Nacido en 1497 en Medellín, entra al servicio de Diego Velázquez* y se dirige con él a la conquista de Cuba. Capitán de Cortés,* recibe la orden de detener a Narváez. Será alguacil mayor de México* (1523) y gobernará la Nueva España al lado del tesorero Alonso de Estrada. Participa en la conquista de Colima y en la expedición de Honduras. Morirá en Palos después de retornar a España con Cortés (1528).

Santiago de Guatemala

Ciudad española fundada el 25 de julio de 1524 por Pedro de Alvarado,* es la capital de una Guatemala colocada al mando de los encomenderos y del gobernador y adelantado Alvarado. A partir de 1535 el obispo Francisco Marroquín y un notable administrador, el licenciado Alonso de Maldonado, deciden establecer la autoridad de la Corona y de la Iglesia sobre la región. En 1543 Santiago se vuelve sede de la Audiencia* de Guatemala, que presidirá Maldonado desde ese año hasta 1548. Destruida por una erupción volcánica en 1541, la capital es transferida en 1549 a la Nueva Guatemala. Hacia 1550 la Audiencia gobierna 21 104 tributarios y 52 500 habitantes. Los 81 encomenderos, aquí como por doquier, han perdido gran parte de su poder. Bernal Díaz del Castillo* llega en 1541, poco después de la erupción volcánica, y ahí pasa el fin de sus días redactando su *Historia verdadera de la conquista de la Nueva España*.

Santo Domingo: Véase Española, La

Savonarola (Jerónimo)

Nacido en Ferrara en 1452, ingresó en la orden de los dominicos en 1475 y fue prior del convento de San Marcos en Florencia.* Sus prédicas le aseguraron el dominio moral y político de la ciudad: hizo proclamar a Cristo rey de Florencia y atacó al papa Alejandro VI.* Éste respondió lanzando el entredicho sobre Florencia y mandando arrestar al dominico, que fue ahorcado y quemado en 1498. Savonarola pertenece a una tradición mesiánica y milenarista que no dejó indiferentes a los evangelizadores del Nuevo Mundo.

SEPÚLVEDA: Véase GINÉS DE SEPÚLVEDA (JUAN)

SEVILLA

Tomada por los castellanos en 1248, tiene 40 000 habitantes a finales del siglo xv, y 100 000 en 1560. A la cabeza de una *hinterland* rica en cereales, en vides, en olivos y en frutos, el puerto del Guadalquivir se desarrolló al ritmo del tráfico atlántico que dominaban los portugueses y adquirió un papel de primer orden a partir del descubrimiento del Nuevo Mundo. Las colonias genovesa y florentina, la fundación de la Casa de Contratación* (1503), el monopolio americano (confirmado en 1538) y la llegada de metales preciosos de América dieron a Sevilla un auge notable. Ahí se desembarcaron 5 000 kg de oro entre 1503 y 1510 y 86 000 kg de plata de 1531 a 1540.

"SIETE PARTIDAS"

Código de leyes de Alfonso X de Castilla, compilado entre 1256 y 1263, impreso en Sevilla en 1491. Bagaje legal mínimo de todo hidalgo deseoso de respetar las formas del derecho.

SOLIMÁN EL MAGNÍFICO

Sucesor de Selim I y rival de Carlos V,* reina de 1520 a 1566 sobre un floreciente imperio turco. Solimán toma Belgrado en 1521, Rodas en 1522 y domina las aguas del Mediterráneo hasta las costas de España. Pone sitio a Viena en 1529 y mantiene bajo su amenaza a la Europa central, bloqueando toda tentativa de hegemonía de los Habsburgo. Solimán ataca a los chiítas de Persia en el curso de varias campañas, sin obtener resultado decisivo. También tiene que entablar la guerra contra los portugueses que penetran en la India: Adén y el mar Rojo quedan bajo la influencia turca; en cambio Diu (1538) y Ormuz (1551) son atacadas infructuosamente. La alianza de Francisco I y de Solimán contra Carlos V escandaliza a la opinión católica y española, sensible al enfrentamiento entre el Occidente y el Islam.

SOLÍS: Véase DÍAZ DE SOLÍS (JUAN)

SOTO (HERNANDO DE)

Nacido en Jerez de Badajoz (Extremadura) hacia 1498. En 1513 se embarcó en la flota mandada por Pedrarias,* de quien era paje. En Panamá* (1520) participó con Francisco Pizarro* en una expedición por la costa de Veragua. En 1524 tomó parte en la conquista de Nicaragua y llegó a ser alcalde de la villa de León, fundada por los conquistadores. Su carácter independiente le hizo querellarse con Pedrarias, cuya hija desposó algunos años después. Reclutado por Pizarro para acompañarlo en la conquista del Perú, Soto fue uno de los tres capitanes de caballería que se encontraron en Cajamarca. Según las crónicas, desaprobó la ejecución de Atahualpa, ocurrida durante su ausencia. Gobernador de Cuzco* y encomendero, Soto no se resignó a ser subordinado de Pizarro y volvió a España en 1536. En 1537 la Corona le dio el título de adelantado* y el derecho de organizar la conquista de la Florida.* Esta campaña fue un fracaso y Soto encontró la muerte en 1542 a consecuencia de una fiebre. Para que no fuese profanado por los indios, su cuerpo fue colocado en el hueco del tronco de un árbol, y éste dejado a la deriva sobre las aguas del río.

TELLO DE SANDOVAL (FRANCISCO)

Canónigo de Sevilla,* de donde era originario, inquisidor de Toledo y miembro del Consejo de Indias* (1453), este letrado* fue enviado como visitador a la Nueva España para someter al virrey Antonio de Mendoza* a un juicio de residencia* sobre su gestión (1544-1547). Presidió el Consejo de Indias* de 1565 a 1567.

TEXCOCO

Ciudad nahua situada sobre la orilla oriental de los lagos del valle de México. Una de las partes de la Triple Alianza que domina México-Tenochtitlan.*

TEZCATLIPOCA

Divinidad nahua. Omnipotente, puede ver en su espejo humeante todo lo que acontece en la tierra. Relacionado con la noche, el jaguar, la hechicería y la guerra.

TIERRA FIRME

Se dio este nombre a las primeras costas continentales del Nuevo Mundo que fueron reconocidas por los europeos, por contraste con las islas. El término aparece desde las capitulaciones* acordadas a Colón* en 1492 (Islas y Tierra Firme del Océano). Llegó a designar el litoral meridional del mar Caribe, desde la península de Paria, frente a Trinidad, hasta la América Central.

TLAXCALA

Enclave nahua situado en el altiplano mexicano, que resistió a la expansión mexica y se alió con Cortés.* Gracias a los millares de aliados tlaxcaltecas, el conquistador pudo sobrevivir al desastre de la Noche Triste (1520) y someter México-Tenochtitlan* (1521).

TOMISMO

Corriente de pensamiento inspirada por la obra de Santo Tomás de Aquino (1225-1274), y que une las verdades de la Revelación a los logros de la sabiduría antigua (Aristóteles, fuentes platónicas y neoplatónicas, cristianas...). En el siglo XVI se observa en España una renovación de la teología y de la filosofía tomistas, bajo la dirección del dominico Francisco de Vitoria.* La obra de Las Casas* es profundamente influida por este pensamiento y, en especial, por las partes que consagra al principio del derecho natural.

TORDESILLAS (TRATADO DE)

Este tratado, firmado en 1494, fijó a 370 leguas al oeste de las islas de Cabo Verde la línea de demarcación de polo a polo entre las tierras sometidas a Portugal y las conquistadas por España. Modificó así el reparto efectuado por la bula de Alejandro VI,* *Inter caetera*, que había situado esta línea a 100 leguas al oeste de las Azores. Este acuerdo excluyó de los descubrimientos a Francia e Inglaterra.

TOSCANELLI (PAOLO DA POZZI)

Médico, astrónomo y cosmógrafo florentino. Participa en el concilio de Florencia (1436-1445), que intenta reconciliar las cristiandades latina y oriental. Mantiene correspondencia con el canónigo portugués Martins, que se esfuerza por establecer contactos con China. Durante su estancia en Lisboa,* Colón* se entera de la carta del 25 de junio de 1474 en la cual Toscanelli calcula la distancia que separa Lisboa de Quinsay, es decir, de la China del sur. Un mapa acompañaba a la epístola: tal vez el que Colón poseía en 1492. El genovés parece haber mantenido correspondencia con Toscanelli, quien le alentó a tratar de llegar a China tomando la ruta del occidente. La originalidad del sabio florentino no se encuentra en la idea de realizar un viaje por occidente sino en la estimación exagerada que hizo de la extensión del continente asiático; el error alentó a Colón a intentar la travesía.

TRUJILLO (DIEGO DE)

Nacido en Trujillo (Extremadura) hacia 1505. Formó parte del contingente de extremeños reclutado por Francisco Pizarro* en 1529. De origen humilde, no pertenecía a un linaje de hidalgos. En el Perú fue incondicional de los hermanos Pizarro.* Volvió a España en 1534, donde vivió hasta 1546. Insatisfecho de su vida en Extremadura, retornó al Perú donde obtuvo de Gonzalo Pizarro* un cargo de alguacil en Cuzco,* y después una pequeña encomienda.* Narrador infatigable, dictó en 1571 sus memorias, a instancias del virrey Toledo. Bajo el título de *Relación del descubrimiento del reyno del Perú*, fueron de las primeras crónicas de los acontecimientos de Cajamarca.

VACA DE CASTRO (CRISTÓBAL)

Nacido hacia 1492 cerca de Mayorga. Se conocen mal los primeros años de su vida. En 1537 lo encontramos en Valladolid, como miembro del tribunal. Por virtud de sus conocimientos jurídicos es enviado por el Consejo de Indias al Perú después del asesinato de Almagro,* para contener y frenar los poderes de Pizarro.* En 1541 desembarca en Nombre de Dios, atraviesa el istmo y continúa hacia el puerto de Lima. Obligado a echar ancla en Buenaventura, Vaca de Castro desciende hasta Popayán e interviene en la reconciliación de Benalcázar* y de Andagoya,* opuestos por cuestiones de límites territoriales. Es ahí donde se entera del asesinato de Pizarro y del levantamiento de Almagro el Mozo.* Gobernador del Perú, entabla la batalla de Chupas contra los almagristas. Habiendo pacificado el país, fomenta el matrimonio de mujeres de la élite indígena con conquistadores, organiza inspecciones a los pueblos indígenas y divide al país en obispados. Pero por sospecha de corrupción, el virrey Núñez de Vela* lo hace detener a su llegada. Con ayuda de su sobrino García de Montalvo, Vaca de Castro logra evadirse, va a Panamá* y de ahí a España, por vía de Lisboa. Al presentarse a la corte en Valladolid en junio de 1545 es detenido y encerrado en Arévalo, y después en Simancas, donde permanece varios años. Por último es rehabilitado en 1556 y muere en 1562.

VALDÉS (JUAN DE)

Nacido en Cuenca hacia 1498, este humanista de Castilla la Nueva frecuenta la universidad de Alcalá donde Francisco de Vergara lo inicia en el estudio del griego. Influido por Erasmo,* es el autor de un *Diálogo de doctrina cristiana* dedicado al marqués de Villena (1529), del que se encuentran huellas en la producción religiosa de la Nueva España, especialmente en la obra de fray Juan de Zumárraga. Notable prosista, Valdés muere en 1541 mientras España se aparta del erasmismo.

VALDIVIA (PEDRO DE)

Nacido hacia 1502 en La Serena (Extremadura). Después de haber combatido en Flandes y en Italia —se encontraba en Pavía cuando Francisco I fue capturado por las tropas de Carlos V—,* sirvió en Venezuela y pasó al Perú hacia 1537. Su talento militar fue puesto en práctica en Las Salinas, donde luchó al lado de la facción pizarrista. Pizarro* lo recompensó encomendándole la conquista de Chile. Partió hacia el sur en 1541. Fundó las ciudades de La Serena, Santiago y Concepción. En 1548 acudió en auxilio de La Gasca contra Gonzalo Pizarro* y se encontró en Xaquixaguana. De regreso a Chile, fue muerto en 1553 por los mapuches* que se habían levantado al mando de Lautaro, indio que había servido de palafrenero a Valdivia antes de ser su jefe.

VALVERDE (VICENTE)

Nacido en 1502 en Oropeza (Castilla la Nueva). Ingresó en la orden de los dominicos, en Salamanca, en 1524. Fue él quien tendió a Atahualpa la Biblia que el Inca* arrojó por tierra, dando así pretexto al ataque de las tropas de Pizarro.* Primer obispo de Cuzco* y de todo el Perú. Opuesto a la facción de Almagro,* huyó de Lima en 1541 para salir al encuentro de Vaca de Castro;* fue muerto por los indios de Puná en camino rumbo a Guayaquil.

VALLA (LORENZO)

Nacido en Roma en 1406, muere en 1457. Sus investigaciones y su filosofía de la lengua *(Latinae Linguae elegantiarum libri sex)* inspiraron los trabajos de Nebrija.* A él se le ocurre la idea de que la reconstrucción de un imperio depende más de las letras que de las armas y que el lenguaje es la fuerza capaz de unificar duraderamente las comarcas sometidas.

VÁZQUEZ DE CORONADO (FRANCISCO)

Originario de Salamanca y relacionado con el virrey Antonio de Mendoza,* Coronado gobernó la Nueva Galicia y fue regidor del cabildo de México* (1538). Casó con Beatriz, una de las hijas del funcionario del tesoro Alonso de Estrada, y estaba aliado a los Alvarado.* Confiado en la palabra del franciscano Marcos de Niza, que aseguraba haber visto unas cúpulas de oro brillando bajo el sol al norte de México, Antonio de Mendoza organizó una expedición en dirección de esas regiones. Coronado recibió el mando y, en julio de 1540, llegó con 80 caballeros y 30 soldados de infantería al país de los indios zuñi (Nuevo México). La expedición descubrió el Gran Cañón del Colorado y avanzó hasta el actual estado de Kansas. Pero nunca encontró las Siete Ciudades de Cibola ni el reino, no menos imaginario, de Quivira. Las casas de adobe que se asemejaban a las de los pueblos andaluces valieron el nombre de pueblos que se dio a la comarca de los zuñi. En abril de 1542, después de meses de saqueos y de destrucciones, la expedición volvió a la ciudad de México. Según un rumor, Coronado, nuevo Ulises, no soportaba más la separación de la bella Beatriz.

VELÁZQUEZ (DIEGO)

Originario de Cuéllar (Castilla la Vieja), mantiene una estrecha relación con Rodríguez de Fonseca.* Llegado a La Española* en 1493, teniente-gobernador de Cuba* a partir de 1511, envía a Hernández de Córdoba, a Grijalva* y luego a Hernán Cortés* a México. Cuando éste desconoce su autoridad trata infructuosamente de recuperar el dominio de la conquista de México a través de Pánfilo de Narváez.*

VENECIA

Ciudad de 100 000 habitantes en 1500, centro industrial (cristalería), textil y comercial de primera importancia, Venecia ve su influencia amenazada por los avances de los turcos, la competencia de Génova y los ejércitos franceses. "Su arsenal fue la mayor empresa industrial del Renacimiento" (Delumeau). La llegada de las especias* a Lisboa* por la ruta del Cabo de Buena Esperanza pone en peligro el monopolio veneciano, pese a que se registró un mejoramiento en el comercio tradicional por vía del Medio Oriente en el curso del siglo XVI. La ciudad sigue siendo un centro intelectual en donde se acopian numerosas informaciones sobre el Nuevo Mundo, difundidas por las prensas que domina Aldo Manuzio. De Pedro Mártir se publica ahí, en 1504, el *Libreto de tutta la navigatione del re de Spagna*, que comprende el relato de los tres primeros viajes de Colón.* El amigo de Oviedo,* el erudito Giambattista Ramusio, también publica en Venecia, en 1557, su *Raccolta di navigazioni e viaggi*. Allí, Diego Hurtado de Mendoza* fue embajador.

VERRAZANO (GIOVANNI DA)

Florentino nacido en 1485, establecido en Lyon, al que se dirige Francisco I para encomendarle buscar el paso hacia China, cuando la Corona de Francia, después de la vuelta al mundo de Magallanes* y Elcano* y la conquista de México, decide lanzarse, a su vez, a la competencia de los descubrimientos. En 1523 y una expedición es financiada por banqueros lyoneses y florentinos de Ruán. Al año siguiente, Verrazano remonta las costas de los actuales Estados Unidos a partir de Carolina del Sur: explora la bahía de Nueva York y el estuario del Hudson, y prosigue hasta Terranova. A consecuencia de una segunda y desastrosa expedición (1526-1527), Verrazano pereció devorado por los indios en las costas de las Antillas (1528). Jacques Cartier* entra entonces al relevo del florentino de Lyon, que tuvo el mérito de unir por vez primera la Florida* de los españoles y Terranova. En 1529, su hermano Girolamo se dirige al Brasil.

VESPUCIO (AMÉRICO)

Nacido en Florencia* hacia 1452-1454, llegó a Sevilla* en 1490. Navegó por cuenta de España y de Portugal, explorando las costas de Venezuela y del Brasil* y el Río de la Plata. Fue nombrado piloto mayor de la Casa de Contratación,* y murió en 1512 en Sevilla. Sus escritos, muy retocados, tuvieron una resonancia considerable.

VINLAND

Los noruegos se establecieron en Islandia en 874, y luego pusieron pie en Groenlandia a finales del siglo X. Un proscrito de Islandia, Erik el Rojo, se encuentra en el origen de este descubrimiento. De Groenlandia, los navíos zarparon al "país de las piedras planas" (Helluland) y llegaron al Labrador,* el "país de los bosques". Se le debe a Erik la exploración de esta costa, que fue llamada Vinland porque ahí se daba la viña salvaje. Estudios efectuados en Terranova confirman la presencia de establecimientos vikingos en esta isla de la América del Norte. A partir del siglo XVI, el enfriamiento del clima tuvo repercusiones negativas sobre la ocupación de Groenlandia y de las tierras "americanas" situadas al oeste y al sur de la isla. Tal fue el fin de una "gigantesca y pobre talasocracia" (Chaunu). Sin embargo, parece que en el siglo XV marineros bretones, vascos o portugueses llegaban hasta las aguas de Terranova para entregarse a la pesca del bacalao y a la caza de la ballena. En los siglos XIV y XV, textos como la *Inventio Fortunata* o el viaje de Antonio Zeno (muerto en 1380) dan cuenta de exploraciones llevadas hacia la tierra de Baffin, el Labrador* y tal vez el país de los algonquinos.

VITORIA (FRANCISCO DE)

Nacido en 1492. Teólogo y renovador del tomismo, después de estudiar en París (1507-1522) enseñó en Salamanca, desde 1529 hasta su muerte en 1546. Se le considera el fundador y el animador de la Escuela de Salamanca (Domingo de Soto, Melchor Cano) y contribuyó a ensanchar el campo de la reflexión teológica hacia cuestiones de ética, en particular las planteadas por el descubrimiento y la conquista del Nuevo Mundo. Se cuestiona sobre la legitimidad de la presencia española en América.

VIVES (JUAN LUIS)

Nacido en Valencia en 1492, profesor en Lovaina en 1519, sin duda el más grande humanista español de la primera mitad del siglo XVI. Murió en Burgos* en 1540. Fue amigo de Erasmo* y preceptor de María Tudor.

WELSER

Poderosa familia de mercaderes de Augsburgo. En 1498 Antón Welser fundó una compañía que se instaló en los grandes centros europeos y comerció con la plata, los paños de Flandes, los fustanes de Alemania, las lanas de Inglaterra y las especias. Los Welser explotaron el azúcar en Madera, se interesaron por las especias de los portugueses (Goa) y financiaron, junto con los Fúcar,* la elección imperial de Carlos V* (1519). En 1531 recibieron un título nobiliario. Sus experiencias americanas tuvieron un mal resultado, particularmente en Venezuela. Abandonaron los asuntos de La Española* en 1556. Una Welser casó con el hijo del emperador Fernando I.

ZUAZO (ALONSO DE)

Originario de Olmedo o de Segovia, nacido en 1466. En 1517 fue nombrado juez y prestó su apoyo a los jerónimos* encargados de restablecer el orden en La Española.* Fue oidor de la Audiencia* de La Española a partir de 1526.

ZUMÁRRAGA (JUAN DE)

Originario de Durango, ciudad de Vizcaya situada no lejos de Bilbao, profesó en la orden franciscana. En 1527 llamó la atención de Carlos V* y recibió la misión de hacer investigaciones sobre las brujas de Vizcaya. Más tarde fue nombrado obispo de México,* adonde llegó en diciembre de 1528 acompañado de su amigo Andrés de Olmos.* Con la colaboración de las órdenes mendicantes organizó la evange-lización del país y puso en pie la Iglesia mexicana. Lector de Erasmo* y de Tomás Moro,* lleno del entusiasmo místico que reinaba en los claustros castellanos, uniendo la fe a una fidelidad absoluta a la Corona, Zumárraga compuso e hizo im-primir en México un catecismo (Doctrina breve..., 1543). Murió en 1548, de más de 80 años de edad. Habría deseado ir a evangelizar en China. En 1547 el obispado de México fue elevado al rango de arzobispado.

CRONOLOGÍAS

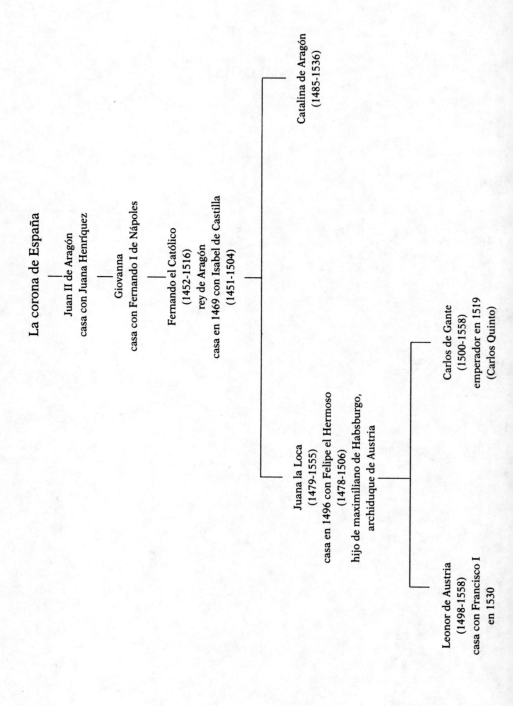

La corona de España

Juan II de Aragón
casa con Juana Henríquez

Giovanna
casa con Fernando I de Nápoles

Fernando el Católico
(1452-1516)
rey de Aragón
casa en 1469 con Isabel de Castilla
(1451-1504)

Catalina de Aragón
(1485-1536)

Juana la Loca
(1479-1555)
casa en 1496 con Felipe el Hermoso
(1478-1506)
hijo de maximiliano de Habsburgo,
archiduque de Austria

Carlos de Gante
(1500-1558)
emperador en 1519
(Carlos Quinto)

Leonor de Austria
(1498-1558)
casa con Francisco I
en 1530

I. CRONOLOGÍA GENERAL

Del advenimiento de los Reyes Católicos a la abdicación de Carlos V

1474   Isabel, reina de Castilla.

1475   Los turcos toman Caffa. Carlos el Temerario invade Lorena. Nacimiento de Pizarro. Se abre al público la Biblioteca Vaticana.

1477   Maximiliano casa con María de Borgoña. Botticelli, *La Primavera*.

1478   Institución de la Inquisición en España (bula de Sixto IV).

1479   Advenimiento de Fernando *el Católico*. Ludovico *el Moro* en Milán. Memling, *Matrimonio místico de santa Catalina*.

1481   Advenimiento de Juan II de Portugal. Comienzo de la guerra de Granada. Los turcos son expulsados de Otranto.

1483   Nacimiento de Lutero y de Rafael. Muerte de Luis XI.

1485   Advenimiento de Enrique VII Tudor. Nacimiento de Cortés.

1486   Maximiliano de Austria, rey de Romanos. Botticelli, *El Nacimiento de Venus*. Toma de Málaga.

1488   Cruzada contra los valdenses de los Alpes. Maximiliano lleva a Amberes los privilegios comerciales de Brujas. Bartolomeu Dias dobla el cabo de las Tormentas (Buena Esperanza).

1490   Muerte de Matías Corvin. *Tirant lo Blanc*, novela de caballería.

1491   Matrimonio de Carlos VIII con Ana de Bretaña. Nacimiento de san Ignacio de Loyola.

1492   Muerte de Lorenzo *el Magnífico*. Elección de Alejandro VI Borgia. Toma de Granada. *Gramática castellana* de Nebrija. DESCUBRIMIENTO DEL NUEVO MUNDO.

1494   Carlos VIII en Italia. Nacimiento de Rabelais. Caída de los Médicis en Florencia. Aldo Manucio funda su imprenta en Venecia. Muerte de Memling. TRATADO DE TORDESILLAS.

1495   Manuel I, rey de Portugal. Toma de Nápoles por Carlos VIII.

1497   Vasco de Gama llega a la India bordeando África. Excomunión de Savonarola. Leonardo da Vinci, *La última Cena*. Nacimiento de Holbein el Joven.

1498   Ejecución de Savonarola. Durero, *El Apocalipsis*. Vasco da Gama en Calicut.

1499   Factoría portuguesa en Amberes. Lucas Signorelli pinta los frescos de Orvieto. Rojas, *La Celestina*. Rebelión del Albaicín de Granada.

1500   Erasmo, *Primeros Adagios*. Regreso de Vasco da Gama. Nacimiento de Carlos V.

1503   Victorias del *Gran Capitán* (Gonzalo Fernández de Córdoba) en Italia. Albuquerque en la India. Ocupación de Cochin. FUNDACIÓN EN SEVILLA DE LA CASA DE CONTRATACIÓN. Expedición normanda al Brasil.

1504   Muerte de Isabel *la Católica*.

1506   Leonardo da Vinci, *La Gioconda*. Bramante comienza San Pedro de Roma. MUERTE DE CRISTÓBAL COLÓN y de Felipe *el Hermoso*.
1508   Montalvo, *Amadís de Gaula*. Creación de la Universidad de Alcalá de Henares.
1509   Advenimiento de Enrique VIII. Toma de Orán por los españoles. Nacimiento de Calvino.
1510   Toma de Goa.
1511   Erasmo, *Elogio de la locura*. Ocupación de Malaca por los portugueses.
1512   Los franceses pierden Italia. Miguel Ángel, *Moisés*.
1513   BALBOA DESCUBRE EL PACÍFICO. Maquiavelo, redacción de *El Príncipe*.
1514   Los portugueses en China.
1515   Marignan. Nacimiento de santa Teresa de Ávila.
1516   Maquiavelo, *El Príncipe*. Tomás Moro, *Utopía*. Ariosto, *Orlando furioso*. Muerte de Fernando *el Católico*. Selim I conquista Egipto.
1517   Las "95 tesis" de Lutero contra las indulgencias. Biblia políglota de Alcalá. PRIMERA EXPEDICIÓN ESPAÑOLA A YUCATÁN. Los portugueses en Cantón.
1519   Carlos V elegido al imperio como rey de Romanos. Lutero es condenado en Colonia. CORTÉS INVADE MÉXICO. MAGALLANES EMPRENDE LA VUELTA AL MUNDO.
1520   Levantamiento de los comuneros. Entrevista del campo del Paño de Oro entre Enrique VIII y Francisco I.
1521   Lutero es excomulgado. Dieta de Worms. Muerte de Josquin des Prés. Maquiavelo, *Diálogos sobre el arte de la guerra*. CORTÉS TOMA LA CIUDAD DE MÉXICO-TENOCHTITLAN y Solimán el Magnífico toma Belgrado.
1522   Los franceses son expulsados del Milanesado. La Inquisición en los Países Bajos. Erasmo, *Coloquios*. ELCANO, COMPAÑERO DE MAGALLANES, VUELVE A ESPAÑA.
1524   Estalla en Alemania la rebelión de los campesinos. Nacimiento de Palestrina. FUNDACIÓN DEL CONSEJO SUPREMO DE INDIAS. PRIMERA EXPEDICIÓN DE PIZARRO. VIAJE DE VERRAZANO A LA EMBOCADURA DEL HUDSON. LLEGADA DE LOS DOCE FRANCISCANOS A MÉXICO.
1525   Derrotado en Pavía, Francisco I cae prisionero de Carlos V. LOS WELSER EN SANTO DOMINGO.
1526   Tratado de Madrid. Ignacio de Loyola, *Ejercicios espirituales*. Batalla de Mohacs. Babur se apodera del sultanado de Delhi.
1527   Saqueo de Roma por las tropas imperiales.
1528   FRACASO DE NARVÁEZ EN LA FLORIDA. LOS WELSER A LA CONQUISTA DE EL DORADO.
1529   Paz de Cambray o "de las Damas". TRATADO DE DEMARCACIÓN DE ZARAGOZA. "Grande rebeine" de Lyon.
1530   Coronación de Carlos V en Bolonia. "Confesión de Augsburgo". La India, en la anarquía después de la muerte de Babur.
1531   Enrique VIII, jefe de la Iglesia anglicana. Muerte de Zwinglio.
1532   Nacimiento de Rolando de Lassus.

1533 PIZARRO TOMA CUZCO.
1534 Los anabaptistas toman la ciudad de Münster. Rabelais, *Vida del gran Gargantúa*. Fundación de la Compañía de Jesús. JACQUES CARTIER EN CANADÁ.
1536 Calvino, *Instituciones de la religión cristiana* (en latín). Muerte de Erasmo. JACQUES CARTIER EXPLORA EL SAN LORENZO. REBELIÓN DEL PERÚ CONTRA PIZARRO. LOS ESPAÑOLES EN BUENOS AIRES.
1538 Tregua de Niza y entrevista de Aguas Muertas. HERNANDO DE SOTO COMIENZA LA EXPLORACIÓN DEL OESTE DEL MISISIPÍ.
1539 Ordenanza de Villers-Cotterêts. Organización de la Compañía de Jesús. Rebelión de Gante. Mercator establece el mapa del mundo. Los turcos atacan Diu, ocupado por los portugueses desde 1534.
1541 Dieta de Ratisbona. Ignacio de Loyola, general de los jesuitas. Miguel Ángel, *El Juicio final*. Nacimiento del Greco. Fracaso de la expedición de Carlos V contra Argel.
1542 Creación de la Inquisición en Roma. Nacimiento de San Juan de la Cruz. "LEYES NUEVAS" promulgadas en favor de los indios. Los españoles llegan a las Filipinas y los portugueses a Japón.
1543 Sitio de Niza por una flota franco-turca. Copérnico, *De revolutionibus orbium coelestium*.
1545 Apertura del Concilio de Trento. EXPLOTACIÓN DE LAS MINAS DEL POTOSÍ.
1546 Muerte de Lutero. Rabelais, el *Tercer Libro*. LOS JESUITAS EN BRASIL.
1547 Batalla de Mühlberg. Muerte de Enrique VIII. Gobierno personal de Iván *el Terrible*. Nacimiento de Cervantes.
1548 Voto del *Interim* de la dieta de Augsburgo.
1549 Primer *Prayer Book*. San Francisco Javier en Japón.
1552 Enrique II ocupa los tres obispados, Metz, Toul y Verdún. Ronsard, *Les Amours*. Muerte de San Francisco Javier.
1553 Ejecución de Miguel Servet. FUNDACIÓN DE LA UNIVERSIDAD DE MÉXICO. Los portugueses en Macao. Los ingleses en Arkhangelsk.
1554 María Tudor casa con el futuro Felipe II. Invención de la amalgama para extraer la plata del mineral. *El Lazarillo de Tormes*.
1555 Paz de Augsburgo.
1556 Abdicación de Carlos V. Muerte de San Ignacio de Loyola. Palestrina, *Misa del papa Marcelo*. El mogol Akbar asciende al poder. Toma de Astrakán por Iván *el Terrible*.

II. EL LEVANTAMIENTO DE LOS COMUNEROS (1519-1522)

1519   Carlos recibe en Barcelona la noticia de su elección al trono imperial. Decide aumentar la carga fiscal.

1519   *Noviembre:* Toledo protesta y exige la reunión de las Cortes.

1519   *Diciembre:* se decide la convocación de las Cortes.

1519-1520   *Invierno:* protesta contra la elección al imperio y negativa de contribuir a los gastos que entraña. Religiosos pronuncian sermones contra los extranjeros y los flamencos. Las comunidades —ciudades y villas— exigen intervenir directamente en los asuntos del gobierno.

1520   *Marzo:* reunión de las cortes en Santiago de Compostela.

1520   *Abril:* nueva reunión en La Coruña. Toledo se levanta en armas, expulsa al corregidor del rey y proclama la comunidad.

1520   *Mayo:* el emperador se embarca rumbo a los Países Bajos y confía su reino al cardenal-regente Adriano de Utrecht. Tumultos en Segovia.

1520   *Agosto:* reunión de una junta en Ávila, a petición de Toledo. Incendio de Medina del Campo por las tropas reales. Juan de Padilla penetra en Tordesillas —donde reside la reina Juana *la Loca*— con tropas de Madrid, Salamanca y Toledo. El poder en Castilla está en manos de la Junta.

1520   *Septiembre:* la Junta se instala en Tordesillas: la *Santa Junta* reúne a la mayoría de las ciudades.

1520   *Noviembre:* las exigencias de los comuneros: la presencia del rey, la partida de los extranjeros, el reconocimiento del papel de las Cortes, el retorno al modelo de gobierno seguido por los Reyes Católicos.

1520   *Diciembre:* se recupera el bando de Carlos. Burgos abandona la Junta. El ejército imperial y los grandes desalojan a los comuneros de Tordesillas. La Junta radicaliza sus posiciones. ¿Abolición de los impuestos? ¿Hacia unas ciudades-estados a la italiana? Llamado a la "libertad"...

1521   *Abril:* batalla de Villalar: el ejército de los comuneros es aplastado por la caballería de la aristocracia castellana. Son ejecutados Padilla, Bravo y Maldonado.

1522   *Febrero:* Toledo, que resiste bajo la dirección de María Pacheco, viuda de Padilla y hermana de Antonio de Mendoza, futuro virrey de México, se somete; María se refugia en Portugal.

1522   *Julio:* Carlos vuelve a España.

1522   *Noviembre:* perdón general, salvo para los 300 comuneros más comprometidos.

III. LAS "GERMANDATS" O "GERMANÍAS" DE VALENCIA
(1519-1524)

1519 *Verano:* la peste azota Valencia. Juan Llorens recluta una *hermandad (germanía)* para luchar contra los piratas berberiscos.

1519 *Diciembre:* Junta de los Trece que reduce los privilegios de los nobles y asegura la autonomía de la ciudad.

1520 *Abril:* la llegada del virrey, conde de Melito, provoca disturbios. Las *germanías* toman el gobierno de las principales ciudades.

1521 *Julio:* derrota del ejército real en Gandía. Vicent Peris sucede a Llorens, y el movimiento se radicaliza.

1521 *Noviembre:* se rinde Valencia.

1522 *Marzo:* Peris es ejecutado. La resistencia prosigue tras la misteriosa figura mesiánica del *Encubierto.*

1522 *Septiembre:* Játiva y Alcira se someten.

1523 *Marzo:* es aplastada la *germanía* de Mallorca.

1524 *Diciembre:* indulto general, otorgado por la virreina Germaine de Foix.

IV. LA EXPANSIÓN PORTUGUESA EN EL SIGLO XV

1415 Toma de Ceuta: Juan I, rey de Portugal, se apodera de esta plaza, sobre la orilla sur del estrecho de Gibraltar.

1419 Reconocimiento de Porto Santo (Madera).

1420 El papa Martín VI concede a Enrique *el Navegante* la administración de la más rica de las órdenes portuguesas, la orden de Cristo. Madera: primera tentativa de población con Bartolomé Perestrelo, cuya nieta casará con Colón.

1420-1434 Fracaso en las Canarias ocupadas por los castellanos.

1427 El archipiélago de las Azores es redescubierto después de haber sido visitado, probablemente, el siglo anterior. La colonización comienza en 1439.

1434 A pesar de la violencia de las corrientes y el temor a lo desconocido que suscita la "mar tenebrosa", doblan el Cabo Bojador, que durante largo tiempo fuera el confín de los mares navegables. Los marinos, para regresar a Portugal, se animan a surcar el mar oeste-norte-oeste antes de volver hacia la península a la altura de las Azores. Gil Eanes lleva algunas flores cortadas del otro lado del cabo, que así pierde su misterio.

1437 El príncipe Enrique se retira a Lagos, en el Algarve, que se vuelve un puesto de avanzada cada vez mejor preparado de la expansión portuguesa. El fracaso ante Tánger, puerta del Mediterráneo musulmán, hace recaer los esfuerzos sobre África.

1441 Cap Branco: "Saludemos en la historia del descubrimiento este año importante de 1441: la primera carabela: he aquí el útil perfecto; la primera caza de esclavos, he aquí el móvil y el motor económico. Así, históricamente, los esclavos preceden al oro" (Chaunu).

1442 Bula de Eugenio IV: la sanción pontificia que sitúa la expansión comercial en la secuela de la Reconquista y de la cruzada.

1443 Arguim se vuelve la primera factoría auténtica.

1444 El Cabo Verde y la embocadura del Senegal: la puerta de la *Terra dos Negros,* de los cuales se envía un primer cargamento a Lagos en Portugal. Se esboza así ya el tráfico de esclavos que dará un giro decisivo con el descubrimiento de América. De momento, la importación de esclavos a la península viene a aliviar el desierto demográfico dejado por la peste negra.

1446 Embocadura del río Gambia y litoral de la actual Guinea-Bissau.

1449 Presencia andaluza: concesión de derechos al duque de Medina Sidonia sobre las tierras y las aguas al norte del cabo Bojador.

1455 La Bula *Romanus Pontifex* confirma el monopolio portugués sobre las aguas y las tierras de Guinea.

1460   La costa de *Serra Leoa* (Sierra Leona) es reconocida por Pedro de Sintra. MUERTE DE ENRIQUE "EL NAVEGANTE".

1460-1469   Lisboa entra progresivamente al relevo de Algarve y de Lagos, por la muerte del príncipe Enrique.

1469   El rey concede a Fernão Gomes, mercader de Lisboa, la explotación de la costa de África.

1470-1472   Costa de la Malagueta, Costa de Marfil, Costa de Oro. Se alcanza la línea ecuatorial así como el hemisferio sur (1471).

1471   Toma de Arcila y luego de Tánger.

1474   Instauración del monopolio de la Corona: Alfonso V confía a su hijo Juan los asuntos de África.

1474   Cabo Santa Catalina (cerca de Port-Gentil en el actual Gabón).

1476   Gran expedición andaluza a Guinea contra el monopolio portugués.

1479   LOS TRATADOS DE ALCAZOBAS concluidos con los castellanos ratifican el monopolio de Guinea y ponen fin a la guerra por la sucesión de Castilla.

1481   Juan II recibe la corona. Se encarga de la expansión portuguesa, con nuevas ambiciones. La bula *Aeterna Regis* cede a Portugal todos los territorios al sur de las Canarias.

1482   EDIFICACIÓN DEL CASTILLO DE SAN JORGE DE LA MINA (GHANA), punto fuerte del comercio del oro. Reino del Congo.

1483   Embocadura del Zaire. Cabo de Santa María (Angola). Diogo Cão cree haber tocado la extremidad meridional de África. Informa al rey en 1484, que hace llegar la noticia al Papa en 1485.

1487   Embajada de Alfonso de Paiva y Pero da Covilhã a Oriente: llegan a Alejandría, Egipto, el mar Rojo y Adén (1488). Paiva se dirige a Abisinia y Etiopía mientras que Covilhã va a la India (Calicut, Goa) para anotar las escalas de las rutas árabes y recoger una amplia información sobre esta parte del mundo.

1487-1488   VIAJE DE BARTOLOMEU DIAS, quien dobla el cabo de las Tormentas o de Buena Esperanza sin enterarse, pero lo reconoce al regreso. En adelante será posible la relación marítima con Asia.

1492-1493   Primer viaje de Colón.

1493-1496   Segundo viaje de Colón.

1494   El TRATADO DE TORDESILLAS sucede a los de Alcazobas y determina un reparto del mundo entre Portugal y Castilla: todo lo que se encuentre al este de un meridiano que pase a 370 leguas al oeste del archipiélago del Cabo Verde será portugués.

1495   Manuel I (1495-1521) sucede a Juan II.

1495-1498 (?)   João Fernandes Labrador y Pedro de Barcelos, originarios de las Azores, navegan por el Atlántico Norte y llegan a Groenlandia, llamada Labrador (?).

1497-1499   VASCO DA GAMA sale de Lisboa el 8 de julio; Navidad: Natal está a la vista; enero de 1498: el Zambeze; marzo: Mozambique; 20 de mayo: ALCANZA EL PUERTO DE CALICUT EN LA INDIA. La ruta marítima directa Portugal-África se inaugura siete años después del descubrimiento de América. Pasado el Cabo Verde, obliga a ir lejos hacia el oeste (la ruta de Brasil), luego hacia el sur y por último hacia el este, pues los vientos dominantes en el Atlántico Sur impiden ir directamente al cabo de Buena Esperanza. La CARREIRA DA INDIA (la ruta marítima de las Indias) uniría, durante más de tres siglos (1497-1863) Lisboa con la India.

1500 PEDRO ALVARES CABRAL DESCUBRE BRASIL. Descubrimiento facilitado, si no impuesto, por el enorme círculo trazado en el Atlántico Sur, entre África y América, por las carabelas que se dirigen del Cabo Verde al océano Índico. Se llega a una tierra el 23 de abril. Se le dan los nombres sucesivos de Vera Cruz, luego de Santa Cruz, por último de Brasil, nombre de una madera que produce tintura.

1500 Gaspar y Miguel Corte Real, originarios ambos de las Azores, llegan a Groenlandia, Terranova, Canadá, el San Lorenzo, el Hudson (?).

1501-1502 Desaparición de los hermanos Corte Real.

V. LOS DESCUBRIMIENTOS DE LOS CASTELLANOS

CRISTÓBAL COLÓN ANTES DE 1492

1451 Nacimiento en Génova, en una familia de artesanos acomodados.
1461 Primer viaje a la mar: LA EXPERIENCIA MEDITERRÁNEA.
1474 Carta de Toscanelli al canónigo Martins: la relación con China por el oeste es concebible y posible.
1476 Colón echa el ancla frente al Algarve. Primera estadía en Lisboa.
1477-1485 LA EXPERIENCIA PORTUGUESA.
1477 Las mares del Norte: sobre el *Galway* en Irlanda y en Islandia.
1479 Matrimonio con Felipa Perestrelo e Moniz.
1482-1485 Viaje a La Mina.
1485 Muerte de Felipa. Negativa de Juan II. Parte hacia Andalucía.
1486 Primera entrevista con Isabel.
1488 Portugal vuelve a rechazar la oferta de Colón.
1489 Bartolomé, hermano de Cristóbal, presenta vanamente el proyecto al rey de Inglaterra Enrique VII y a la corte de Francia.
1490 Los expertos reunidos por Isabel en torno de Talavera condenan el proyecto y llegan a las mismas conclusiones sabias y negativas de Lisboa.
1491 Sitio de Granada e intervención del prior de La Rábida, Juan Pérez.

LOS VIAJES DE COLÓN

1492 Tras un nuevo rechazo (marzo), bajo el impulso de la reina Isabel y la exaltación de la toma de Granada, CASTILLA ACEPTA: CAPITULACIONES DE SANTA FE (17-30 de abril). Colón se embarca el *3 de agosto*. En la *noche del 11 al 12 de octubre* la tierra está a la vista: una isla de las Lucayas, Guanahaní, luego San Salvador. Se establecen los primeros contactos con poblaciones amerindias (taínos): la otra humanidad; *28 de octubre:* CUBA; *6 de diciembre:* HAITÍ (LA ESPAÑOLA O SANTO DOMINGO).

1493 PRIMER REGRESO DE COLÓN: partida el *16 de enero; 15 de febrero:* las Azores; *4 de marzo:* la costa de Portugal; *9 de marzo:* entrevista con Juan II; *15 de marzo:* llegada a Palos; *junio:* se expide la segunda bula *Inter Caetera* que rectifica el reparto entre Portugal y Castilla de una y otra parte de una línea situada a 100 leguas al oeste de las Azores. *Septiembre:* partida de Cádiz para el SEGUNDO VIAJE, se organiza una verdadera expedición; *noviembre:* llegada a las Antillas menores, Puerto Rico.

1494 Explotación de La Española; exploración de Cuba; *junio:* TRATADO DE TORDESILLAS: se hace retroceder la línea, 370 leguas al oeste de las islas de Cabo Verde.

1495 Envío de un cargamento de esclavos indios a España. Revueltas y matanza de los indígenas en La Española. Colón emprende una "guerra cruel" (Las Casas).

1496 *Marzo-junio:* segundo viaje de retorno de Colón.

1497 *Junio:* confirmación de los privilegios de Colón.

1498 TERCER VIAJE: DESCUBRIMIENTO DEL CONTINENTE; *31 de julio:* Trinidad; *Agosto:* Venezuela, las bocas del Orinoco. Sobre La Española reina la confusión y luego estalla la guerra civil.

1499 Alonso de Ojeda, Juan de la Cosa y Vespucio exploran la costa de Venezuela. Tal es el primero de los "viajes menores" y el fin del monopolio colombino por iniciativa de Juan Rodríguez de Fonseca, obispo de Badajoz. Peralonso Niño de la Niebla en Coro: trueque de perlas.

1500 Llegada de Francisco de Bobadilla. Colón vuelve en cadenas a España. Pierde definitivamente las Indias.

1502 Segundo viaje de Ojeda. Descubrimiento y trueque, como en los anteriores. Nombrado gobernador, Nicolás de Ovando sale de Cádiz en febrero hacia La Española.

1503 Fundación de la Casa de Contratación en Sevilla.

1502-1504 CUARTO Y ÚLTIMO VIAJE DE COLÓN. Costa sur de Jamaica, luego Cuba; llegando al cabo Honduras, Colón se dirige al este y sigue las costas hasta el Golfo de Darién. Retorno a Sanlúcar en *noviembre de 1504.* La reina Isabel muere el 26 del mismo mes.

1504-1506 Juan de la Cosa saquea las costas de Colombia.

1505 Tercer viaje de Ojeda a Venezuela y a Urabá. Junta de Toro con Yáñez Pinzón y Vespucio sobre los asuntos de las Indias: encontrar la ruta de las especias.

1506 *20 de mayo:* muerte de Cristóbal Colón.

EL CONTINENTE

1508 Junta de Burgos: ruta de las especias y colonización de la Tierra Firme. Tiempo de la Castilla del Oro: Nicuesa recibe Veragua, y Ojeda, Urabá.

1509 Ocupación del sector de Cartagena.

1510 Muerte de Juan de la Cosa en los parajes de Cartagena. Fundación de San Sebastián de Urabá, luego transferencia al Darién (Colombia).

1512-1513 Juan Ponce de León llega a las Bahamas y la Florida.

1513 EL OCÉANO PACÍFICO ES DESCUBIERTO por Vasco Núñez de Balboa.

1514 El istmo de Panamá cae bajo la influencia española.

1519-1522 Fundación de Panamá. *Septiembre:* partida de la EXPEDICIÓN DE MAGALLANES, portugués al servicio de la Corona de Castilla; *enero de 1520:* Río de la Plata; *octubre-noviembre:* estrecho de Magallanes.

Magallanes llega a las Filipinas, donde muere (abril de 1521). Elcano vuelve por la ruta portuguesa de las Indias y arriba a Sanlúcar el *1° de septiembre de 1522*. Es la PRIMERA VUELTA AL MUNDO.

1526-1530   Expedición de los Caboto al Atlántico Sur al servicio de Carlos V para descubrir otro pasaje.

1527   Primer establecimiento en Paraguay.

VI. DESCUBRIMIENTO Y CONQUISTA DE MÉXICO

1502   Colón inspecciona una gran barca cargada de mercancías: ¿primer contacto —sin futuro— con los países mayas?

1511   Ocupación y colonización de Cuba al mando de Diego Velázquez. Unos náufragos españoles llegan a la península de Yucatán.

1517   PRIMERA EXPEDICIÓN hacia México bajo la dirección de Hernández de Córdoba.

1518   SEGUNDA EXPEDICIÓN al mando de Juan de Grijalva.

1519   TERCERA EXPEDICIÓN: HERNÁN CORTÉS. "Después de 1492, 1519 es la fecha más importante de la historia americana" (Chaunu). Cozumel; *25 de marzo:* batalla de Centla; *21 de abril:* llegada al sitio de la Vera Cruz; *julio:* ruptura con Velázquez y establecimiento del nuevo poder de Cortés; *agosto:* marcha al altiplano en dirección de México-Tenochtitlan; *octubre:* llegada a Tlaxcala y matanza de Cholula; *noviembre:* los conquistadores pasan entre los volcanes y descienden hacia el valle de México donde penetran el día 8. Una expedición, salida de Jamaica, llega a las costas mexicanas al borde del río Pánuco; es masacrada.

1520   Cortés sale al encuentro de Pánfilo de Narváez, enviado en marzo en su persecución para aplastarlo; *mayo:* matanza de la nobleza mexica en México-Tenochtitlan; *25 de junio:* retorno de Cortés a México-Tenochtitlan; *30 de junio:* muerte de Moctezuma y desastrosa retirada de la Noche Triste; *julio:* batalla de Otumba; *octubre:* fundación de Segura de la Frontera (Tepeaca).

1521   *Mayo:* sitio de México; 13 DE AGOSTO: MÉXICO-TENOCHTITLAN CAE EN MANOS DE LOS ESPAÑOLES Y DE SUS ALIADOS.

1521-1523   Conquista del Nordeste: los huastecos oponen una tenaz resistencia a Cortés.

1522   Coatzacoalcos. Sumisión de los mixtecas de Tututepec. En la vertiente del Pacífico: Zacatula y Michoacán.

1523   Colima. Alvarado a la conquista de Guatemala, y Olid a la de Honduras.

1524-1526   Expedición de Cortés a Honduras contra Cristóbal de Olid, que lo ha traicionado.

1525   Ejecución de Cuauhtémoc. Rebelión de las Huastecas.

1528   Cortés va a España, donde recibe el título de marqués del Valle.

1529   Ocupación de Michoacán por Nuño de Guzmán.

1530   Regreso de Cortés a México.

VII. DESCUBRIMIENTO, CONQUISTA Y PACIFICACIÓN DEL PERÚ (1526-1555)

1526   Pacto entre Pizarro, Hernando de Luque y Diego de Almagro en Panamá: "Somos concertados y convenidos de hacer compañía." Para ello, solicitan la licencia del gobernador Pedrarias Dávila.

1528   LOS "TRECE" DE LA ISLA DEL GALLO deciden continuar su camino al Perú.

1529   Regreso a España de Francisco Pizarro para pedir el título de gobernador de las nuevas tierras descubiertas.

1532   Conquista del Perú; asedio de CAJAMARCA. Hernando Pizarro parte hacia Huamachuco y Pachacamac. Marcha de Hernando Pizarro sobre Jauja, donde le espera Chalcuchima. Ambos retornan a Cajamarca. Cautiverio de Atahualpa. *Diciembre:* llegada de Almagro a San Miguel de Piura.

1533   Llegada de Almagro a Cajamarca. Rumores de un ejército formado en Quito. Mientras Soto es mandado a Huamachuco, UN TRIBUNAL CONDENA A MUERTE A ATAHUALPA, QUE ES EJECUTADO EL *29 de agosto.* Benalcázar es nombrado teniente de Pizarro en San Miguel de Piura. *Noviembre:* toma de CUZCO.

1534   Fundación de Cuzco en *marzo.* Manco Inca es proclamado soberano legítimo con el acuerdo de los españoles. Pedro de Alvarado desembarca en Puerto Viejo y atraviesa la sierra en dirección de Quito. Benalcázar y Almagro son enviados por Pizarro a Quito para contener el avance del conquistador.

1535   Salida de Almagro rumbo a Chile. FUNDACIÓN DE LA CIUDAD DE LOS REYES (LIMA) el *18 de enero,* y de Trujillo, sobre la costa norte del Perú, en *marzo.*

1536   Sitio de Cuzco por Manco Inca, quien se subleva contra los españoles.

1537   Paullu Inca es entronizado en Cuzco por Almagro. Éste reivindica el gobierno de la ciudad de Cuzco.

1538   Batalla de Las Salinas. Hernando y Gonzalo Pizarro combaten contra Almagro. MUERTE DE DIEGO DE ALMAGRO.

1539   Paullu Inca se une a la facción de Pizarro y es confirmado en su cargo.

1541   ASESINATO DE FRANCISCO PIZARRO y de su medio hermano Francisco Martín de Alcántara por Almagro *el Mozo* en *junio.*

1542   Batalla de Chupas. Victoria del gobernador Vaca de Castro. Diego de Almagro *el Mozo* es decapitado. Ese mismo año se funda Huánuco.

1543   Paullu Inca es bautizado y recibe el nombre de don Cristóbal Tupac Inca.

1544   Blasco Núñez de Vela desembarca en Tumbes. GONZALO PIZARRO ES PROCLAMADO GOBERNADOR Y CAPITÁN GENERAL DEL PERÚ.

1544   Muerte de Manco. Le suceden en Vilcabamba Sayri Tupac (†1560), luego Titu Cusi (†1568) y por último Tupac Amaru I (†1572).

1544-1548   Gonzalo Pizarro, a la cabeza de los encomenderos, sueña con romper definitivamente con la Corona.

1546   BATALLA DE AÑAQUITO. Derrota y muerte del virrey Núñez de Vela.

1547   Llegada de La Gasca.

1548   Batalla de Xaquixaguana. DERROTA Y MUERTE DE GONZALO PIZARRO.

1550   Muerte de don Cristóbal-Paullu Inca.

1551   Don Antonio de Mendoza, virrey.

1551   Francisco Pizarro, hijo del conquistador y de doña Angelina, es enviado a España, donde casa con doña Inés Pizarro, hija mestiza de Gonzalo. Muere en 1557.

1553   Rebelión de don Sebastián de Castilla.

1553-1554   Rebelión de Francisco Hernández Girón. Su captura y su ejecución ponen fin a las guerras civiles.

1555-1559   Don Andrés Hurtado de Mendoza, marqués de Cañete, virrey.

VIII. DE AMÉRICA AL ASIA

1511-1512 El portugués Albuquerque toma Malaca. Amboine ocupado en las Molucas.

1515 Los portugueses en Timor.

1517 Embajada portuguesa a Cantón.

1521 *Marzo:* EL ARCHIPIÉLAGO DE LAS FILIPINAS ES ALCANZADO POR MAGALLANES; *noviembre:* las Molucas (Tidore). Fracaso de Andrés Niño y de Gil González de Ávila, que parten de Panamá.

1522 Regreso de Elcano a España.

1525 Expedición de García Jofre de Loaisa con la participación de Juan Sebastián Elcano.

1526 Fracaso de Sebastián Caboto.

1527 Tidore es alcanzado por uno de los navíos de Loaisa. Expedición de Álvaro de Saavedra desde Zihuatanejo (México).

1528 Álvaro de Saavedra llega a Tidore. El retorno hacia México resulta imposible. Saavedra descubre la Nueva Guinea.

1529 TRATADO DE ZARAGOZA: el emperador Carlos V renuncia a sus derechos sobre las Molucas en favor de Portugal.

1536 Fracaso de Grijalva, enviado por Cortés.

1542-1543 Enviado por el virrey de México, RUY LÓPEZ DE VILLALOBOS LLEGA A LAS FILIPINAS (MINDANAO, *febrero de 1543*).

1543 Mercaderes portugueses en Japón: introducen en las islas armas de fuego.

1544 Uno de los navíos de Villalobos intenta regresar a México, sin éxito.

1545 Otra vana tentativa de recorrer el Pacífico de oeste a este. La Nueva Guinea, cuyos habitantes se asemejan a los de la Guinea africana, recibe ese nombre.

1546 Muerte de Villalobos en Amboine, asistido por el misionero jesuita Francisco Javier.

1549 FRANCISCO JAVIER EN JAPÓN. Fracaso.

1552 Francisco Javier muere cuando trataba de penetrar en China.

1554 Los portugueses· son autorizados a comerciar en la provincia de Cantón.

1564-1565 MIGUEL LÓPEZ DE LEGAZPI Y ANDRÉS DE URDANETA LLEGAN A LAS FILIPINAS PARTIENDO DE MÉXICO Y DESCUBREN LA VÍA DE RETORNO.

IX. LOS ITINERARIOS

1451 Nacimiento de CRISTÓBAL COLÓN, de ISABEL "LA CATÓLICA" y de RODRÍGUEZ DE FONSECA.

1457-1459 Nacimiento de PEDRO MÁRTIR a orillas del Lago Mayor.

1469 Nacimiento de ERASMO y de MAQUIAVELO. ISABEL DE CASTILLA casa con FERNANDO DE ARAGÓN.

1471 Nacimiento de DURERO.

1478 PEDRO MÁRTIR en Roma. Nacimiento de OVIEDO en Madrid, de VASCO DE QUIROGA en Madrigal de las Altas Torres, de FRANCISCO PIZARRO y de TOMÁS MORO.

1479 Nacimiento de ALMAGRO.

1480 Nacimiento de MAGALLANES.

1484 Nacimiento de LAS CASAS.

1485 Nacimiento de CORTÉS.

1487 PEDRO MÁRTIR en España.

1488 Nacimiento de HERNANDO COLÓN.

1492 PEDRO MÁRTIR, OVIEDO, VASCO DE QUIROGA (?) en Granada. Nacimiento de BERNAL DÍAZ DEL CASTILLO y de ANTONIO DE MENDOZA (?). ERASMO se ordena sacerdote. CRISTÓBAL COLÓN en las Antillas.

1497 OVIEDO sale de España. Partida de VASCO DA GAMA.

1498 Muerte de SAVONAROLA.

1500 OVIEDO en Roma y en Nápoles. Nacimiento de CARLOS V y de SEBASTIÁN GARCILASO DE LA VEGA. Primera edición de los *Adagios* de ERASMO.

1501 PEDRO MÁRTIR en Egipto.

1502 OVIEDO sale de Sicilia y vuelve a España. LAS CASAS y PIZARRO arriban a La Española.

1504 Primera publicación en Venecia de los escritos de PEDRO MÁRTIR. CORTÉS se embarca hacia las Indias.

1507 LAS CASAS en Roma.

1508 SEBASTIÁN CABOTO en la bahía del Hudson.

1511 Publicación en Sevilla de las obras de PEDRO MÁRTIR. ERASMO, *Elogio de la locura.*

1513 BALBOA descubre el Pacífico.

1514 OVIEDO y BERNAL DÍAZ DEL CASTILLO acompañan la expedición de Pedrarias Dávila y desembarcan en Santa Marta en la Castilla del Oro. LAS CASAS en Cuba decide consagrar su vida a la defensa de los indios.

1515 OVIEDO vuelve a España.

1516 Muerte de FERNANDO "EL CATÓLICO". OVIEDO y ANTONIO DE MENDOZA en Bruselas. MORO, *La Utopía;* MAQUIAVELO, publicación de *El Príncipe.*

1517 Díaz del Castillo en la primera expedición lanzada hacia México.

1518 Erasmo en los Países Bajos.

1519 Oviedo en Barcelona así como Las Casas. Cortés a la conquista de México. Magallanes y Elcano inician su vuelta al mundo. Carlos V, elegido emperador.

1520 Pedro Mártir, cronista de Castilla. Oviedo sale de Castilla hacia el Nuevo Mundo. Carlos V, Hernando Colón y Durero en Bruselas. Magallanes franquea el estrecho que llevará su nombre.

1521 Oviedo en Panamá. Erasmo en Anderlecht. Cortés toma México. Maquiavelo, *El arte de la guerra*. Muerte de Magallanes.

1522 Erasmo sale de los Países Bajos.

1523 Oviedo vuelve a España en compañía del almirante Diego Colón. Las Casas ingresa en la orden dominica. Pedro de Gante en México.

1524 Pedro Mártir, abate de Jamaica y miembro del Consejo de Indias. Muerte de Rodríguez de Fonseca. Oviedo es recibido por el emperador en Victoria. Los franciscanos en México. Se concierta la *compañía* entre Pizarro y Almagro.

1525 Oviedo redacta el *Sumario de la natural historia de las Indias*. Vasco de Quiroga en Orán.

1526 Pedro Mártir muere en Granada. Oviedo vuelve al Nuevo Mundo. Ignacio de Loyola, *Ejercicios espirituales*.

1527 Muerte de Maquiavelo.

1528 Muerte de Durero.

1530 Oviedo zarpa de Panamá hacia España. Vasco de Quiroga llega a México. Coronación de Carlos V en Bolonia.

1532 Oviedo, cronista de Indias: retorno a Santo Domingo. Encuentro de Pizarro y de Atahualpa en Cajamarca.

1534 Oviedo en Sevilla. Jacques Cartier en Canadá.

1535 Oviedo publica su *Historia general y natural de las Indias*. Antonio de Mendoza, virrey de México. Ejecución de Tomás Moro.

1536 Oviedo de regreso a Santo Domingo. Erasmo muere en Basilea. Revuelta del Perú inca contra Pizarro.

1537 Vasco de Quiroga, obispo de Michoacán (México). Guerra civil en Perú.

1538 Ejecución de Almagro.

1539 Las Casas en México.

1540 Díaz del Castillo en España.

1541 Las Casas, *Brevísima relación de la destrucción de las Indias*. Asesinato de Francisco Pizarro.

1543 Las Casas, obispo de Chiapas. Orellana en el Amazonas.

1546 Oviedo en Madrid. Las Casas y Antonio de Mendoza se enfrentan en México.

1547 Segunda edición en Salamanca de la *Historia general...* de Oviedo. Las Casas vuelve definitivamente a España. Muerte de Cortés. Gonzalo Pizarro, "rey del Perú".

1548 Las Casas impide la publicación del tratado de Sepúlveda. Decapitación de Gonzalo Pizarro.

1549 OVIEDO en Santo Domingo. LA GASCA en Perú. Muerte de PAULLU INCA.
1550 DÍAZ DEL CASTILLO se opone a LAS CASAS en la *junta* de Valladolid. ANTONIO DE MENDOZA sale de México rumbo al Perú.
1551 DÍAZ DEL CASTILLO, regidor de la ciudad de Guatemala. Comienza su *Historia verdadera de la conquista de la Nueva España*.
1552 ANTONIO DE MENDOZA muere en Perú.
1556 OVIEDO vuelve a España. LAS CASAS trabaja en su *Apologética Historia*. Abdicación de CARLOS V.
1557 OVIEDO muere en Valladolid a los 79 años.
1565 Muerte de VASCO DE QUIROGA en Pátzcuaro (México).
1566 Muerte de LAS CASAS en Madrid.

GLOSARIO

agermanat (t. valenciano): miembro de una *germandat* de Valencia, equivalente de comunero.

alfaneque (o. árabe*): tienda de campaña.

alfaquí (o. árabe): ulema, ministro del culto musulmán.

aljama (t. árabe): comunidad musulmana o judía establecida en una ciudad, que goza de un estatuto particular.

aljamiado (o. árabe): escrito en *aljamía*, es decir, en castellano anotado en caracteres árabes.

apo (t. quechua): título de respeto concedido a los grandes señores y a los *huaca* de las montañas.

ayllu (t. quechua): arma arrojadiza compuesta por dos o tres bolas que se enrollan en torno del blanco para inmovilizarlo; grupo de parentesco en los Andes.

bandería (t. cast.): liga de la nobleza.

bando (t. cast.): linaje que domina a otros linajes.

baqueano (t. taíno): el que conoce los caminos.

batey (t. taíno): juego de pelota, lugar pequeño.

behetría (t. cast.): población cuyos miembros escogen su jefe a su gusto.

bixa (t. taíno): ungüento corporal sacado del grano de un árbol de flores rojas.

bohío (t. taíno): cabaña de madera y palma.

bohite (t. taíno): "el que ve", chamán.

cacique (t. taíno): señor.

calmecac (t. náhuatl): colegio reservado a los hijos de la nobleza.

Capullana (t. cast., de *capuz):* sobrenombre dado por los españoles a una princesa peruana.

carbet: gran caja, en las Antillas.

casik (t. taíno): véase *cacique*.

cihuacóatl (t. náhuatl): dignatario que ocupaba el segundo lugar, después del *tlatoani*, en la jerarquía mexica.

citua (t. quechua): rito andino celebrado para alejar.los infortunios y la deshonra.

conuco (t. taíno): parcela de tierra cultivada.

cue (t. taíno): santuario, templo.

cuy (t. quechua): cerdo de la India.

desnaturamiento (t. cast.): ruptura de los nexos de dependencia que unen un vasallo a su señor.

devotio moderna (t. latín): corriente espiritual desarrollada en torno de los Hermanos de la Vida Común, en el siglo xv.

---

* o. árabe=término castellano de origen árabe.

ensalada (t. cast.): popurrí de tonadas y de melodías.

extrañamiento de tierra (t. cast.): expulsión, exilio.

gaci (t. árabe): esclavo o cautivo moro originario de África.

galponcillo (t. cast.): abrigo.

germandat (t. valenciano): en Valencia, confederación de la nobleza y de la plebe para asegurar el orden público.

guazavara (t. árabe, de *alguazavara): escaramuza, algazara.

hain (t. fueguino): rito de la Tierra del Fuego.

huaca (t. quechua): objeto de culto en los Andes, entidad epónima, de configuraciones diversas.

huaquero (t. cast. de o. quechua): buscador de tesoros y de huaca en los Andes.

hutía (t. taíno): roedor de las Antillas, parecido a la rata.

jabeba o jabehca (t. árabe): flauta morisca que imita el sonido del órgano.

kloketen (t. fueguino): iniciado (Tierra de Fuego).

kuraka (t. quechua): señor indígena en los Andes.

ladino (t. cast.): moro convertido y bilingüe en España.

maloca (t. araucano): construcción circular en que viven varias centenas de personas; invasión de una tierra.

masato (t. del Piamonte andino): bebida preparada a base de maíz, de plátano, de agua y de azúcar.

maskaipacha (t. quechua): franja retenida sobre la frente por una trenza de lana (llanto), emblema del poder del Inca.

mictlan (t. náhuatl): morada de los muertos ordinarios en las culturas nahuas.

mita (t. quechua): servicio debido por los indios de los Andes.

mitimaes (t. quechua): indios de los Andes deportados de su región de origen y establecidos en otras comarcas por el Inca.

monfi (t. árabe): moro convertido, entregado al bandidismo, o gente sin fe ni ley.

mullu (t. quechua): espóndilo, concha blanca y color coral, objeto de trueque en los Andes.

naboría (t. taíno): véase Léxico.

nómina (t. cast.): oración inscrita sobre un trozo de papel o un libro de conjuros.

orejón (t. cast.): representante de la élite inca reconocible por sus deformaciones auriculares.

papa (t. náhuatl): sacerdote pagano.

pechero (t. t.): sometido al impuesto (pecho), agricultor, por oposición a los hidalgos exentos de tributo.

pipiltin (t. náhuatl): nobles, "hijos de alguien".

pochteca (t. nahuatl): comerciante en el mundo náhuatl.

propio (t. cast): tierra o ingreso perteneciente a una municipalidad.

puna (t. quechua): landa de los Andes.

quellca (t. quechua): dibujo de las telas y luego escritura alfabética de los cristianos.

quevi (t. chibcha): cacique en el istmo de Panamá.

quipu (t. quechua): cuerdecillas utilizadas en los Andes para anotar cantidades y otras informaciones.

runa (t. quechua): "los hombres", nombre que se dan los indios de los Andes.

soroche (t. cast.): mal de montaña, provocado por la altura.

taqui (t. quechua): canto en honor de las acciones gloriosas de los Incas.

teponaztli (t. náhuatl.): tambor indígena.

tepuzqui (t. náhuatl, de *tepuztli*, cobre, metal): cañón español.

tlatoani (t. náhuatl): soberano, "el que habla bien", "Gran orador".

tonalli (t. náhuatl): una de las energías vitales, ligada al destino del individuo.

traza (t. cast.): plano, como tablero de ajedrez, de una ciudad.

tupichuariya (t. guaraní): hombre-dios, profeta entre los avaporu.

visita (t. cast.): inspección efectuada por un representante de la Corona o visitador.

yanacona (t. quechua): servidor.

zeme (t. taíno): objeto de culto, de formas diversas.

BIBLIOGRAFÍA

La amplitud del tema y la perspectiva europea que hemos tratado de iniciar impiden cualquier censo bibliográfico, así sea poco profundo. Había que decidir un término medio entre una lista mínima que no habría tenido mucho sentido y el catálogo enciclopédico. Así, el lector sólo encontrará en estas paginas las obras que nos parecen esenciales o importantes, así como estudios que incluyen ricas bibliografías que pueden ayudar a esclarecer numerosas cuestiones.

Abreviaturas

BAE	Biblioteca de Autores Españoles
CSIC	Consejo Superior de Investigaciones Científicas
FCE	Fondo de Cultura Económica
IFEA	Institut Français d'Études Andines
PUF	Presses Universitaires de France
UNAM	Universidad Nacional Autónoma de México

I. Generalidades

A manera de entrada en materia, quisiéramos mencionar las obras de la colección Nouvelle Clio —valiosos instrumentos en el dominio de los estudios franceses— dedicados a la Europa del siglo XVI, a la expansión europea y a los grandes descubrimientos. El lector encontrará en ellos abundante información sobre la producción historiográfica anterior a la década de 1970, así como indicaciones sobre los grandes textos de referencia.

Chaunu, Pierre (1969a), *L'expansion européenne du XIIIe au XVe siècle*, París, PUF, Nouvelle Clio 26. (Indispensable.)

——— (1969b), *Conquête et exploitation des nouveaux mondes*, París, PUF, Nouvelle Clio 26bis. (Indispensable.)

Lapeyre, André (1967), *Les monarchies européennes au XVIe siècle. Les relations internationales*, París, PUF, Nouvelle Clio 31.

Maureau, Frédéric (1970), *Le XVIe siècle européen. Aspects économiques*, París, PUF, Nouvelle Clio 32.

Agregamos:

Delumeau, Jean, *La civilisation de la Renaissance*, Paris, Arthaud, 1967.

Y, en un tema tan vasto, sería imposible limitarnos a los trabajos en lengua francesa.

En inglés:

The Cambridge History of Latin America, Cambridge, Cambridge University Press, 1984, vol,. I y II, y en particular las siguientes recopilaciones:

Colonial Spanish America, comp. por Leslie Bethell, Cambridge, Cambridge University Press, 1987.

Colonial Brazil, comp. por Leslie Bethell, Cambridge, Cambridge University Press, 1987.

Bailey W. Diffie y Winius, George (1977), *Foundations of the Portuguese Empire 1415-1580*, Minneapolis, The University of Minnesota Press.

Boxer, Charles Ralph (1969), *The Portuguese Seaborne Empire 1415-1825*, Londres.

Elliott, John H. (1966), *Imperial Spain, 1469-1716*, Nueva York, Mentor Books.

―――― (1970), *The Old World and the New, 1492-1650*, Cambridge, Cambridge University Press.

Gibson, Charles (1966), *Spain in America*, Nueva York, Harper and Row.

Mac Alister, Lyle (1984), *Spain and Portugal in the New World 1492-1700*, Minneapolis, University of Minnesota Press.

Parry, John H. (1966), *The Spanish Seaborne Empire*, Nueva York, Knopf.

En español:

Bennassar, Bartolomé (1986), *La América española y la América portuguesa (Siglos XVI-XVIII)*, Madrid, Sarpe.

Céspedes de Castro, Guillermo (1983), *América hispánica (1492-1898)*, en Historia de España, t. VI, Barcelona, Labor.

Esteve Barba, Francisco (1964), *Historiografía indiana*, Madrid, Editorial Gredos.

Konetzke, Richard (1972), *América Latina. II La época colonial*, México, Siglo XXI (edición original en alemán: *Süd- und Mittelamerika, I. Die Indianerkulturen Altamerikas und die spanisch-portugiesische Kolonialherrschaft*, Francfort, Fischer Bucherei K. G., 1965).

II. FUENTES IMPRESAS

Sobre los descubrimientos y su contexto ibérico y europeo, el lector preocupado por ir a los grandes textos originales o por hojear algunas páginas menos conocidas encontrará aquí algunas indicaciones. Recordemos también los títulos publicados por las Éditions de la Découverte, más accesibles en la lengua francesa, aun cuando el establecimiento de los textos y la selección de las traducciones sean un tanto discutibles.

Andagoya, Pascual [1542-1546] (1986), *Relación y documentos*, edit. por Adrián Blázquez, Madrid, Historia 16.

Anghiera, Pierre, Martyr de (1953-1957), *Epistolario*, Documentos inéditos para la historia de España, Madrid, Imprenta Góngora, 4 vols.

―――― [1493-1525] (1964), *Décadas del Nuevo Mundo*, edit. por E. O'Gorman, México, Porrúa, 2 vols.

Barlow, Roger [1531] (1931), *A Brief Summe of Geography* (versión inglesa del tratado de geografía del bachiller Enciso), Londres, The Hakluyt Society, segunda serie, núm. IX.

Barrientos, don Lope [ca. 1454] (1946), *Refundición de la Crónica del Halconero*, Madrid, Espasa-Calpe, Colección de Crónicas Españolas, t. IX.

Bernáldez, Andrés [fin del siglo XV] (1962), *Memorias del reinado de los Reyes Católicos* (edit. por Manuel Gómez Moreno y Juan de Mata Carriazo). Madrid, Real Academia de la Historia. Otra edición en BAE, 1953, núm. 70, pp. 567-788.

Betanzos, Juan de [1551] (1987), *Suma y narración de los Incas*, edit. por María del Carmen Martín Rubio, Madrid, Atlas.

Borregán, Alonso [1565?] (1948), *Crónica de la conquista del Perú*, Edición y prólogo de Rafael Loredo, Sevilla, CSIC, Escuela de Estudios Hispano-americanos.

Cabeza de Vaca, Álvar Núñez [1542] (1977), *Naufragios y comentarios*, México, La Nave de los Locos.

——— (1979), *Relation de voyage, 1527-1537*, traducción y comentarios de Bernard Lesfargues y Jean Marie Auzias, Arles, Actes Sud.

Calancha, Fray Antonio de [1653] (1972), *Historia del Santuario e imagen de Nuestra Señora de Copacabana*. Madrid, CSIC, Instituto Enrique Flórez.

Calvete de la Estrella, Juan Cristóbal [1566-1567] (1965), *Vida de don Pedro de Gasca*, Madrid, BAE, núms 167-168.

"Carta de Diego Velázquez" [1519] (1971), *Colección de documentos para la historia de México*, México, Porrúa, t. I, pp. 399-403.

"Carta del Licenciado Vaca de Castro al Emperador don Carlos" [1542] (1877), *Cartas de Indias*, II, Madrid, BAE, pp. 473-494.

Cartas de religiosos (1941), México, Salvador Chávez Hayhoe.

Cartas de particulares a Colón y relaciones coetáneas (1984), edit. por Juan Gil y Consuelo Varela, Madrid, Alianza Universidad.

Cartier, Jacques, *Voyage au Canada 1503-1543. Avec les relations des voyages en Amérique de Gonneville, Verrazano et Roberval*. Introducción y notas de C.A. Julien, París, La Découverte, núm. 35.

Carvajal, Fray Gaspar de [1550 *circa*] (1955), *Relación del nuevo descubrimiento del famoso Río Grande de las Amazonas*, México, Fondo de Cultura Económica.

Cervantes de Salazar, Francisco [1566] (1982), *Crónica de la Nueva España*, edit. por Juan Miralles Ostos, México, Porrúa.

Cieza de Léon, Pedro [1553] (1947), *La crónica del Perú*, Madrid, BAE, núm. 27, pp. 354-458.

——— [1553] (1967), *El Señorío de los Incas*, Lima, Instituto de Estudios Peruanos.

——— [1564 *circa*] (1979), *Descubrimiento y conquista del Perú*, edit. por Francesca Cantù, Istituto Storico Italiano per l'Età moderna e contemporanea, Roma.

Cobo, Bernabé [1650 *circa*] (1964), *Obras*, Madrid, BAE, núms. 91-92.

Códice franciscano (1941), México, Salvador Chávez Hayhoe

Colección de documentos inéditos relativos al descubrimiento, conquista y colonización de las antiguas posesiones españolas de América y Oceanía, sacados de los archivos del reino y muy especialmente del de Indias (1864-1884), Madrid, Real Academia de la Historia, 42 vols. En lo que se refiere a la expedición de Natá bajo la dirección de Gaspar de Espinosa, consultar XX (1873), pp. 5-119.

Colección de documentos inéditos relativos al descubrimiento, conquista y organización de las antiguas posesiones españolas de Ultramar, Segunda

Serie (1885-1932), Madrid, Real Academia de la Historia, Rivadeneyra, 25 vols.

Colón, Cristóbal (1984), *Textos y documentos completos*, prólogo y notas de Consuelo Varela, Madrid, Alianza Universidad.

—— *La découverte de l'Amérique*, introducción y traducción de Michel Lequenne y Soledad Estorach, París, La Découverte, 1979, 2 vols., núms. 1 y 2 (t. I: Journal de bord, 1492-1493; t. II: Relations de voyage, 1493-1504).

Colón, Hernando [1571] (1984), *Vida del Almirante*, edit. por Ramón Iglesia, México, FCE.

Conquistador Anonyme, Le (1970), edit. por J. Rose, México, IFAL.

Cortés, Hernán [1522, 1523, 1525] (1963), *Cartas y documentos*, edit. por Mario Hernández Sánchez-Barba, México, Porrúa.

—— *Letters to the Emperor*, edit. por John H. Elliott y Anthony Pagden, Yale, New Haven, 1986.

——, *La conquête du Mexique, 1519-1521*, introducción y notas de Bernard Grunberg, París, La Découverte, núm. 9.

Covarrubias, Sebastián de [1611] (1943), *Tesoro de la lengua castellana y española*, Barcelona, S. A. Horta.

"De rebus gestis Ferdinandi Cortesii"(1967), en *Colección de documentos para la historia de México*, México, Porrúa, t. I, pp. 309-357.

Díaz del Castillo, Bernal [1568] (1968), *Historia verdadera de la conquista de la Nueva España*, México, Porrúa, 2 vols.

—— *Histoire véridique de la conquête de la Nouvelle-Espagne, 1517-1575*, introducción y notas de Bernard Grunberg, París, La Découverte, 2 vols., núms. 17 y 18.

Durán, Diego [1570-1581] (1967), *Historia de las Indias de Nueva España e islas de la Tierra Firme*, México, Porrúa, 2 vols.

Estete, Miguel de (1938), *Noticias del Perú*, en Horacio Urteaga, *Los cronistas de la Conquista*, pp. 195-252, Biblioteca de Cultura Peruana, París, Desclée de Brouwer.

—— (1947), *La relación del viaje que hizo el señor capitán Hernando Pizarro*, Madrid, BAE, núm. 26, pp. 338-343.

Fernández, Diego [1571] (1963), *Historia del Perú*, Madrid, BAE, núm. 164, pp. 5-398; núm. 165, pp. 1-131.

Fernández de Navarrete, M., véase Navarrete.

Fernández de Oviedo, Gonzalo [1526] (1950), *Sumario de la historia natural de las Indias*, México, FCE (edición madrileña de Manuel Ballesteros, Historia 16, 1986).

—— (1547), *Crónica de las Indias. La historia general de las Indias...*, Salamanca, Juan de Junta.

—— (1557), *Libro XX de la Segunda Parte de la general historia de las Indias*, Valladolid, Francisco Fernández de Córdova.

—— (1959), *Historia general y natural de las Indias*, edición y estudio preliminar de Juan Pérez de Tudela y Bueso, Madrid, BAE, núms. 117-121, 5 vols.

—— (1974), *Las Memorias*, edit. por Juan Bautista Avalle Arce, Chapel Hill, North Carolina Studies in the Romance Languages and Literature, 2 vols. (Se trata de una edición revisada y abreviada de las *Quinquagenas.)*

Foulché-Delbosc, R. (1912), *Cancionero castellano del siglo XV*, Madrid, Nueva BAE, núm. 19.

García Icazbalceta, Joaquín, *Documentos para la historia de México*, México, Porrúa, 1971, 2 vols.

Garcilaso de la Vega, Inca [1609] (1960a), *Comentarios reales de los Incas*, Cuzco, Ediciones de la Universidad Nacional.

―――― [1617] (1960b), *Historia General del Perú*, Madrid, BAE, núms. 134-135.

―――― (1960c), *Relación de la descendencia del famoso Garci Pérez de Vargas*, Madrid, BAE, núm. 132, pp. 231-240.

―――― [1605] (1986), *La Florida del Inca*, Madrid, Historia 16.

―――― *Commentaires royaux sur le Pérou des Incas, 1597-1604*, introducción de Marcel Bataillon, París, La Découverte, 2 vols. (núms. 59 y 60).

Gutiérrez de Santa Clara, Pedro (1963), *Quinquenarios o Historia de las Guerras civiles del Perú (1544-1548) y de otros sucesos de las Indias*, Madrid, BAE, núms. 165-167.

Grijalva, Juan de (1942), *The Discovery of New Spain in 1518*, traducción de los textos originales de Henry R. Wagner, Berkeley, Bancroft Library, The Cortés Society.

Hernández Príncipe, Rodrigo [1621] (1986), *Idolatría del pueblo de Ocros, cabeza desta comunidad*, en Pierre Duviols, *Cultura andina y represión*, Cuzco, Centro de Estudios Rurales Andinos Bartolomé de Las Casas, pp. 463-475.

Hurtado de Mendoza, Diego [1572-1574] (1970), *Guerra de Granada*, edit. por Bernardo Blanco González, Madrid, Clásicos Castalia.

Iranzo, Miguel Lucas [1465-1471] (1940), *Hechos del condestable*, edit. por Juan de Mata y Carriazo, Madrid, Espasa-Calpe.

"Itinerario de Grijalva" [1518] (1967), *Colección de documentos para la historia de México*, México, Porrúa, t. I, pp. 281-308.

Jerez, Francisco de [1534] (1947), *"Verdadera Relación de la conquista del Perú y provincia del Cuzco llamada la Nueva Castilla"*, Madrid, BAE, núm. 26, pp. 319-346.

Konetzke, Richard (1953-1962), *Colección de documentos para la historia de la formación social de Hispano-América, 1493-1810*, Madrid, CSIC, 5 vols.

Las Casas, Bartolomé de [1559] (1986), *Historia de las Indias*, México, FCE, 3 vols. y, para la edición madrileña, BAE, núms. 95 y 96, 1957-1961.

―――― (1967), *Apologética Historia Sumaria*, edit. por E. O'Gorman, México, UNAM, 2 vols.

―――― *Très brève relation de la destruction des Indes, 1552*, introducción de Roberto F. Retamar, París, La Découverte, núm. 6.

La Fosse, Eustache de [1480 *circa*] (1897), "Voyage à la côte occidentale d'Afrique, en Portugal et en Espagne" (1479-1480), en *Revue Hispanique*, t. IV, pp. 174-201.

La Torre, Antonio de (comp.). (1949-1951), *Documentos sobre relaciones internacionales de los Reyes Católicos*, Barcelona, CSIC, 3 vols.

Lockhart, James y Enrique Otte (comp.) (1976), *Letters and People of the Spanish Indies. The XVI Century*, Cambridge, Latin American Studies, 22.

Lohmann-Villena, Guillermo (1986), *Francisco Pizarro. Testimonio. Documentos oficiales, cartas y escritos varios*, Madrid, CSIC, Monumenta Hispano Indiana, III, V Centenario del Descubrimiento de América.

López de Gómara, Francisco (1552), *Historia de las Indias y Conquista de México*, Zaragoza (reed. México, Pedro Robredo, 1943, 2 vols. y 1945 edit. por Ramírez Cabañas; utilizamos también la edición de 1965, Barcelona, Obras Maestras, 2 vols.

Maquiavelo, Niccolò, *Il principe e discorsi sopra la prima deca di Tito Livio*, edit. por Sergio Bertelli, Milán, Feltrinelli, 1971.

Mármol Carvajal, Luis [1600] (1946), *Historia de la rebelión y castigo de los moriscos del reino de Granada*, Madrid, BAE, XXI.

Mata y Carriazo, Juan de (ed.) [1450 *circa*] (1946), *Crónica del Halconero de Juan II*, Madrid, Espasa-Calpe, Colección de Crónicas Españolas, t. VIII.

Mena, Cristóbal de [presunto autor] (1938), *La conquista del Perú llamada la Nueva Castilla*, en Horacio de Urteaga: *Los cronistas de la Conquista*, pp. 307-328, Biblioteca de Cultura Peruana, París, Desclée de Brouwer.

Mendieta, Gerónimo de [1615] (1945), *Historia eclesiástica indiana*, México, Salvador Chávez Hayhoe, 4 vols.

Molina, Cristóbal *(el Chileno o el Almagrista)* [1552] (1968), *Relación de muchas cosas acaescidas en el Perú*, Madrid, BAE, t. CCIX.

Molina, Cristóbal (el Cuzqueño) [1575 *circa*] (1989), *Relación de las fábulas y ritos de los Ingas*, Madrid, Historia 16, Crónicas de América 48, pp. 49-134.

Monetarius (Münzer), Hieronimus [1494-1495] (1920), "Itinerarium hispanicum Hieronymi Monetarii", edit. por Ludwig Pfandl, *Revue Hispanique*, 1920, pp. 1-179.

——— (1952), "Relación del viaje", en *Viajes de extranjeros por España y Portugal*, edit. por J. García Mercadal, t. I, Madrid.

More, Thomas [1516] (1987), *Utopie*, traducción de Marie Delcourt, París, Flammarion (ed. inglesa *The Complete Works*, trad. de E. Surtz, New Haven, Yale University Press, 1964).

Motolinía, Fray Toribio de Benavente [1541] (1971), *Memoriales o libro de las cosas de la Nueva España y de los naturales de ella*, edit. por E. O'Gorman, México, UNAM.

Navajero (o Navagiero), Andrea [1524-1526] (1952), "Viaje por España", en *Viajes de extranjeros por España y Portugal*, edit. por J. García Mercadal, Madrid, 1952, t. I (nueva ed., Madrid, Turner, 1983.)

Navarrete, Martín Fernández de (1955), *Colección de los Viajes y Descubrimientos que hicieron por mar los españoles desde fines del siglo XV*, Madrid, BAE, t. II, núm. 76.

Ortiguera, Toribio de [1581-1586] (1968), *Jornada del río Marañón*, Madrid, BAE, núm. 216.

Ortiz de Zúñiga, Íñigo [1562] (1967), *Visita de la provincia de León de Huánuco en 1562*, Perú, Huánuco, Universidad Nacional Hermilio Valdizán, t. I y II.

Oviedo, véase Fernández de Oviedo.

Palacios Rubios, Juan López de [1514] (1954), *De las islas del mar Oceáno*, edit. por S. Zavala y A. Millares Carlo, México, FCE (además el tratado de Matías de Paz, *Del dominio de los reyes de España sobre los indios).*

Palencia, Alonso de [1477 *circa]* (1975), *Crónica de Enrique IV,* Madrid, BAE, núms. 265-267, 3 vols.

Pané, Ramón [1498] (1977), *Relación acerca de las antigüedades de los indios,* edit. por Juan José Arrom, México, Siglo XXI.

Paso y Troncoso, Fernando del (1939-1942), *Epistolario de Nueva España, 1505-1518,* México, Robredo, 16 vols.

"Pesquisa de la audiencia de La Española" [XII-1519/I-1520] (1971), en *Colección de documentos para la historia de México,* México, Porrúa, t. I, pp. 404-410.

Pigafetta, Antonio [1524] (1888), "Navegación y Descubrimiento de la India superior hecha por mí, Antonio Pigafetta, gentil-hombre vicentino caballero de Rodas, dedicada al muy excelente y muy ilustre señor Felipe de Villers Lisle-Adam, Gran Maestre de Rodas", en *Colección de Documentos para la Historia de Chile,* edit. por José Toribio de Medina, t. II, Santiago de Chile, Ercella, pp. 417-452.

Pizarro, Francisco [1537] (1865), "Carta", en Madrid, *Colección de Documentos inéditos del Archivo de Indias,* t. III.

Pizarro, Hernando (1938), "A los Magníficos Señores, los Señores Oidores de la Audiencia Real de Su Majestad, que residen en la ciudad de Santo Domingo", en Horacio Urteaga, *Los cronistas de la Conquista,* pp. 253-264, Biblioteca de Cultura Peruana, París, Desclée de Brouwer.

Pizarro, Pedro [1571] (1965), *Relación del Descubrimiento y conquista de los reinos del Perú,* Madrid, BAE, núm. 168, pp. 161-242.

Poma de Ayala, Guamán [fines del siglo XVI] (1936), *Nueva Corónica y buen gobierno,* París, Institut d'Ethnologie (y México, Siglo XXI, 1980).

Pulgar, Hernando del [fines del siglo XV] (1856), *Letras,* en *Epistolario Español,* Madrid, M. Rivadeneyra.

——— [1495?] (1943), *Crónica de los Reyes Católicos,* edit. por Juan de Mata Carriazo, Madrid, Espasa-Calpe, Colección de Crónicas Españolas, vols. 5 y 6.

——— [1486] (1971), *Claros varones de Castilla,* edit. por Robert Brian Tate, Oxford, Clarendon Press.

Raccolta di documenti e studi pubblicati dalla Reale Commissione Colombiana (1891-1894), edit. por Cesare de Lollis, Génova y Roma, 14 vols.

Relación de las cosas del Perú desde 1543 hasta la muerte de Gonzalo Pizarro [atribuida a Rodrigo Lozano, sin fecha, mediados del siglo XVI] (1965), Madrid, BAE, núm. 168, pp. 251-332.

Rodríguez Villa, A. (ed.) (1903), *Crónicas del Gran Capitán* (fin de los siglos XV-XVI), Madrid, Nueva BAE, núm. 10.

Sahagún, Bernardino de [1582] (1977), *Historia general de las cosas de Nueva España,* edit. por Á. M. Garibay K., México, Porrúa, 4 vols.

Sámano-Jerez [*ca.* 1527] (1842), "Relación del descubrimiento del Perú", en *Colección de Documentos inéditos para la Historia de España,* t. V. pp. 193-201.

Sancho de la Hoz, Pedro (1938), *Relación para S. M. de lo sucedido en la conquista y pacificación de estas provincias de la Nueva Castilla y de la calidad de la tierra*, en Horacio Urteaga, *Los cronistas de la Conquista*, pp. 117-194, Biblioteca de Cultura Peruana, París, Desclée de Brouwer.

Santa Cruz, Alonso de (1951), *Crónica de los Reyes Católicos*, edición y estudio por Juan de Mata y Carriazo, Sevilla, Escuela de Estudios Hispanoamericanos, XLIX, serie 7, 2 vols.

Sarmiento de Gamboa, Pedro (1942), *Historia Índica*, en Roberto Levillier, *Don Francisco de Toledo*, libro II pp. 12-159, Buenos Aires, Espasa-Calpe.

———— (1988), *Viajes al estrecho de Magallanes* [1580-1590], Madrid, Alianza Editora, Quinto Centenario.

Sepúlveda, Juan Ginés de [1541] (1979), *Tratado sobre las justas causas de la guerra contra los indios*, edit. por M. García-Pelayo, México, FCE.

Siculo, Marineo (1533), *Libro primero de las cosas memorables de España*, Alcalá de Henares.

Sigüenza, José de (1907), *Historia de la Orden de San Jerónimo*, Madrid, Nueva BAE, núm. 8, t. I y II.

Suárez de Peralta, Juan *[circa* 1589] (1949), *Tratado del descubrimiento de las Indias*, México, Secretaría de Educación Pública.

Tafur, Pero [1435-1439] (1874), *Andanças é viajes de Pero Tafur por diversas partes del mundo*, Madrid, Colección de libros españoles raros o curiosos, t. VIII.

Trujillo, Diego de [1571] (1948), *Relación del descubrimiento del reyno del Perú*, edición, prólogo y notas de Raúl Porras Barrenechea, Sevilla, CSCI, Escuela de Estudios Hispano-Americanos.

Urteaga, Horacio (ed.) (1920), "Informaciones de los Quipucamayos a Vaca de Castro" [1543-1544?], en *Colección de libros y documentos referentes a la Historia del Perú*, Lima, t. III, 2a. serie.

Valverde, Vicente [1541] (1865), "Carta del obispo del Cuzco al Emperador sobre asuntos de su iglesia y otros de su gobernación", en *Colección de Documentos inéditos del Archivo de Indias*, t. III, Madrid, pp. 114-115.

———— (1879), *Relación del sitio del Cuzco y principio de las guerras civiles del Perú*, Madrid, Colección de libros españoles raros o curiosos, t. XIII.

Zárate, Agustín de [1555] (1947), *Historia del descubrimiento y conquista de la provincia del Perú*, Madrid, BAE, núm. 26, pp. 459-474.

Zuazo, Alonso [1521] (1971), "Carta" [Cuba, 14-XI-1521], en *Colección de documentos para la historia de México*, México, Porrúa, t. I, pp. 358-367.

III. REFERENCIAS DISCOGRÁFICAS

Los sonidos son tan valiosos como los textos para reconstruir una época. Daremos aquí unas cuantas referencias que, sin embargo, bastan para sugerir la diversidad de la música europea.

Cant de la Sibilla, La Capella Reial, dirección Jordi Savall, Astrée Auvidis CD E 8705 (capítulo III): El regreso de Colón a Barcelona).

Ensaladas, Hespérion XX, Jordi Savall, Astrée Auvidis, CD E 7742 (especialmente las *ensaladas* de Mateo Flecha l'Ancien *[ca.* 1481-1553]) [capítulos III, IV y X].

Bartomeu Cárceres. Anónimos, siglo XVI, *Villancicos y ensaladas*, La Capella Reial de Catalunya, dirección Jordi Savall, Astrée Auvidis, CD E 8723 *(villancicos* andaluces, Barcelona, obras valencianas) [capítulos III y IV].

Dall'Aquilano, Cara, Trombocino, Pesenti, *La Favola di Orfeo, Anno 1494*, Huelgas Ensemble, Paul Van Nevel, RCA Victor, CD GD71970 (2) (la música de la corte de Mantua y, en particular de Serafino dall'Aquilano el amigo de Oviedo, capítulo VI).

Juan del Enzina, *Romances y villancicos, Salamanca, 1496*, Hesperión XX, dirección Jordi Savall, CD Astrée Auvidis E 8707.

Josquin Des Prés, *L'homme armé Masses*, The Tallis Scholars dirigidos por Peter Phillips, Gimel, CDGIM 019.

————— *Motets*, la Chapelle Royale, dirección Philippe Herreweghe, Harmonia Mundi, CD HMC 901243 (música del Norte, capítulo VI).

Diego Ortiz, *Recercadas del trattado de Glosas 1553*, bajo la dirección de Jordy Savall, Astrée Auvidis, CD E 8717 (capítulos VIII y IX).

IV. TRABAJOS

LA AMÉRICA PREHISPÁNICA
(Introducción y capítulo I)

Nuestro único objetivo aquí es ofrecer orientación. Nos limitamos a algunos título representativos y a algunas síntesis de fácil acceso, además de los textos que ya citamos en forma explícita y que inspiraron nuestro relato, con excepción de las fuentes de primera mano.

Conrad, Geoffrey W. y Demarest, Arthur A. (1984), *Religion and Empire. The Dynamics of Aztec and Inca Expansionism*, Cambridge, Cambridge University Press.

Collier, George A., Rosaldo, Renato I., y Wirth, John D. (1982), *The Inca and Aztec States, 1400-1800. Anthropology and History*, Nueva York, Londres, Academic Press.

Sobre la irreductibilidad del pensamiento salvaje al pensamiento occidental, y del tiempo mítico a la historia, queremos remitir al lector a la obra inmensa de Claude Lévi-Strauss de la aquí sólo citamos un breve texto.

Lévi-Strauss, Claude (1971), "Le temps du mythe", *Annales*, Économies, Sociétés, Civilisations, núms. 3-4, mayo-agosto, pp. 533-540.

Mesoamérica y el Caribe

Arrom, Juan José (1975), *Mitología y artes prehispánicas en las Antillas*, México, Siglo XXI.

Berdan, Frances F. (1982), *The Aztecs of Central México, An Imperial Society*, Nueva York, Holt, Rinehart and Winston.

Chapman, Anne (1965), "Port of trade enclaves in Aztec and Maya civilizations", en Karl Polanyi y Conrad Arensberg y Harry Pearson: *Trade and Market in the early Empires*, Nueva York, The Free Press, pp. 114-153.

Dreyfus-Gamelon, Simone (1980-1981), "Notes sur la chefferie Taino d'Aiti: capacités productrices, ressources alimentaires, pouvoirs dans une société précolombienne de forêt tropicale", en *Journal de la Société des Américanistes*, t. LXVI, París, pp. 229-248.

Duverger, Christian (1979), *La fleur létale*, París, Seuil.

———— (1983), *L'origine des Aztèques*, París, Seuil.

Gillespie, Susan D. (1989), *The Aztec Kings. The Construction of Rulership in Mexica Histoy*, Tucson, The University of Arizona Press.

Hassig, Ross (1985), *Trade, Tribute and Transportation, The Sixteenth-Century Political Economy of the Valley of México*, Norman, University of Oklahoma Press.

———— (1988), *Aztec Warfare. Imperial Expansion and Political Control*, Norman, University of Oklahoma Press.

Legros, Monique (1986), *La conception mexica du temps*, Ciclo de Conferencias dictadas en la Escuela de Altos Estudios en Ciencias Sociales (inéditas).

León-Portilla, Miguel (1985), *La pensée azteque*, París, Seuil.

López Austin, Alfredo (1980), *Cuerpo humano e ideología. Las concepciones de los antiguos nahuas*, México, UNAM, 2 vols.

Soustelle, Jacques (1979), *L'univers des Aztèques*, París, Hermann.

Thompson, J. Eric S. (1970), *Maya History and Religion*, Norman, University of Oklahoma Press.

América del Sur

Bernand, Carmen (1977), *Les Ayoré du Chaco septentrional. Étude critique à partir des notes de Lucien Sebag*, París-La Haya, Mouton.

———— (1989), *Les Incas, peuple du soleil*, París, Gallimard, col. Découvertes.

Chapman, Anne (1982), *Drama and Power in a Hunting Society*, Cambridge, Cambridge University Press.

Chase Sardi, Miguel (1964), "Avaporu. Algunas fuentes documentales para el estudio de la antropofagia guaraní", Asunción, en *Revista del Ateneo Paraguayo*, núm. 3, pp. 16-66.

Clastres, Hélène (1975), *La Terre sans Mal. Le prophétisme tupi-guarani*, París, Seuil.

Combès, Isabelle (1987), "Dicen que por ser ligeros: cannibales, guerriers et prophètes chez les anciens Tupi-Guaraní", París, *Journal de la Société des Américanistes*, t. LXXIII, pp. 93-106.

Dumézil, Georges y Pierre Duviols (1974-1976), "T'ika, la princesse du village sans eau", París, *Journal de la Société des Américanistes*, t. LXXIII, pp. 15-198.

Duviols, Pierre (1979), "Un symbolisme de l'occupation, de l'aménagement et de l'exploitation de l'espace. Le monolithe huanca et sa fonction dans les Andes préhispaniques", París, *L'Homme*, t. XIX (2), abril junio, pp. 7-31.

Escalada, Federico (1949), *El complejo tehuelche. Estudios de etnografía patagónica*, Buenos Aires, Imprenta Coni, Instituto Superior de Estudios Patagónicos.

Métraux, Alfred (1961), *Les Incas*, París, Seuil, col. Le temps qui court.

Murra, John (1967), *Religions et magies indiennes*, París, Gallimard.

Murra, John (1975), *Formaciones económicas y políticas del mundo andino*, Lima, Instituto de Estudios Peruanos.

——— (1978), *La organización económica del estado inca*, México, Siglo XXI.

Renard-Casevitz, France-Marie (1980-1981), "Inscriptions. Un aspect du symbolisme matsiguenga", París, *Journal de la Société des Américanistes*, t. LXVI, pp. 261-296.

Renard Casevitz, France-Marie, Thierry Saignes y Anne-Christine Taylor (1986), *L'Inca, l'Espagnol et les Sauvages*, París, Éditions Recherche sur les Civilisations, síntesis núm. 21.

Rostworowski, María (1970), "Mercaderes del valle de Chincha en la época prehispánica: un documento y unos comentarios", Madrid, *Revista Española de Antropología Americana*, vol. V, pp. 135-178.

Salomon, Frank (1986), *Native Lords of Quito in the Age of the Incas. The Political Economy of North Andean Chiefdoms*, Cambridge, Cambridge University Press.

Zuidema, R. Tom (1964), *The Zeque System of Cuzco: The Social Organization of the Capital of the Incas*, Leyde, E. H. Brill.

——— (1978), "Lieux sacrés et irrigation", *Annales, Économies, Sociétés, Civilisations*, pp. 1037-1056.

Navegación (prehispánica; vikingos)

Crosby, Alfred W. (1986), *Ecological Imperialism. The Biological Expansion of Europe, 900-1900*, Cambridge, Cambridge University Press.

Oberem, Udo y Roswith Hartmann (1982), "Zur geschichtlichen Bedeutung der frühen Seefahrt", Munich, *Kolloquien zur Allgemeinen und Vergleichenden Archäologie*, vol. II, pp. 121-157.

Riley, Carroll, Charles Kelley, Campbell Pennington y Robert Rands. (1971), *Man across the Sea. Problems of Pre-Columbian Contacts*, Austin y Londres, University of Texas Press.

LA EUROPA DEL DESCUBRIMIENTO
(Capítulos II-VI)

Alba, Ramón (1975), *Acerca de algunas particularidades de las comunidades de Castilla*, Madrid, Editora Nacional.

Albornoz, Miguel (1971), "Hernando de Soto. El Amadís de la Florida", Madrid, *Revista de Occidente*.

Altman, Ida (1989), *Emigrants and society. Extremadura and Spanish America in the XVIth century*, Berkeley, Los Ángeles, University of California Press.

Arié, Rachel (1973), *L'Espagne musulmane au temps des Nasrides 1232-1492*, París, De Boccard.

——— (1984), *España musulmana*, en Manuel Tuñón de Lara, *Historia de España*, t. III, Madrid, Labor.

Avalle-Arce, Juan Bautista (1974) (véase Fernández de Oviedo).

——— (1990), *Amadís de Gaula: El primitivo y el de Montalvo*, México, FCE.

Ayres de Sà (1916), "Frei Gonçalo Velho. Comentarios (1416)", en *Revue Hispanique*, t. XXXVIII, pp. 1-217.

Baer, Yitzhak (1981), *Historia de los judíos en la España cristiana*, Madrid, 2 vols.

Barrado Manzano, Fray Arcángel (1955), "Crónica del Monasterio de Guadalupe", en *Revista de Estudios Extremeños*, núms. 1-4, pp. 273-296.

Bataillon, Marcel (1937), *Érasme et l'Espagne. Recherches sur l'histoire spirituelle du XVIe siècle*, París, Droz (edición en español: México, FCE, 1982).

—— (1949), "Les idées du XVIe siècle espagnol sur les pauvres, sur l'aumône, sur l'assistance", en *Annuaire du Collège de France*, pp. 209-214.

——, (1953), "L'idée de la découverte de l'Amérique chez les Espagnols du XVIe siècle", en *Bulletin Hispanique*, Burdeos, LV, núm. 1, pp. 23-55.

—— (1956), "Les nouveaux chrétiens de Ségovie en 1510", en *Bulletin Hispanique*, Burdeos, t. LVIII, núm. 2, pp. 207-231.

Beltrán de Heredia, Vicente (1941), *Las corrientes de espiritualidad entre los dominicos de Castilla durante la primera mitad del siglo XVI*, Salamanca.

Bennassar, Bartolomé (1967), *Valladolid au Siècle d'Or. Une ville de Castille et sa campagne au XVIe siècle*, París, Mouton.

—— (1975), *L'homme espagnol*, París, Hachette.

—— *et al.* (1979), *L'Inquisition espagnole*, París, Hachette.

Bentley, Jerry H. (1987), *Politics and Culture in Renaissance Naples*, Princeton, Princeton University Press.

Bernis, Carmen (1959), "Modas moriscas en la sociedad cristiana española del siglo XV y de principios del XVI", en *Boletín de la Real Academia de Historia*, Madrid, pp. 199-228.

Biggar, H. P. (1903), "The Voyages of the Cabots and of the Corte-Reals to North America and Greenland, 1497-1503", en *Revue Hispanique*, 10, pp. 485-593.

Bishko, Charles Julian (1952), "The Peninsular Background of Latin American cattle ranching", en *Hispanic American Historical Review*, t. XXXII, núm. 4, pp. 491-515.

Borchart de Moreno, Christiana (1981), "La conquista española", en *Pichincha, monografía histórica de la región nuclear ecuatoriana*, edit. por Segundo Moreno Yáñez, Quito, Consejo Provincial de Pichincha, pp. 175-274.

Bosque, Antonio de (1965), *Artistes italiens en Espagne du XIXe siècle aux Rois Catholiques*, París, Le Temps.

Burns, Robert I. (1985), *Society and Documentation in Crusader Valencia*, Princeton, Princeton University Press.

Camillo, Ottavio di (1976), *El humanismo castellano del siglo XV*, Valencia, Fernando Torres.

Cardaillac, Louis (1977), *Morisques et chrétiens. Un affrontement polémique (1492-1640)*, París, Klincksieck (ed. española: *Moriscos y cristianos. Un enfrentamiento polémico*, México, FCE, 1979).

Carlé, María del Carmen (1954), "Mercaderes en Castilla (1252-1512)", en *Cuadernos de Historia de España*, Buenos Aires, t. XXI-XXII, pp. 146-328.

—— (1987), "La sociedad castellana en el siglo XV: los criados", en *Cuadernos de Historia de España*, Buenos Aires, t. LXIX, pp. 109-121.

Caro Baroja, Julio (1961), *Los judíos en la España moderna y contemporánea*, 3 vols., Madrid, Arión (reedición: Madrid, Istmo, 1978).

—— (1966), *Las brujas y su mundo*, Madrid, Alianza Editorial.

—— (1970), *El señor inquisidor y otras vidas por oficio*, Madrid, Alianza Editorial.

—— (1976), *Los moriscos del reino de Granada*, Madrid, Istmo.

—— (1978), *Las formas complejas de la vida religiosa. Religión, sociedad y carácter en la España de los siglos XVI y XVII*, Madrid, Akal.

Castrillo Martínez, Rafaela (1969), "Descripción de Al-Andalus según un manuscrito de la Biblioteca de Palacio", en *Al-Andalus*, Granada, t. XXXIV, fasc. 1, pp. 83-103.

Castro, Américo (1987), *Aspectos del vivir hispánico*, Madrid, Alianza Editorial.

Chabás, Roque (1902), "Estudio sobre los sermones valencianos de San Vicente Ferrer", en *Revista de Archivos, Bibliotecas y Museos*, Madrid, t. VI, pp. 1-6; 155-168; t. VII, pp. 131-142; 419-439.

—— (1903), "Estudios sobre los sermones valencianos de San Vicente Ferrer que se conservan manuscritos en la Biblioteca de la Basílica metropolitana de Valencia. Estado de la sociedad durante el cisma de Occidente. Siglos XIV-XV", en *Revista de Archivos, Bibliotecas y Museos*, Madrid, t. IX, pp. 85-102.

Chaunu, Pierre y Huguette (1955-1959), *Séville et l'Atlantique*, París, SEVPEN, 12 vols.

Chaunu, Pierre (1973), *L'Espagne de Charles Quint*, París, SEVPEN, 2 vols.

—— (1977), *Séville et l'Amérique, XVIᵉ-XVIIᵉ siècle*, París, Flammarion.

Christian, Jr., William A. (1981), *Local Religion in Sixteenth Century Spain*, Princeton, Princeton University Press.

—— (1981), *Apparitions in Late Medieval and Renaissance Spain*, Princeton, Princeton University Press.

Clare, Lucien (1988), "Les deux façons de monter à cheval en Espagne et au Portugal pendant le Siècle d'or", en Jean Pierre Digard (ed.), *Des chevaux et des hommes*, RMG Aviñón, Caracole.

Cohn, Norman (1974), *The Pursuit of the Millenium, Revolutionary Millenarians and Mystical Anarchists of the Middle Ages*, Oxford, Oxford University Press.

—— (1982), *Démonolâtrie et sorcellerie au Moyen Âge. Fantasmes et réalités*, París, Payot.

Collantes de Terán, Antonio (1977), *Sevilla en la Baja Edad media. La ciudad y sus hombres*, Sevilla.

Coniglio, Giuseppe (1951), *Il regno di Napoli al tempo di Carlo V*, Nápoles.

—— (1967), *I viceré spagnoli di Napoli*, Napoles, Fausto Fiorentino.

Crosby, Alfred (1986), véase cap. I.

Cuesta, Luisa (1947), "Una documentación interesante sobre la familia del conquistador del Perú", en *Revista de Indias*, t. VIII, pp. 865-892.

Cúneo Vidal, R. (1925), *Vida del conquistador del Perú don Francisco Pizarro y de sus hermanos*, Barcelona.

—— (1926), "El capitán don Gonzalo Pizarro, padre de Francisco, Hernando, Juan y Gonzalo Pizarro", en *Boletín de la Real Academia de Historia*, Madrid, pp. 134-146.

Deffontaines, P. (1957), "L'introduction du bétail en Amérique latine", en *Cahiers d'Outre-Mer*, pp. 5-22.

——— (1959), "Contribution à une géographie pastorale de l'Amérique latine: l'appropriation des troupeaux et des pacages", en *Mélanges géographiques canadiens offerts à Raoul Blanchard*, Québec, Presses de l'Université Laval, pp. 479-492.

Del Val Valdivieso, María Isabel (1975), "Los bandos nobiliarios durante el reinado de Enrique IV", en *Revista de Estudios Hispánicos*, 130, pp. 249-294.

Descola, Jean (1974), *Les Conquistadors*, Ginebra, Famot.

Diez del Corral, Luis (1975), *La monarquía hispánica en el pensamiento europeo de Maquiavelo a Humboldt*, Madrid, Revista de Occidente.

Digard, Jean-Pierre (1990), *L'homme et les animaux domestiques*, París, Fayard.

Dognée, Eugène (1892), "Un manuscrit inédit d'origine cordouane" (xvᵉ siècle), en *Boletín de la Real Academia de Historia*, Madrid, t. xxxi, pp. 399-461.

Domínguez Ortiz, A. (1955), *La clase social de los conversos en Castilla en la edad moderna*, Madrid, Instituto Balmes.

——— y Bernard Vincent (1978), *Historia de los moriscos*, Madrid, Alianza Editorial.

Doussinague, José M. (1946), *Fernando el Católico y el cisma de Pisa*, Madrid, Espasa-Calpe.

Elliott, John H. (1967), "The mental world of Hernán Cortés", Londres, *Transactions of the Royal Historical Society*, vol. xvii, pp. 41-58.

——— (1989), *Spain and its World 1500-1700*, New Haven y Londres, Yale University Press.

Espejo, Cristóbal y Julián Paz (1908), *Las antiguas ferias de Medina del Campo*, Valladolid, La Nueva Pincia.

Ezquerra Abadía, Ramón (1982), "El Madrid de Fernández de Oviedo", *América y la España del siglo XVI*, t. i, Madrid, csic, Instituto Gonzalo Fernández de Oviedo, pp. 11-27.

Fermín del Pino (1976), "Canarias y América en la historia de la etnología primigenia, usando una hipótesis", en *Revista de Indias*, vol. xxxvi, núms. 145-146, julio-diciembre, pp. 99-156.

Fita, Fidel (1887), "La verdad sobre el martirio del santo niño de La Guardia", en *Boletín de la Real Academia de la Historia*, t. xi, pp. 7-134.

Forbes, Jack D. (1988), *Black Africans and Native Americans*, Oxford y Nueva York, Basil Blackwell.

Franco Silva, Alfonso (1979), *La esclavitud en Sevilla y su tierra a fines de la Edad Media*, Sevilla, Diputación Provincial.

García Cárcel, Ricardo (1975), *Las Germanías de Valencia*, Barcelona, Península.

——— (1976), *Orígenes de la Inquisición española. El tribunal de Valencia, 1478-1530*, Barcelona.

García Cárcel, Ricardo (1980), *Herejía y sociedad en el siglo XVI. La Inquisición en Valencia 1530-1609*, Barcelona, Península.

Garrido Aranda, Antonio (1980), *Organización de la Iglesia en el reino de Granada y su proyección. en Indias*, Sevilla, Escuela de Estudios Hispanoamericanos.

————— (1980), *Moriscos e indios. Precedentes hispánicos de la evangelización en México*, México, UNAM.

Gerbet, Marie-Claude (1979), *La noblesse dans le royaume de Castille. Étude sur ses structures sociales en Estrémadure de 1445 à 1516*, París, Publications de la Sorbonne.

Gerbi, Antonello (1978), *La naturaleza de las Indias nuevas*, México, FCE (ed. italiana: *La natura delle Indie nove*, Milán, Riccardo Ricciardi, 1975).

Gil, Juan (ed.) (1987), *El libro de Marco Polo anotado por Cristóbal Colón. El libro de Marco Polo de Rodrigo de Santaella*, Madrid, Alianza Universidad.

————— (1989), *Mitos y utopías del Descubrimiento. 1. Colón y su tiempo. 2. El Pacífico. 3. El Dorado*, Madrid, Alianza Editorial, Quinto Centenario, 3 vols.

Gómez de Orozco, Federico (1948), "¿Cuál era el linaje paterno de Cortés?", en *Revista de Indias*, t. IX, núms. 31-32, pp. 297-306.

Góngora, Mario (1965), "Régimen señorial y rural en la Extremadura de la Orden de Santiago en el momento de la emigración a Indias", *en Jahrbuch für Geschichte Lateinamerikas*, Colonia, t. II, pp. 1-24.

González, Jaime (1981), *La idea de Roma en la historiografía indiana 1492-1550*, Madrid, CSIC, Instituto Gonzalo Fernández de Oviedo.

Goris, J. A. (1925), *Études sur les colonies marchandes méridionales (Portugais, Espagnols, Italiens) à Anvers de 1488 à 1567*, Lovaina, Librairie universitaire.

Gould y Quincy, Alicia (1924-1928), "Nueva lista documentada de los tripulantes de Colón en 1492", en *Boletín de la Real Academia de Historia*, t. LXXXV, pp. 34-49; pp. 145-159; pp. 353-379; t. LXXXVI, pp. 491-532; t. LXXXVII, pp. 22-60; t. LXXXVIII, pp. 721-784; t. XC, pp. 532-560; t. XCII, pp. 776-795.

Graullera Sanz, Vicente (1978), *La esclavitud en Valencia en los siglos XVI y XVII*, Valencia, CSIC.

Guerra, Francisco (1982), "La mutación de las bubas desde Gonzalo Fernández de Oviedo", en *América y la España del Siglo de Oro*, t. I, Madrid, CSIC, Instituto Gonzalo Fernández de Oviedo, pp. 295-310.

Guillén, Claude (1963), "Un padrón de conversos sevillanos (1510)", en *Bulletin Hispanique*, t. LXV, pp. 49-68.

Guimerá Ravina, Agustín (1982), "¿Canarias, ensayo de la colonización americana? El repartimiento de la tierra en La Española", en *América y la España del siglo XVI*, t. I, Madrid, Instituto Gonzalo Fernández de Oviedo, pp. 175-190.

Halkin, Leon E. (1987), *Érasme*, París, Fayard.

Haliczer, Stephen (1981), *The Comuneros of Castille. The Forging of a Revolution 1475-1521*, Madison, The University of Wisconsin Press.

Hamilton, E. J. (1934), *American Treasure and the Price Revolution in Spain, 1501-1650*, Cambridge, Massachusetts.

Heers, Jacques (1955), "Le commerce des Basques en Méditerranée au XVᵉ siècle", en *Bulletin Hispanique*, t. LXII, pp. 292-324.

——— (1981), *Christophe Colomb*, París, Hachette.

Imamuddin, S. M. (1981), *Muslim Spain, 711-1492 A. D. A Sociological Study*, Leyde, E. J. Brill.

Kamen, Henry (1965), *The Spanish Inquisition*, Londres.

——— (1984), *Una sociedad conflictiva: España, 1469-1714*, Madrid, Alianza Editorial (en inglés: *Spain 1469-1714. A Society of Conflict*).

Keen, Benjamin, *The Aztec Image in the Western Thought*, New Brunswick, Rutgers University Press, 1971. [Hay edición del FCE.]

Klein, Julius (1920), *The Mesta, a Study of Spanish Economic History*, Cambridge, Massachusetts.

Kriegel, Maurice (1978), "La prise d'une décision: l'expulsion des juifs d'Espagne en 1492", en *Revue Historique*, t. CCXL, pp. 49-90.

Ladero Quesada, M. A. (1975), "Un préstamo de los judíos de Segovia y Airla para la guerra de Granada en el año 1483", en *Sefarad*, pp. 151-157.

——— (1967), *Castilla y la conquista del reino de Granada*, Valladolid.

La Granja, Fernando (1969-1970), "Fiestas cristianas en Al-Andalus", en *Al Andalus*, Granada, t. XXXIV, fasc. 1, pp. 1-53, y t. XXXV, fasc. 1, pp. 119-142.

Landstrom, Biorn (1967), *Columbus*, Macmillan, Nueva York.

Lapeyre, Henri (1971), *Charles Quint*, París, PUF.

Lea, Henry Charles (1908), *The Inquisition in the Spanish dependencies*, Nueva York, Mac Millan.

Leblon, Bernard (1985), *Les Gitans d'Espagne*, París, PUF.

Leibovici, Sarah (1986), *Christophe Colomb juif. Défense et illustration*, París, Maisonneuve et Larose.

Le Flem, Jean-Paul *et al.* (1989), *Historia de España. V. La frustración de un imperio (1476-1714)*, Barcelona, Labor.

Lemistre, Annie (1970), "Les origines du requerimiento", en *Mélanges de la Casa Velázquez*, t. VI, pp. 161-209.

Lockhart, James (1972), *The Men of Cajamarca: a Social and Biographical Study of the first Conquerors of Peru*, Austin, Texas.

Loeb, Isidore (1887), "Le saint enfant de La Guardia", en *Revue des Études Juives*, t. XV, pp. 203-232.

Lohmann Villena, Guillermo (1958), "La ascendencia española del Inca Garcilaso de la Vega", en *Hidalguía*, Madrid, año VI, núm. 28, pp. 369-384; núm. 29, pp. 681-700.

Lomax, Derek W. (1978), *The Reconquest of Spain*, Londres, Nueva York, Longman.

Lyell, James, P. R. (1976), *Early Book lllustration in Spain*, Nueva York, Hacker Books (1a. ed., Londres, 1926).

Lynch, John (1969), *Spain under the Habsburgs*, Oxford, Oxford University Press, 2 vols.

McNair, P. (1967), *Peter Martyr in Italy*, Oxford, Oxford University Press.

Mahn-Lot, Marianne (1970), *La découverte de l'Amérique*, París, Flammarion.

——— (1982), *Bartolomé de Las Casas et le droit des Indiens*, París, Payot.

Mantran, Robert (bajo la dir. de) (1989), *Histoire de l'Empire ottoman*, París, Fayard.

Maravall, José Antonio (1960), *Carlos Quinto y el pensamiento político del Renacimiento*, Madrid, Instituto de Estudios Políticos.

—— (1967), "Los hombres de saber o letrados y la formación de la conciencia estamental", en *Estudios de historia del pensamiento español*, Madrid, Ediciones Cultura Hispánica, pp. 345-380.

—— (1970), "Las comunidades de Castilla", en *Revista de Occidente*, Madrid.

—— (1972), *Estado moderno y mentalidad social*, Madrid, 2 vols.

Marius, Richard (1985), *Thomas More: A Biography*, Knopf, 562 pp.

Martínez Martínez, Julio Gerardo (1984), *Acerca de la guerra y de la paz, los ejércitos, las estrategias y las armas, según el Libro de las Siete Partidas*, Cáceres, Universidad de Extremadura.

Mellafé, Rolando y Sergio Villalobos (1954), *Diego de Almagro*, Santiago, Universidad de Chile, Instituto Pedagógico.

Menéndez Pidal, Ramón (1941), *Idea imperial de Carlos V*, Buenos Aires, México, Espasa-Calpe.

Meneses García, Emilio (1972), "Granada y el segundo conde de Tendilla a comienzos del siglo XVI", en *Hispania*, núm. 122, pp. 547-586.

Merriman, Roger Bigelow (1960), *The Rise of the Spanish Empire in the Old World and in the New*, Nueva York, Macmillan, 4 vols.

Milhou, Alain (1983), *Colón y su mentalidad mesiánica en el ambiente franciscanista español*, Cuadernos Colombinos XI, Valladolid.

—— (1987), "Las Casas à l'âge d'or du prophétisme apocalyptique et du messianisme", en *Autour de Las Casas. Actes du Colloque du Vᵉ centenaire*, París, Tallandier, pp. 77-106.

Morison, Samuel Eliot (1942), *Admiral of the Ocean Sea: Life of Christopher Columbus*, Boston, 2 vols.

Muñoz de San Pedro, Miguel (1951), "Doña Isabel de Vargas, esposa del padre del conquistador del Perú", en *Revista de Indias*, t. XI, pp. 9-28.

——, (1966), "Información sobre el linaje de Francisco Pizarro", en *Revista de Estudios Extremeños*, Badajoz, núm. 22, pp. 209-227.

Nader, Helen (1977), "Noble income in XVIth Century Castile: the Case of the Marquises of Mondéjar, 1480-1580", en *Economic History Review*, t. XXX, pp. 411-428.

—— (1979), *The Mendoza Family in the Spanish Renaissance, 1350 to 1550*, New Brunswick, Rutgers University Press.

Netanyahu, Benzion (1973), *The Marranos of Spain from the late Fourteenth to the early Sixteenth Century*, Nueva York.

Nigel Hillgarth, Jocelyn (1978), *The Spanish Kingdoms 1250-1516*, vol. II, *1410-1516. Castilian Hegemony*, Oxford, Clarendon Press.

Pagden, Anthony (1982), *The Fall of Natural Man. The American Indian and the Origins of Comparative Ethnology*, Cambridge, Cambridge University Press.

Parry, John H. (1953), *The Story of Spices*, Nueva York, Chemical Publishing Co.

Parry, John H. (1974), *The Discovery of the Sea*, Londres, Weidenfeld and Nicolson.

Partner, Peter (1976), *Renaissance Rome 1500-1559. A Portrait of a Society*, Berkeley, Los Ángeles, Londres, University of California Press.

Pérez, Joseph (1965), "Moines frondeurs et sermons subversifs en Castille pendant le premier séjour de Charles Quint en Espagne", en *Bulletin Hispanique*, t. LXVII, pp. 5-24.

———— (1970), *La révolution des "Comunidades" de Castille (1520-1521)*, Burdeos, Institut d'Études Ibériques et Ibéro-américaines.

————, (1988), *Isabelle et Ferdinand, Rois Catholiques d'Espagne*, París, Fayard.

Pérez de Tudela y Bueso, Juan (1983), *Mirabilis in altis. Estudio crítico sobre el origen y significado del proyecto descubridor de Cristóbal Colón*, Madrid, CSIC, Instituto Gonzalo Fernández de Oviedo.

Pérez Bustamante (1941), "Las regiones españolas y la población de América", en *Revista de Indias*, t. II, núm. 6, pp. 81-120.

Pérez-Embid, Florentino (1975), "Pedro Mártir de Anglería, historiador del descubrimiento de América", en *Anuario de Estudios Americanos*, t. XXXIII, pp. 205-215.

Pescador del Hoyo, María del Carmen (1955), "Cómo fue de verdad la toma de Granada a la luz de un documento inédito", en *Al-Andalus*, t. XX, fasc. 2, pp. 283-344.

Phelan, John L. (1972), *El reino milenario de los franciscanos en el Nuevo Mundo*, México, Instituto de Investigaciones Históricas, UNAM.

Pike, Ruth (1967), "Sevillian Society in the XVIth century: slaves and Freedmen", en *Hispanic American Historical Review*, t. XLVII, núm. 3, pp. 344-369.

———— (1972), *Aristocrats and Traders: Sevillian Society in the Sixteenth Century*, Ithaca, Nueva York (ed. en español: *Aristócratas y comerciantes. La sociedad sevillana en el siglo XVI*, Barcelona, 1978).

———— (1983), *Penal Servitude in Early Modern Spain*, Madison, The University of Wisconsin Press.

Quatrefages, René (1977), "À la naissance de l'armée moderne", en *Mélanges de la Casa Velázquez*, t. XIII, pp. 119-151.

Randles, W. G. L. (1980), *De la terre plate au globe terrestre. Une mutation épistémologique rapide, 1480-1520*, París, Armand Colin.

Reeves, Marjorie (1969), *The Influence of Prophecy in the Later Middle Ages*, Oxford, Clarendon Press.

Roth, Cecil (1990), *Histoire des Marranes* [primera edición, 1932], París, Liana Levi, col. Histoire.

Rumeu de Armas, Antonio (1975), "Las pesquerías españolas en la costa de África", en *Revista de Estudios Hispánicos*, t. 130, pp. 295-320.

Sancho de Sopranis, Hipólito (1953), "La judería del Puerto de Santa María de 1483 a 1492", en *Sefarad*, t. XIII, pp. 309-324.

Suárez Fernández, L. y J. de M. Carriazo (1969), *La España de los Reyes Católicos (1474-1516)*, vol. XVII de la *Historia de España* bajo la dirección de R. Menéndez Pidal, Madrid, Espasa-Calpe.

Suárez Fernández, L. y M. Fernández Álvarez (1969), *La España de los*

Reyes Católicos (1474-1516), t. I, vol. XVIII de la *Historia de España* bajo la dirección de R. Menéndez Pidal, Madrid, Espasa-Calpe.

Taviani, Paolo Emilio (1982), *Christophe Colomb. Genèse de la grande découverte*, París, Atlas, 2 vols.

Tejada, Francisco Elías de (1958), *Nápoles hispánico (1503-1554)*, t. I y II, Madrid, Ediciones Montejurra, 2 vols.

Torres Balbás, Leopoldo (1951), "Los Reyes Católicos en la Alhambra", en *Al-Andalus*, Granada, t. XVI, fasc. 1, pp. 185-204.

Trexler, Richard C. (1980), *Public Life in Renaissance Florence*, Nueva York, Londres, Academic Press.

Valdeavellano, Luis G. de (1955), *Historia de España, de los orígenes a la Baja Edad Media*, Madrid, Manuales de la Revista de Occidente, 2 vols.

——— (1986), *Curso de Historia de las instituciones españolas*, Madrid, Alianza Universidad.

Vassberg, David (1978), "Concerning pigs. The Pizarros and the Agro-Pastoral Background of the conquerors of Peru", en *Latin American Research Review*, t. XIII, núm. 3, pp. 47-62.

——— (1979), "La coyuntura socioeconómica de la ciudad de Trujillo durante la época de la conquista de América", en *Revista de Estudios Extremeños*, Badajoz, t. XXXV, núm. 1, pp. 165-185.

——— (1986), *Tierra y sociedad en Castilla. Señores "poderosos" y campesinos en la España del siglo XV*, Barcelona, Editorial Crítica.

Vernet, Juan (1978), *Ce que la culture doit aux Arabes d'Espagne*, París, Sindbad.

Vidal, Jeanne (1986), *Quand on brûlait les morisques, 1544-1621*, Nîmes.

Vilar, Pierre (1962), *La Catalogne en l'Espagne moderne*, París, 3 vols.

Vincent, Bernard (1986-1987), "La vision du royaume de Grenade par les voyageurs étrangers au tournant des XVe et XVIe siècles", en *Chronica Nova*, t. XV, pp. 301-312.

Waxman, Samuel (1916), "Chapters on magic in Spanish literature", en *Revue Hispanique*, t. XXXVIII, pp. 325-463.

Weckman, Luis (1984), *La herencia medieval de México*, México, El Colegio de México, 2 vols. (2a. ed. FCE, 1994).

Weinstein, Donald (1973), *Savonarole et Florence*, París, Calmann-Lévy (ed. inglés, *Savonarola and Florence*, Princeton, 1970).

Zavala, Silvio (1948), "La conquista de Canarias y América", en *Estudios indianos*, México, El Colegio Nacional.

EL NUEVO MUNDO
(Capítulos VII-XIV)

Aguirre Beltrán, Gonzalo (1972), *La población negra de México*, México, FCE.

Aiton, Arthur S. (1927), *Antonio de Mendoza, First Viceroy of New Spain*, Durham, Duke University Press.

Álvarez Rubiano, Pablo (1944), *Pedrarias Dávila*, Madrid, CSIC.

Araujo, Eduardo F. (1979), *Primeros impresores e impresos en Nueva España*, México, Porrúa.

Bataillon, Marcel (1966), "Sur la conscience géopolitique de la rébellion pizarriste", en *Caravelle*, núm. 7, pp. 13-23.

Baudot, Georges (1977), *Utopie et histoire au Mexique. Les premiers chroniqueurs de la civilisation mexicaine (1520-1569)*, Tolosa, Privat.

Bernand, Carmen y Gruzinski, Serge (1988), *De l'idolâtrie. Une archéologie des sciences religieuses*, París, Seuil. [Hay edición del FCE.]

Borah, Woodrow (1943), *Silk Raising in Colonial México*, Berkeley y Los Ángeles, University of California Press.

——— y Cook Sherburne F. (1971-1979), *Essays in Population History*, Berkeley y Los Ángeles, University of California Press, 3 vols.

Bowser, Frederick P. (1974), *The African Slave in Colonial Peru, 1524-1650*, Stanford, Stanford University Press.

Boyd-Bowman, Peter (1985), *Índice geobiográfico de más de 56 mil pobladores de la América hispánica. I: 1493-1519*, México, FCE.

Brading, David A. (1991), *The first America. The Spanish monarchy, Creole patriots and the Liberal state, 1492-1867*, Cambridge, Cambridge University Press.

Burga, Manuel (1988), *Nacimiento de una utopia*, Lima, Instituto de Apoyo Agrario.

Burkhart, Louise M. (1989), *The Slippery Earth. Nahua-Christian Moral Dialogue in Sixteenth-Century Mexico*, Tucson, The University of Arizona Press.

Cantù, Francesca, véase Cieza de León (1979).

Cerwin, Herbert (1963), *Bernal Díaz, Historian of the Conquest*, Norman, University of Oklahoma Press.

Chamberlain, Robert S. (1948), *The Conquest and Colonization of Yucatan, 1502-1550*, Washington, Carnegie Institution.

——— (1966), *The Conquest and Colonization of Honduras, 1502-1550*, Nueva York, Octagon.

Chaumeil, Jean-Pierre y Fraysse-Chaumeil, Josette (1981), "La Canela y El Dorado': les indigènes du Napo et du haut Amazone au XVIe siècle", en *Bulletin de l'Institut Français d'Études Andines*, t. X, núms. 3-4, pp. 55-86.

Chipman, Donald (1967), *Nuño de Guzmán and the Province of Pánuco in New Spain, 1518-1533*, Glendale, California, A. H. Clark.

Clendinnen, Inga (1987), *Ambivalent Conquests. Maya and Spaniard in Yucatán, 1517-1570*, Cambridge, Cambridge University Press.

Clissold, Stephen (1961), *The Seven Cities of Cibola*, Londres, Eyre y Spottiswoods.

Crosby, Alfred W. (1967), "Conquistador y pestilencia: the first New World Pandemic and the Fall of the Great Indian Empires", en *Hispanic American Historical Review*, t. XLVII, núm. 1, pp. 321-337.

——— (1986), véase cap. I.

Deagan, Kathleen (1987), *Artifacts of the Spanish Colonies of Florida and the Caribbean, 1500-1800*, vol. I, *Ceramics, Glassware and Beads*, Washington, Smithsonian Institution Press.

Deffontaines, P. (1957), véase caps. II-VI.

Diego Fernández, Rafael (1987), *Capitulaciones colombinas (1492-1506)*, Zamora, El Colegio de Michoacán.

Domínguez Compañy, Francisco (1978), *La vida en las pequeñas ciudades hispanoamericanas de la conquista (1494-1559)*, Madrid, Ediciones de Cultura Hispánica.

Duviols, Pierre (1971), *La lutte contre les religions autochtones dans le Pérou colonial. L' "extirpation de l'idolâtrie" entre 1532 et 1660*, Lima, Institut Français d'Études Andines.

Espinoza-Soriano, Waldemar (1977), "La poliginia señorial en el reino de Cajamarca, siglos XV y XVI", en *Revista del Museo Nacional*, Lima, núm. 43, pp. 399-466.

Farriss, Nancy M. (1984), *Maya Society under Colonial Rule. The Collective Enterprise of Survival*, Princeton, Princeton University Press.

Flores Galindo, Alberto (1987), *Buscando un Inca. Identidad y utopía en los Andes*, Lima, Instituto de Apoyo Agrario.

Floyd, Try S. (1973), *The Columbus Dynasty in the Caribbean 1492-1526*, Albuquerque, University of New Mexico Press.

Friede, Juan (1974), *Bartolomé de Las Casas, precursor del anticolonialismo*, México, Siglo XXI.

Friederici, Georg (1987-1988), *El carácter del descubrimiento y de la conquista de América*, México, FCE, 3 vols. (ed. original: Stuttgart-Gotha, 1925-1936).

García Icazbalceta, Joaquín (1947), *Don Fray Juan de Zumárraga, primer obispo y arzobispo de México*, México, Porrúa, 4 vols.

Gerhard, Peter (1972), *A Guide to the Historial Geography of New Spain*, Cambridge, Cambridge University Press.

Gibson, Charles (1964), *The Aztecs under Spanish Rule*, Palo Alto, Stanford University Press.

——— (1967), *Tlaxcala in the Sixteenth Century*, Palo Alto, Stanford University Press.

——— (1969), *The Inca Concept of Sovereignty and the Spanish Administration in Peru*, Nueva York, Greenwood Press Publishers, Latin-American Studies IV (1a. ed. 1948).

Gil, Juan (1989), véase caps. II-VI.

Godinho, Vitorino Magalhaes (1969), *L'économie de l'empire portugais XVᵉ-XVIᵉ siècle*, París, SEVPEN.

——— (1984), *Os decobrimentos e a economia mundial*, Lisboa, Presença.

Gómez Canedo, Lino (1977), *Evangelización y conquista, Experiencia franciscana en Hispanoamérica*, México, Porrúa.

Góngora, Mario (1962), *Los grupos de conquistadores en Tierra Firme (1509-1530)*, Santiago de Chile, Centro de Historia Colonial.

Graham, R. B. Cunningham (1922), *The Conquest of New Granada during the life of Gonzalo Jiménez de Quesada*, Londres.

Greenleaf, Richard E. (1961), *Zumárraga and the Mexican Inquisition, 1536-1543*, Washington, Academy of American Franciscan History.

——— (1981), *La Inquisición en Nueva España. Siglo XVI*, México, FCE (ed. inglesa: University of New Mexico Press, Albuquerque, 1969).

Grove Day, A. (1964), *Coronado's Quest. The History making Adventures of the*

First White Men to invade the Southwest, Berkeley, University of California Press.

Gruzinski, Serge (1988), *La colonisation de l'imaginaire. Sociétés indigènes et occidentalisation dans le Mexique espagnol, XVᵉ-XVIIIᵉ siècle*, París, Gallimard. [Hay edición del FCE.]

—— (1990), *La guerre des images de Christophe Colomb à "Blade Runner",1492-2019*, París, Fayard. [Hay edición del FCE.]

Guillén Guillén, Edmundo (1978), "El testimonio inca de la conquista del Perú", en *Bulletin de l'Institut Français d'Études Andines*, t. VII, núms. 3-4, pp. 33-57.

—— (1984), "Tres documentos inéditos para la historia de la guerra de la reconquista inca", en *Bulletin de l'Institut Français d'Études Andines*, t. XIII, núms. 1-2, pp. 17-46.

Helms, Mary (1979), *Ancient Panama. Chiefs in search of power*, Austin y Londres, University of Texas Press.

Hemming, John (1978), *The Conquest of the Brazilian Indians, 1500-1760*, Cambridge, Harvard University Press.

—— (1984), *En busca de El Dorado*, Bogotá, Ediciones de El Serbal (ed. en inglés: 1978).

Hocquenghem, Anne-Marie (1989), *Los guayacundos de Caxas y la sierra piurana: siglos XV y XVI*, Lima, IFEA.

—— (1990), "Cambios en el sistema de producción de la sierra piurana, siglos XV y XVI", en *Bulletin de l'Institut Français d'Études Andines*, t. XIX, núm. 1, pp. 87-102.

Horcasitas, Fernando (1974), *El teatro náhuatl. Épocas novohispana y moderna*, México, UNAM.

Iglesia, Ramón (1980), *Cronistas e historiadores de la conquista de México. El ciclo de Hernán Cortés*, México, SepSetentas/Diana (la. ed.: Colegio de México, 1942).

Kelly, John E. (1932), *Pedro de Alvarado: Conquistador*, Princeton, Princeton University Press.

Kirkpatrick, F. A. (1935), *Les conquistadors espagnols*, París, Payot.

Knauth, Lothar (1972), *Confrontación transpacífica. El Japón y el nuevo mundo hispánico, 1542-1639*, México, UNAM.

Korth, Eugen H. (1968), *Spanish Policy in Colonial Chile. The Struggle for Social Justice, 1535-1700*, Stanford, Stanford University Press.

Kubler, George (1945), "The behavior of Atahualpa, 1531-1533", en *Hispanic American Historical Review*, t. XXV, núm. 4, pp. 413-427.

—— (1947), "The neo-inca state (1537-1572)", en *Hispanic American Historical Review*, t. XXVII, pp. 189-203.

—— (1948), *Mexican Architecture in the Sixteenth Century*, New Haven, Yale, 2 vols.

La Torre Villar, Ernesto de (1974), "Fray Pedro de Gante, maestro y civilizador de América", en *Estudios de historia novohispana*, vol. V, pp. 9-77.

Leonard, Irving (1964), *Books of the Brave*, Nueva York, Gordion Press.

Liss, Peggy K. (1975), *México under Spain 1521-1556. Society and the Origins of Nationality*, The University of Chicago Press, Chicago y Londres.

Lockhart, James (1968), *Spanish Peru, 1532-1560: A Colonial Society*, Madison, The University of Wisconsin Press.

——— (1972), *The Men of Cajamarca: A Social and Biographical Study of the First Conquerors of Peru*, Austin, Texas University Press.

MacLeod, Murdo, J. (1973), *Spanish Central America*, Berkeley y Los Ángeles, University of California Press.

Manchip White, John (1971), *Cortés and the Downfall of the Aztec Empire. A Study in a Conflict of Cultures*, Londres, Hamish Hamilton.

Maravall, J. A. (1949), "La utopía política-religiosa de los franciscanos en Nueva España", en *Estudios Americanos*, Sevilla, 2, pp. 199-227.

Martín, Luis (1983), *Daughters of the Conquistadores: Women of the Viceroyalty of Peru*, Albuquerque, University of New Mexico Press.

Martínez, José Luis (1983), *Pasajeros de Indias*, Madrid, Alianza Editorial.

Mena García, María del Carmen (1984), *La sociedad de Panamá en el siglo XVI*, Sevilla, Diputación Provincial de Sevilla.

Métraux, Alfred (1961), véase cap. I.

Miranda, José (1952), *El tributo indígena en Nueva España durante el siglo XVI*, México, El Colegio de México.

——— (1965), *La función económica del encomendero en los orígenes del régimen colonial (Nueva España 1525-1531)*, México, UNAM.

Morison, Samuel Eliot (1971), *The European Discovery of America: The Northern Voyages*, Oxford University Press, Nueva York.

——— (1974), *The European Discovery of America: The Southern Voyages 1492-1616*, Oxford University Press, Nueva York.

Moya Pons, Frank (1971), *La Española en el siglo XVI, 1493-1520*, Universidad Católica Madre y Maestra, Santiago (República Dominicana).

Murra, John (1975), *Formaciones económicas y políticas del mundo andino*, Lima, Instituto de Estudios Peruanos.

——— (1978), véase cap. I.

Newson, Linda (1986), *The Cost of Conquest. Indian Decline in Honduras under Spanish Rule*, Boulder, Westview Press.

Oberem, Udo (1971), *Los Quijos. Historia de la transculturación de un grupo indígena en el oriente ecuatoriano (1538-1956)*, Madrid, Facultad de Filosofía y Letras, Memorias del Departamento de Antropología y Etnología de América, 1.

——— (1976), *Estudios etnohistóricos del Ecuador*, Guayaquil, Casa de la Cultura Ecuatoriana, Núcleo del Guayas.

Oberem y Hartmann (1974-1976), véase cap. I.

O'Gorman, Edmundo (1976), *La idea del descubrimiento de América*, México, UNAM.

Otte, Enrique (1958), "Aspiraciones y actividades heterogéneas de Gonzalo Fernández de Oviedo, cronista", en *Revista de Indias*, Madrid, año XVIII, núm. 71, pp. 9-61.

——— (1977), *Las perlas del Caribe: Nueva Cádiz de Cubagua*, Caracas.

Pease, Franklin (1989), "La Conquista española y la concepción andina del otro", en *Histórica*, Lima, t. XIII, núm. 2, pp. 171-196.

Phelan, John L. (1972), *El reino milenario de los franciscanos en el nuevo mundo*, México, UNAM, 1972 (ed. en inglés: *The Millennial Kingdom of the Franciscans in the New World*, Berkeley y Los Ángeles, University of California Press, 1970).

Porras Muñoz, Guillermo (1982), *El gobierno de la ciudad de México en el siglo* XVI, México, UNAM.

Prescott, William (1967), *Historia de la conquista del Perú*, Buenos Aires, Ed. Shapire.

Prieto, Carlos (1975), *El Océano Pacífico: navegantes españoles del siglo* XVI, Madrid, Alianza editorial.

Pupo-Walker, Enrique (1987), "Los naufragios de Álvar Núñez Cabeza de Vaca. Notas sobre la relevancia antropológica del texto", en *Revista de Indias*, t. XLVII, núm. 81, pp. 755-776.

Ramos, Demetrio (1979), "Colón y el enfrentamiento de los caballeros: un serio problema del segundo viaje que nuevos documentos ponen al descubierto", en *Revista de Indias*, t. XXXIX, núms 155-158, enero-diciembre, pp. 9-87.

Renard-Casevitz, France-Marie y Saignes, Thierry y Descola, Anne-Christine (1986) [*cf.* cap. 1].

Ricard, Robert (1933), *La "conquête spirituelle" du Mexique*, París, Institut d'éthnologie.

Riley, G. Michael (1973), *Fernando Cortés and the Marquesado in Morelos, 1522-1547*, Albuquerque, The University of New Mexico Press.

Romano, Ruggiero (1972), *Les mécanismes de la conquête coloniale: les conquistadores*, París, Flammarion, Questions d'Histoire.

Rostworowski, María (1961), *Curacas y sucesiones. Costa norte*, Lima.

——— (1989), *Doña Francisca Pizarro, una ilustre mestiza (1534-1598)*, Lima, Instituto de Estudios Peruanos.

Rubio Mañé, José Ignacio (1983), *El virreinato I. Orígenes y jurisdicciones, y dinámica social de los virreyes*, México, FCE/UNAM.

Sáenz de Santa María, Carmelo (1984), *Historia de una historia. Bernal Díaz del Castillo*, Madrid, CSIC.

Saignes, Thierry (1981), "El Piedemonte amazónico (Andes meridionales), XVI-XVII", en *Bulletin de l'Institut Français d'Études Andines*, t. X, núms. 3-4, pp. 141-176.

Saint-Lu, André (1968), *La Vera Paz. Esprit évangélique et colonisation*, París, Institut d'Études Hispaniques.

Salas, Mario (1950), *Las armas de la conquista*, Buenos Aires.

Salomón, Frank (1984), "Crónica de lo imposible: notas sobre tres historiadores indígenas peruanos", Chungará (Arica-Tarapacá), núm. 12, pp. 81-98.

Sauer, Carl Otwin (1984), *Descubrimiento y dominación española en el Caribe*, México, FCE (ed. en inglés: *The Early Spanish Main*, Berkeley y Los Ángeles, University of California Press, 1966).

Schäfer, Ernest (1935-1947), *El consejo real y supremo de las Indias*, Sevilla, Centro de Estudios de Historia de América, 2 vols.

Serrano y Sanz, Manuel (1918), *Orígenes de la dominación española en América. Estudios históricos*, Madrid, Nueva BAE, t. I, núm. 25.

Severi, Carlo (1982), "Le chemin de la métamorphose: un modèle de connaissance de la folie dans un chant chamanique cuna", *Res*, 3, pp. 33-67.

Sherman, William L. (1978), *Forced Native Labor in Sixteenth Century Central America*, Lincoln, University of Nebraska Press.

Stanislawski, Dan (1983), *The Transformation of Nicaragua: 1519-1548*, Berkeley y Los Ángeles, University of California Press.

Varela, Consuelo (1987), "La Isabela. Vida y ocaso de una ciudad efímera", en *Revista de Indias*, t. XLVII, núm. 81, pp. 733-744.

Varner, John Grier (1968), *El Inca. The Life and Times of Garcilaso de la Vega*, Austin, University of Texas Press.

Verlinden, Charles (1970), *The Beginnings of Modern Colonization (1970)*, Londres, Ithaca.

Vidal, Jeanne (1986), *Quand on brûlait les morisques, 1544-1621*, Nimes.

Wachtel, Nathan (1971), *La vision des vaincus. Les Indiens du Pérou devant la conquête espagnole*, París, Gallimard.

——— (1990), *Le retour des ancêtres. Les Indiens Urus de Bolivie, XXᵉ-XVIᵉ siècle. Essai d'histoire régressive*, París, Gallimard.

Warren, Fintan B. (1963), *Vasco de Quiroga and his Pueblo-Hospitals of Santa Fe*, Washington, D. C., Academy of Franciscan History (ed. en español: Morelia, 1977).

Wayne Powell, Philip (1952), *Soldiers, Indians and Silver*, Berkeley, The University of California Press.

Weckman, Luis (1984), véase caps. II-VI.

Williams, Eric (1970), *From Columbus to Castro, 1492-1969. The History of the Caribbean, 1492-1969*, Londres, André Deutsch.

Zavala, Silvio (1935), *La encomienda indiana*, Madrid, Centro de Estudios Históricos (2a. ed., Porrúa, 1973).

——— (1965), *Recuerdo de Vasco de Quiroga*, México, Porrúa.

——— (1968), *Los esclavos indios en Nueva España*, México, El Colegio Nacional.

——— (1971), *Las instituciones jurídicas en la conquista de América*, México, Porrúa.

Zuidema, Tom (1964), véase cap. I.

——— (1989), "At the King's table. Inca concepts of sacred kingship in Cuzco", en *History and Anthropology*, t. IV, pp. 249-273.

ÍNDICE ONOMÁSTICO

ÍNDICE TEMÁTICO

ganadería: 123-124, 140, 245, 302, 333, 437, 440, 447, 500, 521
gentiles: 56
germandats: 109, 464
gitanos: 56, 99
Guerra de los judíos (Flavio Josefo): 166
guerras de España: 106n, 214, 286, 369, 523-524; civiles: 146, 222, 228, 262, 285, 479; civiles en el Perú: 438, 452-454, 456, 469, 500; contra los turcos: 421; de Italia: 113, 153, 175, 244, 262, 283, 492; *véase también* Conquista; Reconquista

hechicería: 85-87, 132n, 334, 368; *véase también* brujería; herejía; Inquisición
herejía: 71, 172, 202, 341, 505; *véase también* brujería; hechicería; Inquisición
Hermandades: 63, 77, 118, 136
Historia de la guerra de Granada (D. Hurtado de Mendoza): 330
Historia de Venecia (Oviedo): 205
Historia natural y moral de las Indias (Oviedo): 109, 160, 476
hongos alucinógenos: 296, 338
Honrado Concejo de la Mesta: 123
humanismo: 129, 142, 145, 151-152, 155, 157, 159, 176, 180, 190, 194-195, 197-198, 200-201, 210, 326, 328-330, 332, 334, 336, 337, 342-343, 347-349, 411, 473, 475, 477n-478, 514, 518

idolatría, en los canarios: 101-102; en los indígenas; 82-83, 223, 250, 265, 271-273, 290-291, 295, 297, 308, 318, 349, 456, 510, 519; destrucción de la: 337-340, 342
imaginería: 192, 195, 209, 213, 314, 320, 322, 363, 379, 496
imprenta: 202, 210, 214; difusión de la: 165-167, 198; invención de la: 157; primera en América: 333
In Cosmographiae libros introductorium (Nebrija): 130
indianización: 274, 454
indios de América: 207, 265-266; cimarrones: 361; llevados a Europa: 106, 110; protección para los: 308
indios de América: 56, 84, 101; amuesha: 23n; araucanos: 17n, 513; arawak: 103, 224, 491; ava: 20; avaporu: 21n, 23, 30, 137; ayoré: 18n; aztecas, *véase* mexicas; beothuks: 491; campa o anti-campa: 23n-24, 30, 402, 430n; cana: 428; canchis: 428; cañari: 31, 403, 409, 412, 424, 433-434; carangui: 403; caribes: 224, 234, 491-492; cempoaltecas: 321-322n; cuautimaltecas: 322n; culiaques: 322n; cuna: 356, 360n-361, 368; chané: 21n; charcas: 31; chibchas: 491; chichimecos:

251; chimoré: 23; chiriguanos: 21n, 30, 402; chupacho: 24, 453; gosode: 18; guaraníes: 213, 372, 401, 439, 498; huancas: 424; huastecos: 251, 321-322n; hurones: 492; incas: 14n, 21n, 196, 208, 214, 384, 393, 396, 401, 419, 426-427, 430, 439, 507-508, 513; jíbaros: 403n; kolla: 30-32, 412, 427-428; *kuraqa:* 412, 43o, 454, 467; mapuches: 17n, 31, 401-402, 430, 440, 513, 531; mayas: 14n, 33-34n, 222, 249, 252, 264, 270, 274, 510; mexicas: 14n, 188, 196n, 208, 214, 251, 260, 270-271, 278, 280, 282, 284-286, 296, 321-322, 406, 494, 515; mixtecos: 251, 321-322n; montañeses: 491; muiscas: 509; nahuas: 41n, 270, 283, 349-350, 520, 525, 529; nomatsiguenga: 23n; olmecos: 251; omagua: 443, 446; otomíes: 245; paguana: 446; patagones: 17n, 376, 378, 401, 440; quijos: 443; selk'nam: 18n; taínos: 224, 258; tallan: 395; tapuy: 18, 20-21; tarascos: 251, 322n; tepanecas: 515; tlapanecos: 251; tlaxcaltecas: 257, 263, 269, 271, 277, 280, 283, 321-322, 344, 529; toltecas: 35, 525; totonacas: 251, 270-271, 283, 494; tupi: 23, 443; tupi guaraníes: 14n, 21n; wanabakis: 491; wayakuntu: 403n; zapotecos: 251; zuñi: 531
Inquisición: 63, 71, 73, 76-77, 98, 108, 129, 131, 133, 137, 147, 148, 169, 172, 253, 272, 290-292, 294, 320, 349, 368, 464, 466, 505, 508, 510
Inter caetera, bulas: 110, 131, 529
Islam: 7-9, 52, 66, 77, 82, 96n, 129, 141, 144, 153, 202, 212, 215, 274, 294, 322, 327, 528; *véase también* moros; musulmanes; Reconquista

joaquinismo: 504
judíos: 56, 59, 99, 101-102, 148, 194, 259, 263, 294; conversos: 61, 68, 70-73, 98, 106-108, 128-129, 214, 274, 292, 508, 510; expulsión de: 9, 72-74, 76-77, 108, 142, 169, 202, 211, 254, 478, 508-509; hostilidades hacia los: 68-72

Lapidario, véase Tratado sobre las piedras
Legatio Babylonica (Mártir de Anglería): 166
lenguas, arawak: 21n, 23n; estudio de, indígenas: 282, 340-343, 347, 506, 516; maya: 268, 270, 275, 341, 512; mixteca: 341; náhuatl: 268, 270, 341, 479, 512, 516; quechua: 395, 414, 446, 455, 470; tarasca: 341, 506
letrados: 146, 166, 475, 510, 525-526
Leyenda de santa Lucía de Siracusa: 184
leyenda negra: 193
Leyes de Burgos: 242, 501, 510-511
Leyes Nuevas (1542): 331, 454, 457, 460, 474, 493-494, 500-501, 511

ÍNDICE GEOGRÁFICO

ÍNDICE GENERAL

Segunda Parte
EL NUEVO MUNDO

ANEXOS

BIBLIOGRAFÍA

Este libro se terminó de imprimir en marzo de 1996 en los talleres de Impresora y Encua-
dernadora Progreso, S. A. de C. V. (IEPSA), Calz. de San Lorenzo, 244; 09830 México,
D. F. En su composición, parada en el Taller de Composición del FCE, se usaron tipos New Aster de 10:11, 9:10 y 8:9. La edición, de 3 000 ejemplares, estuvo al cuidado de
Diana Luz Sánchez.